Épistémologie
des sciences sociales

Collection
Premier
Cycle

Épistémologie des sciences sociales

SOUS LA DIRECTION DE

JEAN-MICHEL BERTHELOT
Professeur à la Sorbonne (Université de Paris V)

Presses Universitaires de France

puf

ISBN 2 13 051485 5
ISSN 1158-6028

Dépôt légal — 1re édition : 2001, février

6, avenue Reille, 75014 Paris

LES AUTEURS

JEAN-MICHEL BERTHELOT

Ancien élève de l'École normale supérieure de la rue d'Ulm, agrégé de philosophie et docteur d'État en sociologie. Après une thèse consacrée à la sociologie scolaire (*Le piège scolaire,* PUF, 1983) et divers travaux en sociologie de l'éducation, ses recherches se sont orientées vers l'histoire de la sociologie (*La construction de la sociologie,* PUF, « Que sais-je ? », 1991 ; *1895, Durkheim, l'avènement de la sociologie scientifique,* PUM, 1995) et l'épistémologie des sciences sociales (*L'intelligence du social,* PUF, 1990 ; *Les vertus de l'incertitude,* PUF, 1996 ; *Sociologie, épistémologie d'une discipline. Choix de textes fondamentaux,* De Boeck, 2000). Professeur à la Sorbonne (Université de Paris V), il codirige la formation doctorale de sciences sociales et enseigne la sociologie de la connaissance et des sciences ainsi que l'épistémologie des sciences sociales. Il a dirigé, en 2000, l'ouvrage collectif *La sociologie française contemporaine,* publié aux PUF.

DANIEL BOUGNOUX

Né le 24 décembre 1943, est ancien élève de l'École normale supérieure de la rue d'Ulm, agrégé de philosophie, et professeur de sciences de la communication à l'Université Stendhal de Grenoble. Il a publié une dizaine d'ouvrages, parmi lesquels *Vices et vertus des cercles, l'autoréférence en poétique et pragmatique* (La Découverte, 1989), *La communication par la bande* (La Découverte, 1991 ; ouvrage couronné par le prix Rhône-Alpes du livre), *Sciences de l'information et de la communication* (Larousse, « Textes essentiels », 1993), *La communication contre l'information* (Hachette, « Questions de société », 1995), *Introduction aux sciences de la communication* (La Découverte, « Repères », 1998) et *Poétique de Segalen* (Chatelain-Julien, 1999). Daniel Bougnoux est vice-président de la Société française des sciences de l'information et de la communication ; il dirige également l'édition des *Œuvres romanesques complètes* d'Aragon dans la « Bibliothèque de la Pléiade » et, auprès de Régis Debray, la rédaction des *Cahiers de médiologie* (Gallimard).

ROBERT FRANCK

Professeur à l'Université catholique de Louvain (Belgique). Coresponsable du Centre de philosophie des sciences de cette université, il y dirige également le Centre pluridisciplinaire de méthodologie des sciences sociales, METHODOS. Ses publications portent principalement sur l'épistémologie et sur les méthodes des sciences humaines. Il a récemment dirigé trois recherches collectives : *Faut-il chercher aux causes une raison ? L'explication causale dans les sciences humaines* (Vrin-IIEE, 1994), *Les sciences et la philosophie* (Vrin IIEE, 1995), *The Explanatory Power of Models* (Kluwer Academic Publishers, à paraître). Il dirige aux Éditions Kluwer une nouvelle collection (« Methodos Series ») dont les premiers volumes paraîtront en 2001.

JEAN-CLAUDE GARDIN

A fait ses études à Londres et à Paris (Sorbonne et Langues orientales). Aujourd'hui directeur de recherche honoraire au CNRS et directeur d'études honoraire à l'EHESS, il a mené de front une carrière d'archéologue – dirigeant diverses missions en Asie centrale entre 1979 et 1990 – et une réflexion sémiologique et épistémologique sur les systèmes formels et leur informatisation, s'intéressant notamment à la formalisation du raisonnement scientifique pratiqué en archéologie et plus généralement en sciences humaines. Il est l'auteur de nombreux ouvrages, parmi lesquels : *Les analyses de discours,* Delachaux & Niestlé, 1974 ; *Une archéologie théorique,* Hachette, 1979 (trad. Cambridge, 1980 ; Moscou, 1983) ; *La logique du plausible. Essais d'épistémologie pratique en sciences humaines,* Maison des sciences de l'homme, 1981 et 1987 (en collaboration) ; *Le calcul et la raison : essais sur la formalisation du discours savant,* EHESS, 1991 ; *Prospections archéologiques en Bactriane orientale* (1974-1978), t. 3, Éd. Recherches sur les civilisations, 1998.

PIERRE LIVET

Professeur de philosophie à l'Université d'Aix-Marseille I. Il a publié, entre autres, *Penser le pratique, La Communauté virtuelle* (Éditions de l'État) et des collectifs comme *L'éthique à la croisée des savoirs* (Vrin), *Limitations de la rationalité* (avec Jean-Pierre Dupuy, aux Éditions de La Découverte), *De la perception à l'action* (Vrin), ou *Argumentation, droit et sciences sociales* (PU Laval). Ses domaines de recherche sont l'étude de l'action, des émotions, des coordinations collectives, l'épistémologie des sciences sociales et en particulier des domaines auxquels ouvre l'approche des sciences cognitives.

RUWEN OGIEN

Directeur de recherches au CNRS. Il a fait ses études à Tel-Aviv, Paris et Cambridge. Docteur en philosophie et docteur en anthropologie sociale, il a publié, entres autres travaux, *Les causes et les raisons. Philosophie analytique et sciences humaines* (J. Chambon, 1995), *Le réalisme moral* (PUF, 1999), et plusieurs articles en philosophie morale et philosophie de l'action.

JACQUES REVEL

Né en 1942. Normalien, agrégé d'histoire, ancien membre de l'École française de Rome, il enseigne à l'École des hautes études en sciences sociales. Ses principaux domaines d'intérêt sont l'histoire sociale des politiques culturelles à l'époque moderne, l'histoire et l'épistémologie de l'histoire. Parmi ses publications, on compte *Logiques de la foule* (1988, avec A. Farge), *Histoire sociale des populations étudiantes* (1986, 1989, avec D. Julia et R. Chartier), *Jeux d'échelles. La micro-analyse à l'expérience* (1996), *Histories. French Constructions of the Past* (1996, avec L. Hunt). Il a dirigé avec A. Burguière une *Histoire de la France* en quatre volumes (1989-1993 ; nouvelle édition augmentée, 2000).

JEAN-FRANÇOIS STASZAK

Maître de conférences à l'Université de Picardie et membre de l'Institut universitaire de France. Ses recherches s'inscrivent dans le champ de la géographie culturelle, de l'épistémologie et de l'histoire de la géographie. Ses principales publications sont : *Géographies anglophones : nouveaux courants,* Belin (à paraître) ; *Principes de géographie économique,* Bréal, 2000, 448 p. (en collaboration avec I. Géneau de Lamarlière) *; Les discours du géographe,* L'Harmattan, 1997, 284 p. (dir.) *; La géographie d'avant la géographie. Le climat chez Hippocrate et Aristote,* L'Harmattan, 1995, 256 p.

BERNARD VALADE

Professeur à la Sorbonne (Université de Paris V). Il y exerce les responsabilités de président de l'École doctorale et de vice-doyen de la Faculté des sciences humaines et sociales. Il est par ailleurs secrétaire général de *L'Année sociologique* et conseiller scientifique à l'*Encyclopædia Universalis.* Il a notamment publié *Pareto. La naissance d'une autre sociologie* (PUF, 1990), *Introduction aux sciences sociales* (en collaboration avec R. Fillieule, PUF, 1996) ; *Paris* (Citadelles & Mazenod, 1997).

BERNARD WALLISER

Ancien élève de l'École polytechnique, enseigne l'économie et la théorie des jeux à l'École nationale des Ponts et chaussées. Sa recherche, au CERAS (ENPC) et au CREA (École polytechnique), porte, d'une part, sur l'épistémologie économique (structure et fonction des modèles économiques), d'autre part, sur un domaine émergent, l'« économie cognitive » (nature et influence des croyances des agents économiques). En dehors d'articles techniques, il a notamment publié deux ouvrages liés aux thèmes précédents : *L'intelligence de l'économie* (Odile Jacob, 1994) et *L'économie cognitive* (Odile Jacob, 2000).

Sommaire

DEUXIÈME PARTIE
LES GRANDES TRAVERSES

TROISIÈME PARTIE
UNITÉ ET PLURALITÉ

Avant-propos

PAR JEAN-MICHEL BERTHELOT

Il est toujours délicat de justifier la parution d'un nouvel ouvrage. Les bonnes raisons de l'auteur – ou, comme c'est le cas ici, des auteurs – ne sont pas forcément celles des lecteurs. L'auteur d'un ouvrage scientifique ne vise pas d'abord à satisfaire l'attente d'un public, mais à proposer une réponse à une question. Évidemment, cette formulation est un raccourci. Mais l'auteur postule que, dans le domaine de savoir où s'exerce sa compétence, existent des problèmes non résolus, mal clarifiés, ou mal posés qu'il peut, par sa réflexion théorique ou ses recherches empiriques, contribuer à éclairer. Naïvement peut-être, il postule également que cette entreprise intellectuelle est susceptible d'intéresser tous ceux qui sont amenés à se frotter à ces problèmes, qu'ils soient chercheurs, étudiants ou esprits curieux.

Les sciences sociales constituent ici notre problème. Plus précisément, prenant au sérieux le terme de « science », c'est-à-dire l'appréhendant comme une prétention à la constitution d'un savoir objectif qui soumet sa validité à la critique rationnelle, nous interrogeons le régime de connaissance des disciplines regroupées sous cette appellation commune. Cette orientation est clairement distincte d'autres projets éditoriaux possibles. Il ne s'agit pas de faire un résumé ou une synthèse du savoir des sciences sociales ; il ne s'agit pas plus d'adopter le point de vue normatif d'une philosophie des sciences, distribuant bons points et mauvaises notes ; il ne s'agit pas, enfin, de lancer un énième manifeste sur ce que devraient être ces disciplines. Plus modestement, notre ambition est analytique : elle vise à saisir et à comprendre les cadres de pensée, les opérations de connaissance, les programmes et les théories que les diverses sciences sociales ont été amenées à construire. Leur mise en évidence a sans doute une portée didactique en ce qu'elle autorise la constitution d'un tableau raisonné de ces disciplines et des problèmes épistémologiques qui les traversent. En ce sens, cet ouvrage est également un manuel et le souci informatif et documentaire y est fortement présent. Mais il ne peut être la simple mise en forme pédagogique d'un savoir préalablement constitué. Derrière la modestie du projet analytique se dissimule la conscience des difficultés de l'entreprise : Qu'entendre exactement par « sciences sociales » ? Quelles disciplines retenir ou exclure ? Qu'entendre par « épistémologie des sciences sociales » ? Était-il possible de dégager une orientation commune d'analyse capable de résister à la dispersion des spécificités disciplinaires ? Comment contrôler les diversités d'écoles, d'interprétation, de points de vue ?

Cet ouvrage est, simultanément, une réponse et un processus de réponse à ces questions : il peut être lu à divers niveaux selon que l'on retient la factualité des réponses et des développements ou qu'on les compare les uns aux autres et traque les problèmes cachés, les questions pendantes. Nous assumons cette dualité d'un texte achevé et simultanément incomplet, d'une mise en forme dont la pertinence est revendiquée sans que soit déniée la légitimité de sa critique et de son éventuelle remise en cause. Un auteur unique aurait sans doute fait des choix gommant les aspérités les plus manifestes. Un rassemblement d'auteurs, issus de disciplines et de traditions différentes, oblige à la confrontation et au frottement. Dans la rédaction de cet ouvrage, chacun assume la pleine responsabilité de son texte. En revanche, un processus d'élaboration collective a été suivi, de l'adhésion à un projet initial commun à la discussion argumentée de chaque chapitre. Certains ont ainsi donné lieu à deux, voire trois versions, et la plupart ont bénéficié du regard critique de tous. Toutes les thèses revendiquées par chaque auteur ne sont pas forcément partagées. Mais aucune n'apparaît déraisonnable ou tendancieuse. Elles dévoilent et consolident à la fois l'espace argumentaire des sciences sociales.

Trois pistes, trois niveaux de lecture sont ainsi possibles, selon l'intérêt du lecteur.

I

L'ouvrage est un édifice à trois étages. Le premier vise à présenter l'espace de connaissance des disciplines retenues, tel qu'il s'est constitué historiquement et noué dans un certain nombre de théories ou de programmes majeurs. Le deuxième prend acte de la proximité thématique et épistémologique de ces disciplines et se consacre à un certain nombre de problèmes transversaux : action et cognition, histoire et structure, modèle et récit, etc. Ces problèmes n'ont pas été choisis au hasard. Ils concentrent, certains depuis le début du siècle, une partie importante de l'effort théorique et réflexif mené au sein des sciences sociales. Le troisième, enfin, cherche l'unité de la pluralité : Peut-on réduire l'extrême diversité du domaine à une sorte de carte cognitive et programmatique ? Quels sont les présupposés ontologiques et épistémologiques qui sous-tendent les sciences sociales et quelle analyse philosophique peut-on en faire ?

Une première lecture consiste à suivre chaque auteur dans sa façon d'élaborer le problème qui lui est soumis.

La première partie, « Les grands territoires et leurs paradigmes » est inaugurée par la discipline la plus ancienne, l'histoire, immédiatement conjuguée au pluriel : « Les sciences historiques ». Jacques Revel y rappelle que l'appartenance de l'histoire aux « sciences sociales », malgré le succès du programme de l'École des Annales, a suscité des controverses diverses et continue de ne pas aller de soi. L'histoire est multiple et plurielle, et sa diversité se redouble de la longue durée dans laquelle elle s'inscrit, de l'Antiquité à nos jours. Diverses modalités de reconstituer son régime de connaissance sont donc possibles. Jacques Revel suggère celle associée au concept de « régime d'historicité » qui articule trois registres : « La construction d'un rapport au temps historique ; Les modalités cognitives d'un savoir sur le passé ; Les formes dans lesquelles ce savoir peut s'énoncer. » Deux régimes peuvent être ainsi distingués de l'Antiquité à nos jours : aux valeurs de l'exemplarité, de la narrativité, de la rhétorique qui façonnent l'historiographie ancienne, se substitue, à partir de la fin du XVIIIe siècle, une conception nouvelle de la connaissance historique et du métier d'historien : celle d'une « connaissance par les sources », c'est-à dire d'un « discours contrôlé » sur un certain type de réalité. L'idée de contrôle – ou de véridicité – est présente dès les origines de l'histoire, et se trouve dans la définition de l'informateur ou du témoignage donnée par les anciens. Mais elle devient centrale dans l'histoire moderne avec le développement de la critique des sources et l'appel aux disciplines auxiliaires susceptibles d'expertiser la matérialité des traces. De la mise en œuvre des techniques du travail historique découlent les problèmes épistémologiques qui agitent la discipline : le mot d'ordre résumé dans la célèbre formule de Ranke, « montrer comment les choses ont vraiment été », a ouvert la voie à une problématisation du « fait historique » et des conditions de la connaissance historique. Jacques Revel suit ainsi les débats où les historiens se trouvèrent pris, entre les injonctions contradictoires des tenants du monisme ou du dualisme explicatifs. Dans cette opposition, les opérations de connaissance mises en œuvre par les historiens, tranchent en faveur d'une réalité plurielle où formalisation, modélisation, application du modèle déductif-nomologique de Hempel, même minoritaires, peuvent coexister sans heurt avec le travail de restitution narrative d'un moment ou d'une situation historiques déterminés.

La géographie, à laquelle est consacrée le deuxième chapitre, est une discipline ancienne, dont il est rare qu'une description soit fournie dans les ouvrages d'épistémologie. Or, après une période de relatif consensus sur ses objets et ses méthodes, elle connaît aujourd'hui une phase de ruptures, propice à la réflexion théorique et réflexive. Jean-François Staszak reconstitue cette évolution. Fondamentalement science de « l'espace humain », la géographie problématise cette notion en s'intéressant non à une substance – ou à une forme –, mais à un rapport, celui de l'Homme et de son espace, mouvant, chargé de sens « où le plus court chemin entre deux points n'est pas nécessairement la ligne droite... ». L'approche classique, notamment représentée par l'école vidalienne, privilégie la singularité des lieux et propose comme unité d'analyse, la région : « Chaque région constitue un individu géographique » qu'il faut décrire dans la corrélation de ses multiples aspects, tant physiques, qu'historiques et culturels. Cette conception idiosyncrasique – chaque région a sa personnalité spécifique –, descriptive et souvent littéraire, se voit battue en brèche par le développement d'une géographie quantitative, privilégiant la recherche des lois d'organisation de l'espace, et adoptant une norme stricte de scientificité, fondée sur l'analyse statistique des données et la construction de modèles. Cette démarche « néo-positiviste » ouvre l'analyse à de nouvelles techniques de recueil et de traitement de l'information et aboutit à la production de modèles hypothético-déductifs raffinés dans divers domaines. Cependant, cette nouvelle orientation épistémologique est également contestée et la géographie contemporaine prend diverses voies critiques – géopolitique, culturaliste, phénoménologique, postmoderniste – qui la rapprochent des autres sciences sociales, en lui faisant partager leur pluralité et leurs incertitudes.

Le troisième chapitre traite de la « science économique ». Le singulier est, bien sûr, volontaire. L'économie occupe, au sein des sciences sociales, une position particulière que soutient fortement Bernard Walliser. Elle a construit, de façon relativement précoce, une armature théorique et conceptuelle qui, malgré les contestations et les ruptures, demeure sa colonne vertébrale et s'enrichit constamment de spécifications internes et d'ouvertures à des domaines nouveaux. À la différence des autres disciplines, une présentation systématique en est ainsi possible, à partir de trois entités : les agents, les institutions et le temps. Ces dernières, dont la conception s'est affinée considérablement durant le dernier demi-siècle, sont définies par des propriétés et des relations permettant leur inscription rigoureuse dans des modèles formels. Ainsi conçue, l'économie relève des mêmes interrogations épistémologiques que les sciences physiques : syntaxe formelle, mode de validation et d'opérationnalité des modèles. Cette armature logique forte, son lien étroit avec l'évolution des techniques économétriques, permettent à l'économie contemporaine d'établir un dialogue dédramatisé entre orthodoxie et hétérodoxie : courants keynésien et marxien dans les années 1950, courants institutionnaliste, cognitiviste et évolutionniste aujourd'hui. L'espace épistémologique construit est fondamentalement proche de celui des sciences physiques dont l'économie endosse, avec cependant de multiples nuances, l'épistémologie vérificationniste ou réfutationniste, tout en s'ouvrant à certaines préoccupations constructivistes.

L'étude des langues, des formes de communication et des systèmes de signification occupe une position centrale dans la culture occidentale. Elle est également fondamentale pour les sciences sociales contemporaines, qui, de la linguistique structurale à la pragmatique, ont trouvé dans les sciences du langage une source d'inspiration quasi permanente. Daniel Bougnoux, dans le quatrième chapitre, choisit le parti d'une perspective historique pour retracer un parcours menant de Saussure à Austin et Searle, en passant par le moment structuraliste, la linguistique générative et la sémiopragmatique de Peirce. L'option choisie est de suivre un courant – celui inauguré par « la coupure saussurienne » –, dans les diverses ramifications l'instituant en programme partagé par la linguistique, l'anthropologie, la sémiologie et la psychanalyse, puis de sauter à des approches alternatives, se développant en parallèle (Peirce) ou à la suite (Chomsky, Austin) des précédents et constituant la base de référence des travaux contemporains. À travers ce parcours s'organisent les grands problèmes auxquels les sciences du langage – entendues au sens large – confrontent les autres sciences sociales : Où passe la démarcation entre le monde des signes et celui des choses ? Quels sont les divers paramètres d'un acte de signification ? Les langues sont-elles des systèmes arbitraires irréductibles ou des manifestations spécifiques d'une même grammaire générale ? Trois frontières apparaissent nettement au fil de cette exposition : au-delà du premier logocentrisme linguistique émergent d'autres sémiotiques, celles notamment de l'icône et de l'indice ; au-delà du système de la langue, l'énergétique de la parole et ses effets performatifs posent la question de l'efficacité symbolique, relationnelle ou proprement communicationnelle (et pas seulement cognitive) de nos échanges sémiotiques ; le fantôme d'une grammaire générale enfin, sous l'immense diversité des idiomes, conduit les sciences du langage à dialoguer aujourd'hui avec les logiciens et les anthropologues de la cognition.

La sociologie, la démographie, l'anthropologie et la psychologie sociale sont souvent désignées par le terme générique de « sciences sociales ». Afin d'éviter les confusions, Jean-Michel Berthelot, dans le dernier chapitre de la première partie, propose de les appeler « sciences du social ». Celles-ci relèvent à la fois d'une histoire spécifique, qui fixe leur problématique et leurs opérations de base, et d'un espace épistémique commun, marqué par le primat d'un modèle rationaliste et expérimentaliste. Ce dernier, cependant, est doublement bousculé et complexifié : par la formulation, dès la fin du XIXe siècle d'une position épistémologique alternative, fondée sur les oppositions entre sciences de la nature et sciences de l'esprit, explication et compréhension, raison expérimentale et raison interprétative ; par le dégagement de divers programmes et théories, orientant l'analyse de la recherche des causes vers celles des structures, des fonctions, du sens, des raisons... La diversité et la pluralité, qui résultent de ces mouvements, s'expriment dans des positions épistémologiques souvent tranchées et polémiques permettant de dessiner *in fine* un espace s'organisant autour de trois pôles : un pôle objectiviste, issu de l'idéal durkheimien de « considérer les faits sociaux comme des choses » et prônant une conception physicaliste de la science ; un pôle rationaliste et intentionnaliste, insistant sur la nécessaire compréhension des raisons des acteurs ; un pôle postmoderniste, textualiste et relativiste, enfin, rompant avec les précédents et endossant le risque d'une dissolution de toute scientificité.

Ainsi décrites, les diverses sciences sociales, malgré la spécificité de leur histoire, rencontrent des objets et des problèmes proches et élaborent des formules de recherche et des théories souvent transposables d'une discipline à l'autre. Leur domaine propre de préoccupation s'enrichit ainsi d'une réflexion interdisciplinaire aux formes multiples dont nous avons choisi, dans notre deuxième partie, « Les grandes traverses », de retenir quelques thématiques centrales.

La plus récemment apparue – même si, par l'intermédiaire de l'économie elle s'inscrit dans la durée – est celle que présente Pierre Livet sous l'intitulé « Action et cognition ». En s'interrogeant sur l'action – notamment dans le cadre de l'individualisme méthodologique –, les sciences sociales postulent que les comportements observés peuvent être référés à des éléments cognitifs (les « raisons » des acteurs), dont la saisie n'est elle-même possible que par l'intermédiaire d'autres comportements (par exemple ce que « disent » les acteurs). Il y a là une difficulté épistémologique majeure, élaborée de manière diverse par les programmes de sciences sociales centrés sur l'action. Pierre Livet en retient trois : celui de l'économie, postulant la rationalité des acteurs ; celui de l'ethnométhodologie, induisant de leur part une « capacité cognitive interactive » ; celui, enfin, de la sociologie, remontant du système aux acteurs. Le premier est celui qui suscite la littérature la plus importante, du fait des distorsions entre les comportements sociaux effectifs et les calculs de l'agent supposé rationnel. Ces difficultés internes – suscitant l'ouverture de l'enquête à la psychologie et à la linguistique cognitives – se doublent de difficultés externes, liées au rapport entre le local et le global, le rationnel, le contextuel et le relationnel. Ces dernières difficultés, thématisées également par la philosophie analytique, sont d'une certaine manière prises en charge par la sociologie. Pierre Livet expose les diverses variantes d'un recentrement sur les capacités cognitives des acteurs en sociologie et la fécondité de cette perspective pour la géographie et pour l'histoire.

Histoire et structure, diachronie et synchronie, approches transversales et approches longitudinales constituent un thème récurrent des sciences sociales contemporaines. Robert Franck le traite dans une perspective explicative : l'explication, en sciences sociales, ne mériterait-elle pas d'accorder une place plus importante à l'histoire ? Le développement de cette question passe par deux voies. En quoi l'histoire comme discipline – telle qu'elle est présentée dans la première partie de cet ouvrage – peut-elle apporter son concours explicatif aux autres sciences sociales ? Comment cet apport peut-il s'insérer dans la logique de l'explication elle-même ? Les distinctions élaborées par Braudel dans l'étude des temporalités historiques et la détermination du niveau de la « longue durée » fournissent la réponse à la première question. Une analyse critique des formes logiques de l'explication dans les sciences, séparant l'explication par les mécanismes empiriques – ce qui engendre l'effet –, de l'explication par les conditions théoriques – les modèles ou les structures au sens de Lévi-Strauss –, permet à la fois de comprendre et de résoudre le débat entre histoire et structure issu du structuralisme. L'histoire ne concerne pas les conditions théoriques mais les déterminations empiriques d'émergence des phénomènes. Le problème est dès lors de préciser comment elle peut effectivement contribuer à cette explication. Robert Franck propose une analyse critique de deux modalités de cette contribution en économie : l'économie « évolutionnaire » et l'approche marxienne.

Holisme et individualisme constitue une opposition très fortement marquée tout au long de l'histoire des sciences sociales au point qu'elle peut en constituer un véritable analyseur. Bernard Valade entreprend de la traiter selon la double exigence d'une clarification terminologique et d'une mise en perspective théorique de longue durée. Cernant d'abord l'espace sémantique dans lequel les deux termes se développent, il met en évidence à la fois leur solidarité avec des traditions de pensée remontant des Lumières à l'Antiquité, et leur complexité interne. Holisme et individualisme se déclinent différemment selon qu'ils sont saisis dans une perspective ontologique, épistémologique, éthique ou objectale. C'est, cependant, la dimension *méthodologique* qui nourrit le débat de fond en sciences sociales et mobilise la réflexion d'auteurs comme Hayek, Popper, Boudon, Dumont, etc. Cette dimension a trait au problème central de l'explication et ouvre sur les grands débats épistémologiques qui ont opposé, dès la fin du siècle dernier, les tenants d'un modèle explicatif aux partisans d'un modèle compréhensif dans les sciences sociales. Reprenant les diverses positions en présence, du néokantisme de la fin du siècle dernier au néopositivisme des récentes décennies, en passant par les théoriciens du Cercle de Vienne, Bernard Valade nuance considérablement le débat, se démarque de ses élaborations idéologiques et manichéistes et invite à une complémentarité raisonnée – et raisonnable – des termes et des procédures.

Quelle est la syntaxe adaptée à l'écriture des sciences sociales ? Cette question est fortement débattue depuis deux décennies. Elle retrouve, selon d'autres modalités, des oppositions anciennes : celle entre approches nomothétiques et approches idiographiques avait été élaborée par les philosophes allemands dès le début du siècle, pour penser la différence entre sciences physiques et sciences historiques. Jean-Claude Gardin fait le point sur ce dossier, à travers l'examen d'un débat plus récent sur la part respective du modèle et du récit dans les disciplines des sciences sociales. Il définit, dans un premier temps, les diverses acceptions dans lesquelles peuvent s'entendre les deux termes en question et met en évidence leurs relations complexes : il n'est pas de récit qui, d'une certaine façon, ne modélise pas la réalité, ni de modèle qui puisse s'épargner la nécessité d'un commentaire en langage naturel. Ces interférences tiennent notamment à la polysémie des termes et à la possibilité d'en définir à chaque fois une version « forte » – acceptant diverses contraintes syntaxiques et sémantiques – et une version faible, beaucoup plus laxiste. Il est néanmoins possible d'établir l'argumentaire des tenants de chaque position dans leur prétention à définir le langage des sciences sociales. La modélisation – c'est-à-dire la formalisation et la quantification – est pour les uns la seule garante de scientificité, le langage naturel ne valant que dans l'ordre du commentaire ou de la persuasion ; réductrice pour les autres, elle ne peut satisfaire aux exigences de restitution du sens et de la singularité que seul le récit autorise. Dans ce débat aux scènes multiples, Jean-Claude Gardin, promoteur en archéologie d'un programme logiciste d'analyse des textes scientifiques, s'efforce d'apporter clarification et perspectives. Il esquisse, *in fine*, à travers ce programme, la possibilité d'une claire séparation et d'une saine collaboration entre modélisation et littérature, excluant l'appel réitéré en sciences sociales à une hypothétique troisième voie.

La troisième partie de l'ouvrage, « Unité et pluralité », ne vise pas une illusoire synthèse. Elle adopte simplement un plus haut niveau de généralité pour tenter de poser un certain nombre de problèmes épistémologiques et ontologiques propres aux sciences sociales comme telles.

Dans le premier chapitre, Jean-Michel Berthelot reste sur le versant épistémologique en interrogeant les opérations de connaissance à l'œuvre dans les diverses disciplines et en se demandant comment leur pluralité et leur diversité peuvent être réduites à un certain nombre d'orientations déterminées. Reprenant le concept de « programme de recherche » de Lakatos et le différenciant de celui de « paradigme » de Kuhn, il met en évidence la possibilité d'interpréter en ces termes la pluralité des approches et des théories. Ce faisant, les programmes – qui, selon Lakatos, sont définis par un certain nombre d'axiomes fondamentaux – apparaissent susceptibles de se regrouper en familles commandées par un schème commun d'analyse, c'est-à-dire une opération cognitive rectrice, privilégiant une ligne déterminée d'explication, en termes de cause, de fonction, d'intentionnalité, etc. Ces schèmes, à l'œuvre dans le travail de connaissance dès l'organisation des données, c'est-à-dire dès la transformation des informations en faits, permettent également d'esquisser la structure de l'espace de connaissance propre aux sciences sociales. Celui-ci apparaît organisé autour de trois pôles, concentrant à la fois des engagements épistémologiques et ontologiques : un pôle naturaliste, un pôle intentionnaliste, un pôle « symboliciste ». Les tendances récurrentes de chaque pôle à proposer l'« explication ultime », et les tentatives inverses d'en proposer une articulation dans une théorie intégratrice, constituent l'un des mouvements de fond de la réflexion théorique générale en sciences sociales.

Dans le deuxième chapitre – et dernier de l'ouvrage –, Ruwen Ogien relève le difficile défi d'opérer le lien avec la philosophie. L'orientation qu'il choisit est celle de la philosophie analytique, dont les préoccupations ontologiques et épistémologiques croisent de plus en plus, aujourd'hui, celles des sciences sociales. L'analyse est d'abord « conceptuelle », plutôt qu'« historique » et concerne en premier lieu la « justification ». Après avoir fait le bilan d'une philosophie des sciences revenue de ses prétentions normatives initiales, Ruwen Ogien montre la difficulté de donner un contenu conceptuel homogène à la notion de « sciences sociales ». Selon la méthode analytique, il ramène cette diversité à un certain nombre de phénomènes et de positions fondamentales permettant d'engager, selon d'autres voies, la discussion d'oppositions récurrentes telles qu'holisme et individualisme. Ainsi est distingué le problème épistémologique de la pertinence explicative des facteurs sociaux, de la question ontologique de l'effet causal de ces mêmes facteurs. Cette dernière est particulièrement délicate. Attribuer des effets causaux à des entités non physiques – des êtres de raison comme l'État, la structure de la famille, la religion – est pour le philosophe impossible. Simultanément – et telle est la question traitée par le chapitre – rejeter cette possibilité peut se révéler d'un coût considérable. Une conception « faible » de l'objectivité des phénomènes sociaux – qui les définit dans leur relation aux agents – déporte vers ceux-ci l'imputation causale et l'inscrit dans les termes d'une « psychologie ordinaire » – en termes de désirs, de croyances et de préférences. Mais celle-ci pose des problèmes épistémologiques, méthodologiques et ontologiques variés qui retrouvent diverses questions débattues par la philosophie de l'esprit et l'épistémologie : réalité des croyances, principe de charité, causes et raisons. En définitive et après une discussion serrée, Ruwen Ogien aboutit à une alternative en forme d'aporie : les sciences sociales semblent condamnées soit à attribuer un pouvoir causal à des entités non physiques supra-individuelles, soit à s'en remettre à la psychologie ordinaire et à ses limites.

II

Le lecteur attentif aura remarqué que deux questions n'ont pas été posées d'emblée : Qu'entendre par « sciences sociales » d'un côté, par « épistémologie » de l'autre ? Malgré l'apparente symétrie de la formule, il n'est pas évident qu'il en aille ainsi : définir les sciences sociales peut sembler relever de l'inventaire – même si un critère préalable est nécessaire ; préciser le sens du terme « épistémologie » engage une discussion conceptuelle.

Il est possible – et nous allons le faire –, de clarifier ces termes et d'expliciter les décisions sémantiques prises dans l'orientation générale de l'ouvrage. Mais une clarification ne dissout pas toujours un problème qui aurait été mal posé. Elle peut également révéler des lignes différentes d'intelligibilité, également pertinentes mais aux présupposés non réductibles. Il en va bien ainsi des deux termes en suspens : les choix faits – que nous allons expliciter – sont pragmatiquement pertinents : ils rendent possibles l'ouvrage. Mais d'autres auraient été possibles et ces alternatives – surtout dans le cas de la définition de l'épistémologie – parce qu'elles font sens, affleurent en divers points du texte.

Il fallait délimiter le domaine des sciences sociales. Un tour d'horizon rapide en révèle la difficulté et ce qui, dans notre sélection, peut sembler arbitraire. Ne fallait-il pas intégrer les sciences politiques, les sciences juridiques, les sciences du texte, la psychologie et la psychanalyse ? Sinon, pourquoi accorder ce privilège à l'histoire ou à la géographie ou à la linguistique ? Et ce d'autant plus qu'entre ces espaces disciplinaires et ceux retenus les liens sont de plus en plus nombreux et denses.

Disons-le tout net, l'objection est valable. Nos raisons ne sont pas pour autant de mauvaises raisons ni les conséquences de nos choix des effets négatifs. On peut les résumer ainsi :

a / argument pragmatique : il fallait bien trancher ; soit saisir un espace élargi en risquant de le traiter de façon superficielle, surplombante et segmentée, soit rétrécir le périmètre pertinent et procéder à une construction par niveaux significatifs ;

b / argument théorique : les sciences juridiques et les sciences politiques font une part importante au jugement normatif et à ses fondements. Dans ces domaines, la perspective traditionnelle des sciences sociales – y compris quand elles y sont présentes – est différente : elles cherchent à expliquer les facteurs qui déterminent un univers normatif et à comprendre les raisons qu'ont les acteurs d'y adhérer. La psychologie interfère avec les sciences sociales par l'intermédiaire de la psychologie sociale. Mais son noyau dur est fondamentalement orienté vers les fondements organiques des états mentaux. Les sciences du texte font appel à de nombreuses références liées aux sciences sociales ; mais, soit elles se définissent par un objet spécifique, abordé de façon pluridisciplinaire, soit elles se réclament d'un programme herméneutique et textualiste qui ne leur est pas propre. Dans chacun de ces cas, les interférences avec les sciences sociales sont multiples, fécondes, et méritent l'analyse. On les retrouvera plus loin au détour de tel ou tel texte. En revanche, les disciplines retenues semblent avoir en commun un élément central : elles sont toutes, dans leur espace propre, amenées à problématiser des formes d'interaction entre « actants », quel que soit le nom qu'on leur donne (agents, acteurs, locuteurs, forces sociales, voire institutions...), le niveau d'analyse privilégié (celui des structures ou celui des processus) ou la forme explicative retenue (modélisation ou récit). Bien sûr, ces « actants » sont en dernière analyse des hommes, et, derrière leur représentation du monde, historiquement et culturellement marquée, la question de leurs états mentaux relève de la psychologie. Ils évoluent également dans des univers sociaux et culturels normés, s'appuyant sur des règles et des traditions juridiques déterminées. Néanmoins, ce qu'ont en commun les diverses disciplines retenues, dans la dimension ou le secteur définis de la réalité sociale qu'elles investissent – le temps historique, l'espace, l'échange de biens, la communication... –, c'est de s'intéresser à des phénomènes qui sont toujours des effets – immédiats ou cristallisés – ou des modalités – formelles ou informelles – d'interactions entre actants ;

c / effets non négatifs : même si ces arguments sont susceptibles d'être discutés – il y a si peu de consensus en sciences sociales qu'on voit mal pourquoi, miraculeusement, il y en aurait ici –, les choix faits nous paraissent plutôt positifs : dans un univers déjà particulièrement compliqué, circonscrire un premier cercle et se donner les moyens d'une exploration sérieuse et recoupée assure une certaine densité du résultat ; les voies par lesquelles les disciplines délaissées sont le plus présentes en sciences sociales se retrouvent partiellement dans les divers textes ; l'appareil conceptuel construit tout au long de cet ouvrage, bien que lui-même divers et non totalement unifié, permet une thématisation ultérieure de ces disciplines et peut constituer une base à une discussion élargie.

La discussion concernant le terme « épistémologie » est un peu différente. Elle est à la fois plus robuste et mieux balisée. Elle tient à la notion de « connaissance » et à l'articulation entre sciences sociales et connaissance du social.

Chacun sait que, indépendamment de toute science du social, les humains ont une connaissance de leur environnement social. Celle-ci a été diversement thématisée au cours de l'histoire des disciplines. *Grosso modo,* elle a oscillé entre trois statuts : celui d'obstacle épistémologique – ce que nous croyons savoir du social n'est qu'un ensemble de préjugés ou de « prénotions » ; celui d'objet d'étude – ce que les individus pensent de leur monde, à une époque donnée, dans une culture donnée, doit être étudié avec autant de minutie que les diverses traces objectives disponibles ; celui de fondement – la connaissance « ordinaire » est ce sur quoi s'enracine toute possibilité de compréhension du monde social. C'est cette dernière voie qui aujourd'hui semble bien l'emporter, mais selon des modalités renouvelées. Il ne s'agit plus d'endosser l'argumentaire de la phénoménologie[1] mais d'interroger la cognition sociale, c'est-à-dire la manière dont les individus forgent des « concepts sociaux ». Cette entreprise est elle-même compliquée et traversée de points de vue divers[2]. Mais elle a en commun de s'intégrer dans une définition de

1. Les tenants de cette position, notamment en sociologie, Schütz, Berger et Luckmann, Douglas, Garfinkel, etc., se réclament de la phénoménologie de Husserl.

2. Elle oppose, d'une part, des partisans du constructivisme, regroupés autour de l'idée de *social epistemology,* défendue notamment par une revue de même intitulé et par un auteur comme Steve Fuller (*Social Epistemology*, Indiana University Press, 1991), d'autre part, des philosophes de tradition analytique, soucieux d'étendre l'épistémologie aux facteurs sociaux favorisant la connaissance, comme Alvin I. Goldman (*Knowledge in a Social Word*, Oxford, Clarendon Press, 1999). Elle mobilise par ailleurs des sociologues se réclamant, selon des modalités diverses, du cognitivisme (voir, sur ce point, un certain nombre de parutions françaises récentes : R. Boudon, A. Bouvier, F. Chazel, *Cognition et sciences sociales*, Paris, PUF, 1997 ; *Raisons pratiques*, n° 8, 1997, *Cognition et information en société* ; P. Pharo, *Sociologie de l'Esprit*, Paris, PUF, 1997).

l'épistémologie, fortement portée par la philosophie analytique, comme théorie de la connaissance. Si une connaissance est une croyance vraie et justifiée, l'épistémologie s'intéresse aux conditions constitutives de cette croyance comme telle – quel que soit son domaine d'émergence, scientifique ou non scientifique. L'épistémologie ainsi définie se distingue donc nettement de la philosophie des sciences et endosse, de façon renouvelée[1], le programme de ce que l'on appelait traditionnellement la gnoséologie.

Ce n'est pas en ce sens que le terme d'« épistémologie » est – globalement – pris dans cet ouvrage[2]. Il réfère à une acception plus habituelle dans la philosophie dite continentale – et notamment dans sa tradition française – qui l'assimile à une réflexion analytique et critique sur les sciences. Mais cette acception pose elle-même deux problèmes, l'un interne, l'autre externe :

— le recouvrement très fort de cette notion d'épistémologie et de ce que l'on peut entendre par « philosophie des sciences » suggère l'assimilation entre « épistémologie des sciences sociales » et « philosophie des sciences sociales ». Or, le renouvellement contemporain de la philosophie des sciences sociales tend à se faire sous les auspices d'une philosophie analytique qui ne s'intéresse pas seulement aux disciplines scientifiques impliquées par son intitulé mais à des questions épistémologiques (au sens 1 décrit plus haut) et ontologiques plus générales concernant la cognition sociale ou le statut des entités et propriétés sociales. En d'autres termes, le programme de cette philosophie des sciences sociales déborde très largement celui d'une épistémologie des sciences sociales au sens étroit ;
— cette épistémologie elle-même, enfin, peut être pratiquée de diverses manières. Comme le rappelle Ruwen Ogien dans son texte, elle a été longtemps un sous-produit d'une philosophie des sciences normative, attentive à distinguer le bon grain de l'ivraie et à déterminer des critères définitifs de scientificité qui ne laissaient que peu de chances de succès aux sciences sociales. Elle a relevé également d'une préoccupation interne aux disciplines, soucieuses d'établir en leur sein des critères méthodologiques

1. Notamment dans ses liens avec la psychologie cognitive et son programme de réduction aux opérations mentales et à leur fondement organique (« naturalisation » de l'épistémologie).

2. Sauf dans les contributions de Pierre Livet et de Ruwen Ogien où cette acception intervient de façon technique.

rigoureux et d'inscrire leur connaissance sous le régime de la véridicité. Mais, comme le montrent à l'envi les textes de la première partie de cet ouvrage, cette épistémologie interne peine à éviter les conflits d'école et d'orientation. Heureusement, cependant, dans ses meilleures productions, elle systématise et codifie des positions et des programmes et participe ainsi du travail de clarification nécessaire.

Notre projet collectif s'inscrit donc dans la définition traditionnelle de l'épistémologie continentale, revue et corrigée par un souci analytique et descriptif dominants : qu'il s'agisse des disciplines retenues ou des problèmes transversaux abordés, le primat a été donné à une tentative de réduction de la multiplicité des positions et des orientations à un certain nombre de points sous-jacents, constituant les noyaux rationnels de compréhension de l'activité épistémique décrite. Pour autant, l'acception large de la notion d'épistémologie et les préoccupations plus fondamentales – notamment ontologiques – de la philosophie des sciences sociales ne sont pas totalement absentes et affleurent au gré des textes.

III

Si l'orientation descriptive et analytique l'emporte dans cet ouvrage, les modalités par lesquelles s'opère la nécessaire réduction conceptuelle des domaines investigués sont diverses. Il pouvait difficilement en être autrement, mais l'attention aux différences peut être une autre piste de lecture, dès lors que celles-ci sont comprises non comme des faiblesses mais comme des indices. En un mot, la réalisation de ce projet nous a confrontés à un problème que nous pensions – en tout cas que je pensais – moins prégnant : celui de la diversité, non seulement des langages et des réflexes disciplinaires, mais également des métalangages et, spécifiquement, du métalangage épistémologique.

On peut en saisir une première modalité dans l'ordre d'exposition adopté par chaque auteur, c'est-à-dire dans le principe de réduction utilisé. Bien qu'il y ait de multiples formes intermédiaires, les textes qui suivent privilégient soit l'ordre historique, soit l'ordre analytique. Dans le premier cas, on suit les scansions par lesquelles les disciplines – ou les problèmes – se sont construits, et l'on dégage progressivement les articulations fortes qui se sont élaborées ; dans le second, on part de prémisses théoriques, pour construire un système dont on évalue les caractéristiques logiques et cognitives avant d'en marquer les infléchissements historiques. Ce n'est ni un hasard ni une faiblesse si, dans la première partie, consacrée aux disciplines, seule l'économie relève d'un traitement analytique. Ce traitement lui-même, présent bien sûr dans tous les textes, peut s'opérer de deux façons différentes, selon la nature des éléments retenus comme analytiquement premiers, ou fondamentaux : certains chapitres privilégient les théories, référables à des auteurs, dont ils déplient ensuite les implications conceptuelles et programmatiques ; d'autres leur préfèrent un autre niveau opératoire, en général plus « profond », qu'il s'agisse de régimes de connaissance (Revel, Gardin), de traditions de pensée (Valade), d'argumentaires (Ogien) ou de programmes de recherche (Walliser, Livet, Berthelot). Dans tous les cas, cette relative labilité pose le problème de l'articulation de ces divers termes. Jean-Michel Berthelot en propose une esquisse dans la 3e partie (autour des notions de pôles, schèmes, programmes et théories) mais celle-ci a le statut d'une proposition théorique, non d'un résultat partagé.

Une deuxième modalité de cette diversité se donne à voir dans les systèmes terminologiques utilisés. Sur divers points, ils ne se recouvrent pas vraiment[1], ce qui semble relever de trois facteurs :

— l'enracinement disciplinaire : des termes aussi généraux que ceux de cause, structure, système, sens, action, ne sont pas employés avec une acception rigoureusement identique, d'une discipline à l'autre. Si l'accord peut assez facilement se faire sur ce que chacun dénote, ses usages disciplinaires, c'est-à-dire ses espaces d'inscription et de discussion, varient entre les disciplines et imprègnent le vocabulaire utilisé par chacun ;
— les sources transdisciplinaires : le vocabulaire des sciences sociales est fortement marqué par des théories à prétention transdisciplinaire, dont le cadre conceptuel tend à s'imposer comme cadre de référence : théorie marxiste, psychanalyse, sémiologie structurale à une époque ; pragmatique, modèle du choix rationnel, cognitivisme aujourd'hui. Selon la plus ou moins grande proximité des auteurs à tel ou tel courant, leur vocabulaire en garde les traces ;

1. Le lecteur attentif pourra s'en persuader en se référant à l'index général, construit à partir des divers index particuliers.

— l'effort réflexif : chaque auteur a cherché à remplir son contrat de la façon la plus authentique, c'est-à-dire en soumettant l'ensemble de son univers de référence à la critique rationnelle. Ce troisième facteur est à la fois source de différences – il procède d'univers de référence partiellement distincts et d'un effort singulier de réflexivité – et de rapprochement : il introduit une distance susceptible d'autoriser des confrontations fructueuses.

C'est sur ce dernier élément que nous nous sommes collectivement appuyés, dans la rédaction de l'ouvrage, pour organiser la lecture et la critique croisée des textes. Il ne permet pas, cependant, de réduire totalement la pluralité des approches et des positions.

Faut-il dès lors parler d'un échec à réduire la pluralité, ou, à l'inverse, d'une prise de position en faveur de cette dernière ? Ni l'un, ni l'autre.

Reconnaître la pluralité en sciences sociales – des disciplines, des approches, des programmes, des engagements philosophiques – ne signifie pas plaider pour la pluralité. En tout cas, telle n'est pas l'optique ici retenue. C'est reconnaître un état de fait et le constituer en objet d'analyse. De ce point de vue, les auteurs me semblent, par-delà les différences notées, partager et mettre en œuvre un certain nombre de convictions communes, dont l'intérêt n'est pas médiocre :

— ils refusent la revendication d'un pluralisme de droit des discours, menant rapidement à une position relativiste intenable : en termes triviaux, dire en ce domaine – comme en d'autres – « à chacun sa vérité », c'est récuser l'idée même de vérité et, au-delà, de connaissance. Ruwen Ogien, que l'on ne peut guère suspecter de dogmatisme, le rappelle opportunément ;
— ils refusent, pendulairement, d'opposer à un pluralisme nihiliste une théorie unitaire à prétention universelle, dont les divers avatars, jusqu'à aujourd'hui, n'ont mené qu'à l'imposition de théories comme doctrines, ne relevant plus *in fine* que de critères extrascientifiques d'adhésion à une représentation du monde ;
— ils suggèrent, à l'inverse, que la seule voie raisonnable est celle d'une discussion argumentée : *a)* cherchant à remonter aux postulats impliqués par les diverses positions et approches en sciences sociales et à en clarifier les fondements et les implications ; *b)* invitant à leur évaluation à partir du triple critère rationnel de crédibilité des axiomes, de cohérence des propositions et des termes, de fécondité empirique des programmes.

Que cette ligne de force ait commandé à la réalisation de cet ouvrage et ait été mise en œuvre n'est pas sans valeur et constitue même une sorte de « première ». Les ouvrages comparables, consacrés à l'épistémologie ou à la philosophie des sciences sociales, sont peu nombreux. Dans la tradition américaine, il s'agit essentiellement de *readers,* rassemblant des textes d'horizon divers, et témoignant davantage de la diversité des positions et des débats que d'une tentative de thématisation commune. Dans la tradition française, aucun ouvrage n'embrasse, à notre connaissance, une telle diversité de disciplines et ne les aborde selon la double exigence d'une compétence disciplinaire plurielle et d'une rigueur analytique commune.

Si donc, comme nous y avons insisté, fidèles à notre orientation générale, ce livre ne prétend pas résoudre tous les problèmes ni masquer les difficultés restant en suspens, il revendique le mérite de frayer de façon authentique, rigoureuse, informée, et nous le souhaitons, agréable, des voies finalement moins fréquentées qu'il n'y paraît.

PREMIÈRE PARTIE
Les grands territoires et leurs paradigmes

1 – Les sciences historiques

PAR JACQUES REVEL

« — Veux-tu que nous essayions de composer une histoire ?
— Je ne demande pas mieux ! Mais laquelle ?
— Effectivement, laquelle ? »

Flaubert, *Bouvard et Pécuchet*, chap. IV.

Histoire et sciences sociales ?

Un chapitre consacré aux sciences historiques a-t-il sa place dans un ouvrage consacré à l'épistémologie des sciences sociales ? La réponse ne va pas de soi, et pour deux raisons au moins. La première est qu'il n'est pas assuré que l'histoire doive toujours être considérée, et par tous, comme une science sociale. Outre que le problème n'a véritablement commencé d'être posé qu'assez récemment, il y a un siècle environ, il n'a pas reçu une réponse univoque et, selon les expériences et les configurations particulières (nationales, pour l'essentiel), le rapport entre l'histoire et les sciences sociales a pu être formulé de façons très diverses. Si répétitive que puisse paraître l'énorme littérature qui lui a été consacrée, le débat qu'il a suscité a été compliqué et mouvant et les termes n'en ont jamais été stabilisés. Débat épistémologique, débat méthodologique sans nul doute, mais dont on ne saurait oublier que l'un et l'autre mettent à chaque fois en cause des rapports de force et des stratégies d'affirmation des disciplines, d'une part, et de l'autre les représentations sociales qu'elles nourrissent, qu'elles enregistrent et qu'elles répercutent tout à la fois. De cette confrontation, ce n'est pas ici le lieu de rappeler l'histoire. Rappelons qu'elle a débuté à la fin du XIXe siècle, au moment où certaines des sciences sociales commençaient à être reconnues comme des disciplines autonomes et à trouver un début d'institutionnalisation universitaire : ainsi dans les États-Unis du *Gilded Age* ou dans la France de la IIIe République, où les sciences nouvelles incarnaient – comme l'histoire – l'exigence d'objectivité, de méthode et de connaissance positive qu'exprimaient les idéologies contemporaines du progrès. Le monde allemand bénéficiait en la matière d'une antériorité certaine, et l'Université humboldtienne a souvent servi de modèle aux autres pays ; elle présentait par ailleurs un agencement très différent puisque les sciences sociales y avaient été accueillies au sein d'un système culturel construit autour de la philosophie et que leur spécialisation paraît y menacer, autour de 1900, l'unité de *Bildung* (Ringer, 1992).

Dans tous les cas, ces disciplines étaient jeunes par rapport à l'histoire, discipline ancienne et qui bénéficiait d'une légitimité particulière au terme d'un siècle où elle avait joué un rôle central dans les constructions nationales. C'est alors que le problème du rapport des premières à la seconde a commencé d'être posé comme tel. Il a reçu, et il n'a pas cessé depuis, de recevoir des réponses de signe et de contenu fort différents. Des fins de non-recevoir, comme celle qu'a formulée très tôt le philosophe et historien italien Benedetto Croce qui, dès son premier mémoire sur « L'histoire ramenée au concept général de l'Art » (1893), définissait la connaissance historique comme relevant exclusivement d'une connaissance par l'imagination et l'intuition, seule capable d'appréhender les faits individuels. Des tentatives pour conformer, de façon prescriptive, l'histoire à l'agenda épistémologique des sciences sociales : telle a été l'ambition de Durkheim et de Simiand en France au tournant du siècle, ou encore, en termes très différents, celle des sciences sociales américaines à l'époque de Talcott Parsons dans les années 1950-1960. Un troisième type de réponse, le plus intéressant pour nous, est celui qui a parié sur une confrontation et une intégration empirique de l'histoire et des sciences sociales. Il ne s'agit sans doute pas d'un modèle épistémologique fort, comme les précédents, mais d'un bricolage ingénieux dont les résultats, porteurs d'évidentes limites, se sont montrés d'une fécondité remarquable : le mouvement des *Annales* en France depuis soixante-dix ans, le programme développé par *Past and Present* en Grande-Bretagne, la *historical sociology* aux États-Unis, la nouvelle histoire sociale allemande peuvent être considérés comme des variantes, plus ou moins exigeantes, de cette formule. Il reste qu'il peut être utile de rappeler d'entrée de jeu au lecteur que même à la fin du XXe siècle, l'histoire n'est pas majoritairement considérée comme une science sociale, ni parmi ses propres praticiens ni par les spécialistes des disciplines sociales. On n'en tirera pas de conclusion définitive, mais on y trouvera une indication pour comprendre les asymétries qui ont pu exister et qui continuent d'exister entre ces domaines de connaissance.

Venons-en, d'un mot, à la seconde raison qui peut commander quelque réticence. Depuis le dernier tiers du XIXe siècle, il existe parmi les historiens un refus fort, très lourdement majoritaire, de toute tentation philosophique. Il existe certes des exceptions remarquables à cette loi du milieu. Elle n'y est pas moins très fortement présente, le plus souvent de façon tacite, parfois explicitement, depuis que l'histoire s'est redéfinie comme une discipline et les historiens comme une communauté universitaire dans le dernier tiers du XIXe siècle. Ce refus visait au départ les grands systèmes philosophiques auxquels on opposait l'objectivité positive à laquelle prétendait la connaissance historique. Il s'en est pris ensuite aux philosophies de l'histoire à la Spengler, à la Valéry ou à la Toynbee, récusées comme relevant d'un genre littéraire éculé[1]. Il affecte pour une part non négligeable ce qui relève de l'épistémologie de la discipline. Un grand historien français l'écrivait en clair, il n'y a pas si longtemps : « L'épistémologie est une tentation qu'il faut savoir résolument écarter. L'expérience de ces dernières années ne semble-t-elle pas prouver qu'elle peut être une solution de paresse chez ceux qui vont s'y perdre avec délices – une ou deux brillantes exceptions ne font que confirmer la règle –, signe d'une recherche qui se stérilise ? » Pierre Chaunu mettait ainsi les « robustes artisans d'une connaissance en construction » en garde contre les paresses de « cette morbide Capoue »[2]. Si énergique soit-elle dans sa formulation, cette injonction rallierait probablement la conviction, au moins passive, de nombre d'historiens (même si c'est sans nul doute moins vrai deux décennies plus tard). C'est que ceux-ci conçoivent leur pratique comme un art parfois, plus souvent comme un artisanat, dans tous les cas comme un *métier*. A. Prost rappelait justement, il n'y a guère, l'importance du répertoire métaphorique de l'atelier et de l'apprentissage artisanal dans le discours que la discipline tient sur sa propre expérience, portée par « le sentiment très fort qu'il n'y a pas de règle qu'on puisse appliquer automatiquement et systématiquement, que tout est affaire de dosage, de doigté, de compréhension »[3]. Ces prudences ne sont pas perçues comme incompatibles avec la

1. À titre d'exemple, L. Febvre, « Deux philosophies opportunistes de l'histoire. De Spengler à Toynbee » (1936), in *Combats pour l'histoire*, 1953, Paris, A. Colin, p. 119-143.

2. P. Chaunu, *Histoire quantitative, histoire sérielle*, « Cahiers des Annales », 1978, Paris, A. Colin, p. 11.

3. A. Prost, *Douze leçons sur l'histoire*, Paris, Le Seuil, 1996, p. 146-147.

rigueur ni avec l'ambition scientifiques. Elles définissent plutôt une posture, somme toute modeste (mais d'une modestie qui peut se faire donneuse de leçon, à l'occasion), qui se fonde sur la conviction que le bon historien se forme et s'affirme dans l'exécution. Tels sont encore les mots qu'utilise significativement Marc Bloch lorsqu'il retient le titre d'*Apologie pour l'histoire ou Métier d'historien*[1] pour le livre de réflexion générale sur sa discipline qu'il laissera inachevé à sa mort (Bloch, 1949, 1993). Si insatisfaisants qu'ils puissent paraître, vus du dehors, ils méritent d'être pris au sérieux. Ils aident à comprendre, par exemple, pourquoi l'investissement et le débat sur les problèmes de méthode occupent une place aussi centrale dans une profession aussi réticente, par ailleurs, à la formulation théorique et à l'interrogation épistémologique. Ce pli peut être plus ou moins marqué selon les expériences culturelles particulières : aujourd'hui encore, il l'est particulièrement en France, par exemple, par comparaison avec le monde allemand où la réflexion ouverte par la philosophie critique de l'histoire a été largement intégrée au débat historiographique. Il reste que cette méfiance demeure une attitude majoritairement partagée qui n'a commencé à céder qu'assez récemment. C'est le plus souvent du dehors, et en particulier de la philosophie, que sont venues les principales interrogations et les prises de position sur la structure et les modalités de la connaissance historique : de la tradition diltheyenne prolongée et renouvelée, ou encore de la philosophie analytique dans le monde anglo-saxon. On se retrouve ainsi devant une division des tâches assez problématique, qu'illustre bien la revue américaine *History and Theory*.

Ce constat n'est pas seulement anecdotique. Dans le rapport entre l'histoire et les sciences sociales, il a induit une asymétrie récurrente, nombre de malentendus et aussi de vrais désaccords. Il a parfois été thématisé, et certains auteurs ont été jusqu'à s'interroger, récemment, sur le bien-fondé de ce rapport, sur ce qu'il était légitime d'en attendre, et plus généralement sur l'ambition nomothétique des sciences sociales[2]. Plus quotidiennement, et parce que les points de rencontre entre l'histoire et les sciences sociales ont été nombreux depuis un siècle, fréquentes les entreprises communes, il y a là une source d'interrogations répétées sur ce qu'on pourrait appe-

1. Le sous-titre d'abord retenu par Bloch était : « Comment et pourquoi travaille un historien. »

2. C. Ginzburg, « Signes, traces, pistes. Racines d'un paradigme indiciaire » (1979), in *Mythes, emblèmes, traces. Morphologie et histoire*, Paris, Flammarion, 1989, p. 139-180.

ler les styles de connaissances scientifiques. C'est à l'histoire seule que l'on s'attachera dans les pages qui suivent. Mais il n'est peut-être pas inutile de rappeler au passage que ces questions n'ont cessé de se poser aussi au sein de chacune des grandes disciplines qui constituent les sciences sociales – de la sociologie et de l'anthropologie en tout cas.

La diversité des histoires

Dans les premières pages d'un grand livre sur la constitution d'une science historique à la Renaissance, l'historien D. Kelley s'interroge en ces termes : « Qu'est-ce que l'histoire ? La question est souvent posée mais, comme Pilate, on se préoccupe rarement d'y répondre. Il existe, bien sûr, des réponses, mais la plupart d'entre elles paraissent concerner des interrogations substantiellement différentes. Que devrait être l'histoire ? Ou : que souhaite-t-on qu'elle soit ? Ou : que devrait-elle être pour garantir telle conception préformée ou telle autre ? L'ennui, c'est qu'en général la question n'a pas été posée par les bonnes personnes. » Sans surprise, ces questionneurs indus, ont été, selon Kelley, des philosophes, des théologiens, des spécialistes des sciences sociales ; et parfois aussi des historiens, mais aux seules fins de justifier leur propre travail. « Presque jamais, conclut-il, le point de vue historien n'a été sérieusement pris en compte. »[1] Cette insatisfaction est exprimée par l'un des grands spécialistes actuels de l'histoire de l'historiographie, mais elle n'est nullement exceptionnelle ; on trouverait sur ce thème cent variations anciennes ou récentes. On peut en tirer une conclusion pratique : « L'histoire est ce que font les historiens » (A. Prost). Il convient en conséquence de s'intéresser à ce qu'ils ont appelé histoire, à ce qu'ils en ont fait et à la manière dont ils l'ont fait. Mais le problème n'est pas pour autant résolu. Car si nul ne doute de la nécessité d'une enquête sur ce que l'histoire a été, sur ce qu'elle est, on se retrouve aussitôt en face d'une autre question : quel est le périmètre de ce que, depuis deux mille cinq cents ans, la tradition occidentale – pour s'en tenir à elle, ce qui, bien sûr, ne va pas de soi – appelle histoire ?

1. D. Kelley, *Foundations of Modern Historical Scholarship. Language, Law and History in the French Renaissance*, New York, Columbia University Press, 1970, p. 2.

Quelle est, si elle existe, l'unité que ce terme recouvre ? Par-delà la diversité et la labilité des définitions, plus ou moins prescriptives, on ne peut qu'être impressionné par la pluralité des pratiques et des produits de ces pratiques. Il faut chercher là, sans nul doute, l'une des raisons des réticences évoquées plus haut des historiens à l'endroit de la réflexion épistémologique. Car s'ils ont probablement en commun le sentiment fort de partager un même métier, ils savent que le fondement de ce métier est malaisé à circonscrire et à définir. Hérodote et Thucydide, mais aussi Plutarque et Suétone sont des historiens ; le moine Primat, qui inaugure la longue série des *Grandes chroniques de France* à la fin du XIIIe siècle, en est un, comme Lorenzo Valla qui, deux siècles plus tard, démontre que la Donation de Constantin est un faux ; et Mabillon, et Voltaire, et Michelet et Ranke ; et Fernand Braudel et Alain Decaux. Ce sont tous, dans des acceptions très diverses, on le pressent déjà, des historiens. Mais qu'ont-ils en commun ? L'immense variété des histoires et à coup sûr un élément d'incertitude pour qui entreprend de réfléchir sur la discipline. Il existe, bien sûr, plusieurs sociologies et plusieurs conceptions de l'ethnologie et de l'anthropologie : mais leur déploiement et leurs conflits s'inscrivent dans une durée limitée – un peu plus d'un siècle – et se situent par rapport à un ensemble de formulations initiales assez clairement identifiables. Tel n'est pas le cas de l'histoire qui relève elle-même d'une très longue histoire – dont, soit dit en passant, de larges pans nous restent encore insuffisamment connus. Cette indétermination relative est encore renforcée par les interférences du sens commun : les autorités, les non-spécialistes et, aujourd'hui, le grand public, ont sur l'histoire leur avis et s'estiment volontiers en droit de le faire connaître, ce qui n'est habituellement pas le cas pour les autres sciences sociales. Cette porosité de la discipline n'est bien évidemment pas sans porter de conséquences.

Ce qu'on appelle histoire a varié dans le temps. Il ne s'agit pas seulement, ni peut-être principalement, d'un problème de définition. Si la question : « Qu'est-ce que l'histoire ? » a été posée de façon aussi répétitive et, semble-t-il, sans susciter de réponse définitive, c'est peut-être qu'elle n'est pas susceptible de le faire. Depuis l'origine, l'histoire mêle deux répertoires différents et elle les mêle inextricablement : elle est une pratique de connaissance, dont les instruments se sont transformés et renouvelés, et dont on peut penser qu'elle n'a cessé de se perfectionner ; elle est, d'autre part, investie d'une fonction sociale – la construction d'un rapport spécifique au présent et au passé, au passé à partir du présent – qui est antérieure à l'activité propre de connaissance et qu'elle englobe. Henri Marrou définissait, avec beaucoup d'autres, l'histoire comme « la connaissance du passé humain » (Marrou, 1975, p. 29). Mais deux auteurs qu'aucun présupposé essentiel ne sépare de lui, ont souligné l'insuffisance d'une telle formulation pourtant commune. Antoine Prost observe que « le caractère passé ne suffit pas à désigner un fait ou un objet de connaissance ; tous les faits passés ont d'abord été des faits présents. Entre les uns et les autres, aucune différence de nature » (Prost, 1996, p. 67). (Il peut ne pas être inutile de rappeler ici qu'Hérodote et Thucydide, les pères fondateurs de la discipline dans sa généalogie occidentale, ont été des historiens de faits dont ils étaient contemporains ou presque : les guerres médiques pour le premier, qui en écrit l'histoire une génération plus tard ; la guerre du Péloponnèse pour le second.) Raymond Aron s'interroge lui aussi sur l' « unité disciplinaire du passé humain » et suggère « un point de départ plus modeste et immédiatement donné : nous tous, hommes d'une société actuellement existante, nous conservons autour de nous des traces de ce qui a été ; nous conservons ce que nous appelons des documents ou des monuments à partir desquels reconstruire ce qu'ont vécu ceux qui nous ont précédé. En ce sens, la connaissance historique, ou l'histoire en tant que connaissance, est reconstruction ou reconstitution de ce qui a été à partir de ce qui est » (Aron, 1989, p. 88, 91-92). Ces deux commentaires, que l'on a choisi de retenir parmi bien d'autres possibles, introduisent une double distance critique. Ils soulignent, en premier lieu, le caractère relatif du fait historique, ou plutôt de l'historicité d'un fait qui est déterminée par la position de l'observateur par rapport à lui. On y reviendra longuement plus loin. Mais, en deçà de ce rappel épistémologique, ils insistent – le second surtout – sur ce qu'a de déterminant précisément, la position de l'observation et, avec elle, l'opération étrange, paradoxale, qui prétend articuler un discours sur le temps à partir d'un temps particulier. Ils rappellent que l'activité de connaissance, au sens le plus commun du terme, qu'est l'histoire n'est pas séparable d'une demande et d'une production d'intelligibilité des traces et de la mémoire du passé.

Cette opération, on le sait, l'histoire n'est pas seule à l'assurer. D'une société à l'autre, à l'intérieur d'une même société, le mythe, l'épopée, la légende, le rituel peuvent l'assurer. Les premiers historiens grecs, Hécatée de Milet puis Hérodote, ont eu le souci de fonder un savoir qui prendrait ses distances d'avec les traditions orales et les récits qui encombraient la mémoire de leurs contemporains.

Mais de cette coexistence de registres multiples et souvent contradictoires de rapport au temps écoulé, il convient de ne pas parler seulement au passé. Ainsi l'éruption mémorielle qui a envahi les sociétés occidentales depuis une bonne vingtaine d'années, et qui a pris des formes extrêmement diverses, de la réinvention de la tradition à la commémoration et à la muséographie, jusqu'à affecter de façon notable le travail des historiens, montre qu'elle est présente là même où la discipline historique paraît le mieux assurée de son agenda scientifique[1]. Il ne fait pas de doute que, depuis plus de deux millénaires, l'histoire n'a pas cessé de prendre ses distances par rapport à ce qu'elle refusait d'être, par rapport aussi à ce qu'elle ne voulait plus être et que ces choix successifs ont peu à peu façonné les contours de ce que nous appelons une discipline. Il n'est pas moins évident que ce périmètre est incertain. Il l'est dans le temps, où la continuité de l'activité historique nous apparaît parfois improbable. Nous peinons à la reconnaître dans les opérations qui, pendant des siècles, apparaissaient essentielles à la production de la connaissance même si nous sommes capables d'en reconstruire la logique et les modalités (mais c'est le cas pour toute science). Nous éprouvons davantage de difficultés encore à considérer comme « historiques » des constructions textuelles qui revendiquaient de l'être et qui étaient reçues comme telles. Thucydide récusait déjà la « biographie » comme un genre populaire et impur, déclassé par rapport à l'histoire, genre aristocratique, en jouant avant Aristote sur la hiérarchie entre le général et le particulier ; pour les mêmes raisons, il refusait de prendre en compte les chroniques locales[2]. Nous considérons la vaste production d'hagiographies médiévales comme une ressource documentaire qui peut être mise à contribution sous certaines conditions, mais nous ne saurions négliger le fait que pendant des siècles, le récit de la vie des saints a aussi été une manière essentielle d'énoncer un rapport au passé.

Cette incertitude n'est pas moins sensible aujourd'hui, alors même que la discipline historique a été fortement codifiée et professionnalisée depuis le dernier tiers du XIXe siècle. D'abord les usages

1. On pense, bien sûr, à l'immense entreprise des *Lieux de mémoire*, Paris, Gallimard, 1984-1992, 7 vol., dirigée par P. Nora ; de même, on lira utilement la préface générale de la série, « Entre mémoire et histoire », t. I, *La République*, 1984, p. XVII-XLII, ainsi que le commentaire d'ensemble de F. Hartog, « Temps et histoire. Comment écrire l'histoire de France ? », *Annales, Histoire, sciences sociales*, 6, 1995, p. 1219-1236.

2. A. Momigliano, *The development of Greek Biography*, 1977, Cambridge, Mass., Harvard University Press. Voir aussi Momigliano, 1983, chap. 1.

de l'histoire savante sont fortement différenciés, entre celle que produisent les chercheurs, celle qui est divulguée aux différents niveaux du système d'enseignement, celle enfin qui fait l'objet d'une plus large diffusion dans la société – quand bien même la source d'information serait commune (mais jusqu'à quel point peut-elle réellement l'être ?). La morphologie des amphores, le volume des arrivages de métaux précieux américains aux XVIe et XVIIe siècles, la mesure des comportements dévotionnels au siècle des Lumières sont des thèmes qui ne retiennent en général que des professionnels. Mais, outre qu'il existe d'intrépides amateurs, on a pu vérifier que la théologie du mariage au XIIe siècle était capable de faire rêver de larges masses de lecteurs lorsqu'elle était magnifiée par la plume de G. Duby (*Le Chevalier, la femme et le prêtre*, 1981), comme l'avait fait l'ethnohistoire d'une communauté ariégeoise de deux cent cinquante habitants au tournant des XIIIe et XIVe siècles sous celle d'E. Le Roy Ladurie (*Montaillou, village occitan de 1294 à 1324*, 1975). Ces circulations sont distinctes mais elles sont aussi susceptibles de se croiser, voire de se détourner l'une l'autre.

Mais il y a plus. K. Pomian constatait récemment l' « irréductible pluralité de l'histoire » (Pomian, 1999, p. 387-404). Le constat s'impose déjà si l'on se cantonne à l'espace de la profession, c'est-à-dire à ceux qui ont été régulièrement formés pour transmettre, reproduire et, le cas échéant, perfectionner un certain type de connaissances. Certains parmi eux élaborent des stratigraphies pour tenter d'apprécier les phases successives de l'activité des hommes sur un site ; d'autres étudient les prix des grains ou les médailles frappées par la monarchie française aux XVIIe et XVIIIe siècles ; d'autres encore s'interrogent sur les fondements économiques de l'idée nationale ou modélisent la croissance américaine du XIXe siècle. Tous font de l'histoire, comme on dit. Ceux qui écrivent des manuels universitaires ou scolaires font eux aussi de l'histoire et, d'une certaine manière, ceux qui utilisent ce matériel. La bigarrure thématique n'est pas seule en cause ici. On voit bien que de l'étude d'un personnage à la monographie paroissiale et à la synthèse mondiale, les conditions de l'enquête, les ressources documentaires, leur traitement, l'exposé des résultats ne peuvent pas être de même nature. Les approches ne le sont pas plus : dans un pays comme la France coexistent aujourd'hui plusieurs manières, très différenciées, de faire de l'histoire, l'une plus tournée vers l'étude du politique, une seconde vers celle des réalités institutionnelles, une troisième vers les sciences sociales (ou telle d'entre elles), etc. Or, la discipline est dans l'ensemble bonne fille. Elle a certes connu, elle connaît encore des disputes mémorables, mais il n'est pas fréquent qu'un historien dénie à un autre historien le droit d'exister – ce qui n'est pas toujours vrai, on le sait, dans les disciplines voisines. Cette pluralité est bien plus manifeste, et elle est plus problématique aussi, si l'on s'interroge sur ce qui sépare en droit l'histoire des professionnels de celle de tous les autres, ne serait-ce que parce que les premiers ne sont pas seuls à en décider. Comme le note très justement Pomian, « L'opinion publique a son mot à dire sur ce sujet et ses rapports avec les professionnels (...) sont ceux d'une négociation permanente. »

Lorsque dans la seconde moitié du XIXe siècle elle s'est constituée en discipline universitaire, la discipline historique a eu le souci explicite de s'affirmer comme une communauté, en marquant ce qui la distinguait des amateurs, des essayistes, des écrivains, des journalistes (Keylor, 1975 ; Novick, 1983). Elle l'a fait en élaborant un modèle d'apprentissage, en définissant des règles communes d'élaboration des connaissances (la « méthode », comme on disait alors), en s'accordant sur des standards de présentation et de communication des résultats, elle s'est organisée en associations professionnelles. Pour mieux défendre son autonomie et sa particularité, elle est allée fort loin dans la distinction entre ce qui relevait de l'histoire et ce qui ne devait pas en relever. Le célèbre éditorial du premier numéro de la *Revue historique*, qui peut servir d'acte de naissance symbolique de la profession historienne en France en 1876, a très exactement joué ce rôle en proscrivant les débats idéologiques et politiques qui avaient menacé d'exténuer et de dévoyer la discipline au cours des décennies précédentes, en suggérant avec insistance d'éviter les sujets trop contemporains de manière à garantir ce que l'on pensait être les véritables conditions de l'objectivité scientifique[1]. Il existe d'autres exemples contemporains d'une auto-affirmation disciplinaire. La géographie telle que la reformule et la codifie Vidal de La Blache, la sociologie scientifique dont Durkheim édicte les règles de la méthode pour la soustraire aux sollicitations de l'air du temps illustrent des démarches comparables. Mais il s'agit là de disciplines neuves, peu nombreuses et mieux protégées que l'histoire dont la pratique et les usages sont extraordinairement diversifiés et disséminés dans la société. Aussi bien ces impératifs de repli professionnel laissent-ils

1. G. Monod, « Du progrès des études historiques en France depuis le XVIe siècle », *Revue historique*, 1, 1876, p. 5-34 ; voir aussi Ch.-O. Carbonell, *Histoire et historiens. Une mutation idéologique des historiens français, 1865-1885*, Toulouse, Privat, 1976.

derrière eux un bilan ambigu. Ils ont imposé, sans nul doute, un modèle fort de l'activité historienne. Mais ils n'ont pas suffi à protéger un territoire intangible : non seulement contre les tentatives politiques, mais aussi et plus significativement peut-être, contre les pratiques mitoyennes que l'on avait voulu exorciser. La neutralisation du temps présent, trop présent, que recommandaient les premiers directeurs de la *Revue historique,* dans un souci d'exigence scientifique et de rigueur méthodique, n'a pas tenu bien longtemps (même si elle a eu pour effet de stigmatiser durablement la recherche en histoire contemporaine par rapport aux autres branches canoniques de la discipline). À plus d'un siècle de distance, tout montre au contraire que la plupart des critères qui paraissaient pouvoir définir les légitimes conditions d'exercice du métier ont été remis en cause : la nécessaire distance chronologique, le répertoire des sources (et avec lui les démarches qui permettent de les aborder et les techniques qui en rendent possible l'exploitation), et, bien sûr, l'éventail des objets d'étude (cf., à titre d'exemple, Le Goff et Nora, 1974 ; Boutier et Julia, 1995 ; Revel et Hunt, 1996). La distinction entre l'historien et le journaliste apparaissait évidente à la fin du XIXe siècle, en un temps où le choix d'un objet insuffisamment refroidi était mal accepté et où l'on s'interdisait d'aller chercher l'information en dehors des sources manuscrites (annexement métalliques ou archéologiques). L'archive orale (et beaucoup d'autres) est aujourd'hui d'usage commun. Qu'est-ce qui distingue fondamentalement, dès lors, le travail du journaliste qui, sur la base de textes imprimés, de correspondances, d'entretiens, reconstitue avec soin la jeunesse d'un président de la République, du travail qu'un historien aurait pu faire (et qu'à dire vrai les historiens ne se sont pas souciés de faire)[1] ? Rien, fondamentalement, si l'on se situe dans l'ordre des modalités de la connaissance ; davantage, mais ce n'est pas toujours le cas, si l'on est attentif aux conventions stylistiques – qui sont d'ailleurs devenues assez souples. Objectera-t-on que le premier est plus libre que le second dans l'invention de son sujet, plus libre aussi d'en abuser ? Ce n'est pas non plus évident (et il existe d'ailleurs des historiens futiles).

Entendons-nous : il ne s'agit pas de pousser le paradoxe jusqu'à l'absurde ni de suggérer que rien n'est spécifique dans l'activité historienne. Outre que celle-ci a une très forte conscience d'elle-même, elle s'inscrit dans une tradition très longue et reconnaissable ; elle est

1. P. Péan, *Une jeunesse française, François Mitterrand, 1934-1947*, Paris, Fayard, 1994.

mal séparable d'une fonction sociale plus diffuse, plus diverse, mais qui lui confère une particularité clairement identifiable. Tout n'est donc pas susceptible d'être de l'histoire, ni l'histoire n'importe quoi. Il reste que celle-ci est plurielle, qu'elle s'exprime dans des registres, des formes, qu'elle s'assigne des fins, qu'elle s'applique à des objets d'une extraordinaire diversité. Cette situation n'est pas nouvelle et, d'une certaine manière, elle est une donnée avec laquelle l'histoire a dû composer depuis qu'elle existe. Il est bon de le garder à l'esprit quand l'on s'interroge sur les modalités de la connaissance historique.

Connaissance, rhétorique, régimes d'historicité

De la pluralité des histoires, telles qu'on les pratique, il existe toute une gamme de descriptions possibles. On peut, par exemple, suivre l'ordre chronologique dans lequel elles sont apparues ; montrer comment la mémoire individuelle a d'abord été fixée, puis conservée par un corps de spécialistes par oral puis par écrit ; comment l'on est passé des généalogies royales à l'enregistrement régulier des événements notables dans des annales, fixant ainsi la trame d'une chronologie ; de là à la chronique, c'est-à-dire à un récit organisé, et aux premières formes d'histoire au sens où nous l'entendons, etc. Une présentation de ce type identifie des opérations mentales et cognitives et insiste sur leur progressive complexification, sur leur diversification et sur la dilatation de leur champ d'application. Elle décrit un progrès scandé par des seuils (Le Goff, 1977 ; Pomian, 1984, 1999). On peut aussi se donner pour but de caractériser les conceptions successives ou concurrentes des différentes écoles historiques en décrivant leurs projets, leurs attendus méthodologiques, leurs réalisations (Bourdé et Martin, 1983). Une troisième approche peut consister à montrer comment une activité de connaissance particulière s'inscrit dans un contexte culturel donné, répond à une demande particulière (ou l'exprime) : demande politique, institutionnelle, demande de mémoire d'une famille, d'un groupe ou d'un ensemble plus large[1]. Et ainsi de suite.

1. On en trouvera une série d'exemples remarquables dans P. Nora (éd.), *Les lieux de mémoire*, *op. cit.*, II : *La Nation*, vol. 1.

Mais mon propos n'est pas ici de traiter de l'histoire de l'historiographie en tant que telle. Il est, en revanche, de dégager de la diversité des histoires des types élémentaires qui permettent, en gros, de caractériser des opérations qui sont liées entre elles.

La notion de régime d'historicité peut aider à le faire. Elle n'est pas stabilisée. Elle pointe une « nébuleuse de questions » et invite à « établir des relations entre toute une série d'interrogations qui sont formulées le plus souvent séparément » (G. Lenclud). C'est à ce titre qu'elle peut nous retenir. À un niveau élémentaire, il s'agit du rapport – ou plutôt de l'ensemble des rapports – qu'un acteur social collectif ou une pratique sociale – comme l'histoire – entretient avec le temps, ainsi que de la manière dont ces rapports sont engagés dans un présent qui peut être celui de la mémoire, de l'action, du savoir. De façon plus précise et plus opératoire, la notion peut permettre d'articuler ensemble trois registres : la construction d'un rapport au temps historique ; les modalités cognitives d'un savoir sur le passé ; les formes dans lesquelles ce savoir peut s'énoncer. Deux modèles majeurs peuvent être dégagés.

Dans ses origines grecques, la tâche de l'historien obéissait à une double exigence. Elle devait rendre compte d'un certain état des choses et en rechercher l'explication à travers l'identification de causes naturelles. Mais ce travail d'observation et d'interprétation requérait une mise en forme qui était aussi pensée comme une mise en ordre : pour que l'analyse fût reçue, il fallait qu'elle fût capable d'entraîner l'adhésion du lecteur, de le convaincre ; le rendu qui en était donné devait, pour communiquer l'illusion de la réalité, être doté d'*enargheia* ou, comme le dira plus tard la rhétorique latine, d'*evidentia in narratione.* Ainsi que l'a rappelé A. Momigliano, la première préoccupation évoquait plutôt la sphère de l'investigation médicale (au vocabulaire de laquelle est emprunté le nom même d'*historia*, enquête) ; la seconde relevait clairement de l'éloquence judiciaire[1].

L'association entre une opération de connaissance et une forme a été constitutive du genre historique pendant près de vingt-cinq siècles et, pendant longtemps, elle a paru aller de soi. Elle a été si forte qu'elle permet de comprendre la hiérarchie des genres littéraires telle que la dresse, par exemple, Aristote dans un passage célèbre de la *Poétique.* L'histoire – qui, cela va de soi, n'est pas pour lui une discipline – y est confrontée à la poésie en des termes qui peuvent nous

1. A. Momigliano, « History between Medicine and Rhetoric », *Ottavo Contributo alla storia degli studi classici e del mondo antico*, 1987, Rome, Ed. di Storia e Letteratura, p. 12-25.

surprendre, et qui renvoient à une forme de connaissance mixte qui nous est devenue largement étrangère, en tout cas opaque : « En effet, l'historien et le poète ne diffèrent pas par le fait qu'ils font leurs récits l'un en vers, l'autre en prose (on aurait pu mettre l'œuvre d'Hérodote en vers et elle ne serait pas moins de l'histoire en vers qu'en prose) ; ils se distinguent au contraire en ce que l'un raconte les événements qui sont arrivés, l'autre des événements qui pourraient arriver. Aussi la poésie est-elle plus philosophique et d'un caractère plus élevé que l'histoire ; car la poésie raconte plutôt le général, l'histoire le particulier. Le général, c'est-à-dire que telle ou telle sorte d'homme dira ou fera telles ou telles choses vraisemblablement ou nécessairement ; c'est à cette représentation que vise la poésie, bien qu'elle attribue des noms aux personnages ; le "particulier", c'est ce qu'a fait Alcibiade ou ce qui lui est arrivé. »[1]

La hiérarchie marquée entre la poésie et l'histoire – qui est, comme le philosophe le rappelle, celle qui existe entre l'universel et le particulier – renvoie à des modalités différentes de la composition. L'auteur de fictions (dans l'extrait qui suit, de tragédies) est maître de « composer la fable de façon qu'elle soit dramatique et tourne autour d'une seule action, entière et complète, ayant un commencement et une fin, afin qu'étant une et entière comme un être vivant, elle procure le plaisir qui lui est propre ; cela est évident, et la composition ne doit pas être semblable aux récits historiques dans lesquels il faut voir non seulement une action mais un seul temps, c'est-à-dire tous les événements qui, au cours du temps, sont arrivés à un seul homme ou à plusieurs, événements qui n'ont entre eux qu'un rapport de fortune »[2]. Pour Aristote, on le sait, la production de fictions à travers la double activité de *mimesis* et de mise en intrigue *(muthos)* n'est pas séparée d'opérations de connaissance : elle propose des formes qui peuvent être connues ou reconnues, et qui renvoient à une intelligence des actions, à une praxéologie. La représentation accomplie, l'agencement judicieux des faits à l'intérieur d'une narration sont producteurs d'intelligibilité[3]. Mais, là où la poésie démontre sa supériorité en étant capable de soumettre chacune des parties de sa composition à la conception du tout, l'histoire peine à dégager une logique à partir d'enchaînements qui n'apparaissent pas toujours nécessaires et qui

1. Aristote, *Poétique*, 51 *b*, 1-11, trad. J. Hardy, 1965, Paris, 4e éd.

2. *Ibid.*, 59 *a*, 18-24.

3. Un commentaire récent de ces pages sur lesquelles existe une très abondante littérature, dans P. Ricœur, *Temps et récit*, vol. 1 : *L'intrigue et le récit historique*, Paris, Le Seuil, 1983, p. 82-86.

sont donc moins intelligibles parce qu'ils rendent compte d'actions et d'événements qui sont dispersés dans le temps.

L'opposition ne passe donc pas entre fiction et non-fiction, avec ce que cette distinction, pour nous essentielle, impliquerait aujourd'hui : un rapport fondamentalement différent à la « réalité ». Elle s'inscrit entre des genres qui, dans leur définition rhétorique, produisent des formes de connaissance inégalement accomplies. Ainsi s'explique par exemple que, dans la classe des récits historiques, certains soient plus prisés que d'autres. Ce n'est pas ici le lieu d'entrer davantage dans ce débat. Retenons-en seulement ce point nodal : aux origines occidentales de l'historiographie, il n'existe pas de contradiction entre l'histoire comme enquête et l'histoire comme récit. Les vérités que l'historien met au jour ne sont susceptibles d'être transmises qu'au prix d'une mise en forme et d'une mise en ordre qui s'identifient à une intrigue. Il ne saurait donc se contenter de présenter les faits qu'il a recueillis en ordre chronologique ; il doit leur donner une organisation porteuse d'une signification, produisant des figures reconnaissables.

Ce pacte fondateur a été accepté tel quel jusqu'au XVIIIe siècle, quelles qu'aient été entre-temps les transformations du genre historiographique puis, à partir de la fin du Moyen Âge, la mise au point de procédures techniques destinées à mieux séparer le vrai du faux. Voltaire, qui est souvent considéré comme l'un des pères de l'historiographie moderne, ne renonce pas pour autant au parallèle entre l'histoire et la tragédie lorsqu'il rend compte du projet du *Siècle de Louis XIV* ; ce qui distingue l'histoire qu'il ambitionne d'écrire de la chronique vulgaire, c'est précisément une organisation narrative qui, tout ensemble, captive l'attention du lecteur et donne un sens lisible à la matière dont il traite. Ainsi se comprend, sans doute, la souplesse avec laquelle l'écriture de l'histoire échange ses propriétés avec d'autres productions littéraires de l'âge moderne : non seulement avec la tragédie ou avec l'épopée, mais encore avec le roman (pensons à Diderot), voire avec des formes artistiques non littéraires : R. Koselleck a longuement commenté en ce sens la fortune d'une expression ambivalente comme celle de « peinture d'histoire » (Koselleck, 1990, p. 19-36)[1].

1. Voir sur ce point les remarques de L. Gossman, « History and Literature. Reproduction or Signification », *in* R. H. Canary et H. Kozicki (eds), *The Writing of History, Literary Form and Historical Understanding*, Madison-Londres, The University of Wisconsin Press, 1978, p. 3-39, particulièrement p. 10 s.

Dans le long terme, une telle conception a été inséparable, au moins implicitement, d'une double assomption. La première posait que la rhétorique fût autre chose qu'une technique d'ornementation et que lui fussent reconnues des ressources cognitives – ou que l'on acceptât au moins l'existence d'un cadre de références à l'intérieur duquel les opérations de mise en forme et la production d'un savoir ne fussent point séparées. Elle a été à l'origine d'une réflexion durable (et, reconnaissons-le, un peu répétitive) sur les règles de la composition historique, qui s'est prolongée jusqu'au XVIIIe siècle. La seconde assomption posait qu'une séparation claire existât entre l'histoire réelle, telle qu'elle avait effectivement eu lieu (les *res gestae*), et la relation donnée par l'historien de ce qui était advenu (l'*historia rerum gestarum*). Pendant longtemps, la possibilité de réécrire indéfiniment la même histoire n'a pas été principalement fondée sur l'invention de nouveaux témoignages ou sur la relecture critique de documents déjà connus ; elle passait davantage, par la capacité d'organiser les faits selon des modalités narratives différentes. Cette capacité n'était cependant pas fondamentalement associée à la recherche d'une originalité ou d'une inventivité esthétique. Elle n'était pas séparable de la recherche d'une signification neuve – c'est-à-dire d'une interprétation –, de la mise au jour de modèles de vérité repérables dans le désordre apparent de l'histoire réelle. Tel était l'un des rôles assignés à l'historiographe du prince, choisi pour sa maîtrise de l'exposition bien plus que pour sa compétence technique d'historien (ainsi de Racine et de Boileau auprès de Louis XIV à partir de 1676) ; telle était la tâche que s'assignait l'auteur qui, de son propre chef, se donnait pour mission d'exalter l'exemplarité d'un moment du passé (Voltaire).

Pour qu'elles fussent possibles, de telles opérations supposaient aussi que fût reconnue une continuité de fait entre le présent, celui de l'historien et celui des lecteurs auxquels il destinait son œuvre, et les temps révolus. Cette conviction garantissait que, par-delà les vicissitudes et les ruptures apparentes qu'elle offrait au regard naïf, l'histoire était dispensatrice d'un répertoire d'exemples et de leçons, d'exemples qui avaient vocation à enseigner des leçons permanentes. Depuis l'époque hellénistique et la rhétorique latine, la formule n'a pas cessé d'être reprise : l'histoire vaut parce qu'elle est *magistra vitae* : elle livre, à qui sait la lire, des précédents, des modèles et des valeurs, elle est investie d'une fonction pédagogique inséparablement philosophique et morale, plus tard religieuse et politique. On retrouve en ce point le rôle décisif de ce que l'on pourrait appeler la

« bonne forme » : la trouver, c'est, pour l'historien, rendre l'histoire parlante par-delà le temps.

Ce contrat rhétorique s'est défait entre la seconde moitié du XVIIIe siècle et les premières décennies du XIXe. Plusieurs ordres de raisons concourent à expliquer ce tournant décisif de l'historiographie. Une première mutation voit la disqualification de la rhétorique comme instrument de connaissance. Elle devient alors suspecte en même temps qu'elle se voit cantonnée à la maîtrise et à la mise en œuvre d'effets de conviction, voire de style : elle est réputée superficielle, ornementale. On l'accuse de faire écran entre la réalité du monde et son expression discursive. Une seconde rupture, tout aussi profonde, affecte la conception même de l'histoire. Dans un grand livre, l'historien allemand Reinhart Koselleck a montré comment, à la fin du siècle des Lumières, s'étaient mis en place les éléments d'un nouveau régime d'historicité (Koselleck, 1990). Aux histoires exemplaires que, pendant des siècles, l'on était allé chercher dans le trésor du passé, se substitue une histoire unifiée *(Geschichte)* désormais conçue comme un procès global, objectif, obéissant à sa propre logique, dont il revient à l'historien de reconstruire les règles et le sens. La distinction naguère posée comme allant de soi entre les faits et la relation qu'on en donne s'efface, tandis que l'historien doit s'investir dans la reconstitution d'un passé dont on n'attend plus qu'il donne des leçons, mais qu'il livre sa signification d'ensemble : c'est ce que Gustav Droysen a résumé dans une formule célèbre, en affirmant que l'histoire est connaissance d'elle-même. Ce régime d'historicité se distingue en outre de celui qui l'a précédé par un discontinuisme essentiel. Le passé ne nous parle plus au présent en nous offrant le miroir de situations exemplaires, de conduites modèles, un répertoire de précédents prêts à servir. Il est définitivement passé et il n'est lié à notre présent que par ce qu'il a d'irréductiblement distant et différent. Faire de l'histoire, c'est désormais reconstruire la chaîne des raisons qui permettent de nous relier de façon intelligible à ce qui nous est désormais étranger. La rupture essentielle que la Révolution française et ses conséquences sont venues inscrire dans l'ordre européen n'a pu que conforter cette construction du temps historique : comment rendre compte désormais d'une durée qui a été aussi radicalement interrompue, et de façon aussi irréversible (Gauchet, 1988) ? La pensée du progrès, qui domine alors la production historiographique et qui va en nourrir l'imagination de façon privilégiée pendant près de deux siècles, offre certes un moyen de référer l'après à l'avant : mais elle pose, précisément, qu'ils sont distants et disjoints.

Le rôle dévolu à l'historien se transforme en conséquence. L'art de la composition et de l'exposition ne constitue plus le dernier mot de son métier. L'affirmation peut sembler paradoxale, si l'on se rappelle que le XIXe siècle est celui où nombre de grands écrivains se sont voulus historiens, celui surtout où, de Michelet à Ranke, de Tocqueville à Burckhardt, tant de grands historiens ont été des écrivains majeurs. Elle ne l'est point pourtant et le problème n'est pas ici celui du style ou de l'imagination historiques, mais bien celui de la relation entre l'historien et son objet. Ce qui passe au premier plan désormais et qui est, malgré leurs évidentes différences, le point commun entre ces auteurs, c'est la volonté (mieux vaudrait dire : le devoir) d'une reconstruction globale du passé. Michelet s'immerge dans les archives, à l'écoute de ce qu'elles disent et de ce qu'elles n'avouent pas, et qui pourtant doit pouvoir s'exprimer. Peu importe, à la limite, qu'il ne soit pas toujours un scribe fidèle et que l'imagination l'emporte souvent chez lui sur l'exactitude. Dans son emphase, il se pense comme un médium entre le monde des morts et celui des vivants. Le choix d'une forme de récit épique (si profondément marqué au départ, on le sait, par les romans de Walter Scott) n'est pas celui de l'historien : il exprime à ses yeux la matière même de l'histoire, qui est épopée et qui lui dicte les modalités de la seule écriture capable de prendre en charge la « résurrection intégrale du passé ». Michelet vaticine ? Mais l'austère et méthodique Fustel de Coulanges, le savant qui fait de l'analyse de documents l'exercice fondamental de la connaissance historique, n'affirme-t-il pas lui aussi à ses étudiants que c'est l'histoire, cette fois science pure, qui parle à travers lui ?

D'ailleurs la voie ouverte par Michelet n'est pas la seule, ni probablement la plus significative. L'histoire philosophique et ses vastes architectures interprétatives en propose une autre, davantage fréquentée. L'histoire érudite, une troisième, dont l'importance ne cesse de gagner à travers le XIXe siècle jusqu'à occuper l'essentiel de la scène historiographique. Pourtant, ces distinctions classiques ont l'inconvénient de masquer l'essentiel. Ces genres n'ont, pendant longtemps, pas été incompatibles, mais fréquemment associés. Michelet en est à nouveau un exemple, mais tout autant Ranke, qui lie ensemble l'exigence érudite, le grand récit et le projet philosophique. Ces auteurs et d'autres encore ont produit de grandes narrations dont l'ambition ne le cède en rien à celles de leurs prédécesseurs, tant s'en faut, qu'ils se consacrent au récit de la nation, à celui de moments tournants de l'histoire de l'humanité ou au programme d'une histoire universelle. Mais le choix d'un modèle narratif ne dépend plus du bon vouloir ou de l'habileté de l'écrivain. Il est désormais pensé comme inséparable d'un processus particulier qui requiert une forme spécifique. Dans le *Tableau de la France* (1831), Michelet peut ainsi prendre la liberté d'interrompre le cours chronologique de son *Histoire* au début des temps médiévaux, au moment où la personnalité française lui paraît prendre consistance, pour dresser l'inventaire de ses différences en même temps qu'il affirme son unité profonde. De même, Tocqueville choisit de renoncer à suivre un fil chronologique lorsqu'il interroge le secret du passage de l'Ancien Régime à la Révolution (1856) : c'est que la démarche de l'enquête systématique lui paraît la mieux à même de rendre compte de l'imbrication du nouveau et de l'ancien dans la compréhension de la rupture révolutionnaire. Le récit n'a donc pas disparu. Mais il est désormais inséparable du sens dont l'historien prétend accoucher l'histoire.

Une connaissance par témoignages

Arnaldo Momigliano, dont l'œuvre est l'une de celles qui surplombent la réflexion historiographique au XXe siècle, définit assez abruptement les « règles du jeu » de la démarche historique : « Les interrogations épistémologiques sur la nature, sur la validité, sur les limites de notre connaissance de la réalité n'ont qu'une importance indirecte pour l'analyse historique. L'historien travaille en présupposant qu'il est en mesure de reconstruire et de comprendre les faits du passé. » Par-delà une réticence que l'on a déjà eu l'occasion d'évoquer (et à laquelle on n'est pas tenu de souscrire), Momigliano est soucieux de centrer l'attention sur ce qui constitue pour lui le propre de la connaissance historique et des opérations qu'elle met en œuvre : « Les problèmes spécifiques de l'historien concernent les rapports entre ce que sont les sources et ce qu'il veut savoir. »[1] La double insistance placée sur le problème de la connaissance et sur celui des sources mérite de nous retenir. Les deux problèmes ne sont en fait pas séparables parce que la spécificité de l'histoire est précisément d'être une connaissance par les sources.

1. A. Momigliano, « Le regole del gioco nello studio della storia antica », in *Storia e storiografia antica*, Bologne, Il Mulino, 1987, p. 15-16.

Une connaissance, c'est-à-dire un ensemble de procédures susceptibles de séparer le vrai du faux, le certain et l'incertain, les faits contrôlables de la fable ou du mythe. Ces couples d'opposition ne se superposent pas les uns aux autres. Mais tous ensemble (et sous d'autres formulations encore), ils traduisent la préoccupation fondatrice du genre historique qui est de produire un discours contrôlé sur un certain type de réalité. Que les critères et les moyens de ces opérations aient pu connaître de considérables variations dans le temps n'y change rien. Il n'est pas inutile de le rappeler en un temps où l'on suggère avec insistance de relativiser la différence de statut entre histoire et fiction ou de cantonner la première à la production d'effets rhétoriques (Ginzburg, 1999).

Cette exigence est, en Occident, aussi ancienne que l'historiographie et elle n'est pas séparable d'elle. Autour de 500 avant J.-C. : « Moi, Hécatée, je vais dire ce que je crois être la vérité car les histoires des Grecs sont nombreuses et, à ce qu'il me semble, ridicules. » Un bon demi-siècle plus tard, Hérodote ne se satisfait plus de la critique de cohérence revendiquée par Hécatée de Milet ; il entreprend une enquête pour établir le récit de la guerre qui a opposé les Grecs aux Perses et en expliquer les événements. Il fonde sa recherche sur la collection, la plus large possible, des témoignages en prenant soin, tout à la fois, de les contrôler et d'assurer la représentation de tous les protagonistes du conflit. « Il prit finalement sur lui la responsabilité de noter des événements et des traditions qui n'avaient jamais été racontés par écrit. Ce faisant, il étendit la portée de sa critique, lui permettant d'englober l'examen du très ancien et de l'extrêmement récent, du grec et du non-grec. » Une génération plus tard, Thucydide critique l'ampleur excessive, selon lui, du projet hérodotéen : lui, entend restreindre le champ de son investigation et, pour garantir la solidité de son information, il s'astreint à ne relater que des événements dont il a été le contemporain et qu'il a pu observer directement. De la guerre du Péloponnèse, il écrit : « Je l'ai vécue entièrement, en me rendant compte grâce à mon âge et en appliquant mon attention à savoir quelque chose d'exact. »[1] Voici donc trois auteurs que la tradition a institués, en quelque sorte, comme les pères fondateurs de l'historiographie. Tous trois manifestent une commune volonté de trier l'information dont ils disposent ou qu'ils se sont procurée, et de la vérifier. Mais l'on entrevoit déjà

1. A. Momigliano, « Les traditions hérodotéenne et thucydidéenne », in *Les fondations du savoir historique* (1990), trad. franç., Paris, Les Belles Lettres, 1992, p. 33-60.

que, sur un siècle, les procédures qu'ils mettent en œuvre pour rechercher et établir la vérité ne sont pas de même nature. Hécatée (dont on ne sait, à dire vrai, que peu de choses) est soucieux de la compatibilité de sources qu'il suppose acquises. Hérodote, dont la première préoccupation est de produire et de rassembler des témoignages, s'attache prioritairement à qualifier ceux-ci selon leur origine. Pour Thucydide, c'est le fait d'avoir été présent à l'événement qu'il rapporte qui garantit l'information de l'historien et il récuse en conséquence la possibilité d'une histoire du passé.

On saisit du même coup qu'il a existé des modalités très différentes de la véracité dans la pratique des historiens. Hérodote est tout particulièrement attentif à distinguer ce qu'il a entendu dire, ce qu'il a appris en posant des questions, ce qu'au cours de ses voyages il a vu de ses propres yeux *(autopsia)* même s'il n'établit pas de hiérarchie de valeur entre ces différents types d'information, contrairement à Thucydide pour lequel l'autopsie est clairement la forme la plus certaine de la connaissance (Hartog, 1980, p. 271-316). Hérodote hiérarchise aussi la qualité de ses informateurs en fonction de leur statut ou du savoir qu'ils sont supposés détenir. Ces critères nous surprennent dans une large mesure puisque nous ne pouvons plus entièrement nous reconnaître en eux. Avec un certain nombre d'aménagements et à partir d'attendus épistémologiques qui ont été reformulés, ils ont pourtant été durablement mis en œuvre. Jusqu'au XIVe siècle (et parfois bien plus tard), le discours historique a été fondé soit sur le témoignage visuel en première personne, soit sur la relation d'une expérience directe garantie par les qualités éminentes (religieuses, morales, sociales) du premier témoin oculaire et par son inscription dans une tradition autorisée (Guenée, 1980). Ne tirons pas de ces constats la conviction que le problème de la vérité historique était indifférent aux hommes du Moyen Âge. Ils le posaient en d'autres termes que ceux qui nous sont familiers parce qu'ils avaient « hérité de l'Antiquité l'assimilation de l'histoire à la description véridique des choses vues »[1].

De ce rappel élémentaire, on ne tirera pas de conclusion relativiste, du type : « à chacun sa vérité », mais tout au plus l'idée qu'il existe une histoire de la vérité, des conceptions de la véridicité (c'est-à-dire des conditions dans lesquelles le problème de son établissement peut être posé, des critères enfin qui peuvent servir à cette opération). On retiendra surtout cette idée simple, en apparence au

1. Pomian, 1999, p. 87.

moins, et qui sous-tend tout projet de connaissance historique quels que soient les termes dans lesquels il s'énonce : il se fonde sur des témoignages ; il est le produit d'une négociation avec les sources qui nous les procurent et qui sont d'abord les sources que l'historien s'est procurées. Ces témoignages ne sont pas la réalité qu'ambitionnent d'étudier les historiens : ils sont les fragments, plus ou moins abondants, plus ou moins aléatoires, à travers lesquels ils s'emploient à établir des énoncés vrais et vérifiables sur une réalité qui est passée et qui ne peut être reproduite. C'est en ce sens qu'il est légitime de définir l'histoire comme une connaissance indirecte par les traces.

Le premier niveau de cette négociation est classiquement défini comme la « critique des sources ». Elle est inséparable du métier d'historien, dont elle constitue un apprentissage fondamental. Ch. Seignobos la définissait heureusement comme « un mode de pensée contraire à la pensée spontanée, une attitude d'esprit contre-nature » (Seignobos, 1901, p. 32). Il signifiait ainsi que la posture critique ne consiste ni dans une adhésion généralisée, ni dans un doute systématique, mais dans une mise à distance qui rend possible de réfléchir sur ce qu'il est loisible d'attendre d'un témoignage. Il ne s'agit donc pas d'une attitude qui relève du sens commun, comme l'a fortement rappelé M. Bloch, mais d'une décision épistémologique. Qu'elle soit depuis longtemps banalisée – en théorie au moins – ne doit pas en émousser le caractère radical et fondateur (Bloch, 1993, chap. III). Les premiers historiens grecs, leurs successeurs médiévaux ont pratiqué, on l'a vu, cette critique en des termes qui nous sont devenus étrangers même si nous pouvons tenter de reconstruire la cohérence : ils se référaient à l'autorité du témoin et à celle de la tradition. La révolution qu'introduit dans l'ordre de la connaissance la généralisation des règles de la méthode érudite, et que K. Pomian met justement en parallèle avec la révolution copernicienne dans les sciences de la nature, bouleverse la règle du jeu. Ce n'est pas ici le lieu d'en raconter les étapes. Elle est née des pratiques de la controverse judiciaire et ce n'est sans doute pas par hasard si l'humaniste Lorenzo Valla fait volontiers figure de référence tutélaire en ce domaine : c'est lui qui, au milieu du XVe siècle, a démontré, arguments philologiques à l'appui, la fausseté de la donation de Constantin, par laquelle l'empereur converti au christianisme était supposé avoir remis à l'Église le tiers de son empire. Valla se comportait encore comme le font le juge ou l'avocat dans un prétoire, lorsqu'ils examinent la validité des témoignages invoqués par les parties au conflit. Une rupture plus décisive intervient lorsque, dans la seconde moitié du XVIIe siècle, des règles générales sont formulées pour séparer le vrai du faux et plus généralement pour extraire des témoignages des données vérifiables selon des procédures répétables. Le nom et l'œuvre de Jean Mabillon (*De re diplomatica*, 1681) servent légitimement de repère à une vaste entreprise d'élaboration et de codification critiques qui, malgré les avatars qu'elle a connus, n'a cessé de gagner en extension et en profondeur jusqu'à renouveler l'agenda des sciences historiques. L'autorité du témoin, de son intermédiaire ou celle de la tradition ont perdu leur rôle cardinal. C'est désormais le témoignage qui fait l'objet de l'investigation méthodique. Et d'abord le témoignage dans sa matérialité : la comparaison systématique des caractéristiques conventionnelles des actes permet à la diplomatique de distinguer les faux des documents authentiques, de les classer, de les dater et de les situer ; l'étude des écritures (la paléographie), celle des autres éléments externes (support, sceaux, etc.) contribuent à ce travail de certification et d'identification. Mais la critique est aussi interne. Elle s'attache à vérifier la cohérence du document, les discordances, les contradictions éventuelles et les imperfections du témoignage, les altérations qu'il a pu subir à l'occasion de sa transmission – quelles qu'en soient les modalités. Critique externe et critique interne reposent l'une et l'autre sur la comparaison entre un témoignage particulier et une série d'autres témoignages mis en ordre par l'historien à partir d'un répertoire d'indices significatifs. Elles font appel à une gamme de raisonnements qui vont du constat de l'impossibilité logique (des caractéristiques formelles où des informations ne sont pas compossibles) à celui de la probabilité, voire de la plausibilité que l'historien est désormais tenu d'expliciter. Il va de soi que l'ensemble de ces opérations intervient, dans la pratique courante, avec une exigence plus ou moins systématique selon la nature, la taille, la densité des corpus documentaires, selon les spécialités aussi. Le périodique *L'Année épigraphique* exerce ainsi une vigilance sur l'ensemble d'un domaine de la recherche qui n'a pas nécessairement d'équivalent dans d'autres où la production est moins homogène et partant moins maîtrisable.

Les sources se retrouvent donc au centre des procédures de la connaissance historique. On a pris l'habitude universitaire de nommer sciences auxiliaires de l'histoire la famille de techniques qui rendent possible l'examen critique des témoignages, mais c'est là un abus de langage qui désarticule dangereusement des opérations cognitives qui ne sont pas séparables. Si cantonnées soient-elles dans leur spécialité, elles n'ont pas cessé de gagner en importance à mesure que le répertoire des sources lui-même se diversifiait. Entre les XVIe et XVIIIe siècles, l'histoire s'est ouverte aux intérêts et aux techniques des antiquaires, c'est-à-dire aussi à l'étude des témoignages non littéraires (monnaies, médailles, inscriptions, monuments, images, objets, etc.). Il n'en est pas seulement résulté une dilatation du territoire de l'historien, mais aussi une redéfinition de ses manières de faire, réorganisées autour de l'érudition critique (Momigliano, 1983, p. 244-293). C'est l'ensemble de ces pratiques qui ont été codifiées, surtout par les savants allemands, puis qui ont été standardisés au XIXe siècle, au moment où la discipline historique s'est professionnalisée. Mais le XXe siècle a connu une nouvelle explosion documentaire : la forme des champs, les anneaux de croissance des arbres, la masse des corpus statistiques ou celle des archives orales ou filmiques, bien d'autres encore, sont désormais des objets d'histoire. La diplomatique, la lexicographie, la paléographie, l'épigraphie, la sigillographie, la numismatique, etc., ne suffisent plus à les traiter. Tous les domaines nouveaux de la recherche n'ont pas, à ce jour, inventé leur érudition mais tous sont requis de le faire tant il est évident que les procédures de contrôle et d'établissement du témoignage ne sont plus séparables de la production d'une connaissance[1].

Qu'est-ce qu'un « fait historique » ?

Le poids de la tradition critique, telle qu'elle s'est constituée depuis plusieurs siècles, le rôle qu'elle a joué dans la définition d'une histoire savante puis, plus tardivement, professionnelle, peuvent aider à comprendre ce paradoxe : alors que l'ensemble des procédures érudites visent à critiquer les sources en tant que témoignages portés sur la réalité passée, c'est bien souvent cette réalité que les historiens ont prétendu appréhender. On l'énonce volontiers en proclamant que l'histoire s'écrit à partir de faits et ceux qui la pratiquent ont souvent revendiqué ce privilège. Une formule célèbre de Ranke en 1824 a longtemps servi à l'illustrer : « On a attribué à l'histoire la mission de juger le passé, d'enseigner le monde contemporain pour

1. O. Guyotjeannin, « L'érudition transfigurée », *in* Boutier et Julia, 1995, p. 152-162.

Les historiens rédigent des notes en bas de page

De l'exigence érudite et critique à laquelle les pratiques historiennes sont tenues de se conformer, les textes que produisent les historiens portent des marques visibles, parfois ostentatoires. Ils citent longuement – et dans certains cas exhaustivement – leurs sources et leurs références ; ils signalent les points qui font l'objet d'incertitudes ou de débats ; ils se protègent derrière des bibliographies et des annexes pléthoriques ; bref, ils ne répugnent pas à laisser paraître les traces du travail de recherche, de collation et d'élaboration qui a préparé leur exposé et informé leurs conclusions. Ces conventions, qui sont de règles dans le métier, paraissent souvent ésotériques et parfois inutiles aux spécialistes des autres sciences sociales. L'apparat critique et, note plus généralement la note en bas de page tiennent ici un rôle central : on y trouve à la fois les données empiriques sur lesquelles repose une histoire et le protocole de traitement dont elles ont fait l'objet aux fins d'argumentation (Grafton, 1993). De fait, la fonction de la note est multiple. Elle est, en premier lieu, destinée à garantir la conformité d'un travail aux règles communément admises et elle n'est pas séparable de l'autoreprésentation de la profession. Elle peut, en second lieu, être destinée à produire des effets de réel, de ce réel bien particulier qu'ambitionne de produire un discours de connaissance sur le passé (elle peut donc à ce titre relever de stratégies d'imposition, voire d'intimidation, alors même qu'à l'origine elle traduit la volonté explicite de substituer une autorité savante, articulée, à l'autorité de la tradition ou des pouvoirs). Mais le plus important tient peut-être à ceci : les notes infrapaginales sont destinées à rendre vérifiables et répétables les opérations de production et de transformation qu'un historien a effectué sur le matériel documentaire qu'il s'est constitué. Cette possibilité peut bien demeurer, le plus souvent, virtuelle (elle est d'ailleurs mise en œuvre de façon très différenciée selon les secteurs de la recherche, selon la densité et la technicité des sources, selon les destinataires du texte). Elle reste fondamentale parce qu'elle incarne le rapport fondateur de distance cognitive que l'historien revendique par rapport aux témoignages du passé.

servir aux années futures : notre tentative ne s'inscrit pas dans des missions aussi hautes ; elle cherche seulement à montrer comment les choses ont vraiment été. » Il est secondaire après tout que ce *wie es eigentlich gewesen* ait été mal compris ou qu'il ait été indûment sollicité par rapport aux intentions du grand historien allemand, qu'il ne s'agisse en rien, en tout cas, d'un programme épistémologique[1] : le succès de ce mot d'ordre, indéfiniment répété depuis lors, suffit à démontrer à quel point il est tentant, et, d'une certaine manière, facile de glisser insensiblement de la centralité du témoignage à celle du « fait historique ». Deux types de raisons au moins peuvent aider à le comprendre. Le premier renvoie à la part très lourde que les

1. Des commentaires utiles sur le texte de Ranke dans G. Iggers et L. von Moltke, *The Theory and Practice of History. Leopold von Ranke*, Indianapolis-New York, Bobbs-Merrill, 1973, ; L. Krieger, *Ranke, the Meaning of History*, Chicago, The University of Chicago Press, 1977.

opérations critiques ont prise dans l'élaboration de la connaissance historique, aux phénomènes de spécialisation et aux formes de réification qu'ils induisent. Le second est de nature très différente et tient, probablement, à la spécificité de l'historiographie, qui parle de réalités qui ont eut lieu et d'une manière définitive : du discours de l'histoire, on a dit cruellement que, comme celui des psychotiques, il ne tolérait pas la négation (Barthes, 1957). La formule est sans doute excessive mais elle met en relief un constat d'évidence factuelle qui sert souvent à fonder un empirisme ou un positivisme qui tiennent une place importante dans les convictions de la profession.

Alors que s'élaborait la première version de la *Cambridge Modern History*, Lord Acton déplorait en 1896 que sa génération ne fût « pas encore en mesure de donner une interprétation définitive ». Mais ce n'était là selon lui qu'une situation provisoire « car aujourd'hui, toutes les données factuelles sont à portée de main et tous les problèmes sont désormais susceptibles de trouver une solution ». Une telle certitude nous fait sourire et E. H. Carr, qui la rapporte, rappelle que le responsable de la seconde édition, entièrement refondue, de l'ouvrage estimait à l'inverse, soixante ans plus tard, que « la recherche nous apparaît sans fin » et qu' « il n'existe pas d'histoire objective » (Carr, 1961, chap. 1). Acton écrivait au terme d'un siècle qui avait révéré les faits et souvent pratiqué l'amalgame entre sources et faits. Ce que l'histoire positive ambitionnait de faire, n'était-ce pas, après tout, de nettoyer les faits que nous font connaître les documents de leur gangue d'impureté ou d'approximation, d'opérer une sélection entre eux selon la résistance qu'ils ont opposé à l'analyse critique et aux recoupements nécessaires. Le plus souvent, elle posait sans le dire une relation d'extériorité entre les faits et les opérations de connaissance qui les visent. C'est bien cette conception qui a fait l'immense fortune de la maxime de Ranke que l'on a citée plus haut en un moment où l'on se plaisait à concevoir l'histoire comme une science d'observation, indirecte certes, mais qui était susceptible de se conformer à la méthode expérimentale exposée par Claude Bernard (Langlois et Seignobos, 1898)[1].

Qu'est-ce qu'un fait historique ? La question a fait couler beaucoup d'encre il y a un siècle, et elle a provoqué des réponses plus nuancées qu'il n'y paraît. C'est Seignobos après tout qui énonçait qu' « il n'y a pas de faits historiques par leur nature ; il n'y a de faits

1. Sur ce point, voir le témoignage de Febvre (1953, p. 22-23), ainsi que l'analyse critique de Bloch (1993, p. 109 s.).

historiques que par *position*. Est historique tout fait qu'on ne peut pas observer directement parce qu'il a cessé d'exister. Il n'y a pas de caractère historique inhérents aux faits, il n'y a d'historique que la façon de les connaître ». Il situait donc clairement la qualification du fait historique du côté de ce qu'il nommait « un procédé de connaissance », mais il le faisait en déplaçant la factualité vers le document qui est supposé conserver les traces du fait et qui le délivrera « par une série de raisonnements compliqués » (Seignobos, 1901, p. 3-5). Dans une telle optique, la tâche essentielle de l'historien consisterait, au-delà de la mise en œuvre de son travail critique, à ordonner les faits. C'est la méthode que, bien plus tard, Collingwood a décrite comme celle du « couper-coller » *(scissors and paste history)* (Collingwood, 1946, p. 257). Une telle conception a très tôt fait l'objet de critiques multiples, on va le voir. Il n'en reste pas moins qu'elle est souvent proche du sens commun, celui de ceux qui réfléchissent sur l'histoire (ou qui donnent leur avis sur elle, plus simplement), mais aussi et d'abord celui des praticiens. Elle a, par exemple, été au cœur du débat sur l'objectivité qui a joué un rôle déterminant dans la constitution de la profession historienne (Novick, 1988).

À cette conception, plusieurs types d'arguments ont été opposés. Le premier met en cause la nature même du fait tel que le conçoit l'histoire positive ou empiriste, en même temps que celle des opérations de connaissance que revendiquent les historiens. Cette critique de fond a été articulée par le sociologue durkheimien François Simiand dans la très vigoureuse polémique qu'il a déclenchée contre les historiens, contre Seignobos en particulier, au nom des règles de la méthode sociologique qu'il leur proposait en modèle prescriptif (1903, *in* Simiand, 1987). Si elle veut se fonder comme discipline scientifique, l'histoire doit renoncer à se penser comme une restitution factuelle du passé : « Elle n'est à aucun degré une reproduction intégrale, un enregistrement automatique, non seulement de tous les faits qui se sont passés, mais même de tous les faits que les documents subsistants nous permettent de connaître. » Il lui appartient au contraire de rallier les sciences sociales « dans un travail un et inséparable de recherche et d'élaboration, d'analyse et de construction, d'information et de mise en œuvre inductive et systématique ». Cette mise en demeure globale est spécifiée sur trois points, qui sont liés. Le premier touche à la définition de l'objectivité scientifique dont le sociologue rappelle que, contrairement à ce que croient les historiens empiristes, elle « n'est pas une propriété inhérente aux choses » mais le produit d'une élaboration raisonnée. Le second réfute l'opposition avancée entre le fait historique concret et l'abstraction qui serait la marque des sciences sociales. La troisième critique, la plus déterminante peut-être, porte sur les réalités que les historiens choisissent d'étudier de façon privilégiée et qui, précisément, ne se prêtent pas à un projet de connaissance scientifique à la fois parce qu'elles sont des figures de l'individuel et parce qu'elles ne peuvent pas faire l'objet de procédures d'abstraction. Simiand somme donc les historiens de renoncer aux « idoles » de leur tribu, idole politique, idole individuelle, idole chronologique, parce qu'il n'est possible de connaître qu'à travers la comparaison entre des types ou à l'intérieur d'une série. Toute la démonstration, qui a exercé un rôle déterminant sur le développement de l'historiographie française au XXe siècle[1], repose en fait sur une critique du fait social dont le sociologue rappelle qu'il n'a de sens que construit en fonction d'une hypothèse explicitée, de l'élaboration de données en fonction de cette hypothèse, destinée à être soumise à des procédures de validation empirique. La démarche qu'il propose rompt donc brutalement avec les manières de faire accoutumées des historiens. Elle est constructiviste et elle est expérimentale. L'histoire qu'ambitionne Simiand et qu'il s'efforcera d'illustrer dans ses travaux postérieurs sur le salaire, la monnaie et les mouvements longs de l'économie[2], se conforme à cet agenda épistémologique.

La seconde mise en cause vient d'une perspective idéologique bien différente dans ses attendus. Elle s'enracine dans la critique de la raison historique entreprise par Dilthey à la fin du XIXe siècle, telle que la prolonge et la reformule substantiellement Max Weber (Weber (1920), 1965 ; Aron, 1938). Weber est soucieux de se démarquer d'une philosophie de la connaissance en distinguant les jugements de fait et les jugements de valeur prescriptifs ; il prend aussi ses distances d'avec la tradition historiciste qui, avec Ranke et au-delà de lui, a dominé l'école historique allemande au XIXe siècle, et qui associe une conception relativiste du savoir et une méthodologie empirique. Son projet est de développer une connaissance empirique du monde empirique, qu'il distingue de la conception nomologique

1. Cf. J. Revel, « Histoire et sciences sociales. Les paradigmes des *Annales* », *Annales ESC*, 6, 1979, p. 1360-1376. Rappelons que l'article de Simiand a été republié par F. Braudel, presque sans commentaire, dans les *Annales* en 1960.

2. F. Simiand, *Le salaire, l'évolution sociale et la monnaie. Essai de théorie expérimentale du salaire,* Paris, Alcan, 1932, 3 vol. ; *Les fluctuations économiques de longue période et la crise mondiale,* Paris, Alcan, 1932 ; *Recherches anciennes et nouvelles sur le mouvement général des prix du XVIe au XIXe siècle,* Paris, Domat-Monchrestien, 1932.

de la science, « une science de la réalité » *(Wirklichkeitswissenschaft)* dont l'approche historique est à ses yeux le modèle. Les attendus dont il part sont donc très différents de ceux qui orientent au même moment Durkheim et Simiand. Sa préoccupation est elle aussi méthodologique. Mais au lieu de partir de règles de la méthode fixées *a priori*, de ce qu'il nomme des « spéculations purement épistémologiques et gnoséologiques », il s'attache à analyser les questions « épistémologiques pertinentes » pour la connaissance scientifique, c'est-à-dire celles-là seules qui se posent dans sa pratique (Weber (1920), 1965, p. 220-221)[1]. Il débouche à partir de là sur une critique du factualisme et de l'empirisme des historiens.

Weber ne se contente pas en effet de récuser l'extériorité du fait historique par rapport aux opérations de connaissance, qui relève selon lui d'une conception inappropriée de l'objectivité. Il caractérise les contraintes épistémologiques qui pèsent sur le raisonnement historique et qui lui interdisent tout savoir nomologique à prétention universelle fondé sur les hypothèses réfutables dans des conditions constantes. Du monde historique, il ne peut exister en effet d'appréhension définitive puisque celle-ci est elle-même inscrite dans une histoire. C'est la position que J.-C. Passeron a reprise à son compte dans la proposition : « Il n'existe pas et il ne peut exister de langage protocolaire unifié de la description empirique du monde historique » puisque de telles descriptions « s'entendent implicitement à contexte historique constant et doivent en conséquence être reformulées en changeant de contexte » (Passeron, 1991, p. 363-364). Le travail de l'historien porte sur des objets historiques et il est lui-même pris dans l'historicité. La description du monde historique, la sélection et la construction des faits (et, bien sûr, l'interprétation qu'il en donne) relèvent donc de procédures spécifiques, d'une interaction qui doit être explicitée et qui appelle une autre définition, procédurale, de l'objectivité, qui est requise de s'affranchir à la fois du modèle nomologique et du relativisme empiriste et qui ne saurait s'énoncer sur le mode du constat positif[2].

1. Cf. C. Colliot-Thélène, *Max Weber et l'histoire*, 1990, Paris, PUF, chap. 1. Sur les convergences avec les analyses de Simmel, voir J.-Y. Grenier, « La méthode historique de Georg Simmel », *in* J.-Y. Grenier *et al.*, *À propos de la « Philosophie de l'argent » de Georg Simmel*, Paris, L'Harmattan, 1993, p. 15-59.

2. Weber, « Essai sur la possibilité objective », *in* Weber (1920), 1965. Sur la version aronienne du problème, cf. S. Mesure, *Raymond Aron et la raison historique*, Paris, Vrin, 1984 ; Id., « De l'antipositivisme à l'antirelativisme. Raymond Aron et le problème de l'objectivité historique », *Commentaire*, automne 1986, p. 471-478.

La troisième ligne de critique s'est développée, plus modestement, à partir de la pratique des historiens eux-mêmes, alors même qu'ils sont si souvent tentés par la posture empiriste (ou plus probablement parce qu'ils le sont en permanence). Les bons historiens vont aux archives. Quand la fortune leur sourit, ils se représentent volontiers en découvreurs. Mais ils sont bien plutôt des inventeurs : par leur démarche, ils font exister une information, des données qui avant elle n'avaient ni forme, ni sens. C'est un lieu commun de rappeler que tous les faits du monde historique ne sont pas historiques, mais qu'ils peuvent tous le devenir dans une configuration problématique particulière.

« En histoire, écrit M. de Certeau, tout commence avec le geste de *mettre à part*, de rassembler, de muer ainsi en "documents" certains objets répartis autrement. Cette nouvelle répartition culturelle est le premier travail. En réalité, elle consiste à *produire* de tels documents, par le fait de recopier, transcrire ou photographier ces objets en changeant à la fois leur place et leur statut » (Certeau, 1975, p. 84). Toute l'histoire de la constitution des archives – au sens le plus général du terme – relève de ce processus de sélection, de classement et de reclassement qui a été l'œuvre de politiques de la mémoire (publiques ou privées, apologétiques ou savantes)[1]. Sélectionner, classer : c'est-à-dire décider de ce qui sera historique, du « futur passé », et de ce qui ne le sera pas. Les sociétés contemporaines sont obsédées par la conservation des traces qu'elles laisseront d'elles, et d'abord de l'expérience qui est chronologiquement la plus proche ; elles sont devenues archivistes et muséographes ; elles s'emploient comme aucune autre avant elles à sauvegarder tout ce qui peut l'être de ce qu'elles sont maintenant et prétendent défier ainsi le travail de décantation du temps. Elles aussi doivent pourtant choisir dans l'immense masse des archives possibles qu'elles produisent chaque jour.

Mais il y a plus. La première expérience de l'historien face à ses sources, c'est celle, vertigineuse, de l'immense indétermination de son objet. Les données que conservent les archives ont été ordonnées – quand elles le sont – par une pratique : l'enregistrement des actes de baptême, de mariage ou de sépulture dans les registres paroissiaux, l'accumulation des liasses de procès par une juridiction dans les archives judiciaires, une politique des nombres dans un tableau

1. Voir, à titre d'exemple, K. Pomian, « Les archives », *in* P. Nora (éd.), *Les lieux de mémoire*, *op. cit.*, II : *Les France*, vol. 3, p. 162-233. Cf. aussi Koselleck (1990 ; 1997) ; Pomian (1999).

statistique – mais aussi le désordre d'un amas d'amphores déposé au fond de la mer après un naufrage. Le travail de l'historien consiste à reconnaître cet état pour tirer les conséquences, puis à le réorganiser à partir de ses propres questions. Des milliers d'unités d'informations que contient un registre paroissial, il peut en tirer, selon ce qui l'intéresse et à partir de procédures à chaque fois différentes, des éléments de généalogie, la mesure de variables démographiques, celle d'une sociabilité familiale ou de voisinage, ou encore, simplement, le parfum du temps qui passe à travers des destins de rencontre. Il faut partir de ce constat trivial, mais décisif. Les historiens ne trouvent pas leurs faits dans les sources. Ils les font exister à partir de sources et ils les qualifient comme faits historiques. Soit un exemple. Le livre que Georges Duby a consacré à la bataille de Bouvines s'ouvre sur cette phrase : « L'année 1214, le 27 juillet tombait un dimanche. »[1] C'est ce que l'on considère classiquement comme un fait historique. En elle-même, l'assertion n'a pas plus ni moins d'importance que celle-ci : « L'année 1214, le 28 juillet tombait un lundi » ; ou cette autre : « Le 27 juillet 1215, il a plu l'après-midi. » Elle ne prend d'intérêt que par rapport à un point de vue. Par exemple, à l'intérieur d'une tradition historiographique et nationale qui fait de la victoire de Bouvines un moment capital de la construction monarchique, l'une des « trente journées qui ont fait la France » ; ou encore, comme le fait Duby, si l'on souligne qu'il était anormal que l'on fît couler le sang un dimanche, jour consacré au repos, à la prière et à la purification, et que la transgression n'était tolérable que si elle était inscrite dans le plan de la Providence, avec « la victoire que Dieu donna à ceux qu'il aimait ». La plupart des faits historiques ne sont pas aussi spectaculaires que celui-ci. Mais chacun, même le plus intime, n'a de consistance et de signification qu'à partir d'une interrogation au moins latente. Et s'il est vrai que les historiens ne construisent pas tous les faits qu'ils invoquent ou dont ils se servent, tant s'en faut, c'est qu'ils font confiance – à leurs dépens parfois – à ceux qui les ont constitué avant eux, à la tradition historiographique ou aux conventions du métier. Ce travail de configuration est fait à partir d'un répertoire de formes, d'un questionnaire, d'hypothèses, qui sont constamment reformulés et qui reformulent les données qu'il est possible d'extraire des témoignages, et qui d'abord confèrent aux sources le statut de témoignage sous certaines conditions. La mise en œuvre des techniques de traitement quantita-

1. G. Duby, *Le dimanche de Bouvines*, Gallimard, p. 7, 1973.

tif ou sériel a, depuis un demi-siècle, joué un rôle essentiel dans l'explicitation de ce travail élémentaire. Elle a inventé du même coup d'immenses gisements d'archives (Furet, 1982). Mais il ne s'agit là que de l'emphatisation d'une démarche qui restait le plus souvent implicite (Bloch, 1993 ; Collingwood, 1946 ; Marrou, 1954). Le problème se pose, à vrai dire, au niveau d'opérations beaucoup plus élémentaires encore. Quels sont les « contours » d'un fait ? Où commence-t-il, où finit-il ? Par rapport à quoi l'isole-t-on et comment le met-on en rapport avec d'autres faits ? On touche là à des problèmes de description – mieux, de descriptibilité – que le nominalisme qui sous-tend l'épistémologie empiriste ou positive ne permet pas de résoudre. Elle suggère au contraire la position intenable de ce personnage de Borges qui rêvait d' « une langue impossible dans laquelle chaque chose individuelle, chaque pierre, chaque oiseau et chaque branche eût son nom propre » et dont le nom eût changé en outre avec chaque expérience qu'il en aurait[1] eue.

On s'est attaché à décrire une opération élémentaire : la constitution du fait historique, parce qu'elle est faussement évidente et que nous en tirons le sentiment qu'elle est « naturelle ». Bien entendu, elle ne l'est pas. Mais le même type d'analyse vaudrait pour tous les niveaux et pour tous les aspects de la construction des objets de l'historien. Ainsi du choix de séquences temporelles et des cadres de références au sein desquels elles s'inscrivent : ce qu'on appelle, d'un terme un peu convenu, le problème de la périodisation, mais aussi, à la base, celui de la chronologie et, à l'autre bout du spectre, celui de l'analyse des séries temporelles (Pomian, 1984). Ainsi du choix d'une (ou de plusieurs) échelles d'observation des phénomènes et des cadres spatiaux dans lesquels on choisit de les appréhender (Revel, 1996). Chacune de ces opérations engage, inséparablement, une description et des effets de connaissance.

Expliquer, comprendre

Depuis un siècle, le rapport entre l'histoire et les sciences sociales a été pensé autour d'un certain nombre d'enjeux. Le premier d'entre eux porte sur le caractère scientifique (ou non) de l'histoire, soit que

1. J.-L. Borges, « Funès ou la mémoire », *Fictions*, in *Œuvres complètes*, t. 1, Paris, Gallimard, « Bibliothèque de la Pléiade », 1993, p. 510-517.

les sciences sociales se posent elles-mêmes en modèle de scientificité, soit que les deux protagonistes soient ensemble déférés à un modèle extérieur, celui des sciences de la nature le plus souvent. Cette discussion est récurrente. Elle est répétitive. Elle relève souvent de l'idéologie scientifique, c'est-à-dire d'une représentation d'ensemble de l'activité scientifique et des représentations que les disciplines souhaitent produire d'elles-mêmes. Elle porte aussi, parfois, sur des points qui peuvent être éclairants sur les manières de faire – celles des historiens pour ce qui me concerne.

Une part importante de ce débat a porté dès l'origine sur les notions de loi et de cause, ou, plus exactement, sur l'usage que les historiens peuvent (ou prétendent) faire de la légalité et de la causalité dans leur activité. Simiand peut à nouveau nous servir ici de guide. Outre que sa polémique avec les historiens se situe très tôt dans la confrontation et qu'elle a durablement pesé sur elle, elle présente, au nom des sciences sociales dans un moment d'affirmation disciplinaire, un agenda épistémologique prescriptif. Or, dans la critique du sociologue, la dénonciation de l'usage que les historiens font de la causalité est central. Ces derniers n'ont pas seulement une conception erronée de ce qu'est un fait. Ils font aussi abusivement recours à la notion de cause, précisément parce que les objets sur lesquels ils s'obnubilent ne se prêtent pas à une analyse en termes causaux. Ils nomment cause, très souvent, un fait, un événement, qui se trouve seulement avoir été antécédent dans l'ordre chronologique ou dans celui de la narration qui en rend compte, selon le modèle : *post hoc, ergo propter hoc* ; ou bien ils se contentent de faire appel à des explications plausibles, fondées le plus souvent sur une analogie psychologique, pour rendre compte d'un enchaînement de faits ; ou encore ils reconstruisent cet enchaînement à partir du point d'aboutissement qu'ils ont retenu, cédant ainsi à une perspective finaliste qui explique l'avant par l'après. Or, aucun de ces usages n'est pour Simiand susceptible de répondre à ce que l'on doit attendre d'un modèle rigoureux de causalité qu'il importe de reconduire à un « sens strictement positif » : « La cause d'un phénomène n'est pas autre chose que, selon la formule de Mill, le phénomène antécédent, invariable et inconditionné. L'établissement d'un lien causal se fait non entre un agent et un acte, non entre un pouvoir et un résultat, mais entre deux phénomènes exactement de même ordre. Il n'y a cause, au sens positif du mot, que là où il y a loi, au moins concevable » (1903, *in* Simiand, 1987, p. 131).

Simiand plaide au nom d'une conception des sciences sociales qui veut expliquer par les causes comme le font les sciences de la nature et qui est de stricte orthodoxie durkheimienne. C'est la même exigence que défend, quarante ans plus tard, le philosophe Carl G. Hempel et il le fait au nom d'une épistémologie unifiée. Selon le modèle déductif nomologique qui est identifié à sa proposition, il doit aller de soi que « les lois générales ont des fonctions tout à fait analogues en histoire et dans les sciences de la nature ». Les seuls événements *(events)* pertinents sont ceux qui, comme les événements du monde naturel, sont susceptibles de relever d'une hypothèse de régularité qui se prête à une vérification empirique. La notion de cause relève donc d'un usage strictement légaliste, comme chez Simiand, et d'un modèle universel d'explication par ce qu'on a pris l'habitude de nommer des *covering laws*, subsumant une catégorie de faits. Ce modèle doit même autoriser des prédictions du type si A, alors B, puisqu'une relation constante entre deux ou *n* événements est « couverte » par la relation légale. L'établissement d'une telle relation suppose bien entendu que soit acquis un certain degré de spécification des événements considérés, c'est-à-dire une sélection parmi les propriétés particulières dont ils sont porteurs. C'est elle qui rend possible la vérification d'une hypothèse ou, pour reprendre le lexique de Popper, qui permet de la falsifier[1].

Avec des aménagements marginaux qu'il est loisible de laisser de côté, Hempel propose donc – comme Simiand l'avait fait – de conformer la démarche historique à un modèle prescriptif valable pour tout projet d'explication scientifique. Ce modèle fort a fasciné les historiens au XXe siècle. Il a suscité des ambitions et nourri nombre de déclarations d'intention. À l'inverse, il a aussi entretenu dans la discipline le sentiment d'être fondamentalement inadéquate à s'établir comme science. Entre ces opinions, il n'est pas nécessaire d'arbitrer ni de chercher un improbable juste milieu. Mieux vaut, peut-être, renverser les termes du problème et se demander s'il est correctement posé. On peut le faire à plusieurs niveaux. On peut se

1. C. G. Hempel, « The Function of General Laws in History », *The Journal of Philosophy*, 1942, p. 35-48 ; « Reasons and Covering Laws in Historical Explanation », *in* S. Hook (ed.), *Philosophy of History : A Symposium*, New York, New York University Press, 1963. Sur ce problème, voir Dray (1957) ; G. H. von Wright, *Explanation and Understanding*, Ithaca - New York, Cornell University Press, 1971. Ainsi que la présentation d'ensemble du débat par Ricœur (1983, I, p. 200-255). Compléter par le livre récent de C. Roberts, *The Logic of Historical Explanation*, University Park, Pa, The Pennsylvania State University Press, 1996.

demander, par exemple, quelle peut être la pertinence d'un modèle universel comme le fait ici même R. Ogien (cf. 3e partie). Il n'est pas certain non plus que la conception de la causalité et celle de loi que revendique le modèle déductif nomologique rendent adéquatement compte aujourd'hui des opérations qui sont celles qui caractérisent l'histoire. Arrêtons-nous un instant sur ces dernières et demandons-nous si les exigences du modèle nomologique sont compatibles avec ce que font les historiens.

Il est, bien sûr, possible d'identifier un nombre limité de cas où des historiens ont trouvé les moyens de mettre en œuvre des démarches qui se rapprochent du modèle fort. Ils l'ont souvent fait en adaptant les démarches de l'économiste ou du démographe et en recourant à la quantification, à la formalisation et à la modélisation. Dans la description de la crise économique d'ancien type, E. Labrousse a ainsi montré comment l'envolée des prix des subsistances, parce qu'elle mobilise momentanément l'essentiel du pouvoir d'achat des urbains, déclenche une crise de la production manufacturière et de l'emploi ; au terme d'une série de médiations qu'il est possible de reconstruire, la crise agricole induit donc une crise industrielle et commerciale[1]. Le modèle de la crise démographique ancienne permet de reconstruire de semblables régularités. On observera pourtant que ces enchaînements causaux sont établis sous condition, contrairement aux réquisits de Hempel : ils sont donc impurs. On parle de crise économique d'ancien type, de crise démographique ancienne, parce que les caractéristiques du modèle explicatif sont inséparables d'un certain équilibre qui, à un moment du temps, disparaît pour être remplacé par un autre agencement. L'observation serait plus vraie encore, s'agissant de régularités tendancielles qui renvoient en fait au constat empirique de corrélations ou d'enchaînements plausibles, mais impossible à formaliser, qui relèvent plutôt en fait de la construction d'idéal-types. L'œuvre de F. Braudel en offre, par exemple, de nombreuses illustrations, à partir de l'observatoire privilégié qu'est, aux yeux de l'auteur, la longue durée : régularités qui affectent les relations entre l'homme et le milieu ; régulations qui, de l'intérieur, limitent les capacités d'initiative et de gestion des Empires ; « grammaire des civilisations », etc.[2].

1. C. E. Labrousse, *Esquisse du mouvement des prix et des revenus en France au XVIIIe siècle* (1933), rééd. 1984, Paris, Éd. des Archives contemporaines.

2. F. Braudel (1949, 1966, I, p. 22 s. ; II, p. 46 s.) ; Id., *Grammaire des civilisations*, Paris, Arthaud, 1987.

Il reste que, même si les historiens utilisent volontiers le terme de cause, ils le font le plus souvent sans exigence particulière et de façon triviale, pour parler à la fois des antécédents et des conditions supposées aider à rendre compte d'un phénomène : on expose ainsi les « causes » de la chute de l'Empire romain, de la Révolution industrielle, de la Première Guerre mondiale. À cet égard, la critique de Simiand reste valide dans une large mesure. Par ailleurs, et sans pousser trop loin le paradoxe, on pourrait avancer qu'à un niveau plus élémentaire encore, l'explication causale est invoquée pour rendre compte de causes accidentelles : on dira ainsi que c'est l'assassinat de l'archiduc François-Ferdinand, héritier du trône d'Autriche-Hongrie, à Sarajevo le 28 juin 1914, qui est à l'origine du premier conflit mondial ; ou encore, pour reprendre un exemple devenu canonique depuis que Max Weber l'a utilisé, que les initiatives personnelles de Bismarck ont joué un rôle déterminant dans le déclenchement du conflit austro-prussien de 1866 puis dans la guerre franco-prussienne de 1870 ; ou encore que la mort prématurée d'Henri II lors d'un tournoi en 1559 a été responsable de la fragilisation du pouvoir monarchique et qu'elle a facilité la radicalisation des luttes religieuses en France. Mais qui ne voit qu'il s'agit d'une acception pauvre de la causalité, ne faisant que renvoyer à d'autres questions plus complexes du type : quelles étaient les conditions politiques, nationales, sociales, économiques pour que l'assassinat de François-Ferdinand suffît à provoquer, à travers une série d'enchaînements complexes, une guerre mondiale ? Prolongeant les analyses de Weber, Aron a montré les insuffisances de la pensée causale en histoire et l'impossibilité d'unifier les recours à la notion de cause (Aron, 1938, sect. III ; Aron, 1989, p. 170-185). Mais cela, les historiens le découvrent dans leur pratique, même s'ils cèdent trop facilement aux tentations du vocabulaire explicatif.

Un double ensemble de raisons peut aider à le comprendre. Observons, en premier lieu, que tout fait historique, même le plus simple en apparence – le constat que cet événement a eu lieu – peut être inscrit dans une multiplicité de contextes de références et être ainsi indéfiniment complexifié. La micro-histoire thématise aujourd'hui une démarche (Revel, 1996), qui est depuis longtemps en fait empiriquement associée à la connaissance historique[1]. On y reviendra. Notons en second lieu les implications particulières liées

1. Elles ont été, parallèlement, constitutives du genre romanesque en Occident, du *Quichotte* à *La Comédie humaine* et à *Guerre et paix*.

à la position de l'historien qui reconstruit des déterminations à partir de leur point d'arrivée. H. Arendt a bien caractérisé les conséquences cognitives de cette rétrodiction : « Non seulement le sens réel de tout événement transcende toujours les "causes" passées qu'on peut lui assigner (...), mais, qui est plus, ce passé lui-même n'émerge qu'à la faveur de l'événement. C'est seulement lorsque quelque chose d'irrévocable s'est produit que l'on peut s'efforcer de déterminer à rebours son histoire. L'événement éclaire son propre passé, il ne peut jamais en être déduit. Lorsque survient un événement assez important pour éclairer son propre passé, l'histoire *(history)*, apparaît. Alors l'amas chaotique du passé se charge en un récit *(story)*, qui peut être raconté puisqu'il a un commencement et une fin. »[1]

À ces déterminations liées à la posture de l'historien s'en ajoute une troisième, essentielle, qui tient à la nature des événements historiques. Ils ne s'organisent pas seulement selon une succession temporelle de type A, B, C, mais selon des enchaînements tels qu'ils réagissent les uns sur les autres, qu'ils se configurent les uns les autres, dans la durée : de l'avant vers l'après, bien sûr, mais aussi de l'après vers l'avant, on vient de le voir, et encore dans la synchronie. Cournot, dont la pensée est demeurée obstinément marginale pendant si longtemps mais resurgit à chaque crise épistémologique dans l'histoire française des sciences sociales, en a donné une analyse convaincante en opposant à la loterie, où « les coups se succèdent sans s'enchaîner, sans que les premiers exercent aucune influence sur ceux qui suivent », la partie d'échec comme modèle possible de l'enchaînement historique : « ... au jeu d'échecs, où la détermination réfléchie du joueur se substitue aux hasards du dé, de manière pourtant à ce que les idées du joueur, en se croisant avec celles de l'adversaire, donnent lieu à une multitude de rencontres accidentelles, on voit poindre les conditions d'un enchaînement historique. Le récit d'une partie (...) serait une histoire tout comme une autre, qui aurait ses crises et ses dénouements : car non seulement les coups se succèdent, mais ils s'enchaînent ; en ce sens que chaque coup influence plus ou moins la série des coups suivants et subit

1. H. Arendt, « Compréhension et politique » (1953), trad. franç., *Esprit*, 6, 1980, p. 75. Dans le même sens, F. Furet décale la perspective en observant, à propos de la Première Guerre mondiale, que « plus un événement est lourd, moins il est possible de le penser à partir de ces causes » (*Le passé d'une illusion. Essai sur l'idée communiste au XXe siècle*, Paris, R. Laffont, 1995, p. 49).

l'influence des coups antérieurs. »[1] La limite de l'homologie tient sans doute au statut de l'intentionnalité des décisions des acteurs, centrale aux échecs, facultative dans le cas des événements historiques. Elle est dans la qualification d'un processus dont l'historien doit, à un moment, décider de la profondeur et du volume en fonction de ses hypothèses de travail. Certaines, parmi les sciences sociales qui sont confrontées au même type de problèmes, se sont dotées des instruments qui permettent de rendre compte de tels processus : elles l'ont fait, comme l'économie, en prenant le parti d'une formalisation extrême et d'un appauvrissement contrôlé des données. En dehors de quelques tentatives à la limite[2], ce n'est pas le cas de la discipline historique dans son écrasante majorité, en particulier parce que les données qu'elle est susceptible de produire se prêtent mal, le plus souvent, à de tels traitements ; mais aussi parce que les modèles de causalité requis pour rendre compte des enchaînements processuels sont d'une extraordinaire complexité.

De ce constat, on peut tirer des conclusions contraires. Le philosophe américain George Reisch a ainsi proposé aux historiens de prendre acte de l'échec de leur ambition à dégager empiriquement des lois générales. L'histoire relève par excellence, selon lui, du type de processus qu'étudient les théories contemporains du chaos, et qui se développent selon des dynamiques non linéaires. Mais la complexité en est telle et les possibilités de formalisation si limitées que le récit – « une narration scène par scène » – resterait la seule modalité propre à rendre compte du cours du monde historique. « Il resterait à tout le moins parallèle et en phase avec les événements qui sont effectivement advenus. »[3] Une telle proposition doit nous intéresser, parce qu'elle constitue un passage à la limite. Mais elle est bien évidemment absurde. Outre qu'elle évoque ces cartographes improbables qui avaient entrepris un relevé au 1/1e de l'Empire[4], elle suppose acquise une descriptibilité positive qui méconnaît les opérations historiques les plus élémentaires, comme on l'a vu plus haut.

1. A. Cournot, *Essai sur les fondements de nos connaissances et sur les caractères de la critique philosophique* (1851), Paris, Vrin, 1975, p. 370 (cité par Prost, 1996, p. 154-155).

2. C'est en particulier le cas de la *New economic history* qui met en œuvre des modèles économétriques et recourt à des hypothèses contre-factuelles : cf. R. Andreano, J. Heffer, *La nouvelle histoire économique*, Paris, Gallimard, 1977.

3. G. A. Reisch, « Chaos, History and Narrative », *History and Theory*, 30, 1991, p. 1-20 (citations, p. 9, 18).

4. J. L. Borges, « De la rigueur de la science », in *L'auteur*, *Œuvres complètes*, t. II, Paris, Gallimard, « Bibliothèque de la Pléiade », 1999, p. 57.

Du constat précédent, on peut tirer, à l'inverse, des raisons de mettre en cause la souveraineté du modèle nomologique. La critique a été déclinée de façons très diverses, à partir d'attendus épistémologiques très différents. On peut, par exemple, tenter de déboîter la notion d'explication de celle de loi, comme l'a fait W. Dray (1957). On peut, plus généralement, critiquer le schéma de l'explication par les causes et en proposer des assouplissements ou des reformulations, du type de l'explication par les raisons[1]. On peut aussi poser que la connaissance du monde historique – celle qui mobilise les sciences sociales – relève d'un régime épistémologique différent de celui des sciences de la nature ; que les modes d'analyse et d'intelligibilité qui sont les leurs sont spécifiques en raison des objets qu'elles se donnent et de la relation particulière que ceux qui les étudient entretiennent avec ces objets. On reconnaît là une thématique bien établie depuis Dilthey, même si elle a très longtemps fait l'objet en France d'un refus obstiné. L'opposition entre « sciences de la nature » et « sciences de l'esprit » a beaucoup servi depuis un siècle. Elle a été affinée et, dans une large mesure, reformulée par Weber et Simmel, par Aron et, en dernier lieu, par Passeron dans sa tentative pour caractériser le « raisonnement sociologique » (Passeron, 1991). On n'a pas la place ici pour entrer dans un débat qui, malgré son apparente continuité, est fort complexe – en particulier du fait que les cadres de référence philosophico-épistémologiques peuvent varier très profondément d'un auteur à l'autre. Retenons-en, pour l'instant, qu'au modèle nomologique s'oppose un modèle de compréhension. Cette compréhension n'a pas de fondement psychologique : elle ne relève pas, par exemple, de l'empathie, comme le rappelle justement Aron. Elle renvoie à une situation de connaissance particulière qui est caractérisée par une double historicité : celle de l'objet et celle de l'observateur. Les objets qu'étudie l'histoire – et les sciences sociales plus généralement –, sont inscrits dans le temps. Ils ne sont pas répétitifs ni reproductibles (ce qui n'exclut bien évidemment pas que l'on puisse faire apparaître entre eux des régularités, des connexions, des traits communs). Ceux qui étudient ces objets sont eux aussi soumis à des contraintes liées au temps, telle l'impossibilité, évoquée plus haut, de produire une description définie, stabilisée, du monde social : les événements sont appréhendés à partir d'une position qui

1. Ch. Frankel, « Explanation and Interpretation in History », *in* P. Gardiner (ed.), *Theories of History*, New York, The Free Press, 1959, p. 408-427 ; Dray, 1959 ; Roberts, *The Logic of Historical Explanation*, *op. cit.* ; Ricœur, *Temps et récit*, *op. cit.*, I, p. 212 s. Sur l'opposition entre causes et raisons, voir Ogien, ici même, p. 550-562.

est elle-même inscrite dans le temps. Double contrainte, donc : celle « de l'*observabilité* qui définit le monde empirique [et celle] de l'*historicité*, c'est-à-dire l'impossibilité dans la dénomination des "faits" de désassocier complètement ceux-ci de leurs coordonnés spatio-temporelles » (Passeron, 1991, p. 398). Il en résulte un statut épistémologique apparemment impur, comme le suggèrent le recours au raisonnement naturel dans les sciences sociales ou le recours à l'exemplification comme mode commun d'administration de la preuve. Mais c'est sur la reconnaissance de ces contraintes et de leurs effets cognitifs que peuvent aussi prendre appui les sciences sociales pour définir des procédures spécifiques d'argumentation et de connaissance.

Ces sciences traitent d'événements humains, c'est-à-dire perçus, agis, interprétés par des individus et des groupes. Bien au-delà du seul registre de l'intentionnalité, les événements – ce qui arrive – sont configurés par les acteurs qui en sont les protagonistes. Cette dimension de l'expérience (qui se redouble du côté de l'historien) est à la base d'un travail de configuration qui en est la marque proprement temporelle. R. Koselleck a ainsi proposé d'identifier dans toute situation historique une tension essentielle entre un « champ d'expérience » (un passé récapitulé) et un « horizon d'attente » (l'anticipation d'un futur) qui est constitutive du présent (Koselleck, 1990, p. 307-329). Ce double travail de configuration de l'expérience – celui de l'acteur, celui de l'historien – relève de l'interprétation.

Ces sciences doivent, en second lieu, rendre compte d'enchaînements séquentiels et les rendre intelligibles. Elles le font en faisant appel aux ressources qu'offre l'expérience temporelle elle-même. « Il y a une intelligibilité propre aux conduites humaines qui permet d'explorer ou d'expliquer un état singulier sans le déduire d'une proposition générale ou encore : qui permet à l'interprétation du cas singulier d'avoir une probabilité supérieure à la proposition générale dont on prétend la déduire », écrit R. Aron en commentant Weber (Aron, 1989, p. 156). Dire que les objets qu'étudient les historiens sont inscrits dans le temps veut dire que, loin d'être une simple toile de fond, cette inscription temporelle est constitutive de ces objets et de leur intelligibilité. Aussi bien la dimension séquentielle ne saurait-elle être rendue par une simple consécution chronologique. À un niveau minimal, tout récitatif introduit déjà un ordre qui engage une explication plutôt qu'une autre. Plus généralement, et de façon plus élaborée, les historiens explorent le temps, si l'on ose le dire. Ils le parcourent dans les deux directions, du passé vers le présent et du présent vers le passé ; ils se donnent les moyens de l'accélérer ou de le ralentir selon les besoins de l'observation : l'histoire du milieu s'appréhende à l'échelle des millénaires, celle des débuts de la Révolution française jour par jour, voire heure par heure. Ils peuvent même le falsifier[1]. Ces déplacements et ces manipulations sont à la base d'une activité configurationnelle – ils permettent de donner une forme aux dynamiques temporelles – qui est inséparable de la recherche d'analogies dans le répertoire des formes et des situations. Mais on voit que, à travers ces opérations, la dimension séquentielle requiert déjà une approche de type contextuel.

Car telle est, bien sûr, la troisième dimension de la compréhension. Les historiens se donnent des objets particuliers et l'une des dimensions de cette particularisation, la plus fondamentale peut-être, est l'inscription dans un contexte, c'est-à-dire la mise en rapport de cet objet avec d'autres objets avec lesquels le premier est lié par des relations d'interdépendance. Autant dire qu'un contexte n'est jamais donné, comme le laisse à tort entendre les usages paresseux du terme. Il est construit comme un cadre de référence et de pertinence de l'interprétation, et le même objet peut (et probablement doit) s'inscrire simultanément dans plusieurs contextes. Ce travail de contextualisation est l'un de ceux qui sont les plus familiers à l'historien. Il a été souvent thématisé par l'historiographie contemporaine : par l'histoire sociale (pour Marc Bloch, l'étude de la société féodale est « l'analyse et l'explication d'une structure sociale avec ses liaisons »), par ce qu'on appelait hier l'histoire des mentalités ; par l'histoire des sciences mais aussi par celle des comportements (Elias). Mais le souci est déjà présent chez Hérodote ou chez Voltaire. La mise en contexte, qui est essentielle à l'élaboration d'une intelligibilité historique, rend en fait possible deux opérations apparemment contraires. Elle autorise un recours raisonné à la comparaison : on compare des ensembles, non des faits dépareillés. Elle particularise, en sens inverse, une situation et

1. Après Weber et Aron, A. Prost (1996, p. 175-180) a eu raison d'insister récemment sur la dimension contre-factuelle de toute histoire. Dès lors qu'elle s'interroge sur les causes de ce qui a eu lieu, elle se demande sous quelles conditions il aurait pu en être autrement. M. Weber le résume en disant que « pour démêler les relations causales réelles, nous en construisons d'irréelles ». Cette pratique relève ordinairement du raisonnement naturel. Mais elle a aussi été formalisée avec les techniques d'analyse contre-factuelle de la *New economic history*, qui recourt à des modèles économétriques pour se demander, par exemple, ce qu'aurait été la croissance économique américaine au XIXe siècle sans le chemin de fer.

la rend incomparable à toute autre et relève à ce titre de ce que Weber nomme l'imputation causale singulière. Il vaut la peine de réfléchir un instant sur ce double mouvement.

La pertinence du cas

De ce qui précède, on ne tirera pas nécessairement la conviction que les conclusions auxquelles parviennent les historiens relèvent du libre caprice de l'interprétation ni que la pluralité des interprétations doive être considérée comme un privilège dont la discipline pourrait se targuer. Cette pluralité n'est d'ailleurs pas, on le sait, propre à l'histoire parmi les sciences sociales. Elle y est peut-être plus visible et certainement mieux acceptée. Mais, en histoire comme ailleurs, on ne saurait se contenter de la constater. Elle doit plutôt, comme le suggère Jean-Claude Gardin, être traitée comme un « problème en suspens, un défi à relever ». Il convient donc de l'expliciter et d'en rendre compte. Les historiens le font plus souvent que ne le pensent leurs lecteurs trop pressés, même s'ils mettent trop rarement en œuvre pour ce faire des schémas de type logiciste. Plus souvent, ils ont le souci de situer l'interprétation qu'ils sont occupés à construire par rapport à celles qui ont été proposées par d'autres. D'où cette conséquence, que l'on a souvent observé : un travail historique ne présente que rarement des « conclusions détachables », autonomisables par rapport à la démarche qui les a produites et qu'il est nécessaire de reprendre dans son intégralité pour apprécier le résultat auquel elle est parvenue. On y a vu parfois une sorte d'infirmité heuristique originelle, mettant en cause la place de l'histoire dans la communauté des sciences sociales et, plus radicalement, sa prétention à être une connaissance de type scientifique. À l'inverse, on a parfois été tenter de justifier le libre exercice de l'interprétation comme privilège de l'historien, sur fond d'anarchisme – plus souvent d'indifférence – épistémologique (Mink, 1987, p. 77-79). Ni l'une ni l'autre de ces positions extrêmes ne paraît acceptable à qui entend, comme on tente de le faire ici, de réfléchir sur les opérations de connaissance auxquelles se consacrent les historiens. Par ailleurs ces problèmes ne leur sont pas spécifiques. Ils se posent, répétons-le, à la plupart des sciences sociales, même si elles les abordent de façons différentes (ce qui, bien entendu, ne va pas de soi). Ils invitent à s'interroger sur le régime de scientificité propre à ces démarches (Passeron, 1991).

Mais il est sans doute abusif de parler, comme on vient de le faire par commodité, de l'« histoire » tant les pratiques historiennes sont diverses dans leurs objectifs et dans leurs moyens. Dans un nombre limité de cas, et à partir de schèmes analytiques empruntés aux autres sciences sociales, à l'économie, à la démographie, à l'anthropologie sociale, les historiens peuvent recourir aux mêmes opérations de formalisation et de modélisation que ceux dont ils s'inspirent, même s'ils sont souvent contraints de le faire à partir de données imparfaites et qui exigent un traitement spécifique. Il leur arrive aussi de définir eux-mêmes ces opérations, en raison de la nature même de ces données : tel est le cas de l'archéologie cognitive telle que la conçoit et l'illustre J.-C. Gardin[1]. Ces démarches produisent des résultats cumulatifs (et révisables) comme ceux de n'importe laquelle des sciences sociales. On objectera que ces exigences de rigueur demeurent étrangères à la plupart des historiens, soit qu'ils les ignorent, soit qu'elles leur demeurent inaccessibles en raison des sources dont ils disposent. Il reste que tous devraient pouvoir se reconnaître sans trop de difficulté dans le constat que pose Gardin à propos de sa propre discipline : « Les inférences que nous pratiquons, à partir de matériaux recueillis sur le terrain, sont constamment exposées à des épreuves de vérification (provisoire, s'entend, mais comme on l'entend aussi dans les sciences naturelles) à la suite desquelles une partie d'entre elles viennent grossir ou modifier le savoir dit "établis" dans la "communauté savante"... » La connaissance historique procède par déplacements, et reformulations, mais ces déplacements et ces reformulations ne relèvent pas d'une manière de souveraineté interprétative ; ils sont fondés sur la confrontation empirique qui permet, ici comme ailleurs, d'invalider une hypothèse[2].

Cette confrontation empirique, les historiens la revendiquent souvent avec une modestie ombrageuse comme la marque de fabrique de leur discipline : ils « travaillent sur des faits » – et l'on a déjà évoqué les ambiguïtés que recèle une telle formulation. Elle dissimule en effet le travail de production des faits qui est inséparable de toute opération de connaissance et qui demeure chez eux trop souvent

1. J.-C. Gardin, *Une archéologie théorique,* Paris, Hachette 1979 ; Gardin et Borghetti, *op. cit.*, chap. 2 et 3.

2. On peut, sur ce point, n'être pas d'accord avec Veyne, qui voit en l'histoire une « topique » dans laquelle l' « allongement du questionnaire » serait la seule possibilité de progrès conceptuel qui lui soit consentie.

implicite. Elle oblitère en particulier l'usage constant qui est le leur d'entités abstraites ou semi-abstraites pour organiser la profusion du réel. « Les historiens voudraient-ils être positivistes, écrit Paul Veyne, qu'ils n'y parviendraient pas ; même s'ils ne veulent pas le savoir, ils ont une sociologie puisqu'ils ne pensent ouvrir la bouche sans prononcer les mots de guerre ou de cité et sans se fonder, à défaut d'une théorie digne de ce nom, sur la sagesse des nations ou sur de faux concepts, tels que féodalité ou redistribution. »[1] On peut sans nul doute nuancer et affiner le jugement : il n'est pas certain, après tout, que féodalité soit un faux concept : il s'agit plutôt d'un concept révisable, reformulable à partir d'analyses empiriques. On peut aussi tenter, comme l'a fait naguère H. Marrou, de distinguer et de hiérarchiser les différents niveaux de conceptualisation mis en œuvre dans l'analyse historienne (Marrou, 1975, p. 140-161) ; on peut, avec A. Prost, constater qu'elle privilégie le recours à des concepts empiriques et qu'elle fait plus souvent appel à des idéal-types, ainsi que l'a fortement rappelé R. Koselleck : « Sous un concept se subsument la multiplicité de l'expérience historique et une somme de rapports théoriques et pratiques en un seul ensemble qui, en tant que tel, n'est donné et objet d'expérience que par ce concept » (Koselleck, 1990, p. 109 ; Prost, 1996, p. 125-143). Certains de ces concepts relèvent du langage naturel, voire de notions communes ; d'autres sont le produit d'une élaboration explicite comme « la crise économique d'ancien type » ou « la proto-industrialisation » ; la plupart se situent probablement entre ces deux bornes. Il reste que rigoureuse ou non, délibérée ou instinctive, cette activité de repérage et de classement est présente au départ de toute opération de connaissance historique si modeste soit-elle. C'est elle et elle seule qui permet d'identifier des données, de les sélectionner, de les ordonner et de les comparer. C'est elle aussi qui rend possible d'individualiser le cas dans un ensemble, une série ou un réseau, c'est-à-dire de le constituer comme la variance d'un type.

On touche ici à un ensemble de questions qui sont probablement celles qui caractérisent le plus fortement l'histoire au sein des sciences sociales. Elles ne sont pas nouvelles. Il y a plus d'un siècle que Windelband a construit l'opposition entre sciences nomothétiques, qui visent à la connaissance du général, et savoirs idiographiques, qui visent à celle du particulier, et Rickert après lui a défini l'histoire comme connaissance de l'individuel. Cette opposition, les historiens

1. P. Veyne, *L'inventaire des différences*, Paris, Le Seuil, 1976.

l'ont volontiers – et le plus souvent spontanément – reprise à leur compte parce qu'elle convenait assez bien à la représentation qu'ils ont de leur activité. On se rappelle que c'est elle encore qui fait le fond de la polémique lancée par Simiand contre les historiens et de la réponse que lui ont apportée certains de ceux-ci, en particulier Seignobos. Il n'est pourtant pas certain que posé dans les termes d'une alternative aussi radicale, le problème de la spécificité de la connaissance historique le soit correctement et de façon utile, et ce pour un ensemble de raisons. En premier lieu parce qu'empiriquement, les historiens passent en permanence d'un registre à l'autre, de l'identification de régularités statistiques à des exemplifications ou à des études de cas. Ensuite parce que, comme le rappelle P. Veyne après Pariente, la notion d'individualité n'est pas absolue : elle est relative à un niveau de pertinence qui est en même temps un niveau d'individualisation et qui est défini à partir d'une problématique. Enfin parce que la définition des individualités historiques est fonction du temps. Ce qui encourage l'historien à particulariser, c'est que deux faits, même s'ils se répètent, s'inscrivent dans des configurations temporelles distinctes et que leur historicité est un élément essentiel de leur identification. Veyne, à nouveau, l'exprime heureusement en opposant la démarche de l'historien et celle du sociologue : « Nombre de faits historiques sont presque de vrais jumeaux, ils se ressemblent comme deux gouttes d'eau ; ils n'en sont pas moins deux individus distincts et quand l'historien fait le recensement, ils comptent pour deux. Ce n'est qu'aux yeux d'un sociologue qu'ils tombent dans une seule et même catégorie. Il ne faut pas dire que l'histoire consiste à aimer ce qu'on ne verra jamais deux fois, elle consiste à aimer deux fois ce qu'on revoit à l'occasion. »[1] Le caractère espiègle de la formule ne doit pas interdire pour autant de la prendre au sérieux. Avec elle, me semble-t-il, on touche au « contexte méthodologique et programmatique », pour reprendre la proposition de J.-M. Berthelot ici même, qui spécifie la démarche historienne au sein des sciences sociales.

1. Veyne, *ibid.*, p. 57-60, 38-39. Et encore : « Aux yeux d'un historien, la guerre punique expliquée au moyen d'une théorie de la guerre constitue un des objets propres de la science historique. Aux yeux d'un sociologue, en revanche, la même guerre, expliquée exactement de la même manière, ne sera plus qu'un exemple (...). Conséquence capitale : le sociologue n'est pas tenu de citer tous les exemples. Il en allègue deux ou trois, tout au plus. Tandis que l'historien a pour métier de dresser l'inventaire complet ; pour lui, deux guerres ne font pas double emploi même si elles sont conceptuellement identiques » (*ibid.*, p. 54-55).

On l'a répété à plusieurs reprises déjà : les historiens n'ignorent pas les problèmes de la généralisation ni ceux de la typification. C'est une banalité de rappeler que sans le recours à ces opérations, ils ne pourraient ni raisonner ni, plus élémentairement, s'exprimer. Mais de ces opérations, ils paraissent proposer un usage partiel et, dans une certaine mesure, insatisfait : tout se passe comme si, en dépit des proclamations d'intentions, elles ne répondaient pas aux exigences tant argumentatives que stylistiques d'un régime de connaissance qui serait propre à la démarche historique. Dans sa version française, qui s'inscrit explicitement dans la perspective définie par Simiand reprise par E. Labrousse, l'histoire sociale a été fondée depuis trois quarts de siècle sur le traitement quantitatif de données constituées en séries : l'approche statistique y tient un rôle central, elle s'exprime en tableaux et en courbes. D'où vient alors que, de Labrousse à Goubert et à Le Roy Ladurie, ceux qui ont pratiqué avec une assurance légitime cette démarche rigoureuse aient éprouvé de façon insistante le besoin de rappeler que c'étaient bien des hommes dont les chiffres enregistraient la trace historique (comme s'il pouvait en aller autrement) ? D'où vient que, au constat chiffré des conséquences sociodémographiques (une crise de surmortalité) d'une envolée des prix céréaliers, on se sente requis d'adjoindre une exemplification individuelle : la trace d'un individu dont les archives nous livrent le nom et la date du jour où il est venu mourir de faim devant la porte de tel hôpital d'une ville donnée, etc. ? Parlera-t-on d'« effet de réel » ? Peut-être, mais la réponse ne satisfait pas entièrement. On a le sentiment que le détail apparemment insignifiant, organisé en micro-récit, est dévolu à garantir que le phénomène général qu'enregistrent les chiffres a bien eu lieu parce qu'il est susceptible de s'incarner dans un ou des destin(s) particulier(s). L'œuvre de Fernand Braudel, qui dénonce pourtant avec insistance la non-pertinence de l'événement et celle des trajectoires individuelles, pourrait servir tout entière à illustrer ce paradoxe. Est-il constitutif d'un mode de connaissance scientifique renvoyant à des contraintes logiques et argumentatives particulières ? C'est ce qu'a suggéré récemment le sociologue J.-M. Berthelot en explorant l'hypothèse que deux disciplines appartenant, telles l'histoire et la sociologie, au même espace épistémologique d'ensemble, pourraient relever de régimes cognitifs (et discursifs) différents[1].

1. J.-M. Berthelot, « Histoire et sociologie : une affaire de discipline », *Recherches sociologiques*, 1998/3, p. 23-43 ; du même, voir aussi *Les vertus de l'incertitude. Le travail de l'analyse dans les sciences sociales*, Paris, PUF, 1996, p. 141 s.

Pour rendre compte de celui qui serait propre à l'histoire, et qui entre mal dans l'opposition nomologique/idiographique, on invoque parfois des explications commodes, tantôt des habitudes professionnelles, tantôt la naïveté épistémologique dont seraient incurablement affligés les historiens. On peut aussi s'interroger sur ce qu'ils font du détail auquel ils attachent tant de prix. Analysant la manière dont l'histoire se livre à « une expérimentation critique des modèles sociologiques, économiques, psychologiques ou culturels » qu'elle emprunte en les mettant à l'épreuve sur des terrains différents de ceux pour lesquels ils ont été élaborés, M. de Certeau insiste sur la pertinence du cas qui permet de construire un (ou des) écart(s) significatif(s) au sein d'une série ou d'un ordre. « Car le "fait" dont il s'agit désormais n'est pas celui qui offrait au savoir observateur l'émergence d'une *réalité*. Combiné à un modèle construit, il a la forme d'une *différence*. L'historien n'est donc pas placé devant l'alternative de la bourse ou la vie – la *loi* ou le *fait* (...). Il tient de ses modèles la capacité de faire apparaître des écarts. (...) Le fait, c'est la différence » et ce sont les formalismes eux-mêmes qui, « aujourd'hui donnent une nouvelle pertinence au détail qui fait exception » (Certeau, 1975, p. 93-94)[1]. Tous les historiens ne modélisent pas. Mais tous comparent, même s'ils ne le savent pas toujours. Ils comparent des individualités saisies dans leur(s) contexte(s), et l'histoire peut bien être définie comme une connaissance contextuelle. Elle retrouve – mieux, elle revendique – la vieille définition aristotélicienne qui la voue au « particulier », mais d'un particulier qui, pour être compris, doit être situé dans des relations d'interdépendance avec d'autres objets historiques, comme on l'a vu plus haut. Chaque cas historique est unique et il a vocation à être contextualisé dans le temps qui lui confère, précisément, sa singularité. On n'en tirera pas la conclusion qu'il est pour autant enfermé dans sa singularité : c'est au contraire sur une particularisation que peut se fonder un comparatisme construit, capable de rendre compte à la fois de ses moyens et de ses limites[2]. Selon

1. À partir de prémisses et avec des implications substanciellement différentes, c'est dans le même sens que va une notion comme celle d' « exceptionnel normal », qu'a forgée l'historien italien Edoardo Grendi en s'interrogeant sur la pertinence d'une étude de cas. Cf. E. Grendi, « Micro-analisi e storia sociale », *Quaderni storici*, 35, 1977, p. 506-520. La notion est discutée dans Revel, 1996, p. 31.

2. Sur les opérations à travers lesquelles « l'enquête comparative définit à la fois la partie empirique des preuves et l'unité sémantique des interprétations », cf. J.-C. Passeron, « L'espace mental de l'enquête », *Enquête*, 1995, 1, p. 13-42, et 1996, 3, p. 89-126.

la formule de J.-C. Passeron, la démarche comparatiste est bien celle qui permet d'introduire les questions qui font ressortir les pertinences du cas[1].

Récit et modèle

De façon répétée, ces dernières années, on a entrepris de distribuer les diverses sciences sociales autour de deux pôles de référence : le modèle et le récit. Selon les pratiques effectivement mises en œuvre, selon l'image aussi qu'elles souhaitent donner d'elles-mêmes, les disciplines revendiquent plus ou moins fortement leur appartenance à un camp ou à l'autre. La plupart d'entre elles se situent probablement, selon un dégradé subtil, dans un entre-deux qui n'est pas nécessairement présenté comme tel, puisqu'à l'activité de modélisation est classiquement associée une capacité de formalisation et de systématisation supérieure à partir de laquelle on infère à la fois un potentiel théorique accru et de meilleures performances cognitives[2]. L'économie, la démographie se retrouvent bien évidemment de ce côté-là. L'histoire est, en revanche, résolument située du côté du récit, même s'il arrive à ses praticiens de recourir localement à des procédures de formalisation. Pour l'essentiel, elle fait appel au langage et au raisonnement naturels. C'est ce que le philosophe Arthur Danto a résumé dans une formule lapidaire : « La différence entre l'histoire et la science ne consiste pas dans le fait que l'histoire ferait et que la science ne ferait pas appel à des schèmes organisateurs qui vont au-delà du donné. L'une et l'autre le font. La différence doit être recherchée dans le *type* de schèmes organisateurs qu'elles mettent en œuvre. L'histoire raconte des histoires » (Danto, 1965, p. 111). Le constat n'est pas nouveau pour nous. On a vu plus haut que dès ses origines grecques, les genres historiques associaient une

1. Sur les mécanismes d'inférences particuliers à la pensée par cas, voir ici même la contribution de P. Livet, p. 310-315.

2. Voir la contribution de J.-C. Gardin, « Modèles et récits », (*infra*, 2e partie). À titre d'exemple, dans une bibliographie devenue abondante, voir L.-A. Gérard-Varet, J.-C. Passeron (éd.), *Le modèle et l'enquête : les usages du principe de nationalité dans les sciences sociales*, Paris, Éd. de l'École des hautes études en sciences sociales, 1995 ; Cl. Grignon *et al.*, *Le modèle et le récit*, Paris, Éd. de la Maison des Sciences de l'homme, 2001 ; J.-C. Gardin, M. N. Borghetti, *L'Architettura dei testi storiografici*, Bologne, Cooperativa Libraria Universitaria Editrice, 1995. Et, bien sûr : Passeron, 1991 ; Berthelot, *Les vertus de l'incertitude*, *op. cit.*

exigence de connaissance et une dimension rhétorique qui pendant longtemps n'ont pas eu lieu d'être séparées, moins encore opposées.

Elles l'ont été depuis deux siècles et avec une insistance toute particulière dans l'historiographie contemporaine, au point que Paul Ricœur a pu parler d'une « éclipse du récit ». C'est, en fait, d'une double mise en cause qu'il s'agit, énoncée à partir de deux points de vue très différents l'un de l'autre. La première est qualifiée d'« éclipse de la compréhension » et renvoie à la prégnance du modèle nomologique dans la philosophie analytique anglo-saxonne qui réfléchit sur les modalités de la connaissance historique. L'argument, il est vrai, n'est que marginalement présent dans le débat des historiens praticiens. La seconde version de l'éclipse est de nature méthodologique et elle s'inscrit, au contraire, dans un ensemble de convictions et de pratiques scientifiques qui leur sont devenues familières, en particulier à ceux qui revendiquent une confrontation ouverte avec les sciences sociales (Ricœur, 1983, 1, p. 171-216). Le pamphlet-programme de Simiand, qui nous a déjà servi de repère à plusieurs reprises, peut à nouveau être notre point de départ : on y trouve une critique ravageuse des usages historiens du récit, des facilités et des courts-circuits logiques et analytiques qu'il autorise, des faux-semblants qu'il tolère. C'est contre eux qu'il propose aux historiens de conformer leurs opérations de connaissance à un protocole expérimental construit à partir d'une hypothèse et de la production de données destinées à en tester la validité. La conception de Simiand est elle aussi de type nomologique, mais elle se place au niveau de ce que font (ou de ce que devraient faire) les historiens. Elle met en cause le récit dès lors qu'elle recommande d'abstraire les données de leur contexte énonciatif pour les organiser en vue d'une démonstration. Une flambée des prix du blé, la baisse des prix manufacturiers, un pic de mortalité, la chute du nombre des mariages et celle, différée, des naissances, n'ont plus valeur d'événements au sein d'un contexte local. Ce sont des valeurs qui prennent signification par rapport à d'autres valeurs, antécédentes, postérieures ou contemporaines, selon la logique d'une série, d'un tableau, voire au sein d'un modèle plus large. Elles s'inscrivent dans un cadre temporel qui n'a plus de rapport évident avec l'expérience des acteurs qu'enregistrent (de façon plus ou moins indirecte) la documentation primaire[1]. Le recours aux techniques de traitement

1. C. E. Labrousse, *Esquisse du mouvement des prix, op. cit.* ; Id., *La crise de l'économie française à la fin de l'Ancien Régime et au début de la Révolution* (1944), rééd. 1990, Paris, PUF.

sériel ou quantitatif, voire à la modélisation, qui a caractérisé une bonne part de l'histoire sociale, passe par la désorganisation puis par la réorganisation des éléments du récit historique classique qui est, d'une certaine manière, mis entre parenthèses. Il est devenu habituel, parmi les historiens, d'opposer après L. Febvre l'« histoire-problème » à l'« histoire-récit ». Il n'est pas inutile de rappeler qu'avant de devenir un lieu commun de la profession, cette formulation a été forte parce qu'elle prenait le contre-pied d'une très longue tradition qui ne voyait pas d'incompatibilité essentielle entre les deux termes. La *Méditerranée* de Fernand Braudel est sans doute l'entreprise qui, au XXe siècle, a prétendu en pousser au plus loin les implications heuristiques (Braudel, 1949, 1966). Mais c'est bien plus largement tout le programme d'une histoire sociologisante qui a voulu renoncer aux effets de réel et de plausibilité, aux ressources d'identification, au répertoire d'analogies dont le récit historiographique avait traditionnellement été le pourvoyeur.

On est d'autant plus surpris de voir resurgir, depuis une génération, des interrogations sur le rôle du récit en histoire. Elles sont à dire vrai très diverses. Certaines expriment le sentiment, plus ou moins durable, d'un épuisement du projet d'une histoire science sociale[1]. D'autres ont mis en cause la prétention même de la discipline à produire des énoncés scientifiques en même temps que son aspiration à la synthèse. L'histoire devrait se contenter de proposer des « intrigues » : c'est-à-dire des récits producteurs d'intelligibilité mais qui ne sauraient ambitionner autre chose que d'être « un mélange très humain et très peu "scientifique" de causes matérielles, de fins et de hasard ; une tranche de vie, en un mot, que l'historien découpe à son gré et où les faits ont leurs liaisons objectives et leur importance relative » (Veyne, 1971, p. 46). Une troisième version, extrême, a proposé de référer tout discours historique à une stylistique et à une poétique, sans qu'il soit nécessaire de prendre en compte les opérations de connaissance qui lui sont habituellement associées. Selon H. White, ces discours relèvent de modes divers de mise en intrigue *(emplotment)* et, plus profondément encore, d'une tropologie (White, 1973). On pourrait allonger sans peine la liste des propositions, dont la variété atteste au moins du fait qu'il ne s'agit en

1. Un exemple célèbre, mais qui n'est pas nécessairement le plus convaincant, est l'article de L. Stone (lui-même grand praticien de l'histoire sociale) (1979), trad. franç. « Retour au récit, ou réflexions sur une nouvelle vieille histoire », *Le Débat*, 4, 1980, p. 116-142.

rien d'un débat stabilisé (ni même toujours du même débat). Dans son désordre même, il rend au moins manifeste que le récit fait à nouveau problème aux historiens. Qu'est-il loisible d'en conclure ? Paul Ricœur, dont la trilogie *Temps et récit* s'est attachée à renouer les fils épars de cette réflexion, suggère une réponse globale. Le récit est pour lui la forme irréductible de l'expérience humaine du temps. La temporalité échappe selon lui au discours immédiat d'une phénoménologie ; elle requiert le « discours indirect du récit » pour reconfigurer l'hétérogénéité de l'expérience. Quoi qu'on en ait, il n'est donc pas possible de s'affranchir de la contrainte narrative comme Ricœur le montre dans sa relecture de *La Méditerranée* de Braudel (Ricœur, 1983, 1, p. 365-384).

Mais il peut être utile de repartir plus modestement des opérations élémentaires qui sont celles de l'historien. Celui-ci ne procède pas par accumulation « du détail à l'ensemble », comme le recommandait Monod aux premiers lecteurs de la *Revue historique* en 1876. Il ne « procède pas des parties au tout » (A. Prost)[1]. La sélection des faits, la délimitation d'un cadre chronologique ou spatial, d'un ensemble d'évolutions ou d'actions, le repérage d'un contexte, renvoient à une configuration particulière qui est une appréhension synthétique et, si l'on veut, une hypothèse sur la réalité dont on entend rendre compte. Cette hypothèse reste le plus souvent implicite. L'historien ne rend pas nécessairement compte des choix multiples qui lui ont permis de composer son objet à partir de l'indétermination des sources. Le mérite heuristique des procédures quantitatives aura d'abord été de le contraindre à expliciter ces choix dès la production des données extraites des archives. Mais les règles qui gouvernent les opérations élémentaires se retrouvent à tous les niveaux de l'élaboration historienne, et d'abord de la construction d'un récit. C'est Momigliano qui le rappelait à l'occasion de sa polémique avec Hayden White : « Toute histoire suppose l'élimination d'autres histoires alternatives. » Un choix de ce type n'est pas hasardeux ni arbitraire, il n'est pas indifférent. Comment et pourquoi éliminons-nous d'autres versions possibles pour en conserver une, qui est souvent présentée par la suite comme allant de soi ? On voit bien en ce point qu'il ne s'agit pas principalement ici d'un choix stylistique ou esthétique, mais bien d'un choix cognitif.

1. On se retrouverait, dans le cas contraire, dans la position inconfortable du narrateur de Laurence Sterne qui, enseveli sous le détail du monde, n'arrive pas à commencer son récit autobiographique : *La Vie et les Opinions de Tristram Shandy, gentilhomme*, trad. Jouvet, Paris, Tristram, 1998 (en particulier chap. XIV).

Ces choix sont, quoiqu'il en paraisse, faits sous contrainte. La contrainte temporelle est la plus élémentaire, la plus fondamentale aussi puisqu'elle constitue la « caractérisation minimale de l'activité historique », comme le rappelle Danto. À cet égard, la distinction entre récit séquentiel et tableau contextuel n'est que d'une importance relative puisqu'il n'existe ni pur récit, ni tableau suspendu dans le temps au sein d'un discours historique (Koselleck, 1990, p. 133-144) : tout récit s'inscrit dans un horizon de sens, s'évalue par rapport à d'autres récits, appelle la comparaison ; tout tableau est, au moins implicitement, situé par rapport à un avant et à un après. Mais il y a plus. La phrase narrative institue selon Danto un ordre qui « est déjà, par la nature des choses, une forme d'explication » en configurant ce dont elle rend compte et qui doit être expliqué. À un autre niveau, plus englobant, la construction d'un récit opère un travail homologue de configuration – elle donne une forme – et de mise en ordre qui induit des schèmes explicatifs en effectuant ce que Ricœur nomme une « synthèse de l'hétérogène ». De ce constat, on peut tirer deux types de conclusions radicalement opposées sur le caractère irréductible de la dimension narrative dans les opérations de la connaissance historique. La première fonde un relativisme sceptique, voire un désintérêt pour ces opérations elles-mêmes ramenées à une ambition minimale (ce que les historiens font, c'est au mieux de raconter des histoires). La seconde prend au contraire appui sur cette contrainte et s'interroge sur les ressources cognitives associées aux modalités narratives dont usent les historiens. Ce n'est sans doute pas un hasard si, parallèlement au « retour du récit » (si mal nommé), une réflexion toute pratique s'est engagée sur ce qu'il est possible de faire à partir de genres historiographiques canoniques dont on altère expérimentalement les conventions : ainsi de l'histoire nationale ou encore de la biographie[1]. Pas un hasard non plus si un certain nombre d'historiens ont délibérément choisi, ces dernières années, la forme du roman d'investigation pour exposer leur recherche, en associant le lecteur aux tâtonnements, aux impasses, aux retours en arrière qui sont inséparables de la production d'une connaissance, à travers la mise à l'épreuve puis à l'écart d'autres

1. Pour l'histoire nationale, cf. Nora (éd.) *Les lieux de mémoire*, *op. cit.* ; F. Braudel, *L'identité de la France*, Paris, Arthaud, 1986, 3 vol. ; A. Burguière, J. Revel (éd.), *Histoire de la France*, Paris, Le Seuil, 1989-1993, 4 vol. Pour la biographie, deux exemples extrêmes : A. Frugoni, *Arnauld de Brescia dans les sources du XIIe siècle* (1954), trad. franç., Paris, Les Belles Lettres, 1993 ; A. Corbin, *Le monde retrouvé de Louis-François Pinagot*, Paris, Flammarion, 1998 ; cf. le commentaire de S. Loriga *in* Revel, 1996, p. 209-231.

interprétations possibles – c'est-à-dire aux conditions même dans lesquelles s'effectue l'opération historique[1].

Revenons, à partir de là, sur l'opposition trop facilement acceptée entre récit et modèle, qui sous-tendrait le rapport de l'histoire aux sciences sociales. Deux constats s'imposent. Le premier, c'est que l'activité modélisatrice n'est plus, depuis longtemps, étrangère aux historiens. Ils n'en pratiquent qu'exceptionnellement des formes dures, qu'ils empruntent aux économètres, démographes, aux sociologues. Ils sont, en revanche, plus familiers de formes moins exigeantes : ils ont appris à organiser leurs données en séries, à croiser ces séries en tableaux, à analyser et à comparer ces constructions. Très tôt, certains se sont préoccupés de rendre compte des relations existant entre ces différentes séries ainsi qu'entre les hypothèses à partir desquelles elles ont été produites, d'en articuler les variations au sein de modèles plus complexes : modèle de l'économie d'Ancien Régime proposé par E. Labrousse, modèle démographique des sociétés préindustrielles (Meuvret, Goubert), modèle de croissance urbaine (Perrot, Lepetit), modèle de la transition industrielle (Mendels), modèle d'entrée dans l'alphabétisation (Furet, Ozouf), etc. Notons pourtant que cette démarche, qui est devenue commune, ne renonce pas pour autant aux ressources narratives, à la fois parce qu'un modèle historique est toujours inscrit dans une durée qu'il organise à son tour, et parce qu'empiriquement il recourt au langage naturel qui peut être celui du récitatif (ainsi du dialogue de la structure et de la conjoncture, qui a tant occupé les années 1950-1970) ou celui du commentaire[2]. Second constat : le récit historique n'est jamais une pure narration. Il met en œuvre un ordre, une argumentation, il renvoie à des modèles de références qui peuvent être explicités ou demeurer implicites : concepts, régularités, idéal-types, etc. Dans *La Méditerranée*, Braudel distribue l'information qu'il a rassemblée selon trois registres de temporalité discontinus : le temps quasi immobile du milieu ; le temps séculaire et cyclique des destins collectifs ; le temps bref, insaisissable, de l'événement. Il campe donc trois histoires qu'il hiérarchise. La première est pour lui structurelle et se prête pour cela à la modélisation. La dernière est le récit d'un désordre,

1. C. Ginzburg, « Signes », *op. cit.* ; Id., *Le fromage et les vers* (1976), trad. franç., Paris, Flammarion, 1980 ; Id., *Enquête sur Piero della Francesca* (1981), trad. franç., Paris, Flammarion, 1983 ; G. Levi, *Le pouvoir au village. La carrière d'un exorciste dans le Piémont du XVIIe siècle* (1985), trad. franç., Paris, Gallimard, 1989.

2. Cf. Ph. Carrard, *Poétique de la Nouvelle Histoire. Le discours historique en France de Braudel à Chartier* (1992), trad. franç., Lausanne, Payot, 1998.

qui n'est au mieux susceptible de s'ordonner que par rapport aux deux autres. Mais outre que les trois registres sont, en permanence, interdépendants, l'histoire événementielle de la Mer intérieure n'est possible qu'à partir d'un certain nombre de schèmes organisateurs qui nous disent ce qu'est une date, un événement, un acteur individuel ou collectif, et quels sont les liens qui existent entre eux : pourquoi, par exemple, la mort du roi d'Espagne Philippe II, le 13 septembre 1598, est ou/et n'est pas un événement (Braudel, 1949, 1966). Tout récit est, en ce sens, une opération de modélisation. Cette opération est le plus souvent tacite. Elle aurait beaucoup à gagner à ne pas le rester.

BIBLIOGRAPHIE

Ankersmit F., Kellner, H. (eds), *A New Philosophy of History*, Chicago, The University of Chicago Press, 1995.

Aron R., *Introduction à la philosophie de l'histoire. Essai sur les limites de l'objectivité historique*, Paris, Gallimard, 1938.

Aron R., *La philosophie critique de l'histoire*, Paris, Vrin, 1938.

Aron R., *Leçons sur l'histoire*, Paris, De Fallois, 1989.

Barthes R., « Le discours de l'histoire », *Social Science Information*, VI, 4, 1967, p. 65-75.

Berlin I., « The Concept of Scientific History », *History and Theory*, 1, 1960, p. 1-31.

Bloch M., *Apologie pour l'histoire ou métier d'historien*, « Cahier des Annales », Paris, A. Colin, 1949 ; nouv. éd. critique préparée par E. Bloch, Paris, A. Colin, 1993.

Bourdé G., Martin H., *Les écoles historiques*, Paris, Le Seuil, 1983.

Boutier J., Julia D. (éd.), *Passés recomposés. Champs et chantiers de l'histoire*, Paris, Autrement, 1995.

Braudel F., *La Méditerranée et le monde méditerranéen à l'époque de Philippe II* (1949), Paris, A. Colin, 2 vol., 1966.

Braudel F., *Écrits sur l'histoire*, Paris, Flammarion, 1969.

Burguière A. (éd.), *Dictionnaire des sciences historiques*, Paris, PUF, 1986.

Burke P. (ed.), *New Perspectives on Historical Writing*, Cambridge, Polity Press, 1991.

Carr E. H., *Qu'est-ce que l'histoire ?* (1961), trad., Paris, La Découverte, 1988.

Certeau M. de, *L'écriture de l'histoire*, Paris, Gallimard, 1975.

Chartier R., *Au bord de la falaise. L'histoire entre certitudes et inquiétude*, Paris, Albin Michel, 1998.

Collingwood R. G., *The Idea of History*, Oxford, Clarendon Press, 1946.

Croce B., *Théorie et histoire de l'historiographie* (1916), trad., Genève, Droz, 1968.

Danto A. C., *Analytical Philosophy of History*, Cambridge, Cambridge University Press, 1965.

Delacroix C., Dosse F., Garcia P., *Les courants historiques en France, XIXe-XXe siècles*, Paris, A. Colin, 1999.

Dilthey W., *Critique de la raison historique. Introduction aux sciences de l'esprit*, 1883, trad., Paris, Le Cerf, 1992.

Dray W., *Laws and Explanation in History*, Oxford, Oxford University Press, 1957.

Foucault M., *L'archéologie du savoir*, Paris, Gallimard, 1969.

Furet F., *L'atelier de l'histoire*, Paris, Flammarion, 1982.

Gauchet M. (éd.), *Philosophie des sciences historiques*, Lille, Presses Universitaires de Lille, 1988.
Ginzburg C., *Mythes, emblèmes, traces. Morphologie et histoire*, 1986, trad., Paris, Flammarion, 1989.
Ginzburg C., *History, Rhetoric and Proof*, Hannover et Londres, Brandeis University Press - Historical Society of Israel, 1999.
Grafton A., *Faussaires et critiques. Créativité et duplicité chez les érudits occidentaux*, 1990, trad., Paris, Les Belles Lettres, 1993.
Grafton A., *Les origines tragiques de l'érudition. Une histoire de la note en bas de page*, 1991, trad., Paris, Le Seuil, 1998.
Guenée B., *Histoire et culture historique dans l'Occident médiéval*, Paris, Aubier, 1980.
Hartog F., *Le miroir d'Hérodote. Essai sur la représentation de l'autre*, Paris, Gallimard, 1980.
Hartog F., *Le XIXe siècle et l'histoire. Le cas Fustel de Coulanges*, Paris, PUF, 1988.
Iggers G. G., *The German Conception of History. The National Tradition of Historical Thought form Herder to the Present*, nouv. éd., Hannover-Londres, Wesleyan University Press., 1983.
Iggers G. G., *Historiography in the Twentieth Century. From Scientific Objectivity to the Postmodern Challenge*, Hannover and London, Wesleyan University Press, 1997.
Kelley D. R., *Foundations of Modern Historical Scholarship*, New York, Columbia University Press, 1970.
Kelley D. R., *Faces of History. Historical Inquiry from Herodotus to Herder*, New Haven - Londres, Yale University Press, 1998.
Keylor W. R., *Academy and Community. The Foundation of the French Historical Profession*, Cambridge, Mass., Harvard University Press, 1975.
Kocka J., *Sozialgeschichte, Begriff-Entwicklung-Probleme*, Göttingen, Vandenhoek & Ruprecht, 1986.
Koselleck R., *Le futur passé. Contribution à la sémantique des temps historiques*, 1979, trad., Paris, Éditions de l'École des hautes études en sciences sociales, 1990.
Koselleck R., *L'expérience de l'histoire*, Paris, Gallimard, Le Seuil, 1997.
Kracauer S., *History : The Last Things before the Last*, Oxford, Oxford University Press, 1969.
Langlois Ch.-V., Seignobos C., *Introduction aux études historiques*, Paris, Hachette, 1898.
Le Goff J., Nora P. (éd.), *Faire de l'histoire*, Paris, Gallimard, 3 vol., 1974.
Le Goff J., *Histoire et mémoire*, Paris, Gallimard, 1977.
Lepetit B. (éd.), *Les formes de l'expérience*, Paris, Albin Michel, 1995.
Lepetit B., *Carnet de croquis*, Paris, Albin Michel, 1999.
Mabillon Dom J., *Brèves réflexions sur quelques règles de l'histoire*, préface et notes de B. Barret-Kriegel, Paris, POL, 1990.
Mandelbaum M., *The Anatomy of Historical Knowledge*, Baltimore-Londres, The Johns Hopkins University Press, 1977.
Marrou H.-I., *De la connaissance historique*, 1954, Paris, Le Seuil (rééd. augmentée, 1975).
Mink L., *Historical Understanding*, Ithaca-Londres, Cornell University Press, 1987.
Momigliano A., *Contributi alla storia degli studi classici e del mondo antico*, Rome, Éd. di Storia e Letteratura, 9 vol., 1955-1982.
Momigliano A., *Problèmes d'historiographie ancienne et moderne*, Paris, Gallimard, 1983.
Novick P., *That Noble Dream, The « Objectivity Question » and the Americain Historical Profession*, Cambridge, Cambridge University Press, 1988.
Passeron J.-C., *Le raisonnement sociologique. L'espace non poppérien du raisonnement naturel*, Paris, Nathan, 1991.
Perelman C., Olbrechts-Tyteca L., *Traité de l'argumentation*, Paris, PUF, 1958.
Popper K., *Misère de l'historicisme*, 1945, trad., Paris, Plon, 1956.
Pomian K., *L'ordre du temps*, Paris, Gallimard, 1984.
Pomian K., *Sur l'histoire*, Paris, Gallimard, 1999.
Prost A., *Douze leçons sur l'histoire*, Paris, Le Seuil, 1996.

Revel J. (éd.), *Jeux d'échelles. La micro-analyse à l'expérience*, Paris, « Hautes études », Gallimard, Le Seuil, 1996.
Revel J., Hunt L., *Histories. French Constructions of the Past*, New York, The New Press, 1996.
Ricœur P., *Temps et récit*, Paris, Le Seuil, 3 vol., 1983-1985.
Ricœur P., *La mémoire, l'histoire, l'oubli*, Paris, Le Seuil, 2000.
Ringer F., *Fields of Knowledge. French Academic Culture in Comparative Perspective, 1890-1920*, Cambridge-Paris, Cambridge University Press, Éditions de la Maison des Sciences de l'homme, 1992.
Ross D., *The Origins of the American Social Science*, Cambridge-New York, Cambridge University Press, 1991.
Rossi P. (ed.), *La Storiografia contemporanea. Indirizzi e problemi*, Milan, Il Saggiatore, 1987.
Samaran C. (éd.), *L'histoire et ses méthodes*, Encyclopédie de la Pléiade, Paris, Gallimard, 1961.
Seignobos C., *La méthode historique appliquée aux sciences sociales*, Paris, Alcan, 1901.
Simiand F., *Méthode historique et sciences sociales*, choix et présentation de M. Cedronio, Paris, Éd. des Archives contemporaines, 1987.
Valla L., *La donation de Constantin*, traduit et commenté par J.-B. Giard, préface de C. Ginzburg, Paris, Les Belles Lettres, 1993.
Veyne P., *Comment on écrit l'histoire*, Paris, Le Seuil, 1971.
Weber M., *Essais sur la théorie de la science*, 1920, trad., Paris, Plon, 1965.
Wehler H. U., *Historische Sozialwissenschaft und Geschichtsschreibung*, Göttingen, Vandenhoek & Ruprecht, 1980.
White H., *Metahistory. The Historical Imagination in 19th Century Europe*, Baltimore-Londres, The Johns Hopkins University Press, 1973.
Yerushalmi Y. H., *Zakhor, histoire juive et mémoire juive*, 1982, trad., Paris, La Découverte, 1984.

2 – La géographie

PAR JEAN-FRANÇOIS STASZAK

Jusqu'à la fin des années 1960, les géographes français ne ressentaient pas le besoin de réfléchir sur leur discipline, tant sa légitimité et ses méthodes semblaient aller de soi. Ils insistaient par ailleurs sur le caractère très concret de la géographie, et, à quelques exceptions près, manifestaient une réticence nette à traiter des questions abstraites et théoriques. L'école régionale (qu'on appelle aussi classique, ou vidalienne) dominait alors sans conteste la géographie française, et était certainement la plus reconnue et la plus influente à l'échelle internationale.

La crise qu'a connue la géographie française durant les années 1970, et qui s'est achevée dans les années 1980, fut l'occasion de vifs débats sur la nature et les méthodes de celle-ci. Les critiques à l'encontre de la géographie classique, les tentatives de justifier les nouveaux courants qui apparaissaient, les querelles entre ces derniers ont nécessité et nourri une réflexion épistémologique très riche sur la discipline. Les articles et les ouvrages théoriques, parfois très abstraits, se sont multipliés. En fonction des questions qui agitent alors les géographes, les débats portent principalement sur l'objet de la géographie et sur la légitimité de l'emploi (nouveau) des modèles. La référence épistémologique mobilisée a souvent été kuhnienne : on se plaisait à considérer la crise de la discipline comme une « révolution scientifique », grâce à laquelle un « nouveau paradigme » venait remplacer une « science normale » en bout de course.

Révolution après révolution, paradigme après paradigme, et aussi fructueux qu'aient été les débats, ils n'ont pas débouché sur des résultats consensuels. La remise en cause du dogme de la géographie classique se traduisit de manière presque immédiate par l'éclatement de la discipline en différents courants. On peut (doit) se réjouir de la richesse que constitue cette diversité, même si, jusqu'à une période récente, les antagonismes marqués entre les tenants des différentes approches ne leur permettaient guère de confronter leurs points de vue, occupés qu'ils étaient à assurer une légitimité conçue comme exclusive. Au moins, les positions et les perspectives sont désormais explicitées et cohérentes[1].

La présentation qui suit[2] ne vise évidemment pas à évaluer les courants les uns par rapport aux autres. Choisir de s'inscrire dans un courant plutôt qu'un autre est affaire de conviction, de sensibilité et d'intérêt personnels, de manière de voir la science et la discipline, ainsi que du type d'objet sur lequel on travaille.

Qu'est-ce que la géographie ?

On peut définir une discipline de différentes manières. On peut la situer, en termes d'institutions et de pratiques : est-ce une science humaine, en quoi se différencie-t-elle de la sociologie ou de l'histoire, est-ce une discipline carrefour ? On peut tenter de lui attribuer un objet : l'espace, les rapports des sociétés à leur milieu, la différenciation de la surface de la Terre... On peut mettre l'accent sur des outils ou des méthodes spécifiques : la carte, la typologie, l'enquête de terrain...

1. Le tableau présenté ici est celui de la géographie française. Du fait du cloisonnement scientifique ou de l'importance des contextes nationaux, il ne s'applique pas à la géographie telle qu'on la pratique dans d'autres pays, seraient-ils francophones. Je ne mentionnerai les écoles étrangères que dans la mesure où elles ont influencé la géographie française : ainsi la géographie allemande au XIXe siècle ou la géographie anglaise et américaine à partir des années 1960. Les programmes de recherche de celles-ci et leurs évolutions ne trouvent pas nécessairement d'équivalent dans la géographie française : on verra par exemple que la vague postmoderne qui déferle sur la géographie anglophone dans les années 1990 ne touche guère la géographie française.

2. Je remercie P. Claval, B. Collignon, M.-K. Schaub, ainsi que les auteurs de cet ouvrage pour leurs remarques sur ce texte.

Une définition institutionnelle de la discipline

Autant de géographes, presque autant de définitions. Il est tentant de répondre par une boutade : « La géographie, c'est ce que font les géographes. » La réponse est plus sérieuse qu'il n'y paraît. Une discipline relève après tout d'un classement, d'une typologie pour une part contingente, au sens où son existence comme ses limites résultent d'une histoire institutionnelle, d'une histoire des sciences et des idées qui figent dans le présent des cloisonnements dont la logique, si elle a existé, peut être tout à fait dépassée. Pour dire les choses autrement : l'existence de la géographie, en tant que champ du savoir, ne procède pas nécessairement d'une logique transcendante liée à la nature de l'Homme, à la lumière de la Raison ou à l'état du monde. C'est le résultat d'une histoire, qui aurait pu déboucher sur des divisions entre disciplines très différentes. La meilleure preuve en est que la géographie a été inventée à un moment donné. En France, la discipline, telle qu'elle est conçue aujourd'hui, est née à la fin du XIXe siècle (1891 : lancement des *Annales de géographie*). On a d'ailleurs pu mettre en évidence l'importance du contexte politique dans l'émergence de la discipline, notamment la défaite de 1871 et la volonté de se démarquer de la géographie allemande, l'expansion coloniale...

Ceci signifie que pour réfléchir sur la nature de la géographie, il faut s'intéresser à son histoire. En Europe, celle-ci commence au VIe siècle avant Jésus-Christ, avec les textes d'Hérodote et d'Hippocrate. Une tradition se constitue avec les travaux de Strabon, de Ptolémée..., qui est ensuite déclinée au Moyen Âge. Les grandes explorations correspondent à une mutation majeure du savoir géographique. De nouvelles perspectives s'ouvrent avec les Lumières et la démarche encyclopédique, avec la colonisation... Le plus intéressant n'est pas dans les fluctuations des connaissances ou des méthodes géographiques. Ce qui rend l'histoire de la géographie difficile à écrire, c'est que le terme même de géographie recouvre, selon les époques, des discours très différents, dont les logiques s'expliquent par le contexte idéologique et les besoins de la société. À titre d'exemple, la géographie du XIXe siècle, telle qu'elle se pratique au sein des Sociétés de géographie, répond à la volonté d'explorer des contrées encore mystérieuses, et poursuit une fin encyclopédique d'accumulation du savoir caractéristique du positivisme. En même temps, elle est liée au milieu du commerce international et à l'armée, qui ont besoin des informations qu'elle produit. Ce type de discours tourne court à la fin du siècle, avec la fin des grandes explorations et l'émergence des sciences sociales. Un nouveau discours géographique se constitue. Comme il est à l'origine de la géographie actuelle, c'est sur lui que l'on mettra ici essentiellement l'accent, sans méconnaître l'importance des époques précédentes ni supposer qu'il est radicalement nouveau.

La géographie, une science humaine de l'espace

Circonscrire la géographie par les *aléas* de l'histoire des sciences reste insuffisant, pour deux raisons. Premièrement, les géographes, mais aussi les épistémologues, n'ont pas manqué d'essayer de justifier les divisions disciplinaires, et il faut rendre compte de ces discours de justification. Deuxièmement, la géographie présente de fait une certaine cohérence.

L'objet de la géographie a été défini de diverses manières selon les époques. Un certain accord se met en place à partir des années 1970 pour définir la discipline comme la science de l'espace humanisé, de l'espace des hommes.

La géographie se range ainsi clairement parmi les sciences sociales ou humaines. Un espace qui n'existe pas pour les hommes, qui n'est par eux ni occupé, ni approprié, ni imaginé n'intéresse pas le géographe. Il l'abandonne volontiers aux sciences de la Terre, ou à ce qu'il appelle des « disciplines connexes » (météorologie, géologie, etc.). À la vérité, ceci n'exclut aucun espace en tant que tel : tout espace que la discipline peut envisager de traiter est par définition connu des hommes, il existe par exemple un nom pour le désigner. Il possède dès lors une certaine importance pour les hommes, même si elle est faible et confinée au registre de l'imaginaire. La Lune constitue ainsi un objet digne d'intérêt pour la géographie humaine : elle a une grande importance dans l'imaginaire géographique de bien des sociétés, elle a été l'objet d'expéditions, on cherche à se l'approprier, on envisage d'exploiter ses ressources... Situer la géographie dans le champ des sciences humaines ne limite donc pas les espaces auxquels elle est en droit de s'intéresser, mais restreint les perspectives dans lesquelles les aborder. La Lune en tant que telle ne concerne pas le géographe, il ne s'en soucie qu'à travers les différents usages que les hommes en font. Considérons l'exemple moins farfelu de la tectonique des plaques. En soi, c'est une question de physique du globe qui est hors du champ de la géographie, et tient à des mouvements de convection au sein du magma. Les mouvements des plaques se traduisent pourtant par divers phénomènes (tremblements de terre, volcanisme...) d'une importance cruciale pour les sociétés qui les subissent (et parfois les exploitent). L'éruption d'un volcan dans telle île déserte de l'océan Indien passe inaperçue ; elle ne concerne pas le géographe. En revanche, il accordera toute son attention au Vésuve, dont la présence et les rythmes expliquent pour une part la géographie (humaine) de Naples.

Mais qu'est-ce qu'une science humaine de l'espace, ou une science de l'espace humain ? La définition de l'espace est une question philosophique d'une grande complexité, qu'il serait présomptueux et inutile de vouloir traiter ici. La conception dominante, aussi bien chez les géographes que chez Monsieur Tout-le-Monde est newtonienne. L'espace est l'étendue dans laquelle est ce qui est. Toute chose qui existe matériellement existe dans l'espace : elle occupe une étendue (on peut mesurer ses dimensions) et une place (elle est située par rapport à d'autres objets, dont certains servent de repères). Même si l'on adopte une perspective kantienne, l'espace dépasse l'existence humaine, au sens où l'homme ne peut être en dehors de l'espace, ne peut imaginer un monde où il n'y a pas d'espace. La géographie examine alors comment l'homme se confronte à la spatialité. Personne ne peut être à la fois à deux endroits différents. Aucun être peut n'occuper aucune étendue. Toujours deux êtres sont séparés par une distance. Il n'existe pas deux lieux identiques, car ils sont nécessairement différemment situés par rapport à un troisième lieu. Autant de réalités que les hommes connaissent et avec lesquelles ils doivent composer. Peu importe le statut de ces réalités : quand bien même elles ne seraient que le fruit de la pensée ou de la perception humaine, quand bien même elles n'existeraient pas indépendamment des hommes, elles constituent une ou plutôt *la* réalité pour les hommes, et c'est bien la seule réalité qui tienne du point de vue des sciences humaines. L'espace est l'horizon indépassable de notre existence en tant qu'êtres humains.

La géographie se définit alors comme la science du rapport de l'Homme à l'espace. Toujours présent en un lieu, l'homme appréhende les lieux alentour en fonction de son point de vue et ses facultés perceptives : il perçoit l'espace comme un paysage. Là où il vit, il fait face aux caractéristiques du lieu, qui constituent son milieu, que l'on peut interpréter en termes de ressources et de risques. La contrainte de la distance conduit à une fragmentation de l'espace, que les sociétés divisent en régions. L'occupation d'un espace, son appropriation conduisent à la formation de territoires. Les hommes interviennent également sur l'espace : à travers leurs activités, ils modifient les caractéristiques des lieux et altèrent les distances. L'agriculture, les réseaux de transport, les villes... sont des productions humaines qui affectent l'espace dans lequel les sociétés s'inscrivent. L'espace, en tant qu'il est humanisé, s'organise, se structure. Ces thèmes, dont l'énumération n'est ici pas limitative, sont ceux qui ont toujours concerné les géographes, qui ont, selon l'époque ou la société dans lesquelles ils s'inscrivent, privilégié telle ou telle approche.

L'espace géographique

Quel regard les géographes portent-ils sur l'espace ? Ils ne le considèrent pas (ou pas seulement) comme un espace géométrique. Certes, et dès l'Antiquité, ils font appel à une géométrie de la sphère, qui leur permet de découper la surface terrestre grâce à des projections, et ainsi de dresser des cartes et de repérer chaque lieu en fonction de ses coordonnées (longitude et latitude). Ce n'est qu'un préalable : l'espace qui intéresse le géographe, qu'il appelle « l'espace géographique », est très différent de l'espace géométrique auquel il se superpose. C'est un espace mouvant, hétérogène, anisotropique, chargé de sens et de valeurs, où le plus court chemin entre deux points n'est pas nécessairement la ligne droite... Les hauts lieux peuvent être en bas, les utopies localisées... L'espace géographique est celui qui compte pour les hommes, celui qu'ils peinent à franchir, qu'ils cultivent, qu'ils défendent, qu'ils visitent dans leurs rêves.

Cet espace existe, pour partie, indépendamment, des hommes. Ceux-ci ne sont pour rien dans la largeur de l'océan Atlantique ou la date de la mousson. En revanche, que l'océan Atlantique soit une barrière ou un carrefour, la mousson une catastrophe ou une bénédiction, résulte bien, pour une large part, de l'activité des hommes, de leurs représentations, de leurs objectifs, de leurs techniques, etc. Pour une très large part, l'espace géographique est le produit des sociétés. D'un côté, celles-ci transforment profondément l'espace, par exemple en raccourcissant les distances grâce à des réseaux de transport ou en artificialisant le milieu. Nul ne contesterait que l'espace urbain, dans lequel vit plus de la moitié de l'humanité, est un produit de celle-ci. De l'autre, l'espace géographique, dans la mesure où il est celui qui compte pour les hommes, résulte d'une interprétation. L'existence de telle montagne ne doit bien sûr rien aux hommes, mais c'est bien eux qui en font une frontière, un refuge, une divinité, une zone pour le pâturage ou le ski, etc., en fonction des valeurs qui prévalent dans leur culture. La « montagne », en tant que catégorie et dans la richesse de ses connotations, est aussi un produit économique et culturel. L'espace géographique est donc plus qu'un espace humanisé, c'est un espace humain, fabriqué par les sociétés.

Quelle est l'échelle de l'espace géographique ? Les géographes se flattent souvent d'être, parmi les sciences sociales, les spécialistes du changement d'échelle. Ils sont en effet habitués à travailler sur des cartes d'échelles très différentes, et ils savent que la plupart des processus spatiaux ne sont pas invariants d'échelle, c'est-à-dire ne sont pas les mêmes à différentes échelles. Par exemple, la géographie des transports dans les très grandes villes n'est pas simplement un « agrandissement » de celle des petites villes : le problème se pose en des termes très différents selon l'échelle. Les géographes savent ainsi travailler aussi bien sur des problèmes planétaires (les inégalités de développement) que sur des questions locales (la ségrégation sociale au sein de l'espace urbain). On note toutefois que leurs analyses portent rarement sur le micro-local : la géographie de l'espace domestique a ainsi peu retenu leur attention. C'est que les géographes ont l'habitude de travailler sur des groupes, non sur des individus, et qu'ils se trouvent démunis face à l'échelle très locale, pour laquelle les analyses doivent porter sur des comportements individuels. Le rapport intime et personnel de l'individu à l'espace est abandonné aux psychologues ou aux spécialistes des sciences cognitives, auxquels le géographe emprunte peu.

La géographie et les autres disciplines

On a longtemps défini la géographie comme une « discipline-carrefour ». Le géographe, situé au centre du champ scientifique, emprunterait ici à l'histoire ou à la sociologie, là à la géologie ou à la météorologie... de manière à offrir, sur la réalité qu'il cherche à appréhender, une perspective globale qu'il serait le seul à pouvoir envisager. On a souligné que c'était placer la géographie dans un non-lieu, et la « définir » par l'absence d'objet et de méthode. Cette définition, aujourd'hui abandonnée, a toutefois le mérite de soulever le problème des rapports de la géographie et des autres disciplines.

La géographie s'est tardivement institutionnalisée, à un moment où le champ des sciences sociales était pour partie déjà défini et découpé entre plusieurs disciplines, avec lesquelles la géographie a dû composer. Ses rapports avec la sociologie ont toujours été difficiles, depuis les débats envenimés entre les géographes vidaliens et les sociologues durkheimiens[1]. Aujourd'hui, la sociologie ne fait presque jamais partie des cursus de géographie, et les géographes citent peu les sociologues (et *vice versa*). De ce fait, alors que certains sociologues, comme H. Lefebvre, ont abordé de front la composante spatiale des rapports sociaux, leur apport n'a guère été intégré par les géographes (en France, tout du moins). Inversement, les travaux des géographes, sur la ségrégation par exemple, ne sont guère exploités par les sociologues qui s'intéressent à la question. La géographie connaît toutefois, depuis les années 1980, un « tournant sociologique » : les géographes se rapprochent des sociologues – qui ne s'en aperçoivent guère.

La philosophie reste assez étrangère aux géographes, si ce n'est à ceux qui s'occupent d'épistémologie ou de géographie théorique. L'ethnologie, jusqu'à une date récente, avait peu à voir avec la géographie. Principalement intéressée par les sociétés éloignées dans l'espace ou le temps, elle ne concernait guère que les géographes ruralistes et tropicalistes. L'essor, dans les années 1980, d'une géographie culturelle qui met l'accent sur les représentations et les savoirs vernaculaires a rendu les géographes plus sensibles à l'approche ethnologique, dont le champ d'investigation s'est par ailleurs élargi aux sociétés occidentales.

En revanche, l'histoire et la géographie (par ordre de préséance !) forment depuis un siècle un couple officiel, mais dont les rapports ont souvent été orageux. Certes, l'école historique des *Annales* accordait une très grande place à la géographie, et les géographes français (et encore plus anglo-saxons) sont prêts à considérer Braudel comme un des leurs. La géographie en a été quelque peu phagocytée. Le mariage entre les deux disciplines, qui est une spécificité française, est déséquilibré. Les historiens sont plus nombreux, publient davan-

1. Les durkheimiens considéraient que leur « morphologie sociale » recouvrait le domaine que prétendait traiter la géographie humaine : selon eux, celle-ci aurait dû se contenter d'étudier l'influence du milieu sur l'homme et les sociétés.

tage, ont un accès plus large aux médias et au grand public, forment les trois quarts des enseignants d'histoire-géographie dans le secondaire... Ce couplage n'a pourtant jamais sérieusement été remis en cause. Les géographes accordent un rôle premier aux explications historiques, et les historiens intègrent fréquemment la dimension spatiale à leurs analyses. Les travaux de A. Corbin, par exemple, intéressent ainsi beaucoup les géographes. Dans une certaine mesure, le nouvel intérêt des géographes pour la sociologie constitue une infidélité vis-à-vis du couple plus traditionnel et légitime qu'ils forment avec les historiens.

L'aménagement du territoire et l'urbanisme constituent à la fois des pratiques et des disciplines. Elles sont très proches de la géographie : les géographes enseignent dans des cursus d'aménagement, souvent abrités dans des départements de géographie ; beaucoup d'étudiants en géographie y trouvent des débouchés. Nombre de géographes (M. Rochefort, R. Brunet...) ont joué un rôle actif dans la politique française d'aménagement du territoire. D'une part, leur savoir sur l'espace, leur capacité à envisager différents scénarios, à prévoir les évolutions en font des experts, des producteurs de savoir, auxquels les politiques ont besoin de recourir. D'autre part, les géographes français sont marqués par la tradition de la géographie appliquée. Dès les années 1950, ils prennent conscience de leurs responsabilités et cherchent à ce que leur savoir soit utile à la société. La décentralisation des années 1980, en confiant davantage de compétences aux collectivités locales, s'est traduite par un renforcement de l'implication des géographes auprès des municipalités, des conseils départementaux et régionaux. Les géographes tropicalistes, les spécialistes du développement ensuite, jouent un rôle d'expert auprès des pays pauvres, des ONG, des institutions de coopération et des organismes internationaux. Leurs compétences sont aussi à l'œuvre dans le domaine géostratégique.

La carte, l'outil du géographe ?

Le géographe dispose-t-il d'outils spécifiques ?

Il a besoin de cartes, car elles lui fournissent les informations spatialisées sur lesquelles il fonde ses analyses. Les cartes ont beaucoup évolué depuis celles du XIXe siècle, qui étaient principalement des cartes de localisation. Les cartes d'état-major gardent une importance centrale : du fait de leur précision, de la variété des renseignements qu'elles comportent, de l'échelle du 1/50 000, elles constituent un outil précieux. Le commentaire de la carte topographique reste l'exercice canonique (et quelque peu sclérosé) des études de géographie. Les photographies aériennes, les images satellitales fournissent d'autres informations spatialisées, plus complètes. Les données sur lesquelles repose le travail du géographe peuvent bien sûr être obtenues par des voies très différentes. Les statistiques disponibles, l'observation (participante quelquefois), l'enquête de terrain (interview, sondage, récit de vie...), les archives, la littérature, plus rarement l'expérimentation... constituent des sources de première importance, dont la place varie en fonction de l'objet de la recherche. Il est clair que le géographe, dans son travail sur ces sources, ne se distingue pas du sociologue ni de l'historien.

La carte est aussi pour le géographe un moyen d'expression et de réflexion. Des simples cartes de localisation aux cartes thématiques les plus complexes, des projections classiques aux anamorphoses, le géographe dispose d'une gamme étendue de techniques cartographiques, de plus en plus informatisées, qui lui permettent non seulement d'illustrer son propos, mais aussi d'argumenter. La force rhétorique mais aussi logique de la carte, qui constitue souvent une démonstration à la fois claire et rapide, explique que le géographe y ait tant recours. C'est bien sûr aussi que la carte permet de décrire et d'expliquer une réalité spatiale multidimensionnelle, que le discours, de par sa nature linéaire, permet avec peine d'aborder. Le « croquis de synthèse » est ainsi le couronnement de tout exposé de géographie régionale.

Les Systèmes d'information géographiques (SIG) constituent des bases de données informatiques spatialisées. Un logiciel permet de gérer tous les types d'informations à toutes les échelles. Le SIG d'une grande ville inclut aussi bien le réseau des égouts, des lignes électriques et téléphoniques, la voirie, les localisations des entreprises, les résultats des recensements... : il constitue un outil précieux d'aide à la décision et de suivi des opérations, notamment grâce aux cartes qu'il permet de dessiner. Les SIG sont des moyens de stocker et de traiter de l'information spatiale.

Toute réalité est spatiale, et donc tout peut être cartographié, être inclus dans un SIG. Quel que soit le thème sur lequel ils travaillent, sociologues, historiens, géologues, astronomes ne se privent pas de recourir à la carte, aussi bien source de renseignements que moyen d'expression. Elle ne saurait constituer le monopole du géographe, pas plus que les chronologies et les périodisations ne peuvent être réservées à l'usage de l'historien. Tout au plus peut-on dire que, comme le géographe place la dimension spatiale au cœur de ses analyses, il peut recourir fréquemment, voire systématiquement à la carte, et qu'il en a acquis une certaine compétence. Le métier de cartographe n'est pourtant pas celui de géographe, et, du fait de la complexité croissante des logiciels de cartographie assistée par ordinateur, les géographes, s'ils conçoivent encore souvent leurs cartes, les réalisent rarement.

Pourtant, de plus en plus d'étudiants en géographie se tournent vers la cartographie et les SIG, fascinés par la puissance et le prestige de ces outils, mais également en réponse à la demande croissante des entreprises et des collectivités locales. Les publications techniques sur ces sujets se multiplient. Sur le plan épistémologique, ceci correspond à un glissement dangereux. Sur la base d'une maîtrise technologique, on peut, grâce aux SIG, produire sans grand effort des cartes complexes, qui ont la puissance et la force de conviction des images. Fabriquer une carte est facile, peu coûteux et rapide. La cartographie n'est désormais plus nécessairement l'étape prudente d'une démarche scientifique rigoureuse : elle devient une fin en soi. La dérive de la géographie vers les SIG risque de réduire la discipline à une technique de manipulation des données, abandonnant à d'autres le soin (et la responsabilité) de poser les bonnes questions, de construire les bonnes interprétations.

Nous allons maintenant examiner les différentes approches qui caractérisent aujourd'hui la discipline, en mettant l'accent sur la formation historique de celles-ci, sur les grands débats qu'elles suscitent, et sur les concepts et les méthodes sur lesquels elles se fondent.

La géographie régionale

L'école classique de géographie française mettait l'accent sur la différenciation de l'espace : c'était une géographie régionale. L'espace est fondamentalement hétérogène, chaque lieu est singulier. La liste des caractéristiques d'un lieu est interminable : le sol, le climat, la végétation, le relief, la densité, les activités économiques, la religion qui prévaut... se conjuguent pour former une infinité de combinaisons. À la base, la singularité de chaque lieu est déjà garantie par le fait que jamais deux lieux ne partagent la même localisation : les mêmes longitudes et latitudes (qui déterminent pour une bonne part le climat, et donc les sols, la végétation, le relief...), les mêmes distances par rapport à d'autres lieux (pôles économiques, carrefours, foyers de civilisations... qui jouent un rôle majeur dans l'histoire des sociétés).

Diviser pour mieux comprendre

Analyser chaque lieu est bien sûr impossible, puisqu'ils existent en nombre infini : il suffit de modifier l'échelle d'analyse, de séparer les lieux plus finement pour les multiplier. Le géographe est donc conduit à les regrouper en ensembles plus ou moins homogènes. Il existe, heureusement pour le géographe, une autocorrélation spatiale : toutes choses égales par ailleurs, un lieu a plus de chance de ressembler à un lieu immédiatement voisin qu'à un lieu éloigné. On voit rarement les précipitations, les densités, la religion... changer du tout au tout sans franchir une certaine distance. Il est ainsi légitime de simplifier la réalité pour l'analyser, et de différencier l'espace en régions. Le but idéal de ce découpage est de parvenir à minimiser les différences au sein d'une même région, et de maximiser les différences entre les régions. La taille des régions doit être bien choisie : assez larges pour qu'elles ne soient pas en trop grand nombre et ne rendent pas l'analyse trop compliquée, suffisamment petites pour présenter une certaine homogénéité et ne pas regrouper des lieux par trop dissemblables.

Chaque région constitue alors un individu géographique. Grâce à l'observation, au recours aux statistiques disponibles, aux travaux existants, on peut dresser le tableau de la région, exprimer sa « personnalité », sa spécificité. Selon les cas, on mettra l'accent sur tel fait de géographie physique (région de montagne), de civilisation (région protestante), d'économie (région industrielle), qui semble particulièrement exprimer l'originalité de la géographie humaine de l'espace examiné, qui rend compte de son unité et le distingue des espaces voisins. Il est souvent nécessaire de procéder également à un changement d'échelle, et de montrer qu'au sein de cette région, considérée comme un tout homogène à un premier niveau de généralisation, on distingue des sous-ensembles qui, bien qu'ils partagent les caractéristiques communes à la région, s'individualisent en fonction de facteurs secondaires. À un deuxième niveau de généralisation, la région se divise ainsi en sous-espaces homogènes. Un nouveau changement d'échelle peut amener à considérer un troisième niveau, etc.

L'identification de régions permet donc d'étudier à plusieurs échelles l'hétérogénéité de l'espace. Les critères qui déterminent le découpage varient en fonction de l'espace considéré, mais aussi selon les intérêts des géographes qui les effectuent. La région naturelle, caractérisée par son climat, son sol ou son relief était la panacée à un moment où les hommes, croyait-on, avaient peu affecté leur environnement naturel et étaient tributaires des conditions imposées par celui-ci. Les géographes français ont, dès la fin du XIXe siècle, pris conscience que les sociétés n'étaient pas déterminées par le milieu naturel, et que l'existence même de ce dernier était douteuse, tant les hommes ont partout, à travers l'histoire, transformé leur cadre de vie. On considère alors que l'homogénéité d'une région procède plutôt de faits économiques et culturels, du choix d'un genre de vie et d'une activité économique. On parle de région historique pour souligner que la région est un produit de l'activité des hommes qui se construit à travers les temps.

Qu'est-ce qu'une région ?

Une question reste pendante : quel est le statut de ces régions ? Existent-elles ailleurs que dans l'esprit des géographes qui effectuent le découpage ? Comment prouver qu'elles existent dans la réalité, c'est-à-dire du point de vue non pas du géographe qui l'identifie, mais de celui des hommes qui les peuplent ? Deux réponses peuvent être données. La première tient aux comportements géographiques des hommes. Si l'on peut montrer que, par exemple, les déplacements des habitants, les flux de biens ou d'informations respectent des limites régionales, le fait régional est établi. Ceci est souvent passé par l'identification de régions polarisées, c'est-à-dire d'espaces dans lesquels une bonne part des flux partent vers un pôle, ou s'y destinent. Ce carrefour est constitué par une ville, une métropole. La région urbaine est ainsi l'espace organisé par une ville. Effectuer le découpage revient alors à identifier les métropoles qui jouent ce rôle organisateur, et à délimiter dans l'espace le champ de leur influence (à travers, par exemple, la localisation des lecteurs des journaux qui sont édités dans la métropole). On note que pareille région n'est pas homogène, puisque s'y différencient un centre et une périphérie sous l'influence de celui-ci.

La seconde réponse fait appel aux faits de perception. Pour savoir si la région existe pour ceux qui y vivent, il suffit après tout de leur poser la question. Ont-ils conscience de l'existence de cet espace ? Lui donnent-ils un nom ? Y sont-ils attachés psychologiquement, émotionnellement ? L'identité régionale se manifeste-t-elle dans la langue, les coutumes ? On voit que cette réponse n'est pas exclusive de la première : pour que les habitants adoptent des comportements régionaux, c'est-à-dire respectent une frontière régionale, fréquentent préférentiellement une métropole régionale, il faut que la région existe dans leurs représentations, qui déterminent leurs comportements géographiques.

Les régions du géographe ne sont pas nécessairement celles que les administrations ont découpées. Les régions officielles peuvent résulter de logiques très différentes, d'ordre politique par exemple. C'est une difficulté importante : les données statistiques collectées par l'État ou les collectivités locales s'appliquent aux régions (ou départements) administratives, qui ne sont pas nécessairement des espaces pertinents pour le géographe.

L'école régionale et son héritage

La géographie régionale s'est épanouie en France à partir du début du XXe siècle. Cette école de géographie vidalienne[1] a joué un rôle sur lequel il faut s'attarder.

D'une part, elle a dominé de manière hégémonique la géographie française de la fin du XIXe siècle jusqu'à la fin des années 1960, et la géographie de nombreux pays (Angleterre, États-Unis, Brésil...) jusqu'aux années 1950. L'école de géographie française était alors très puissante. D'autre part, la géographie vidalienne, malgré la violence et le succès de sa remise en cause, n'a pas disparu en France. Non seulement elle reste une référence par rap-

1. On parle de géographie vidalienne pour renvoyer au fondateur de cette école (P. Vidal de la Blache, 1845-1918), mais, comme souvent, la déclinaison, par ses élèves, de la méthode et des conceptions du maître s'est traduite par un appauvrissement de celles-ci.

port à laquelle on se définit, non seulement ses grands textes (particulièrement les monographies que constituaient les thèses, chacune consacrée à une région[1]) sont encore lus et appréciés, mais aussi elle reste, en France tout du moins, un modèle, conscient ou inconscient, avoué ou non, pour nombre de géographes et de non-géographes. La géographie vidalienne a même connu un certain regain d'intérêt dans les années 1980 avec l'essor de la géographie culturelle. Il n'est pas ici nécessaire de dresser un bilan de la géographie vidalienne : le lecteur consultera sur le sujet les travaux de V. Berdoulay, P. Claval, M.-C. Robic, A.-L. Sanguin, qui présentent la géographie classique française dans des perspectives assez différentes, et souvent complémentaires. Il s'agit plutôt ici d'en examiner l'héritage.

La conviction de l'unicité des régions ou des espaces plus larges a amené à une spécialisation des géographes, d'abord sur une région particulière, ensuite sur des grands ensembles. Le plus souvent, les recherches et les thèses portent sur un espace délimité, de taille relativement modeste, tant il paraît impossible de bien comprendre un espace de grande dimension. Le géographe devant chercher à rendre compte de la singularité d'une région, il doit travailler sur celle-ci exclusivement, au besoin en la comparant à d'autres régions pour faire mieux ressortir sa particularité. Une fois que son travail lui a permis de maîtriser telle région, il n'est pas mieux armé pour s'attaquer à un autre espace, sauf si celui-ci présente certaines ressemblances avec la région étudiée. On commence ainsi à faire une recherche sur la Sicile, pour ensuite s'intéresser à l'Italie, ou au sud du Portugal. Le champ scientifique se fragmente alors en grandes aires : il y a les géographes de l'Amérique latine, ceux de l'Amérique du Nord, les africanistes, ceux qui s'occupent de l'Asie du Sud-Est. Ils atteignent ainsi un très haut niveau de compétence sur les espaces qu'ils ont appris à bien connaître, et communiquent avec les spécialistes d'autres zones lors de colloques thématiques, où chacun traite du sujet retenu dans l'aire géographique qu'il domine.

Les spécialisations et les régions choisies ne se distribuent pas au hasard. Elles sont largement fonction de l'histoire nationale, des liens économiques et culturels. Les géographes tropicalistes français s'intéressent principalement au Maghreb et l'Afrique noire, ainsi qu'à l'Asie du Sud-Est. Les géographes britanniques portent davantage

1. Parmi les grandes thèses de la géographie régionale : L. Gallois, *La Dombes*, 1891 ; A. de Martonne, *La Valachie*, 1902 ; A. Demangeon, *La plaine picarde*, 1905 ; R. Blanchard, *La Flandre*, 1906.

leur attention sur l'Afrique de l'Est. Par ailleurs, chaque pays se voit l'objet privilégié des géographes qui y vivent, et cette spécialisation vaut aussi à l'échelle régionale.

L'élargissement des spécialisations s'effectue par divers ponts, dont la pertinence est l'objet d'un consensus. On peut ainsi passer d'un pays hispanophone à un autre, d'un pays aride à un autre, d'un pays sous-développé à un autre, d'un pays arabe à un autre... : dans chaque cas, c'est que l'on considère que le point commun est, eu égard à la géographie humaine, suffisamment important pour autoriser des mises en perspective. On verra ainsi rarement un géographe traiter successivement de l'Éthiopie et de Singapour. Le rôle important accordé aux facteurs économiques fait qu'il n'existe guère de pont que l'on puisse emprunter entre les pays riches et les pays pauvres. D'un côté, tropicalistes et spécialistes du développement traitent d'espaces ruraux assez traditionnels, de villes en pleine explosion démographique, de transitions culturelles difficiles, du sous-développement... De l'autre, les spécialistes des pays industrialisés s'occupent de géographie économique postfordiste, de géographie postmoderne, de la métropolisation et des villes mondiales...

Quoique les géographes débattent beaucoup de la taille des régions, et bien qu'ils acceptent que celle-ci puisse être très variable, il n'empêche que le choix de la démarche régionale impose une certaine échelle d'analyse, qu'on peut qualifier, pour faire simple, d'intermédiaire. Comme beaucoup de phénomènes spatiaux ne s'observent qu'à une échelle donnée, ceci signifie que la géographie régionale non seulement restreint dans l'espace son objet d'étude, mais aussi qu'elle le délimite de manière thématique : pour prendre des exemples à deux échelles extrêmes, elle ne peut aborder de front ni la mondialisation, ni la sexuation de l'espace.

L'hypothèse de l'unicité de chaque objet de recherche qui fonde la démarche idiographique se traduit par une grande place accordée à la description de la réalité du lieu dont on veut rendre compte, et par la mise en valeur des explications historiques, liées au destin particulier d'un espace et d'une population. L'originalité culturelle de la société étudiée, le rôle de cette culture dans la construction de l'espace sont souvent soulignés, tant la culture est donnée comme la singularité irréductible.

La vigueur de la géographie régionale française est notable. Les *Géographies universelles*, projets de nature encyclopédique visant à rendre compte de l'ensemble de la surface terrestre, s'inscrivent dans l'ancienne tradition chorographique et procèdent de la démarche régionale. Chaque volume est dévolu à un continent, et chaque chapitre au sein du volume consacré à une sous-partie de ce continent. Le positivisme et le goût des géographes français pour la démarche encyclopédique les ont amenés à en rédiger quatre en deux siècles. La dernière géographie universelle a été éditée sous la direction de R. Brunet durant la première moitié des années 1990 ; elle illustre la permanence, mais aussi le renouvellement et la qualité de la géographie régionale française. Les revues de géographie régionale fleurissent toujours, ainsi la *Revue de géographie alpine*, *Hommes et terres du Nord*, *Norois*... Les colloques portant sur des aires géographiques foisonnent. Diverses collections (Nathan, Belin, PUF...) accueillent manuels et traités de géographie régionale. Un bilan des méthodes et de la nature de la *Géographie régionale* a été proposé en 1993 par P. Claval. Les programmes de géographie du secondaire et du supérieur, ceux de l'agrégation elle-même accordent une place de premier plan à l'étude régionale.

Les branches de la géographie générale

Parallèlement à la géographie régionale vidalienne, et prenant appui sur celle-ci, existait une géographie humaine générale, qui se subdivisait en différentes branches : géographie de la population, géographie urbaine et rurale, géographie historique, géographie économique, géographie politique, géographie des transports... Ces classifications ont pu être contestées par la nouvelle géographie, elles n'en ont pas moins perduré, et sont pour une part restées indifférentes aux grands débats qui ont agité la discipline.

Certaines branches ont emprunté aux nouvelles écoles, ainsi la géographie urbaine, au sein de laquelle l'analyse des réseaux et des hiérarchies urbaines doit beaucoup à l'analyse spatiale. Certaines, comme la géographie rurale, n'ont pas connu de mutation épistémologique majeure. D'autres, comme la géographie économique, ont suivi une évolution qui leur est propre, et qui s'explique davantage par les mutations de la science connexe à laquelle elles se rattachent (dans notre exemple, l'économie) que par celles de la géographie.

Toutefois, la principale subdivision, et celle dont l'évolution a le plus soulevé de difficultés, séparait la géographie humaine et la géographie physique.

Du milieu naturel à l'environnement

La place de la géographie physique au sein de la discipline a beaucoup fluctué. Au début du siècle, elle en constituait la principale composante. Même au sein des études régionales, la géomorphologie occupait une place de choix. La géographie vidalienne ne se prétendait d'ailleurs pas une science humaine, puisqu'elle concevait la discipline comme la « science des lieux ».

L'école française de géographie s'était pourtant construite contre le déterminisme environnemental caractéristique de la géographie allemande. P. Vidal de la Blache et ses élèves se refusaient à considérer que la distribution des hommes, la manière dont ils vivent... étaient un strict résultat de l'influence du climat, du relief, etc. Ils interprétaient les rapports de l'homme au milieu en termes de possibilisme. Certes, le milieu présente certaines limites à l'activité humaine, mais, face aux différentes ressources qu'il offre, face aux contraintes qu'il fait peser, les hommes et les sociétés n'en sont pas réduits à adopter un seul comportement. Ils ont le choix entre plusieurs possibilités, plusieurs stratégies face à leur environnement. La notion de genre de vie permettait d'étudier comment les sociétés se confrontent au milieu, en fonction de leurs niveaux technologiques, de leurs valeurs, de leurs structures sociales et politiques... L'élevage nomade et l'agriculture sédentaire d'oasis constituent ainsi deux genres de vie très différents dans le même milieu aride.

À la vérité, la géomorphologie acquit rapidement une certaine autonomie au sein de la géographie. Outre que l'on réduisait l'étude du milieu à celle du seul relief (au détriment du climat, du sol, de la végétation...), il apparaissait que les études géomorphologiques valaient en elles-mêmes, sans que l'on tente de les rapporter aux sociétés qui vivaient dans les espaces étudiés.

Quand la nouvelle géographie s'est attaquée à la tradition vidalienne en prétendant ancrer fermement la géographie au sein des sciences humaines, elle a cherché à ostraciser la géographie physique, et y est pour une part parvenue. Cette géographie physique, réduite à une géomorphologie des paysages « naturels » n'avait rien à voir avec les sciences sociales. La position difficile des géographes physiciens procédait aussi du « spatialisme » de la nouvelle géographie. L'école vidalienne mettait l'accent sur les lieux. Les analyser passait à la fois par une perspective « verticale » mettant en rapport les différents éléments interagissant en ce lieu (hommes, sols, climat, relief...) et par une perspective « horizontale » qui mettaient les différents lieux en rapport et examinaient comment ils s'organisaient les uns avec les autres. Le premier point de vue portait sur le milieu, et la géographie physique avait son mot à dire. Le second – le seul que la « nouvelle géographie » accepte de considérer – met l'accent sur l'espace, et l'apport de la géographie physique y est bien moins pertinent.

Une partie des géomorphologues rejoint durant les années 1970 les sciences dures. Ceux qui sont restés au sein des départements et des laboratoires de géographie se sont trouvés très marginalisés : exclus de la plupart des débats, enfermés dans des publications ou des colloques qui n'intéressaient plus la majorité des géographes « humains ».

Dès les années 1970, certains géographes physiciens (G. Bertrand, G. Rougerie) s'emploient à renouveler leur discipline. Pour les uns, il s'agit de remettre en cause l'hégémonie de la géomorphologie, et d'accorder une place équivalente à la climatologie, l'hydrologie, la pédologie, la biogéographie. La géographie physique doit offrir une vision globale de l'environnement, ce qui passe par la prise en compte de l'action de l'homme dans celui-ci. On ne parle plus de milieu naturel, mais de milieu physique. La multiplicité des facteurs qui interviennent, le fait qu'ils interagissent empêchent d'employer les méthodes qui avaient fait leur preuve quand les études portaient principalement sur le relief. L'analyse systémique et les modèles proposés par l'écologie permettent en revanche d'appréhender le milieu de manière globale. Cette perspective séduit d'autant plus qu'elle passe par une formulation « scientifique », et qu'elle rencontre un écho très favorable à un moment où l'on prend conscience du caractère global d'un certain nombre de questions qui se posent à l'échelle de la planète.

À partir des années 1980, beaucoup de géographes physiciens, conscients de l'impasse dans laquelle ils se trouvent alors que les questions environnementales suscitent un grand intérêt, effectuent un revirement majeur, et placent fermement leurs recherches dans le champ des sciences humaines. Pour eux, il ne s'agit pas d'étudier la cuesta en tant que telle, mais d'analyser le milieu physique dans la perspective des sociétés qui s'y trouvent. C'est en termes de ressources et de risques qu'il convient de l'interpréter. Les travaux portant sur l'impact de l'activité humaine, sur la croissance soutenable, sur la pollution, sur le milieu urbain, sur la gestion des ressources et des risques, sur la perception de la Nature... se multiplient, montrant bien la place centrale qu'occupent les hommes dans cette géographie, qui préfère le terme d'environnement à celui de milieu physique. Beaucoup de géographes se démarquent alors de l'écologie. Ils ont beau jeu de montrer que la « nature » est pour une large part une construction humaine, que les hommes y ont leur place, et de dénoncer le danger des idéologies qui envisagent des valeurs extérieures (voire supérieures) à l'Homme.

L'analyse spatiale

La première attaque contre la géographie classique est le fait d'un courant qui émerge à la fin des années 1950. On lui donne en France diverses appellations : géographie quantitative, géographie modélisante, géographie néopositiviste, école de l'analyse spatiale. On va voir que les deux dernières sont les mieux adaptées, puisque ce courant vise à identifier les lois de l'organisation de l'espace.

Remise en cause de la géographie classique

Ce n'est pas en France que la géographie classique est d'abord battue en brèche, mais, dans les années 1950, en Suède, au Royaume-Uni et aux États-Unis. Sa remise en cause en France est plus tardive, et s'opère dans les années 1960 et surtout 1970. Elle s'inspire des nouveaux courants apparus outre-Atlantique ainsi que des théories économiques fondées sur l'*homo œconomicus* (Ph. Pinchemel, P. Claval), et suscite l'adhésion de quelques jeunes géographes ayant fait une partie de leurs études dans les pays anglo-saxons ou au Québec. Le terme de « nouvelle géographie » s'impose pour les désigner, soulignant ainsi qu'elles rompent avec la géographie classique. La revue *L'espace géographique*, lancée en 1972, publie les résultats des nouvelles recherches.

On souligne que les changements de la géographie du Monde rendent l'approche régionale classique obsolète. Si celle-ci pouvait traiter du monde rural et des sociétés traditionnelles, au sein d'un espace fragmenté et rendu opaque par la difficulté des transports, elle n'est pas à même de rendre compte d'un Monde bouleversé par l'urbanisation, la tertiarisation des sociétés, la révolution des transports, et, plus récemment, la mondialisation. La géographie régionale avait son mot à dire au sujet d'une Bretagne agricole, marquée par une langue et des coutumes locales, organisée par des petites villes. Comment peut-elle faire comprendre Paris ou Los Angeles ? Comment peut-elle expliquer les contrastes de développement qui deviennent criants à l'échelle de la planète ? Les concepts de région, de milieu, de genre de vie ne semblent plus d'un grand recours.

Pourtant, il n'est pas question de compléter la géographie classique, ni de l'adapter à un monde changeant. C'est que la principale critique à son encontre tient à son statut, que l'on n'estime pas assez scientifique. Il est vrai que si l'on prend modèle sur les sciences dures (physique, biologie...) et si l'on définit la science comme la recherche de lois (la chute des corps, l'évolution...), si l'on privilégie l'expérimentation, la formulation mathématique et statistique, la géographie classique présente de nombreuses faiblesses. Idiographique, elle analyse chaque région comme une entité unique, particulière, et que l'on ne peut que difficilement comparer à d'autres régions : il n'est pas question de chercher des lois. Descriptive, elle adopte un discours littéraire, parfois fleuri, loin de la neutralité objective du discours scientifique, tel qu'il s'incarne par exemple dans les formules mathématiques : le talent littéraire lui tient lieu de rigueur scientifique. Empirique, elle s'enferme dans une observation hypnotique de morceaux de réalité, et érige l'intuition en méthode. Dans sa prétention à être une discipline scientifique, la géographie classique ne serait qu'une imposture.

Une démarche néopositiviste

Pour les tenants de l'analyse spatiale, la géographie est une science de l'organisation de l'espace, et celle-ci se résume à un certain nombre de lois, qu'il s'agit d'identifier. L'organisation de l'espace est selon eux régie par des principes, des structures universelles, que l'on ne voit pas nécessairement car elles sont dissimulées derrière la variété et la complexité de la réalité. Mais si l'on élimine le bruit statistique, si l'on parvient à isoler chacun des très nombreux facteurs qui interviennent, on doit parvenir à l'identification de lois.

Deux méthodes pour cela. La première, empirique, se fonde sur une analyse rigoureuse des faits observés : le traitement statistique de données spatialisées permet d'identifier des structures profondes, dont on peut espérer qu'elles sont universelles. La seconde est déductive, ou, plus exactement, hypothético-déductive. Il s'agit d'un raisonnement abstrait, d'une expérience de l'esprit : on imagine une situation de départ très simple, on pose un (petit) nombre de facteurs dont on définit l'action par hypothèse, et l'on voit comment ils agissent (cf. ci-dessous encadré : la théorie des places centrales). Si, compte tenu des simplifications de départ, le résultat est assez proche de la réalité observée, on peut considérer que les hypothèses étaient valides : l'observation intervient ici *a posteriori.*

La théorie des places centrales

W. Christaller (1893-1969), géographe et économiste allemand qui s'inscrit dans la tradition de l'économie spatiale allemande, est l'auteur de la « théorie des places centrales » ou « des lieux centraux ». Cette théorie, explicitée dans son ouvrage de 1933 *(Die Zentralen Orte in Süddeutschland),* porte sur la localisation des centres de services (c'est-à-dire des villes). Le modèle de Christaller n'a guère intéressé les géographes qu'à partir des années 1950, dans le cadre de la « nouvelle géographie ». Affiné par Lösch en 1954, il joue dès lors un rôle central en géographie urbaine et économique. Il faut attendre les années 1970 pour que des géographes français s'y intéressent.

La méthode de Christaller est exemplaire du raisonnement hypothético-déductif. Pour appréhender les principaux facteurs de la localisation et de la hiérarchie des villes, il faut simplifier la réalité au moyen d'hypothèses, qu'on peut ramener à trois. Premièrement, il considère un espace isotropique, homogène, d'égale densité. En l'absence d'axe de transport et d'hétérogénéité de l'espace, les coûts de transports sont uniquement fonction linéaire des distances. Deuxièmement, les hommes y cherchent à maximiser leur intérêt (les producteurs leur revenu, les consommateurs l'utilité qu'ils tirent de leurs revenus). Troisièmement, les coûts des productions des « biens centraux » sont affectés d'économies d'échelle, qui les diminuent quand ces productions sont regroupées. À partir de ces hypothèses, on peut tirer un certain nombre de déductions.

Le producteur d'un service (un commerçant, par exemple) voit sa clientèle limitée par la portée maximale (ou portée limite) de ce bien. Un client potentiel situé au-delà d'une certaine distance ne se déplacera pas car la somme du prix du service et du coût du transport dépasse l'utilité qu'il espère tirer de ce service. L'aire maximale de marché, c'est-à-dire l'espace où le pourvoyeur de service peut trouver des clients, est donc incluse dans le cercle dont le rayon correspond à la portée limite.

Pour que tous les clients soient desservis, ils doivent trouver un centre de service à moins d'une portée limite. Pour que les centres de services ne se concurrencent pas, ils doivent être éloignés d'au moins deux portées limites. Les centres se disposent donc en semis, de manière à ce que la distance entre deux centres de services proches soit exactement de deux portées limites. La meilleure solution géométrique est réalisée par un pavage régulier de centres équidistants disposés en quinconce, et par des aires de chalandise en forme d'hexagones réguliers (structure en nid d'abeille).

La dimension des aires de chalandise varie en fonction du niveau du service proposé. Plus celui-ci est rare (anomal), plus elle est grande. Plus le service est rare, plus les centres qui l'offrent sont éloignés, et plus les hexagones qui limitent leurs aires de chalandises sont de grande taille. À cause des économies d'échelle, les centres de niveaux différents se superposent : chaque centre d'un niveau de service donné propose tous les services de niveaux équivalent et inférieur : on observe un enchâssement des hexagones les uns dans les autres. Sur cette base, trois organisations spatiales (trois types de configurations hexagonales) sont possibles, selon le « principe », c'est-à-dire selon la priorité accordée (au marché, au transport ou à l'administration).

On aboutit à un espace hétérogène, structuré par des villes, des places centrales proposant des biens (services) centraux, hiérarchisées selon la rareté des services offerts, équidistantes à chaque niveau de la hiérarchie, et qui découpent l'espace en aires d'influence hexagonales. Cette organisation complexe résulte des seules hypothèses de l'isotropie (originelle) de l'espace, du jeu de la distance et de la rationalité économique, de l'existence d'économies d'échelle.

La rigueur et la valeur explicative de cette théorie expliquent son succès. Les géographes notent qu'on observe rarement dans la réalité les beaux hexagones du modèle. Ceci ne remet nullement en cause sa pertinence : il se fonde sur des hypothèses très simplificatrices (même au sujet de la Bavière de l'entre-deux-guerres !) qui visent à isoler quelques facteurs ; il va de soi que le relâchement de ces hypothèses (présence du relief, d'axes de transport, comportements « irrationnels », facteurs culturels...) modifie le résultat, déforme le bel ordonnancement des hexagones. Ce sont précisément ces déformations qui intéressent le géographe, et le modèle propose une norme qui permet de les repérer.

La démarche néopositiviste de l'analyse spatiale n'est pas étrangère à l'observation, et elle n'adopte pas nécessairement une formulation mathématique. Ce qui la caractérise, c'est sa volonté de se débarrasser – pour un temps – des irrégularités du réel pour parvenir aux lois qu'elles dissimulent. Les lois ainsi identifiées sont abstraites, et ne s'observent jamais sous leur forme pure dans la réalité empirique : les régularités prévues par les modèles ne se rencontrent pratiquement jamais dans la réalité. Ce n'est pas pour cela qu'ils sont invalidés. Le chercheur qui fait l'hypothèse d'une plaine parfaitement homogène, où seuls les coûts de transport déterminent les localisations, sait bien que pareille plaine n'existe pas, et que bien d'autres facteurs interviennent. Mais son raisonnement lui permet d'identifier le rôle propre des coûts de transport. Il lui est ensuite possible d'introduire d'autres hypothèses ou processus dans son modèle, comme celle d'un espace hétérogène ou celui des économies d'échelle. C'est bien sûr une tâche sans fin que de vouloir rendre compte de la complexité du réel, mais c'est un faux procès que de reprocher au chercheur de vouloir la comprendre en la simplifiant.

De nouveaux outils

C'est grâce à de nouveaux outils que la géographie néopositiviste peut se développer. La description, qui cherchait à épuiser la singularité de la région ou du paysage observés, ne permet pas de repérer les lois dissimulées derrière la diversité des phénomènes.

Dans sa composante empirique, la géographie néopositiviste a besoin de données spatialisées en grand nombre, si possible sous une forme quantifiée. Les statistiques – fournies par exemple par les recensements – en proposent, mais le niveau d'agrégation reste un handicap. L'essor des photographies aériennes, puis de l'imagerie satellitaire, offre des données en abondance, que les géographes peuvent aider à collecter. Dès les années 1970, ils disposent d'informations en quantité. Le problème est alors celui de leur traitement. D'une part, la quantité des données rend leur exploitation difficile. D'autre part, les lois que les géographes cherchent à identifier apparaissent rarement de façon évidente, tant elles sont brouillées par la multiplicité des facteurs qui interviennent. Le développement de l'informatique permet de manipuler les données pour les synthétiser, et surtout de les passer au crible de traitements statistiques d'une grande complexité, de manière à faire apparaître des structures, des liens ou des régularités dissimulés. Les analyses de régression, de corrélation, factorielle comptent parmi les techniques les plus couramment utilisées.

Dans sa composante hypothético-déductive, la géographie néopositiviste n'a, à un premier stade, pas besoin de données d'observation. En revanche, elle doit faire fonctionner des modèles de plus en plus complexes, qui incluent par exemple des causalités circulaires. Le recours à l'informatique permet d'aboutir à des simulations comprenant un grand nombre de facteurs, et qui débouchent sur des résultats quelquefois assez proches de la réalité observée, car il n'a pas été nécessaire de poser des hypothèses trop simplificatrices. Les acquis de la géographie néopositiviste en deviennent plus convaincants.

Parallèlement, le recours à des modèles ou des méthodes développés dans d'autres sciences permet d'aller plus loin dans l'analyse. La nouvelle géométrie des fractals permet par exemple de mieux rendre compte des formes urbaines.

Différents types de modèles

Souvent, les modèles de la géographie néopositiviste sont empruntés à d'autres sciences (physique, chimie, biologie, écologie, sémiologie, etc.). On peut distinguer trois grands types.

Le premier relève de l'analyse systémique. Un système est un ensemble au sein duquel plusieurs éléments interagissent. Les géographes prennent conscience de l'intérêt des systèmes étudiés en écologie, en météorologie ou en physique. Les milieux, mais aussi les villes ou les régions sont en effet composés d'éléments liés les uns aux autres, qui évoluent les uns en fonction des autres. Il suffit parfois qu'une composante se modifie pour que tout l'équilibre se transforme. La théorie du chaos montre que de petites perturbations peuvent produire des bifurcations majeures difficiles à prévoir (effet papillon). Du fait de la complexité des interdépendances entre les facteurs et du grand nombre de ceux-ci, les configurations des systèmes et les équilibres possibles sont multiples. Chaque état du système se révèle en fait unique. Malgré le recours à des lois générales, l'analyse systémique rejoint finalement l'exceptionnalisme de la géographie vidalienne.

La seconde approche se fonde sur des modèles mathématiques, composés d'équations. L'exemple le plus commun est celui de la loi de la gravitation : les flux entre deux villes (migrations, par exemple), sont proportionnels à leur « poids » (leur population, par exemple), et inversement proportionnels au carré de la distance qui les sépare. Autour de Th. Saint-Julien et D. Pumain se structurent des recherches d'analyse spatiale, principalement consacrées aux réseaux urbains.

La troisième approche est celle des chorèmes, conçus par R. Brunet. Les chorèmes sont les structures élémentaires de l'organisation de l'espace. Il en existe un nombre limité, mais ils peuvent se combiner d'une infinité de façon. Tout espace peut ainsi être interprété grâce à un certain nombre de structures spatiales fondamentales (cf. tableau ci-joint). Dans les années 1980, la chorématique suscite l'enthousiasme non seulement de nombreux chercheurs, mais aussi de beaucoup d'enseignants. Il faut dire que les chorèmes ont des vertus pédagogiques séduisantes. L'usage qui en a été fait a dépassé la fonction que R. Brunet leur avait affectée, et les géographes se sont vite récriés devant l'emploi systématique d'une méthode quelquefois mal maîtrisée.

Table des chorèmes

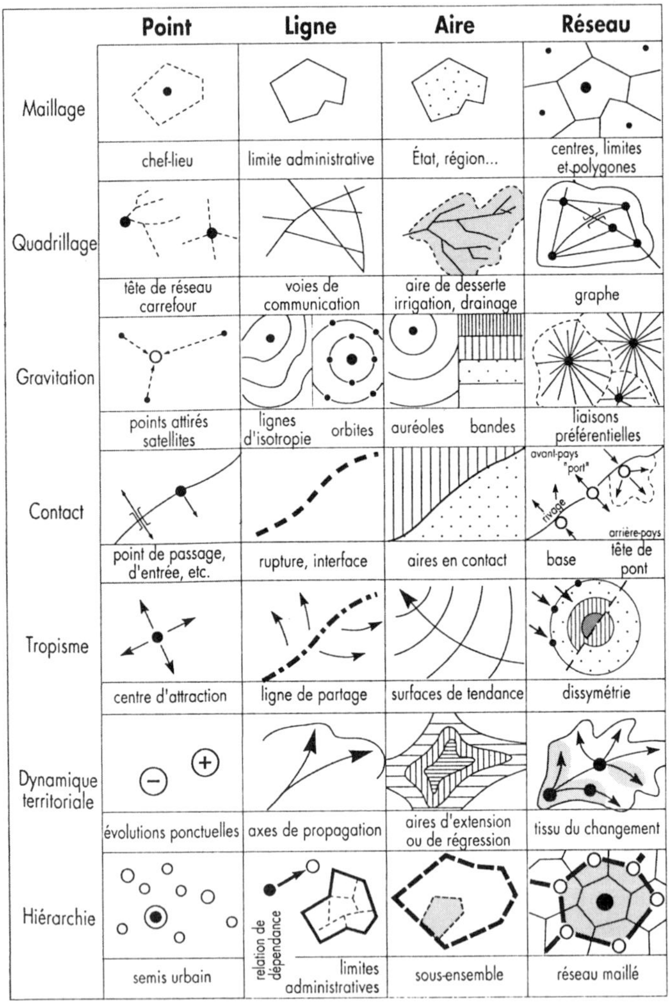

Source : R. Brunet, *Géographie universelle*, Paris, Hachette/RECLUS, 1990, vol. 1, p. 11.

Les régularités identifiées peuvent partager différents statuts. Certaines sont descriptives, et n'expliquent rien : ainsi la loi de Zipf[1]. On peut s'interroger sur leur utilité. Elles caractérisent (et non expliquent) une situation « normale » eu égard au(x) facteur(s) concernés, et donc permettent d'identifier en quoi telle situation est « anormale » ou « anormale ». Les écarts au modèle repèrent, et, éventuellement, mesurent la particularité d'un phénomène observé. D'autres lois sont explicatives : non seulement elles identifient des régularités, mais elles expliquent pourquoi elles s'observent (ainsi la théorie des places centrales).

La nature des lois de l'espace

Quel est le statut épistémologique de ces lois ou de ces modèles spatiaux ?

Ils ont trait à l'organisation de l'espace « humain », qui résulte de l'activité des hommes à travers l'histoire. Il est le résultat d'actions, de décisions, en matière d'activité économique, de localisation, de déplacement, etc. Ces lois ne modélisent donc non pas l'espace, mais les comportements humains qui ont un impact sur l'espace. Dès lors, deux problèmes se posent.

Premièrement, les comportements humains suivent-ils des lois, et, si oui, de quelle manière ? On peut donner une réponse positive pour deux raisons contraires. La première revient à considérer les êtres humains comme des choses, ballottées par des lois qui leur sont totalement extérieures, dont ils n'ont pas nécessairement connaissance et qu'ils ne peuvent évidemment pas modifier. Tous comme les corps tombent, les hiérarchies urbaines obéissent à la loi de Zipf. La seconde réponse consiste à partir de l'hypothèse suivante : l'homme a un comportement rationnel (que ce soit parce que c'est dans sa nature ou parce que c'est un modèle culturel qui s'est imposé). Si l'homme obéit à la raison, on peut, grâce à la raison, prévoir, modéliser son comportement, et les conséquences de celui-ci. Par exemple, l'homme doué de raison préfèrera, toutes choses

1. Selon la loi de Zipf, ou loi Rang/Taille, il existe un rapport fixe entre le rang d'une ville dans sa hiérarchie urbaine et la taille de la première ville de cette hiérarchie. La *n*-ième ville d'un pays a ainsi une population égale à la première ville du pays divisée par n : $P_n = P_1/n$. C'est une régularité observée. La loi décrit une distribution, elle ne l'explique pas.

égales par ailleurs et s'il cherche à minimiser sa fatigue ou ses dépenses, un chemin plus long au détriment d'un chemin plus court. À partir de là, on peut tirer un certain nombre de conséquences quant à la structure des réseaux de transport, qui résultent, *in fine*, de décisions conscientes prises rationnellement et individuellement par les hommes. L'hypothèse d'un comportement rationnel, et donc prévisible, des hommes est partagée par nombre d'économistes, qui définissent ainsi l'être humain comme un *homo œconomicus*. Elle suscite, on le verra, de nombreuses critiques.

Deuxièmement, on peut s'interroger sur la légitimité de la recherche de lois spécifiques aux comportements spatiaux. Admettons que l'homme obéisse à des lois, et que les sciences humaines aient pour objectif de les identifier. Comment (et pourquoi ?) différencier les lois spatiales des autres, comment les réserver aux géographes ? Les économistes ne se désintéressent pas des questions de localisations des activités, d'échange : l'économie régionale, l'économie spatiale et l'économie internationale accordent une grande place à la recherche de lois « géographiques ». La meilleure justification d'une intervention spécifique des géographes sur le sujet tient à l'insuffisance des résultats dans les autres disciplines, qui, de fait, ne prennent pas assez en compte – ou de manière insatisfaisante – la dimension spatiale. Considérons le cas de l'économie : d'un côté, la théorie de l'avantage comparatif explique la spécialisation des pays et donc l'hétérogénéité de l'espace et la direction des échanges, mais elle ne prend pas en compte les faits de distance ; de l'autre, l'économie des transports et l'économie spatiale placent le coût de franchissement de la distance au cœur de leurs analyses, mais dans le cadre d'un espace homogène. L'espace, en tant qu'il est fondamentalement et à la fois hétérogène et opaque, n'est pas pris en compte en tant que tel. Les géographes reprochent également aux économistes leurs approches trop théoriques, trop éloignées des réalités empiriques. L'utilisation exclusive des modèles mathématiques, rarement confrontés à la réalité qu'ils cherchent à expliquer, laisse insatisfaits les géographes, qui ne refusent ni les modèles, ni les lois, mais dont un des principaux soucis consiste à en tester la pertinence de manière empirique, en les confrontant à une réalité observée dont l'explication reste le but ultime de la recherche.

L'analyse spatiale commence à occuper une position hégémonique dans la recherche géographique française dans les années 1970, mais elle est, on va le voir, très rapidement remise en cause aux États-Unis comme en France (mais pour des raisons quelque peu différentes). Elle n'en reste pas moins un courant important de la discipline. Sa résistance tient pour une part à l'importance de ses acquis. Certains de ses modèles explicatifs et, quelquefois, prédictifs ont fait leur preuve, et les aménageurs comme les entreprises ne s'y trompent pas. Le prestige de la formulation mathématique et de l'emploi de l'informatique n'y sont, il est vrai, pas pour rien. Le cartésianisme caractéristique de la culture française fait bon accueil à une approche qui se fonde sur une logique très cohérente et sur l'universalité de la Raison. La capacité de la géographie quantitative à réaliser des cartes et des bases de données complexes grâce au développement de l'informatique, à un moment où les systèmes d'information géographiques se développent au sein des entreprises et des collectivités locales, lui confère un avantage décisif sur d'autres branches de la géographie, dont l'utilité ou l'application semblent davantage difficiles ou douteuses.

La géopolitique et la géographie critique

La « nouvelle géographie » qui s'impose dans les années 1970 ne se résume pas à l'analyse spatiale caractéristique de la géographie néopositiviste, qui est très rapidement critiquée, d'abord sur le plan politique.

Une prise de conscience politique

La prétention objective de la géographie néopositiviste est en effet contestée dès les années 1970 aux États-Unis et en Angleterre par la géographie radicale. Ses représentants, souvent marxistes, soulignent la responsabilité du chercheur. Être « scientifique », objectif, ne pas prendre position, ne pas juger..., c'est en fait abonder dans le sens du plus puissant. La géographie néopositiviste ne conteste pas la société en place, elle prétend la décrire en des termes « neutres ». Elle joue ainsi le jeu du plus fort, et fournit même des méthodes et des informations qui permettent aux plus puissants d'exercer ou d'augmenter leur pouvoir. Grâce aux travaux des géographes, grâce aussi à leurs silences, les gouvernements, les grandes firmes exploitent et contrôlent. Les géographes se font les alliés des bourgeois et des colons. Pour exercer leurs responsabilités politiques au sein de leur discipline, ils doivent s'attaquer à la composante spatiale de l'exploitation, des inégalités, de l'oppression, de la ségrégation... Ils doivent montrer comment les Noirs sont enfermés dans des ghettos, comment les femmes n'ont pas accès au travail, comment les pays du Tiers Monde sont bloqués dans le sous-développement. Ils doivent dénoncer les stratégies spatiales des Blancs, des hommes, des pays riches. Il ne s'agit pas seulement de décrire le monde tel qu'il est, mais de prendre en compte le monde tel qu'il devrait être.

Ce courant contestataire, animé notamment par D. Harvey et W. Bunge, ne rencontre pas d'écho immédiat en France, sans doute parce qu'au moment où il émerge aux États-Unis, les jeunes géographes français sont surtout préoccupés à découvrir et imposer l'analyse spatiale. Par ailleurs, la géographie française, à travers la personne de P. George notamment, était marquée depuis les années 1950 par le marxisme, sans que cela ait entraîné de rupture épistémologique.

Les courants critiques français

C'est à Y. Lacoste que la géographie française doit son tournant politique, qu'elle effectue sans référence aux géographies radicales anglophones. Y. Lacoste travaille sur le Tiers Monde dans une perspective qui n'est pas celle de ses maîtres tropicalistes. Il met l'accent sur la question du développement, et adopte une position tiers-mondiste, qui deviendra dans les années 1970 dominante parmi les géographes travaillant sur les pays pauvres. Le sous-développement est présenté comme un blocage dont les pays riches et les bourgeoisies locales sont les principaux responsables. En 1976, Y. Lacoste publie son pamphlet : *La géographie, ça sert d'abord à faire la guerre.* Il rappelle que les cartes sont d'abord des cartes d'état-major, et que le géographe doit être conscient des usages qui peuvent être faits du savoir qu'il produit. Y. Lacoste, tout comme les radicaux américains, plaide pour une géographie engagée aux côtés des opprimés. Il lance en 1976 la revue *Hérodote*, qui durant ses premières années traite du Tiers Monde, de la décolonisation et des mouvements de « libération » en faveur desquels elle prend position.

Indépendamment, un groupe de jeunes géographes (dont C. Grataloup et J. Lévy) lance en 1975 la revue *Espace-Temps*, d'inspiration marxiste, qui remet vivement en cause la géographie classique et vise à recentrer le débat sur « l'espace social », dans une optique pluridisciplinaire.

Ces courants très marqués politiquement, et qui résultent pour une part d'une idéologie incarnée par Mai 1968, s'essoufflent quelque peu à la fin des années 1970 ou, plus exactement, se redéfinissent.

Les géographies culturelles

Une critique culturelle de l'analyse spatiale

L'école classique de géographie régionale française accordait une grande place aux facteurs culturels, au rôle des religions, des langues, des techniques, des structures politiques ou familiales... dans l'organisation de l'espace et dans les rapports entre l'homme et son milieu. La culture était présentée comme un élément explicatif parmi d'autres, mais on lui accordait une place de premier plan. Des géographes perpétuent cette tradition de la géographie régionale française et cherchent à examiner ce qui dans la culture organise l'espace, et comment les faits culturels se distribuent dans l'espace.

La géographie néopositiviste s'est détachée de la culture. Celle-ci ne pouvait que difficilement être prise en compte dans les modèles sur lesquels elle s'appuyait : la culture prend difficilement place dans un système, se mesure mal, ne s'inscrit guère dans des équations. Plus loin : chaque culture semble irréductiblement singulière, et constitue un obstacle à la recherche de lois transcendant la particularité de chaque situation. La géographie néopositiviste se proposait en fait d'identifier des lois de l'espace relatives à des comportements humains universaux, c'est-à-dire transculturels. Pour faire fonctionner les modèles, il fallait certes poser l'hypothèse d'une plaine homogène où le jeu des facteurs ne serait pas brouillé par le relief, il fallait aussi considérer un espace où tous les comportements humains seraient les mêmes. L'*homo œconomicus* est égoïste et pleinement informé, il calcule et maximise son intérêt : telles sont les seules règles de son comportement. Les géographes néopositivistes, bien sûr, n'ignorent ni la réalité, ni l'importance, ni la variété des faits de culture (pas davantage qu'ils ignorent celles des reliefs). C'est simplement une réalité complexe qu'ils mettent entre parenthèses par hypothèse, pour faire tourner les modèles. Il est bien sûr possible, une fois les lois identifiées, de voir comment les différences culturelles les modifient et les font varier. La culture est un résidu au sens statistique, c'est un bruit qui camoufle la réalité que l'on veut observer.

Dès les années 1970, certains s'élèvent contre cette méthode. Selon eux, la culture n'est pas un facteur parmi d'autres que l'on peut évacuer pour simplifier la réalité que l'on étudie. Elle est au cœur de ce qui constitue l'humanité, et c'est elle que l'on doit placer au centre des analyses. Qu'importe que les villes obéissent à la loi de Zipf ou à la théorie des lieux centraux ? Le plus intéressant, le plus fondamental, c'est que les villes permettent aux hommes de mieux communiquer, de se rencontrer, d'entretenir une sociabilité... La ville, c'est d'abord un temple où l'on prie ensemble, c'est un palais où s'exerce le pouvoir politique, et, si c'est un marché, il est le produit d'une matrice culturelle. Où et comment se rencontre-t-on, comment un lieu devient-il sacré, comment le pouvoir s'exerce-t-il dans l'espace ? Telles sont les questions auxquelles il faut répondre. La géographie néopositiviste, en évacuant la culture, travaille sur un homme déshumanisé, et nie en cela l'objet qu'elle étudie. Analyser les comportements humains comme on travaille sur les déplacements des astres revient à n'accorder aucune place à la conscience, à la liberté, aux sentiments, à la vie de l'esprit... : autant de faits qui semblent pourtant participer de la définition de l'Homme. Le géographe américain P. Haggett, plus de trente ans après la publication de son livre *L'analyse spatiale en géographie humaine* (un des ouvrages fondateurs de la géographie néopositiviste), convient qu'il aurait aussi bien pu l'appeler *L'analyse spatiale en géographie inhumaine.*

Outre que la géographie néopositiviste, en ne portant pas ses interrogations sur les faits de culture, ne peut poser les bonnes questions, on lui reproche sa méthode. Elle se fonde sur l'analyse d'un comportement rationnel qui n'existe pas. Les hommes ne sont pas pleinement informés : ils possèdent des connaissances très spécifiques liées à un système culturel, qui peuvent être très éloignées de ce que les géographes considèrent comme la réalité. Ils évaluent les distances autant en fonction du charme des itinéraires, des lieux dangereux ou tabous à éviter... qu'en fonction des kilomètres. Ils ne cherchent pas forcément à maximiser leur utilité, mais peuvent viser à acquérir des biens purement symboliques, à s'inscrire dans des réseaux sociaux... Certains comportements « magiques » ou simplement altruistes ne participent pas de la raison conçue de manière classique. Le comportement des hommes résulte de perceptions, de représentations, de savoirs, d'objectifs... qui sont le fruit d'une culture et qui ne sont pas universaux. Certes, pour comprendre la réalité produite par les hommes (l'espace des hommes), il faut saisir leur comportement, mais cela ne saurait se faire en se référant à un *homo œconomicus* qui est un mirage : il faut pour cela partir des cultures qui modèlent les comportements, et celles-ci varient fortement dans l'espace.

Géographie de la perception et géographie phénoménologique

Il n'y aurait donc pas de comportement spatial universel. Dans les années 1970, un courant dit de l'espace perçu ou vécu, ou de la géographie de la perception se propose en France d'étudier les représentations de l'espace et du milieu dans diverses sociétés, de manière à comprendre les comportements géographiques et les réalités géographiques qu'ils construisent. A. Bailly travaille sur les perceptions de l'espace urbain et les comportements dans la ville. A. Frémont s'intéresse à la manière dont diverses populations (ouvriers, paysans...) perçoivent l'espace normand. Il analyse la géographie mentale de Mme Bovary. J. Gallais montre que les peuples qui habitent le delta intérieur du Niger ne vivent pas dans le même espace, au sens où ils le conçoivent et l'exploitent de manières très différentes. Aux États-Unis, K. Lynch tente d'accéder aux mondes intérieurs en faisant dessiner des cartes mentales. La géographie de la perception conduit les géographes à beaucoup recourir, durant les années 1980 particulièrement, au concept de paysage. Les hommes perçoivent l'espace autour d'eux en fonction de filtres perceptifs et cognitifs, de systèmes de valeurs que les géographes tentent d'identifier.

Durant les années 1970 aux États-Unis, une critique plus fondamentale porte sur l'objet même de la recherche géographique. Si la géographie est une science humaine, elle doit placer l'homme en tant qu'être humain au cœur de son propos. Peu importe la réalité du Monde, ce sont les besoins, les aspirations, les perceptions de l'Homme en matière de géographie qui importent. Une « géographie humaniste », inspirée de la phénoménologie (essentiellement de Husserl, Heidegger, Merleau-Ponty), se propose de refonder la discipline sur l'expérience humaine, sur la signification de notre Être-sur-la-Terre. E. Dardel dès les années 1950 (mais dans l'indifférence générale), Y.-F. Tuan et A. Buttimer dans les années 1970, développent ces approches, qui rencontrent assez peu d'échos en France, sans doute faute d'applications pratiques, dans une culture où la démarche empirique reste importante. Toutefois, A. Berque, en s'inspirant de la phénoménologie allemande et de penseurs japonais, aborde le paysage, le milieu, l'écoumène..., et montre que ceux-ci ne doivent pas être conçus comme des choses, ni comme des simples idées ou perceptions. La réalité, le Monde résident précisément dans le rapport, la tension, le mouvement entre l'Homme-sujet et les objets. La géographie n'est alors pas loin de la philosophie, remarque-t-on, souvent avec une once de reproche. Pourtant, même dans une perspective empirique, ces approches sont d'une grande richesse, comme le montre A. Berque dans ses travaux sur la société japonaise.

Le tournant culturel

À la fin des années 1970, des géographes issus de courants très divers se démarquent de la géographie néopositiviste en abandonnant une vision trop réductrice de l'homme, et en le considérant comme un être culturel. Ces géographies culturelles ne constituent pas une école, au sens où elles restent très diverses et ne s'appuient ni sur des textes fondateurs, ni sur une méthode unique. P. Claval en est la figure centrale. Depuis toujours attentif à la géographie de l'information, il se tourne dans les années 1980 vers la géographie culturelle. Il tente de lui donner une base épistémologique claire, lance en 1992 une revue sur ce thème *(Géographie et cultures)* et en dresse un premier bilan dans son livre *La géographie culturelle* (1995).

Une géographie sociale se développe au début des années 1980 (X. Piolle, G. Di Méo). D'inspiration poststructuraliste, elle met l'accent sur les composantes spatiales du travail, de la pauvreté... Une place de premier plan est accordée aux faits de culture.

Y. Lacoste reprend le terme quelque peu disqualifié de « géopolitique », et la revue *Hérodote* s'oriente, à partir des années 1980, vers ce thème. Les affrontements, les traités, les frontières, les enjeux internationaux... ne s'expliquent pas à travers une réalité objective qui s'imposerait aux acteurs. Chacun, au contraire, agit en fonction de représentations, d'idéologies, selon lesquelles se définissent les frontières (qui n'ont rien de naturel), les rapports au territoire... Les représentations des uns peuvent être très différentes de celles des autres, ce qui peut déterminer des conflits. C'est sur ces représentations géographiques que le chercheur doit travailler. La géographie politique connaît un renouveau certain (P. Claval, J. Lévy). G. Prévélakis fait redécouvrir l'œuvre de J. Gottman, qui proposait le terme d'iconographie pour désigner l'ensemble des représentations qui fondent l'identité nationale. En même temps que la géographie politique se renouvelle, le concept de territoire est de plus en plus utilisé, à mesure que l'on emploie moins celui d'espace. Le territoire est en effet un espace d'identification et d'appropriation, il existe avant tout (seulement ?) dans l'esprit de ceux qui le conçoivent. Ce terme de territoire, plus que celui d'espace, conduit la géographie dans le champ des représentations. Que le territoire ne soit pas une réalité concrète et extérieure ne lui enlève rien de sa force : c'est pour cette idée que tant de sang est versé. La notion est pertinente à différentes échelles et en dehors du politique dans sa stricte acception. Il y a des territoires dans la maison, dans le quartier, dans la ville, etc.

Nombre de géographes, à partir des années 1980, placent les représentations géographiques au cœur de leurs recherches. Le Monde est pour une bonne part produit par l'activité des hommes et les choix qu'ils effectuent ; or, ces comportements se fondent sur des représentations qui sont loin d'être des reflets d'une réalité objective à laquelle seul le géographe aurait accès. Rendre compte de la réalité du Monde, c'est donc, pour une part, examiner les représentations qui ont participé à sa construction. Ce sont les idées ou les rêves des hommes au sujet de la Nature, du paysage, du territoire... qu'il faut étudier. B. Debarbieux montre, par exemple, comment un imaginaire de la montagne a modelé les paysages alpins. Le savoir savant des géographes est une représentation parmi d'autres, qui modèle la réalité à travers, par exemple, l'influence qu'ont ceux-ci sur les politiques d'aménagement du territoire. L'épistémologie et l'histoire de la géographie rejoignent ainsi la géographie des représentations.

P. Claval, sur le modèle des ethnosciences, popularise le terme d'ethnogéographie. Tout groupe social dispose de représentations et de techniques géographiques, qui constituent un savoir géographique. Celui-ci est très complexe, car il inclut des éléments aussi différents qu'une vision du monde, des repères spatiaux, une toponymie, des mythes relatifs à la Terre ou au ciel, une conception de la nature, des techniques de transport, des goûts paysagers... Pour comprendre comment une société gère et transforme son milieu, organise son espace, il faut se référer à l'ethnogéographie qui fonde ses choix. Le géographe ne se distingue alors de l'ethnologue qu'à travers l'attention particulière qu'il consacre aux représentations spatiales. Les travaux pionniers de J. Bonnemaison sur Vanuatu constituent la référence la plus citée. Certains soulignent que, si l'on qualifie les savoirs géographiques vernaculaires d'ethnogéographies, c'est pour les distinguer de la géographie scientifique, alors que celle-ci n'est après tout que l'ethnogéographie du groupe social constitué par les géographes professionnels.

Des critiques méthodologiques

La géographie culturelle ne fait pas l'unanimité et suscite des critiques. Ne réinvente-t-elle pas l'eau tiède ? La culture a toujours été prise en compte par la géographie humaine, fût-elle vidalienne. Toute (bonne) géographie humaine, c'est-à-dire toute géographie est nécessairement culturelle ; aussi les plaidoyers pour une géographie culturelle seraient-ils inutiles : l'expression est redondante.

La grande hétérogénéité des approches culturelles serait preuve de faiblesse. En même temps qu'elle montrerait le caractère fourre-tout ou cache-misère de l'appellation, elle trahirait l'absence de base méthodologique explicite. Les tenants de la géographie néopositiviste reprochent à la géographie culturelle le flou de ses méthodes et son manque de rigueur scientifique. Critiques que certains géographes culturels acceptent volontiers, puisque, selon eux, le chercheur doit éviter de s'enfermer dans une méthode prédéfinie et trop stricte, et doit refuser le modèle de raisonnement des sciences dures. Certains chercheurs soulignent d'ailleurs que la géographie culturelle suppose une sorte de communion entre le chercheur et la population qu'il étudie, et que ceci passe par un abandon des modèles de raisonnement scientifiques occidentaux. Ils rejoignent ainsi, souvent sans l'expliciter, les approches postmodernes.

La géographie postmoderne

Au milieu des années 1980 émerge aux États-Unis un nouveau courant, qui domine rapidement la géographie de langue anglaise : la géographie postmoderne. Se référant principalement à des auteurs français (Foucault, Lyotard, Derrida, Lefebvre...), certains géographes remettent en cause le discours scientifique, et particulièrement sa prétention à être objectif et universel. Il ne serait en fait que le produit historiquement déterminé de la société occidentale, fondamentalement sexiste, homophobe, raciste, normative... Sa prétendue objectivité dissimule sa dimension oppressive, et son « universalité » lui permet d'imposer partout les normes qu'il véhicule. Pour les tenants de l'approche postmoderne, qui se détache de l'héritage des Lumières, on ne peut prétendre à produire un discours « vrai ». Tout discours est relatif à celui qui l'énonce, et mérite d'être déconstruit.

Ainsi, le géographe qui travaille sur tel pays du Tiers Monde reproduit, sans doute sans s'en rendre compte, l'idéologie coloniale. Prétendre expliquer la géographie d'un pays étranger à notre culture en fonction de *nos* valeurs académiques, de *nos* critères scientifiques, de *notre* conception de la raison..., n'est-ce pas se comporter, une fois de plus, en colon ? Une géographie postcoloniale viserait à éviter ce travers. On prend également conscience du caractère fondamentalement sexiste de la société, et l'on distingue le sexe (donnée biologique) du genre (construit socialement). En géographie, les *gender studies* se donnent pour objet les dimensions spatiales de la domination de « l'homme blanc hétérosexuel », et cherchent à fonder une nouvelle épistémologie, féministe, *gay* ou *queer*. Les minorités culturelles ou ethniques, qui ne pouvaient prendre la parole dans un débat scientifique où les normes sont celles de la culture occidentale doivent pouvoir s'exprimer selon leurs propres modalités au sein des *cultural studies*.

Les « grandes théories » (freudisme, marxisme, structuralisme) perdent toute pertinence, car aucune doctrine ne peut prétendre tout expliquer de l'extérieur. Le progrès lui-même est un terme qui n'a guère de sens que dans le cadre de notre culture occidentale. Le temps et l'histoire s'effacent ainsi au profit de l'espace et de la géographie. Les discours et les vérités diffèrent selon les locuteurs, selon les cultures et donc selon les lieux. Il n'existe pas de critères communs, transculturels qui permettent de juger de la validité comparée du savoir des sorciers Yanomami et de celui des médecins occidentaux.

L'approche postmoderne est aussi une réponse aux mutations que connaît le monde à la fin des années 1980. L'effondrement du bloc soviétique, l'émergence d'une nouvelle économie, pour une part dématérialisée et fondée sur le traitement de l'information, l'avènement du multiculturalisme et du métissage, la mondialisation, etc. ne rendent-ils pas obsolètes nombre d'outils, de méthodes ou de concepts géographiques ? Pour rendre compte de ces nouveaux objets géographiques que sont Los Angeles ou Las Vegas – lieux postmodernes par excellence –, une nouvelle approche est nécessaire.

Les géographes français n'ont guère été sensibles aux perspectives ouvertes par la géographie postmoderne anglo-américaine. Le rationalisme français s'accommode mal du relativisme absolu véhiculé par le discours postmoderne. On peut certes s'élever contre les discours postmodernes durs qui affirment que l'étude d'une communauté donnée ne peut être effectuée que par ceux ou celles qui en sont membres. Pourtant, il n'est pas impossible que les géographes français, qui sont majoritairement des « hommes blancs hétérosexuels », aient des réticences à opérer un *aggiornamento* qui remettrait en cause leurs positions. Il est certainement préjudiciable que la géographie française se soit aussi peu intéressée à la dimension spatiale des genres, dont l'importance est évidente. De même, les approches postcoloniales suscitent peu d'intérêt, alors que la société française n'est certainement pas la moins concernée par les critiques postcoloniales. Ce sont en fait les implications épistémologiques de la géographie postmoderne qui ont le plus retenu l'attention des géographes français : dans les années 1990 se multiplient des débats théoriques relatifs à la géographie et à la postmodernité.

Parallèlement, les réticences des géographes français, particulièrement de ceux qui adoptent une démarche culturelle, face aux approches postmodernes comportent une dimension épistémologique. La position postmoderne, en termes épistémologiques, peut s'analyser comme un dépassement, c'est-à-dire un prolongement, de la démarche critique propre aux géographes radicaux, que les géographes postmodernes appliquent à la démarche scientifique (et, particulièrement, géographique) elle-même. À tout dénoncer et déconstruire, la géographie postmoderne ne laisse pas grand-chose en place : le parti-pris critique lui-même n'en sort pas indemne. La géographie culturelle française est souvent rétive à cette vision profondément négative et relativiste. Si l'ethnogéographie, par exemple, aborde quelquefois les mêmes thèmes que la géographie postmoderne, c'est de manière plus positive, pour mettre l'accent sur les valeurs, les significations, les savoirs que les êtres humains appliquent aux lieux et aux espaces.

Que conclure de cette diversité des démarches au sein de la géographie ? Au-delà des débats d'écoles, un certain accord s'est établi sur plusieurs points, et la discipline, qui semblait en péril jusqu'aux années 1980, a gagné en solidité et en richesse.

L'abandon presque général de la géographie physique « pure » a ancré résolument la discipline au sein des sciences sociales, en affermissant pourtant sa légitimité à traiter des questions environnementales. Les débats épistémologiques et méthodologiques ont *in fine* consolidé la géographie, dont l'objet, les fondements, les principaux concepts et outils sont désormais explicités et soumis à une analyse critique. L'ouverture plus nette de la discipline sur la sociologie et l'économie, le recours à de nouvelles techniques, l'émergence de nouvelles approches en géographie, etc., ont élargi le champ des recherches. J. Lévy n'hésite pas à parler d'un « tournant géographique diffus ». Celui-ci serait double : d'une part, la géographie prend de nouvelles orientations ; d'autre part, les autres sciences sociales manifestent un intérêt nouveau pour la dimension spatiale, et, dans une moindre mesure, pour les travaux des géographes. Il est peut-être présomptueux de penser que c'est le renouvellement de la discipline géographique qui explique ce regain de curiosité pour les faits géographiques : la critique postmoderne ne manque d'ailleurs pas de lier la récente prégnance de ceux-ci à la « fin de l'histoire ».

Face à cette conjoncture favorable, la diversité des approches en géographie apparaît davantage comme une force que comme une faiblesse – tant est que les géographes eux-mêmes se réjouissent de cette pluralité et la mettent en valeur.

BIBLIOGRAPHIE

Cette bibliographie ne mentionne que les principaux articles et ouvrages relatifs à l'épistémologie et à l'histoire de la géographie, principalement française.

Bachelet B., *L'espace*, Paris, PUF, 1998.
Bailly A. et Ferras R., *Éléments d'épistémologie de la géographie*, Paris, A. Colin, 1997.
Bailly A. *et al.*, *Les concepts de la géographie humaine*, Paris, A. Colin, 1998.
Benko G., *La science régionale*, Paris, PUF, 1998.

Berdoulay V., *La formation de l'école française de géographie (1870-1914)*, Paris, CTHS, 1981.
Berdoulay V., *Des mots et des lieux. La dynamique du discours géographique*, Paris, Éditions du CNRS, 1988.
Berque A., *Médiance. De milieux en paysages*, Montpellier, RECLUS, 1990.
Berque A., *Les raisons du paysage. De la Chine antique aux environnements de synthèse*, Paris, Hazan, 1995.
Berque A., *Être humains sur la terre. Principes d'éthique de l'écoumène*, Paris, Gallimard, 1996.
Besse J.-M., « L'espace de l'âge classique, entre relativité et représentation », *L'espace géographique*, 1995, 4, p. 289-301.
Broc N., *La géographie des philosophes. Géographes et voyageurs français au XVIIe siècle*, Paris, Ophrys, 1975.
Broc N., *La géographie de la Renaissance*, Paris, CTHS, 1986.
Chivallon C., Ragouet P. et Samers P. (dir.), *Discours scientifiques et contextes culturels. Géographies françaises et britanniques à l'épreuve postmoderne*, Talence, MSHA, 1999.
Claval P. (dir.), *Autour de Vidal de la Blache. La formation de l'école française de géographie*, Paris, Éditions du CNRS, 1993.
Claval P., *L'histoire de la géographie*, Paris, PUF, 1995.
Claval P., *Histoire de la géographie française de 1870 à nos jours*, Paris, Nathan, 1998.
Dainville F. D., *La géographie des humanistes*, Paris, 1940.
Dardel É., *L'homme et la terre*, 1952, Paris, CTHS, 1990.
Le Débat, « Nouvelles géographies », n° 92, nov./déc., 1996, p. 42-125.
Espaces/Temps, « Penser/figurer. L'espace comme langage dans les sciences sociales », 1996, n° 62-63.
Espaces/Temps, « Histoire/géographie. 1 : l'arrangement ; 2 : les promesses du désordre », 1998, n° 66-67.
Géographie et cultures, 31, « La postmodernité », automne 1999.
Glacken T. J., *Traces on the Rhodian Shore. Nature and Culture in Western Thought from Ancient Times to the End of the Eighteenth Century*, Berkeley/Los Angeles/London, University of California Press, 1967.
Hérodote, « Les géographes, la science et l'illusion », n° 76, janvier-mars, 1996.
Knafou R. (dir.), *L'état de la géographie. Autoscopie d'une science*, Paris, Belin, 1997.
Lévy J., *Égogéographies. Matériaux pour une biographie cognitive*, Paris, L'Harmattan, 1995.
Lévy J., *Le Tournant géographique. Penser l'espace pour lire le monde*, Paris, Belin, 1999.
Marconis R., *Introduction à la géographie*, Paris, A. Colin, 1996.
Pinchemel Ph., Pinchemel G., *La face de la Terre*, Paris, A. Colin, 1988.
Pinchemel Ph., Robic M.-C., Tissier J.-L. (dir.), *Deux siècles de géographie française. Choix de textes*, Paris, CTHS, 1984.
Retaillé D., *Le monde du géographe*, Paris, Presses de Sciences Po, 1997.
Robic M.-C., « Tradition, courants et ruptures : pour une histoire de la géographie en tension », *in* C. Blanckaert *et al.* (dir.), *L'histoire des sciences de l'homme. Trajectoire, enjeux et questions vives*, Paris, L'Harmattan, 1999, p. 159-180.
Robic M.-C. *et al.*, *Les géographes français entre milieu et environnement. Pratiques et représentations du rapport homme/nature depuis la Renaissance*, Paris, Economica, 1992.
Robic M.-C., Briend A.-M., Rössler M. (dir.), *Géographes face au monde*, Paris, L'Harmattan, 1996.
Sanguin A.-L., « La géographie humaniste ou l'approche phénoménologique des lieux, des paysages et des espaces », *Ann. de Géog.*, 90, 1981, p. 560-587.
Sanguin A.-L., *Vidal de la Blache, un génie de la géographie*, Paris, Belin, 1993.
Soubeyran O., *Imaginaire, science et discipline*, Paris, L'Harmattan, 1997.
Staszak J.-F., *La géographie d'avant la géographie. Le climat chez Aristote et Hippocrate*, Paris, L'Harmattan, 1995.
Staszak J.-F. (dir.), *Les discours du géographe*, Paris, L'Harmattan, 1997.

3 – La science économique

PAR BERNARD WALLISER

De son origine, traditionnellement fixée à la « Richesse des Nations » (1776) d'Adam Smith, à sa forme moderne illustrée par l'équilibre général d'Arrow-Debreu, l'économie a peu à peu acquis son autonomie au sein des sciences sociales. Des auteurs aussi éclectiques que John Stuart Mill ou Vilfredo Pareto, bien qu'ayant fait œuvre autant d'économiste que de sociologue, en ont néanmoins exposé des visions différenciées dans des ouvrages distincts. Des institutions spécifiques d'enseignement et de recherche, gouvernant l'accès à la profession d'économiste, se sont progressivement mises en place, généralement à partir du Droit plutôt que des Humanités comme pour la sociologie. Un complexe de supériorité s'est même progressivement installé, résumé par l'adage selon lequel un bon économiste se réincarne en physicien alors qu'un mauvais économiste se réincarne en sociologue.

Cette autonomie s'appuie sur une unité profonde de la discipline, au-delà des écoles de pensée diversifiées qui ont animé son parcours, opposant l'orthodoxie néoclassique aux hétérodoxies marxiste ou keynésienne. Son champ est défini par les relations qu'entretiennent les agents économiques entre eux dans leurs activités de production, d'échange et de consommation de biens et de services de nature matérielle. Son ontologie est caractérisée par la recherche d'une coordination des actions des agents, fondées sur une rationalité particulièrement forte, par l'intermédiaire d'institutions dont le prototype est le marché. Son épistémologie est guidée simultanément par un empirisme grossier qui cherche à dégager des faits stylisés à partir des observations brutes, et par une abstraction formaliste qui veut suggérer des modèles explicatifs des phénomènes mis en évidence.

Au cours du dernier demi-siècle où sa prétention scientifique et technique s'affirme en référence constante aux sciences dures, en dépit de ses réfutations, l'économie s'autonomise plus encore au regard des autres sociales. Le travail de recherche intradisciplinaire connaît une mondialisation rapide, qui oblige les chercheurs à se spécialiser en sous-disciplines et gomme les spécificités nationales quant aux styles de recherche. La création du prix Nobel d'économie en 1969 consacre aux yeux d'une majorité d'économistes les efforts consentis pour doter la discipline d'une rigueur conceptuelle, d'une validité empirique et d'un intérêt opérationnel. Une tendance impérialiste continue à se manifester vis-à-vis de la sociologie, tant pour phagocyter certains phénomènes que celle-ci a mis en évidence que pour exporter vers elle les modèles économiques qui se sont imposés.

Cette autonomie s'accompagne cependant de manifestations évidentes d'ouverture de la part d'une discipline devenue sûre d'elle-même, et dont les hétérodoxies sont progressivement digérées par l'orthodoxie. Son champ s'élargit en traitant comme des biens susceptibles d'échanges aussi bien le travail que la monnaie, les droits de propriété que l'information, les rapports sexuels que les faveurs politiques. Son ontologie s'enrichit en étudiant des processus dynamiques entre des agents dont les raisonnements cognitivement limités deviennent plus explicites, et des institutions diversifiées qui se soutiennent les unes les autres. Son épistémologie s'assouplit par la construction de modèles idéaux légitimités par leur seul pouvoir explicatif et dont la validation empirique est très indirecte malgré le développement de l'économie expérimentale.

Par la suite, l'histoire ancienne de la discipline sera mise sous le boisseau au profit de son état contemporain, les économistes étant convaincus que toutes les idées passées ont été correctement internalisées dans les modèles présents. Une première partie examine la vision ontologique du champ économique, à savoir ses concepts de base et ses schémas primaires, en insistant sur leur généralité et leur souplesse toujours accrues. Une deuxième partie analyse le statut épistémologique des modèles économiques, à savoir leurs principes fondamentaux de construction et d'utilisation, en se focalisant sur leur caractère formel et idéal dûment revendiqué. Une troisième partie étudie les restructurations récentes de la science économique, à savoir les débats poursuivis en son sein et avec ses consœurs, en privilégiant les dimensions tant conceptuelles que méthodologiques.

La vision du champ économique

L'économie développe une vision du monde fort simple à partir de trois entités fondamentales, les agents, les institutions et le temps, bien que le traitement de chaque entité se soit profondément complexifié depuis cinquante ans. Brique élémentaire, l'agent économique, d'abord doté d'une rationalité optimisatrice particulièrement exigeante, a peu à peu vu sa rationalité limitée par des contraintes de recueil et de traitement de l'information. Instance de coordination, l'institution, longtemps cantonnée au seul marché qui oriente aveuglément des agents passifs, s'est progressivement diversifiée et est devenue transparente à des agents tissant des interactions stratégiques directes. Support des phénomènes, le temps, initialement implicite dans la notion fondamentale d'équilibre statique, s'est ensuite déployé sous la forme de processus dynamiques d'apprentissage et d'évolution des agents.

Les agents

La science économique est fondée sur un postulat d'individualisme méthodologique, qui affirme que tous les phénomènes sociaux sont réductibles à la conjonction des comportements d'agents individuels plongés dans un environnement matériel. C'est dire que l'on peut isoler des agents élémentaires parfaitement balisés, généralement considérés comme des centres de décision autonomes, et qui posent des actions en fonction des influences qu'ils subissent. C'est dire que l'on peut mettre en évidence des phénomènes sociaux, caractérisés par des structures stables liant des grandeurs collectives, elles-mêmes définies au niveau social ou à partir des grandeurs individuelles. C'est dire surtout que tout phénomène social peut être expliqué à partir des seules actions mises en œuvre par les agents de base placés en situation d'interaction mutuelle dans un environnement physique et technologique commun.

Bien entendu, ce postulat n'empêche pas de prendre en considération, du moins à titre provisoire, des entités collectives ou relationnelles non directement réductibles à des actions individuelles. Ainsi, des organisations comme les entreprises sont directement traitées comme des centres de décision, et leur comportement n'est réduit que dans un second temps aux actions des individus qui les composent. De même, les institutions sont des entités *a priori* qui médiatisent les rapports entre agents de base, et leur genèse n'est décrite qu'en seconde instance comme résultant de la combinaison d'actions individuelles. Enfin, des relations permanentes entre les agents peuvent être considérées comme établies antérieurement à leurs actions réciproques, leur formation originelle n'étant là encore traitée que de façon subsidiaire.

La science économique repose de plus sur un postulat de rationalité des agents, qui soutient que les actions des agents résultent d'une délibération interne, fondée exclusivement sur trois déterminants de choix supposés indépendants et stables. Les opportunités comprennent l'ensemble des actions possibles d'un agent entre lesquelles il va effectuer son choix, délimité par des contraintes reflétant aussi bien ses capacités physiques que des barrières légales. Les croyances traduisent les représentations que se fait un agent du monde extérieur, et qui fondent les prévisions des conséquences des actions conditionnelles aux autres agents ou encore aux institutions. Les préférences expriment les valeurs qui sont défendues par l'agent et permettent l'évaluation de ses actions, et sont le plus souvent résumées par une fonction d'utilité qui valorise les effets anticipés des actions.

Cependant, ce postulat n'interdit pas de considérer que les déterminants de choix sont influencés par l'histoire passée ou l'environnement social, pourvu qu'ils conservent leur rôle d'intermédiaires entre stimuli externes et réponses. Ainsi, les préférences des agents peuvent se voir modifiées par les actions passées qu'ils ont entreprises, qu'il s'agisse de sensibilisation à la musique ou d'accoutumance à la drogue, voire d'évolution des goûts. De même, les opportunités des agents sont modulées par des normes sociales qui restreignent les actions admissibles dans telle ou telle circonstance, même si elles peuvent être contournées à un certain coût. Surtout, les croyances sont constamment révisées sous l'influence d'informations spontanées ou sollicitées par l'agent, qu'elles résultent des média, de l'éducation ou de l'expérience personnelle.

Plus précisément, la rationalité d'un agent s'exprime par la combinaison qu'il réalise entre ses déterminants, considérés comme des états mentaux internes qui sont censés opérer sous une forme quasi causale en fait peu explicitée. La rationalité cognitive traduit l'adéquation que réalise l'agent entre les informations qu'il a recueillies sur son environnement et les croyances qu'il s'en forge, en particulier sous forme d'anticipations. La rationalité instrumentale traduit l'adéquation que réalise l'agent entre les moyens d'action dont il dispose et les objectifs qu'il poursuit, compte tenu de ses croyances sur l'environnement et sur lui-même. Ces deux formes de rationalité peuvent être considérées comme distinctes et considèrent l'agent respectivement comme un savant allant dans le sens de la vérité et comme un technologue allant dans le sens de l'efficacité.

Dans la tradition économique, l'agent est doté d'une rationalité forte qu'il met en œuvre selon un processus de délibération conscient ou qu'il exprime de façon inconsciente à travers ses actions. La rationalité cognitive forte consiste à former une prévision optimale de l'environnement, en s'appuyant sur les informations disponibles sur son histoire passée et sur des connaissances *a priori* sur sa structure. La rationalité instrumentale forte consiste à retenir une action optimale, résultant de la maximisation d'une fonction d'utilité synthétique sous une liste de contraintes, qui dépendent toutes deux de l'environnement anticipé. Par application conjointe de cette double rationalité, conséquentialiste et utilitariste, l'agent construit une fonction de comportement qui associe une réponse appropriée à tout état de l'environnement perçu.

Cependant, du moins lors d'un calcul conscient de son action optimale, l'agent se heurte à des contraintes sévères de traitement de l'information, qui le conduisent à mettre en œuvre une rationalité limitée (voir encadré). La rationalité cognitive limitée conduit l'agent à adopter des représentations incomplètes et même imparfaites de

Le paradoxe de la méta-optimisation

La théorie économique se lance comme défis des *paradoxes logiques*, qui mettent en évidence des contradictions internes à certains modèles, sous forme de circularités vicieuses ou de régressions à l'infini. Le paradoxe de la méta-optimisation développe une objection au critère de choix optimisateur, dès lors que sa mise en œuvre se fait à un niveau conscient et implique des coûts computationnels. Comme le choix optimal d'une action est à l'origine de coûts de calcul substantiels, l'acteur peut envisager de mettre en œuvre des procédures de choix simplifiées qui induisent des coûts réduits au prix d'une perte d'utilité. Mais le choix méta-optimal d'une telle procédure implique lui-même des coûts de calcul plus élevés encore, si l'arbitrage porte sur un grand nombre de procédures dont il faut apprécier le degré de sous-optimalité. L'acteur est dès lors engagé, s'il connaît les coûts de calcul associés aux diverses procédures envisageables, à une régression infinie sur les choix de procédures à des niveaux hiérarchisés d'optimisation. Il ne peut sortir d'une telle régression qu'en se fixant arbitrairement une procédure donnée à un niveau conventionnel et en résolvant le problème de façon récurrente en descendant dans les niveaux inférieurs.

son environnement, en particulier en ce qui concerne le comportement des autres agents. La rationalité instrumentale limitée conduit l'agent à se contenter d'actions qui lui permettent seulement d'améliorer localement son utilité, en particulier par dépassement de seuils d'aspiration sur des objectifs partiels. À la limite, la procédure se réduit à une règle de choix *a priori*, qui définit en court-circuit l'action retenue en fonction de la situation, qu'elle soit obtenue par inertie par rapport au passé ou par imitation au regard des autres.

La rationalité forte a l'avantage d'être définie de façon univoque, souvent à partir d'axiomes de rationalité dûment explicités, qui conditionnent les déterminants de choix sous-jacents du décideur. Critère fondamental de choix en incertitude, la maximisation de l'espérance d'utilité repose sur des probabilités subjectives affectées aux états de la nature et sur des utilités associées aux conséquences des actions et états. En revanche, la rationalité limitée est définie de façon plurielle, généralement à travers des règles de choix directement exprimées, et qui s'appuient sur des déterminants de choix définis par ailleurs. Toujours pour le choix en incertitude, un critère usuel s'appuie sur la fréquence passée observée des états de la nature et retient aléatoirement une action, sachant que sa probabilité est croissante avec son utilité espérée.

Les institutions

Les institutions sont des entités définies par leur rôle fonctionnel, qui est de favoriser la coordination entre les actions des agents, laquelle est spontanément sujette à divers types de « défaillances ». Elles visent à atténuer les conflits inhérents à des agents aux intérêts foncièrement divergents ou cherchent seulement à polariser les anticipations des agents relatives à leur environnement commun. Elles peuvent revêtir une forme purement conceptuelle et n'exister que par les représentations que s'en font les agents ou s'incarner sous une forme organique et apparaître dès lors comme des agents supplémentaires du système. Elles structurent à un niveau très général le rôle social affecté aux agents, les déterminants de choix qu'ils adoptent ou les procédures de décision qu'ils mettent en œuvre, ce qui confère à ces agents une « rationalité située ».

Une institution obéit usuellement à un schéma de fonctionnement centralisé, caractérisé par la boucle d'interaction établie avec chacun des agents, au détriment de toute relation bilatérale directe entre ces derniers. Elle émet des signaux institutionnels en direction des agents, qui interviennent comme paramètres dans leurs déterminants de choix, et auxquels ces agents réagissent de façon indépendante les uns des autres. Elle observe en retour les actions conditionnelles des agents, et ajuste les signaux institutionnels en conséquence, de façon à faire respecter des contraintes de coordination globale affectées au système. Les variables institutionnelles apparaissent ainsi comme des variables d'interface que les agents internalisent dans le même temps qu'ils les déterminent, bien qu'ils négligent souvent ce dernier effet dans leurs choix.

L'institution économique prototypique n'est autre que le marché, qui assure une fonction d'allocation des biens entre les agents, afin de rendre compatibles des offres et demandes *a priori* disparates. Il s'incarne dans un mécanisme concret de confrontation entre offre et demande, manifeste à la bourse ou à la criée, mais qui conserve un caractère plus abstrait dans le cas du « commissaire-priseur » cher à Walras. Il cantonne les agents dans des rôles de producteur et de consommateur, munis de préférences matérielles dans la quête d'un profit ou d'un besoin, mais aussi symboliques dans la recherche d'une image ou d'un statut. Quant à la rationalité des agents, elle est forte quand une entreprise vise à exploiter systématiquement toute possibilité de gain, mais demeure plus limitée quand elle adopte simplement un comportement de marge.

Le fonctionnement concurrentiel du marché ne résulte pas de contrats bilatéraux négociés entre les agents, mais d'un mécanisme centralisé symbolisé par une boucle d'interaction les reliant au commissaire-priseur. Les agents déterminent leurs offres et leurs demandes de biens en s'appuyant sur les prix annoncés par le commissaire-priseur, à l'exclusion de toute information sur le comportement des autres agents. Le commissaire-priseur fixe le prix des biens simultanément sur tous les marchés de façon à égaliser les offres et les demandes, en suivant des règles de tâtonnement purement abstraites. Les agents s'appuient ainsi sur les prix tout en les déterminant, bien qu'eux-mêmes négligent en fait leur influence individuelle sur les prix, une hypothèse justifiée lorsque leur grand nombre réduit leur pouvoir de marché à néant.

Cependant, la science économique a examiné le fonctionnement d'autres institutions parallèles au marché, toujours sous l'angle fonctionnel de leur contribution à l'allocation des biens entre agents hétérogènes. Les enchères donnent l'initiative à un côté du marché, tout en s'appuyant encore sur un signal-prix, mais s'adressent à un nombre réduit d'opérateurs qui peuvent essayer de deviner leurs intentions respectives. La planification règle les échanges de biens par voie hiérarchique, en pouvant se passer de l'intermédiaire des prix, et constitue d'ailleurs le mode institutionnel dominant au sein de toute entreprise productive. Le vote peut lui-même être mobilisé comme une institution distributive des biens, quoique plus difficile à mettre en œuvre concrètement et plus sensible à des possibilités diverses de manipulation stratégique par les acteurs.

Surtout, la science économique a examiné le rôle d'institutions qui viennent en soutien du marché, et forment un ensemble enchevêtré d'institutions qui se renforcent et se complètent les unes les autres. La monnaie a pour fonction de fluidifier les échanges en définissant une unité de compte commune, même si son usage universel repose sur un phénomène complexe de crédibilité de la valeur qu'elle représente. Les droits liés à la propriété des biens ou au respect des contrats garantissent l'existence d'un socle juridique, indispensable pour permettre aux transactions de se dérouler selon des règles du jeu stables et partagées. La confiance est elle-même un ingrédient incontournable des accords établis entre les agents, pour pallier tout comportement opportuniste susceptible de se manifester dans l'application de contrats forcément incomplets.

Plus profondément, si l'institution n'est plus opaque aux agents qui connaissent son mode de fonctionnement, ceux-ci peuvent relier les variables institutionnelles observées aux actions conjointes de tous. En simulant mentalement le fonctionnement de l'institution, les agents déterminent alors leurs actions directement en fonction de l'action des autres, dans un face-à-face qui introduit une dimension résolument stratégique. Ces interactions stratégiques sont étudiées par la théorie des jeux, qui considère des joueurs rationnels munis de déterminants très généraux, et qui ambitionne de servir de matrice à l'ensemble des interactions sociales. Elle a déjà acquis une position dominante dans la théorie économique, qui est réinterprétée comme un immense jeu portant sur les transactions effectuées par des joueurs identifiés comme producteurs ou consommateurs.

Dans un jeu, les rapports entre les joueurs sont encore définis par des boucles d'interaction, mais ils opèrent à présent directement de manière bilatérale ou multilatérale sans entité susceptible de les médiatiser. Chaque joueur est toujours doté d'une rationalité instrumentale, optimisatrice ou plus limitée, dans la détermination de son action, définie conditionnellement à l'action anticipée de son adversaire. En revanche, la rationalité cognitive du joueur peut le conduire, pour anticiper l'action de l'autre, à former une croyance sur ses déterminants de choix et sur sa forme de rationalité, en particulier sur ses croyances. Les joueurs se trouvent alors engagés dans un système de croyances croisées à niveaux successifs sur leurs caractéristiques respectives, hiérarchie qui peut se poursuivre jusqu'à l'infini ou être bornée à un niveau fini.

Le temps

La théorie économique repose sur la notion d'équilibre entre agents, conçue à l'instar de la mécanique comme un état stationnaire du système en l'absence de perturbations de l'environnement exogène. Un équilibre concurrentiel, qui correspond à un point fixe de la boucle reliant les agents à l'institution-marché, est résumé par un système de prix qui égalise les offres et les demandes des agents exprimées à ces prix. Un premier problème résulte de ce que l'équilibre est censé être réalisé par le commissaire-priseur, sans qu'un processus concret d'atteinte de l'équilibre ne soit exhibé pour matérialiser cette entité fictive. Un second problème provient de la multiplicité des équilibres, fréquemment mise en évidence par le modélisateur, sans qu'un processus concret de sélection d'un équilibre ne soit là encore spécifié au nom des agents.

La théorie des jeux repose sur une notion analogue d'équilibre entre joueurs, qui se diversifie en variantes plus ou moins fortes pour tenir compte des niveaux d'information et de rationalité des joueurs. Un équilibre de Nash correspond à un point fixe de la boucle reliant les joueurs entre eux, et s'exprime par un profil d'actions tel que l'action d'un joueur soit la meilleure réponse à celle des autres. Là encore, cet équilibre ne peut être calculé et suggéré que par une entité fictive, le régulateur de Nash, sauf si les joueurs sont capables par leurs seuls raisonnements de le simuler mentalement pour se placer à l'équilibre. Cet équilibre présente également une multiplicité discrète, voire continue, qu'il est nécessaire de lever, sauf si les joueurs sont capables de se coordonner sur l'un d'entre eux en s'appuyant sur des conventions partagées.

La notion d'équilibre écarte toute idée de fonctionnalisme, car elle ne fait que privilégier un état stable, au sens où aucun acteur n'a intérêt à en dévier unilatéralement pour améliorer sa situation. Elle se distingue clairement de la notion d'optimum de Pareto, à savoir un état socialement satisfaisant, au sens où aucun autre état réalisable ne permet à un acteur d'améliorer sa situation sans diminuer celle d'un autre. En théorie économique, il se trouve qu'un équilibre concurrentiel coïncide avec un optimum de Pareto, mais ce résultat disparaît dès lors qu'apparaissent des défaillances du marché préalablement « pur et parfait ». En théorie des jeux, un équilibre de Nash n'a aucune raison d'être un optimum de Pareto et peut être socialement indésirable, comme l'illustre fort bien le (trop) célèbre dilemme du prisonnier (voir encadré).

Le dilemme du prisonnier

La théorie économique se trouve confrontée à des *paradoxes conceptuels*, qui mettent en évidence des conséquences contre-intuitives de certains modèles, en particulier des résultats d'impossibilité dérivés d'hypothèses « raisonnables ». Le dilemme du prisonnier considère deux individus qui, ayant commis ensemble un forfait, sont interrogés séparément et simultanément, leurs réponses ayant des implications liées à un système judiciaire spécifique. Si les deux avouent, ils encourent une peine moyenne et si les deux nient, ils obtiennent une peine légère ; mais si l'un avoue et non l'autre, le premier est libéré alors que le second subit une peine lourde. L'équilibre de Nash consiste pour chaque prisonnier à avouer, cette action étant même dominante au sens où chaque prisonnier a intérêt à agir ainsi, quelle que soit l'action de l'autre. L'optimum de Pareto (symétrique) consiste en revanche pour les deux prisonniers à nier, car ils se retrouvent alors tous deux dans un état meilleur que s'ils avaient avoué leur forfait. Le dilemme met en relief le problème de la coopération entre joueurs, qui naît d'une contradiction entre intérêt individuel et intérêt collectif, dès lors que les joueurs ont un comportement rationnel porteur d'opportunisme. Il peut être résolu par une répétition indéfinie du jeu, l'issue collectivement optimale étant soutenue par des menaces croisées de cesser définitivement de coopérer si l'autre fait défection une fois.

La notion d'équilibre a d'abord été définie dans un cadre statique, mais elle peut être étendue sans mal à une situation dynamique, du moins si les agents ont une claire conscience de leurs déterminants de choix futurs. Toutefois, elle suppose que toutes les décisions sont prises par les acteurs à l'instant initial, et qu'elles sont ensuite mises en œuvre fidèlement dans le futur, en l'absence de « surprises » dues à des événements non anticipés. L'équilibre dynamique repose sur une procédure de « rétroduction », qui veut que chaque acteur prenne à tout moment sa meilleure décision, compte tenu des décisions optimales de tous les acteurs sur les périodes ultérieures. Cette procédure peut même s'appliquer à un acteur unique, si celui-ci est susceptible de revêtir des « egos » successifs, caractérisés par des déterminants de choix qui évoluent dans le temps.

Pour pallier les limites inhérentes à la notion d'équilibre, la théorie économique considère, à l'instar de la théorie des jeux, des processus dynamiques mettant en scène des interactions successives entre acteurs dotés de rationalité limitée. Ils rendent compte de la trajectoire suivie par le système, ponctuée d'irréversibilités et d'incertitudes radicales, et de son éventuelle convergence vers un équilibre asymptotique dépendant du contexte et de l'histoire. Ils permettent de s'affranchir de toute entité extérieure régulatrice puisque les décisions des acteurs sont prises de période en période en fonction des observations qu'ils réalisent dans le passé. Ils résolvent aussi le problème de la multiplicité des équilibres puisque la trajectoire du système est parfaitement déterminée par les conditions initiales et les facteurs exogènes instantanés.

Les processus d'apprentissage sont individualisés pour chaque acteur, et se distinguent entre eux par la considération d'un champ d'observation et d'un degré de rationalité de l'acteur progressivement affaiblis. L'apprentissage épistémique suppose que l'acteur révise ses croyances sur le comportement des autres après observation de leurs actions passées et détermine optimalement sa propre action présente en conséquence. L'apprentissage comportemental suppose que l'acteur enregistre les résultats agrégés obtenus dans le passé avec chacune de ses actions dans le but de renforcer les plus profitables et d'inhiber les plus nuisibles. Dans les deux cas, parallèlement à l'expérimentation passive résultant du déroulement spontané du jeu, l'acteur peut procéder à une expérimentation active en déplaçant volontairement son action pour en tester les effets.

Les processus d'évolution considèrent des interactions entre sous-populations d'agents appliquant une même stratégie, et adoptent une vision grossièrement lamarckienne de la mutation et de la sélection des agents. Les acteurs de différentes sous-populations se rencontrent plus ou moins aléatoirement à chaque période, chaque acteur ayant plus de chances de rencontrer un acteur voisin au sein d'un réseau d'interactions. Les acteurs se reproduisent en fonction croissante de l'utilité qu'ils ont obtenue, assimilée à la « valeur adaptative » en biologie, bien que le processus concret de reproduction sous-jacent ne soit pas décrit. De plus, de nouveaux acteurs apparaissent dans la population, obtenus par mutation à partir des caractéristiques d'acteurs déjà existants ou encore par combinaison de caractéristiques d'acteurs anciens.

Les deux types de processus mobilisent des échelles temporelles emboîtées, relatives à des grandeurs qui s'adaptent plus ou moins rapidement, et conduisent à des équilibres eux-mêmes emboîtés. Ainsi, le court terme correspond au régime transitoire du processus, le moyen terme à sa convergence éventuelle vers un équilibre asymptotique, le long terme au possible déplacement d'un équilibre à un autre du fait des perturbations aléatoires. À titre d'illustration, une institution peut être assimilée à un équilibre suggérant aux acteurs des modes de comportement, que chacun a intérêt à respecter si les autres les respectent. Une telle institution émerge à court terme comme une régularité dans les micro-comportements des agents, se transforme à moyen terme en une entité isolable reconnue comme telle par les agents et peut être remise en cause à long terme par une évolution de l'environnement.

Le statut des modèles économiques

L'économie a façonné les modèles, qui constituent sa principale forme d'expression, en référence à ceux des sciences physiques, même si la complexité du champ économique leur confère des caractéristiques spécifiques. Concernée par leur formalisme, la syntaxe a d'emblée circonscrit tout modèle à un système rigide d'équations, avant de conduire à des réseaux de modèles de niveau, de profondeur et de spécification variables. Relative à leur validation, la sémantique a d'abord recherché un test direct des modèles au regard des faits, avant de glisser vers la notion de modèle idéal qui n'est confronté à l'empirie que de façon indirecte. Liée à leur opérationnalité, la pragmatique a cherché à définir les bons leviers de commande sur le système modélisé, avant de se cantonner à proposer aux décideurs des éléments d'argumentation pour leur choix.

La formalisation

Un modèle économique est d'abord doté d'un rôle figuratif de représentation publique d'un phénomène dans un langage formel, cristallisant des représentations mentales énoncées en langage littéraire. Le formalisme autorise une finesse de résolution des concepts, qu'ils traduisent des entités (acteur), des propriétés (utilité) ou des états (équilibre), en limitant leurs connotations multiples et souvent ambiguës. Le formalisme permet une exactitude de caractérisation des relations, qu'elles traduisent des contraintes (production), des comportements (demande) ou des processus (équilibration), en discriminant l'apport des facteurs multiples d'un effet. Un modèle formel devient une représentation isolable de son contexte, séparable de son concepteur et communicable à d'autres économistes, dans la perspective d'un débat collectif sur ses assertions.

Le langage formel utilisé est essentiellement un système d'équations analytiques entre plusieurs variables, incorporant des opérateurs plus spécifiques (maximisation) et des perturbations stochastiques (« aléas »). S'il a fait ses preuves dans les sciences de la nature, il n'est pas forcément le mieux adapté aux sciences sociales, où se développent à présent des formalismes plus ancrés dans la logique (logique épistémique). Ce langage permet cependant l'introduction de niveaux de spécification de plus en plus faibles, obtenus en n'asservissant les relations qu'à des propriétés générales ou en laissant libres certains de leurs paramètres. Il autorise une certaine souplesse dans l'adaptation du formalisme aux phénomènes représentés, pour n'en retenir que les traits les plus saillants et les plus universels aux dépens de caractéristiques par trop précises et locales.

Un modèle économique assume parallèlement un rôle démonstratif de dérivation des conséquences formelles des hypothèses dûment posées, indépendamment du contenu sémantique des énoncés qu'il avance. Le formalisme permet d'assurer une cohérence du raisonnement, en le contrôlant en permanence par des garde-fous logico-mathématiques, qui limitent les erreurs de calcul et démontent les faux arguments. Le formalisme permet de mener à leur terme des calculs complexes en combinant des hypothèses multiples jusqu'à leurs conséquences ultimes, qui sont associées à des phénomènes originaux et parfois imprévus. Un modèle formel devient un outil autonome et plurifonctionnel, doté d'une vie propre quant aux manipulations qu'il permet, et exploitable par des chercheurs différents pour en épuiser les propriétés.

Le jeu formel ainsi effectué a essentiellement pour but de dégager des conditions suffisantes sinon nécessaires d'apparition d'un phénomène, et de cerner peu à peu son domaine de validité logique. Il conduit en particulier à construire des axiomatiques, qui s'appuient sur des postulats particulièrement simples et puissants pour enraciner des concepts naïvement introduits (fonction d'utilité). Ce jeu formel a cependant des limites liées à l'impossibilité de calcul analytique des conséquences d'un modèle trop complexe et générique, ainsi d'un équilibre sophistiqué ou d'un processus d'apprentissage enchevêtré. Il est alors fait appel de plus en plus à la technique de simulation, qui calcule les conséquences de versions plus spécifiques du modèle, dans le but de baliser par tâtonnement l'espace des phénomènes qu'il autorise.

Par combinaison de son rôle figuratif et de son rôle démonstratif, un modèle économique joue un rôle explicatif en dérivant une loi empirique de principes théoriques plus profonds et de conditions empiriques auxiliaires. L'explication permet de réaliser une économie de pensée en ordonnant nombre de phénomènes déjà repérés à partir d'un nombre réduit de postulats théoriques appliqués dans des contextes diversifiés. L'explication active également une faculté de découverte en suggérant des phénomènes nouveaux lorsque les mêmes postulats théoriques sont appliqués à des contextes encore inexplorés. Elle reste cependant purement formelle en ne préjugeant ni de la nature des facteurs explicatifs qui sont mobilisés, ni de l'homogénéité des niveaux de réalité qui sont articulés, et se doit d'être suppléée par des « mécanismes » dynamiques de nature causale.

Le mécanisme explicatif intervient en micro-économie pour justifier les actions observées d'un acteur à partir de ses déterminants de choix et du principe de rationalité, qui joue le rôle d'une loi fondamentale en physique. Les états mentaux de l'acteur agissent comme des causes objectives bien que non physiques qui justifient son comportement, et le principe de rationalité est vu comme un principe régulateur posé *a priori* plutôt qu'à base empirique. Le mécanisme explicatif intervient en macroéconomie pour rendre compte des phénomènes sociaux globaux à partir des seules actions individuelles d'acteurs assujettis à divers modes de coordination. Les actions apparaissent comme des causes matérielles ou informationnelles qui justifient tout état macroéconomique, et les modes de coordination sont des principes intégrateurs essentiellement empiriques.

En utilisant le mécanisme de l'explication à divers niveaux, il est possible de construire, par un processus de généralisation, un réseau arborescent de modèles ordonné selon deux dimensions indépendantes. Horizontalement, l'opération d'enracinement conduit à rendre compte de régularités empiriques à partir de postulats plus fondamentaux, ainsi des diverses explications proposées aux cycles économiques. Verticalement, l'opération d'affaiblissement consiste à adopter des formulations plus génériques et englobantes d'un processus, ainsi des extensions successives du modèle de maximisation de l'espérance d'utilité. Bien entendu, ce réseau est progressivement construit aussi bien vers l'amont à partir des données factuelles que vers l'aval à partir de principes *a priori*, et même à partir de zones médianes pour résoudre des contradictions qui se font jour.

L'apparition de nouveaux formalismes joue un rôle considérable dans le développement du réseau, dans la mesure où ils autorisent la prise en compte de phénomènes plus riches aux conséquences plus originales. C'est ainsi que les systèmes dynamiques non linéaires, en couplant les propriétés de non-linéarité et de séquentialité, ouvrent la possibilité de bifurcation des trajectoires en fonction du contexte et de l'histoire. La conceptualisation de paradoxes non triviaux joue un rôle moteur dans la mise en cohérence du réseau, qu'il s'agisse de paradoxes de nature logique (régressions à l'infini) ou conceptuelle (théorèmes d'impossibilité). C'est ainsi que le paradoxe de Condorcet, illustrant la difficulté d'agréger des préférences individuelles en une préférence collective, a donné naissance au théorème d'impossibilité d'Arrow et à ses prolongements.

La validation

La science économique est dotée d'une base empirique d'autant plus riche que de nombreuses grandeurs – quantités de biens échangés, prix des biens, revenus – se prêtent naturellement à des mesures de nature quantitative. Les données historiques résultent du développement spontané de systèmes économiques évoluant dans des contextes et avec des institutions variés, et se déclinent en séries longues et en comparaisons internationales. Les données expérimentales résultent d'une expérimentation réalisée en laboratoire sur de petits groupes dans des conditions artificielles, et sont répétables si les facteurs sont vraiment isolables et manipulables. Les données historiques concernant les indicateurs de base sont ensuite agrégées en indicateurs composites, en particulier macroéconomiques concernant le taux de chômage, le revenu national ou la masse monétaire.

Les données brutes s'avèrent déjà « imprégnées de théorie » si les indicateurs considérés sont le fruit d'une construction théorique, et induisent un risque de circularité si elles servent à tester la théorie. Cependant, la mesure effectuée fournit un verdict impartial de la nature, sauf si l'observateur lui-même biaise (volontairement ou non) la lecture des résultats obtenus pour aller dans le sens de la théorie. Les données brutes font l'objet d'un traitement préalable pour donner naissance à des « faits stylisés », qui conservent une forme qualitative tout en résumant nombre de phénomènes quantitatifs et structurels. Ils concernent aussi bien l'existence de phénomènes massifs (chômage), des tendances lourdes d'évolution (progrès technique) ou encore des corrélations évidentes entre grandeurs (masse monétaire et niveau des prix), ces dernières prenant force de lois empiriques.

La confrontation entre théorie et empirie peut être effectuée selon deux démarches partant soit d'un pôle, soit de l'autre, et se rencontrant en un point lui-même plus proche de l'un que de l'autre. La démarche inductive consiste à dégager des observations préalablement résumées en faits stylisés des mécanismes susceptibles d'en rendre compte, en s'appuyant sur des « connaissances théoriques d'arrière-plan ». La démarche projective consiste à dériver d'une théorie des conséquences testables (relations analytiques où ne figurent plus que des concepts observationnels) et à tester celles-ci au regard des faits stylisés. En pratique, la démarche est mixte ou séquentielle, en particulier dans l'induction statistique, où un modèle est doté d'une structure proposée par la théorie et voit ses paramètres ajustés aux faits observés.

Si la démarche inductive ne peut que confirmer la théorie suggérée et s'avère trop permissive, la démarche projective conduit dans la plupart des cas à réfuter la théorie postulée et s'avère trop sévère. De plus, la réfutation se révèle inopérante pour les nombreux modèles économiques stochastiques, qui ne sauraient contredire les faits, sauf à définir conventionnellement des critères statistiques de rejet. Lorsqu'une théorie est réfutée, se pose la difficile question de la remise en cause des hypothèses défaillantes (problème de Duhem-Quine), qui ouvre la voie à diverses stratégies immunisatrices de la théorie. En pratique, les hypothèses sont hiérarchisées de façon plutôt consensuelle par les économistes, les hypothèses les moins « enracinées » étant prioritairement remises en cause jusqu'à restaurer la compatibilité avec les faits empiriques.

La notion de modèle idéal renvoie dès lors à une représentation d'un système qui n'est vraie que sous certains aspects et dans certaines limites, mais qui constitue une approximation suffisante pour divers usages. Du point de vue figuratif, le modèle pose ses hypothèses en procédant à une isolation partielle du système de ses influences externes et à une stylisation drastique de ses caractéristiques internes. Du point de vue démonstratif, le modèle relie hypothèses et conséquences à travers un schéma contrefactuel, à savoir une proposition « si...., alors.... » dans laquelle l'antécédent est en violation reconnue avec la réalité. La science économique utilise des modèles de divers degrés d'idéalité, selon qu'elle simplifie la forme des relations, néglige des variables secondaires, voire réduit des dimensions essentielles (deux acteurs, deux périodes).

Par construction, un modèle idéal est délibérément faux quant à ses hypothèses, sa seule légitimité pouvant venir de sa robustesse, à savoir que des hypothèses approchées conduisent à des conclusions elles-mêmes approchées. Ainsi, le modèle d'équilibre concurrentiel s'avère plus réaliste en ce qui concerne le marché financier que celui de l'automobile ou celui du travail, et est plutôt robuste à une remise en cause de ses hypothèses. Un modèle idéal vise moins à décrire la réalité empirique des phénomènes que leur possibilité théorique, en exhibant des conditions potentiellement réalisables susceptibles de justifier leur apparition. Ainsi, le modèle d'équilibre concurrentiel cherche à montrer que, contrairement à l'intuition immédiate, une coordination des offres et des demandes disparates des agents par le seul mécanisme des prix est réalisable.

Un réseau de modèles plus ou moins idéaux est produit par les économistes au sein de programmes de recherche qui indiquent aussi bien les contenus à renforcer, les méthodes à suivre que les thèmes à privilégier. En régime de croisière, les modèles sont développés par un long travail de fourmi qui cherche à mettre en exergue leur originalité conceptuelle et leur fécondité théorique plus que leur réalisme empirique. De temps à autre se produit une microrévolution portée par une problématique nouvelle initiée par un article fondateur, voire une macrorévolution née de la rupture conceptuelle imposée par un maître à penser. Ce qui caractérise alors la science économique du fait de son idéalité, c'est la coexistence de paradigmes concurrents, qui peuvent éventuellement entrer dans des phases de sommeil avant de renaître sous des formes renouvelées.

L'utilisation d'analogies en provenance d'autres disciplines est une source continuelle d'inspiration dans le contexte de la découverte, même si elles doivent être épurées et approfondies dans le contexte de la preuve. Si les idées d'optimisation et d'équilibre viennent de la mécanique, celles de régulation ou de sélection de la biologie, les idées d'exploration et de cognition distribuée viennent plus récemment des sciences cognitives. La mise en évidence de paradoxes empiriques, reflétant une contradiction manifeste entre théorie et observation historique ou expérimentale, peut elle-même jouer un rôle catalyseur dans l'évolution des idées (voir encadré). C'est ainsi que le paradoxe de Leontief, qui montre que la loi des avantages comparatifs entre pays est violée pour les États-Unis, a été le point de départ d'une vision plus dynamique des échanges internationaux.

Le paradoxe d'Allais

La théorie économique est aiguillonnée par des *paradoxes empiriques*, qui mettent en évidence des divergences systématiques entre théorie et empirie, en particulier lors de tests de théories menés en laboratoire. Le paradoxe d'Allais est apparu lors d'expériences portant sur des choix individuels entre des loteries, une loterie procurant par définition un éventail de gains monétaires conditionnels à des états de la nature probabilisables. De choix successifs effectués par des agents au sein de couples de loteries appareillés de façon adéquate, on peut conclure que la plupart des décideurs ne s'appuient pas sur un critère de maximisation de l'espérance d'utilité. Si l'on remonte à l'axiomatique traditionnelle qui fonde ce critère, le problème de Duhem-Quine affirme qu'il est impossible, sur des bases purement logiques, de discriminer l'axiome de choix qu'il faut mettre en cause. Cependant, dans ce cas particulier, on peut montrer que l'axiome violé est l'axiome d'indépendance, qui postule que si une loterie est préférée à une autre, l'ordre subsiste si chacune est combinée à une même troisième. Le paradoxe est alors levé en déterminant le critère qui obéit à l'axiomatique initiale amendée par un axiome d'indépendance affaibli, ce nouveau critère englobant l'ancien comme cas particulier.

L'opérationnalisation

La science économique a d'emblée associé à la volonté de compréhension du système économique la possibilité d'intervention sur ce système, en distinguant deux catégories de facteurs susceptibles de l'orienter. Les variables d'environnement correspondent à des facteurs non contrôlés par des centres de décision identifiés et qui influencent le système sans subir d'effet en retour (conditions météorologiques, progrès technique). Les variables de commande correspondent à des actions mises en œuvre par des décideurs de façon volontariste et qui transforment le système à divers degrés de profondeur (mesures fiscales, investissements lourds). Les modèles ont dès lors pour rôle de prévoir les effets conjugués de ces deux facteurs sur les comportements et l'état économique global, mesurés par rapport à une situation de référence conventionnelle (situation « au fil de l'eau »).

Une première difficulté provient de la sensibilité et de la fragilité des modèles économiques et des prévisions qui s'y appuient, liées tant à la complexité qu'à l'instabilité inhérentes aux systèmes économiques. Ainsi, la prévision du prix futur du pétrole repose sur des estimations des conditions futures de l'offre et de la demande, mais aussi sur l'anticipation de facteurs sociopolitiques (« risque-pays ») plus conjoncturels. Une seconde difficulté vient du caractère possiblement autoréalisateur, non seulement des anticipations affichées par le prévisionniste, mais aussi bien des théories diffusées par le modélisateur. Ainsi, si les agents anticipent une pénurie de sucre, ils peuvent provoquer par leurs achats l'apparition d'une pénurie de sucre, et s'ils croient que les prix sont corrélés avec les tâches solaires, ils peuvent effectivement créer une telle dépendance.

La science économique a, de façon plus ambitieuse encore, incorporé dans son corpus économique des normes formalisées d'évaluation sociale, qui se distinguent par leur respect ou non des préférences individuelles. Les normes welfaristes s'appuient exclusivement sur les évaluations individuelles de la situation sociale, sans procéder à une comparaison interpersonnelle (critère de Pareto) ou en agrégeant leurs préférences (utilité collective). Les normes tutélaires expriment des préférences collectives directement en fonction des caractéristiques de la situation sociale, qui peuvent ainsi aller à l'encontre des préférences des agents, supposément dans leur intérêt bien compris. Ces normes sont appliquées aux effets combinés des variables d'environnement et de commande, et permettent d'évaluer si une transformation du système économique est socialement souhaitable.

Une première difficulté est liée à l'identification des préférences d'un éventuel décideur collectif, dans la mesure où elles sont multiples et changeantes, et restent non explicitées de façon plus ou moins volontaire. Si un décideur public welfariste voit l'utilité collective d'un projet résumée dans un « surplus microéconomique », il est plus délicat de révéler l'arbitrage tutélaire qu'il réalise entre divers objectifs macroéconomiques comme le chômage et l'inflation. Une seconde difficulté résulte du statut accordé au décideur collectif dans la théorie, en l'occurrence une entité omnisciente et omnipotente non identifiée qui évalue le système du point de vue de Sirius. La politique monétaire n'est pas décidée par des autorités qui fixent librement la masse monétaire en surplomb du système, mais elle résulte d'un jeu entre ces autorités et les agents concernés, dès lors placés sur un pied d'égalité.

À l'instar de l'ingénierie ou de la médecine qui dérivent des techniques opératoires de la physique ou de la biologie, l'expertise économique s'efforce de traduire les acquis de la science économique en études d'aide à la décision. D'une part, elle procède à des prévisions locales ou globales, qu'il s'agisse d'une projection centrale traduisant l'avenir moyen d'un système ou de variantes exprimant l'impact de tel ou tel facteur variable. D'autre part, elle fournit des évaluations partielles ou agrégées, qu'il s'agisse d'un diagnostic sur une situation existante ou potentielle, ou d'un jugement sur les moyens susceptibles de lui porter remède. Mais la profession d'économiste appliqué demeure peu structurée, quant aux règles de l'art qui encadrent le travail des experts ou aux actes économiques qui sont l'objet des contrats avec les décideurs.

L'expert joue un rôle arbitral quand il se place en médiateur entre les multiples décideurs, en proposant des actions de compromis auxquels ceux-ci sont tenus de réagir pour les endosser ou les contester. Ainsi, dans les pays anglo-saxons, des agences de régulation du système énergétique ou de celui des transports ont été créées *ex nihilo,* et fournissent des diagnostics incontestés et des recommandations très suivies. L'expert joue un rôle partisan quand il se place au service d'un décideur bien identifié, en lui suggérant des actions conditionnelles à celles suggérées par leurs confrères aux autres décideurs. Ainsi, le choix d'un moyen de transport peut donner lieu à des études concurrentes qui aboutissent tout naturellement à des conclusions différentes, mais qui conduisent surtout à une discussion sur les hypothèses nécessairement différentes qui les fondent.

En pratique, les modèles économiques jouent essentiellement un rôle culturel en suggérant aux agents un cadre de référence commun qui leur permet d'enclencher un processus d'apprentissage collectif. Ils diffusent des concepts spécialisés (externalités, hasard moral) qui forment l'ossature d'un langage économique qui se durcit, et favorisent la communication entre agents concernés par un même problème. Ils fournissent des schémas types (effet multiplicateur, contrat incitatif) qui constituent la base d'une vision du monde collectivement partagée et structurent la négociation entre parties prenantes d'une même décision. Cet effet culturel est d'autant plus prégnant que les modèles économiques connaissent une diffusion internationale, par des processus de sensibilisation et de vulgarisation menés à travers l'enseignement et les médias.

Les modèles économiques assurent une rupture avec le sens commun en développant la capacité d'expertise de chaque agent liée à son expérience, bien que certains messages véhiculés ne dépassent pas le stade du bon sens formalisé. Ainsi, la conception d'un prix « normal » d'un bien, dépendant du seul coût de production, cède le pas à celle d'un prix issu d'un équilibre, même si la confrontation offre-demande n'est pas toujours très transparente. Les modèles économiques favorisent une prise de distance avec l'idéologie, en mettant l'accent sur les aspects techniques et comptables des problèmes, bien que leur prégnance peut faire retomber dans la pensée unique. Ainsi, la perception de la spéculation financière comme une activité moralement condamnable cède le pas à une vision régulatrice de la finance, même si la sphère financière reste le lieu de fortes instabilités.

Le développement de la science économique

L'économie a connu une évolution accélérée au cours du dernier demi-siècle, par une confrontation constante d'idées d'origine aussi bien interne qu'externe, qui modifient progressivement la structure et la frontière de son territoire. Les débats conceptuels qui traversent la discipline ont perdu de leur acuité, dans la mesure où l'orthodoxie a assoupli ses grands principes tandis que les hétérodoxies ont connu une « normalisation » partielle. Les controverses épistémologiques qui agitent les économistes se sont assoupies, du fait d'un jugement d'inadéquation porté sur l'épistémologie externe et d'un diagnostic d'inefficacité adressé à l'épistémologie interne. Le dialogue avec les autres sciences sociales s'est affirmé, aussi bien par importation et surtout exportation d'idées directrices, que par échange de méthodes d'analyse et d'interprétation des faits.

Les courants de recherches

Dans les années 1950, trois programmes de recherches majeurs se distinguent par leur vision d'ensemble tant du comportement des agents que du fonctionnement des marchés. L'orthodoxie néoclassique affirme que les offres et les demandes des agents parfaitement informés s'équilibrent par les seuls prix sur un système complet de marchés concurrentiels, où la monnaie est absente. L'hétérodoxie keynésienne soutient que les transactions entre agents, soumis à une incertitude radicale sur leur environnement, conduisent du fait d'une viscosité des prix à des déséquilibres durables, à l'instar du chômage. L'hétérodoxie marxienne met l'accent sur les phénomènes d'exploitation des travailleurs par les détenteurs du capital, le travail incorporé dans la production constituant le fondement ultime de la valeur accordée aux biens.

Ces trois programmes de recherches se matérialisent dans des modèles sensiblement différents dans leur forme, et conduisent à des recommandations de politique économique souvent contradictoires. Le premier donne naissance à la microéconomie, caractérisée par des modèles explicatifs formalisés, et préconise une absence d'intervention sur le système économique sinon pour établir la concurrence. Le second est au fondement de la macroéconomie, symbolisée par des modèles de simulation analytiques, et met en avant l'impact que peut avoir une politique d'investissement public, ou une politique monétaire. Le troisième, plus pluridisciplinaire, s'exprime sous une forme essentiellement littéraire et préconise une lutte des agents regroupés en classes pour établir un rapport de force moins inégal entre dominés et dominants.

Dans les années 1970, l'orthodoxie s'assouplit par la prise en compte de défaillances du marché (concurrence imparfaite, information imparfaite, rigidité des prix) alors que trois courants nouveaux émergent. Le courant institutionnaliste (voir encadré) part de l'observation de régimes historiques successifs de régulation économique entre agents, chaque forme institutionnelle étant soutenue par un compromis provisoire. Le courant cognitiviste naît de l'importance des spéculations effectuées par les agents dans la formation de bulles financières, les croyances acquérant un rôle explicatif aussi primordial que les préférences. Le courant évolutionniste s'appuie sur l'influence de l'innovation technologique et organisationnelle sur le développement du système économique, sa diffusion mettant en œuvre des processus d'imitation et d'apprentissage.

L'orthodoxie élargie s'exprime toujours dans des modèles formalisés, qui s'efforcent de fournir des fondements microéconomiques à la macroéconomie, voire de soutenir certaines analyses marxiennes. Les prescriptions deviennent plus précises à travers la construction

L'école régulationniste française

L'école régulationniste est une incarnation française du programme de recherches institutionnaliste, et s'inspire à ses débuts aussi bien de la tradition keynésienne que de la tradition marxienne. Elle met l'accent sur le fonctionnement et la transition entre modes de régulation liant les agents économiques dans et hors marché, soutenues par des institutions organiques ou des conventions informelles. Elle s'intéresse particulièrement au marché du travail où le rapport salarial va au-delà d'un simple contrat anonyme et éphémère, et au marché financier où le signe monétaire repose sur un lien de confiance à long terme. Elle emprunte, d'une part, au courant évolutionniste en montrant comment les formes institutionnelles émergent de façon involontaire des processus dynamiques d'interaction entre agents à rationalité limitée. Elle emprunte, d'autre part, au courant cognitiviste en exhibant la manière dont se structurent et s'homogénéisent les croyances à partir d'échanges directs ou indirects d'opinions entre les agents. L'école régulationniste, qui critique l'école néoclassique pour son manque de pertinence concrète, cherche à présent à acquérir une rigueur comparable, et fait de plus en plus appel au formalisme qui ne constitue plus un sujet de litige. Elle apparaît également plus proche que l'école néoclassique des autres sciences sociales, dans la mesure où elle adopte une approche plus inductive et historique sans forcément tester plus assidûment ses modèles.

de grands modèles macroéconométriques à support informatique et le développement d'outils de calcul économique pour l'investissement et la tarification. Les nouveaux courants, qui apparaissent aux marges de l'orthodoxie, s'expriment à la fois par une prémodélisation sous forme qualitative et par des modélisations mathématiques partielles de certains de leurs messages. Ils adoptent un point de vue bien plus positif que normatif, et considèrent que la régulation du système économique ne peut se faire qu'à la marge, à l'aide de leviers locaux mobilisés à des moments privilégiés.

Dans les années 1990, on observe une fragmentation accrue du savoir économique qui, autour d'un socle commun qui se réduit, voit se développer des corpus économiques bien plus spécialisés. Les économies sectorielles, déjà anciennes, concernent aussi bien des secteurs traditionnels d'activité (santé, transports, éducation) que des acteurs privilégiés (puissance publique, banques, tiers monde). Les économies thématiques, plus récentes, portent sur des biens de nature particulière (travail, assurance, commerce international) ou sur des dimensions originales de l'échange (espace, connaissance, politique). La gestion se focalise sur l'étude interne de l'entreprise dans son milieu, pour montrer comment son comportement résulte des stratégies de ses membres, des règles qui lui sont propres et des pressions de l'environnement.

Le socle commun reste très formalisé et s'aligne sur la théorie des jeux, les agents étant dotés de formes de rationalité plus ou moins limitées et interagissant selon des processus dynamiques divers. Les recommandations qui en résultent prennent une forme plus institutionnelle, qu'il s'agisse d'organes de régulation pour faciliter la concurrence ou de mécanismes d'enchères pour allouer les biens collectifs. Les corpus spécialisés donnent lieu à une variété de modèles, mieux reliés à l'empirie à travers des études économétriques systématiques et aux autres sciences sociales auxquelles ils empruntent des éléments sélectionnés. Les recommandations afférentes présentent un registre diversifié pour s'adapter au contexte spécifique auquel elles s'appliquent, bien que leur influence sur les décideurs souvent multiples reste très limitée.

Au total, l'économie orthodoxe a fonctionné sur le demi-siècle comme un tube digestif capable d'assimiler peu à peu dans son corpus nombre d'idées mises en avant d'abord par les hétérodoxies. En particulier, des concepts comme ceux de réputation ou de hasard moral, des mécanismes comme ceux d'incitation ou d'apprentissage ont progressivement été phagocytés, après être apparus sur sa périphérie. Cette assimilation s'est effectuée de façon essentiellement formelle, dès lors qu'il était possible d'en donner des formulations simples et significatives, et surtout d'en inférer des résultats non obtenus par d'autres modèles. Elle a également permis de repenser les moyens d'intervention économiques, qui se sont déplacés de l'action sur telle ou telle grandeur macroéconomique stratégique vers l'action sur les règles du jeu du système économique.

Dans le même temps, le corpus orthodoxe ainsi élargi a connu un phénomène de balkanisation du savoir en domaines de plus en plus étanches manifestant des propriétés particulières au regard du cadre général. Il développe en son sein tout un spectre de domaines spécialisés allant de la vision abstraite du choix collectif ou des institutions à la vision plus concrète du chômage ou du développement à travers divers intermédiaires. Ce spectre correspond à des gammes de modèles formalisés, se situant à des niveaux de généricité aisément modulables et mobilisant les outils mathématiques ou logiques de plus en plus diversifiés devenus disponibles. Il renvoie à une pluralité de modes d'intervention économiques, qui ne se limitent plus à des actions matérielles ou financières, mais s'étendent à des actions symboliques d'information et de persuasion des acteurs.

Les tendances épistémologiques

L'après-guerre est encore sous l'emprise du positivisme de Samuelson, qui associe l'empirisme, privilégiant les faits comme source ultime du savoir, au logicisme, affirmant l'inéluctabilité d'un cadre théorique préalable. D'une part, toute théorie doit engendrer comme corollaires des relations qui imposent des restrictions véritables sur les variables observées, ainsi des fonctions de demande soumises aux conditions de Slutsky. D'autre part, s'il est légitime de considérer des concepts théoriques, ceux-ci doivent pouvoir être « révélés » à travers les concepts observationnels, ainsi des préférences qui doivent pouvoir être révélées à partir des actions. Cependant, les invariants impliqués par les théories sont souvent exprimés sous une forme peu opérationnelle et les concepts théoriques introduits ne peuvent au mieux être révélés que de manière multivoque.

Mais cette vision est contrecarrée par l'instrumentalisme de Friedman, qui tente un compromis entre l'apriorisme (Mises) des périodes précédentes et le réfutationnisme (Popper) qui commence à s'insinuer en économie. D'une part, toute théorie ne peut être testée que d'après ses conséquences, exprimées sous forme simple à partir de concepts tous observationnels, en particulier les prévisions qu'elle autorise à propos des agents ou de la société. D'autre part, la théorie, largement conventionnelle, est immunisée quant à ses hypothèses, qui incorporent des concepts théoriques sans contrepartie empirique, en particulier les postulats de rationalité et d'équilibre. Cependant, il s'avère qu'une théorie très générale peut ne pas avoir de conséquences testables sans hypothèses auxiliaires tandis qu'inversement, des axiomes théoriques peuvent s'avérer directement testables.

Les années 1970 voient une résurgence de l'empirisme, par un développement considérable de la méthodologie économétrique, applicable à des données nombreuses grâce aux outils informatiques nouveaux. Les théories, sous une forme suffisamment spécifiée quoique aléatoire, font l'objet de tests statistiques systématiques au regard des données, en sus de la simple spécification de leurs paramètres libres. Les faits, dûment normalisés dans des bases de données, sont soumis à des analyses de données sans hypothèses théoriques préalables, ou en testant de telles hypothèses (tests d'exogénéité, tests de causalité). Cependant, toute théorie est réfutée par les faits si les économètres y mettent suffisamment d'acharnement, et toute régularité extraite des données reste inexpressive tant que les théoriciens n'en fournissent pas d'interprétation.

En parallèle, on observe une réactivation du conventionnalisme, qui se manifeste par la domination exercée par une problématique abstraite, s'appuyant sur tout l'arsenal des outils logico-mathématiques disponibles. Les revues sont dominées par un foisonnement de modèles idéaux, qui obéissent à des hypothèses types forgées et acceptées par le milieu, et qui poussent ces hypothèses jusqu'à leurs ultimes conséquences. Ces modèles assument leur rôle d'approximation des systèmes réels, sans véritable conviction pour les confronter à l'empirie afin d'en apprécier l'écart, et couvrent des champs d'application de plus en plus variés. Aussi, connaissent-ils un développement un peu anarchique sans véritable force de rappel quant à leur validation, et traduisent-ils un monde virtuel où toute ressemblance à la réalité peut devenir purement fortuite.

Les années 1990 voient fleurir un rejeton de l'empirisme, à travers un développement considérable de l'économie expérimentale, soumise à des protocoles de plus en plus fins et ambitieux. L'économie expérimentale concerne d'abord les processus de décision et de négociation entre un petit nombre d'acteurs, puis les mécanismes d'échanges marchands ou d'enchères entre acteurs nombreux. Elle cherche plus à tester la validité empirique de théories à base axiomatique ou du moins formelle, qu'à tenter d'extraire d'expériences non dirigées des enseignements susceptibles de guider ou de modifier la théorie. Cependant, les expériences de laboratoire supposent une isolation drastique du système analysé de son contexte, si bien que leurs résultats s'avèrent difficilement transposables à des situations de terrain.

À un niveau conceptuel s'affirme un pluralisme méthodologique, reflété par une profusion de modèles mi-théoriques, mi-empiriques, à l'assaut de nouveaux champs économiques et extra-économiques comme la corruption. Ces modèles rassemblent et formalisent des hypothèses glanées à diverses sources et directement interprétables, ainsi des comportements spontanés d'imitation ou d'apprentissage. Ils tirent des conclusions sélectionnées tant pour leur robustesse aux hypothèses que pour leur testabilité qualitative ou quantitative, comme l'émergence de la confiance ou la formation de syndicats. Cependant, fondés sur un bon sens formalisé, ces modèles perdent beaucoup de leur cohérence et de leur inventivité théoriques, et ne font que retrouver des effets déjà bien repérés au dépens de conséquences plus originales.

En résumé, sur le dernier demi-siècle, l'épistémologie économique a puisé dans tous les corpus d'épistémologie générale en les adaptant, un œcuménisme clairement manifesté dans un Handbook récent. Elle a endossé une bonne partie du vieux fonds positiviste, qui affirme que les théories voient leur pertinence s'améliorer par une mise en forme logique et une confrontation systématique aux faits. Elle a néanmoins tenu compte d'une vision plus constructiviste, qui montre la dépendance incontournable de la théorie aux conditions psychologiques, organisationnelles et culturelles de son élaboration. Toutefois, le postmodernisme a peu touché l'économie, sinon par l'apparition chez les Anglo-Saxons d'une « méthodologie féministe » visant par exemple à dénoncer la masculinité du principe de rationalité.

Par ailleurs, si les économistes anciens les plus reconnus avaient l'habitude d'accompagner leurs travaux de considérations épistémologiques, la théorie actuelle prend de plus en plus de distance par rapport à l'épistémologie. La science économique, en tant que discipline sûre d'elle-même, adopte une position offensive de développement autonome et somnambule de ses modèles, l'épistémologie n'étant mobilisée qu'en cas de crise. L'épistémologie générale, dans sa quête d'une universalité des principes, a fait peu d'efforts pour internaliser la spécificité de l'économie, ou du moins en laisse le soin à quelques économistes-épistémologues. En particulier, il n'existe pas d' « épistémologie des modèles », qui traiterait l'objet « modèle » comme distinct de l'objet « théorie » et aborderait de fond les problèmes liés à l'approximation ou la simulation.

Les liaisons avec les autres sciences sociales

Du point de vue théorique, le modèle rationnel de comportement a été exporté vers les autres sciences sociales, en adaptant ses déterminants de choix (motivations multiples, contraintes morales) ou ses règles de choix (rationalité limitée). C'est ainsi que G. Becker a prolongé le modèle de choix coûts-avantages, en s'appuyant sur des concepts originaux (capital humain, coûts sociaux), vers des domaines considérés comme exotiques (mariage, crime, culte). En sens inverse, l'économie a importé des sciences sociales au sein du modèle rationnel de choix des motivations nouvelles (auto-estime, altruisme) et des modes de comportement assouplis (seuil d'aspiration, mimétisme). C'est ainsi que G. Akerlof a intégré le fait que les déterminants de choix de l'acteur étaient mutuellement interdépendants (dissonance cognitive, *wishful thinking*) et socialement conditionnés (normes sociales).

De même, des mécanismes de marché ont été transférés analogiquement vers les autres sciences sociales, qu'il s'agisse de structures de pouvoir (oligopoles, collusions) ou de causes de « frottements » (coûts de transaction, externalités). Plus précisément, l'économie de l'information donne une consistance plus forte à l'idée de sens accordé à l'action, à travers les notions d'incitation (orientation par un signal) ou de révélation (interprétation d'un signal). En sens inverse, des relations non marchandes sont intériorisées par l'économie, qu'elles agissent au niveau des actions (don/contre don, discrimination sociale) ou des opinions (statut professionnel). En général, ces phénomènes sont internalisés sous le concept souvent fourre-tout d'institution, qu'il s'agisse de convention (code de conduite en société) ou de réseau (fidélisation des clients).

Enfin, les formes usuelles de dynamique économique ont été transposées aux autres sciences sociales, qu'il s'agisse de la considération d'échelles temporelles (structure/conjoncture) ou de processus d'équilibration (types d'apprentissage). C'est ainsi que la dynamique est mue par les anticipations myopes et incertaines des acteurs, qui peuvent posséder un aspect autoréalisateur (faillites bancaires) ou contraréalisateur (résultats électoraux). En sens inverse, l'économie a pris en compte une certaine viscosité et imprévisibilité de l'histoire, traduite par des phénomènes d'inertie (irréversibilités) ponctués d'innovations locales (progrès technique). En particulier, la dynamique est conditionnée par la mémoire bornée et incomplète des acteurs, qui favorise des formes de coordination (culture commune) tout en permettant un oubli créatif (ordre spontané).

En résumé, l'économie a longtemps été vécue par les sciences sociales sur le mode de la fascination-répulsion, ses travaux étant considérés comme rigoureux et féconds, mais aussi scholastiques et superficiels. À présent, celles-ci deviennent plus enclines à entrer dans le « trou noir » que représente l'économie, pour confronter leurs analyses sur des objets communs qui se démultiplient du fait de l'expansionnisme de l'économie. *A contrario*, les sciences sociales ont d'abord été perçues par l'économie comme disciplines périphériques, le modèle rationnel s'appuyant sur une psychologie minimale et l'équilibre sur une sociologie minimale. À présent, l'économie cherche à endogénéiser ses concepts en s'inspirant librement de la diversité de leurs travaux, les déterminants de choix se rattachant au contexte social et les institutions émergeant d'un processus historique.

Du point de vue épistémologique, l'économie cherche à insuffler aux sciences sociales sa démarche explicative et formelle, en accompagnant ou en renforçant leurs tendances structuralistes anciennes ou leurs tendances cognitivistes plus récentes. En particulier, l'économie géographique exhibe et met en rapport les facteurs d'influence et les mécanismes causaux qui sont à l'œuvre dans l'émergence et la transformation des structures urbaines ou régionales. En sens inverse, la démarche plus compréhensive et informelle des sciences sociales reste marginale en économie, où non seulement les actions, mais leurs interprétations par les acteurs sont des objets extérieurs d'analyse. Plus précisément, les choix des agents sont exclusivement guidés par leurs croyances et leurs préférences, considérées comme des causes infléchissant leurs actions plutôt que comme des raisons donnant sens à leurs actions.

De même, l'économie contribue à sensibiliser certaines sciences sociales à une approche projective, la confrontation des conséquences des modèles théoriques aux données s'effectuant par une méthodologie probabiliste. Par exemple, la sociologie voit ses données quantitatives recueillies par les mêmes organismes statistiques que l'économie, et traitées par les méthodes statistiques voisines de la sociométrie, sœur de l'économétrie. En sens inverse, l'approche plus inductive des sciences sociales vient influencer l'économie dans sa recherche de régularités, qu'il s'agisse d'une véritable expérimentation en laboratoire ou de la pseudo-expérimentation du cours normal de l'histoire. Ainsi, la psychologie ou l'histoire ont longtemps été considérées comme des sous-traitants de l'économie chargés de lui fournir des faits stylisés, avant d'être relayées par l'économie empirique en voie de consolidation.

Enfin, l'économie n'arrive guère à faire partager aux sciences sociales son attitude prévisionnelle et évaluative, qui se veut positive au niveau individuel, mais s'accepte positive et normative au niveau collectif. Tout au plus, la nouvelle histoire institutionnelle a-t-elle adopté le raisonnement contrefactuel, en montrant comment le cours de l'histoire eut été changé si le chemin de fer n'était pas apparu au XIXe siècle. En sens inverse, l'attitude plus dénonciatrice et activiste des sciences sociales a eu peu d'écho en économie, pour autant qu'elle cherche à mobiliser directement les agents au nom de valeurs relativement peu explicitées. Tout au plus, la politique économique se veut-elle moins mécanique (impositions) et plus persuasive (incitations), en s'insérant dans le champ social en des points d'action privilégiés et à des moments favorables.

En résumé, l'économie reste vécue par les sciences sociales comme prototype d'une démarche monolithique, réduite à l'étude théorique de modèles fortement déterministes, mal fondés empiriquement et dangereusement opératoires. Il n'en est pas moins vrai que les sciences sociales deviennent elles-mêmes plus enclines à durcir leurs propres démarches, en procédant par exemple à des prémodélisations de réseaux sociaux ou de schémas causaux. En sens inverse, les sciences sociales sont perçues par l'économie comme autant de disciplines auxiliaires, mobilisées tant pour l'enrichissement empirique que pour l'utilisation décisionnelle de ses modèles. Cependant, l'économie est amenée à collaborer avec elles de façon plus égalitaire pour le recueil et l'interprétation de données de terrain, notamment à propos de problèmes concrets comme les relations au travail ou le sous-développement.

BIBLIOGRAPHIE

Balzer W., Hamminga, B., *Philosophy of Economics*, Kluwer, 1989.

Blaug M., *The Methodology of Economics*, Cambridge University Press, 1980.

Blaug M., de Marchi, N. (eds), « Appraising Modern Economics », *Studies in the Methodology of Scientific Research Programs*, Edward Elgar, 1991.

Boland L., *The Foundations of Economic Method*, Allen & Unwin, 1982.

Caldwell B., *Beyond Positivism*, Allen & Unwin, 1982.

Caldwell B., *The Philosophy and Methodology in Economics*, Edward Elgar, 1993.

Davis J. B., Hands D. W., Mäki U., *The Handbook of Economic Methodology*, Edward Elgar, 1998.

Debreu G., *Theory of Value*, 1993, Wiley 1959 ; trad. franç. : Théorie de la valeur, Dunod, 1966.

de Marchi, N. (ed.), *The Popperian Legacy in Economics*, Cambridge University Press, 1988.

Friedman M., *Essays in Positive Economics*, University of Chicago Press, 1953.

Hausman D., *The Inexact and Separate Science of Economics*, Cambridge University Press, 1992.

Janssen M., *Micro and Macro in Economics*, Walteers-Noordhoff, 1990.

Latsis S. (ed.), *Method and Appraisal in Economics*, Cambridge University Press, 1976.

Machlup F., *Methodology of Economics and Other Social Sciences*, Academic Press, 1978.

Malinvaud E., *Voies de la recherche macroéconomique*, Odile Jacob.

Mc Closkey, D. N. : *The Rhetoric of Economics*, Wheatsheaf Books, 1986.

Mingat A., Salmon P., Wolfelsperger A., *Méthodologie économique*, PUF, 1985.

Mirowski P., *More Heat than Light*, Cambridge University Press, 1990.

Mongin P., Walliser B., Infinite regressions in the theory of optimization, *in* B. Munier (ed.), *Risk, Decision and Rationality*, Reidel, 1987.

Rosenberg A., *Economics, Mathematical Politics or Science Diminishing Returns,* University of Chicago Press, 1988.
Samuelson P., Theory and Realism : a reply, *American Economic Review,* 54 (5), 1964.
Simon H., *Models of Bounded Rationality,* The MIT Press, 1982.
Stigum B., *Towards a Formal Science of Economics,* The MIT Press, 1989.
Smith A., *An Inquiry into the Nature and Causes of the Wealth of Nations,* 1776 ; trad. franç. : Recherches sur la Nature et les Causes de la richesse des nations, Flammarion, 1991.
Walliser B., *L'intelligence de l'économie,* Odile Jacob, 1994.

4 – Les sciences du langage et de la communication

PAR DANIEL BOUGNOUX

Le siècle qui s'achève, marqué par l'essor des sciences sociales, aura favorisé tout particulièrement les disciplines du langage. Ouvert alors que Ferdinand de Saussure formule les intuitions fondatrices de la linguistique structurale, il se referme dans le bruyant concert des thèmes de la communication.

Langage *et* communication : ce compas trace assurément un programme d'études riche en péripéties – en rivalités doctrinales, en émergences théoriques et en nouveaux « paradigmes ». La linguistique formalisée par Saussure eut le don de faire rêver quelques disciplines voisines, séduites par sa rigueur et l'abstraite beauté de ses analyses. Louis Hjelmslev, le continuateur de Saussure, a bien témoigné de cette fascination structurale : « Car la science pure et objective est une aspiration à la beauté (...). Je préfère cette esthétique plus profonde et plus noble à toutes les recherches esthétiques plus superficielles. »[1] La plupart des auteurs que nous citerons dans ce chapitre n'auraient pas désavoué cette déclaration du maître de Copenhague.

En France, le courant structuraliste qui se développe à partir des années cinquante sous l'impulsion de Lévi-Strauss en anthropologie, puis de Lacan en psychanalyse, se réclame avec insistance du modèle forgé par Saussure ; mais ce modèle lui-même se trouva borné et complété par un nouveau tournant également puissant, et qu'on résume comme celui de la *pragmatique*. Celle-ci ne réfute sans doute pas les thèses précédentes, mais elle les inscrit dans un contexte plus vaste, où les notions de contexte précisément, d'énonciation, de sujet parlant ou d'action exigent un traitement théorique. Peut-être assis-

1. L. Hjelmslev, « Entretien sur la théorie du langage », *Nouveaux essais*, Paris, PUF, 1985, p. 86.

tons-nous aujourd'hui à un troisième tournant, plus diffus à saisir, où la formalisation chère aux structuralistes et la psychosociologie des sujets mis en relation se conjuguent pour ouvrir un espace englobant, et mieux comprendre l'étrange logique des acheminements du sens : l'espace des médias et de mille et une machines à communiquer qui nous relient techniquement, en nous proposant une multiplication inouïe des informations, des mémoires, des stimuli sensoriels et de toutes sortes de jeux interactifs en temps réel. Notre espace-temps mais aussi notre culture, nos modes de relation, d'apprentissage, d'être-ensemble ou de rêve sont bouleversés en profondeur par ces nouveaux médias, lesquels se trouvent du même coup exaltés par des chantres enthousiastes ou voués par d'autres au pire dénigrement.

Comment, dans les limites de ce chapitre, embrasser un pareil parcours ? Nous élaguerons le programme ouvert par notre titre en nous limitant à examiner ici quelques propositions théoriques particulièrement fortes, ou révélatrices des bifurcations d'une histoire en plein développement. Le nouveau, certes, s'explique par l'ancien, et la vogue récente des études de communication ne doit pas encourager l'amnésie : derrière nos toujours nouvelles machines à communiquer se tiennent de vieilles et vénérables choses telles que la parole, la fonction symbolique ou ce premier modèle d'analyse structurale, l'alphabet. Notre approche sera donc continuiste, par emboîtements de niveaux. Toutefois, nous devrons être attentifs aux sauts entre ces niveaux, et aux chocs entre nos successifs paradigmes. Parce que l'objet-langue est d'ordre structural, son étude n'a pas suivi une courbe continue ; le *tournant linguistique* marque une émergence qu'on peut dire radicale, avant laquelle il serait hasardeux d'énumérer beaucoup de précurseurs. Enfin Saussure vint... Cette coupure nous facilite la tâche, en bornant clairement notre champ. L'histoire de nos études commence à Genève autour de 1900, et nous n'évoquerons leur préhistoire que pour mieux faire saisir ce qui se joue alors.

En deçà du tournant linguistique

Longtemps, la langue et la fonction symbolique sont restées objets de spéculation plus que d'observation, comme le remarque Émile Benveniste[1]. À la fois biologiques, historiques, culturels, esthé-

1. É. Benveniste, *Problèmes de linguistique générale*, Paris, Gallimard, 1966, p. 33.

tiques, psychologiques et sociaux..., les phénomènes du langage sont foncièrement impurs, et l'infinie diversité de leurs aspects, autant que de leurs usages, a de quoi dérouter : quel est au juste l'objet d'une science de la langue ? Quoi retenir, et par où découper ?

La grammaire était d'abord normative (elle disait le bon usage), et la philologie historique : on recherchait les lois d'évolution des langues prises séparément sans s'interroger sur leur système interne, ni sur ce qui fait qu'une langue est langage. On raisonnait sur un élément isolé dont on retraçait l'évolution, son état actuel trouvant sa cause dans un état plus ancien. Le mystère de l'origine des langues obnubilait une partie des recherches : quelle langue parlaient nos aïeux ? Et quelle était la première langue, celle d'avant Babel, ou celle d'Adam et Ève au jardin d'Eden ? Aux origines ou en marge des premières théories sémiotiques du signe, des herméneutes traquaient à la surface des phénomènes sensibles ou dans tel événement (éclipse, coups du tonnerre...) les signes d'un ordre caché, sacré ou transcendant. Les lignes de la main suscitent une chiromancie, les figures des étoiles une astrologie, comme d'autres lisent dans les cartes ou le marc de café, mais cela ne fait pas une sémiologie. De même la moisson des étymologies, l'histoire et la géographie des idiomes pouvaient composer une collection indéfinie d'observations justes, mais insuffisantes à constituer une théorie linguistique.

« La Nature est un temple où de vivants piliers... » Le sonnet de Baudelaire ravive ce sentiment imprescriptible des *correspondances,* Dieu a partout laissé des traces, des « signatures »[1] sur la peau des lézards ou l'écorce des arbres, et cette grande chaîne des analogies change la nature en théophanie ; pour le symbolisme médiéval ou néoplatonicien de la Renaissance, comme pour la superstition ordinaire, les signes ne sauraient être *arbitraires.* Et nous-mêmes continuons d'appeler *herméneutique* cette discipline ou cet art, en marge de la sémiologie, qui déchiffre et médite les messages émis depuis un site (artistique par exemple) qui transcende l'arbitraire des échanges symboliques ordinaires.

Le sentiment du pluralisme irréductible des langues n'était pas davantage évident, et la philosophie par exemple, faute de l'admettre, s'exposait à un risque permanent d'ethnocentrisme. Depuis Aristote, les catégories de l'être se disent dans une langue, le grec (relayé par le latin, d'où l'importance de ces deux langues pour

1. Sur la curieuse théorie des signatures, on consultera Michel Foucault, *Les mots et les choses*, Paris, Gallimard, 1966 ; chap. II, « La prose du monde ».

toute culture classique où il convient d'apprendre à raisonner au plus près du modèle originel). La logique de Port-Royal reconduisit tranquillement ce schéma : le langage exprime des lois universelles de la pensée, *i.e.* qui valent pour toute l'humanité, et Arnault et Nicole en faisaient la démonstration en retrouvant sous la construction superficielle des phrases la structure profonde, c'est-à-dire l'articulation logique sous-jacente. Contre cette « linguistique cartésienne » (dont Noam Chomsky sauvera certains aspects), Hobbes et Leibniz eurent la vive conscience de la différence incalculable et inassimilable des langues – d'où le projet leibnizien d'une « charactéristique universelle » pour surmonter cette disparate et faire entrer l'humanité babélienne dans la communication véritable. Ce qu'Aristote ou les Messieurs de Port-Royal envisageaient comme donné doit être laborieusement construit, l'universel ne se laisse pas cueillir dans une langue particulière, et son accès demeure à plus haut prix. Le *tournant linguistique* commence avec cette progressive évidence, qui sonne le glas d'une certaine philosophie ; quand Nietzsche, par exemple, conseille au philosophe de s'occuper davantage de la grammaire, il l'invite à comprendre qu'il n'y a pas de pensée universellement donnée, dès lors que toute pensée attache aux conditions empiriques des langues naturelles, dont la pluralité dans la bouche des hommes s'avère insurmontable.

Évolutionnistes, comparatistes ou historisants, les grammairiens et les philologues du XIXe siècle considéraient autour de la langue trop de facteurs à la fois, et cet amas d'observations leur masquait les traits et les variations pertinents qui font, comme martèlera Saussure, qu'une langue est d'abord un système ; mais pour apercevoir celui-ci, il fallait commencer par écarter les phénomènes, et procéder à une sévère réduction *formelle.* L'opération saussurienne fut d'abord de soustraire, radicalement.

La coupure saussurienne

Le nom de Ferdinand de Saussure marque non seulement la naissance d'une science, mais, au-delà de celle-ci, un point de ralliement pour les sciences sociales, et notamment l'anthropologie développée par Lévi-Strauss ; prospère à partir des années 1950, ce courant ira chercher dans le paradigme structuraliste un moyen de renouvellement et d'échange entre les disciplines. Nous allons dans ce chapitre et dans le suivant résumer le tournant saussurien et préciser en quoi ses principales thèses, cinquante ans après leur formulation, ont pu favoriser de façon décisive l'essor des sciences sociales regroupées sous la bannière du structuralisme.

Il n'est pas inutile de repartir du sentiment de perplexité, voire de vertige, qui accompagne Saussure au fil de sa recherche. Le fondateur de la linguistique structurale hésita toute sa vie à donner la forme d'une théorie ou d'un livre à ses découvertes, transmises oralement à une poignée d'enthousiastes élèves sans cacher leur état provisoire, voire contradictoire. Lui-même a marqué fortement, dans ses lettres et ses notes, à quel point l'objet-langue est évanouissant : la situation de la linguistique ne ressemble en rien à celle des sciences positives, qui peuvent s'appuyer sur des objets donnés dans la nature ; au rebours de tout naturalisme, l'objet ou le fait linguistique résulte d'un découpage et d'une mise en opposition structurelle, c'est une décision critique du chercheur ou de l'observateur qui crée ici l'objet. « Ailleurs il y a des choses, des objets donnés, que l'on est libre de considérer ensuite à différents points de vue. Ici il y a d'abord des points de vue, justes ou faux, mais uniquement des points de vue, à l'aide desquels on *crée* secondairement des choses. (...) Aucune chose, aucun objet n'est donné un seul instant en soi. (...) Voici notre profession de foi en matière linguistique : en d'autres domaines, on peut parler des choses *à tel ou tel point de vue,* certain qu'on est de retrouver un terrain ferme dans l'objet même. En linguistique, nous nions en principe qu'il y ait des objets donnés, qu'il y ait des choses qui continuent d'exister quand on passe d'un ordre d'idées à un autre (...). »[1]

L'effort scientifique de Saussure semble ainsi hanté ou comme écrasé par le paradoxe qui distingue radicalement la linguistique des autres sciences : une approche rigoureuse du langage effondre insidieusement les notions familières de sol ou de données objectives, il n'y a rien de substantiel, ni de naturel, dans les faits qu'il s'agit ici d'étudier, mais seulement un réseau immatériel de relations et d'oppositions. Les faits n'existent que par ce réseau, une entité n'est rien par elle-même, et ne consiste que par la médiation de toutes les autres, ou par la place que nous lui accordons dans ce système de permutations et de relations. En bref, l'évidence première avec

1. *Cahiers Ferdinand de Saussure,* 12 (1954) p. 57 et 58, cité par É. Benveniste, *Problèmes de linguistique générale,* Paris, Gallimard, 1966, p. 39.

laquelle il faut ici bâtir est que, par quelque côté qu'on la prenne, la langue se donne comme une forme *vide*. D'où le vertige épistémologique, et un ébranlement conceptuel qui porte loin dans la méthodologie des sciences humaines ou de toutes celles dont l'objet, comme dit Saussure, est concerné par la notion de *valeur*.

Le signifiant et le signifié, recto et verso d'une même feuille

L'une des thèses les plus déconcertantes du *Cours*, et qui heurte le plus directement le philosophe, tient sans doute dans cette solidarité entre le signifiant et le signifié, posée ici en principe liminaire. Qu'est-ce qu'un signe ? L'union d'un signifiant, appelé aussi « image acoustique », qui constitue sa face matérielle et qui peut être sonore ou graphique dans le cas d'un mot, et d'un signifié qui correspond au concept ou à la représentation déclenchés par cet élément. Le signifiant et le signifié sont si étroitement reliés, précise Saussure, qu'il n'y a pas moyen de découper l'un sans découper l'autre, ils sont entre eux comme le recto et le verso d'une même feuille[1]. Cette thèse fondamentale récuse la conception naïve d'une langue-nomenclature, dont les termes correspondraient à autant de choses ou d'idées préexistantes ; mais elle dénie du même coup toute autonomie à la pensée, qui ne saurait précéder sous une forme distincte l'articulation langagière. La forme verbale ne se contente pas de véhiculer la pensée, elle façonne ou découpe celle-ci, qui demeurerait « amorphe et indistincte » hors des catégories de la langue. « Prise en elle-même, la pensée est comme une nébuleuse où rien n'est nécessairement délimité. Il n'y a pas d'idées préétablies, et rien n'est distinct avant l'apparition de la langue. (...) La langue ne comporte ni des idées ni des sons qui préexisteraient au système linguistique, mais seulement des différences conceptuelles et des différences phoniques *issues de ce système.* »[2]

Contre un idéalisme spontané fort répandu en philosophie – chaque fois que celle-ci fait du langage le simple véhicule ou la représentation de la pensée –, Saussure marque d'emblée avec rigueur ce que signifie le *tournant linguistique* : le langage est l'élément

1. Ferdinand de Saussure, *Cours de linguistique générale*, Paris, Payot, 1967, p. 157.
2. *Ibid.*, p. 155 et 166 (nous soulignons).

ou le média de la pensée, qui ne peut d'aucune façon prétendre s'en extraire, ni se constituer hors de lui. Il est donc vain, à partir de là, de viser l'universel des concepts ou de la pensée à partir d'une langue particulière ; vain, par exemple, de fonder une ontologie sur les catégories grammaticales de la seule langue grecque, comme fit Aristote. Et l'oubli du langage chez les grands philosophes critiques (comme Descartes ou Kant) permet de mesurer aujourd'hui les limites de leur critique et la précarité de leurs thèses. Mais ce principe incontestablement critique, voire matérialiste, posé par Saussure justifie dans la suite du *Cours*, et notamment dans le projet d'une sémiologie, une position logocentrique qui risque de freiner l'examen des signifiants ou des codes autres que langagiers. N'y a-t-il de pensée que verbale ? Le peintre, le musicien mais aussi le chasseur ou l'agriculteur qui n'articulent pas en mots les représentations de leurs arts demeurent-ils pour autant dans l'amorphe ? Nous aurons à reposer ces questions, cruciales pour élaborer une sémiologie dégagée de l'impérialisme linguistique.

La valeur du signe linguistique

Le concept central de *valeur* précise ces découpages mutuels du signifiant et du signifié, et permet de mieux cerner le statut si particulier des sciences humaines face aux sciences « positives » de la nature. Les mécanismes de la valeur décrivent une nouvelle épistémologie, radicalement opposée à l'idée de substance, et de nature ; une approche par le vide, donc paradoxale, des faits sociaux.

Le signe linguistique ne se donne jamais isolément et il ne vaut – il ne s'échange – qu'au sein d'un jeu beaucoup plus général, qui mobilise de proche en proche le tout de la langue. « En linguistique les données naturelles n'ont aucune place. »[1] Dépourvu en lui-même de tout contenu positif, le signe – c'est-à-dire le signifiant autant que le signifié – se mesure par une différence : il ne désigne jamais que l'absence des autres signes possibles à la même place. Sa plus exacte caractéristique est d'être, là où il apparaît, « ce que les autres ne sont pas »[2]. Le signe n'est pas positif mais *oppositif*, c'est-à-dire différentiel : « Dans la langue il n'y a que des différen-

1. *CLG*, p. 116.
2. *Ibid.*, p. 162.

ces *sans termes positifs.* »[1] Cette thèse au premier abord très paradoxale, puisqu'elle heurte vivement toute l'épistémologie positiviste des sciences naturelles, pour ne rien dire des philosophies de la substance ou de la représentation, dérive en droite ligne de la phonologie : dans le tableau des phonèmes disponibles (une trentaine au maximum par langue), la plus exacte définition d'un phonème (cet atome de son) est d'exclure l'occurrence des autres à la même place. Les phonèmes n'ont rien de positif, et ne sauraient signifier par eux-mêmes ; ils découpent l'amorphe matière sonore en unités distinctes, chaque entité – distinctive et oppositive – ne valant que par la médiation de toutes les autres. Or cette propriété s'applique aussi à l'étage du signifié (l'autre face, conceptuelle, du signe) : les signifiés découpent l'amorphe continuum des idées de même que les sons et les mots de la langue articulent la masse également amorphe de la matière sonore (ou graphique dans le cas de l'écriture).

Au principe de la langue s'affirme donc *le primat de la relation* entre ses éléments : toute entité, signifiante ou signifiée, n'existe ou ne consiste que par un faisceau d'interactions (d'oppositions et de substitutions). Si les signes ne valent que les uns par les autres, la valeur de chacun change dès que d'autres signes se trouvent intégrés au système. Par exemple, côté signifié, *temps* dans le lexique français n'a pas la même valeur que le *time* anglais puisque ce dernier s'oppose à *weather*, alors que nous n'avons qu'un terme pour désigner l'écoulement temporel et les variations météorologiques. De même, l'anglais *ox* a une moindre extension que le français *bœuf* puisque *ox* (l'animal sur pied) doit partager celle-ci avec *beef* (qui désigne sa viande), la même distinction valant pour *sheep* et *mutton*. Dans tous les systèmes où, comme la langue, « les éléments se tiennent réciproquement en équilibre selon des règles déterminées, la notion d'identité se confond avec celle de valeur et réciproquement »[2].

La meilleure métaphore proposée par Saussure pour éclairer cet ordre paradoxal de la valeur (de l'identité) des entités linguistiques est celle, plusieurs fois utilisée dans le *Cours*, du jeu d'échecs. Sur les cases de l'échiquier aussi les pièces, à l'exclusion du roi, n'ont pas de valeur absolue ni en soi, et ne valent que par leurs positions relatives à tel instant de la partie. Ces pièces, d'autre part, ne valent pas davantage par leur forme substantielle ; ni la matière ni la manière

1. *Ibid.*, p. 166 (souligné dans le texte du *Cours*).
2. *Ibid.*, p. 154.

sculptées n'entrent en ligne, seuls comptent les traits pertinents qui permettent de distinguer suffisamment un fou d'un pion ou d'un cavalier. Cette dernière remarque permet de nuancer la définition du signifiant donnée comme la face matérielle du signe : Saussure précise ailleurs, et Jacques Derrida y insistera, qu'il n'y a rien de matériel en dernière instance dans le système formel de la langue ; les traits pertinents du signe, certes appuyés sur une matière, sont ceux qui suffisent à l'opposer à toute autre occurrence possible ou concevable selon le tableau prévu par la langue. Le matériau phonique ou graphique se trouve donc, par principe et aussi « bas » qu'on le cherche, fortement pétri d'idéalité, transi par la forme virtuelle de tous les autres signes qu'il exclut à cette place. Celui qui écrit plume courante n'a pas à respecter la forme canonique des lettres de l'alphabet, l'important est qu'on distingue toujours ou suffisamment sous sa plume un t d'un l ou un a d'un o. De même au plan sémantique du signifié, le choix d'un terme extrait de son « groupe associatif » (ou, comme nous dirions depuis Jakobson, à partir de l'ensemble du *paradigme*) signifie la non-occurrence des autres à cet endroit. Étroitement commandée par le système des choix disponibles, la valeur du signe est établie collectivement ; l'initiative individuelle ou les écarts de la parole, s'ils peuvent sur le long terme constituer un facteur de changement du système, ne laissent pas beaucoup d'initiative au sujet isolé face à l'ordre symbolique de la langue. On se servira donc de ce modèle pour englober dans « le symbolique » en général tous les systèmes d'échanges (culturels, rituels, économiques ou de parenté) dont les règles, comme celles de la langue, précèdent ou transcendent infiniment les individus.

Une autre façon d'exprimer cette valeur purement oppositive et différentielle des unités de la langue consiste à rappeler le caractère arbitraire du signifiant.

L'arbitraire du signifiant

Arbitraire et *différentiel* vont de pair, les deux qualités s'impliquent mutuellement. Si « dans la langue il n'y a que des différences », la première ou plus importante des différences passe entre les signifiants et les référents : contre une pensée analogique ou continuiste appliquée à la formation des mots à partir des perceptions sensorielles (telle qu'elle s'exprime, par exemple, dans la position de Cratyle qui, dans le dialogue de Platon, soutient contre le conventionnalisme d'Hermogène que les mots sont *par nature*), la linguistique ne peut s'affirmer comme science qu'en décrochant radicalement le système de la langue de toute adhérence naturelle.

Le terme d'*arbitraire* peut faire faux-sens, en suggérant que le matériau linguistique est accessible au caprice de chacun, aussi Saussure le spécifie-t-il en *non-motivé.* Il n'y a pas d'évidence mieux ancrée depuis son enseignement (ou déjà depuis les réflexions des Stoïciens, de Hobbes, de Leibniz ou de Locke) que celle de cette non-motivation du signe linguistique, qui fait cependant problème et qu'on n'affirmera pas sans réserve. La suite du *Cours* s'attache à cerner, par exemple, certaines motivations secondaires qui surgissent au sein d'une classe de termes, ou par proximité sémantique : c'est ainsi que *poir-ier* forme sa désinence sur le même moule que *ceris-ier,* ou *abricot-ier.* Il est clair, d'autre part, que la succession syntaxique inhérente au discours peut épouser naturellement l'ordre des opérations décrites : dans la phrase « Jean entra, s'assit et commença son récit », la segmentation syntaxique épouse celle des événements ; de même, un énoncé du type : « Le Président et le Premier ministre ont assisté à la cérémonie » met sa syntaxe en conformité avec la hiérarchie de nos institutions républicaines. D'une façon générale, la parole, comme nous le verrons en abordant la pragmatique, a de forts effets remotivants et s'applique à corriger jusqu'à un certain point l'arbitraire de la langue. La fonction poétique fait de même, qui « rémunère – comme dit Mallarmé – le défaut des langues », entendons l'arbitraire du signifiant. Beaucoup de poètes tomberaient d'accord avec Cratyle, qui exprime au fond dans le dialogue qui porte son nom une position esthétique ou poétique de la parole : Cratyle n'a pas fait son deuil de la continuité entre les mots et les choses, il remonte dans ses étymologies fantaisistes à la recherche d'une langue première ou, comme dira Breton dans la préface à *Signe ascendant,* à la recherche des « contacts perdus ».

Ces objections ne sont pas pertinentes dans le cadre du *Cours de linguistique générale,* qui prend soin d'exclure du système de la langue l'étude de la parole, et *a fortiori* celle du discours. La doctrine saussurienne de l'arbitraire s'est toutefois trouvée corrigée par Émile Benveniste, qui a fait remarquer que la non-motivation ne pouvait concerner la relation du signifiant et du signifié, mais seulement celle du signifiant avec le référent, qui relèvent ensemble d'une certaine matérialité et pourraient donc dériver l'un de l'autre. Entre le signifiant et le signifié en revanche, qui appartiennent à deux ordres incommensurables (une trace matérielle/une idée), l'adéquation ne peut qu'être nécessaire, argumente Benveniste, et les deux faces du signe se donnent toujours ensemble : la forme des entités sémantiques est à la fois et du même coup signifiante et signifiée, les mots et les idées se découpent mutuellement sans aucun sentiment d'arbitraire mais avec la plus grande nécessité[1].

La question de l'arbitraire enfin touche aux relations entre la grammaire, ou la syntaxe, et la logique, mais sur ce leitmotiv de la philosophie du langage la linguistique saussurienne exclut de se prononcer : existe-t-il une structure profonde, la logique universelle ou l'ordre de l'esprit humain, dont les langues naturelles seraient, chacune à sa manière, des expressions de surface ? Si l'on postule avec Aristote, les logiciens de Port-Royal ou le premier Wittgenstein une universalité de l'esprit humain en deçà de la diversité des langues, une continuité entre la langue et l'esprit se révélerait par le point de capiton de la logique ; tout langage par ce biais s'avérerait *naturel,* tout en montrant un saut ou une organisation – une création – irréductibles aux plans phonétique, grammatical et lexical. Évidente de prime abord, la notion saussurienne d'arbitraire appelle des retouches et des distinctions qui entraînent hors du cadre tracé par le *Cours.*

La dualité du signe linguistique

Nous avons vu qu'il n'y a dans la langue aucune entité stable ou séparée, aucun élément saisissable sans la médiation des autres : la langue, martèle Saussure, est un système de relations qui nous force à substituer partout la dualité, ou un réseau d'oppositions et de distinctions, un « même plexus de différences éternellement négatives »[2], à la saisie immédiate d'éléments simples. À cet égard, le modèle d'analyse inauguré par Saussure constitue l'une des meilleures anticipations de ce qu'Edgar Morin ou d'autres réclament aujourd'hui au titre de la pensée complexe.

Cette complexité du signe linguistique recèle un abîme ou un vertige théorique que Saussure semble avoir éprouvé plus que

1. É. Benveniste, « Nature du signe linguistique », *Problèmes de linguistique générale,* chap. IV.

2. *Cahiers Ferdinand de Saussure* 12, p. 63, cité par É. Benveniste, *op. cit.,* p. 41.

d'autres, jusqu'au découragement si l'on en croit certaines déclarations – la recherche en linguistique revient à « vouloir étreindre un fantôme »[1] –, autant que son refus de donner à ses découvertes la forme d'un livre ou d'une théorie stabilisée. « Bien loin que l'objet précède le point de vue, on dirait que c'est le point de vue qui crée l'objet (...). Le phénomène linguistique présente perpétuellement deux faces qui se correspondent et dont l'une ne vaut que par l'autre. »[2] Ce dualisme oppositionnel est une caractéristique de l'analyse saussurienne ; nous avons déjà rencontré la paire du signifiant et du signifié, et évoqué celle de la forme et de la substance, mais il faudrait citer encore :

La langue et la parole. — Cette distinction permet d'exclure par décision méthodologique le deuxième terme du champ propre de la linguistique, et de fonder ainsi cette science en système. La parole, qui couvre le domaine de la performance individuelle, donc des écarts, offre trop d'observations disparates, il faut pour la comprendre resserrer d'abord l'analyse au système de la langue, qui peut seul conduire à l'intelligence de ce que font effectivement les sujets parlants. La langue est présentée par Saussure comme le *trésor* du code, la parole se définissant comme son emploi ; la langue est sociale, la parole individuelle ; la langue est le système des oppositions pertinentes, la parole le domaine des variations plus ou moins libres, et d'une création indéfinie de phrases à partir du code... Cette distinction instaure donc une très nette hiérarchie : la langue engendre la parole en lui prescrivant ses unités et ses règles de combinaison. Il n'est pas exclu toutefois, sur le long terme et moyennant un grand nombre de « coups » joués par les sujets parlants, que la parole modifie en retour les aspects phonologiques, sémantiques et syntaxiques de la langue. Toute langue est un lent processus de création relancée par la parole, une genèse indéfinie que Saussure se représente à la manière des concrétions glaciaires, « ces grandes moraines qu'on voit au bord de nos glaciers, tableau d'un prodigieux amas de choses charriées à travers les siècles »[3]. Le couple conceptuel de la langue et de la parole sera développé et réinterprété par Hjelmslev dans l'opposition du schéma et de l'usage, puis par Chomsky distinguant la compétence de la performance. Et la pragmatique, en se donnant pour objet d'étude l'énonciation, recueillera

1. *Cours,* p. 130.
2. *Ibid.,* p. 23.
3. *Première conférence à l'Université de Genève,* 1891.

et traitera de front ce que Saussure avait délibérément exclu de son domaine d'observation.

Synchronie et diachronie. — Toute langue ne cessant d'évoluer, elle se trouve immergée dans la diachronie ; c'est elle que privilégiaient les études « évolutionnistes » au XIXe siècle, ce qui conduisait à isoler les phénomènes les uns des autres pour noter leurs états successifs. En affirmant avec force l'aspect systématique, voire systémique des faits de langue, Saussure au contraire subordonne étroitement les observations diachroniques à la saisie synchronique des phénomènes : même si elle se transforme sans cesse, une langue se présente comme un système synchronique complet à chaque étape de son histoire. De fait, le *Cours* enchaîne selon un plan très clair, découpé en parties égales, les « principes généraux » à la « linguistique synchronique », avant de passer à l'étude de la « linguistique diachronique », puis plus brièvement de la « linguistique géographique ». Ce *structuralisme* inauguré par Saussure ne doit donc pas conduire, comme ce fut parfois le cas dans les années soixante, à la relégation des aspects historiques ni à une alternative brutale entre genèse et structure ; on voit par le plan même du *Cours* que Saussure se passionnait pour l'évolution de la langue, tout en maintenant qu'on ne penserait correctement celle-ci que comme les paliers de successives réorganisations structurales.

Paradigme et syntagme. — Cette distinction généralisée par Jakobson est traitée par Saussure comme celle des « rapports syntagmatiques et associatifs » : comment les mots se trouvent-ils reliés au fil de la parole, ou dans notre « activité mentale »[1] ? Ils apparaissent groupés successivement, ou *in praesentia,* dans la concaténation de la phrase, mais ils sont reliés entre eux idéalement, *in absentia,* dans la mémoire ou le trésor du lexique, selon les rapports du sens ou de la forme. « Un terme donné est comme le centre d'une constellation, le point où convergent d'autres termes coordonnés, dont la somme est indéfinie. »[2] À la suite de Saussure, Jakobson définira toute construction de phrase par la double opération – figurée selon deux axes orthogonaux – de la *sélection* (extraction des termes pertinents hors du bassin des paradigmes) et de la *concaténation* (leur juxtaposition dans l'ordre linéaire du syntagme), et il en tirera des conséquences suggestives concernant deux types d'aphasies, celles de la sélection paradigmatique ou celles de l'enchaînement syntag-

1. *Cours,* p. 170.
2. *Ibid.,* p. 174.

matique[1]. Quantité d'autres domaines culturels relèveraient, pour leur analyse, de ces deux axes fondamentaux : Saussure lui-même, pour éclairer sa distinction, l'appuie sur l'exemple de l'architecture, où la même colonne d'un temple se rattache à la construction (au syntagme) des parties voisines, l'escalier, l'architrave ou le fronton, mais s'enlève aussi sur le fond d'autres colonnes possibles à la même place (les styles dorique, ionique ou corinthien n'ont pas la même forme). La paire du paradigme et du syntagme, à la suite de cet exemple, connaîtra une grande fortune et ses applications proliféreront dans les sémiologies de la cuisine, du vêtement ou du mobilier développées dans les années 1960.

La langue comme structure

Le terme de structure n'apparaît pas dans le *Cours,* où Saussure se contente de parler du *système* de la langue, mais il est clair que le programme structuraliste, qui accompagna à partir des années 1950 le mouvement de formalisation croissante des sciences humaines, prit son élan dans l'entreprise héroïque du maître de Genève pour réduire la langue à ses éléments formels.

Toute structure suppose une réduction, doublée d'une idéalisation, puisqu'elle ramène les phénomènes réels à une organisation de traits pertinents, dont les relations reposent sur une forte cohésion interne. *Réduction :* la linguistique saussurienne va aux éléments simples, aux mécanismes élémentaires, et elle élague ainsi une foule de faits liés à la parole, mais non pertinents quant au code. Quoique complexe jusqu'au vertige, et riche en néologismes, la construction saussurienne simplifie prodigieusement les observations, et elle opère sur les grammaires générales et les philologies précédentes avec le tranchant du rasoir d'Occam. S'il veut engager sa discipline dans la voie sûre d'une science, un fondateur doit renoncer à la collecte empirique des faits pour percer le code de leur reconnaissance et de leur classement ; Saussure pressa donc ses collègues de se demander ce qui fait qu'une langue est langage, en recentrant une bonne fois l'étude sur le système des traits et des variations pertinents, et sur la hiérarchie des niveaux emboîtés.

1. Roman Jakobson, « Deux aspects du langage et deux types d'aphasie », *Essais de linguistique générale,* Paris, Minuit, 1963, chap. 2.

L'effort réducteur et combinatoire de la phonologie, développée par Baudoin de Courtenay puis Nicolaï Troubetzkoï, résumait à une moindre échelle cette synthèse saussurienne. La phonologie se distingue de la phonétique comme l'étude des sons pertinents par rapport à l'étude des sons effectivement prononcés par les sujets parlants ; de même, Saussure veut d'abord dégager le système ou la structure des éléments pertinents de la langue, lesquels sont nécessairement idéaux. Le signifiant par exemple, qui constitue la face matérielle du signe, est baptisé dans le *Cours* « image acoustique » pour bien spécifier que sa matière est transie d'idéalité, ou qu'au niveau d'une approche structurale on ne saurait rencontrer aucun élément qui demeure totalement matériel, ou hérité de la nature. Mais Saussure précise également que son structuralisme est méthodologique beaucoup plus qu'ontologique, il répète que son approche demeure une construction, qu'elle résulte d'un *point de vue,* et lui-même semble désespérer de tirer jamais de cette multiplication de points de vue idéaux un *objet* et une théorie capables de rivaliser en solidité avec les sciences naturelles. Il fut le premier à faire avec la langue dans son ensemble ce que Lavoisier puis Mendeleiev avaient réussi pour la chimie : analyser les phénomènes jusqu'à des constituants de base dont la combinaison ou le tableau permettront éventuellement de déduire, voire de prédire des phénomènes inobservés ; comme Durkheim, Saussure entendait aboutir à des lois, c'est-à-dire produire sa science sur un mode démonstratif et *déductif.*

Formelle, combinatoire, abstraite, idéale..., cette structure de la langue est du même coup inconsciente pour les sujets, qui néanmoins la parlent. Ce passage à un niveau inconscient donne à la recherche une plus grande scientificité (car il n'y a de science que du caché) ; surtout Saussure eut la vive intuition que ce détour par l'inconscient linguistique ferait communiquer celui-ci avec l'inconscient des comportements psychologiques et sociaux. Une ouverture par là se dessine, en direction d'une « psychologie sociale » baptisée sémiologie, où la langue, la culture et la personnalité anthropologique s'informeraient mutuellement.

L'ouverture sémiologique

En élaborant la théorie linguistique, l'auteur du *Cours* avait pleinement conscience de jeter les bases d'un ensemble plus vaste : « La langue est un ensemble de signes exprimant des idées, et par là, comparable à l'écriture, à l'alphabet des sourds-muets, aux rites symboliques, aux formes de politesse, aux signaux militaires, etc. Elle est seulement le plus important de ces systèmes. / On peut donc concevoir *une science qui étudie la vie des signes au sein de la vie sociale ;* elle formerait une partie de la psychologie sociale, et par conséquent de la psychologie générale ; nous la nommerons *sémiologie* (du grec *semeion,* "signe"). Elle nous apprendrait en quoi consistent les signes, quelles lois les régissent. Puisqu'elle n'existe pas encore, on ne peut dire ce qu'elle sera ; mais elle a droit à l'existence, sa place est déterminée d'avance. La linguistique n'est qu'une partie de cette science générale (...). »[1]

Quels domaines couvrira cette branche de la « psychologie sociale » ? Elle englobera de droit tous les systèmes de signes arbitraires, précise plus loin le *Cours,* de sorte que « la linguistique peut devenir le patron général de toute sémiologie »[2]. Cette dernière déclaration anticipe l'œuvre d'un Roland Barthes, comme nous le verrons *infra,* mais elle ne débouche pas sur un inventaire précis. Saussure prévoit par exemple « qu'en considérant les rites, les coutumes, etc. comme des signes, ces faits apparaîtront sous un autre jour, et on sentira le besoin de les grouper dans la sémiologie, et de les expliquer par les lois de cette science »[3]. Il précisait à la page précédente que le signe « est social par nature », et qu'il « échappe toujours dans une certaine mesure à la volonté individuelle et sociale ». La *psychologie sociale* imaginée ici ne doit donc rien à une volonté individuelle ni à un projet collectif : *social* a pour corollaire *inconscient,* ou automatique ; la vie tellurique des signes – si nous reprenons l'image des sédimentations glaciaires – est un processus sans sujet, de sorte que la sémiologie doit très peu à la psychologie au sens restreint ou ordinaire de ce terme.

Ces remarques annoncent clairement le virage qui sera pleinement accompli, cinquante années plus tard, par Lévi-Strauss : l'affirmation partout réitérée dans le *Cours* du caractère social du signe conduit à celle du caractère sémiotique, ou signifiant, de la société. À travers les rites, les mythes, mais aussi les stéréotypes et les emblèmes publicitaires ou mass-médiatiques de la jeune société de consommation, celle-ci allait apprendre à se considérer jusque dans

1. *Ibid.,* p. 33, passages soulignés dans le *Cours.*
2. *Ibid.,* p. 101.
3. *Ibid.,* p. 35.

ses ressorts inconscients *comme un langage.* Mais ce tournant sémiotique proposé aux sciences sociales supposait d'abord que la linguistique ait pleinement conquis le statut d'une science.

Développements de la linguistique structurale en direction des sciences sociales

Louis Hjelmslev et l'ouverture sémiotique

Qu'est-ce qui fait qu'une langue est un langage, et comment distinguer ce dernier (qui n'est pas seulement verbal) d'un non-langage ? Le Danois Louis Hjelmslev a reformulé les intuitions centrales de Saussure pour les faire cadrer avec ce qui était resté chez celui-ci à l'état de projet, la fondation d'une sémiologie. Il forgea à cette fin des concepts fortement abstraits et englobants, auprès desquels la linguistique saussurienne peut faire figure, rétrospectivement, d'ébauche disparate et insuffisamment déductive de ce qu'il restait à penser. La reformulation hjelmslevienne porta notamment sur la définition du signe.

Tout peut devenir signe : il suffit pour cela qu'un interprète considère tel objet comme la manifestation ou l'expression de tel contenu. Il y a *fonction sémiotique,* pose Hjelmslev, quand deux termes baptisés *fonctifs* sont solidaires et ne peuvent être définis que l'un par l'autre. La fonction sémiotique majeure relie le signifiant et le signifié (les deux faces du signe saussurien), mais cette dichotomie semble insuffisante à Hjelmslev car elle invite à établir une correspondance trop étroite entre tel signe (mot, monème ou lexème ?) et tel domaine de sens. Le linguiste danois lui substitue l'articulation de deux plans, un plan de l'expression – qui couvre tous les aspects du signifiant – et un plan du contenu, le domaine des concepts ou des idées. Selon le principe de commutation formulé par le Cercle linguistique de Prague (Troubetzkoï et Jakobson), toute variation du plan de l'expression qui entraîne une variation au plan du contenu, *et inversement,* permet de découper dans ceux-ci une unité pertinente. Mais cette généralisation du propos saussurien interdit de poser une correspondance terme à terme entre les unités des deux plans : une langue n'est pas une nomenclature mais un système articulé de relations toujours en mouvement. Hjelmslev dégage ainsi la linguistique de l'atomisme que dénonçait déjà Saussure, mais auquel sa terminologie risquait de reconduire.

Le genevois d'autre part avait laissé en friches la question du découpage des signifiés, c'est-à-dire de la forme du contenu selon Hjelmslev. Cette forme est parallèle à la forme de l'expression, bien travaillée depuis Saussure, notamment par la phonologie. La langue est forme et non substance, répétait Saussure ; il y avait moyen pourtant de sauver et d'isoler dans la langue une couche substantielle, en distinguant rigoureusement celle-ci de la matière, qui constitue le support physique ou psychique de nature extralinguistique, et Hjelmslev s'est emparé de ce couple terminologique forme/substance pour le croiser avec les deux plans de l'expression et du contenu, distinguant ainsi :

— une substance du contenu et une forme du contenu : la substance du contenu est le *continuum* de l'univers, que les langues et les cultures qui leur correspondent découpent différemment, par exemple le spectre des couleurs, ou les formes des temps dans la conjugaison des verbes ; substantiel donc amorphe, ce continuum est toujours en attente de sémiotisation, disponible pour des articulations (des formes du contenu) renouvelées ;
— une substance de l'expression et une forme de l'expression : les matériaux signifiants relèvent eux aussi d'un fond indifférencié ou continu dans lequel ils se coulent (par exemple le spectre des sons), et c'est cette substance que la forme de l'expression articule différemment, en rendant chaque unité pertinente par rapport aux autres.

Le parallélisme de ces deux plans, et la déjà riche théorisation des articulations de la forme de l'expression par les phonologues et les lexicologues, conduisirent Hjelmslev à chercher comment se découpent les formes du contenu, et à jeter ainsi les bases d'une sémantique structurale (qui sera reprise et développée en France par Greimas). De même qu'un mot ou une entité de la langue se décomposent en phonèmes au plan de l'expression, pourquoi ne pas analyser, au plan du signifié, les unités du contenu en un dictionnaire de composants ou de *traits sémantiques* de base ? Le lexème *brebis* par exemple, pour citer le registre animalier qui fit la fortune de cette méthode, se décomposerait ainsi en « animé + ovin + elle + adulte », *garçon* en « animé + humain + il – adulte », etc.

Une autre reformulation par Hjelmslev de la terminologie saussurienne porta sur le couple *langue/parole*, qui recouvre chez Saussure l'institution et le trésor collectif opposés à l'actualisation et à la création personnelles ; Hjelmslev leur substitua le *schéma* et l'*usage*, ce qui présente l'avantage, souligné par Roland Barthes[1], de désindividualiser la notion de parole en y incorporant les stéréotypes de la culture de masse ou de ces *mythologies* auxquelles lui-même avait consacré un ouvrage. Ultérieurement, le couple schéma/usage peut se fondre dans celui, plus large épistémologiquement, du *système* et du *procès*[2], deux termes étroitement corrélés dans l'heuristique des sciences sociales : tout procès pour se dérouler a besoin d'un système sous-jacent, et tout système se manifeste à travers différents procès.

Une troisième innovation souvent citée de l'école danoise fut la reformulation rigoureuse et lapidaire, notamment propagée par Roland Barthes et Umberto Eco, des opérations de la connotation et du métalangage. Soit, pour reprendre le résumé de Barthes[3], les deux plans de l'expression et du contenu et leur relation R de signification : on peut isoler cet ensemble comme le *système ERC*. Supposons maintenant que le contenu C soit un autre système : on obtient le métasystème ER (ERC), qui correspond au décrochement métalinguistique. Un métalangage, glose Barthes, « est une sémiotique qui traite d'une autre sémiotique ». Inversement, le plan de l'expression E peut lui-même englober ou constituer déjà un système : (ERC) RC. Cette formule est celle de la connotation, qui accroche son message sur un système de signification déjà constitué : c'est le cas, par exemple, quand Stendhal introduit dans son écriture un italianisme, connotant par là un univers enivrant d'aventure et de passions... Les renvois obliques et les ruses de la connotation intéressent particulièrement l'auteur des *Mythologies*, car toute la question de la littérature, mais aussi de l'idéologie et des expressions de la culture de masse s'y trouve prise.

Nous isolerons enfin dans le corpus théorique légué par Hjelmslev une dernière thèse, qui touche de près au projet sémiologique, celle qui fait de la langue l'*interprétant universel* des autres systèmes sémiotiques. On a souvent remarqué en effet la supériorité du langage verbal dans tout procès de signification, au point que la plupart des messages que nous échangeons (iconiques, musicaux ou mimo-

1. R. Barthes, *Éléments de sémiologie*, recueillis dans *Le degré zéro de l'écriture*, Paris, Gonthier/Médiations, 1965, p. 90-93.

2. Voir « La structure fondamentale du langage », conférence publiée à la suite de *Prolégomènes à une théorie du langage*, Paris, Minuit, 1968, p. 187 et s.

3. *Ibid.*, p. 163 et s.

gestuels...) sont mixtes et tout mêlés de mots : une exposition de peinture par exemple, une chorégraphie, mais aussi un reportage filmé au journal télévisé font largement appel à un cadre verbal, sans lequel le message ou le signifiant non verbal flotterait, privé de sens. « Il paraît de plus en plus difficile de concevoir un système d'images ou d'objets dont les *signifiés* puissent exister en dehors du langage (...) : il n'y a de sens que nommé, et le monde des signifiés n'est autre que celui du langage », tranche Roland Barthes à l'ouverture de ses *Éléments de sémiologie.* Cette thèse grosse de conséquences, puisqu'elle oriente la sémiologie dans une hiérarchisation franchement logocentrique de nos performances communicationnelles, peut s'étayer chez Hjelmslev sur la distinction entre deux types fondamentaux de langages, ceux qu'étudient les philologues et qui couvrent les langues naturelles, et ceux plus *restreints* ou spécialisés qui ne concernent qu'une classe de signification définie, ou qui visent des fins spécifiques. La supériorité des langages non restreints, ou « passe-partout »[1], est que « tout peut y être traduit » : non seulement nos langues naturelles se traduisent entre elles, mais elles sont l'*interprétant universel* ou la métasémiotique de tous les autres langages ou modes d'expression, qui se trouvent ainsi ravalés à un stade logique inférieur. Faut-il déduire de ce schéma qu'un texte, par exemple, traduit ou interprète une peinture ou une chorégraphie, mais que celles-ci ne sauraient interpréter un texte ? Les créateurs et les amateurs d'art protesteraient sans doute contre cet impérialisme linguistique, qui a incontestablement favorisé l'essor de la sémiologie mais qui peut constituer aussi l'un de ses obstacles.

L'œuvre de Hjelmslev et du Cercle de Copenhague, en généralisant rigoureusement Saussure, donna un premier corps à son projet sémiologique. C'est Algirdas Julien Greimas surtout qui développa en France cet héritage, dans la direction d'une sémantique structurale, puis d'une sémiotique conçue comme le métalangage unificateur des sciences humaines – « il n'y a rien en dehors de la sémiotique » –, projet grandiose dont la présentation et la discussion déborderaient les limites de ce chapitre[2].

1. *Structure fondamentale..., op. cit.,* p. 180.

2. A. J. Greimas, *Sémantique structurale,* Paris, Larousse, 1966, et PUF, 1986, *Sémiotique, dictionnaire raisonné de la théorie du langage* (en coll. avec J. Courtès), Paris, Hachette Université, 1979. Sur la sémiotique de Greimas et de l'école de Paris, on consultera particulièrement Anne Hénault, *La sémiotique,* Paris, PUF, « Que sais-je ? », 1993.

Roman Jakobson et la poétique structurale

Le nom de l'« ingénieux Jakobson », comme l'appelait le linguiste danois Viggo Bröndal, demeure lié à une phonologie élargie à des questions de poétique et d'anthropologie. Avec les « formalistes russes », Jakobson s'employa à définir le poème non par ses thèmes, ni par les dispositions psychologiques et sociales de son auteur chères à l'ancienne critique, mais par sa seule forme ; il isola du même coup une « fonction poétique » qui déborde la littérature, et qu'on retrouve éparse dans les proverbes, sur les affiches ou dans la simple conversation. Avec le Cercle linguistique de Prague et Nicolaï Troubetzkoï d'autre part, Jakobson développa la phonologie, qui étudie d'une langue à l'autre comment sont sélectionnés et organisés les phonèmes de base. L'approche phonologique peut se schématiser en quatre opérations fondamentales, où il s'agit de :

— « descendre » de l'articulation phonétique consciente au tableau, inconscient pour le locuteur, des oppositions phonologiques pertinentes ;
— traiter non les termes, mais les oppositions entre les termes ou les unités ainsi dégagées ;
— comprendre qu'ils forment un système ou une structure ;
— formuler à partir de celle-ci des lois générales, soit par induction, soit par déduction tirée d'un tableau combinatoire des unités phoniques, analogue au tableau de Mendeleiev pour les atomes.

Les oppositions des traits « pertinents » entre les phonèmes allant généralement par paires, l'approche phonologique est marquée par un *binarisme* que Jakobson étendit fort au-delà du tableau des unités non significatives. Dans le chapitre « Deux aspects du langage et deux types d'aphasie »[1] par exemple, l'auteur ramène les formes complexes de ce trouble aux deux axes constitutifs de la parole déjà dégagés par Saussure, l'axe paradigmatique de la sélection (qui opère selon la *similarité*), et l'axe syntagmatique de la combinaison (où les relations sont de *contiguïté*) ; il renforce ensuite cette opposition en réservant le premier aux associations métaphoriques, et le second aux métonymies ; il couronne enfin cette construction par quelques vues cavalières sur l'art du roman, du cinéma et de la peinture, dont

1. D'abord paru en 1956, et recueilli dans *Essais de linguistique générale,* chap. 2, Paris, Minuit, 1963.

les œuvres ou les écoles se distribueraient pareillement selon ces deux axes : « On peut noter l'orientation manifestement métonymique du cubisme, qui transforme l'objet en une série de synecdoques ; les peintres surréalistes ont réagi par une conception visiblement métaphorique »[1].

Une autre généralisation, qui fit plus encore pour la gloire de Jakobson, figure au chapitre 11, « Linguistique et poétique », du même recueil ; pour expliquer la *fonction poétique* et son aspect autotélique, ou autoréférentiel, le phonologue se lance dans un tableau exhaustif des six fonctions de la communication, appuyées sur les six facteurs inaliénables de toute interlocution, à savoir

CONTEXTE
ÉMETTEUR... MESSAGE... RÉCEPTEUR
CONTACT
CODE

Les six fonctions de base de la communication s'en déduisent, selon que l'accent se trouve placé sur l'un ou l'autre des facteurs *supra,* ce qui donne par décalque le tableau suivant où l'on voit qu'une communication peut être tour à tour

RÉFÉRENTIELLE
EXPRESSIVE... POÉTIQUE... CONATIVE
PHATIQUE
MÉTALINGUISTIQUE

Cette construction, inspirée du schéma de Shannon et Weaver publié en 1948, se trouve partout citée dans les études de communication, mais elle sert aujourd'hui davantage de repoussoir pour penser d'autres modèles, venus de la pragmatique et des conceptions interactionnistes ; on a, par exemple, reproché à Jakobson de favoriser une conception trop unifiée du code, qui n'est pas donné d'avance et peut faire l'objet d'un conflit entre interlocuteurs ; de même l'unicité du canal pose problème, puisque la moindre interaction verbale avec ses signes intonatifs et mimo-gestuels en emprunte plusieurs ; l'émetteur et le récepteur mériteraient également d'être complexifiés, et ces termes abritent plusieurs sujets, si l'on songe par exemple aux modes d'énonciation des médias. La fonction poétique enfin, cœur et but du fameux schéma, se résume pour Jakobson à mettre le message – entendons son organisation signifiante – au centre du message, et il multiplie les affirmations touchant

1. *Ibid.,* p. 63.

l'autonomie du poème, et sa forte structuration phonétique ; cette thèse eut un impact considérable sur la critique structuraliste des années soixante, et donna carrière à quantité de « lectures », dont la plus célèbre est précisément l'étude, cosignée par Lévi-Strauss et Jakobson, du sonnet de Baudelaire « Les Chats ». Mais sur ce terrain non plus, la percée jakobsonienne ne fit pas l'unanimité, et Georges Mounin put objecter que « la fonction poétique chez Jakobson explique aussi bien (ou mieux) les slogans comme *I like Ike* que "Spleen" de Baudelaire, dont toutes les structures mnémotechniques sont explicitées, mais jamais la qualité poétique à laquelle on dirait que Jakobson est totalement sourd »[1].

Toute la séduction, mais aussi la fragilité du structuralisme jakobsonien apparaissent dans ces généralisations d'une analyse binaire, exportée hors de la phonologie ; la force clarificatrice de pareils schémas avait de quoi ravir les spécialistes de l'aphasie, de la parole, de la poétique ou de l'histoire de l'art, qui se sentaient trop souvent dépassés par la complexité de leurs objets d'étude, et ces extrapolations audacieuses servirent de détonateur aux études structuralistes : Lévi-Strauss rencontra Jakobson à New York en 1944, et les textes fondateurs publiés par l'anthropologue à partir de 1945 doivent beaucoup à l'amitié des deux hommes.

Claude Lévi-Strauss, de la linguistique à l'anthropologie structurale

Parmi les sources de Lévi-Strauss, il faut citer Marcel Mauss comme l'atteste la retentissante *Introduction* à ce grand pionnier, rédigée par l'anthropologue en 1950, et qui constitua le manifeste des études structuralistes françaises. Pour Mauss comme aussi pour Boas, rappelle Lévi-Strauss, « tous les phénomènes sociaux peuvent être associés au langage »[2]. Il ne suffit pas de dire que le langage double toutes nos activités d'échanges et de relations ni, avec Hjelmslev, d'en faire l'*interprétant universel* des autres activités sémiotiques : le langage ne se contente pas d'accompagner, il constitue le modèle par excellence de la médiation symbolique essentielle à toute culture.

1. G. Mounin, *La linguistique du XXe siècle*, Paris, PUF, 1972, p. 151.
2. C. Lévi-Strauss, « Introduction à l'œuvre de Marcel Mauss », recueillie dans Marcel Mauss, *Sociologie et anthropologie*, Paris, PUF, 1950, p. XX.

Une science de cette culture sera donc une science des activités symboliques des hommes – une *sémiologie* selon le projet saussurien – dont la linguistique sera la clé de voûte. Les concepts forgés par Saussure et par la phonologie – différence, opposition, système, arbitraire, inconscient... – pour extraire le code profond de la langue ne concernent pas que celle-ci mais, selon le programme explicite du *Cours,* toutes les formes de langages non verbaux comme les codes graphiques, ou les signes des sourds-muets. Le *relativisme* généralisé proposé par Saussure débordait ainsi les échanges langagiers en direction de la culture dans son ensemble, et son modèle promettait à la méthodologie des sciences sociales une rénovation radicale. Si Jakobson vérifia l'ouverture saussurienne par quelques percées prometteuses, c'est Lévi-Strauss qui formula dans toute son ampleur, dès l'*Introduction* de 1950, le programme structuraliste : « Toute culture peut être considérée comme un ensemble de systèmes symboliques au premier rang desquels se placent le langage, les règles matrimoniales, les rapports économiques, l'art, la science, la religion. (...) Ils restent toujours incommensurables. »[1]

Le moyen terme ou le médiateur qui va permettre de rapprocher ces domaines en effet *incommensurables,* et de fonder le projet d'une anthropologie enfin structurale, c'est l'inconscient. En 1950, l'auteur de l'*Introduction* cherche cet inconscient du côté de Saussure plus que de Freud – même si la psychanalyse est mentionnée à plusieurs reprises dans ce texte-programme, qui prépare et met clairement en place les principaux ingrédients de la synthèse lacanienne : c'est la linguistique structurale, précise Lévi-Strauss, qui nous a familiarisés « avec l'idée que les phénomènes fondamentaux de la vie de l'esprit, ceux qui la conditionnent et déterminent ses formes les plus générales, se situent à l'étage de la pensée inconsciente. L'inconscient serait ainsi le terme médiateur entre moi et autrui »[2]. Plutôt qu'à la linguistique saussurienne d'ailleurs, c'est à la phonologie de Troubetzkoï et Jakobson que semble songer Lévi-Strauss dans ce texte. Saussure en effet avait inauguré une féconde formalisation, mais sans conduire la linguistique jusqu'au langage mathématique ; la phonologie en revanche, qui révèle un petit nombre de relations constantes sous la complexité apparente, semblait mieux remonter à la structure cachée, et ouvrait la voie d'une mathématisation progressive des science sociales. Les échanges examinés par Mauss dans l'*Essai sur le*

1. *Ibid.,* p. XXIX.
2. *Ibid.,* p. XXXI.

don, autant que les règles de parentés étudiées alors par Lévi-Strauss, obéissent à des règles précises gouvernant les cycles de réciprocité, au point que leur étude, comme en phonologie, semble autoriser désormais le raisonnement déductif : « En s'associant de plus en plus étroitement avec la linguistique, pour constituer un jour avec elle une vaste science de la communication, l'anthropologie sociale peut espérer bénéficier des immenses perspectives ouvertes à la linguistique elle-même, par l'application du raisonnement mathématique à l'étude des phénomènes de communication. »[1] Par une note implantée dans cette dernière phrase, Lévi-Strauss renvoie le lecteur à l'ouvrage de Wiener paru en 1948, *Cybernetics,* qui semblait en effet promettre une synthèse grandiose pour le traitement mathématique des phénomènes de la communication, et une formalisation plus poussée des sciences sociales.

Les textes recueillis dans la première partie de *Anthropologie structurale,* « Langage et parenté »[2], s'efforcent d'établir les isomorphismes entre les deux domaines, et de fonder ainsi leur convergence structurale par la médiation d'une espèce de point oméga que Lévi-Strauss appellera plus tard *ordre des ordres,* et qu'il baptise ici « esprit humain » mais aussi *inconscient* (supposé invariant). Non seulement le langage est l'exemple éminent d'une fonction symbolique partout présente, mais l'analyse formelle de la linguistique a une valeur exemplaire pour piloter la recherche ethnologique ; il convient donc de pousser assez loin l'analyse des autres échanges pour atteindre de même la structure inconsciente sous-jacente qui permettra à l'anthropologue de circuler entre les strates des « communications » qui composent une culture : « Toute la démonstration (...) a pu être menée à bien à une condition : considérer les règles du mariage et les systèmes de parenté comme une sorte de langage, c'est-à-dire un ensemble d'opérations destinées à assurer, entre les individus et les groupes, un certain type de communication. Que le "message" soit ici constitué par les *femmes du groupe qui circulent* entre les clans, lignées ou familles (et non, comme dans le langage lui-même, par les *mots du groupe* circulant entre les individus) n'altère en rien l'identité du phénomène considéré dans les deux cas. »[3] S'autorisant du renfort de l'*Essai sur le don,* ce sont finalement trois niveaux que l'anthropologue mettra dans une relation d'isomorphisme scellée par les mots clés

1. *Ibid.,* p. XXXVI-XXXVII.
2. C. Lévi-Strauss, *Anthropologie structurale,* Paris, Plon, 1958.
3. *Ibid.,* p. 69.

d'« inconscient » et de « communication » : « Les règles de la parenté et du mariage servent à assurer la communication des femmes entre les groupes, comme les règles économiques servent à assurer la communication des biens et des services, et les règles linguistiques la communication des messages. »[1]

Suffit-il de ranger tel échange dans la très large catégorie de la communication pour en conclure qu'il est structuré « comme un langage » ? Jacques Lacan lira de près ces textes de Lévi-Strauss, et il s'engouffrera dans la brèche ouverte par ce syllogisme, ou ce sophisme. Le génial bricoleur de l'*Anthropologie structurale* (qui publiera dans son ouvrage suivant, *La Pensée sauvage*, un célèbre éloge du bricolage) avait pour sa part prévu l'objection en précisant les limites du modèle linguistique : tout échange, sans doute, n'est pas langage, mais il obéit à un code, et celui-ci relève d'une *structure*. À quoi reconnaît-on qu'un système de signes fonctionne structuralement ? Quand on peut y identifier : 1 / des unités (discrètes ou non) opposables les unes aux autres sans équivoques ; et 2 / les règles de leurs combinaisons. Ces deux exigences se trouvent remplies par les systèmes linguistiques, économiques et matrimoniaux, mais aussi par les modes culinaires que l'auteur examine à la suite, et cela suffit à valider leur homologie au sein d'une *anthropologie structurale* qui accomplit la promesse saussurienne d'une sémiologie – sans d'ailleurs la nommer, comme si celle-ci se trouvait déjà inscrite dans un ensemble plus large.

Jacques Lacan ou la psychanalyse saisie par la « linguisterie »

Il est impossible dans le cadre de cette présentation de résumer la doctrine lacanienne, même en saisissant celle-ci à sa source, c'est-à-dire par la réflexion sur les modes et l'efficacité de la parole dans la cure telle que Lacan la déploie dans son célèbre *Discours de Rome* de 1953, intitulé « Fonction et champ de la parole et du langage en psychanalyse »[2]. La filiation entre ce *Discours* et l'*Introduction* de Lévi-Strauss à Mauss en 1950 est néanmoins directe et le psychanalyste, qui désire autant que l'anthropologue arracher sa discipline aux observations empiriques et l'élever au rang du calcul et d'une science

1. *Ibid.*, p. 95.
2. J. Lacan, *Écrits*, Paris, Le Seuil, 1966, p. 251-265.

déductive, se tourne comme lui vers la problématique du langage. Ou plus exactement « de la parole et du langage »... C'est ici que la référence à Saussure s'annonce équivoque, puisque celui-ci avait méthodiquement exclu la première pour mieux fonder la connaissance *structurale* de la langue : le paradoxe des références lacaniennes à la linguistique (ou, comme lui-même ironisera, à la « linguisterie ») sera de traiter d'abord de la parole, et de la relation d'interlocution comme dit explicitement le *Discours de Rome,* donc de raisonner quasi exclusivement sur un objet ou un champ qui sera revendiqué quelques années plus tard par une pragmatique que Lacan anticipe, mais qu'il veut penser, voire forcer dans le cadre légué par Saussure.

Nous n'examinerons pas ici la façon dont Lacan s'empara de la distinction du signifiant et du signifié pour affirmer (après Lévi-Strauss) l'autonomie du signifiant, ni comment il réinterpréta la barre de fraction qu'on peut tirer entre eux comme barre du refoulement. Nous nous contenterons de pointer, dans le *Discours* de 1953, le statut assez neuf assigné à la parole, qui occupe en effet dans la cure une place éminente, mais que Freud et ses successeurs n'avaient sans doute pas clairement analysée. Il est curieux de noter rétrospectivement combien l'impensé de la psychanalyse fut, jusqu'aux interventions décisives de Lacan, le langage et ce que Lévi-Strauss avait baptisé de son côté l' « efficacité symbolique »[1]. Le statut de la parole, pas seulement dans la cure, touche de près à la question de la vérité, où il convient de distinguer (selon une terminologie pragmatique qui n'est pas vraiment celle de Lacan) une vérité de l'énoncé, qui dit ou constate un contenu, d'une vérité de l'énonciation davantage concernée par la relation. Avant de *constater* quoi que ce soit, notre parole est symbolique d'un pacte, et c'est à celui-ci que Lacan accole la vérité, vérité non pas constative d'adéquation entre la représentation et les faits qu'elle rapporte, mais vérité de l'énonciation : quoi que je dise, un mensonge ou la pire folie, il est vrai que je le dis, et cette énonciation est précisément sur le divan la chose même. Lacan développera plus tard cette distinction incontestable au moyen de la formule : « Moi la vérité je parle... », où se condense la prétention, sinon toujours à la vérité objective, du moins à la *reconnaissance* d'un sujet par un autre, inexpugnable au cœur de toute assertion.

Freud penchait manifestement pour une vérité constative d'adéquation, donc pour la valeur référentielle ou archéologique des énoncés sur le divan, conçu comme un champ de fouilles ; il conser-

1. C. Lévi-Strauss, « L'efficacité symbolique », *Anthropologie structurale,* chap. X.

vait dans cette mesure une interprétation chosiste et historique des représentations inconscientes, autant qu'une vision optimiste et intellectualiste de la parole tendue vers la connaissance ou la tant vantée « prise de conscience », qui dissipe les monstres. Bien loin de partager cet optimisme, Lacan récuse tout paradigme archéologique (cette fouille qui nous rendrait des objets soi-disant perdus) : la parole fortement adressée du divan nous fait moins connaître une histoire qu'elle ne s'expose elle-même, dans la vacillation ou le vide de ses contenus, mais avec l'exigence d'une relation pleine. « Le langage avant de signifier quelque chose signifie pour quelqu'un. » Tel est le virage ou le *pragmatic turn* auquel le *Discours de Rome* entendait soumettre la psychanalyse, d'où quelques conséquences renversantes : l'accès au symbolique est pensé hégéliennement comme accès à l'interlocution (un mot de 1953 que Lacan évitera par la suite), mais du même coup « l'inconscient c'est le discours de l'autre », et il est « structuré comme un langage »... En suspendant le contenu de la parole, Lacan congédiait une conception positive ou positiviste de l'inconscient, en faveur de la relation et du *ici et maintenant* incontournable de l'énonciation. Il est curieux qu'il ait pensé cette ouverture bienvenue dans les termes de la linguistique saussurienne, qui ne pouvait l'accueillir, en ignorant jusqu'au bout la problématique anglo-saxonne des *speech acts* ou, *a fortiori*, la pragmatique de l'école de Palo Alto. De même, il refusa l'ouverture sémiologique en persistant à aligner nos « sémiotiques inférieures » (du corps, des affects, des symptômes) sur un *signifiant* – terme omniprésent dans le discours lacanien – lui-même rabattu sur la seule région du langage, voire de l'écriture. Après sa prestigieuse lecture de la *Lettre volée* d'Edgar Poe, Lacan réduira en effet « le signifiant » aux trajets combinatoires de la *lettre*, qui attirera peu à peu dans son ordre un *symbolique* associé à la machine. C'était refermer bien vite l'ouverture pragmatique, et sémiologique, sur un logocentrisme que la psychanalyse aurait pu au contraire critiquer : faut-il vraiment penser l'ordre primaire de l'inconscient sur le modèle de la structure langagière, ou d'une machine, et y chercher des chaînes de substitution et de permutation réglées ? Condensation et déplacement se laissent-ils rabattre sur *métaphore* et *métonymie*, et n'est-ce pas plutôt l'inverse ? La « censure » postulée par Freud n'est-elle qu'un caviardage frappant d'illisibilité un texte écrit quelque part en clair, et des représentations d'abord distinctes ? Il y avait dans la psychanalyse freudienne un danger de positivisme, et une fermeture aux intuitions qui seront celles de la pragmatique, que Lacan paradoxalement aggravera au fil de son enseignement, malgré les ouvertures étincelantes du *Discours* de 1953 par lequel il semble, rétrospectivement, avoir rivalisé avec Lévi-Strauss pour lancer le naissant courant structuraliste.

Roland Barthes, pour une sémiologie douce

Des cinq auteurs présentés dans cette section, Roland Barthes est certainement celui dont l'œuvre a le mieux vieilli, et son influence demeure très présente, mais comment la rendre sensible au lecteur ? Paraphraser ses thèses serait les amoindrir, car Barthes enseignait d'abord par le tact artiste de son style. *Tact* est le terme qui résume peut-être ses recherches textuelles et son usage de la sémiologie, et vers lequel celle-ci d'ailleurs converge si l'on songe qu'il consacra son dernier ouvrage, *La chambre claire,* à l'indicialité « poignante » de quelques photographies.

Le parcours même de l'auteur reflète un certain destin de nos études. Dans une première phase scientifique et militante, Barthes s'empara de la sémiologie saussuro-hjelmslevienne pour décrire les stéréotypes, les codes et les mythes d'une société qui accédait à la consommation et à la communication *modernes.* À cet égard, comme il le souligne dans l'introduction à ses *Éléments de sémiologie* (1964), cette discipline n'est pas une fantaisie de chercheur ni une curiosité anachronique mais elle vient au contraire à son heure, et constitue « l'imaginaire intellectuel de notre époque »[1]. Manié par Barthes, le scalpel sémiologique prolongeait et généralisait son brechtisme[2], comme il faisait système en littérature avec l'essor de l'école dite du « nouveau roman » ; il apportait une catharsis et une salubre critique, en détachant nos représentations de l'épaisse glu naturaliste du consensus ou du premier regard. La doctrine recueillie dans les *Éléments de sémiologie,* où le lecteur d'aujourd'hui trouvera un résumé très clair et toujours opératoire de la méthode d'analyse structurale, aboutit dans son œuvre aux études du message publicitaire, de l'urbanisme, de la mode, et d'abord du texte ; mais avec *S/Z* (1970) et surtout *Le plaisir du texte* (1973), on sent que Barthes se lasse d'un appareil théorique trop pesant ; A. J. Greimas avait été en 1950 son

1. *Op. cit.,* p. 83.

2. Du temps de la revue *Théâtre public,* R. Barthes a consacré à Brecht plusieurs articles incisifs, dont deux se trouvent recueillis dans *Essais critiques,* Paris, Le Seuil, 1964.

compagnon de travail à Alexandrie, où ils avaient découvert ensemble l'œuvre de Hjelmslev, mais Barthes évolua au rebours de Greimas, et il n'approuvait certainement pas le projet d'une sémiotique conçue comme l'algèbre des sciences sociales (ce fut par l'intermédiaire de Lévi-Strauss, et non de Barthes, que Greimas fut nommé en 1965 directeur d'études à l'École des hautes études). L'*amateur de signes,* comme lui-même préférait se définir, se défiait d'une entreprise de reconstruction du sens[1], et faisait au contraire ses délices de ce qui pouvait *fissurer* celui-ci ; au fil de ses dix dernières années, l'écrivain l'emportait sur le théoricien, et il avait reçu d'un voyage au Japon, terre promise pour un sémiologue, une secousse décisive[2]. Les signes de l'amour[3], de la photographie[4], du cinéma, de la peinture, du chant ou de la musique[5]..., ne se laissent pas saisir avec la même précision que les mots, dont Barthes faisait en 1964 le cadre ou la clé de toutes nos communications ; le sens qu'il suit partout à la trace est désormais *obtus,* et les derniers essais marquent le désaveu du projet sémio-*logique* en explorant « ce lieu où le langage articulé n'est plus qu'approximatif et où commence un autre langage (dont la » science « ne pourra donc être la linguistique, bientôt larguée comme une fusée porteuse) »[6].

Après Benveniste et Julia Kristeva, Barthes appelle *signifiance* cette enfance d'une signification rebelle à l'ordre oppositionnel-structural autant qu'aux jeux des codes. Les images photographiques examinées dans *La chambre claire* se situent en deçà, du côté d'une sémiologie de l'indice dont l'auteur analyse les effets « poignants » : avec la photographie en effet, la représentation n'est pas tout à fait coupée de la présence, et une trace réelle du phénomène se faufile jusqu'à mon regard, par le truchement de l'empreinte lumineuse ; cette continuité analogique de l'empreinte fait dire à Barthes que, contrairement au discours (ou à la peinture), une photographie emporte avec elle un certificat de réalité, et que son premier message équivaut à quelque « Ça a été ». Antilogique ou *primaire* au sens freudien du terme, *réel* au sens lacanien, il arrive que le détail fissurant du *punctum* photographique casse le code de la représentation au profit

1. A. J. Greimas, *Du sens,* Paris, Le Seuil, 1970.

2. R. Barthes, *L'empire des signes,* Genève, Skira, « Les sentiers de la création », 1970, repris en coll. « Champs-Flammarion ».

3. *Fragments d'un discours amoureux,* Paris, Le Seuil, 1977.

4. *La chambre claire,* Paris, Le Seuil/Les Cahiers du cinéma, 1980.

5. *L'obvie et l'obtus,* Paris, Le Seuil, 1982.

6. *Ibid.,* p. 58.

d'une conscience aiguë de la présence, et d'une mémoire affective. La grandeur de Barthes fut d'aller vers ce pôle de confusion des affects, et de chercher l'ombilic indiciel des signes, sans rien perdre en élégante clarté.

L'alternative d'une sémio-pragmatique : C. S. Peirce

L'œuvre de l'Américain Charles Sanders Peirce (1839-1914) est aujourd'hui étudiée et citée pour sa double ouverture, sémiologique et pragmatique, et plusieurs tournants salués par notre modernité se trouvaient déjà accomplis au fil de ses *Collected Papers,* qui auraient pu avoir un impact décisif et précoce sur les études de sémio-linguistique si leur lecture ne s'avérait malheureusement très rébarbative ; la pensée de Peirce était foisonnante mais fort obscure, au point qu'il semble difficile encore aujourd'hui, malgré les travaux de ses traducteurs et interprètes, de comprendre ce qu'il a vraiment dit : dans la très brève annotation qui suit, nous filtrerons et solliciterons à notre tour Peirce plus que nous n'exposerons fidèlement ses thèses, en renvoyant le lecteur intéressé aux ouvrages de référence[1].

Qu'est-ce qu'un signe, ou l'indépassable sémiosphère

À la question, essentielle pour notre propos, de dire où passe la frontière entre le monde des signes et le monde des choses, Peirce répond par une thèse radicale : tout peut servir de signe, il n'y a rien qui ne puisse être un signe, et notre pensée n'a accès qu'à des signes ; jamais nous n'aurons du monde ni des autres sujets une connaissance immédiate, la moindre de nos intuitions passe par des relations d'interprétation, et toute pensée revient à manipuler des symboles. Pour évoquer le champ encyclopédique de ses curiosités,

1. De Peirce, mentionnons essentiellement *Écrits sur le signe,* traduction et commentaire de Gérard Deledalle, Paris, Le Seuil, 1978, *Textes anticartésiens,* traduction et présentation de J. Chenu, Paris, Aubier, 1984, l'ouvrage de Claudine Tiercelin, *C. S. Peirce et le pragmatisme,* Paris, PUF, 1993, et le n° 6 de la revue *MEI,* « Icône Image », dirigé par Bernard Darras, Paris, L'Harmattan, 1997.

Peirce a proposé non sans humour l'équivalence suivante : « (...) je n'ai jamais été capable d'étudier quoi que ce fût – mathématiques, éthique, métaphysique, gravitation, thermodynamique, optique, chimie, anatomie comparative, astronomie, psychologie, phonétique, économie, histoire des sciences, whist, hommes et femmes, vin, météorologie – autrement que comme une étude de sémiotique »[1].

Il est devenu habituel d'opposer la structuration binaire de la sémiologie héritée de Saussure et de Jakobson aux découpages et aux définitions triadiques proposés par Peirce, plus dynamiques et plus ouverts. Toute la sémiologie peircienne s'appuie en effet sur un schéma triangulaire très différent du couple signifiant/signifié de Saussure (qu'il n'a d'ailleurs pas connu) : « Le rapport de sémiose désigne une action, ou une influence, qui est, ou qui suppose, la coopération de trois sujets, tels que le signe, son objet et son interprétant. Cette relation ternaire d'influence ne peut se laisser en aucun cas ramener à des actions entre paires »[2]. Cette définition éclaire bien la distinction entre le monde simplement physique et celui que nous dirons de la sémiosphère. Dans les relations physiques telles que cause/effet, stimulus/réponse ou action de A sur B, il n'y a pas d'intermédiaire ni de place pour une interprétation entre A et B : le choc d'une boule contre une autre au billard entraîne mécaniquement un transfert d'énergie qui ne laisse à la boule réceptrice aucun degré de liberté dans ce qu'on hésitera à appeler sa « réponse ». Le monde de l'information est tout autre ; très différent en cela du monde de l'énergie, on le reconnaît à ce qu'on y traite, élabore ou traduit un stimulus en une réponse, B, qui peut s'avérer très éloignée de A, au point que la non-réponse peut toujours constituer une façon de répondre : l'information au sens large, contrairement à l'énergie, c'est ce qu'on est libre jusqu'à un certain point de traiter, voire de laisser tomber. Si par exemple on me frappe violemment à la joue, celle-ci ne peut pas ne pas rougir, voire enfler mécaniquement (réponse « énergétique »), mais ma réponse informationnelle demeure ouverte puisque je peux traiter, *i.e.* interpréter ce signal comme agression, vengeance, punition, mauvaise plaisanterie et adapter en conséquence ma riposte, qui peut aller jusqu'à ne pas répondre mais pardonner, ou tendre chrétiennement l'autre joue. D'une façon générale, nous dirons qu'être vivant c'est traiter ou

1. *Semiotics and Significs,* p. 85-86, cité par C. Tiercelin, *op. cit.,* p. 44.
2. C. S. Peirce, *Collected Papers* (5.484).

interpréter le monde à ses propres conditions : tant qu'il y a de la vie, il y a de l'interprétation, c'est-à-dire l'interposition d'un *monde propre* ou d'un espace de traitement – une *différance,* dirait Derrida – entre le sujet et les signes qu'il reçoit. Être un sujet, c'est avoir et étendre son monde propre (contrairement au cadavre qui n'a que des relations physiques avec son environnement) ; plus ce monde propre est riche et plus grandit l'écart entre les signes/stimuli entrants et les réponses non triviales que chacun élabore : le propre d'un sujet vivant est d'être imprévisible, ou non mécaniquement gouvernable, c'est-à-dire de vivre dans l'interprétation des signes plutôt que sous la pression des choses.

Mais revenons à Peirce : le cadre qu'il trace est le plus ouvert qu'on puisse concevoir pour une sémiologie, puisque la vie des signes ne se limite pas ici à la classe étroite des messages entre un destinateur et un destinataire envisagée par Saussure, mais peut concerner toutes nos perceptions ou stimuli sensibles, dont l'émetteur peut être l'univers en général. Cette sémiologie est illimitée (tout objet, perception ou comportement peuvent fonctionner comme signes), et elle est vivante, ou dynamique : le ressort de cette vie, ou de cette relance indéfinie de la sémiose, tient à ce que Peirce appelle l'*interprétant,* notion obscure à ne pas confondre avec le sujet récepteur, ni d'ailleurs avec le *ground* ou le point de vue selon lequel tel signe renvoie à tel objet : l'interprétant serait plutôt le sens, qui peut être une idée, une réponse émotionnelle, une action ou un comportement dans lequel tel signe se trouve momentanément traduit, cette interprétation pouvant toujours être reprise à son tour dans la chaîne des significations. Quelle que soit l'obscurité du vocabulaire peircien, il est important de comprendre, à sa suite :

— que la chaîne sémiotique est toujours ouverte par les deux bouts : contre Descartes et les philosophes ou logiciens du fondement, mais aussi contre le scientisme ou le positivisme des faits, Peirce soutient qu'il n'existe pas d'idée ou de représentation première qui ne résulte elle-même d'une cascade d'interprétations, et qui à leur tour n'en entraîne. Tout signe est pris de naissance dans le réseau des autres objets-signes, son interprétation ouvre une régression à l'infini, la sémiose est illimitée ;
— que la relation signifiante ne nous donne pas accès à des objets, mais se contente d'*indiquer* ceux-ci ; notre pensée ne se meut que dans la sémiose, et n'en sort jamais ; elle se meut du même coup dans une indécision ou une imprécision constitutives quant à la

chose même, qu'on ne peut espérer rejoindre. On voit que la sémiotique développée par Peirce est inséparable d'une logique, d'une ontologie et d'une épistémologie qui convergent dans ce qu'on appelle son pragmatisme, une philosophie dont les maîtres mots pourraient être *action* et *traduction* : le sens d'un signe est dans l'usage que nous en faisons et dans son développement en d'autres signes, *ad infinitum* ;

— que chaque sujet se situant toujours au carrefour des interprétations, la relation pragmatique entre les sujets est elle-même imprévisible en son fond (les mondes propres de chacun demeurent inscrutables), ou tout aussi indécidable que la relation-signe. Nous en conclurons que contrairement au monde technique des relations sujet/objet, le monde pragmatique des relations sujet/sujet ne se laisse pas instrumenter, ou pour le dire autrement : nous reconnaîtrons une action communicationnelle à ceci qu'elle peut toujours échouer, errer dans des traductions imprévues, ou réussir brillamment sans qu'on puisse programmer d'avance la trajectoire des interprétations.

Contre le logocentrisme, l'icône

Un autre mérite de cette sémiologie généralisée et particulièrement « flottante » est de reconnaître à côté des signes verbaux, ou qu'on dira arbitraires (l'ordre des *symboles* selon Peirce), l'immense domaine des signes analogiques où Peirce distingue l'icône et l'indice. L'icône ne se confond ni avec l'image, ni avec une représentation strictement visuelle, « l'icône n'est qu'une image dans l'esprit. (...) Elle manifeste les traits d'un état de choses considéré comme s'il était purement imaginaire »[1]. Il faut pour comprendre cette définition la rapporter à la distinction des trois ordres logiques de réalité, la priméité ou ordre primaire (que nous dirions aussi imaginaire, qualitatif ou monadique) des impressions, comme le rêve ou la sensation individuelle par exemple ; la secondéité, où l'ordre dyadique par lequel nous rapportons telle perception à la présence de tel objet ; la tiercéité enfin, ou ordre d'une régularité dans les phénomènes débouchant sur des lois. Ces niveaux s'emboîtent comme des poupées-gigognes : le troisième (ordre symbolique des mots) suppose

1. C. S. Peirce, *Écrits sur le signe*, p. 239.

le deuxième (ordre des indices), qui englobe le premier (les icônes). Cette première couche sémiotique est donc présente à tous les étages, *de l'icône* se mêle à toutes nos représentations. Cette icônicité réside notamment dans le sentiment d'analogie immédiate, ou de correspondance, ou de plénitude sensible qui vient doubler ou valider nos performances sémiotiques – par exemple quand les mots que nous employons se nimbent d'un halo d'images –, ce qui fait écrire à Peirce, et c'est un des motifs de sa modernité, que l'icône est « la seule façon de communiquer directement une idée »[1]. Nos communications sont donc icônophiles, mais le stade icônique est par lui-même infirme sur le plan de l'information car l'icône, *primaire,* demeure indifférente à l'existence de son objet, dont la présence n'est reconnue selon Peirce qu'au niveau de l'indice.

Aux frontières de la sémiosphère, l'indice

L'ordre indiciel isolé par Peirce, et rangé par lui dans la catégorie de la secondéité, constitue certainement l'une des frontières actuelles et actives de la sémiologie. Qu'est-ce qu'un indice ? « Un fragment arraché à la chose », écrit Peirce, une représentation dont nous savons qu'elle est causée par la présence d'un objet : empreintes de pas, fumée pour le feu, symptômes météorologiques ou médicaux, vestiges ou traces, intonation verbale, relique ou lettre d'amour..., l'indice est dans chaque cas métonymique (la partie désigne le tout) et contigu par rapport à l'événement qu'il désigne. Nous résumerons son statut en disant qu'avec l'indice la coupure sémiotique n'est pas évidente, ou non stabilisée dans un code : les animaux, par exemple, n'ont à leur disposition que des communications indicielles, c'est-à-dire étroitement analogiques et proches des comportements ou des intentions désignés par elles, d'où plusieurs confusions et risques d'effondrements symboliques entre la carte et le territoire[2]. Bateson qui discute longuement ces exemples (sans jamais citer Peirce) n'emploie pas le terme d'indice mais celui, trop vague

1. *Ibid.,* p. 149.

2. Sur les paradoxes et les dangers de la sémiotique indicielle dans la communication animale, on consultera particulièrement Gregory Bateson, « Problèmes de communication chez les cétacés » et « Une théorie du jeu et du fantasme », dans *Vers une écologie de l'esprit,* Paris, Le Seuil, 1977.

car englobant aussi l'image, de « communication analogique » ; il a toutefois pleinement raison de rapporter les troubles de la sémiotique indicielle aux paradoxes de l'autoréférence, et de citer à leur sujet le paradoxe d'Épiménide, exemple classique d'un énoncé pointant sa propre énonciation. De fait, l'échantillon indiciel est naturellement autoréférentiel puisque la fumée pour le feu, la girouette pour le vent ou la fièvre pour le corps malade désignent ou plutôt montrent, au direct de leur manifestation, un processus qui les englobe. Avec l'indice, la *motivation* du signe est à son comble.

Nous distinguerons donc rigoureusement, à la suite de cette catégorie forgée par Peirce mais sans respecter son texte à la lettre, des *représentations* ou des signes qui s'ajoutent au monde et des *manifestations* ou des échantillons (également sémiotiques) prélevés sur lui. Ces derniers signes, contigus et continus, ont un grand pouvoir d'authenticité, donc de lien en général et d'effets sur nos croyances : la photographie par exemple relève du régime indiciel – c'est une empreinte –, d'où son message éventuellement poignant, et accréditant, relevé par Barthes. À l'indice s'attache un trouble (on craint la confusion du signe et de la chose) autant qu'un possible plaisir (du rattachement et de la continuité analogique). On devine l'intérêt d'une sémiologie indicielle pour mieux comprendre les séductions de la culture de masse, mais aussi de la parole, ou des manifestations de l'art, qui toutes s'efforcent de remotiver les signes logico-langagiers, et d'atténuer la coupure sémiotique. Inversement, il serait intéressant de mieux comprendre les voies du *détachement symbolique* : comment émergent et s'autonomisent les mots et les nombres structurés négativement (selon l'ordre « vide » décrit par Saussure, auquel les indices et les images demeurent largement rebelles), ou comment le continuum analogique dans lequel baigne une bonne part de notre esprit se laisse découper et structurer par les signes diacritiques (différentiels-oppositionnels) de l'ordre symbolique.

Type *et* token

Il est inconcevable que le tout de la chose passe dans son signe, ou que la carte rivalise de richesse avec le territoire ; faire signe, c'est imposer un *type* ou une forme invariante à des *tokens* (des occurrences) empiriques ; c'est filtrer par un code la diversité de phénomènes qui, sans lui, demeureraient uniques ou indécidables. C'est ainsi que, connaissant le code de la langue française, nous identifions les mots de notre langue à travers les variations innombrables de leurs chaînes sonores ou manuscrites.

Il est intéressant à partir de là d'envisager l'activité signifiante comme l'imposition d'une économie et d'une mise à distance : la sémiosphère *contient* le réel, au double sens de ce verbe. Tout signe en effet apporte une abréviation, coder c'est abréger. Or ce moins est un plus. Si la carte (le *type*) contient, par fonction et définition, infiniment *moins* que le territoire *(token)*, son schématisme favorise l'orientation. Cet exemple illustre l'adage bien connu des gens de communication, « less is more », qui nous rappelle que l'information est une grandeur négative, une soustraction et une sélection infligées à l'impensable complexité du réel.

Économique, le signe façonné par le code est du même coup idéal : les *types* n'existent nulle part dans la nature, mais ils stabilisent et standardisent l'émission et la réception des messages par élagage des variations singulières et non pertinentes – par filtrage des *bruits*. Il est aisé de comprendre que ces codes, inséparables de la sémiose, fonctionnent dès la « simple » perception par laquelle nous reconnaissons et traitons les formes toujours mouvantes du monde extérieur.

« La sémiologie, résuma un jour Umberto Eco, c'est l'étude de tout ce qui sert à mentir. » Formule heureuse, qui met bien l'accent sur l'autonomie de la sémiosphère et sur la coupure sémiotique : non seulement les signes ne sont pas les choses (si nous réservons la question des indices), mais ils s'articulent à distance et sans elles, ils indiquent d'assez loin le monde et leurs jeux débordent largement la seule fonction référentielle. C'est ainsi que nous décrivons des univers inexistants, parlons du futur ou dissertons sur la hiérarchie des anges... Il n'y a que dans la sémiosphère que nous pouvons jouer, échafauder des hypothèses, apprécier un film, mentir ou multiplier *les mondes* en marge du réel. Il semble en conclusion, comme Barthes y a insisté et comme toute l'œuvre de Peirce le confirme, que la sémiologie serve d'abord à critiquer l'illusion référentielle et les évidences immédiates de la *nature* : en dédoublant le monde, la sémiologie aiguise notre esprit critique, elle nous rappelle dans tout processus de communication l'épaisseur signifiante, les médiations en chaînes, la cascade des traductions et la trame inlassable des codes.

Noam Chomsky et la linguistique générative

L'Américain Noam Chomsky (né en 1928) a fourni la meilleure introduction à sa conception générative en rattachant celle-ci à la linguistique cartésienne et à la *Grammaire* de Port-Royal[1]. Descartes n'accorda que quelques lignes – mais d'une perspicacité décisive – aux problèmes du langage ; développée par les logiciens de Port-Royal, puis à l'époque romantique par l'Allemand Humboldt, cette tradition oubliée au moment où Chomsky s'en empare lui sert à réfuter vigoureusement les présupposés d'une linguistique empiriste et behavioriste, représentée par ses premiers maîtres Louis Bloomfield et Zellig Harris.

Quelle différence claire tracer entre le langage humain et diverses expressions de l'animal, ou d'une machine ? Au livre V du *Discours de la méthode*, Descartes avait bien souligné l'essentielle *créativité* de notre langage, que nous développons infiniment au-delà de tout stimulus, autant que de l'expression mécanique d'états internes. Alors que le comportement animal est contextuel, la parole et la raison humaines constituent un « instrument universel qui peut servir en toutes sortes de rencontres »[2], et qui échappe dans cette mesure aux explications mécanistes ou behavioristes avancées par Skinner. Il convient donc de poser un ferme partage entre la communication animale, fonctionnelle et mue par des stimuli, et le langage humain. À l'époque romantique, Humboldt reprendra et développera l'intuition cartésienne en caractérisant la créativité ou la génétique langagière comme *energeia* (« Thätigkeit » de l'activité se faisant) et non pas *ergon* (« Werk », œuvre faite). Pour Humboldt aussi, le propre du langage est de pouvoir traiter une infinité de rencontres imprévisibles à partir de mécanismes dénombrables ou finis, que lui-même appelle la *forme* du langage, dans laquelle Chomsky voit l'anticipation de la « grammaire générative ». Mais si les langues montrent des propriétés universelles réservées au genre humain, Humboldt souligne également que chaque langue particulière envisage le monde depuis un point de vue radicalement sin-

1. N. Chomsky, *Cartesian Linguistics : A Chapter in the History of Rationalist Thought*, New York, Harper & Row, 1966, trad. de N. Delanoë et D. Sperber, *La linguistique cartésienne*, suivi de *La nature formelle du langage*, Paris, Le Seuil, 1966.

2. Cité par N. Chomsky, *La linguistique cartésienne*, *op. cit.*, p. 21.

gulier ou unique, et cet accent romantique tire sa linguistique hors du cadre tracé par les cartésiens. À sa suite, Chomsky postule l'existence d'une grammaire universelle, dont les opérations sont accessibles à tous les hommes, et que chaque langue spécifie de manière idiosyncrasique.

Structures profondes et de surface

Un emprunt décisif à la linguistique cartésienne concerne la distinction entre la structure profonde et la structure de surface, soit respectivement entre le niveau sémantique et le niveau phonétique de la phrase. La structure profonde exprime le sens ; commune à toutes les langues selon les grammairiens de Port-Royal, elle contient la forme même de la pensée, ou certaines propriétés fondamentales de notre esprit. On passe à la structure de surface (à l'apparence phonétique de la phrase) par des règles transformationnelles qui diffèrent d'une langue à l'autre. La forme grammaticale de surface peut s'éloigner grandement de la forme logique réelle d'une phrase, et deux phrases de construction très différente peuvent renvoyer à un contenu presque identique (« Le loup mange l'agneau / L'agneau est mangé par le loup ») ; inversement, deux tournures en apparence très proches, voire phonétiquement identiques (« La petite brise la glace ») peuvent exprimer des sens très différents. La série des *transformations* qui mène d'un niveau à l'autre brouille la classification des mots en termes de fonctions syntaxiques : un verbe en structure profonde peut se trouver nominalisé en surface, un sujet passer en position apparente de complément, etc. Harris déjà, le maître « distributionaliste » de Chomsky, avait utilisé la notion de transformation pour pointer sous différentes constructions syntaxiques superficielles la même idée profonde. La description de ces transformations affranchit le linguiste de la forme littérale de l'énoncé, et la recherche du niveau sémantique organisateur rejoint l'analyse de contenu.

Cette structure profonde, ou grammaire générale, regroupe donc les universaux linguistiques parmi lesquels chaque langue découpe sa grammaire particulière.

Innéisme et apprentissages

Chomsky souligne que le locuteur d'une langue sait beaucoup plus de choses qu'il n'en a jamais apprises, et il nie que celui-ci étende son savoir par généralisations ou « analogies » à partir de premiers stimuli. Dans sa longue discussion avec Piaget[1], le linguiste ne cesse d'insister sur la complexité des opérations syntaxiques, qu'aucun enfant en âge d'apprendre sa langue maternelle ne saurait dériver de l'environnement ; il en conclut à la présence sous-jacente de règles innées, par lesquelles chacun produit une indéfinie variété de phrases très au-delà de la remémoration, ou de l'emprunt à une expérience effective. L'éclatante supériorité, manifeste au cours de l'apprentissage linguistique, de la compétence du sujet sur son expérience environnementale effective, fonde la position innéiste de Chomsky, ou ce qu'il appelle aussi son rationalisme.

Cette position ne doit pas conduire à sous-estimer que dans la *performance* de la langue entrent quantité de facteurs relationnels, psychosociologiques ou comportementaux liés en général aux paramètres de l'énonciation, et qui assurent le succès du codage ou du décodage de tel énoncé. Le rationalisme chomskien consiste à isoler, parmi ces multiples facteurs, la sphère ou le noyau de la *compétence*, c'est-à-dire la capacité innée en chacun, émetteur ou récepteur, d'associer des représentations phonétiques et des représentations sémantiques en appliquant strictement les règles grammaticales de la langue. Pourquoi, si l'on accorde par exemple à l'araignée qui tisse sa toile un schéma inné de comportement, refuser à l'homme d'autres schèmes innés pour le tissage incontestablement plus compliqué du langage, moins dérivable encore des données environnementales ? Contre Piaget qui soutient le constructivisme, c'est-à-dire la structuration de la pensée à partir d'étapes successives de l'apprentissage, Chomsky nie qu'un tel transfert du dehors vers le dedans soit possible dans le cas des opérations infiniment complexes du langage ; les données extérieures n'agissent tout au plus qu'en déclencheur, ou sur le modèle de la clé de contact pour la voiture.

Le couple compétence/performance, qui développe la distinction langue/parole posée par Saussure, recoupe également le couple du génotype et du phénotype, de sorte qu'au cours des années soixante

1. *Théories du langage, théories de l'apprentissage, le débat entre Jean Piaget et Noam Chomsky*, organisé et recueilli par Massimo Piattelli-Palmarini, Paris, Le Seuil, « Points », 1979.

sa théorie ouvrit à Chomsky un dialogue étendu avec les sciences de la vie, puis de la cognition. Il devenait tentant de voir dans la langue un organe, et de chercher un parallèle entre l'ordre linguistique des structures profondes et l'ordre neuronique ; de même, la formalisation de la machine logique qu'est toute grammaire, et les opérations de permutation et de substitution qui composent les transformations entre « niveaux » profonds et de surface, offraient de prometteuses passerelles entre la linguistique générative et les sciences de l'ordinateur. La formalisation logique des performances linguistiques, et les espoirs mis dans les logiciels de traduction, ou dans des dialogues homme-machine toujours plus proches de la parole vernaculaire, doivent beaucoup à l'innéisme et au « cartésianisme » défendus par Chomsky. Inversement, l'essor des études de pragmatique au cours de ces mêmes années a permis de prendre une autre conscience de la complexité des échanges linguistiques ordinaires, et nous éclaire mieux sur les limites ou sur le piétinement des modèles logico-déductifs ou cartésiens dans ce domaine.

Le tournant pragmatique

Revenons à la sémiotique constructiviste (et non représentationnaliste) de Peirce. Elle anticipait de plusieurs manières la pragmatique, en refusant par exemple de ranger les signes dans des catégories fixes : il n'y a pas de signe en soi, ni de signes qu'on puisse dire totalement indiciel, icônique ou symbolique, tout est affaire de *ground* et d'interprétant, en bref de contexte et d'usage. En envisageant les signes en acte, et en répétant que leur sens réside dans l'usage, cette sémiotique dynamique annonçait clairement les thèses du « second Wittgenstein » (celui des *Investigations philosophiques* de 1953). Mais si d'autre part nous ne pouvons penser hors des signes, nous ne pouvons pas davantage et pour la même raison penser seuls : contre Descartes, Peirce refusait avec vigueur la possibilité d'une intuition privée, ou immédiate ; il soutenait que toute acquisition de connaissance est un processus collectif, que notre savoir ne reflète pas nos états mentaux mais relève d'habitudes et de dispositions, que l'individu isolé ne peut s'ériger en juge absolu de la vérité et que le for intérieur, ou l'homme privé, n'est jamais un point de départ ni une cause mais le produit d'interactions publiques, un maillon dans une chaîne de facteurs biologiques, psychologiques, sociaux, techniques, sémiotiques, langagiers... Du même coup, Peirce retournait Descartes comme un gant ; ce que celui-ci avait mis dedans (le cogito, les évidences rationnelles), lui le projetait au-dehors, dans le réseau indéfiniment mouvant de nos relations. Ce *primat de la relation* constitue l'autre grand motif, anticartésien, d'une pragmatique en général. Une troisième distinction enfin, celle du *token* et du *type*, anticipait directement l'une des plus nobles conquêtes des sciences du langage poststructuralistes, la distinction de l'énoncé et de l'énonciation. Étude de l'énonciation et des contextes d'usage, inflexion de ces usages verbaux en direction moins de la connaissance que de routines d'influence et d'action, primat enfin de la relation : ces trois axes bien présents chez Peirce se retrouvent échelonnés dans la mouvance pragmatique telle qu'elle se développe depuis les années 1960 pour analyser les conditions concrètes de la parole et de l'acheminement du sens, en réaction – ou en complément – aux études structuralistes, puis génératives, des codes de la langue.

Les déictiques et les marqueurs d'énonciation

Le plus simple pour aborder ce premier cercle ou ce noyau dur de la pragmatique est de repartir de la très claire distinction du *type* et du *token* d'une phrase, en remarquant que la vérité de certains énoncés est *context free*, indépendante des conditions de leur énonciation : c'est le cas des énoncés logiques ou scientifiques jadis privilégiés par les analyses philosophiques du langage, du type « Socrate est mortel » ou « Le bois flotte sur l'eau »... Par contre, la phrase : « Longtemps je me suis couché de bonne heure », ou l'indication : « Prenez la première à droite » suppose, pour être vérifiée ou simplement comprise, une connaissance minimale des conditions d'occurrence et des paramètres spatio-temporels de leur profération. On a appelé *token-reflexive words* (H. Reichenbach) ces petits mots, également baptisés déictiques, ou embrayeurs, qui pointent au présent de l'énonciation les paramètres essentiels de celle-ci : *je, ici, là-bas, à gauche, aujourd'hui,* etc. La référence de ces déictiques (du grec *deiknumi,* « je montre ») ne cesse de changer selon les tours de parole : /je/ désigne la personne qui dit « je » dans la présente énonciation. Du même coup, les déictiques se trouvent frappés d'indécision dès que l'énoncé se détache de l'énonciation : avec l'écriture, notamment littéraire, les déictiques se mettent à flotter. Quel est ce « Je » qui parle dès l'ouverture de *À la recherche du temps perdu* ? Et comment préciser la sémantique de ce vers de Lamartine : « Souvent sur la montagne à l'ombre du vieux chêne... » ?

Une première pragmatique a donc complété la sémantique du discours en étendant ses conditions de vérité à l'étude des marqueurs de l'énonciation, ou du contexte. Benveniste y a contribué par un article important (où il mettait particulièrement en évidence la dimension déictique ou indexicale du temps des verbes), « De la subjectivité dans le langage »[1], dont Catherine Kerbrat-Orecchioni a repris le titre en signant un ouvrage de synthèse sur ces questions[2]. Cette pragmatique pourrait donc se définir comme l'étude de l'influence du contexte sur la valeur de vérité des propositions : certaines, à prétention logico-scientifique (un théorème), ou d'information factuelle (« Le train partira du quai n° 3 »), ou empruntant d'une façon ou d'une autre au type de la loi (« Dieu est grand », « Il est interdit de cracher par terre », une étiquette de prix, etc.) ont une sémantique qui échappe aux fluctuations subjectives. Un théorème scientifique en particulier se veut *context free,* et indépendant pour sa vérité de la question : « Qui parle ? » L'étude des paramètres contextuels toutefois n'allait pas se borner aux déictiques, et par cette petite porte d'autres aspects contextuels allaient s'imposer à une pragmatique qu'on dira rétrospectivement *restreinte,* par exemple l'étude des implications.

Le discours indirect et son interprétation

Un trait remarquable du discours tient en effet à sa nature clivée : sous la surface des énoncés manifestes circulent quantité de sous-entendus qu'on classera en présuppositions, en implications, en insinuations ou autres tropes qui font les délices et les pièges du discours indirect. Une loi d'économie dans la communication ordinaire, bien dégagée par Grice[3] dans l'énumération de ses quatre maximes

1. Paru en 1958 et repris dans *Problèmes de linguistique générale, op. cit.*

2. C. Kerbrat-Orecchioni, *L'énonciation, de la subjectivité dans le langage,* Paris, Armand Colin, 1980.

3. Le principe de coopération et les maximes formulés par Grice sont résumés par Françoise Armengaud, p. 68 et s., de sa très claire et synthétique présentation, *La pragmatique,* Paris, PUF, « Que sais-je ? », 1985. On consultera également, sur ce deuxième « cercle » de la pragmatique, l'ouvrage de C. Kerbrat-Orecchioni, *L'implicite,* Paris, Armand Colin, 1986.

conversationnelles, consiste à donner une information suffisante en quantité, donc proportionnée au savoir supposé du destinataire (la maxime de qualité prescrivant par ailleurs d'être vérace, la maxime de relation d'être pertinent et celle de modalité de toujours tendre à la clarté). Le taux d'information d'un discours sera donc étalonné sur la relation d'interlocution telle que chaque partenaire la calcule, ou l'anticipe ; de même la pertinence, la clarté et jusqu'à la véracité dépendent essentiellement, pour leur dosage, de cette appréciation pragmatique ou relationnelle. La part d'*implicite* véhiculée par une conversation familiale par exemple peut être énorme, comme on le vérifie chaque fois qu'on pénètre en intrus dans le cercle, et elle constitue aussi pour les membres du clan – les bons entendeurs – une assurance relationnelle et un marquage de leur territoire : la qualité du lien entre proches se manifeste par le taux de sous-entendus en circulation (songeons aux *private jokes* inintelligibles aux profanes), et la parole ordinaire fonctionne très normalement, à tous les étages de la société, comme une trieuse entre *nous* et *les autres,* entre dedans et dehors.

Mais cette clôture conversationnelle fait aussi l'objet de stratégies délibérées, du type « dire et ne pas dire » analysé par Oswald Ducrot[1]. Il est souvent avantageux, dans l'argumentation ordinaire, de mettre à la charge du destinataire telle conclusion ou déduction qu'on ne peut soi-même formuler en clair. Le badinage amoureux est fertile en insinuations par lesquelles chacun gravit les degrés d'une parole qui ne cesse d'anticiper une déclaration sans la dire – une parole qu'on peut à tout moment reprendre –, comme aussi la rhétorique de la haine ou de la querelle. Il arrive même, dans le cas de l'ironie ou de certaines insinuations, que le contenu latent soit franchement contradictoire avec le sens manifeste, comme le montre la célèbre « histoire juive » rapportée par Freud où le calcul de la relation d'interlocution apparaît particulièrement tordu : « Tu dis que tu vas à Cracovie pour que je croie que tu vas à Lemberg. Mais je sais bien que tu vas vraiment à Cracovie. Pourquoi alors mentir ? »[2]

Sur le narcissisme clanique tel qu'il s'exprime dans la clôture conversationnelle, autant que sur les innombrables ruses du discours indirect, la littérature fourmille d'exemples très propices à éclairer la

1. O. Ducrot, *Dire et ne pas dire, principes de sémantique linguistique,* Paris, Hermann, 1972.
2. Sigmund Freud, *Le mot d'esprit et ses rapports avec l'inconscient,* Paris, Gallimard, « Idées », 1969, p. 172.

pragmatique de l'interlocution, comme on le voit dans les dialogues de Marivaux, de Nathalie Sarraute ou de Proust[1]. Avec la prise en compte de l'implicite et des courants sémantiques sous-jacents aux messages de surface, la pragmatique élargissait la notion de contexte à celle du *cadre* relationnel, psychologique et social. Les discrets (ou très évidents) rapports de force glanés dans l'interlocution ordinaire – car les assauts du badinage, du sarcasme, de l'ironie ou en général de l'allusion peuvent déboucher sur d'impitoyables duels – ouvrent la porte à une notion promise au premier rôle des études pragmatiques, celle d'acte de parole ou de *force illocutoire*.

Du discours à l'action[2]

On doit au philosophe John L. Austin (mort en 1960 à Oxford à l'âge de 48 ans) la retentissante découverte et un premier classement de ce qu'il baptisa les *speech acts*, ou encore les *performatifs*. Plusieurs prédécesseurs avaient eu l'intuition que le langage ne sert pas qu'à décrire les états du monde, mais qu'il peut dans certaines circonstances leur ajouter un état, ou inaugurer une réalité nouvelle : nous avons cité Peirce, mais il faudrait mentionner Frege quand, analysant le jugement assertif, le logicien remarque qu'une force ou une croyance du locuteur se mêle au contenu cognitif ; Wittgenstein de son côté avait largement anticipé le cadre d'exploration d'Austin en proposant d'élargir la notion de proposition par celle de *jeux de langage* : « Le mot *jeu de langage* doit faire ressortir ici que parler une langue est partie d'une activité, d'une façon de vivre. Représente-toi la variété des jeux de langage à l'aide de ces exemples et d'autres encore : — ordonner ou agir selon des ordres (...) — faire du théâtre ; — chanter des rondes ; — deviner des énigmes ; — demander ; — remercier ; — maudire ; — saluer ; — dire une prière. »[3] Et Benveniste, qui rédigea un compte rendu fouillé des principales thèses d'Austin, y mentionne comment lui-même avait dans un

1. Sur Proust, on consultera particulièrement l'étude de Gérard Genette, « Proust et le langage indirect », recueillie dans *Figures II*, Paris, Le Seuil, 1969 ; et pour la sémiologie qu'on peut, autant qu'une pragmatique, tirer de cette œuvre, l'indispensable *Proust et les signes* de Gilles Deleuze, 2e éd. aug., Paris, PUF, 1970.

2. Nous reprenons ici le titre de l'ouvrage de Denis Vernant publié aux PUF, Paris, 1998.

3. L. Wittgenstein, *Investigations philosophiques*, § 23, Paris, Gallimard, 1961.

article antérieur, « De la subjectivité dans le langage », souligné la différence entre /je jure/ qui stipule un engagement actif, et /il jure/ qui n'apporte qu'une information[1]...

Le philosophe d'Oxford eut néanmoins le mérite, en douze conférences parues un an après sa mort sous le titre *How to do things with words*[2], de dégager dans toute son ampleur la problématique d'une *action parlée,* sans en cacher les difficultés ni, ironiquement, quelques apories. Il est impossible de résumer ici l'immense littérature et le flot des controverses engendrés par ce mince et élégant ouvrage : la classification des actes de langage proposée par Austin en verdictifs (quand on prononce un jugement), exercitifs (« Je déclare la séance ouverte »), commissifs (« Je promets »), expositifs (donner son opinion) et comportementaux (saluer, présenter ses condoléances...) fut remaniée par Searle[3], puis de nouveau discutée en France par François Recanati, ou Denis Vernant. Disons, sans pouvoir entrer dans le détail de ces discussions, que le séisme provoqué par Austin consistait, au fil des douze conférences, à introduire à côté des énoncés constatifs ou descriptifs des énoncés, ou plutôt des énonciations performatives qui ne décrivent rien mais qui font ce qu'elles disent, soit de façon autovalidante (il suffit de dire, même sans le penser, « Je vous félicite » pour avoir félicité), soit moyennant quelques conditions sociales ou institutionnelles de validité, c'est-à-dire d'autorisation de la parole (« Je te baptise... », ou « Je décrète l'état d'urgence », etc.). Ces phrases échappent à l'alternative du vrai et du faux ou à une vérité d'adéquation, qu'Austin remplace par la réussite *(felicity)* ou l'échec de la formulation *(utterance)* ; mais ce premier partage s'avère chemin faisant intenable quand l'auteur s'avise, comme Frege avant lui, que tout constat ou assertion *(statement)* enveloppe une prétention argumentative ou une croyance, donc un performatif de type « expositif ». En d'autres termes, Austin découvrait que le langage engage, ou qu'il est impossible de ne pas s'impliquer dans ce qu'on affirme ; impossible de dire, par exemple : « Le chat est sur le paillasson, mais je ne le crois pas. »

Le plus neutre de nos jugements constatifs bascule ainsi du côté des performatifs ou de la *force* illocutoire (faiblement traduite dans l'édition française par *valeur*), puisqu'on peut toujours paraphraser

1. É. Benveniste, « La philosophie analytique et le langage » (1963), recueilli dans *PLG,* chap. XXII, *op. cit.*

2. Ouvrage traduit sous le titre *Quand dire c'est faire,* Paris, Le Seuil, 1970.

3. J. R. Searle, *Les actes de discours,* Paris, Hermann, 1972.

« S est P » en lui ajoutant le préfixe « J'affirme/Je crois que – S est P »... Vue sous cet angle, l'information s'avère moins cognitive que volitive, voire polémique ; elle suppose un pacte qui l'apparente au serment. Au bout de cette perspective, on pourrait soutenir que l'objectif d'une information ou d'un constat d'apparence purement référentielle n'est pas de décrire « le » monde, mais de construire par les mots (et éventuellement les images et les sons de nos média) *un monde* où les partenaires d'une communication peuvent se reconnaître, et poursuivre leurs transactions ; ou encore que nos échanges symboliques (pas seulement verbaux) sont des segments incomplets qui ne prennent sens, comme le suggéraient déjà Peirce et Wittgenstein, que replacés entre les maillons de nos chaînes actionnelles. Parler c'est agir sur autrui[1], pour agir sur le monde.

La perspective ouverte par Austin déportait donc les études assez loin du paradigme saussurien, qui dominait alors le mouvement structuraliste, en balayant son postulat d'une approche immanente, et sa séparation rigoureuse entre langue et parole. Le sujet, l'occasion, l'intention psychologique et le cadre institutionnel faisaient retour sur la scène du langage, d'où les avait exclus par décision méthodologique l'étude structurale de la langue. Et le grand jeu de l'information et de la vérité se trouvait du même coup replongé dans la cacophonie des interlocutions, et la bataille pour la domination symbolique[2]. La pragmatique linguistique s'étendait avec ce courant d'études jusqu'à son plus large cadre qui, sans quitter le terrain de l'interlocution, englobait d'un coup et remettait en question des notions philosophiques aussi vénérables que celles de vérité, ou de sujet de la parole. Être un sujet, c'est dire *je* à un *tu*, méditait Benveniste dans une page souvent citée[3]. Cet échange dialogique fonde la personne, dans une transaction par laquelle les interlocuteurs se constituent mutuellement ; la parole crée, fonde, guérit... Cette parole démiurge, bien attestée par exemple en psychanalyse dans la parole transférentielle où le dire est inséparable d'un faire, et où tout constat se change en *performance*, renoue avec les mythologies les plus reculées, avec le texte de la Genèse en particulier, qui fait de la parole la création et l'institution durable de toute réalité.

1. D. Vernant, *op. cit.*, p. 175.

2. Pierre Bourdieu, dont l'œuvre de sociologue critique différentes formes de cette domination, n'a pas manqué de reprendre Austin sur ce point dans un ouvrage polémique et un peu injuste pour son interlocuteur, *Ce que parler veut dire*, Paris, Minuit, 1981.

3. « De la subjectivité dans le langage », *PLG*, *op. cit.*, p. 260.

Comment faire tant de choses avec si peu de mots ? Cette économie et cette dynamique symboliques – l'économie propre à la sémiosphère – ne concerne pas que la parole et touche à l'usage des signes en général. Plus qu'un virage, la pragmatique est un tourbillon qui, gonflé par Austin, absorbait sur son passage les sciences du langage. Pouvait-elle s'arrêter en si bon chemin ? Théorie de l'action de l'homme sur l'homme, du dialogue, du primat de la relation, la pragmatique apporte un paradigme qui renverse plusieurs cloisons entre les disciplines, et qui concerne au premier chef les naissantes sciences de la communication.

Le primat de la relation

Le cercle le plus large de la pragmatique échappe en effet aux sciences du langage pour concerner l'anthropologie, la psychologie sociale ou la philosophie ; cette pragmatique se définirait comme l'étude des conditions de l'énonciation en général (c'est-à-dire de l'énonciation conçue comme l'envoi de tous les messages possibles, icôniques, gestuels, comportementaux...), donc l'étude des effets de cadre. Et sans doute faut-il, à ce niveau de l'enquête, doubler nos études de l'énonciation par l'étude parallèle de la *réception* (l'un des maîtres mots des recherches actuelles en sociologie des médias). Ce couple énonciation/réception cadre assez bien le champ d'une pragmatique générale, qui concerne les relations de sujet à sujet, qu'on se gardera de confondre avec les relations sujet/objet, d'ordre simplement technique.

La distinction entre une relation pragmatique et une relation technique est cruciale pour les théories de la communication, et elle s'éclaire d'un rappel étymologique : *praxis* en grec désigne l'action sans doute, mais de l'homme sur l'homme, alors que la *poiesis* et la *tekhnè* consistent à façonner les choses. Le propre d'une relation « simplement » technique est d'être descendante s'il est vrai par définition que le sujet domine l'objet, et peut l'instrumenter à sa guise ; dans cette mesure, on *programme* une relation technique. Une relation pragmatique en revanche ne se laisse pas instrumenter car l'action de l'homme sur l'homme est réverbérante, ou circulaire, ou « symétrique » comme propose Bateson : si A observe B (à l'école, en médecine ou en ethnographie...), B est particulièrement attentif à la façon dont il est observé ; si dans une interaction un peu vive A embarrasse, voire humilie B, on peut parier que tôt ou tard le trouble causé reviendra à l'envoyeur ; et si A aime ou hait B, il existe une forte probabilité pour que les mêmes sentiments lui soient payés en retour. Dans certaines circonstances, à l'école, dans l'entreprise, à l'armée..., on voudrait que les sujets obéissent comme des objets, et jusqu'à un certain point cela marche – mais le sujet contraint d'obéir n'en pense pas moins, et l'échec éducatif ou managérial sanctionne une confusion entre le sujet et l'objet de la relation. Nous réserverons donc le terme de *communication* à cette praxis ou action pragmatique entre sujets, c'est-à-dire entre des mondes propres qui s'observent mutuellement, tout en demeurant l'un pour l'autre inscrutables « au fond » : on peut jusqu'à un certain point s'assurer du comportement d'une personne, non de sa pensée (de son désir, de sa volonté).

Il résulte de ces simples remarques que la communication comme discipline ou champ d'investigation se trouve prise de naissance dans la sémio-pragmatique : *communiquer* désigne l'action sémiotique (celle qui renonce à la violence ou à l'énergie) de l'homme sur l'homme. Mais éduquer un enfant, lancer une campagne de publicité ou faire élire un candidat sont des tâches qui ne peuvent se programmer jusqu'au terme ni unilatéralement : la relation pragmatique ne fait pas, elle doit *faire avec* – le monde des autres, qu'on ne surplombe pas et avec lequel on ne peut qu'interagir.

Le meilleur exemple de relation pragmatique demeure celui du dialogue ou de la conversation, très étudié aujourd'hui en sciences du langage mais aussi par les sciences de la cognition, qui s'efforcent de perfectionner les balbutiants dialogues homme-machine. Nous sentons bien qu'une conversation non plus ne se programme pas, puisqu'elle est copilotée par des partenaires dont aucun, par définition, ne connaît d'avance le dernier mot : converser implique une hiérarchie tournante dans la prise de parole, et une randonnée ouverte, aléatoire de phrases en phrases. Il existe toutes sortes de dialogues, depuis l'interrogatoire qui ne mérite guère ce nom – même si quelques dialogues platoniciens particulièrement directifs s'en rapprochent – jusqu'à ce que Maurice Blanchot a appelé *l'entretien infini*[1] ; la plupart de nos dialogues visent l'obtention d'un renseignement, une prise de décision ou la coordination d'une action technique, mais chacun apprécie en marge de ces dialogues orientés-

1. M. Blanchot, *L'entretien infini*, Paris, Gallimard, 1969.

objet des entretiens infinis que nous dirons orientés-sujet comme l'entretien phatique, amical, esthétique, amoureux ou mystique, par lesquels l'individu construit son identité ou fortifie son monde propre. La psychanalyse – terminable ? – relèverait également de cette catégorie.

Cette question aujourd'hui interdisciplinaire du dialogue avait été très bien perçue par Descartes comme épreuve cruciale pour décider de la présence d'une pensée, quand il écrit, dans la Ve partie du *Discours de la méthode* : « Car on peut bien concevoir qu'une machine soit tellement faite qu'elle profère des paroles (...) mais non pas qu'elle les arrange diversement pour répondre au sens de tout ce qui se dira en sa présence, comme les hommes les plus hébétés peuvent faire. » L'activité ou la transaction pragmatique par excellence du dialogue apparaît ainsi comme le siège de l'intelligence, ou le critère de l'humanité dans sa différence d'avec les machines ou les animaux ; on sait que la zoosémiotique a trouvé chez ceux-ci quantité de communications analogiques-indicielles, voire chez les abeilles quelques signaux codés qui se rapprochent de nos langages arbitraires mais que, comme Benveniste y insiste[1], l'abeille qui comprend un message lui donne une réponse motrice et n'élabore pas un second message en réponse au premier. Cette aptitude dialogique ou conversationnelle, où nous verrons une performance de niveau *méta* – construire un message à partir d'un autre message –, semble tracer une ligne de partage et une coupure sémiotique assez claires.

C'est à partir d'observations tirées des communications animales, mais aussi d'échanges psychiatriques et sociétaux en général, que Gregory Bateson puis Paul Watzlawick et ses collègues groupés dans l'école de Palo Alto ont proposé un corpus théorique, recueilli dans l'ouvrage paru en 1967, *Pragmatics of Human Communication,* traduit en 1972 sous le titre *Une logique de la communication*[2]. Il est dommage que la pragmatique ait disparu du titre français, car la doctrine présentée par les auteurs développe plusieurs des intuitions et des thèses déjà formulées dans ce chapitre sur le terrain des sciences du langage, ici débordé et étendu aux phénomènes du comportement. Un tri s'impose à l'évidence dans le legs bariolé de Bateson – dont la sémiologie vacillante confond par exemple sous la catégorie trop large de communication analogique les signaux iconiques et indi-

1. « Communication animale et langage humain », *PLG, op. cit.*, chap. V.

2. P. Watzlawick, Janet H. Beavin, Don D. Jackson, *Une logique de la communication,* Paris, Le Seuil, 1972.

ciels –, autant que dans les écrits ultérieurs de Watzlawick, qui ne peuvent aujourd'hui intéresser le chercheur ; plusieurs de leurs emprunts très libres aux *Principia Mathematica* de Whitehead et Russell, ou à *Cybernetics* de Wiener mériteraient également d'être critiqués. Mais cette école apporte un solide paradigme, et un inestimable outil de culture et de recadrage pour nos études, quand elle avance des thèses ou des propositions telles que : « Toute communication présente deux aspects, le contenu et la relation, tels que le second englobe le premier, et par suite est une métacommunication » ; « On ne peut pas *ne pas* communiquer » ; « Communiquer, c'est entrer dans l'orchestre » ; la distinction du digital *versus* l'analogique ; la distinction du relief logique ou des niveaux méta, c'est-à-dire des effets de cadre dans nos échanges de messages ; la distinction encore des interactions ou des relations symétriques *versus* complémentaires...

Cet appareil théorique, élaboré au Mental Research Institute de Palo Alto pour fournir une alternative thérapeutique, baptisée *systémique,* à la cure freudienne jugée trop « monadique », a d'évidentes retombées dans l'analyse des communications interpersonnelles ou médiatisées ordinaires ; il apporte donc bien « une logique », ou comme on dit aussi un paradigme qui prolonge quelques acquis de la pragmatique linguistique, en les rejouant sur un plus large théâtre. C'est ainsi que les *token-reflexive words* et les marqueurs d'énonciation sont ici cherchés dans les indices posturaux et les signaux mimogestuels ; toute une sémiose analogique soutient nos performances digitales, et renouvelle ainsi la distinction du *montrer* et du *dire* posée par Wittgenstein ; le couple énoncé/énonciation se trouve rapproché du couple contenu/relation, et reçoit du même coup un relief logique emprunté à la théorie russellienne des types : l'énonciation toujours première constitue le métaniveau de l'énoncé qu'elle pilote et lui donne un cadre, verbal mais aussi corporel, social ou institutionnel... S'il arrive qu'énoncé et énonciation, dont les signaux normalement convergent, entrent en désaccord, cette contradiction « verticale » ou interne entre deux niveaux du relief logique correspond au *paradoxe,* dont l'exemple dit du menteur illustre bien le mécanisme métalinguistique. L'identification enfin de la communication au comportement – « On ne peut pas *ne pas* communiquer » – écarte le démon du logocentrisme, et ouvre l'enquête aux sémiotiques que l'impérialisme linguistique jugeait inférieures, mais auxquelles Bateson pour sa part consacra une partie de son œuvre, en observant notamment les animaux.

En bref, l'école de Palo Alto apporte un programme interdisciplinaire d'études et une approche continuiste qui ne coupe pas la nature de la culture ; elle n'oublie pas notre part animale évidente dans les couches indicielles de nos échanges, et le social est d'emblée posé comme la matrice relationnelle d'où émergent, quand ils y parviennent, les individus. Comment s'arrache-t-on à la relation pour accéder à des contenus objectifs de connaissance ou de représentation ? Comment un ordre symbolique se stabilise-t-il à partir des fluctuations interpersonnelles ? Comment apprenons-nous ce qui compte vraiment, par quels appuis sémiotiques (pas seulement verbaux) et relationnels ? Comment passons-nous d'un cadre ou d'une vision du monde à un autre ? Il suffit de formuler ces questions, éparses au fil du premier ouvrage, pour comprendre que cette pragmatique élargie intéresse à la fois le thérapeute, le pédagogue, l'analyste des médias ou l'anthropologue – mais l'anthropologie de Bateson diffère de celle de Lévi-Strauss de toute la largeur du ciel ; et que cette *logique* ou cette *pragmatique* est aussi une invitation à décloisonner les savoirs, si l'on veut bâtir une discipline qui mérite le nom de *sciences de la communication.*

BIBLIOGRAPHIE

Armengaud F., *La pragmatique,* Paris, PUF, « Que sais-je ? », 1985.

Austin J.-L., *Quand dire c'est faire,* Paris, Le Seuil, 1970.

Barthes R., *Essais critiques,* Paris, Le Seuil, 1964.

Barthes R., *Éléments de sémiologie,* recueillis dans *Le degré zéro de l'écriture,* Paris, Gonthier/Médiations, 1965.

Barthes R., *L'empire des signes,* Genève, Skira, 1970, repris en coll. « Champs-Flammarion ».

Barthes R., *Fragments d'un discours amoureux,* Paris, Le Seuil, 1977.

Barthes R., *La chambre claire,* Paris, Le Seuil / Les Cahiers du cinéma, 1980.

Barthes R., *L'obvie et l'obtus,* Paris, Le Seuil, 1982.

Bateson G., *Vers une écologie de l'esprit,* tomes I et II, Paris, Le Seuil, 1977.

Benveniste É., *Problèmes de linguistique générale,* Paris, Gallimard, 1966.

Bourdieu P., *Ce que parler veut dire,* Paris, Minuit, 1981.

Chomsky N., *Cartesian Linguistics : A Chapter in the History of Rationalist Thought,* New York, Harper & Row, 1966, trad. N. Delanoë et D. Sperber, *La linguistique cartésienne,* suivi de *La nature formelle du langage,* Paris, Le Seuil, 1966.

Darras B. (éd.), revue *MEI* n° 6, « Icône Image », Paris, L'Harmattan, 1997.

Deleuze G., *Proust et les signes,* deuxième édition augmentée, Paris, PUF, 1970.

Derrida J., *L'écriture et la différence,* Paris, Le Seuil, 1967.

Derrida J., *De la grammatologie,* Paris, Minuit, 1967.

Ducrot O., *Dire et ne pas dire, principes de sémantique linguistique,* Paris, Hermann, 1972.

Foucault M., *Les mots et les choses,* Paris, Gallimard, 1966.

Freud S., *Le mot d'esprit et ses rapports avec l'inconscient,* Paris, Gallimard, « Idées », 1969.
Greimas A. J., *Sémantique structurale,* Paris, Larousse, 1966, et PUF, 1986.
Greimas A. J., *Du sens,* Paris, Le Seuil, 1970.
Greimas A. J., *Sémiotique, dictionnaire raisonné de la théorie du langage* (en coll. avec J. Courtès), Paris, Hachette, 1979.
Hénault A., *La sémiotique,* Paris, PUF, « Que sais-je ? », 1993.
Hjelmslev L., *Prolégomènes à une théorie du langage,* Paris, Minuit, 1968.
Hjelmslev L., *Nouveaux essais,* Paris, PUF, 1985.
Jakobson R., *Essais de linguistique générale,* Paris, Minuit, 1963.
Kerbrat-Orecchioni C., *L'énonciation, de la subjectivité dans le langage,* Paris, Armand Colin, 1980.
Kerbrat-Orecchioni C., *L'implicite,* Paris, Armand Colin, 1986.
Lacan J., *Écrits,* Paris, Le Seuil, 1966.
Lévi-Strauss C., « Introduction à l'œuvre de Marcel Mauss », recueillie dans Marcel Mauss, *Sociologie et anthropologie,* Paris, PUF, 1950.
Lévi-Strauss C., *Anthropologie structurale,* Paris, Plon, 1958.
Mounin G., *La linguistique du XXe siècle,* Paris, PUF, 1972.
Peirce C. S., *Écrits sur le signe,* traduction et commentaire de Gérard Deledalle, Paris, Le Seuil, 1978.
Peirce C. S., *Textes anticartésiens,* traduction et présentation de J. Chenu, Paris, Aubier, 1984.
Piattelli-Palmarini M. (éd.), *Théories du langage, théories de l'apprentissage, le débat entre Jean Piaget et Noam Chomsky,* Paris, Le Seuil, « Points », 1979.
Platon, *Phèdre, Cratyle, in* Œuvres complètes, Paris, Gallimard, « Bibliothèque de la Pléiade ».
Saussure F. (de), *Cours de linguistique générale,* Paris, Payot, 1967.
Searle J. R., *Les actes de discours,* Paris, Hermann, 1972.
Tiercelin C., *C. S. Peirce et le pragmatisme,* Paris, PUF, 1993.
Vernant D., *Du discours à l'action,* Paris, PUF, 1998.
Watzlawick P., Beavin J. H., Jackson D. D., *Une logique de la communication,* Paris, Le Seuil, 1972.
Wittgenstein L., *Investigations philosophiques,* Paris, Gallimard, 1961.

5 – Les sciences du social

PAR JEAN-MICHEL BERTHELOT

Domaine d'étude et principes d'analyse

Un espace épistémique commun

Ce chapitre est consacré à quatre disciplines que l'on appelle parfois « sciences sociales » dans une acception étroite du terme : la sociologie, l'ethnologie, la démographie et la psychologie sociale. Afin d'éviter les confusions, nous parlerons de « sciences du social ». Cette dénomination n'est pas pleinement satisfaisante et reste ambiguë. Mais les interrelations entre disciplines au sein des sciences humaines et sociales sont si larges et complexes que tout découpage est partiellement arbitraire. Pourquoi ne pas traiter chaque discipline séparément ? Ou ne conserver que la sociologie, l'ethnologie et la démographie ? Pourquoi couper ainsi la psychologie sociale du reste de la psychologie et l'anthropologie culturelle et sociale (autre nom de l'ethnologie) de l'anthropologie physique et de la paléontologie ? Pourquoi ne pas leur adjoindre les sciences politiques ? Les frontières entre disciplines sont, au regard de leur histoire, si poreuses et fluctuantes que l'on passe de l'une à l'autre sans véritable seuil. Dans un tel contexte, tout regroupement est contestable.

L'essentiel, cependant, est qu'il puisse avoir sens par rapport à une visée claire. Notre objectif est d'abord *analytique* et *descriptif* : Comment, au sein des disciplines retenues, s'opère la production de connaissances ? Quels dispositifs sont mis en œuvre, quels instruments utilisés, quelles opérations de pensée privilégiées ? À ce premier objectif s'en ajoute un second, *critique* et *normatif* : Quelle valeur peut-on accorder à la connaissance ainsi produite ? Notre hypothèse générale est que les quatre disciplines choisies participent d'un *espace épistémique commun*, c'est-à-dire d'un espace de connaissance qui, par-delà ses différences et ses clivages, est à même de révéler des mouvements et des processus de nature similaire. Nous tenterons donc, tout au long de ce texte, de conjuguer en permanence de qui est spécifique à chacune et commun aux quatre.

Mais il convient d'abord de préciser de quoi l'on parle : sociologie, démographie, ethnologie, psychologie sociale, que désignent ces termes ? Partons, car il le faut bien, de définitions minimales, purement signalétiques et distinctives. La démographie est l'étude des populations et des grands événements qui les structurent : naissances, mariages, décès, migrations, etc. La sociologie est l'étude des sociétés humaines, mais elle accepte que certaines d'entre elles soient du ressort d'une autre discipline, l'ethnologie. La psychologie sociale, dont les observateurs interrogent toujours le grand écart auquel elle semble vouée, entre sociologie et psychologie, prend précisément pour objet l'interpénétration des deux domaines.

Dès l'abord, et indépendamment même de leur caractère rudimentaire, ces définitions manifestent de tels points de recouvrement que l'on peut s'étonner qu'il y ait là matière à plusieurs disciplines : naissances, mariages, décès, objets de la démographie, intéressent tout autant la sociologie et l'ethnologie. Pourquoi établir une distinction entre celles-ci dès lors qu'elles ont le même objet, la société ? De quels phénomènes spécifiques peut bien s'occuper la psychologie sociale, que ne pourrait traiter soit la psychologie, soit la sociologie ? Questions faussement naïves, bien sûr, mais qui permettent d'interroger le fondement des découpages disciplinaires : ils ne résultent ni d'une segmentation « naturelle » de l'ordre des choses, ni d'un plan rationnel de connaissance ; ils sont les héritiers et les produits continûment retravaillés d'une *histoire*, qui n'est pas seulement une histoire des idées, mais également une histoire de la production sociale des connaissances et des savoirs, de la construction de *dispositifs pratiques de connaissance*, dans lesquels se sont moulées des procédures, se sont dessinés des schèmes de pensée et d'action, qui, par-delà leur renouvellement et leurs frottements permanents, continuent d'être vivants. Ainsi, si voisines dans leur définition et dans leur objet, nos quatre disciplines sont en revanche très éloignées dans la longue durée et l'archéologie de leur histoire.

La sociologie et la démographie s'enracinent partiellement dans les réflexions de la philosophie politique grecque, où l'ordonnancement idéal de la cité s'accompagnait d'une définition et d'un contrôle strict de sa population[1]. Mais elles se séparent très vite. La sociologie reste seule, jusqu'à sa mutation scientifique de la fin du XIXe siècle, fondamentalement associée aux préoccupations d'une philosophie politique ; la démographie, en revanche, va se construire à travers les opérations de recensement et de comptage qui vont accompagner le développement d'une administration publique. Comme les statistiques, dont elle partage l'histoire, elle procède d'intérêts à la fois pratiques – de gestion, voire de prédiction si l'on songe à Malthus[2] – et théoriques, en l'espèce mathématiques : la première table de mortalité est due à un astronome, Halley en 1693 (Chesnais, 1990). Le même écart historique sépare la sociologie et la démographie de l'ethnologie. Celle-ci procède d'une curiosité pour l'Autre, qui s'est manifestée d'abord dans les récits de voyage et qui a vite associé – est-ce une des raisons de la double appellation de la discipline, ethnologie et/ou anthropologie ? – à la description de mœurs et coutumes insolites une réflexion sur l'unité et la pluralité de l'Humain ; curiosité, d'ailleurs, susceptible de s'exprimer aussi bien dans le journal impressionniste du voyageur que dans les relevés méticuleux de l'anthropologue, transférant à l'espèce humaine l'obsession classificatoire du zoologue[3]. Il est plus difficile de procéder à une archéologie de la psychologie sociale. Peut-être faudrait-il la chercher dans deux thématisations différentes et plus modernes des passions sociales : l'une, subsumante et philosophique, s'exprimant dans les divers visages du romantisme et du Volksgeist allemands, l'autre analytique et descriptive, se donnant à voir dans la tradition des moralistes français et des sermonnaires du XVIIe siècle. Les liens là semblent plus lâches. Ils relèvent davantage de la perdurance d'un intérêt que de la constitution d'une armature propre.

Cette diversité des généalogies a été partiellement réduite dans le développement moderne de ces disciplines. Mais elle ne l'a jamais été totalement, malgré les entreprises récurrentes d'intégration et de systématisation proposées par certains auteurs comme Durkheim,

1. Cf. Platon, *La République* ; *Les Lois* ; Aristote, *La Politique*.

2. Qui comparait les lois réciproques de progression de la population et des subsistances.

3. Voir sur ce point la manière dont, tout au long du XIXe siècle, l'antropologie physique a pesé sur l'anthropologie sociale et culturelle (Blanckaert, 1996 ; Copans, Jamin, 1978 ; Rupp-Eisenreich, 1984).

Gurvitch ou Parsons. La reconstruction rationnelle de leur espace épistémique commun s'est toujours heurtée au maintien de clivages assurant la pérennité des séparations disciplinaires. Quand bien même certains apparaissent à la charnière des disciplines ou semblent les dépasser dans leur œuvre, comme Mauss ou Balandier pour la sociologie et l'ethnologie, Halbwachs pour la sociologie et la démographie, Simmel et Goffman pour la sociologie et la psychologie sociale, non seulement ils tendent souvent à retomber d'un côté ou de l'autre de la ligne de crête qu'ils parcourent, mais surtout bien rares sont ceux qui, au-delà des pétitions de principe, savent les y suivre

Trois contextes de détermination

Si notre objectif est donc de mettre en évidence et d'interroger le dispositif de connaissance propre à ces quatre disciplines, le jeu de différences et de similitudes, que manifestent leur histoire et le découpage de leur domaine, constitue un trait même de ce dispositif et invite à affiner l'analyse. On peut, pour se faire, distinguer trois contextes différents de détermination à prendre en compte dans cette analyse :

— Nous appellerons le premier *contexte pragmatique* : c'est le contexte d'action ou de préoccupations liées à l'action, au sein duquel se construit la discipline. Il est clair, par exemple, que même si la démographie ne relève pas que d'intérêts pratiques, ceux-ci ont eu et continuent d'avoir un rôle essentiel dans son orientation. Ces intérêts, en l'occurrence recenser les populations, prévoir leur devenir, « éclairer » les politiques – natalistes ou de contrôle des naissances par exemple – sont eux-mêmes inscrits dans des dispositifs institutionnels, administratifs, techniques qui donnent forme aux opérations qu'ils prescrivent ou soutiennent. On pourrait, de la même façon, évoquer le rôle des institutions coloniales dans le développement de l'ethnologie entre 1850 et 1950, ou celui de la commande publique dans l'essor de la sociologie empirique. Même si le contexte de détermination de la connaissance produite par ces disciplines ne se réduit en rien à ces éléments pragmatiques, leur rôle est indéniable et mérite d'être thématisé.

— L'ensemble des procédures, des techniques et des schèmes de pensée mis en œuvre par une discipline pour élaborer ses résultats peut être appelé *contexte méthodologique et programmatique*. C'est à ce niveau que s'opèrent les ruptures et les structurations successives. Il est inutile de rappeler que les faits scientifiques ne tombent pas du ciel mais résultent d'une orientation préalable du regard et de l'intérêt, de la sélection de matériaux et d'informations qui en résulte, de la mise en forme qu'autorise tel ou tel schème explicatif. Les clivages bien connus, au sein des disciplines, entre écoles, courants, théories relèvent également de ce domaine en ce qu'ils commandent des manières de faire déterminées et les inscrivent peu à peu dans les routines et les « tours de main » disciplinaires. Dans la longue durée, c'est à ce niveau que s'opèrent les transformations les plus fondamentales du dispositif de connaissance, par le recours à la formalisation, à la quantification, à des procédures de contrôle et de démonstration.

— On peut enfin parler d'un *contexte normatif* pour désigner l'ensemble des débats auquel donne lieu le dégagement d'un modèle de scientificité commun. Certes, la dimension normative est présente également dans les deux autres sphères, comme incitation à la recherche pour résoudre ou éclairer un problème pratique dans le premier cas, comme système de règles de travail à respecter dans le cadre du programme choisi dans le second. Mais l'un des traits évidents de ces disciplines est qu'elles développent simultanément un discours analytique ou critique sur leur normativité : à des degrés divers et selon un tempo variable, aucune n'échappe à l'interrogation polémique sur sa prétention à la scientificité.

Ces trois contextes sont à la fois spécifiques et liés. Ils définissent des lignes d'analyse des dispositifs de connaissance propres à chaque discipline : cadre institutionnel et politique, arsenal méthodologique, clivages épistémologiques... Ils ne sont pas seulement des complexes de détermination sous-jacents, mais peuvent se donner à voir sur de véritables *scènes*, c'est-à-dire dans des modalités spécifiques d'expression publique. Ainsi, le contexte pragmatique est associé à la sphère politique et gestionnaire et à sa rhétorique ; le contexte normatif se manifeste dans des oppositions épistémologiques qui parfois sortent de la stricte sphère académique pour accéder au débat public. Mais la plus présente et la plus secrète est la scène professionnelle elle-même, celle de l'exercice compétent où les discours et les déclarations comptent moins que « la maîtrise de l'art », même s'il est pluriel et ne va pas de soi. C'est en son sein que s'organise tout le processus de production, d'organisation et de validation de connaissance par lequel une discipline se construit jour après jour.

Pour entreprendre un cheminement ordonné dans cet espace épistémique complexe, où s'enchevêtrent dans la durée des déterminations de nature et de niveau différents, nous allons nous centrer dans un premier temps sur la constitution des *noyaux disciplinaires*. Construits à un moment donné de l'histoire de chaque discipline autour d'un certain nombre d'engagements théoriques et pratiques, ils constituent, dans les développements et les dérives ultérieurs, de véritables points d'ancrage, permettant une première identification analytique des disciplines.

Ancrages

Inscrites dans une longue durée de préoccupations pratiques et spéculatives, les disciplines construisent leur forme moderne autour d'un noyau de procédures et de références que l'on peut considérer comme le cœur de leur dispositif de connaissance. Certes, elles ne se réduisent pas à lui et l'une de leurs caractéristiques fondamentales est de développer des approches, des méthodes et des théories diverses. Cependant, même si cette pluralité est inscrite dans l'histoire de chacune et demande à être pensée, elle ne se développe pas de façon flottante mais se construit autour de quelques points forts : tables de description statistique pour la démographie, thème récurent de l'Autre et du terrain pour l'anthropologie, construction de plans expérimentaux pour la psychologie sociale, tentative d'établissement des lois de fonctionnement et de développement du social pour la sociologie.

Chacun de ces termes peut apparaître réducteur à qui considère aujourd'hui ces disciplines dans leurs multiples excroissances. Notre thèse est qu'ils désignent les points d'ancrage, à la fois historiques et logiques, autour et à partir desquels se sont opérées leur pluralisation et leur complexification contemporaines.

Des noyaux disciplinaires spécifiques

Démographie et tables de population

La démographie est, avec l'ethnologie, la discipline dont la généalogie est la plus ancienne. Ses formes modernes de constitution sont à la fois les plus précoces et les plus paradoxales. Quelques indices historiques permettent d'éclairer ce propos. Recenser les populations remonte aux premiers grands empires, soucieux de compter leurs biens et leurs ressources[1]. Pour simples qu'elles paraissent, ces opérations impliquent la construction de catégories, d'outils de comptage, de tableaux de résumé et tissent ainsi un lien intime entre démographie et statistique. En 1693, l'astronome Halley établit la première table de mortalité, construisant le premier outil spécifique de la démographie. En 1853 se tient à Bruxelles, à l'initiative de Quételet, autre mathématicien, le Ier Congrès international de statistique de la population. Le deuxième de ce type n'aura lieu qu'un siècle après, en 1954, sous l'égide de l'ONU et de la jeune *Union internationale pour l'étude scientifique des populations*, alors que les premiers Instituts de recherche démographique sont nés dans les deux décennies qui précèdent[2]. Longue durée donc dans le souci, pragmatique, d'enregistrer et de recenser les populations ; durée moyenne dans l'invention et le perfectionnement des outils ; constitution tardive, enfin, de la démographie comme discipline de recherche, susceptible d'élaborer un regard critique sur ses procédures.

Les démographes contemporains ont coutume de distinguer la démographie pure, ou analyse démographique, soucieuse du perfectionnement de ses outils mathématiques, de la démographie au sens large, s'intéressant davantage aux causes et aux conséquences des phénomènes relevés. Néanmoins, la description statistique et l'organisation rationnelle des données sont premières. La notion de « table » exprime au mieux ce double souci. Une table présente, pour une population donnée, les modalités de survenue dans le temps d'un phénomène déterminé. Les tables de mortalité en constituent la matrice dans la mesure où l'événement décrit, le décès, affecte à terme tous les membres de la population étudiée – à la différence du mariage ou de la procréation – et ne l'affecte qu'une fois – à la différence, à nouveau, des autres grands phénomènes démographiques.

1. Cf. « L'idée de dénombrement jusqu'à la révolution » de Jacqueline Hecht, *in* Coll., *Pour une histoire de la statistique,* Paris, INSEE, 1978, t. 1, p. 21-81.

2. Il semble bien que le premier soit la *Scripps Foundation for Research in Population Problems* de l'Université de Miami, Ohio, en 1926. Entre cette date et la fin de la Seconde Guerre mondiale, l'Italie, le Royaume-Uni, l'Espagne, etc., se doteront d'organismes de recherche. En France, l'Institut national d'études démographiques est fondé en 1945 (source : Bourgeois-Pichat, 1970).

Table de mortalité de la France (1992-1994)[1]

Âge x	*Survivants Sx (pour 100 000 nés vivants)*	*Décès d(x, x + 1)*	*Quotient annuel de mortalité qx, pour 100 000*	*Espérance de vie ex (en années)*
		Sexe masculin		
0	100 000	736	736	73,39
1	99 264	60	60	72,94
20	98 515	127	129	54,40
40	94 865	284	299	36,06
60	82 930	1 173	1 414	19,48
75	56 195	2 637	4 693	9,73
85	25 623	3 214	12 543	5,11
100	468			
		Sexe féminin		
0	100 000	638	535	81,55
1	99 465	55	49	80,99
20	99 041	86	42	62,29
40	97 689	204	123	42,99
60	92 519	482	529	24,71
75	78 664	1 822	2 316	12,46
85	50 184	4 261	8 491	6,29
100	1 936			

Une table de mortalité peut soit reconstituer l'histoire d'une génération – par exemple, celle des femmes françaises nées en 1850 –, soit établir à un moment déterminé, par exemple en 1992-1994 comme ci-dessus, pour chaque génération l'état des survivants et le nombre des décès dans l'année. Elle constitue une *matrice d'opérations* et un *modèle* en ce qu'elle peut être appliquée à toute population clairement circonscrite dont on voudra décrire le rapport à un phénomène déterminé l'affectant en dominante. Elle requiert, pour fonctionner, des données brutes, organisées en séries annuelles. Elle rend possible, à partir de ces données, la construction d'outils comparatifs (quotients, taux) et prédictifs (espérance de vie).

On comprend, dès lors, que le démographe trouve dans la maîtrise de cet outil et dans la réflexion sur son usage et ses extensions, le noyau d'une pratique de recherche, qui certes ne s'y réduit pas,

1. Table reproduite d'après Chesnais (1990), p. 34. Il s'agit d'une table dite « du moment ».

mais constitue un passage obligé, aussi bien dans la formation au métier que dans son exercice. Autour de ce mode spécifique d'organisation et de schématisation de l'information, se construisent, comme autant de voies rayonnantes, les questions de son application à des données historiques et à des populations spécifiques[1], de son utilisation comme modèle dans le cas de données incertaines, de l'épuration de ses calculs et de ses outils[2], du passage d'une approche descriptive (distribution d'un événement *e* dans une population donnée) à une approche explicative (types de variables x_1, x_2, x_3... intervenant dans une distribution s'écartant de la moyenne, comme une surmortalité ou une sous-natalité)[3], voire à une approche compréhensive (raisons pour lesquelles les acteurs adoptent un comportement démographique inattendu)[4]... Même si le cadre de la démographie moderne excède de beaucoup l'usage de tels outils, ceux-ci restent le cœur de son dispositif de connaissance.

Ethnologie et terrain

Le contraste n'en est que plus net avec celui mis en place par l'ethnologie, même si l'ethnologue peut être amené à recourir à des outils démographiques ou si le démographe peut être amené à travailler sur des populations requérant les cadres interprétatifs de l'anthropologie culturelle. L'expérience centrale, constitutive du contexte méthodologique et programmatique de la discipline, est différente. Elle est dans la constitution de l'Autre comme objet d'interrogation et d'analyse. Si la démographie a partie liée, de

1. On peut situer, dans cette direction, le développement de la démographie historique et de l'anthropologie démographique. La première a procédé de l'application de méthodes démographiques à des recensements anciens comme les registres paroissiaux (cf. L. Henry, M. Fleury, *Des registres paroissiaux à l'histoire de la population : manuel de dépouillement et d'exploitation de l'état civil ancien*, Paris, INED, 1956). La seconde, centrée sur des populations réduites, aux cadres anthropologiques spécifiques, est en fort développement depuis les années 1970 (cf., pour une présentation synthétique, D. Bley et G. Boëtsch, *L'anthropologie démographique*, Paris, PUF, 1999).

2. Notamment grâce aux efforts méthodologiques et analytiques de Louis Henry ou de Roland Pressat, auteurs tant de manuels d'analyse que d'articles de mise au point, notamment dans la revue *Population*.

3. Cette opposition entre modèles descriptifs et modèles explicatifs est notamment développée par J. Menken et A. J. Coale, « Modèles démographiques : les cinquante premières années de *Population* », *Population*, 50e année, n° 6, 1995, p. 1545-1564.

4. Voir, par exemple, Y. Charbit, « Famille et fécondité : pour une démographie compréhensive », *Sociologie et sociétés*, vol. XXXI, n° 1, 1999, p. 23-34.

longue date, avec des intérêts d'enregistrement et de comptage, l'ethnologie est, elle, du côté de l'identité, de l'idée qu'une culture se fait d'elle-même et des autres, de la place qu'elle s'attribue dans une humanité dont elle revendique spontanément le centre. Le barbare, le sauvage, l'Indien – dont la controverse dite de Valladoid interroge l'existence de l'âme[1] –, le primitif s'inscrivent dans un rapport cognitif profondément ambivalent, où les formes de la domination coloniale qui le constituent le plus souvent, ne peuvent effacer l'interrogation taraudante sur le sens de l'humain qui s'y livre.

Dans ce contexte de représentations et de passions, où l'altérité oscille entre les diverses figures de l'extériorité (l'autre exclu de l'humanité, « barbare » ou renvoyé à sa genèse, « primitif »), l'ethnologie va d'abord être un programme de connaissance dont le fil sera moins les thèmes progressivement construits – la parenté, le totémisme, le don... – que sa forme de mise en œuvre quasi initiatique : l'immersion dans un *terrain*, par laquelle le « je » devient l'autre et le comprend. Comme le déclare Malinowski dans *Les Argonautes du Pacifique Ouest* : « Le but final de l'ethnolographe est, en un mot, de saisir le point de vue indigène, sa relation à la vie et sa vision du monde. »

Il est tentant d'établir un fil rouge entre trois expériences successives, dont le terrain apparaît comme l'aboutissement logique et la sublimation : le voyage, antique et moderne, réservé à une élite sociale et devenant au cours du temps un exercice de méditation et de description littéraire, survivant précisément dans le journal de terrain et les carnets intimes de certains ethnologues[2] ; l'expédition scientifique du XVIIIe et du XIXe siècles, qui, inscrivant la description de l'humain dans une sorte de zoologie physique et morale, définit un registre de traits et de comportements, à observer méticuleusement, et d'objets à recueillir et à classer systématiquement[3] ; le terrain enfin, inauguré par Malinowski, transformé en rituel professionnel initiatique pour tout ethnologue, associant au recueil méthodique de données, issu de l'idéal de l'expédition scientifique, la pénétration intime d'une langue et d'une culture et sa restitution savante dans une monographie.

1. La controverse opposa, dans les années 1550, Las Casas au théologien Sepulveda. Elle faisait suite à de longues années de dénonciation par Las Casas du système de l'*encomienda* qui vouait les Indiens au travail forcé et tendait à se justifier en leur déniant la qualité d'humains.

2. Cf. *Tristes tropiques* de Lévi-Strauss, *L'Afrique fantôme* de Leiris, etc.

3. Cf., par exemple, la *Société des observateurs de l'homme*, qui, de 1799 à 1805, élabora un tel programme (Copans et Jamin, 1978).

Ce dispositif de connaissance reste central, même lorsque son statut et son argumentaire épistémologiques sont mis en cause dans certains courants contemporains. Il inscrit la recherche ethnologique dans le dépassement d'une double détermination subjective : celle du terrain comme expérience vécue, tissée de rencontres, d'angoisses, d'émotions, de troubles, de moments parfois indicibles affectant le sujet au plus profond, celle de l'écriture, comme moment d'objectivation dans la forme singulière du récit savant, de la monographie panoptique[1]. Certes, les données recueillies sont organisées de façon systématique et l'ethnologie a, tout au long de ce siècle, affiné ses outils pour décrire les structures de parenté, recenser les techniques de production, enregistrer les mythes, décrire les rituels... Elle a élaboré une riche littérature dont les monographies de terrain n'occupent qu'une partie, à côté des confrontations par thèmes et de leurs développements en modélisations et schématisations diverses. Cependant, comme précédemment les tables de population pour le démographe, le dispositif et l'expérience disciplinaires spécifiques où s'ancre la connaissance ethnologique est, d'abord, le terrain.

Psychologie sociale et plans expérimentaux

Les deux premiers manuels de psychologie sociale paraissent en 1908[2], et l'on prend en général cette date comme point de départ de la discipline. Tarde et ses fameuses « lois de l'imitation », Le Bon et *La psychologie des foules* avaient déjà insisté sur les phénomènes d'*influence* qui, au travers des interactions qui associent des individus dans une situation ou un groupe donnés, modifient leur comportement. Cependant, les psychosociologues s'accordent à considérer comme *princeps* une expérience faite par l'Américain Triplett en 1897. Celui-ci se demanda si l'efficacité dans la réalisation d'une tâche était plus grande ou non en présence d'autrui. Il examina les performances de coureurs cyclistes et constata que leur vitesse était supérieure dans des courses collectives que solitaires, « contre la montre ». Il en inféra l'hypothèse que la présence d'autrui renforçait l'efficacité dans la réalisation des tâches et construisit diverses expé-

1. Sur ces deux points – le rapport subjectif au terrain et son expression/dépassement (ou non-dépassement) dans le texte anthropologique –, voir notamment les analyses de Clifford Geertz (Geertz, 1988) ou de Francis Affergan (Affergan, 1991).

2. W. McDougall, *Introduction to Social Psychology*, Londres ; E. A. Ross, *Social Psychology*, New York.

riences pour la mettre à l'épreuve. Il demanda notamment à des enfants de remonter des moulinets de cannes à pêche dans des conditions d'interaction variées[1].

Élaborer une hypothèse sur un facteur X susceptible d'infléchir le comportement des sujets ; formaliser cette hypothèse en propositions spécifiant rigoureusement les conditions de son effectivité ; construire un *dispositif expérimental* permettant de la mettre à l'épreuve ; voilà les opérations où s'ancre la psychologie sociale. Si son point de vue générique comme discipline est que le comportement d'un sujet est affecté par le comportement de ceux qui l'entourent, selon les formes d'interaction et de communication qui les relient, si ce point de vue peut aussi bien susciter un réductionnisme psychologiste et behavioriste – le comportement d'autrui devenant une variable environnementale agissant comme *stimulus* – qu'une revendication sociologiste – caractère *sui generis* de l'interaction sociale[2] –, dans tous les cas la construction d'un plan expérimental constitue sa signature. Même si la méthode expérimentale n'est pas la seule pratiquée en psychologie sociale et que certains de ses courants s'en démarquent, elle est centrale. Spectaculaire parfois dans ses résultats, comme dans le cas des expériences de soumission à l'autorité de Milgran[3], elle est le plus souvent complexe et sophistiquée, comme dans cette expérience à deux niveaux de Rosenthal[4] : on présente à des sujets 57 photographies pour un test d'empathie. Ils doivent, sur une échelle allant de – 10 à + 10, estimer si la personne photographiée a connu échecs ou réussite dans sa vie. On sélectionne ensuite les photographies les plus neutres (score entre – 1 et + 1) et met en place un nouveau dispositif visant à tester l'influence non verbale de l'expérimentateur sur les sujets : 10 expérimentateurs sont recrutés auxquels est expliqué qu'ils participent à un travail de reproduction de résultats expérimentaux sur l'empathie. À la moitié d'entre eux on indique que le score moyen attendu est de + 5, à l'autre de – 5, en leur donnant une consigne de stricte neutralité vis-à-vis des sujets. Bien qu'aucun élé-

1. Voir, sur cette expérience, G.-N. Fischer, *La psychologie sociale*, Paris, Le Seuil, 1997.

2. Cf. sur ce double mouvement, la préface de Serge Moscovici à l'ouvrage de Jodelet *et al.*, 1970, p. 13-63.

3. Expériences célèbres pour avoir montré la capacité de sujets ordinaires d'infliger à autrui des sévices graves (en l'occurrence mimés par des cobayes à l'insu des premiers) par souci de respect des consignes expérimentales (S. Milgran, *Soumission à l'autorité*, Paris, Calmann-Lévy, 1974).

4. « L'influence de l'expérimentateur sur les résultats dans la recherche expérimentale » (1964), traduit et publié *in* G. et J.-M. Lemaine (1970).

ment explicite d'influence n'ait joué, on constate que les réponses des sujets se distribuent significativement en positives et négatives selon l'information qui avait été fournie à l'expérimentateur. Cette expérience sur « l'influence de l'expérimentateur sur les résultats dans la recherche en psychologie » peut, à son tour, être reprise, raffinée, spécifiée, etc. Le modèle de connaissance qu'elle réalise, l'inventivité et la rigueur que requiert sa mise en œuvre, constituent des traits spécifiques de culture méthodologique et professionnelle.

Sociologie et problématisation de la modernité

Organisation de données démographiques en séries temporelles, calculs de taux et d'indices, comparaison de distributions ; immersion dans une culture autre, apprentissage de la langue, initiation aux routines du quotidien, observation des rituels, restitution des croyances ; élaboration d'hypothèses, construction de dispositifs expérimentaux, mise en place de procédures de contrôle et de réitération ; toutes ces opérations sont manifestement des éléments de dispositifs de connaissance qui ne se résument pas plus à des techniques qu'à des schèmes généraux, mais impliquent l'apprentissage, l'exemple, les références, en un mot l'acquisition d'une *culture disciplinaire* spécifique.

On aimerait pouvoir poursuivre l'énumération pour la sociologie et révéler un noyau aussi dense et circonscrit d'opérations de connaissance. Or, si les variations autour du centre sont, pour chacune des disciplines décrites, multiples et parfois fort lointaines, il n'en demeure pas moins qu'un centre est clairement identifiable. Les choses sont beaucoup moins nettes pour la sociologie, qui semble moins se définir par un pôle méthodologique partagé que par un espace de débat récurrent. Trois traits sont cependant impliqués dans la majeure partie de ses multiples variations :

— l'intérêt pour la modernité, c'est-à-dire, non seulement pour le social en général, mais pour l'identification, la thématisation du monde en devenir perpétuel qui se construit à partir du XVIIe siècle en Europe et rompt avec les équilibres antérieurs. Un jeu homologue d'oppositions conceptuelles trace ainsi, dès la fin du XIXe siècle, la frontière entre les sociétés traditionnelles, domaine de la *« Gemeinschaft »* pour Tönnies, de la « solidarité mécanique » pour Durkheim et la société moderne, domaine de la *« Gesellschaft »* ou de la « solidarité organique ». À la différence des lois d'évolution définissant les étapes du développement social, que l'on trouve chez Comte, Marx ou Spencer, ces dichotomies rectrices ont été d'autant plus utilisées qu'elles permettaient de thématiser la coexistence et la transmutation des deux modèles dans les sociétés modernes. On peut considérer comme un déplacement de cette opposition l'intérêt contemporain pour les oppositions alternatives modernité/postmodernité, modernité/surmodernité ;

— le souci des faits empiriques, organisant l'appel à une batterie de techniques de recueil et de traitement de données subsumables sous le terme commun d'*enquête.* Mais, à la différence des autres sciences sociales ici considérées – si l'on excepte l'ethnologie où le terrain, au sens moderne, a été précédé de divers modes de collecte de matériaux – les canons de l'enquête sociologique, qui constituent aujourd'hui un patrimoine commun de la discipline, ne se sont élaborés que relativement tard, entre les deux guerres mondiales, alors que les premières grandes œuvres de la discipline datent de la fin du siècle dernier. Cependant, si le rapport aux matériaux ne prend pas la forme d'une codification ou d'un engagement stricts comme dans les autres disciplines, la nécessité de sa présence est affirmée par la plupart des courants sociologiques[1] ;

— la prétention à la construction d'une connaissance générale, théoriquement ou scientifiquement pertinente. L'opposition entre les deux termes ne concerne pas l'ampleur de la prétention – ou de sa dénégation dans certains courants critiques, comme l'ethnométhodologie – mais ses modalités : la sociologie peut-elle élaborer des *lois* du social, à l'image des autres sciences, que ces lois soient de simples régularités statistiques, des lois de devenir ou des lois impliquant un critère compréhensif[2], ou relève-t-elle d'un autre modèle, celui de la théorie philosophique dérivant le réel d'une architectonique conceptuelle ?

À l'intérieur de ce cadre général, la sociologie a élaboré un style de recherche largement partagé : considéré comme intéressant pour sa capacité à « dire le social », un phénomène est d'abord sélec-

1. Même les courants les plus éloignés de l'enquête standard, pratiquant une sociologie herméneutique, voire littéraire, recourent à des matériaux, ne serait-ce qu'à des descriptions. Les règles adoptées de recueil et d'analyse de ceux-ci, en revanche, peuvent être très floues.

2. Selon la définition qu'en donne Weber dans *Économie et société.*

tionné, puis inscrit dans une *problématique*, inséré dans un plan de recueil et d'analyse des données et enfin interprété en fonction de la signification sociale que l'ensemble de ces opérations permet de reconstruire. Dans la pratique, cet enchaînement admet de nombreux assouplissements et itérations ; il peut mobiliser, à chaque étape, un corps de ressources théoriques, méthodologiques et techniques diverses, voire éclatées. Mais, à l'exception de travaux exclusivement descriptifs ou spéculatifs, il constitue, depuis une soixantaine d'années, une trame disciplinaire impérative d'investigation de la modernité.

Un modèle de scientificité commun fondé sur la raison expérimentale

La diversité d'ancrage des dispositifs pratiques de connaissance que nous venons de décrire n'est pas arbitraire. Elle renvoie aux trois contextes de détermination dégagés plus haut, et aux interférences qu'ils suscitent entre intérêts pragmatiques et intérêts de connaissance. Si, au sein de chaque trajectoire disciplinaire, cela produit une cristallisation des pratiques et des dispositifs de recherche, constitutive des noyaux décrits, un même mouvement d'épuration épistémologique et de rationalisation des procédures anime l'ensemble. Par lui s'opère une véritable « scientification », qui voit ces disciplines rompre partiellement avec les considérations idéologiques les plus visibles qui pouvaient leur être associées et investir explicitement le projet de se constituer comme *sciences*. Cette constitution qui, pour chacune, s'opère à un rythme différent, se réalise néanmoins selon un modèle de scientificité fondamentalement commun : inscrit dans la *raison expérimentale*, il peut être qualifié d'empiriste, d'objectiviste et de quantitativiste :

— *empiriste*, non au sens philosophique strict du terme – où la connaissance ne dérive que de l'expérience – mais en un sens affaibli, où le procès de connaissance requiert, quelle que soit la discipline concernée, le recueil et le traitement de *matériaux* adéquats : données démographiques, données ethnographiques, données sociographiques, etc. Ce souci est associé au rejet des spéculations, des prophéties, des idées creuses et à la mise en place d'outils et de techniques de recueil et d'analyse d'informations pertinentes ;

— *objectiviste*, en ce qu'il entend construire des *faits*, c'est-à-dire des affirmations attestables et contrôlables, indépendantes des interprétations des uns et des autres : l'évolution d'un taux de natalité est un fait, indépendant des ambitions natalistes ou malthusiennes des instances politiques ; que les Trobriandais pratiquent l'*avunculat* est un fait, attesté dans sa généralité par la récurrence de la relation qui invite à le construire – dans certaines sociétés archaïques le système de droits et de devoirs associant habituellement un père et un fils est transféré systématiquement sur l'oncle maternel et son neveu –, justifié dans sa spécification au cas des Trobriandais par les données recueillies et contrôlées autorisant le diagnostic ; l'effet « Anderson », selon lequel, dans les pays développés, le niveau scolaire plus élevé des enfants comparé à celui de leurs parents s'associe souvent à un statut social inférieur, est, également, un fait...

— enfin ce modèle est en dominante *quantitativiste* en ce que seule la mesure lui permet de dégager des structures fortes – comme une pyramide des âges –, de proposer des faits contrôlés, de vérifier des hypothèses, d'élaborer des lois.

Ainsi décrit, ce modèle a deux aspects :

— il s'inscrit dans les prescriptions d'une *raison expérimentale*, c'est-à-dire d'un rationalisme qui, à l'image de celui que promeut la physique classique, soumet l'analyse scientifique au contrôle d'expérimentations systématiques et rigoureuses et dont le positivisme se veut, de 1850 à nos jours, la traduction philosophique, aussi bien dans sa version primitive, liée à Comte et à Mach, que dans ses versions logicistes et critiques issues du Cercle de Vienne ;

— il pose le problème de son *applicabilité* à un monde pétri de significations et de valeurs – à la différence de celui de la nature – où les données pertinentes sont le plus souvent qualitatives, voire singulières, et l'expérimentation directe impossible comme en sociologie, en ethnologie et en démographie. Seule la psychologie sociale, dans la droite ligne de la psychologie expérimentale dont elle procède, relève *stricto sensu* du modèle. En d'autres termes, si la constitution de leur dispositif de connaissance par les quatre disciplines se fait sous les auspices du seul modèle de scientificité légitime, celui des sciences de la nature, ce modèle peut être source de tensions, de résistances, voire de refus au nom de la spécificité du domaine étudié. Dès la fin du siècle dernier cette tension s'exprima, notamment en Allemagne, par le recours à un modèle épistémologique alternatif, posant la spécificité des « sciences de l'esprit » face aux « science de la nature » et de la « compréhension » face à l' « explication ». À la raison expérimentale était opposée, en bref, *la raison interprétative.*

Nous reviendrons plus bas (partie IV) sur le débat épistémologique induit par ces oppositions. Du point de vue de la constitution historique des noyaux disciplinaires, c'est le modèle de la raison expérimentale qui l'emporta d'abord de la façon la plus large, étayé par une série d'arguments et de travaux supportant et légitimant son usage.

Hors de la démographie, relevant d'une tradition déjà ancienne d'organisation des données statistiques et de la psychologie sociale, s'appuyant sur l'héritage de la psychologie expérimentale de la fin du siècle dernier, l'argument central concerne l'application de la méthode expérimentale aux phénomènes sociaux. Il est dû à Durkheim (1895) mais on le retrouve chez Weber (1922) et en ethnologie : la sociologie (l'ethnologie, la démographie) ne peut procéder à des expérimentations, c'est-à-dire à la construction d'expériences de laboratoire, visant à tester des hypothèses. Elle ne peut recourir qu'à l' « expérimentation indirecte », à la méthode comparative, fondée sur la confrontation des variations de deux phénomènes. Que ceux-ci soient donnés d'abord comme qualitatifs n'est pas un obstacle. Soit deux phénomènes X et Y, par exemple le suicide et le protestantisme ; il suffit de trouver des indicateurs susceptibles de les exprimer et de repérer leurs « variations concomitantes » : en l'occurrence, lorsque la proportion des protestants s'accroît dans une région, le taux de suicide croît également. Il est possible ensuite de faire une hypothèse sur les causes de cette liaison – par exemple, l'Église protestante présente une moindre cohésion que l'Église catholique – et de la soumettre à une vérification, par l'observation réglée d'autres phénomènes de même structure[1]. Le modèle suivi n'est pas celui du physicien mais comme le dira Weber[2], de l'astronome. Durkheim, pour sa part, parle d'application du « raisonnement expérimental ».

1. On aura reconnu un développement classique du *Suicide* de Durkheim, tiré du chapitre intitulé « Le suicide égoïste ».

2. Dans l'article « L'objectivité de la connaissance dans les sciences et la politique sociale » (1904), traduit *in* Weber, 1965.

Cette idée invite à traiter des données non expérimentales, d'observation ou documentaires, selon les mêmes règles de contrôle et de vérification que lors d'une expérience. Elle est reprise comme un idéal par l'ethnologie[1] et mise en œuvre exemplairement par la psychologie sociale dans des cas où l'expérimentation s'avère impossible. Festinger en a donné une illustration brillante et reconnue exemplaire dans sa recherche sur les mouvements millénaristes[2]. Le point de départ est un paradoxe : comment comprendre que l'échec des prophéties de fin du monde, bien loin de diminuer la croyance des fidèles, la renforce et étend leur prosélytisme ? S'appuyant sur la théorie de la dissonance cognitive, qui veut que la tension née de représentations contradictoires soit résolue, Festinger élabore le jeu de conditions à partir desquelles la dissonance, provoquée par la croyance en une fin du monde prochaine et le démenti des faits, n'engendre pas la renonciation à la prophétie, mais au contraire son renforcement. Les éléments historiques qu'il mobilise sont particulièrement éloquents : au XVIIe siècle, la conversion à l'Islam de Sabbataï, juif de Smyrne se présentant comme le messie et annonçant à toute la Diaspora la Rédemption et le retour en Israël, n'entame pas la foi de ses disciples dont certains, se convertissent à leur tour en masse. Au XIXe siècle, l'immense ferveur suscité par la prophétie de William Miller, annonçant la fin du monde en 1843, résista à trois désaveux successifs avant de s'effondrer. Mais, précisément, ces données historiques spectaculaires, par leur caractère partiel d'une part, par leur signification purement confirmative de l'autre, ne permettent pas de mettre à l'épreuve le modèle : « L'histoire ne risquant guère de nous contredire, serait-il honnête de se fier aux preuves fournies par des sources aussi douteuses ? » (p. 28). Fort heureusement pour Festinger, la science et notre démonstration, la découverte d'un petit mouvement millénariste, annonçant une fin du monde imminente, lui permit de tester *in vivo* la pertinence de ses hypothèses. Mais là encore, ce ne fut pas à un dispositif expérimental *stricto sensu* que s'appliqua le raisonnement expérimental, mais aux données d'une observation participante.

1. Voir, par exemple, O. Lewis, « Controls and experiments in Field Work », dans l'encyclopédie dirigée par A. L. Kroeber, *Antropology Today*, Chicago, 1953, ou encore un ouvrage qui explicite au plus près le modèle objectiviste en ethnologie, S. F. Nadel, *Foundations of social anthropology*, Londres, 1951.

2. L. Festinger, H. Riecken, S. Schachter, 1956, trad. *L'échec d'une prophétie*, Paris, PUF, 1993.

Élaboration progressive d'un corpus de procédures et d'outils constitutif des noyaux disciplinaires d'un côté, inscription des opérations de connaissance menées sous l'autorité du rationalisme expérimental et de ses exigences de formalisation et de contrôle de l'autre, cette double orientation semble inviter à l'approfondissement, au renforcement, et à la constitution d'un savoir *cumulatif*, caractéristique de ce que, depuis Thomas Kuhn (1962), on appelle une « science normale ». Si tel était le cas, il nous faudrait maintenant passer aux divers domaines couverts par les disciplines étudiées, aux diverses théories élaborées et aux modèles interprétatifs dégagés.

Or, tant sur le plan logique que dans leur évolution historique, le mouvement commun qui anime la sociologie, l'ethnologie, la démographie et la psychologie sociale n'est pas un mouvement de consolidation et de renforcement par épuration et rectification successives, mais un mouvement de dissémination, de constructions alternatives, de complexification et de ruptures. Plus précisément, au sein du processus historique normal d'utilisation et de mise à l'épreuve des méthodes et des orientations fondamentales, apparaissent des points de bifurcation et de rupture engageant sur des voies et des procédures nouvelles et divergentes. Ce mouvement généralisé, où approfondissement et dispersion se mêlent, s'opère fondamentalement au niveau des programmes et des « paradigmes ». Il se conjugue, simultanément, avec une réévaluation du modèle de scientificité objectiviste et le développement de postures et de revendications alternatives. Il mobilise, enfin, les différents contextes et scènes de déploiement social de l'activité de connaissance présentés plus haut. Cette histoire logique complexe s'enracine dans le contexte méthodologique et programmatique de chaque discipline dont elle interroge la pertinence opératoire du noyau initial – ne faudrait-il pas faire autrement ? ; elle touche à son environnement pragmatique en proposant des remises en cause des légitimités scientifiques et en dénonçant des complicités extrascientifiques ; elle est mise en forme, enfin, dans le contexte normatif, à travers de grandes alternatives épistémologiques, sciences de la nature / sciences de l'esprit, holisme/individualisme, modèles/récits, etc. Nous allons suivre ces pistes en cherchant d'abord (partie III) à restituer la dynamique logique – opérations et schèmes de pensée – et historique – courants et écoles – de ce mouvement, avant d'en restituer la scène épistémologique (partie IV).

Dissémination, transferts, pluralisation

L'espace de connaissance que nous tentons de décrire n'est ni très simple, ni très reposant. Si nous filons la métaphore du noyau, chacune de nos disciplines gravite selon des modalités propres autour de son dispositif central de connaissance. Dans cette constellation, ces noyaux occupent un espace commun relevant du modèle de scientificité de la *raison expérimentale*. À des marges plus ou moins lointaines se cristallisent des positions tendant parfois à construire d'autres noyaux et à entraîner le système entier vers un autre espace, celui de l'herméneutique et de la *raison interprétative*. Entre ces diverses positions, des espaces intermédiaires et transdisciplinaires se créent ; des passages, des transferts, des mouvements s'opèrent ; des guerres éclatent parfois, avec leur arsenal raffiné de mesures et de contre-mesures, d'attaques et de leurres. Le tout donne lieu à une prolifération de termes et de catégories où le néophyte n'est pas le seul à finir par se perdre.

Un *principe de réduction* aux seules positions réellement pertinentes s'impose donc. Nous adopterons le suivant : saisir, par niveaux successifs, les mouvements de déplacement du dispositif interne de connaissance qu'impose le traitement de l'objet. La caractéristique commune aux quatre disciplines étudiées est que leur noyau initial constitue un point de vue sur l'objet qui, pour privilégié qu'il soit dans leur constitution, n'est pas exclusif d'autres, complémentaires ou alternatifs ; elle est aussi que cette pluralisation ne s'opère pas arbitrairement, mais à travers des mouvements dont la logique est référable aux divers contextes, pragmatiques, programmatiques et normatifs de détermination.

Partant de l'idée que ces mouvements de pluralisation ne se construisent dans la durée et ne se cristallisent en positions véritables que par la *nécessité logique* qui les porte – c'est-à-dire par le rôle qu'ils jouent dans le processus de connaissance –, nous en envisagerons successivement divers aspects, allant du plus général (les transferts de paradigmes) au plus spécifique (la constitution des programmes d'analyse). Cette réduction, par paliers successifs, se prolongera par l'examen des grandes oppositions méthodologiques que la tradition épistémologique de ces disciplines leur a léguées pour penser et réduire leur diversité : quantitatif/qualitatif ; transversal/longitudinal, holisme/individualisme.

La pluralité des cadres de pertinence

Énigmes et dissonances : la spécificité des sciences humaines et sociales

Reconstituer, pour chaque discipline, l'histoire des transformations de son dispositif de connaissance, tant dans ses déterminations pragmatiques que dans ses diverses modalités méthodologiques, programmatiques, théoriques, épistémologiques, est une entreprise encore largement en friche et fortement segmentée[1]. Si, à l'inverse, établir des cartes, des tableaux, des classifications pour essayer de décrire la pluralité interne de ces dispositifs, relève d'un exercice académique fréquent, il s'avère le plus souvent décevant. Les manuels accumulent les classifications et les typologies dont le principe est souvent obscur, contestable, ou simplement descriptif tandis que prolifèrent les dénominations « indigènes », par lesquelles les courants et les écoles se désignent et se démarquent en permanence : fonctionnalisme, structuro-fonctionnalisme, structuralisme, néo-fonctionnalisme, structuralisme génétique... Ce simple échantillon, qui ne concerne qu'un segment très limité des approches existantes en sociologie, montre à l'évidence la nécessité du principe de réduction avancé.

Pour ne pas tomber dans le travers d'une énième classification, il importe de partir du travail de connaissance et de ses réquisits. Popper (1969) parle de « problème », Kuhn (1962) d' « énigme », pour désigner la situation cognitive qui met en branle une recherche. Il s'agit toujours, d'une certaine façon, d'une *dissonance* entre un phénomène et un cadre explicatif. Plus la science est constituée, plus cette dissonance est sophistiquée, inscrite dans un corpus expérimental et théorique complexe, sans commune mesure avec le monde ordinaire. Il en va tout autrement dans les disciplines que nous étudions. Le dispositif expérimental le plus élaboré de psychologie sociale, la confrontation la plus épurée d'un modèle démographique à un

1. On trouve cependant, en sociologie, un certain nombre de pierres apportées à cet édifice, soit d'un point de vue général, par exemple, Bottomore et Nisbet (1979), soit à travers des études consacrées notamment à certaines écoles célèbres, par exemple M. Bulmer, *The Chicago School of Sociology*, Chicago, The University of Chicago Press, 1984, ou R. Wiggerhaus, *L'école de Frankfort*, 1986, trad. Paris, PUF, 1993. Pour notre part, nous nous y sommes essayés, de façon très modeste, dans *La construction de la sociologie*, Paris, PUF, 1991.

ensemble de données statistiques, n'effacent que rarement – si ce n'est méthodologiquement – la conscience du *sens ordinaire* du phénomène ; elle peut même être requise en ethnologie et dans diverses formes de recueil de données : observation, intervention, entretiens...

Cet arrière-fond permanent que constitue le sens ordinaire des phénomènes – inscrit dans le langage de tous les jours qui les désigne – est spécifique aux sciences humaines et sociales. Il éclaire particulièrement le statut qu'y prend la dissonance et ses implications. On peut poser qu'énigme, problème, dissonance relèvent toujours d'un rapport interne entre *saillance* (les données empiriques) et *pertinence* (le cadre d'analyse et d'interprétation). L'exemple bien connu de Le Verrier, en astrophysique, l'illustre à souhait. L'énigme à laquelle il se heurtait était que la trajectoire d'une planète déterminée, Uranus, n'était pas conforme au modèle de Newton ; cette *saillance* – c'est-à-dire cette émergence comme énigme d'un phénomène déterminé observé – est entièrement dépendante d'un système de pertinence, le modèle de Newton. Sans lui, elle n'apparaîtrait pas, elle n'existerait pas, puisqu'elle repose exclusivement sur la contradiction entre les prédictions rendues possibles par le modèle et les observations empiriques recueillies. Dans le cas des sciences de la nature, un cadre de pertinence (ce que Kuhn appelle un paradigme) se construit et affirme sa pertinence précisément par sa capacité à résoudre de telles énigmes. Une fois installé, souvent à la suite de crises, il n'est pas susceptible d'être remis en cause immédiatement puisque c'est sa capacité à résoudre les énigmes pendantes et à fournir un cadre explicatif plus large qui assure son succès (en l'occurrence, il permet à Le Verrier de faire l'hypothèse d'une planète inconnue, cause des perturbations observées, et d'en prouver l'existence). S'affinant et se complexifiant, ce cadre soumet à sa logique et à son langage les phénomènes relevant de son domaine, qu'il permet d'enrichir et de multiplier par les nouvelles expériences qu'il suscite.

Présent également en sciences sociales, ce mécanisme y est beaucoup plus fragile du fait que toute inscription d'un phénomène dans un cadre de pertinence peut, à tout moment, être référé au sens ordinaire comme instance ultime de signification. Prenons un cas très célèbre : Durkheim choisit le suicide comme objet d'analyse parce qu'il semble réfractaire à l'approche objectiviste qu'il veut introduire en sociologie. Il substitue au terme du sens commun une définition précise – toute mort volontaire – et lui trouve un instrument de mesure dans les taux différentiels de suicide selon les groupes sociaux ; il crée ainsi une *tradition de recherche* où le phénomène peut être approfondi à l'intérieur du cadre de pertinence constitué et où surgiront comme *dissonances* tels ou tels constats statistiques divergents. Mais la remise en cause de ce cadre de pertinence lui-même, à la différence des sciences de la nature, ne procédera pas seulement de son dépassement ou de son épuisement ; elle sera *principiellement* établie sur l'inadéquation proclamée d'un tel cadre pour saisir la dimension spécifiquement humaine, subjective du phénomène, *tel qu'il nous est donné dans l'expérience ordinaire* : le suicide a *sens* pour le sujet (c'est bien pourquoi il mérite l'appellation de « mort volontaire ») ; il est aberrant d'y voir la simple résultante mécanique des diverses forces qui s'exercent sur lui. Autour de cette idée de sens, *épurée et thématisée*, peut se construire un autre cadre de pertinence, alternatif au précédent[1].

Cette situation épistémique propre désigne l'opération de *problématisation* et de *construction de l'objet* comme le lieu où se nouent les choix et où se concentrent les alternatives et les orientations disponibles dans la discipline à un moment donné. Si le noyau central – tables de population, terrain, expérimentations de laboratoire, enquête standard – constitue, pour chacune des quatre disciplines, une ressource et une référence opératoires de base, d'autant plus utilisées qu'elles y assurent une inscription légitime et des procédures rodées, il n'a pas la capacité d'éviter le regard divergent, l'approche complémentaire ou alternative. Plus perméables aux déterminations multiples de leur contexte d'effectuation, plus fragiles dans leurs outils que les sciences de la nature qu'elles prennent initialement pour modèles, les sciences du social affrontent toujours la construction de leur objet comme un défi. Nous en retiendrons deux modalités : les glissements paradigmatiques qui peuvent s'opérer par ouvertures disciplinaires, réflexivité ou changements d'échelle ; la subsumption topologique qu'implique l'inscription d'un phénomène sous une catégorie.

Glissements paradigmatiques

Trois mouvements, intimement mêlés, nous semblent à l'œuvre dans l'évolution et les transformations du dispositif de connaissance des disciplines étudiées : un mouvement d'élargissement ou de com-

1. Le lecteur intéressé trouvera un développement de cet exemple et de l'opposition saillance/pertinence, *in* Berthelot (1996).

plexification du champ d'investigation initial ; un mouvement d'échange et de transfert de modèles ; un mouvement de réflexivité et d'auto-analyse. Dans chacun de ces cas on peut parler de *glissement paradigmatique* dans la mesure où un autre cadre de pertinence que le cadre initial va être utilisé, implicitement ou explicitement, comme opérateur analogique de glissement ou de rupture. Donnons-en trois exemples :

— Des ouvertures disciplinaires, équivalant à l'investigation de domaines nouveaux et relevant de déterminations aussi bien épistémiques que pragmatiques, ouvrent l'espace de pertinence et adaptent les procédures canoniques. La démographie, sans doute la plus stable des quatre disciplines, le montre clairement : « démographie historique », elle met à l'épreuve, grâce au travail pionnier de Louis Henry, ses outils d'enregistrement systématique dans l'étude des généalogies et des registres paroissiaux, et y substitue le point de vue longitudinal au point de vue transversal antérieur[1] ; « anthropologie démographique », elle s'installe au carrefour des intérêts de connaissance de l'ethnologie, de la biologie des populations et de la démographie classique, tout en étant portée par le vaste mouvement contemporain de saisie et de maîtrise des phénomènes démographiques. Elle multiplie les outils de description – création de fichiers informatisés – et diversifie les formules explicatives en recourant aussi bien à l'énoncé de lois, qu'à la recherche des motifs et à la reconstitution des biographies[2].

— La demande sociale, comme expression relativement directe du contexte pragmatique, peut s'associer à des transferts de paradigmes eux-mêmes préparés par des infléchissements programmatiques antérieurs. On peut, à l'articulation de la sociologie et de la psychologie sociale, prendre le modèle d'analyse élaboré par Goffman. Les interactions en face à face sont l'objet de son approche, qui, de ce fait, relève de la psychologie sociale. Mais son souci n'est pas de tester un corpus de variables ou d'hypothèses, mais de construire, sur la base d'un matériel associant des expérimentations issues de la psychologie sociale et des observations venant d'horizons plus larges, un modèle interprétatif global. Souci sociologique donc dans sa prétention – même modestement énoncée –, associé cependant à un double infléchissement de la discipline, vers un

1. Cf. J. Dupâquier, « Histoire et démographie », in *Population*, n° 32, numéro spécial, *La mesure des phénomènes démographiques, hommage à Louis Henry*, 1977, p. 299-318.

2. Cf. D. Bley et Bloëtsch, *op. cit.*

changement d'échelle d'appréhension des phénomènes et l'application d'un mode d'approche interactionniste : Goffman ne s'intéresse pas aux structures d'ensemble de la société, mais à des phénomènes restreints, semblables à ceux que privilégient les enquêtes de terrain de la sociologie empirique non quantitative. Il participe donc d'un changement global d'échelle largement induit par le mouvement de la demande sociale. Mais simultanément la question posée touche au fondement des régulations sociales : Comment des interactions au quotidien, qu'aucune norme officielle ne règle – dans la rue, sur une plage, dans une file d'attente –, n'engendrent-elles pas continûment désordre et agression ? À cette question, Goffman répond *en transposant* de l'éthologie un paradigme, immédiatement relu dans une perspective actancielle : les modèles d'ordre, de parades, de rituels d'évitement, etc. qu'il construit sont appliqués à des acteurs intentionnels, des sujets aptes à jouer avec les significations sociales d'une interaction, ce que ne font précisément pas, le plus souvent, les animaux observés par l'éthologie.

— Une transformation du contexte d'exercice disciplinaire peut engendrer un regard nouveau, susciter une distance réflexive, inviter à une révision du cadre de pertinence. L'ethnologie s'est forgée dans le rituel du terrain et, d'une certaine façon, dans sa version la plus puriste : un territoire vierge, non encore décrit, offrant les plaisirs rares de la révélation et de la restitution. L'évolution et la disparition rapide des sociétés archaïques ont modifié non seulement le projet, mais le regard initial : terrains ambigus déjà livrés aux effets de la modernité[1], territoires déjà visités, brisant le mythe du premier regard en remettant en question sa lecture et ses résultats, domaines nouveaux découpés dans la familiarité de nos sociétés développées et institués en scènes d'étrangeté, comme le métro ou les laboratoires de recherche[2]. Ces divers mouvements brisent, d'une certaine façon, l'illusion de restitution et de pureté de l'objet et déportent le regard vers l'observateur, favorisant aussi bien une sorte de narcissisme descriptif ou ironique qu'un glissement vers des modèles herméneutiques. Le retour sur soi ainsi opéré se marque dans l'ethnologie contemporaine par le surgissement de la théma-

1. Cf. les divers travaux de Georges Balandier sur l'Afrique, *Sociologie actuelle de l'Afrique noire*, Paris, PUF, 1955 ; *Afrique ambiguë*, Paris, Plon, 1957.

2. Cf. M. Augé, *Un ethnologue dans le métro*, Paris, Hachette, 1986 ; B. Latour, S. Woolgar, *La vie de laboratoire*, 1979, trad. Paris, La Découverte, 1988.

tique de l'écriture et du texte[1], opérant un déplacement de l'intérêt épistémique de l'objet vers le sujet et une redécouverte de la métaphore centrale de l'herméneutique.

Subsumption sous un *topos*

Faire de l'école une instance de « reproduction sociale », rechercher « la structure informelle » d'une organisation, construire une expérience de « diffusion sociale » d'une rumeur, postuler qu'une prestation joue le rôle d'un « contre-don », se demander si le mode de régulation d'une institution relève de la « cité marchande » ou de la « cité domestique », etc. constituent autant de décisions de connaissance inscrivant le phénomène étudié dans un *topos*, c'est-à-dire dans un lieu reconnu, espace de travail disciplinaire identifiable à ses concepts clés, à ses références tutélaires, à ses analyses paradigmatiques.

L'une des caractéristiques centrales, bien que différentiellement modulée, des disciplines que nous étudions, est que cet espace a fondamentalement deux niveaux : il comporte d'abord des termes *descriptifs*, où l'assignation met en œuvre un vocabulaire ordinaire, relevant de catégorisations socio-administratives globales ou de significations sociales communes. Vouloir travailler sur le devenir des enfants de couples séparés, la nuptialité ou les structures de parenté d'une population donnée, les effets de la musique sur les pulsions agressives, est aisément compréhensible d'un auditeur ordinaire. Des termes plus spécialisés comme pulsions inconscientes, organisation en réseau, autorité, déviance, échanges, rituels peuvent relever également de ce niveau, tant il se définit par une sorte d'aller-retour incessant entre langage ordinaire et terminologie savante. Bien que la frontière soit particulièrement floue et que l'usage fasse aisément passer la même dénomination d'un côté à l'autre, on peut néanmoins distinguer de ces termes descriptifs des termes que l'on peut qualifier d'*analytiques* en ce qu'ils sont porteurs d'un *point de vue* sur l'objet : comportement, habitus, interaction, lignage, transition démographique, rôle, statut, personnalité culturelle de base, rhétorique... La liste peut être poursuivie à l'envi. Ce qui importe n'est

1. Cf. le recueil fondateur de J. Clifford et G. E. Marcus, *Writing Culture : The Poetics of Ethnography*, Berkeley, University of California Press, 1986, et, pour les débats ultérieurs, A. James, J. Hockey et A. Dawson, *After Writing Culture, Epistemology and Praxis in Contemporary Anthropology*, Londres, Routledge, 1997.

pas ici l'inventaire, mais le principe. Chacun de ces termes renvoie ou est susceptible de renvoyer à un *concept*, et s'inscrit donc dans une armature logique. L'introduire pour thématiser un objet équivaut à une assignation à son *espace de pertinence*.

Mais, selon la discipline, selon les domaines, selon les conjonctures, le statut des termes analytiques et de l'espace de pertinence qui leur est associé est différent :

— Certains termes sont construits à l'image des concepts des sciences de la nature ; ils expriment une relation fixe entre grandeurs ou, quand il ne s'agit pas de taux ou d'indices, un ordre de phénomènes clairement circonscrit : les taux dont use le démographe pour décrire et comparer des populations sont du premier type, des termes tels que lignage, avunculat, rituels de passage, du second ; ces termes font partie du patrimoine et du lexique disciplinaires. Avec le temps ils s'affinent ; certains tombent en désuétude, d'autres, dont il n'est pas évident qu'ils soient très nombreux, se créent. Leur usage, normalement, n'est pas problématique. Faire l'inventaire historique de ces termes pour chaque discipline, serait riche d'intérêt. Il permettrait peut-être de dessiner une sorte de périmètre de base, *contrepoint topologique* des noyaux décrits plus haut.

— À l'autre bout du spectre, certains termes constituent des *coups de force théoriques* ; ils expriment un point de vue nouveau prétendant à la légitimité, et imposent un lexique parfois complexe dont la maîtrise vaut comme signe de reconnaissance. Ils définissent un nouveau cadre de pertinence. D'une certaine façon, la plupart des innovations théoriques ont emprunté ce chemin, de la psychanalyse à l'ethnométhodologie. Le développement ultérieur de la discipline sépare ce qui n'est qu'effet de mode et terminologie fugitive de ce qui constitue une réelle thématisation nouvelle des phénomènes. Dans les cas les plus favorables, le devenir des termes permet de mesurer le chemin parcouru, de la rupture initiale à l'incorporation finale dans le patrimoine disciplinaire commun (point précédent), voire dans les jeux du langage ordinaire.

— Entre ces deux extrêmes s'établit un espace intermédiaire constitué à la fois de catégories centrales, désignant des types de phénomènes ou de mécanismes reconnus comme déterminants dans une discipline, mais suscitant des définitions différentes selon les théories, et de termes spécifiques qui, bien que relevant d'une approche particulière, ont acquis une légitimité suffisante pour être utilisés plus largement. Les termes d'« interaction », d'« influence », de « rôle », de « socialisation », d'« acculturation », de « modernisation », de

« rationalisation », etc., relèvent plutôt du premier registre ; ceux d' « ethos », d' « habitus », d' « effet pervers », de « convention », de « transaction », etc., du second.

La dispersion des termes autour de ces trois configurations reflète la complexité déjà décrite de ces disciplines. Dans la mesure où ceux-ci sont solidaires de cadres de référence déterminés, elle induit des mouvements contradictoires de resserrement autour d'un espace conçu comme seul représentant légitime du point de vue disciplinaire, ou, à l'inverse, une tendance à la confusion et à la balkanisation des références. On peut ainsi, sommairement, repérer les tendances suivantes, qui, à côté des noyaux d'ancrage initiaux, des glissements paradigmatiques divers, spécifient au sein de chaque discipline, des espaces de pertinence forts et des zones de transition :

— Concentration autour d'une théorie ou d'un champ de problèmes donnés, systématiquement repris et travaillés : il semble bien que, dans les quatre disciplines étudiées, ce soit autour de problèmes circonscrits plutôt que de théories, que ce mouvement s'opère, dès lors que l'on donne à la notion de théorie la définition un peu stricte d'un ensemble conceptuel ou propositionnel organisé. Autour d'une thématique et de son évolution, comme l'organisation, autour d'outils et de leur épuration, comme en démographie, mais aussi en ethnologie avec les modèles de parenté, autour d'expériences longuement reprises, modifiées, améliorées comme en psychologie sociale, peuvent se construire, sur une certaine durée, des formes de cumulation des acquis et de tradition de recherche[1].

— Saut hors des espaces de pertinence établis par la tradition pour s'installer dans des paysages totalement nouveaux, importés parfois de tout autres horizons, artistiques, littéraires, technologiques. Il est à tout moment possible, notamment en sociologie et en ethnologie, qui semblent les deux disciplines les plus sensibles à ce type de saut, d'arracher un phénomène à son (ou ses) espace(s) de pertinence habituel(s) pour le projeter dans un autre, inédit, et lui fournir un éclairage renouvelé. Ce mouvement paraît d'autant plus séduisant et, en quelque sorte, acceptable, qu'il se greffe sur une caractéristique constante des sciences sociales : substituer à une interprétation ordinaire

1. La chose semble plus délicate pour les théories : leur fécondité propre paraît davantage relever de leur programme ou de leur paradigme que de leur architecture conceptuelle spécifique. De fait, ou cette dernière est strictement formalisée et, sauf dans des cas restreints, peu applicable ; ou elle ne l'est pas et malgré ses raffinements reste vouée à des simplifications qui la ramènent à son fil problématique (sur ce point, voir *infra*, IIIe partie, chap. 1).

du monde une interprétation savante ou autorisée. Le problème est qu'il ne suffit pas qu'une interprétation soit différente pour être juste. En cela, la menace est permanente de passer de l'effort scientifique de thématisation aux facilités littéraires de l'essayisme et de la révélation : on ne révèle plus aux gens qu'ils font de la prose sans le savoir, mais qu'en croyant faire de la prose ils font en fait tout autre chose[1].

— Banalisation, enfin, et balkanisation des termes ; si chacun, quel que soit son statut, est susceptible d'avoir une définition relativement construite dans un corpus déterminé, la multiplication et la surdétermination des termes n'invite pas toujours à un usage rigoureux et critique. De façon plus insidieuse, mis à part les cas très précis des approches quantitatives ou expérimentales strictes, obligeant à réduire et à définir les termes par des équivalents numériques, le souci de définition conceptuelle dont font preuve les auteurs les plus sérieux ne peut aller jusqu'à l'ensemble des notions effectivement utilisées. Soit il faut se lancer dans l'entreprise vaine de refonder tout le lexique – à laquelle certains s'attellent parfois héroïquement – ou de proposer une nouvelle langue – ce qui est le propre des « coups de force » théoriques évoqués plus haut –, soit il faut se résoudre à une langue hétérogène, utilisant les termes à des niveaux d'exigence analytique différents, allant du concept strict à l'image vague.

Cadres de pertinence et structures opératoires

Cette description peut paraître un peu terrifiante. À côté des quelques points d'ancrage méthodologiques initiaux et des grandes thématiques de recherche propres à chaque discipline, elle semble autoriser toutes les dérives et aboutir à une multiplication de courants et de chapelles, seulement attachés à la promotion de leurs terminologies et de leurs analyses. L'effet kaléidoscopique que produit la tentative de restitution des mouvements qui parcourent ces disciplines ne doit cependant pas masquer leur ressort logique commun : inscrire les phénomènes dans un espace de pertinence susceptible de les thématiser et de les traduire empiriquement. Cette exigence a deux aspects : un aspect topologique et paradigmatique, que nous venons de décrire, régi fondamentalement par un *principe analogique* ;

1. La sociologie constructiviste des sciences est ainsi parfois tombée dans le travers de vouloir montrer aux savants ébahis qu'ils ne faisaient, dans leur laboratoire, rien de ce qu'ils croyaient faire et que croyaient qu'ils faisaient des épistémologues naïfs ou complaisants.

un aspect programmatique et méthodologique que nous allons maintenant suivre, régi par un *principe opératoire.*

Selon le premier aspect, la construction de l'objet, la réduction des dissonances, l'extension de l'aire d'étude des phénomènes se fait par l'usage d'une formule analogique latente ou explicite : *comme si.* Faisons comme si les données historiques étaient des données démographiques, comme si les interactions en face à face des individus étaient des parades, comme si une culture était un texte à déchiffrer, comme si une station de métro ou un laboratoire de recherche étaient un village bororo... Il est clair qu'un tel principe analogique n'est utilisable que parce que le domaine où il est mis en œuvre n'est pas totalement fermé sur lui-même et ses seules ressources et parce qu'existent, en dehors de lui, d'autres modèles d'interprétation du monde. Mais il est non moins clair qu'un tel principe ne suffit pas : il ne vaut que s'il est capable d'être *opératoire*, c'est-à-dire d'être supporté par un ensemble réglé d'opérations inscrivant l'objet initial non plus simplement dans un *cadre générique de pertinence*, mais spécifiquement, dans *un cadre analytique* déterminé. Le premier anticipe un domaine, une formule, un espace où le phénomène prend sens ; le second construit les opérations qui le transforment en un objet d'investigation méthodique. Ainsi, constituer le suicide comme un phénomène susceptible de *varier* en fonction d'autres phénomènes *impose l'armature logique* du langage des variables. Que le commentaire des relations ainsi mises en évidence entraîne l'usage de notions plus ou moins opportunes est une chose ; l'établissement de ces relations, en revanche, et le diagnostic causal qui en découle, relèvent d'un modèle opératoire rigoureusement contrôlable. De même, et à l'inverse, penser le suicide comme une conduite *dotée de sens pour le sujet*[1] impose des opérations de recueil et d'analyse spécifiques : il faut pouvoir reconstituer des histoires singulières et avoir les éléments nécessaires à l'interprétation de la signification de l'acte. Certes, ce type d'approche et de langage, ne bénéficie pas du filet de sécurité que procurent les chiffres, mais il est porteur d'*exigences logiques* tout aussi rigoureuses[2].

C'est donc du côté des cadres analytiques des sciences du social qu'il faut maintenant porter le regard. La première réduction (détermination des cadres conceptuels de pertinence) est insuffisante et jamais aboutie si elle n'est pas relayée par cette seconde.

1. Selon la définition webérienne de l'activité (Weber, 1922).

2. Ce type de travail a été mené par Jean Baechler, *Les suicides*, Paris, Calmann-Lévy, 1975.

Cadres et programmes d'analyse

Il est nécessaire, pour aborder ce point, de reprendre la double perspective, historique et logique de la première partie. Inscrite dans un contexte de détermination propre, chaque discipline s'est dégagée de son passé préscientique en constituant un dispositif de connaissance de base, véritable ancrage de ses développements ultérieurs : tables de population, immersion de terrain, construction de protocoles expérimentaux, recherche des lois de fonctionnement des sociétés modernes. Pour chacune, ce dispositif de base, malgré les alternatives épistémologiques élaborées très tôt par la tradition allemande, est d'abord et fondamentalement inscrit dans les présupposés objectivistes du rationalisme expérimental importé des sciences de la nature. Il est dès lors rapidement confronté à un double mouvement historique et logique jouant à deux niveaux de temporalité et de durée :

— un mouvement de pluralisation, de construction de perspectives nouvelles et alternatives, d'invention de terminologies ; variable selon les disciplines dans ses formes et son ampleur, opérant dans la courte durée et la fièvre des modes disciplinaires, des débats et des pressions idéologiques et politiques, il utilise systématiquement le ressort de l'analogie, de la métaphore, des transferts ;
— un mouvement, lié au précédent, mais se structurant dans une durée plus longue, de mise à l'épreuve de formules de recherche, de construction de cadres analytiques, d'élaboration de programmes.

Solidaires l'un de l'autre, impensables l'un sans l'autre en ce que le premier invente ce que le second met à l'épreuve et épure, ces mouvements dessinent progressivement une toile analytique complexe, marquée par la tension entre les deux pôles *de la raison expérimentale* et de *la raison interprétative*.

Modèle nomologique et causalisme

L'un des traits communs et fondamentaux du modèle objectiviste, au sein duquel les diverses disciplines font leurs premières gammes, est qu'il vise la production de régularités statistiques entre variables. Celles-ci peuvent prendre plusieurs aspects, selon la nature des phénomènes décrits ou les modalités de l'observation engagée :

— Lorsqu'il y a X, alors généralement on trouve Y : ainsi, analysant les divers rites initiatiques des garçons dans diverses sociétés archaïques, peut-on aboutir au résultat suivant : « Dans les sociétés qui ont des organisations de couchage suivant lesquelles la mère et le bébé partagent le même lit pendant au moins une année en excluant le père, et dans celles qui ont un tabou qui interdit tout comportement sexuel à la mère pendant au moins une année après une naissance, on trouvera plus souvent une cérémonie de transition entre l'âge de l'enfance et l'âge d'homme que dans les sociétés où ces conditions n'existent pas, ou pour des durées moins longues. »[1]

— Lorsque X varie, Y varie : c'est la forme la plus fréquente, que l'on trouve aussi bien en démographie (l'espérance de vie varie en fonction du sexe, de la condition sociale, du niveau de développement de la société, etc.), qu'en sociologie (les pratiques sportives, alimentaires, vestimentaires sont fonction du sexe, de l'âge, de la condition sociale...), qu'en psychologie sociale...

— Dans un système où Y est présent, l'introduction de X entraîne des modifications de Y : il s'agit là d'un grand classique de la psychologie sociale. Dans ses fameuses expériences de la Western Electric, Mayo et son équipe testèrent diverses variables externes (éclairage notamment) susceptibles d'améliorer le rendement au travail d'un groupe d'ouvrières. Celui-ci progressa effectivement, mais celui du groupe témoin, non soumis aux mêmes stimuli, s'accrut également. Surprise ! En fait, une variable active avait été introduite indûment et fonctionnait dans les deux cas : la mise en place d'une situation d'observation, sortant les ouvrières de leur routine et leur donnant un sentiment d'importance nouveau.

Ces diverses situations peuvent être ramenées à la formule simple $Y = f(X)$, où f désigne une association statistique. Elles sont susceptibles de diverses lectures :

1. Y et X ne sont que deux variables dans un *système* de type X, Y, Z, V, W... La structure du système est définie par les diverses relations entre ces variables. Cette structure, formalisée et opérationnalisée, constitue un *modèle* soumis à vérification empirique.

1. J. Whiting, R. Kluckhohn, A. Anthony, « La fonction des cérémonies d'initiation des mâles à la puberté », *in* A. Levy, *Psychologie sociale. Textes fondamentaux,* Paris, Dunod, 1968.

2. Une relation du type $Y = f(X)$ peut être extraite de multiples régularités empiriques, isolée, et exprimée dans sa plus grande généralité pour constituer une *loi* : par exemple, les situations de perte de repères (anomie) accroissent la tendance aux comportements déviants.

3. Une « loi », un « modèle », peuvent être exprimés en langage *causal* : X(Z, V, W) est (sont) *cause(s)* des variations de Y.

Selon l'aspect que l'on privilégie, on parlera de *modèle nomologique* (1 et 2) ou d'*analyse causale* (3)[1]... Dans la mesure où, derrière ces formulations, se manifeste un ensemble d'opérations de connaissance formellement identiques, consistant à transformer des phénomènes ou des notions en *variables*, à les organiser en variables *indépendantes* (actives) et en variables *dépendantes* (soumises), à interpréter les résultats en termes d'*action sur* ou de *fonction de*, on peut légitimement penser que l'on se trouve en face d'un *mode d'analyse* ou d'un *langage* communs aux diverses disciplines et préexistant en amont aux spécifications que leur dispositif particulier introduit. Ce langage, aboutissement de l'analyse démographique, cœur de l'enquête sociologique, noyau des dispositifs expérimentaux en psychologie sociale, peut même devenir celui de l'ethnologie dès lors qu'elle compare, comme ci-dessus, les cultures et les institutions.

Le modèle objectiviste de scientificité, que les sciences sociales importent des sciences de la nature, trouve là, non plus au niveau des dispositifs concrets de connaissance, mais à celui de leur formalisation logique, son expression linguistique adéquate. Dès lors, il aurait pu être l'instrument de clôture de leur domaine épistémique, délimitant un espace analytique d'approfondissement, d'accumulation et d'intégration des connaissances. À l'inverse, c'est précisément parce que ce langage se révèle insuffisant, parfois inopérant et pour certains *non pertinent*, que se développent des analyses complémentaires, ou alternatives, engendrant de nouvelles approches et de nouveaux langages.

1. Ce passage de la corrélation à la causalité a été l'objet de fréquentes controverses. Le positivisme strict le récuse, n'acceptant que des descriptions en termes de modèles ou de lois. À l'inverse, Durkheim s'est explicitement rangé sous la bannière du causalisme et a inauguré, en sociologie, une tradition qui s'est perpétuée avec Lazarsfeld et Boudon qui ont d'ailleurs intitulé le tome II de leurs recueils de textes : *L'analyse empirique de la causalité* (1966). Le passage de la corrélation à la causalité devient un problème *méthodologique*, dont Durkheim avait jeté les prémisses dans les *Règles* et dans le *Suicide*. Sur la notion de causalité en ethnologie, voir Philippe Descola, *L'explication causale, in* Descola *et al.*, 1988.

Du causalisme au fonctionnalisme et au structuralisme

On peut avancer l'idée qu'un mode d'analyse est non seulement solidaire d'un langage, c'est-à-dire d'une manière de traduire les phénomènes en termes scientifiquement adéquats – en l'occurrence en variables – mais également d'une représentation globale et générique, d'un modèle de fonctionnement. De ce point de vue, le causalisme oscille entre deux images : celle de l'infinité des chaînes de causalité, à la fois indépendantes et en permanente interférence – à l'instar de la chute du pot de fleur chez Spinoza ; celle de leur rassemblement en une sorte de vaste machine. Mais la machine constitue une représentation complexe. Elle implique l'idée de fonctionnement et peut dériver vers une autre image à la fois liée et antagonique, celle de l'*organisme*. L'idée commune est qu'un phénomène A va avoir une fonction, ou jouer un rôle : les roues dentelées vont démultiplier le mouvement de détente du ressort pour le transmettre aux aiguilles et assurer leur course continue autour du cadran de la montre. Mais, dans un organisme vivant, la complexité des mouvements impliqués est si grande et si secrète que ce qui apparaît déterminant est la *fonction* remplie par les organes. Une autre lecture s'opère alors : ce n'est plus la cause qui importe, mais l'*effet*, qui apparaît comme la *fin* permettant de rendre compte d'un phénomène conçu comme réponse à un besoin, exigence de fonctionnement ou de survie du tout. On glisse de l'ordre de la causalité et du parce que – X agit sur Y ou *Y parce que X* – à l'ordre de la finalité et du pour que – X agit sur Y pour remplir la fin attendue par le système ou *Y pour que S*.

Systèmes et fonctions

Ce passage et cette tension entre cause et fonction ont structuré les débats de la biologie classique autour de l'opposition entre mécanisme et vitalisme. Ils se sont également manifestés dans les sciences sociales pour y constituer un puissant courant d'analyse. Bien que l'aspect logique – c'est-à-dire le mode d'analyse et le langage qu'il implique – nous importe ici essentiellement, pointer quelques étapes historiques n'est pas inutile. L'usage de l'organisme, comme métaphore pour penser la société, apparaît spontanément chez les grands auteurs du XIXe siècle, Comte et Spencer, au point de constituer à un moment donné un courant – l'organicisme – référant systématiquement tout phénomène social à son *analogon* organique : état et cerveau ; réseau routier et réseau sanguin, etc. Durkheim (1895), le premier, rompt avec ces facilités, pour poser, dans le chapitre 5 des *Règles*, la principe de la prééminence des causes sur les fonctions.

Cependant, la notion de fonction, au-delà de l'image de l'organisme, est solidaire de celle de *système*. Les causes peuvent être multiples et indépendantes les unes des autres. Il n'y a, à l'inverse, de fonctions que par rapport à l'unité d'un système. On comprend dès lors que ce regard ait pu non seulement se constituer en regard alternatif en sociologie, lorsque l'on se prit à interroger les institutions à partir de leurs fonctions, mais qu'il se soit imposé en ethnologie et, au-delà, en psychologie sociale. Dès lors que la tribu ou le petit groupe imposent leur échelle d'analyse, l'approche fonctionnelle devient pertinente : Pourquoi tel rite, apparemment aberrant, immoral ou cruel ? Parce qu'il remplit telle fonction. Pourquoi telle attitude apparemment irrationnelle ? Pour les mêmes raisons. Deux des exemples cités ci-dessus s'intègrent très facilement dans cette perpective : les rituels d'initiation des garçons sont les plus durs dans les sociétés archaïques où le rapport à la mère est le plus étroit. Ils ont pour fonction de marquer la rupture irréversible, de permettre le passage d'un monde à l'autre, voire, dans certaines analyses de Röheim[1], de payer une dette symbolique. Le regain de prosélytisme qui, contre toute attente rationnelle, suit le démenti de la prophétie (cf. *supra*) a pour fonction de réduire la tension créée par la dissonance tout en préservant l'unité du groupe. L'école anglaise d'anthropologie sociale et culturelle (Malinowski, Radcliffe-Brown) a transformé ce type d'analyse en un véritable *programme :* entendons par là qu'elle en a défini les principes méthodologiques et les orientations théoriques. Un phénomène bizarre, inattendu, dissonant sera dans un premier temps rattaché à l'institution ou à la structure sociale qui le supportent ; dans un deuxième temps, on déterminera la fonction sociale jouée par celles-ci et le rendant intelligible. Cette fonction, enfin, est génériquement pensée comme réponse à un besoin (Malinowski, 1944).

Ce *fonctionnalisme*[2] (défini comme programme et comme doctrine) s'incorpore d'autant plus facilement au dispositif mental de la

1. Par exemple, *Héros phalliques et symboles maternels dans la mythologie australienne*, Paris, Gallimard, 1950. Certains rituels initiatiques analysés expriment et réalisent simultanément l'arrachement des jeunes garçons au monde des femmes et le paiement par les hommes de leur dette symbolique. Röheim appartient à un courant d'inspiration psychanalytique qui privilégie la fonction psychique inconsciente des rites.

2. Sur le fonctionnalisme en ethnologie, voir Gérard Lenclud, *La perspective fonctionnaliste, in* Descola *et al.*, 1988 ; en sociologie, voir Coenen Huther, 1984.

sociologie, de l'ethnologie et de la psychologie sociale qu'il a trois traits :

— il n'est pas contradictoire avec le causalisme ; il peut s'appuyer sur les mêmes exigences objectives et sur la même méthodologie de base ; mais là où le causalisme ne peut fournir qu'un système épuré de corrélations, il apporte un supplément explicatif en montrant le rôle social des relations décrites ;

— il introduit des niveaux pertinents d'intelligibilité auxquels les sciences sociales ne peuvent qu'être particulièrement sensibles puisqu'il s'agit d'entités collectives spontanément prégnantes (le groupe d'appartenance, le clan, la tribu, le quartier, l'atelier, la ville, la société...) auxquelles sont fonctionnellement référés les phénomènes étudiés ;

— il peut assez facilement rejeter le vocabulaire et les métaphores organicistes au profit de langages alternatifs : celui d'une codification logique de l'analyse fonctionnelle, proposée par Merton (1957) et avançant les notions d'exigence et d'équivalence fonctionnelles, de fonction latente et de fonction implicite, de solde des effets... ; celui d'une théorie systémique générale de l'action proposée par Parsons (1937) ; celui d'une conception *culturaliste* du social où la culture apparaît comme *le système spécifique de réponse* qu'une société ou un groupe élaborent pour résoudre les problèmes qu'ils rencontrent, et fonctionne à la fois en amont, comme puissance socialisatrice[1], et en aval comme instance à reproduire, selon un schéma que l'on pourrait résumer ainsi :

société ou groupe → culture → personnalité → comportement → culture → société ou groupe

Le caractère *circulaire* du schéma est la caractéristique du fonctionnalisme ; chaque flèche, désignant une action et un effet, est susceptible, si nécessaire, d'être exprimée en langage causal ou nomologique. La référence à la société et à la culture peut fournir une explication et une mise en perspective commodes.

1. Ce schéma est notamment celui de l'anthropologie culturelle américaine et de ses représentants essentiels, Ruth Benedict, Abram Kardiner, Ralph Linton, Margaret Mead... Il a des antécédents chez Durkheim et on le retrouve en sociologie chez Bourdieu.

L'analyse structurale et le modèle du langage

Ce n'est pas un hasard si le structuralisme s'est également développé à partir de l'ethnologie. Il procède en fait d'une conception alternative du système et de la fonction. Au modèle de l'organisme, il substitue celui de la langue, inspiré des oppositions saussuriennes entre langue et parole, synchronie et diachronie. Toute langue naturelle, quelles que soient ses spécificités apparentes, peut être décrite comme un système articulant des sons pour en faire des signes, et des signes pour construire des phrases. Un élément simple, son ou signe selon le niveau, n'a en soi aucune signification. Ses seuls traits sont d'être *distinctif* et *combinable* : le sens résulte de règles de combinaison et de substitution. Ces dernières s'expriment dans un modèle dont la forme abstraite peut être appelée une *structure.*

Lévi-Strauss, dont il est connu qu'il a introduit ce mode de pensée en ethnologie, y a eu recours pour traiter une énigme que ni l'approche causale ni l'approche fonctionnaliste ne résolvaient adéquatement : l'avunculat. La préséance donnée à l'oncle maternel sur le père, dans certaines sociétés archaïques, ne peut être considérée comme associée fonctionnellement à un mode de filiation matrilinéaire, car on la trouve également avec un mode patrilinéaire ; ses traits ne peuvent être décrits en termes statistiques (lorsque l'oncle a autorité sur son neveu, alors le plus souvent, les rapports père/fils en sont dépourvus), car ils constituent des relations d'*exclusion* : ou bien l'autorité est dans la relation oncle/neveu, ou bien elle est dans la relation père/fils, à l'image des disjonctions que l'on observe dans les systèmes de signes : l'arrêt au feu rouge et le passage au feu vert n'est pas affaire de probabilité – du moins théoriquement – mais d'exclusion mutuelle. Dans la mesure où les relations de parenté sont socialement *qualifiées*, dotées de valeurs symboliques s'exprimant dans des comportements prescrits, elles peuvent être considérées comme l'*analogon* d'énoncés linguistiques. Bien plus, de même que les diverses langues naturelles peuvent trouver dans le système abstrait de la langue leur modèle commun, il est de même possible d'élaborer un modèle abstrait des relations de parenté, rendant compte, par transformation ou permutation de tel ou tel terme, des divers systèmes concrets.

De ce point de vue, le structuralisme peut être considéré comme une épuration linguistique du culturalisme et de son fonctionnalisme : il ramène la lourde formule posée ci-dessus à l'équivalence suivante :

$$(\text{culture} \rightarrow \text{comportements}) = (\text{langue} \rightarrow \text{énoncés})$$

qu'il faut lire ainsi :

1 / face à un comportement donné (rappelons que le matériau des sciences sociales se ramène à des comportements ou des traces de comportements), considérer celui-ci comme un énoncé dont il faut reconstituer la langue ;

2 / remonter de cette langue particulière à la structure abstraite dont elle est n'est qu'une transformation[1].

Sens et action : la rupture

Qu'une relation entre phénomènes soit décrite en termes de variables, de fonctions ou de structures, au sens donné ci-dessus à ces termes, ouvre l'espace d'analyse sans le bouleverser en son fond. Certes, la définition logique de la structure que propose le structuralisme se distingue clairement de la définition réaliste qu'en propose le fonctionnalisme, et les polémiques sur « la bonne définition » ont pu être aussi violentes que vaines[2]. Mais l'on reste fondamentalement dans le modèle objectiviste, empiriste et quantitativiste décrit ci-dessus. Si le structuralisme ne fait pas appel à la mesure et à des variables métriques, il relève de modèles formels tout aussi rigoureux, ce que Lévi-Strauss (1958) ne manqua pas de rappeler en distinguant « les modèles statistiques », applicables aux sociétés historiques complexes, et les « modèles mécaniques », « dont les éléments constitutifs sont à l'échelle des phénomènes », utilisables dans les sociétés archaïques.

En revanche, une ligne de rupture – susceptible d'être, au niveau épistémologique, réduite ou exacerbée – intervient dès lors que les comportements sont saisis comme action et les croyances comme sens. C'est la sociologie et non l'ethnologie qui a ouvert ces voies, en proposant, dès ses origines, une image alternative à celle du machinisme ou de l'organicisme.

1. « Tout modèle appartient à un groupe de transformation, dont chacun correspond à un modèle de même famille, si bien que l'ensemble de ces transformations constitue un groupe de modèles » (*La notion de structure en ethnologie, in* Levi-Strauss, 1958).

2. Notamment entre Gurvitch et Lévi-Strauss. Le premier critiqua la définition du second dans un article de 1955 des *Cahiers internationaux de sociologie*, Le concept de structure sociale ; le second lui répliqua dans la postface au chapitre XV de *L'anthropologie structurale*, en commençant son article par une phrase vouée à la célébrité : « Monsieur Gurvitch, que j'avoue comprendre de moins en moins chaque fois qu'il m'arrive de le lire... »

Sens et dérive herméneutique

Même si, à nouveau, les déterminations logiques l'emportent sur les déterminations historiques dans cette analyse, celles-ci ne sont pas inutiles à rappeler. La sociologie, de par les traits dégagés plus haut – intérêt pour la modernité, souci des faits, prétention à la généralité – s'est moins construite dans l'acquisition d'une culture méthodologique spécifique que dans la tension entre ces diverses intentions. Elle fut dès lors plus réceptive à des débats épistémologiques, que nous reprendrons plus bas, dont la portée ne fut pas seulement normative mais opératoire. Il n'y s'agissait pas seulement de contester l'objectivisme en constitution dans les sciences sociales à travers le développement du positivisme, mais de proposer d'autres modes d'analyse des phénomènes. Le premier et le plus célèbre de ces débats est la « querelle des méthodes », déjà évoquée plus haut, qui secoua les sciences sociales allemandes à la fin du siècle dernier. Partie d'un affrontement entre perspective historique et perspective formelle en économie, elle gagna les diverses disciplines, engagea les philosophes et mobilisa activement la sociologie naissante où deux approches, à la fois liées et distinctes, se dégagèrent.

La plus périlleuse, celle sur laquelle nous serons amené à revenir plus à fond par la suite, est celle de l'*herméneutique*. Sur le plan épistémologique, elle est susceptible de s'opposer frontalement à l'objectivisme et constitue le pôle de référence de nombreux mouvements critiques contemporains, tant en sociologie qu'en ethnologie et en psychologie sociale. Sur le plan opératoire, elle est à la fois claire dans son principe et floue dans ses modalités. Sa thèse rectrice est que si l'image mécaniste ou organiciste est applicable à la nature et n'y pose aucun problème, elle ne peut en revanche l'être à la société et à la culture. Cette dernière est d'abord l'expression d'un *sens*, celui des valeurs qui l'organisent et se donnent à voir aussi bien dans les actes des hommes que dans leurs œuvres. Le modèle, l'image rectrice, est ici le *texte*, et avec lui la discipline née de l'interrogation sur les textes sacrés, l'*herméneutique* (Dilthey, 1883, 1900). Le monde humain, la société, la culture, ne sont pas à *expliquer* mais à *interpréter*. Ils ne relèvent pas de la raison expérimentale, mais de la *raison interprétative*, voire de la raison dialectique (Adorno, 1969).

C'est avec cette perspective que l'on va au plus loin du noyau objectiviste initial, même si, nous le voyons, il lui est partiellement contemporain. Le flou réside dans l'absence de méthodes stabilisées et dans la surdétermination philosophique ou littéraire des développements : si les approches causalistes ou structuralistes se repèrent, dans les disciplines concernées, à la tentative de constitution de dispositifs standard, règne à l'inverse la plus grande labilité dans les approches herméneutiques. Le seul point qu'elles aient véritablement en commun est de constituer les phénomènes comme des *symptômes*, comme des manifestations d'un sens caché – sociétal, historique, idéologique – à interpréter et à restituer. Les théories de référence peuvent être variées, du marxisme dégageant les intérêts de classe à l'œuvre dans le théâtre classique ou les œuvres littéraires à la psychanalyse permettant au sociologue et au psychosociologue d'interpréter croyances, rumeurs et manifestations de groupe. Les travaux de l'école de Francfort dans un premier temps, la sociologie dite interprétative, puis postmoderniste dans un second (Durand, Morin, Baudrillard, Maffesolli, etc.), s'inscrivent clairement, en sociologie, dans cette perspective.

Le sens de l'action et la thématique de l'acteur

Appliquées à l'action, les notions de sens et de compréhension ouvrent à une approche très clairement distincte, d'autant plus forte qu'elle propose une alternative à l'étude du comportement, qui, de façon directe ou indirecte, constitue le matériau de base des sciences sociales. Comme le rappelle avec force Weber (1922), les institutions n'existent pas *per se* et se ramènent en dernière analyse au comportement de leurs agents ; les règles et valeurs qui les organisent n'ont d'efficacité qu'à travers le sens qu'ils leur reconnaissent. Deux lectures d'un même comportement sont donc possibles : *une lecture objectiviste*, qui le constitue comme une réponse immédiate ou médiatisée par la cognition, à un facteur environnant agissant comme stimulus ; *une lecture compréhensive*, qui le réfère au *sens* que lui donne l'acteur dans une situation donnée, c'est-à-dire aux « bonnes raisons » (Boudon, 1992 ; 1995) qu'il a d'agir ainsi et non autrement.

Cette opposition se ramène, d'une certaine façon, à une distinction entre deux ordres de déterminations, les causes et les raisons et c'est à ce niveau que la philosophie contemporaine organise la discussion de l'objectivisme et du behaviorisme[1]. Elle donne lieu également à des dualités conceptuelles significatives : comportement et conduite en psychologie ; agent et acteur en sociologie. Elle se marque enfin par l'effacement ou la mise en avant du *sujet*. Il serait faux et simpliste, cependant, de croire que ces distinctions franches

1. Voir, par exemple, les mises en perspectives d'Ogien (1995), ou d'Engel (1996).

constituent des frontières suffisantes et, surtout, qu'elles autorisent une sorte d'organisation en carré des sciences sociales, selon le niveau d'appréhension des phénomènes (global/individuel) et le modèle épistémologique de référence (explicatif/interprétatif).

De fait, le privilège explicatif attribué au sens donné par les acteurs à leurs actes a engagé les sciences sociales dans des voies diverses, dont certaines peuvent être tenues pour quasi objectivistes : la transposition à la sociologie de modèles économétriques fondés sur le principe de maximisation des gains peut apparaître à des tenants de la complexité du sujet comme une réduction à l'extrême de la subjectivité ; de la même manière, introduire les représentations et la cognition ne constitue pas, en soi, une rupture si ces éléments ne sont que la transposition, dans le sujet, de structures externes (culturalisme) ou internes mais d'un niveau non réflexif (cognitivisme). Une palette de positions et d'approches particulièrement riche et complexe s'est élaborée à ce niveau en sociologie et en psychologie sociale. Elle est bornée de part et d'autre par deux modalités de déni du sujet : la modalité objectiviste qui le ramène, soit à une équation culturaliste plus ou moins sophistiquée[1], soit, de façon plus récente (Sperber, 1996) aux fondements naturels de la cognition ; la modalité herméneutique ou platonicienne qui l'abolit au profit du monde des significations et des idées. Entre les deux, les approches par les raisons, par les interactions, par les conventions et les accords, par les ethnométhodes signent autant d'orientations et de courants constitués par la sociologie et, à une moindre mesure, par la psychologie sociale.

Grandes oppositions idéaltypiques

Sans prétendre avoir été exhaustifs, nous avons suivi des voies de pluralisation et de dissémination des formes de connaissance au sein des sciences du social. Ces voies procèdent d'un approfondissement ou d'une remise en cause du noyau initial propre à chaque discipline. Elles s'y inscrivent donc différemment, tout en se constituant en espaces intermédiaires communs. La démographie est ainsi la discipline qui reste la plus centrée sur son noyau disciplinaire originel, peut-être parce qu'il constitue un corps de phénomènes nettement circonscrits, par lesquels il est nécessaire de passer et que vouloir s'en éloigner fait

1. Ce que constitue la théorie de l'habitus de Bourdieu.

basculer du côté de la sociologie ou de l'anthropologie. À l'inverse, les trois autres disciplines manifestent une plus grande labilité : l'exercice du terrain ne dispense pas l'ethnologue de l'interprétation, et les limites du langage des variables, dans des contextes où les données statistiques sont rares et peu pertinentes, l'incitent à élargir ses cadres d'analyse ; si l'expérimentation est le cœur de la psychologie sociale, son intérêt pour les interactions et les phénomènes de groupe l'amène à recourir à d'autres méthodes, comme l'observation ou l'intervention, susceptibles de mobiliser d'autres approches, plus qualitatives et herméneutiques. La sociologie, enfin, nous l'avons vu, est un lieu disciplinaire où, dès l'origine, des alternatives tendent à se construire et à se croiser. Ce n'est pas sans raison que, dans les références paradigmatiques, *Le suicide* et *L'éthique protestante* vont de concert, aussi injuste historiquement que soit cette sélection restrictive : ces deux œuvres donnent à voir de façon exemplaire, sur une thématique socialement significative, la construction et la mise à l'épreuve d'un mode d'analyse fondamental.

Cependant, avant de passer à la scène épistémologique et conformément au principe énoncé ci-dessus, est-il possible d'aller plus loin dans la réduction des multiples voies suivies par chaque discipline ? L'analyse qui vient d'être menée a abouti à identifier deux principes de pluralisation : un principe de type *sémantique* (les cadres conceptuels de pertinence), et un principe de type *syntaxique* (les cadres opératoires d'analyse). Cette réduction, pour éclairante qu'elle soit, peut, cependant, passer pour simplement partielle, d'autant que les deux principes décrits ouvrent à des univers pluriels, inégalement stabilisés et que, bien loin d'être des instruments de clôture, ils sont comme des matrices raisonnées de thématisation et de construction opératoire.

Leur mise en évidence se distingue ainsi d'une entreprise de réduction plus radicale qui apparaît assez vite dans l'histoire de ces disciplines et engendre plusieurs oppositions tutélaires :

— Méthodes quantitatives / méthodes qualitatives : cette distinction peut être un outil commode de classement de la multiplicité des techniques utilisées par les sciences sociales ; elle permet de distinguer celles usant de mesures de celles travaillant essentiellement sur un matériel langagier. Elle révèle très vite ses limites du fait que tout matériau analysé, quel qu'il soit, peut être transformé en variables et que, dans la réalité des recherches modernes, les auteurs combinent souvent des techniques diverses. Les méthodes quantitatives relèvent alors, dans leur usage, soit d'un point de vue technique, soit d'un point de vue programmatique ou épistémologique : dans le premier cas, le chercheur y a recours comme à un instrument de description commode, utilisable avec d'autres. C'est le cas de l'anthropologue se livrant à des relevés démographiques, à des comptages de biens ou d'échanges, etc. Dans le deuxième cas, le chercheur traduit – ou construit pour le psychosociologue expérimentaliste – systématiquement ses données dans un langage quantitatif en raison de son inscription dans un programme causaliste. Le débat commence lorsque cette seconde orientation prétend être la seule scientifiquement pertinente : il peut mobiliser alors des arguments épistémologiques d'inclusion des sciences sociales dans le modèle de scientificité des sciences de la nature (ligne ouverte par Comte et Durkheim) et, à l'inverse, d'irréductibilité de ces mêmes phénomènes à ce modèle (ligne ouverte par la tradition allemande). Sur le plan méthodologique, voire technique, il s'agira de montrer que la réduction quantitative est toujours possible et fournit seule des garanties de précision et de vérifiabilité, ou, à l'inverse, qu'elle trahit les données et leur substitue des artefacts[1]. Technique, méthodologique, épistémologique, le débat est aussi politique lorsqu'il oppose, pour le leadership de la sociologie américaine, l'école de Columbia à celle de Chicago ou lorsque le quantitativisme est associé au pouvoir technocratique et le qualitativisme à l'écoute de l'Autre[2].

— Transversal/longitudinal, statique/dynamique : cette opposition a également divers aspects. Elle est technique et rigoureuse lorsque, pour des séries données de chiffres ou de faits, elle privilégie l'analyse des coexistences et des rapports à un moment T_i donné, ou celui du développement dans le temps selon une chronologie où T_i n'est qu'un moment dans une succession allant de T_0 à T_n. Elle est systématiquement utilisée à titre d'outil par la démographie et a entraîné, en sociologie et en anthropologie, à côté de l'analyse de distributions à un moment donné, l'étude de trajectoires socioprofessionnelles, de « carrières » – au sens interactionniste du termes – de trajets de vie... Construite en point de vue plus général d'analyse, l'opposition a été thématisée dès Comte au moyen d'une distinction reprise de la physique : la statique étudie l'organisation sociale comme système ; la dynamique recherche ses lois d'évolution his-

1. L'expression la plus nette de cette opposition dans la tradition sociologique est fournie par la critique systématique à laquelle se livre Cicourel (1964) de la codification de Lazarsfeld. Pour une mise au point récente – et dépassionnée du débat –, voir A. Bryman, *Quantity and Quality in Social Research*, Londres, Unwin Hyman, 1988.

2. Pour un développement de ces questions, à partir de l'opposition Modèle/Récit, voir *infra*, partie II, le texte de Jean-Claude Gardin.

torique, dont Comte pensait avoir élaboré la première avec la Loi des trois états. Cette opposition parcourt inégalement les diverses disciplines. Elle peut être un élément d'articulation d'observations longitudinales et transversales, comme en démographie où la « loi » historique de la transition rend compte de la quasi-invariance de la population adulte dans la pyramide des âges à diverses époques. Elle peut, retraduite dans la terminologie saussurienne de la synchronie et de la diachronie, fonder la légitimité de l'approche structurale en ethnologie, y entraîner des polémiques sur le statut de l'histoire, y développer l'approche alternative d'une anthropologie dynamique[1]. Elle peut enfin, en sociologie, où les approches fonctionnalistes et structuro-fonctionnalistes dominantes de l'après-guerre mettent fondamentalement en avant une perspective statique, fondée sur les phénomènes de régulation et de réduction des dysfonctionnements, lui opposer une perspective dynamique, trouvant dans la dialectique hegéliano-marxiste aussi bien un instrument d'analyse concurrent qu'une projection sur la scène politique : l'opposition trouve alors son ultime traduction en réactionnaire (ou réformiste, ce qui, à l'époque est identique) et révolutionnaire[2].

— Holisme/individualisme : dernière grande distinction de ce type, thématisée par Hayek (1952) et Popper (1944-1945), mais déjà présente chez Durkheim et Weber, cette opposition est passée sur le devant de la scène depuis une vingtaine d'années, après que la vague structuraliste se soit retirée et que le contexte politique mondial se soit radicalement modifié, privant de sa dimension passionnelle l'opposition antérieurement dominante entre statique et dynamique. Exprimée simplement, la distinction entre holisme et individualisme signifie qu'un système donné S, composé d'éléments divers e_1, e_2, e_3, etc. peut être appréhendé fondamentalement de deux points de vue : soit comme une *totalité* dotée de propriétés propres, irréductibles à celles de ses éléments, soit comme un ensemble d'atomes, dont les combinaisons diverses engendrent le système global. Cette opposition exprimée ici *formellement*, a des implications philosophiques et méthodologiques particulièrement sensibles : si l'atomisme est en sciences sociales la bonne orientation, toutes les entités collectives qui semblent être le miel de celles-ci ne sont qu'illusion, simples termes.

1. Sur ces points, voir Lévi-Strauss (1962), Balandier (1971), Rivière (1978), Leach (1966).

2. Pour le développement de ces diverses questions, voir *infra*, partie II, le texte de Robert Franck.

Cette conséquence est *nominaliste* et conteste donc l'attribution d'une réalité propre à l'État, à la famille, à l'entreprise, à l'armée, à la tribu, etc. tous sujets grammaticaux d'une profusion d'énoncés : « L'État-providence ne joue plus son rôle », « la famille nucléaire se délite », etc. Par ailleurs, il s'agit d'identifier les atomes et leurs propriétés : or quels sont les seuls éléments *actifs* au sein des sociétés si ce n'est les individus dont les comportements actuels ou passés constituent la trame ? L'atomisme, envers formel du holisme, est, dès lors qu'il s'applique au social, un *individualisme*, le plus souvent qualifié de *méthodologique*, pour éviter toute confusion avec l'individualisme moral ou politique. Cet individualisme invite à partir du comportement des acteurs dans l'analyse des phénomènes sociaux. Il conçoit ceux-ci comme *intentionnels* et le plus fréquemment comme *rationnels*. Le point de vue de l'individualisme méthodologique, en sciences sociales, et singulièrement en sociologie, a bénéficié du double soutien de l'économie – dont l'axiomatique classique ne postule que des agents susceptibles de maximiser leurs biens – et du développement des modèles mathématiques de prise de décision, notamment de la théorie des jeux. Il s'oppose frontalement au modèle explicatif commun au fonctionnalisme, au structuralisme, au matérialisme dialectique que l'on peut qualifier, par simplification, de *culturalisme* : ce sont les normes et valeurs culturelles du groupe ou de la société qui, à travers les médiations de la socialisation, de l'enculturation ou de l'inculcation définissent le sens des comportements ou, selon certains lexiques, des pratiques. Comme précédemment, cette opposition a sa transcription sur une scène politique renouvelée, où aux affrontements de la révolution et de la contre-révolution se substituent ceux du libéralisme et des divers mouvements critiques[1].

D'une certaine façon, chacune de ces grandes oppositions peut prétendre au statut de principe de réduction ultime. C'est un point de vue que nous ne partagerons pas. Un principe de réduction ultime doit permettre de reconstituer de façon ordonnée l'ensemble de l'univers qu'il réduit : or, ces trois oppositions sont incapables de se recouvrir terme à terme et de proposer un tableau de l'ensemble des courants et des approches à l'œuvre dans les disciplines étudiées. Que l'une ou l'autre d'entre elles soit mise en avant ou que l'on en tente une combinaison systématique – par croisement deux à deux –, on aboutit toujours soit à laisser un résidu important, soit à

1. Pour le développement de cette opposition, voir *infra*, partie II, le texte de Bernard Valade.

faire entrer de force un élément de l'univers décrit dans une catégorie qui ne lui correspond pas.

Il nous paraît donc préférable, même si ces distinctions, notamment les deux dernières, définissent des partitions aux conséquences théoriques et méthodologiques incontestables, de leur accorder plutôt un statut d'idéaltype épistémique que de fondement logique. Par rapport aux cadres de pertinence et d'analyse présentés plus haut, ils constituent des points de vue transversaux, à vocation méthodologique pour les oppositions quantitatif/qualitatif, transversal/longitudinal, ontologique pour l'opposition holisme/individualisme. Si, utilisant la terminologie de Lakatos (1970), nous considérons que, pour désigner dans les diverses disciplines la diversité des théories et des courants, le terme unique de « programme » peut être utilisé, et si, un programme est constitué d'axiomes de divers types, alors nous avancerons que cadres sémantiques de pertinence, cadres opératoires d'analyse, points de vue méthodologiques et ontologiques constituent une sorte de réservoir d'axiomes que bâtissent, entretiennent, épurent et sélectionnent les disciplines par la mise à l'épreuve, au cours de leur développement, de programmes divers, simultanés ou successifs.

Aller plus loin dans la réduction analytique des approches, des courants et des méthodes nous paraît donc illusoire ; en revanche, une ultime perspective est requise, celle de l'évaluation. La connaissance produite par les sciences du social, à travers ces mouvements d'ancrage et de pluralisation, mérite-t-elle le nom de science ? Répondre à cette question présuppose la définition d'un critère et d'un modèle de scientificité partagé. C'est à ce double niveau que s'est constituée, tout au long du siècle, une tradition épistémologique polémique, éclatant en une succession de débats et de prises de position, que l'on peut ramener à une opposition rectrice entre *raison expérimentale* et *raison interprétative.*

La scène épistémologique

Le contexte épistémologique et pragmatique général

La question de la scientificité des sciences du social peut être posée en référence aux critères généraux élaborés par la philosophie des sciences. Il est dès lors, d'une certaine façon, facile de répondre :

l'épistémologie contemporaine ayant d'abord cherché à élaborer, du Cercle de Vienne à Popper, un *critère de démarcation* entre science et non-science, il suffit de considérer de quel côté de la frontière se trouvent ces sciences, de celui d'énoncés ne relevant que du constat empirique et de l'inférence logique (Cercle de Vienne), de théories soumises à falsification (Popper), ou bien de la non-science, c'est dire de propositions non falsifiables, n'exprimant qu'un « sentiment de la vie » ? À l'un ou l'autre de ces critères, les disciplines décrites résistent mal ; seules les plus quantifiées (démographie et psychologie sociale expérimentale) et, au sein des autres, les secteurs relevant du même modèle, ont droit à l'indulgence du jury. Le reste, *stricto sensu*, est *insignifiant*.

Ce verdict sévère, apte à dissiper illusions, leurres et faux semblants, a cependant deux faiblesses. D'une part, il néglige souverainement le fait que, quels que soient leurs manques et leurs difficultés, ce sont de véritables dispositifs de connaissance qui se sont mis en place, même lorsque les canons d'une stricte méthodologie causale sont abandonnés au profit d'autres approches : aussi à moins de tomber dans la position irréaliste selon laquelle des dizaines de milliers de chercheurs consacreraient leur temps à affubler du nom de connaissance des élucubrations et à perfectionner des dispositifs purement scolastiques, serait-il prudent, sinon opportun, d'affiner les outils d'évaluation pour interroger la scientificité de leur travail ; d'autre part, il procède d'une confiance en ses propres fondements, d'une arrogance n'hésiteraient pas à dire certains, dont la légitimité est rien moins que certaine : est-il si sûr que les sciences physiques, parangon de scientificité s'il en est dans leur sainte trinité – Galilée, Newton, Einstein – passent elles-mêmes l'examen avec succès ? Non, selon Popper, critiquant le critère de démarcation élaboré par le Cercle de Vienne comme aboutissant à ranger les théories physiques dans la métaphysique ; non déclare à son tour Kuhn, en montrant que le critère popperien de la falsification ne joue que secondairement, intégré à un ensemble de normes et de valeurs scientifiques et extra-scientifiques, définissant à un moment donné un « paradigme » ; non enchaîne Feyerabend, traquant, dans le discours de Galilée, les stratégies rhétoriques masquant les démonstrations défaillantes...

Ce survol sommaire et schématique à l'excès[1] du mouvement de la philosophie contemporaine des sciences n'a ici qu'une seule fonc-

1. Pour un développement plus argumenté, mais ne concernant que la seule sociologie, voir Berthelot (2000), introduction générale.

tion : faire comprendre que les procédures évaluatives et le débat épistémologique *au sein* des sciences du social vont être marqués par les transformations du contexte épistémologique global, passant, pour faire bref, d'un positivisme triomphant à un néopositivisme déchiré, d'une conception de la science forte à une conception faible.

Ce passage, en outre, n'est pas indépendant des interactions entre contexte épistémologique et contexte pragmatique. La science, durant cette période, change profondément d'image sociale. Associée au progrès de l'humanité dans l'esprit des lumières, elle résiste mal à son embrigadement, par le capitalisme et l'impérialisme, et à sa soumission aux puissances guerrières avec le gaz moutarde, la bombe atomique, le napalm et les défoliants. Apparemment extérieures aux débats épistémologiques, les dénonciations des usages sociaux de la science vont bien au-delà lorsqu'elles remettent en cause sa rationalité même et ouvrent la voie à de nouvelles constructions globales, alternatives au rationalisme des lumières, regroupées génériquement sous l'appellation de postmodernisme.

Or, dans cette transformation du contexte pragmatique et épistémologique global au sein duquel s'insèrent les sciences du social au fil du siècle, elles-mêmes vont devenir cibles et hérauts, accusées et procureurs. Aucune des disciplines n'est à l'abri : la démographie, dans sa fascination pour la transition démographique, peut être soupçonnée d'avoir entraîné des campagnes de régulation des naissances irréalistes, ou perverses dans leurs effets ; la psychologie sociale, par ses expérimentations sur l'influence, de produire des experts en manipulation ; la sociologie, dans ses désirs ambivalents d'éclairer le prince, de se mettre au service de la normalisation administrative d'une société technocratique ; l'ethnologie de voyager impudemment dans les fourgons du néocolonialisme...

À la question initiale brutale : Les sciences du social sont-elles des sciences ? répond donc, au cours du siècle, une transformation du contexte normatif qui la sous-tend. De positive et prescriptive, cette question peut devenir, *sans que rien n'ait changé du contexte proprement méthodologique et programmatique des disciplines*, scolastique, rhétorique, superfétatoire. Interroger les conditions de scientificité de ces disciplines, ce n'est donc pas seulement analyser leur dispositif de connaissance au regard de critères normatifs « supérieurs », c'est interroger symétriquement ces critères dans leur fondement et dans leur légitimité, et transformer leurs injonctions normatives en objets d'analyse.

Il est possible, de ce fait, de distinguer deux scènes épistémologiques qui progressivement se sont substituées l'une à l'autre, entre le début et la fin de ce siècle. Les quatre disciplines sont inégalement présentes dans leur mise en place : la démographie, du fait de la densité de son noyau initial semble être la plus proche d'une science « normale », en l'occurrence d'une science où les problèmes épistémologiques se résolvent en questions méthodologiques et techniques ; la psychologie sociale, longtemps marquée par un noyau où dominait l'expérimentalisme[1], est frappée, dans la deuxième période, tout comme l'ethnologie, par le courant interprétativiste ou constructiviste ; la sociologie, d'une certaine façon, fait figure de pionnière dans ces débats que, dès le début du siècle, elle a portés sur une scène dont les termes, malgré divers infléchissements, se retrouvent dans les positions contemporaines.

Les trois traditions épistémologiques de la sociologie classique

Le débat qui se noue en sociologie dans la première partie du siècle relève d'une *épistémologie interne* (Piaget, 1967). Il n'est pas la projection sur son espace de positions extérieures, mais leur appropriation ou leur contestation à partir d'un souci de production de connaissances pertinentes. En ce sens, la position des auteurs est très différente de celle d'épistémologues extérieurs qui, à divers moments, ont pu croiser le chemin des sciences sociales comme Nagel, Popper ou Bunge. Trois positions, et au-delà trois traditions émergent, autour d'une question commune, bien qu'exprimée dans des terminologies différentes : *À quelles conditions, selon quelles modalités, dans quelle mesure les connaissances produites peuvent-elles avoir valeur scientifique ?*

1 / Nous avons déjà eu l'occasion de voir plus haut la réponse « objectiviste » à cette question, excellemment énoncée dans la première règle de Durkheim : « Considérer les faits sociaux comme des choses. » L'argument est celui de la nécessaire rupture avec le sens commun et les significations induites par la pratique. Constituer les faits sociaux comme des choses consiste à les traiter comme des données, à l'image de celles manipulées par les physiciens et rend possible la mesure et la preuve. Une réponse systématique est ainsi

1. Malgré la tension, notée par Moscovici entre expérience et enquête (Jodelet *et al.*, 1970).

apportée à chacun des éléments de la question posée ci-dessus : à condition d'appliquer aux faits sociaux les règles de l'objectivisme scientifique, de transformer les problèmes étudiés en séries de variations à analyser, de confronter celles-ci aux données empiriques disponibles, il est possible de mettre au jour et d'apprécier le niveau de validité de régularités valant comme lois et d'expliquer un phénomène déterminé par les causes agissant sur lui. Ce modèle, caractéristique du rationalisme expérimental, sera par la suite épuré du lexique un peu suranné de Durkheim pour être traduit en langage opérationnel par Lazarsfeld et ses collaborateurs (R. Boudon, P. Lazarsfeld, 1965, 1966 ; F. Chazel, R. Boudon, P. Lazarsfeld, 1970) et aboutir à des positions positivistes strictes comme celles de Zetterberg (1965). La détermination causale inscrite par Durkheim dans l'universalité du principe de causalité, se transforme en modèles mathématiques d'analyse de structures causales, dont Boudon (1967) fait la synthèse dans sa thèse, tandis que Zetterberg explore les modalités de construction de théories propositionnelles. Chacune des disciplines réélabore ce modèle de scientificité en fonction de son champ d'application et de son noyau propre : en démographie, où il va de soi, il se traduit essentiellement par un souci d'épuration, de formalisation et d'unification des méthodes de calcul ; en psychologie sociale, où il peut donner lieu à des systèmes expérimentaux rigoureux, Lewin justifie et thématise la mise en place de modèles formels sophistiqués par la substitution à l'empirisme aristotélicien du légalisme galiléen[1]. En ethnologie, nous l'avons vu précédemment, il fournit, malgré l'absence fréquente de données quantitatives, un cadre épistémologique commun de référence, réélaboré spécifiquement par le structuralisme. Qu'il s'agisse de montages expérimentaux complexes, ou d'accumulation d'observations, le ressort ultime de l'explication et de la preuve est le suivant : une proposition (ou un système de propositions), énonçant des rapports déterminés entre éléments, de type causal (x agit sur y), fonctionnel (x remplit la fonction f dans le système S), structural (x est à y ce que x' est à y') sera reconnue : 1 / valide ; 2 / pertinente ; si 1 / il est fait correspondre à chacune de ces relations des observations de même structure en nombre suffisant, et si 2 / chacune de ces relations est susceptible de s'insérer à titre de conséquence ou de spécification dans un modèle général pertinent, c'est-à-dire doté d'un sens assignable du point de

1. Cf. *Le conflit dans les modes de pensée aristotélicien et galiléen dans la psychologie contemporaine, in* Lewin, 1970.

vue des problèmes que se pose la discipline (cf. les cadres conceptuels de pertinence évoqués plus haut).

2 / Que les conditions 1 et 2 ci-dessus – qui ne sont rien d'autres que les banales prescriptions de la vérification empirique et de la cohérence théorique – nécessitent à leur tour des critères techniques et méthodologiques de mise en œuvre va de soi. Que, dans le cas d'expérimentations, la question de la validité et de la pertinence s'exprime, en psychologie sociale par exemple, en termes de « validité interne » (par rapport au montage lui-même) et de « validité externe »[1], par rapport à d'autres échantillons, d'autres contextes, ne change rien au fond. En revanche, ces mêmes relations (*x* agit sur *y*) (*x* remplit la fonction *f* dans le système S)..., peuvent être interrogées autrement dès lors qu'elles ne sont vues *que* comme la sommation, à travers les variables construites, d'une multiplicité de comportements individuels intentionnels. Cette perpective, inaugurée par Weber, est à la fois individualiste et compréhensive. Elle implique un changement de niveau et de régime explicatif : des régularités macrosociales aux actions individuelles, de l'explication à la compréhension. Ainsi, lorsque Weber (1922) introduit la distinction entre le critère de l'*adéquation causale* et celui de l'*adéquation significative*, il opère une claire discrimination entre les prérequis du modèle compréhensif et ceux du modèle objectiviste : le second intègre des régularités particulières dans des régularités générales (par exemple, le suicide des veufs dans le suicide égoïste) ; le premier cherche en quoi les conduites ainsi décomptées relèvent de la rationalité des acteurs et *soumet* l'attribution causale à cette détermination : une relation statistique qui ne peut renvoyer à un sens subjectivement assignable des actions ne concerne pas la sociologie. Cette dualité que pose Weber est inconfortable. Certains lui ont reproché de sacrifier au modèle positiviste du critère expérimental ; les autres ont souligné que l'acteur peut parfaitement s'illusionner sur le sens de ses actes. Cependant, c'est cette tension et cette articulation des critères qui caractérisent le modèle épistémologique élaboré par la sociologie compréhensive et que retraduiront les auteurs ultérieurs. Une version modernisée en est ainsi fournie par Schütz (1971) en réponse au béhaviorisme de Nagel et d'Hempel[2] : elle tient en trois points : 1 / les sciences so-

1. Cf. Campbell, *Factors Relevant to Validity of Experiments in Social Seetings,* trad. *in* Lemaine, 1970.

2. Les positions des divers protagonistes de cette discussion, représentants les pôles 1 et 2 ici dégagés, sont accessibles *in* Natanson, 1963.

ciales se soumettent aux mêmes exigences de contrôle que les autres disciplines : vérification empirique, cohérence théorique ; 2 / leur objet porte sur des significations – données par les acteurs à leurs actes ou à ceux d'autrui. En ce sens, il relève principiellement de la *compréhension* comme expérience originaire au monde ; 3 / « La question la plus sérieuse à laquelle la méthodologie des sciences sociales doit répondre est celle-ci : Comment est-ce possible de former des concepts objectifs et une théorie vérifiable objectivement à partir de structures de signification subjectives ? » À cette question Schütz répond par une méthodologie du modèle soumise aux critères suivants : modélisation idéale de situations et de comportements typiques référant au sens postulé que lui donnent les acteurs ; mise à l'épreuve de la « consistance logique » du modèle et de son « adéquation » aux situations sociales étudiées. Quelle que soit la manière dont ces principes ont été repris ou oubliés selon les situations par les divers courants mettant au cœur de leur analyse l'intentionnalité de l'acteur, il faut attendre Garfinkel et le programme radical en ethnométhodologie pour que l'association entre le prérequis du sens ainsi défini et les critères objectivistes de scientificité soit, partiellement, brisée.

3 / De ces deux configurations épistémologiques, qui dominent la sociologie jusqu'aux années soixante, se démarque une troisième, portée par l'École de Francfort. Malgré les liens étroits entre cette dernière et le marxisme, elle ne peut lui être référée, tant le marxisme a pu, selon les variantes, donner lieu à des élaborations objectivistes, de type mécaniste ou structuraliste. Elle est en fait plus proche, épistémologiquement, d'une herméneutique diltheyienne insérée dans un corpus théorique hégéliano-marxien. Présente dans divers textes de Horkheimer ou d'Adorno, elle s'exprime en toute clarté dans le corpus d'articles entourant le débat des journées sociologiques de Tübingen où Adorno et Popper croisèrent le fer (Adorno, Popper, 1969). L'un des intérêts de la confrontation est de voir se distordre la fameuse opposition du début du siècle entre sciences de la nature et sciences de l'esprit. Cette opposition, reprise et développée par Dilhtey, était fondée sur la distinction entre sens et cause, compréhension et explication. Nous venons de voir ci-dessus, combien Weber, puis Schütz réduisaient l'écart, tout en le confessant tensionnel et en souscrivant à la terminologie des deux sciences. À l'inverse, en définissant la science non plus *a parte rei* – à partir de la structure de ses objets –, mais *a parte subjecti* – comme construction théorique, élaborée pour répondre à un problème et

soumise à l'épreuve de l'expérience –, Popper intègre à une conception unitaire de la science la sociologie, tout en lui donnant comme objet l'« analyse de situation », c'est-à-dire la modélisation de contextes d'action dont le sens est défini par la compréhension objective des logiques des acteurs impliqués. La position d'Adorno n'en est que plus radicalement différente. Centrée sur une critique de la sociologie empirique, elle peut se ramener à trois thèses : 1 / la description sociographique ne peut prendre sens que par la *théorie* ; 2 / celle-ci est seule capable de forger le concept de « la chose même », de saisir l'essence sans laquelle le sens échappe ; 3 / le régime de vérité des phénomènes sociaux et historiques n'est pas celui des phénomènes physiques : ceux-ci peuvent être subsumés sous des lois au titre d'éléments ou de cas particuliers ; ceux-là sont des *moments* du tout en devenir et leur interprétation présuppose la médiation du sens de ce devenir. Même si les références philosophiques d'Adorno le situent dans un hegeliano-marxisme tragique, il est manifestement plus proche du point de vue herméneutique de Heidegger ou de Gadamer, que du naturalisme dialectique de Engels. La réponse ainsi fournie à la question initiale la transforme : la sociologie ne relève pas du régime de validité des sciences expérimentales mais du régime de vérité de la théorie.

L'espace contemporain : filiations, déplacements, clivages

Cet espace, que l'on peut concevoir à deux ou à trois positions, selon que l'on durcit (par la distinction entre sciences de la nature et sciences de l'esprit) ou que l'on réduit (par une définition unitaire de type popperien) l'opposition entre le pôle objectiviste et le pôle compréhensif, se perpétue, se retraduit, se diversifie, s'élargit, et se surdétermine dans la période contemporaine :

— il se perpétue, se retraduit et se diversifie dans la mesure où l'on peut établir les filiations des pôles antérieurs, mais en étant contraint d'y multiplier les termes : le pôle objectiviste peut être qualifié de positiviste, logiciste et cognitiviste ; le pôle compréhensif s'instaure plus que jamais comme une figure intermédiaire dans certains débats, par son souci de conjuguer raison expérimentale et raison interprétative ; le pôle herméneutique prend les figures diverses du textualisme, du constructivisme et du post-modernisme ;

— il s'élargit, dans la mesure où le poids dominant de la sociologie dans les débats antérieurs s'affaiblit au profit de sa généralisation aux autres disciplines : la crise de la psychologie sociale expérimentale est annoncée par un article de Kennet Ring en 1967[1] ; l'ethnologie joue un rôle déterminant dans ce que certains proposent d'appeler « le tournant interprétatif »[2]. La sociologie n'est pas absente, mais selon des modalités plus éclatées, avec l'apparition de courants nouveaux comme l'ethnométhodologie ou la nouvelle sociologie des sciences. Seule la démographie semble, par ses ancrages initiaux, être indifférente aux séductions d'un troisième pôle, qui, aux États-unis, prend volontiers l'appellation de *« cultural studies ».*

— il se surdétermine enfin, en ce que, si chaque pôle est une constellation de positions, de courants, de références illustrant à l'envi la tendance à la dissémination et à la pluralisation analysée dans les points précédents, l'ensemble paraît marqué par un clivage majeur, qui de marginal dans la période antérieure, occupe le devant de la scène à partir des années soixante dix : celui entre *rationalisme* d'un côté, *relativisme et postmodernisme* de l'autre[3]. Le rationalisme (parfois qualifié de néo-rationalisme chez certains auteurs), pose comme critère fondamental de scientificité la réduction du discours à un ensemble cohérent d'énoncés empiriquement étayables. Il admet, dans ce cadre, divers programmes et se scinde en deux orientations fondamentales distinctes, selon le statut attribué à l'intentionnalité et à la subjectivité des acteurs : cette question est suffisamment prégnante pour générer les deux traditions de recherche différentes associées aux deux premiers pôles. En revanche, toutes deux se distinguent – malgré les revendications en paternité de tel ou tel auteur – du relativisme qui submerge le troisième pôle dans la période récente : les notions mêmes de scientificité et de critère de scientificité y deviennent illusoires et superfétatoires.

1. « Experimental Social Psychology : Some Sober Questions about some Frivolous Values », in *Journal of Experimental Social Psychology*, 3, 1967, p. 113-123.

2. *The Interpretative Turn : Emergence of an Approach, in* Rabinow et Sullivan, 1979.

3. Cette opposition a donné lieu, notamment dans le monde anglo-saxon, à une abondante littérature. À titre d'exemples, voir Alexander (1995), Hollis et Lukes (1984), Seidman et Wagner (1992). Voir, pour la France, R. Boudon, M. Clavelin (1994).

Il est donc possible de reconstruire l'espace épistémologique actuel de ces disciplines de deux façons différentes : 1 / à partir de leurs prémisses et de leurs implications, selon l'opposition rationalisme/relativisme ; dans ce cas, les deux premiers pôles relèvent du rationalisme expérimental, mais se distinguent l'un de l'autre en ce que le premier pense possible de *réduire le sujet et le sens,* ce que le second refuse, s'ouvrant ainsi à la raison interprétative[1] ; 2 / à partir de la dynamique et de la pragmatique des débats et des affrontements ; à ce niveau, le second pôle est souvent amené à occuper une position de médiation ou de tentative de dépassement des polémiques nouées entre les deux autres, dès lors qu'elles ne se posent pas au niveau générique de l'opposition entre rationalisme/relativisme, mais à celui du sens et de l'action. Des auteurs comme Giddens (1976, 1984) ou Habermas en sociologie (1987), Moscovici en psychologie sociale (*in* Jodelet *et al.,* 1970), illustrent bien cette position.

C'est cette perspective dynamique et pragmatique que nous allons adopter : nous présenterons donc d'abord les deux extrêmes, le pôle positiviste et le pôle textualiste et constructiviste, et en dernier, le pôle du rationalisme non réductionniste.

1 / Le premier pôle qualifié de positiviste, logiciste, cognitiviste, maintient dans un univers dont nous avons indiqué ci-dessus combien il avait été bouleversé dans ses valeurs et ses certitudes, l'idéal du positivisme logique et du béhaviorisme. Il oscille entre diverses versions entre lesquelles le lien le plus clair est *la mise entre parenthèses du sujet.* Ne renonçant pas à la tradition stricte de la démarcation (Cuin, 2000), foncièrement hostile aux dérives herméneutiques, il poursuit et élargit le mouvement d'affinement des méthodes logiques et mathématiques engagé dans les sciences sociales depuis le début du siècle. Il reçoit, notamment en psychologie sociale, l'appui incontestable du cognitivisme et de ses succès[2]. Ce dernier, en ramenant les diverses formes de connaissance au modèle unique de la cognition et en cherchant à décrire par la formalisation de mécanismes infraconscients ses structures fondamentales, produit un modèle alternatif et puissant à l'ancien béhaviorisme, susceptible de mordre sur les sciences sociales et d'entraîner un *cognitivist turn...* On peut le voir notamment à l'œuvre en anthropologie, dans les tentatives

1. Pour une thématisation récente de ce point, voir Quéré, 1999.

2. Cet appui peut cependant être critiqué et donner lieu à une problématisation de la différence à établir entre les concepts de « cognition » et de *« social knowledge ».* Voir, par exemple, Bar-Tal et Kruglanski (1988).

d'élaboration d'une théorie « naturaliste » de la culture (Sperber, 1996). Bien qu'en totale opposition à l'atomisme logique associé à ce courant, et par divers côtés ambigu[1], le structuralisme peut être rattaché à ce pôle, notamment dans ses implications épistémologiques objectivistes. Ainsi, le *Métier de sociologue* (Bourdieu *et al.*, 1968) qui, en France, renouvela brillamment l'objectivisme durkheimien au moyen de l'épistémologie de Bachelard est à la fois proche du pôle compréhensif par son souci d'intégrer dans le rationalisme appliqué les divers courants fondateurs de la sociologie, hostile au positivisme dont il rejette l'atomisme logique, et néanmoins inscrit dans une sociologie de réduction de l'acteur à une simple fonction d'agent.

2 / Le deuxième, que nous avons désigné par les termes de « textualisme », de « constructivisme », de « relativisme », est à la fois très éclaté, noué autour de petits groupes d'échange au sein des diverses disciplines, et engagé dans un espace commun de références philosophiques et littéraires large. On peut en donner un exemple très frappant avec la psychologie sociale : après la crise ouverte par l'article de Ring de 1967, considérant que, dans ses pratiques, la psychologie sociale s'éloignait de l'idéal posé par Lewin, pour privilégier une orientation d' « amusement » et de « jeu » *(fun-and-game approach),* le diagnostic que pose la discipline (Rijsman et Stroebe, 1989), est celui d'une division en trois : une orientation naturaliste et expérimentaliste, tirant explicitement vers la psychologie, une orientation constructiviste *(social constructivism),* défendant la spécificité symbolique des phénomènes d'interaction, et une position intermédiaire, associant spécificité des phénomènes psycho-sociologiques et rationalisme expérimental. Outre que cette tripartition retrouve exactement celle que nous suivons, le système de référence des auteurs est particulièrement parlant. Jozef Nuttin[2], partisan de la première position, n'introduit dans sa bibliographie, sur une cinquantaine de titres, que quatre auteurs extérieurs à la psychologie sociale : Durkheim, Habermas, Lévy-Bruhl, Rawls. Rom Harre, dont la thèse centrale est que l'usage de l'analyse causale en psychologie sociale est totalement inapproprié à « l'étude de structures de signification collectives », et qui se réclame du mouvement représenté par la revue *Social Epistemology,* cite, pour une quarantaine de références, 17 auteurs

1. Cette « ambiguïté » est partiellement expliquée dans le chapitre que nous avons rédigé pour la 3e partie de cet ouvrage.

2. *Proposal for a Heuristic Quasi-Social Analysis of Social Behaviour, in* Rijsman et Stroebe, 1989.

extérieurs à la psychologie sociale, philosophes, sociologues, ethnologues, notamment Wittgenstein, Hintikka, Geertz, Knorr-Cetina[1]... S'il fallait, au-delà de ce cas d'espèce, décrire les tendances que ce pôle rassemble et relever leurs traits communs, on pourrait dire qu'il comporte, en sociologie, l'ethnométhodologie (bien que de façon partielle), la sociologie herméneutique (Maffesoli, 1996), la sociologie constructiviste de la science (Latour, 1984, 1989) et, en ethnologie, l'ethnologie interprétative ou textualiste. Selon les cas, ces courants et groupes qui, par ailleurs, divergent sur de nombreux points, manifestent des attraits plus ou moins forts vis-à-vis de la philosophie – Wittgenstein, Austin, Foucault, Derrida, Althusser –, de la psychanalyse, notamment lacanienne, voire de la littérature ou d'une sociologie littéraire comme celle représentée par Baudrillard. Entre ces divers courants et ces diverses références, les points d'opposition pourraient être aussi forts que les points de rapprochement, si trois orientations globales n'y étaient pas relativement partagées : le *linguistic turn*, l'*interpretativ turn*, la rhétorique et l'ironie. Le tournant linguistique est l'élément commun à l'ethnométhodologie et à la nouvelle sociologie des sciences en ce que, suivant la voie de la pragmatique, il est fondamentalement un *contextualisme*, ce qui, pour notre propos, se ramène à deux arguments fondamentaux : 1 / toute activité sociale, tout énoncé ne prennent sens que par l'insertion du sujet dans un contexte ; activité et énoncé sont eux-mêmes solidaires en ce que les membres d'une situation l'élaborent et la construisent par les commentaires dont ils usent pour en rendre compte et s'accorder[2] ; 2 / activités et énoncés scientifiques n'ont pas de statut distinct des activités et énoncés ordinaires : leur prétention à une validité dépassant leur contexte d'élaboration est donc soit une illusion (ethnométhodologie) soit le résultat de rapports de force extrascientifiques et de stratégies rhétoriques (nouvelle sociologie des sciences). Le tournant interprétatif, tout en pouvant interférer avec le précédent, s'en distingue en ce qu'il réactive les thématiques de l'herméneutique dans le contexte renouvelé de l'ethnologie. Celle-ci, dont nous avons indiqué plus haut combien les conditions cardinales d'exercice s'étaient modifiées, est amenée, sous la plume de certains auteurs à exhiber simultanément les dimensions subjectives du rapport au terrain, intersubjectives de la relation à l'autre, et herméneu-

1. *Metaphysics and Methodology : Some Prescriptions for Social Psychological Research*, id.

2. On reconnaîtra les concepts fondamentaux de l'ethnométhodologie, l'indexicalité, la reflexivité et l'*accountability* (Garfinkel, 1990 ; Coulon, 1987 ; Conein *et al.*, 1984).

tiques du décryptage de significations collectives. Trois idées ou métaphores rendent compte de ce nouveau regard et des analyses qu'il promeut : le caractère fondamentalement *dialogique* du travail de terrain, qui bascule d'un paradigme entomologiste à un paradigme interactionniste ; la nature scripturale de la mise en forme finale, comme travail d'*écriture* spécifique ; la caractérisation d'une culture, non plus comme système ou structure mais comme *texte*, donné à lire et susceptible de lectures multiples[1]. Rhétorique et ironie sont, enfin, à la fois des thèmes, des valeurs et des postures, traversant les diverses approches. Par elles se marquent, malgré les proximités épistémologiques du paradigme herméneutique, la rupture de filiation avec Adorno. Le philosophe de Francfort croyait encore, difficilement, à la raison, à la théorie et à la vérité. Dans le contexte idéologique et politique désabusé des années 1980, ces vieux idéaux, pour certains, ont fait long feu. L'ironie, comme distance obligée à toute adhésion en valeur autre que momentanée, partielle, esthétique, la rhétorique, comme moule de réduction de tout discours, quelque scientifiques que soient ses prétentions, sont désormais de rigueur. Le relativisme, aussi intenable soit-il philosophiquement, en est la conséquence naturelle : la question de la scientificité des sciences sociales n'a plus lieu d'être puisque la scientificité n'est qu'une illusion, qu'une manifestation parmi d'autres de croyance collective ; l'épistémologie doit abandonner toute prétention normative, voire analytique, pour se fonder dans une théorie sociale de la connaissance.

3 / Entre les deux extrêmes ainsi cristallisés et coexistant au sein des mêmes disciplines au point de les menacer d'éclatement, le troisième pôle est amené, par la logique même de l'affrontement, à occuper une position intermédiaire nouvelle. Mais il ne s'agit pas pour lui de concilier les inconciliables ou de pratiquer un œcuménisme flou. Il permet la thématisation d'un rationalisme non réductionniste, à la fois attaché aux exigences de la scientificité, de la démonstration et de la preuve et ouvert à l'analyse des courants divergents pour en spécifier le statut. Il s'oriente fondamentalement dans deux directions : l'une, fondamentaliste, se donne pour projet une reconstruction logique des sciences sociales autour d'un certain nombre de critères communs et intègre de façon critique les divers courants ; l'autre, analytique, interroge l'espace de connaissance des sciences sociales afin d'en dégager les règles de constitution et de

1. Pour une réflexion d'ensemble sur ce courant, voir Affergan (1997).

fonctionnement. La première orientation est caractéristique des positions de Giddens (1976) et d'Habermas (1984), retrouvant et développant l'un et l'autre la tradition webérienne de l'articulation entre déterminations structurelles et orientations subjectives des acteurs ; la seconde l'est de travaux d'épistémologie analytique, interrogeant les notions de théorie ou de structure en sociologie (Boudon, 1971, 1979), développant la thèse d'un régime non poppérien du raisonnement sociologique (Passeron, 1991) ou celle d'un rattachement des grands programmes d'analyse à une topique de schèmes d'intelligibilité (Berthelot, 1990, 1996). Pour ce pôle, non seulement la question de la scientificité des sciences sociales est légitime, mais encore elle est susceptible de réponse : théorie pragmatique et argumentative de la vérité (Habermas) ; théorie différentielle de la preuve (Boudon) ; théorie cohérentiste des dispositifs de « protocolarisation » (Passeron) ; espace et dialectique de la preuve (Berthelot). Sans s'éloigner véritablement des principes antérieurs de significativité, de confrontation expérimentale et de cohérence théorique posés par Weber et Schütz, chacune propose les infléchissements que suggèrent soit l'analyse précise des procédures de preuve à l'œuvre en sciences sociales (Boudon, Berthelot), soit la référence à un modèle d'analyse plus puissant, utilisé comme norme : celui de la falsification poppérienne et de ses conditions et impossibilités logiques de mise en œuvre pour Passeron, celui de la discussion argumentative et de ses niveaux d'accord pour Habermas.

Conclusion

Nous avons utilisé, tout au long de ce parcours, diverses métaphores : noyaux, espaces, constellations... Que le lecteur nous pardonne, il ne s'agissait pas de substituer des images à des concepts, mais d'essayer de donner à voir et de rendre sensibles des configurations abstraites complexes.

Il serait réconfortant, après une telle randonnée, de pouvoir dire : simplifions, supprimons, éradiquons. Les philosophes des sciences aiment assez souvent ce genre d'attitude, sans bien mesurer le confort relatif où il les installe ni le sentiment de mépris que peuvent en ressentir les obscurs artisans de la preuve en sciences sociales. Car, et nous retrouvons la position webérienne, ou les chercheurs ne savent pas ce qu'ils font quand ils travaillent, et, lorsqu'ils ont une difficulté, ne savent pas lire les philosophes, ou ils le savent et lisent (parfois) les philosophes, mais sans que cela soit suffisant pour élaborer la réponse adéquate aux problèmes cognitifs qu'ils se posent. Dès lors, il est possible d'adopter un point de vue poppérien revisité et élargi, à l'image de celui proposé par Lakatos : les diverses approches et théories constitutives des disciplines sont précisément les réponses qu'elles ont été amenées à formuler aux questions qu'elles se posaient, dans le contexte pragmatique, méthodologique et épistémologique où elles se trouvaient ; les divers points de vue épistémologiques qu'elles ont élaborés sont les instruments par lesquels elles ont cherché à penser, légitimer, amplifier le sens et la valeur de leur analyse. La scène de mise à l'épreuve de cet ensemble est un espace démultiplié, allant du laboratoire et des données soumises au contrôle des faits, à l'histoire de la discipline et de ses contextes. Dès lors que le champ épistémique des sciences du social n'est pas normé par un paradigme unique et que le mouvement quantique de saut d'une approche à l'autre y est possible, ce n'est pas seulement la validité interne d'une théorie qui doit être mise à l'épreuve, mais la valeur différentielle des grandes approches, des grands programmes, des grands points de vue. Cette opération de confrontation systématique, de frottement réciproque, procède pour l'instant non de la mise en place de formalismes de contrôle, mais d'un travail d'épuration et de décantation historique. Est-il souhaitable qu'à cette forme de falsification historique spontanée soient substitués des opérateurs logiques et un travail systématique de mise à plat et de confrontation ? Nous aurions tendance à le penser tout en nous demandant si cela ne procéderait pas de ce que les québécois appellent joliment « tirer sur la fleur pour la faire pousser ». Entre laisser-faire et injonction la voie ici proposée est celle de l'analyse.

BIBLIOGRAPHIE

Adorno T., « Sociologie et recherche empirique », *in* T. Adorno, K. Popper, *De Vienne à Francfort. La querelle allemande des sciences sociales*, 1969, trad. Bruxelles, Complexe, 1979, p. 59-74.

Adorno T., « Sur la logique des sciences sociales », *in* Adorno-Popper, *op. cit.*, p. 91-105.

Affergan F., *Critiques anthropologiques*, Paris, Presses de la Fondation nationale des sciences politiques, 1991.

Affergan F., *La pluralité des mondes. Vers une autre anthropologie*, Paris, Albin Michel, 1997.

Alexander J., *Fin de siècle Social Theory*, Londres, New York, Verso, 1995.

Apel K. O., *Understanding and Explanation. A Transcendantal-Pragmatic Perspective*, 1979, trad. angl. Cambridge, Mass., The MIT Press (Cambridge), 1984.

Apel K. O., « La dimension herméneutique des sciences sociales et sa fondation normative », *in* J.-M. Salanskis *et al.* (éd.), *Herméneutique : textes, sciences*, Paris, PUF, 1997, p. 163-198.

Aron R., *Introduction à la philosophie de l'histoire*, Paris, Gallimard, 1938.

Balandier G., *Sens et puissance*, Paris, PUF, 1971.

Bar-Tal D., Kruglanski A. W. (eds), *The Social Psychology of Knowledge*, Cambridge, Cambridge University Press, 1988.

Berthelot J.-M., *L'intelligence du social*, Paris, PUF, 1990.

Berthelot J.-M., *Les vertus de l'incertitude. Le travail d'analyse dans les sciences sociales*, Paris, PUF, 1996.

Berthelot J.-M., *Sociologie. Épistémologie d'une discipline. Textes fondamentaux*, Bruxelles, De Boeck, 2000.

Blanckaert C. (éd.), *Le terrain des sciences humaines. Instructions et enquêtes (XVIIIe-XXe siècle)*, Paris, L'Harmattan, 1996.

Bloor D., *Sociologie de la logique ou les limites de l'épistémologie*, 1976, trad. Paris, Coll. « Pandore », 1982.

Blumer H., *Symbolic interactionnism*, Prentice-Hall, NJ, Englewoods Cliffs, 1969.

Bottomore T., Nisbet R., *A History of Sociological Analysis*, London, Heineman, 1979.

Boudon R., *L'analyse mathématique des faits sociaux*, Paris, Plon, 1967, 1970.

Boudon. R., *La crise de la sociologie*, Genève, Droz, 1971.

Boudon R., *La logique du social*, Paris, Hachette, 1979.

Boudon R., *Le juste et le vrai*, Paris, Fayard, 1995.

Boudon R., Clavelin M., *Le relativisme est-il résistible ?*, Paris, PUF, 1994.

Boudon. R, Lazarsfeld P., *Le vocabulaire des sciences sociales*, 1955, trad. Paris-La Haye, Mouton, 1965.

Boudon. R, Lazarsfeld P., *L'analyse empirique de la causalité*, 1955, trad. Paris-La Haye, Mouton, 1966.

Bourdieu P., *Choses dites*, Paris, Minuit, 1987.

Bourdieu P., Chambordon J.-C., Passeron J.-C., *Le métier de sociologue*, Paris, Mouton, 1968.

Bourgeois-Pichat J., *La démographie*, Paris, Gallimard, 1970.

Busino G., *Critiques du savoir sociologique*, Paris, PUF, 1993.

Chazel F., Boudon R., Lazarsfeld P., *L'analyse des processus sociaux*, trad. Paris-La Haye, Mouton, 1970.

Chesnais J.-C, *La démographie*, Paris, PUF, 1990.

Cicourel A. V., *Method and Measuement in Sociology*, New York, The Free Press of Glencoe, 1964.

Coenen Huther J., *Le fonctionnalisme en sociologie : et après ?*, Bruxelles, Éd. de l'Université de Bruxelles, 1984.

Coleman J. S., *Individual Interests and Collective Action*, Cambridge, Cambridge University Press, 1986.

Comte A., *Cours de philosophie positive*, Paris, 1830 (rééd. partielle, *Leçons de sociologie*, Paris, Flammarion, 1995).

Conein B., Dulong R., Pharo P., Quéré L., *Arguments ethnométhodologiques*, Paris, EHESS, 1984.

Copans J., Jamin J., *Aux origines de l'anthropologie française*, Paris, Le Sycomore, 1978.

Coulon A., *L'ethnométhodologie*, Paris, PUF, 1987.

Cuin C.-H., *Ce que (ne) font (pas) les sociologues*, Genève, Droz, 2000.

Desrosières A., *La politique des grands nombres*, Paris, La Découverte, 1993.

Descola P., Lenclud G., Severi C., Taylord A.-C., *Les idées de l'anthropologie*, Paris, Armand Colin, 1988.

Dilthey W., *Introduction à l'étude des sciences humaines*, 1883, trad. Paris, Aubier, 1942.
Dilthey W., « Origine et développement de l'herméneutique », 1900, trad. in *Le monde de l'esprit*, Paris, Aubier, 1947.
Douglas J. D. (ed.), *Understanding Everyday Life*, Londres, Routledge & Kegan Paul, 1971.
Durkheim É., *Les règles de la méthode sociologique*, 1895, Paris, rééd. PUF, « Quadrige », ou Flammarion, « Champs ».
Engel P., *Philosophie et psychologie*, Paris, Gallimard, 1996.
Feyerabend P., *Contre la méthode, esquisse d'une théorie anarchiste de la connaissance*, 1975, trad. Paris, Le Seuil, 1979.
Freitag M., *Dialectique et société*, Montréal, Saint-Martin, 1986.
Garfinkel H., *Studies in Ethnomethodology*, 1967, rééd. Cambridge, Polity Press, 1990.
Geertz C., *Ici et là-bas*, Paris, Métailié, 1988.
Giddens A., *New Rules of Sociological Method*, New York, Basic Books Publishers, Inc., 1976.
Giddens A., *La constitution de la société*, 1984, trad. Paris, PUF, 1987.
Goldmann L., *Sciences humaines et philosophie*, Paris, PUF, 1952.
Goldmann L., « Épistémologie de la sociologie », *in* Piaget, *Logique et connaissance scientifique*, Paris, Gallimard, « Pléiade », 1967, p. 992-1018.
Habermas, J., *Logique des sciences sociales et autres essais*, 1967-1982, trad, Paris, PUF, 1987.
Habermas J. *Sociologie et théorie du langage*, 1984, trad. Paris, Armand Colin, 1995.
Hamel J., *Précis d'épistémologie de la sociologie*, Paris, L'Harmattan, 1997.
Hayek F. von, *Scientisme et sciences sociales*, 1952, trad. Paris, Plon, 1953.
Hollis M., Lukes S. (eds), *Rationality and Relativism*, 1982, Cambridge, Mass., The MIT Press, 2e éd. 1984.
Horkheimer M., *Théorie critique*, 1968, trad. Paris, Payot, 1978.
Jodelet D., Viet J., Besnard P., *La psychologie sociale, une discipline en mouvement*, Paris-La Haye, Mouton, 1970.
Kuhn T., *La structure des révolutions scientifiques*, 1962, trad. Paris, Flammarion, « Champs », 1983.
Lakatos, I., « Falsification and the Methodology of Scientific Research Programmes », 1970, trad. *in* Lakatos, *Histoire et méthodologie des sciences*, Paris, PUF, 1994.
Latour B., *Les microbes : guerre et paix*, Paris, Métailié, 1984.
Latour B., *La science en action*, Paris, La Découverte, 1989.
Lazarsfeld P., *Philosophie des sciences sociales*, Paris, Gallimard, 1970.
Leach E. R., *Critique de l'anthropologie*, 1966, trad. Paris, PUF, 1968.
Leclerc G., *L'observation de l'homme, une histoire des enquêtes sociales*, Paris, Le Seuil, 1979.
Lemaine G., Lemaine J.-M., *Psychologie sociale et expérimentation*, Paris-La Haye, Mouton, 1970.
Lévy A., *Psychologie sociale. Textes fondamentaux*, Paris, Dunod, 1968.
Lévi-Strauss C., *Anthropologie structurale*, Paris, Plon, 1958.
Lévi-Strauss C, *La pensée sauvage*, Paris, Plon, 1962.
Lewin K., *Psychologie dynamique*, Paris, PUF, 1970.
Maffesoli M., *Éloge de la raison sensible*, Paris, Fayard, 1996.
Malinowski B., *Une théorie scientifique de la culture*, 1944, trad. Paris, Maspero, 1968, rééd. Le Seuil, « Points ».
Merton R. K., *Éléments de théorie et de méthode sociologique*, 1957, trad. Paris, Plon, 1965.
Natanson M. (ed.), *Philosophy of the Social Sciences*, New York, Random House, 1963.
Ogien R., *Les causes et les raisons, philosophie analytique et sciences humaines*, Nimes, Jacqueline Chambon, 1995.
Parsons T., *The Structure of Social Action*, New York, McGraw-Hill, 1937.
Passeron J.-C., *Le raisonnement sociologique*, Paris, Nathan, 1991.
Pharo P., *Le sens de l'action et la compréhension d'autrui*, Paris, L'Harmattan, 1993.

Piaget J., « Le système et la classification des sciences », *in* J. Piaget (dir.), *Logique et connaissance scientifique*, Paris, Gallimard, « Encyclopédie de la Pléiade », 1967, p. 1151-1224.
Popper K., *La logique de la découverte scientifique*, 1934, trad. Paris, Payot, 1982.
Popper K., *Misère de l'historicisme*, 1944-1945, trad. Paris, Plon, 1956.
Popper K., « La logique des sciences sociales », *in* T. Adorno, K. Popper, *De Vienne à Francfort, la querelle allemande des sciences sociales*, 1969, trad. Bruxelles, Complexe, 1979.
Quéré L., *La sociologie à l'épreuve de l'herméneutique*, Paris, L'Harmattan, 1999.
Queiroz de J.-M., Ziolkovski M., *L'interactionnisme symbolique*, Rennes, Presses Universitaires de Rennes, 1994.
Rabinow P., Sullivan W., *Interpretativ Social Science*, Berkeley, University of California Press, 1979.
Radcliffe-Brown A. R., *Structure et fonction dans la société primitive*, 1952, trad. Paris, Minuit, 1968, rééd. Le Seuil, « Points ».
Ramognino N., Houle G. (éd.), *Sociologie et normativité scientifique*, Toulouse, Presses Universitaires du Mirail, 1999.
Rickert H., *Les problèmes de la philosophie de l'histoire*, 1924, trad. Toulouse, Presses Universitaires du Mirail, 1998.
Rijsman J., Stroebe W., « Controversies in the Social Explanation of Psychological Behavior », *European Journal of Social Psychology*, numéro spécial, vol. 19, 1989.
Riviere C., *L'analyse dynamique en sociologie*, Paris, PUF, 1978.
Rupp-Eisenreich B., *Histoire de l'antropologie : XVIe-XIXe siècle*, Paris, Klincksieck, 1984.
Schütz A., *Le chercheur et le quotidien*, 1971, trad. Paris, Méridiens-Klincksieck, 1987.
Seidman S., Wagner D. G., *Postmodernism and Social Theory*, Cambridge, Mass. et Oxford UK., Blackwell, 1992.
Simmel G., *Les problèmes de philosophie de l'histoire*, 1923, trad. Paris, PUF, 1984.
Soulez A. (éd.), *Manifeste du Cercle de Vienne et autres écrits*, Paris, PUF, 1985.
Sperber D., *La contagion des idées*, Paris, Odile Jacob, 1996.
Stoetzel J., *La psychologie sociale*, Paris, Flammarion, 1963.
Valade B., *Introduction aux sciences sociales*, Paris, PUF, 1996.
Weber M., *Essais sur la théorie de la science*, 1904-1917, trad. Paris, Plon, 1965.
Weber M., *Économie et société*, 1922, trad. Paris, Plon, 1969.
Zetterberg H. S., *On Theory and Verification in Sociology*, Totowa, NJ, The Bedminster Press, 1965.

DEUXIÈME PARTIE
Les grandes traverses

1 – Action et cognition en sciences sociales

PAR PIERRE LIVET

Aborder les sciences sociales par l'entrée « action » et par l'entrée « cognition », voilà qui semble nous entraîner dans le courant de l'individualisme méthodologique. L'acteur de base, c'est l'individu ; l'action de base, c'est celle d'un individu. Cognition et action sont ici en principe séparées et successives, puisque, pour changer le monde dans le sens souhaité, il faut d'abord savoir comment il se présente indépendamment de nos désirs. L'action est toujours liée à un comportement observable, mais il est difficile de l'y réduire, puisqu'elle renvoie à des raisons, des préférences, des croyances, et souvent des intentions. L'identification de l'action présuppose donc l'identification des croyances, donc du cognitif (qui comprend les perceptions, les croyances et les inférences, voire les affects), mais l'identification expérimentale du cognitif ne peut se faire qu'à partir des comportements, et particulièrement des actions (en y comptant les paroles). Il y a là une difficulté épistémologique majeure. Deux processus mentaux différents pourraient donner des comportements similaires. Mais cela même montre que s'en tenir au seul comportement observé mène à d'autres impasses. Nous sommes bien obligés de supposer des croyances, des désirs et des intentions derrière les actions pour donner un sens à ce que disent les acteurs de leurs actions. On doit alors faire des hypothèses sur les désirs qui nous poussent à l'action pour identifier les croyances, ou les désirs selon la question que l'on se pose. Dans la pratique, nous différencions sans trop d'erreurs les mouvements intentionnels de ceux qui ne le sont pas (nous distinguons ce qui nous arrive de ce que nous faisons), et les paroles ou écritures sont toujours d'abord considérées comme intentionnelles. Nous testons la cohérence de nos hypothèses avec les comportements observés, et nous pouvons aussi limiter la prolifération des intentions possibles en nous appuyant sur l'observation de comportements qui manifestent des limitations qui ne peuvent être intentionnelles (des biais cognitifs dans les raisonnements, par exemple). Cela restreint l'indétermination de nos hypothèses, mais sans jamais la supprimer.

On peut alors reconnaître la réciprocité des rapports entre cognition et action. L'ethnométhodologie insistera ainsi sur le fait que rendre compte du connaissable est une action sociale, et que toute action explore le monde en même temps qu'elle le change. La perspective est ici d'emblée relationnelle, non pas entre des individus mais entre des actions qui établissent des relations et qui les explorent en même temps.

Enfin, on observe en sociologie un déplacement d'une perspective qui traitait les actions comme les données observables d'un système social, et les acteurs comme définis par les rôles de ce système, à des approches qui voient dans l'acteur celui qui tente de faire coexister des logiques d'action que la société ne totalise plus. On s'intéresse aux acteurs parce qu'on ne croit plus à la cohérence du système. Et s'il devient alors important d'identifier les capacités ou stratégies cognitives des acteurs, c'est parce qu'on ne peut pas sans cela remonter des actions aux points de vue des acteurs.

On peut donc développer en sciences sociales trois programmes de recherche qui s'appuient sur les liens entre la cognition et l'action. L'un, plus facilement définissable, est centré sur l'économie. On part des actions des individus, dont les interactions constituent l'économie et les autres institutions sociales, on remonte aux capacités cognitives des acteurs d'une part pour définir ce que serait une conduite rationnelle, d'autre part pour expliquer par des limitations de ces capacités les irrationalités constatées, et on explique les phénomènes collectifs par les agrégations des actions des acteurs ainsi modélisées. Le second, plus marginal et moins unifié, a son point de départ en ethnométhodologie. On insiste sur le fait que l'intervention supposée d'abord épistémique de l'observateur sociologue ou ethnologue l'engage dans une interaction, et qu'inversement les acteurs, eux, passent une bonne partie de leur temps à rendre compte de leurs actions, qu'ils ont donc une activité cognitive interactive. On étudie ces interactions, à la fois actionnelles et cognitives.

Le dernier programme résulte de ce déplacement de la sociologie du système à l'acteur. On reconnaît toujours la spécificité du social collectif, le fait que les normes, les valeurs collectives et les institutions doivent être présupposées pour comprendre les activités individuelles, mais on ne croit plus que la notion de système (Parsons) ou de structure d'une société puisse être identifiée en présupposant la cohérence de ses fonctions et de ses rôles. À vrai dire, pas un sociologue n'a soutenu une thèse aussi forte, et souvent ont été introduites des distorsions entre explication systémique et vécu des acteurs. Ainsi Bourdieu avait proposé une explication exigeant le pli d'une double structure interne, qui pouvait rester inconsciente – d'un côté le maintien ou l'accroissement du capital symbolique, via de l'autre les habitus – derrière deux faces visibles, les enjeux symboliques de prestige et de statut social, et les échanges économiques. Mais cet agencement présupposait une articulation entre économie et prestige social, et certains de ceux qui ont suivi Bourdieu, ne parvenant pas à établir une articulation bien définie, ont préféré retrouver dans l'acteur le croisement de toutes les perspectives. Ils évitent de devoir présupposer le mode d'unité ou d'articulation du social puisque la tâche de cet acteur est précisément de jouer de la diversité peu réductible des dimensions des activités sociales. Nous allons esquisser le premier programme, et voir quelles sont ses difficultés. Nous signalerons ensuite quelques voies du second et du troisième et nous demanderons si action et cognition peuvent être des objets communs entre les trois.

Le programme « économiste »

La cohérence en est imposante. On proposera de progresser en parallèle dans deux voies, l'une théorique et formelle, l'autre expérimentale ou plus généralement empirique. Un modèle de théorie nous est donné par l'économie, en combinant théorie de la décision, théorie de l'équilibre général et théorie des jeux. La première nous donne une définition de la rationalité d'une décision pour un agent, étant donné ses préférences et les conséquences probables des différentes actions qui s'offrent à lui – on suppose qu'il « maximise » l'utilité qui découle pour lui de l'action choisie. La seconde nous montre comment des décisions prises par les individus, au niveau dit « micro », donnent des résultats agrégeables au niveau « macro », si ces activités individuelles s'inscrivent dans un processus d'échange. La troisième suppose que les acteurs individuels n'agissent pas simplement de manière indépendante, mais qu'ils tiennent compte du fait que leurs actions vont induire des réactions des autres, réactions elles-mêmes déterminées en fonction de ce qu'ils supposent être les actions des premiers. Du point de vue épistémologique, la première pose un cadre conceptuel et le lie à une axiomatique, la seconde montre l'existence d'un équilibre et propose de reconstruire les données à partir de ce point d'équilibre, la troisième propose un mode de calcul des interactions, mais ses présupposés conceptuels et axiomatiques ne sont pas totalement éclaircis.

Tout ce programme présuppose la rationalité des acteurs. Cette rationalité est d'abord normative, puis on affine le modèle pour se rapprocher de conditions plus réalistes. Ainsi, on suppose d'abord une information parfaite, puis on admet que l'information est limitée, et même que son acquisition exige un certain coût. Mais ces limitations restent encore définies de manière théorique. Elles consistent surtout à introduire de l'incertitude. Dans tous les cas, on pose la norme de maximisation de l'utilité (pondérée par les probabilités qui expriment notre degré de croyance dans la réalisation de tel état possible du monde). L'utilité n'est elle-même définie que comme un coefficient attaché à la conséquence liée pour l'agent à la réalisation d'un état du monde, et tel que la série des différents coefficients respecte l'ordre de nos préférences. Il est possible, en sus de cette rationalité dite « instrumentale », de définir une rationalité « cognitive ». Elle consiste – une fois éventuellement tenu compte des contraintes théoriques imposées à notre recueil de l'information – à s'assurer que nos croyances soient vraies et cohérentes (ou à maximiser la probabilité qu'elles le soient, si l'on pense en termes de fiabilité). L'introduction de ces modèles normatifs a cependant aussi un but descriptif. En effet, les contraintes qu'on peut identifier dans une situation réelle ne suffisent pas à déterminer univoquement les raisons et les causes d'un comportement. L'observateur utilise alors la norme comme hypothèse interprétative. Le normatif a donc un rôle dans le choix de l'explication.

Rationalité et capacités cognitives des agents

Psychologie cognitive et rationalité des agents

Une étude « expérimentale » est supposée possible au niveau « micro », celui des choix individuels et des relations interindividuelles. La psychologie et la sociologie se voient assigner le rôle de comparer les modèles à la réalité empirique. L'étude expérimentale de la cognition a donc pour rôle de définir les contraintes auxquelles notre rationalité effective est soumise. La psychologie cognitive compare les règles de la théorie du choix rationnel aux processus de décision des acteurs dans des situations expérimentales. On observe alors des « biais » dans ces décisions. On peut citer le paradoxe d'Allais. Quand on a le choix entre un gain certain et une loterie où l'on a de grandes chances de gagner plus et quelques faibles chances de gagner beaucoup moins, on choisit le gain certain, alors même que le calcul des utilités probabilisées nous montrera que le choix risqué est tout de même plus avantageux. En revanche, ayant à choisir entre deux loteries, chacune comportant une chance appréciable de gain et une chance non nulle de perte, on choisira de manière plus conforme au calcul probabiliste. On sait aussi que nous préférons risquer davantage pour nous refaire de nos pertes précédentes que pour accroître encore un gain déjà obtenu. On peut citer enfin les infractions au principe de la chose sûre. Selon ce principe, si nous choisissons une option en sachant qu'un parmi deux états de choses possibles est réalisé, et si nous choisissons cette même option si l'autre état est supposé réalisé, alors nous devrions toujours choisir cette option quand nous sommes dans l'incertitude, et ne savons pas lequel des deux états est le cas. Or, des étudiants à qui l'on propose un forfait vacance avantageux tout en leur demandant s'ils préfèrent payer un peu plus cher pour ne se décider à l'acheter qu'après avoir su leur résultat à leur examen (ils paient donc en situation d'incertitude pour attendre qu'elle se dissipe), préfèrent payer ce surcoût, alors qu'en cas de réussite ils prendront le forfait, et qu'ils feront de même, peut-être pour se consoler, en cas d'échec !

On a pu se demander ce que prouvaient ces expériences proposées essentiellement par Tversky et Kahneman. Le problème épistémologique est que nos choix, quels qu'ils soient, sont supposés guidés par nos préférences, mais que ces préférences ne sont accessibles que par ces choix. Au lieu de dire que nous sommes incohérents quand nous préférons la certitude dans un cas et le risque dans l'autre, quand nous risquons plus en cas de pertes qu'en cas de gains, ou quand nous ne faisons pas le même choix en situation d'incertitude que dans chacun des états du monde possibles, on peut tout aussi bien dire que cela révèle nos préférences pour la certitude en cas de gain, pour le risque en l'absence de certitude ou en cas de pertes passées, et pour différencier les situations d'incertitude et les situations de certitude que nous aurions par hypothèse dans chaque état du monde possible. Le problème est qu'alors la description de nos fonctions de choix devient très complexe, et surtout que toute incohérence pourra être justifiée quitte à compliquer encore davantage cette description. On observe aujourd'hui une tendance de certains théoriciens à préférer tenter quelques réformes des axiomes de la théorie de la décision plutôt que de se lancer dans un travail de justification finalement inutile. Mais il reste à se demander si les expériences proposées ne mettaient pas en jeu des normes sociales ou des scénarios de conduite admis dans certains groupes, plutôt que des rationalités individuelles.

Dans ce programme, la psychologie cognitive sociale est supposée réaliser le même type de travail par rapport à la théorie des jeux. Les choses ici sont encore plus complexes. Pour définir un équilibre (dit de Nash) en théorie des jeux (par exemple dans un jeu à deux joueurs) chaque joueur suppose une action de l'autre donnée, choisit sa meilleure réponse, et si l'on peut vérifier que, en supposant donnée cette meilleure réponse, l'autre joueur joue bien l'action supposée, il s'agit d'un équilibre. Mais on doit pour ce faire supposer les actions *données*. Or, cela ne rend pas compte de raisonnements qui envisageraient des déviations par rapport à cet équilibre, justifiées par l'espoir que l'autre joueur puisse trouver rationnel (avantageux pour lui) de répondre à un coup déviant par un coup qui justifierait en retour cette déviation. On peut ainsi imaginer des déviations, dans des jeux qui se déroulent en une séquence d'étapes, qui signalent à l'adversaire que l'on compte, une fois parvenu à telle étape du jeu, prendre telle décision, laquelle serait plus favorable pour notre adversaire que celle qu'il avait pu imaginer que nous prendrions. En même temps, elle nous serait plus favorable que le résultat du coup que nous devrions jouer à l'équilibre.

La difficulté épistémologique tient donc à ce que l'équilibre n'est pas clairement raccordé aux déviations par rapport à l'équilibre. Pour lever cette difficulté, on doit donc faire une théorie du raisonnement des joueurs. On rencontre de nouvelles difficultés, qui tiennent au type de raisonnement que sont censés suivre les joueurs dans un jeu à plusieurs étapes (mais on doit décider avant la première étape, et sans communiquer avec autrui, la suite des coups à chaque étape en fonction des coups de l'adversaire – ce que l'on nomme une stratégie). Le raisonnement classique part de la dernière étape. Le joueur qui a le choix en cette étape décide d'un coup en maximisant son espérance de gain. Sachant cela, le joueur de l'étape précédente décide son coup en maximisant le gain final, étant donné ce qu'il anticipe être ce choix final de l'autre, et ainsi de suite. Or, il se peut que, à une étape encore antérieure, un joueur choisisse par exemple de quitter le jeu, si bien que les étapes précédentes du raisonnement reposent sur l'hypothèse d'un coup qui s'est révélé irrationnel. Comment alors peut-on raisonner en supposant le même joueur rationnel quand il quitte le jeu mais rationnel aussi quand il est supposé jouer quelques étapes plus loin un coup qui dépend de l'hypothèse qu'il n'a pas quitté le jeu à cette étape antérieure, et donc qu'il s'y est révélé irrationnel ? On souhaiterait réduire ce raisonnement à un raisonnement par l'absurde, mais il faudrait pour cela démontrer l'absurdité de tous les raisonnements hypothétiques reposant sur des antécédents dont on soupçonne qu'ils pourraient reposer sur une irrationalité. Or, ces raisonnements pourraient se justifier s'ils trouvaient des raisonnements convergents des autres joueurs sur lesquels s'appuyer, ce qui rend la démonstration d'absurdité fort délicate. On ne dispose pas encore de bonne théorie de l'ensemble de ces raisonnements, qui deviennent peu gérables pour l'intuition avec la multiplication explosive des possibilités chaque fois qu'on ajoute une étape de décision et de nouvelles possibilités d'action.

Ces difficultés théoriques renvoient à des difficultés épistémologiques. Dès qu'on veut tenir compte des capacités cognitives des agents, qu'on leur accorde des capacités d'anticipations et de raisonnement au second degré en fonction des anticipations des autres, on entre dans un domaine où la moindre décision semble exiger un échafaudage assez considérable d'inférences et de représentations, et cela au *n*-ième degré. Or, il ne semble pas que nous nous lancions dans de tels raisonnements pour prendre nos décisions pratiques. La norme rationnelle est ici assez éloignée de nos processus effectifs de décision, et elle n'est même pas complètement déterminée.

Dilemmes et paradoxes

Sans même aller jusque-là, on a pu considérer que la théorie des jeux montrait son incapacité à rendre compte des relations sociales effectives quand on s'est heurté au dilemme du prisonnier, et à sa forme collective, le dilemme des biens publics. Il s'agit de situations où un bien public (par exemple, un éclairage public) nécessite les contributions d'une majorité de la collectivité, mais pas de la totalité, et où ceux qui n'auraient pas contribué pourraient cependant bénéficier du bien en question, parce qu'on n'a pas de moyen peu coûteux de les en exclure (ce genre de biens est supposé engendrer ce qu'on appelle des « externalités positives »). Il est donc rationnel pour un individu de profiter du bien public sans y contribuer (de faire défection), mais, si la majorité suit ce raisonnement, chacun se retrouvera plus riche, mais moins bien éclairé. Cependant, dans un dilemme qui ne se répète pas, la conduite « rationnelle » est de faire défection. Or, nos sociétés produisent toutes sortes de biens publics (éclairages, ports, routes, informations non payantes, etc.).

Le choix de la défection est pour la théorie une solution, mais la difficulté épistémologique est d'avoir à supposer les sujets irrationnels quand ils coopèrent. Or, la psychologie cognitive sociale a pu observer des coopérations dans de nombreuses situations de dilemmes (une condition *sine qua non* est que les sujets ne puissent communiquer pour prendre leur décision). Là encore, on retrouve l'effet de l'incertitude. On met les sujets dans plusieurs situations hypothétiques, l'une où ils sont informés de la décision vers laquelle l'autre s'oriente et où il s'agit d'une décision de coopération, la seconde où il s'agit d'une décision de défection, la troisième où ils ne savent pas quelle pourrait être cette décision. Les sujets coopèrent davantage (mais pas majoritairement) dans la situation où ils savent que l'autre coopère, mais davantage encore s'ils ne savent pas ce que fait l'autre (en contradiction avec la solution « rationnelle »). Ceux qui coopèrent quand ils savent que l'autre coopère semblent obéir à une norme de réciprocité. Mais, dans l'incertitude, ferions-nous un raisonnement de « magie sociale », tenterions-nous d'induire l'autre à faire comme nous, et choisirions-nous alors l'action qui, si l'autre agissait comme nous, serait la plus avantageuse ? C'est supposer gratuitement beaucoup d'irrationalité.

Il est évidemment plus simple de rappeler que les décisions sociales sont prises généralement à la suite de communications entre les acteurs, et que ceux-ci s'attendent à devoir retrouver dans l'avenir les partenaires qu'ils auraient dupés. Or, on sait que la coopération est l'une des solutions rationnelles d'un dilemme répété (et dont on ne sait pas quand il prendra fin, car sinon, au coup final, on se retrouve dans la situation du dilemme en un coup). On peut interpréter aussi cette recherche de la coopération dans les jeux répétés (et pas seulement les dilemmes) comme une recherche de réputation (Kreps). Il serait peut-être possible d'analyser les phénomènes mis en évidence par Goffman dans les interactions – l'enjeu y étant de ne pas « perdre la face » –, dans cette perspective. Mais, si l'on revient au dilemme répété, il faut se souvenir que la coopération n'est qu'une des solutions. La défection en est une aussi.

On peut alors vouloir échapper à la difficulté théorico-pratique par une échappatoire épistémologique, et l'on retrouve alors le problème méthodologique de ce programme : il est toujours possible de ramener le comportement observé au comportement normatif en considérant que nos données n'étaient pas les véritables préférences ou croyances des acteurs. On prétendra qu'en fait les gains espérés par chaque acteur quand il coopère ne sont pas ceux qui conduisent à la solution de la défection dans le dilemme. L'acteur avait d'autres préférences que celles que nous lui supposions. Si on n'observait jamais de conduites qui correspondent à la solution de la défection dans le dilemme, cette réponse ne pourrait être envisagée. Mais ce n'est pas le cas ; il suffit de penser au refus de certains États de participer à la baisse des émissions polluantes, cas typique de défection dans un dilemme des biens publics. Toutefois on aimerait pouvoir soutenir que dans un tel cas, ces États font preuve d'irrationalité collective, alors que la théorie des jeux semble nous dire le contraire.

Un paradoxe voisin est celui du vote. En supposant que l'influence de chaque acteur sur la décision finale peut y être considérée comme négligeable, pourquoi prendre la peine (pas négligeable, celle-là) d'aller voter (à moins que la réussite de notre candidat soit une question de vie ou de mort pour notre entreprise, par exemple) ? Si nous n'allons pas voter, pensons-nous, nous ôtons peut-être à notre candidat la voix qui le ferait passer. Mais notre chance d'être cette voix est d'une sur 15 millions – en supposant qu'il y ait 30 millions d'électeurs. Et en imaginant que les abstentionnistes soient nombreux, s'il suffit que quelques-uns se décident, pourquoi serait-ce nous ?

Là encore, on a suggéré qu'en allant voter nous suivons un raisonnement de « magie sociale », en supposant que les électeurs de notre genre vont faire comme nous, et que notre paresse pour aller voter est le signe de ce qu'ils n'iront pas voter non plus. Mais pourquoi notre décision personnelle d'aller voter les ferait-elle renoncer à leur paresse, et en quoi ce signe pourrait-il être une cause ? Le programme semble alors condamné soit à considérer des comportements socialement bien justifiés comme irrationnels, soit à proposer des échappatoires épistémologiques. On peut, par exemple, supposer que les acteurs reconnaissent en fait des valeurs sociales (Boudon), qui rendent l'acte de vote gratifiant si bien que cela l'emporte sur le coût de voter, ou bien prendre le paradoxe lui-même comme le signe qu'un vote implique un type d'externalités (Coleman), tout comme le dilemme des biens publics. En effet, chaque acteur a un contrôle faible sur le résultat, et cependant le résultat pour chaque acteur dépend des autres acteurs, comme dans le dilemme. On y a donc aussi besoin d'une norme qui assure chaque acteur que les autres vont bien participer au vote, et qui fait que lui aussi y participe. Mais c'est supposer résolu le problème de l'émergence des normes.

Cependant on peut proposer des solutions théoriques si on accepte que l'évaluation des conséquences d'un choix se fasse par rapport à un contexte limité. Reprenons la partie acceptable du raisonnement « magique ». 1 / Si nous nous sentons enclins à voter, *normalement*, les gens dans notre genre auront cette même tendance. Cette inférence est correcte, à condition qu'on ne la suppose pas valide pour toutes les personnes de notre genre, mais seulement pour *la plupart* d'entre elles. Nous évaluons alors l'influence de notre vote par rapport au nombre de ces votants normaux dans notre genre. Mais *n* peut encore être très grand ; 2 / Maintenant, supposons au contraire que nous constituions une *exception* à cette normalité. Nous n'aurions pas envie d'aller voter, mais cela nous serait particulier. Supposons alors que les deux candidats sont au coude à coude et que pour nos intérêts personnels l'enjeu de cette élection est assez important. Si nous pensons que le conglomérat d'exceptions auquel nous appartenons est très minoritaire, et que la normalité n'est pas loin de pouvoir faire passer notre candidat, le poids de notre passage au vote, estimé par rapport au conglomérat d'exceptions, ne serait pas négligeable. Mais *quid* si la normalité est loin de faire passer le candidat ? On peut redécouper encore l'ensemble de référence. Nous pourrions penser qu'à l'intérieur des exceptions, nous nous rangeons dans la plus *normale* d'entre elles. À ce niveau, « normalement », les gens dans notre genre – exceptionnel – ne vont pas voter. Mais il y a évidemment des exceptions de second degré à cette normalité des exceptions de premier degré, des gens qui vont cependant voter. Si ces exceptions sont minoritaires, notre basculement vers le vote, qui nous fait les rejoindre, peut être significatif par rapport à ce nouveau sous-ensemble des exceptions, et il peut être ou non efficace pour le résultat du vote de notre normalité (d'exception). S'il n'est pas efficace, ou si ces exceptions sont encore très nombreuses, on va encore changer de sous-ensemble de référence. On prend alors l'ensemble de ceux qui de la normalité majoritaire propre aux exceptions (les non-votants) passent à la minorité significative propre à ces exceptions de second degré, les votants parmi les non-votants. Cet ensemble est donc fait d'exceptions de troisième degré, les non-votants qui deviennent votants. Il est lui-même très minoritaire. Rejoindre cet ensemble donne un poids significatif à notre vote, qui peut alors aussi être efficace par rapport à l'ensemble des non votants. Sinon, on continue.

Il nous suffit donc de penser qu'en changeant notre décision de l'abstention au vote nous nous rallions à un sous-ensemble suffisamment faible pour que l'importance de notre vote devienne non négligeable. Et cela nous est possible si nous raisonnons non pas en prenant pour ensemble de référence la totalité de ceux qui votent pour un candidat, mais les genres de votants, eux-mêmes différenciés en normalités, exceptions normales, normalités des exceptions à ces exceptions normales, etc. Notre raisonnement prend alors pour prémisses celles du raisonnement « magique », mais il ne commet nullement le sophisme qui nous fait prendre le signe que constituerait notre basculement pour le vote pour une cause qui entraînerait les gens comme nous à voter. Notre basculement a pour seul effet causal de changer d'une unité efficace le groupe très restreint des personnes dont nous rejoignons le genre exceptionnel.

On doit cependant envisager une objection évidente. Pourquoi nous borner à mesurer le poids de notre vote à ce sous-ensemble étriqué, puisque, de sous-ensemble en sous-ensemble, il fait bien partie, finalement, de la totalité de ceux qui ont voté (ou pas) pour notre candidat ? La réponse renvoie à la validité empirique de notre découpage en normalités et exceptions. Si en ne tenant pas compte de la différence entre les exceptions normales et les autres, et ainsi de suite, et en les réduisant à leur conglomérat, nous devenons incapables ne serait-ce que d'imaginer ce que pourraient être les réactions futures de ce conglomérat d'électeurs, alors ce découpage est justifié. Les majorités sont formées par des convergences – éventuellement temporaires – de minorités. Si l'analyse des types d'exceptions permet des raffinements explicatifs, alors cette structure n'est pas simplement une fantaisie subjective qui me permettrait de justifier ma décision d'aller voter quelle que soit la situation, elle s'appuie sur des différences de contexte politique.

Dès lors, une décision prise par rapport à un contexte politique ne le serait pas forcément par rapport à un contexte plus large. De ce que j'ai décidé d'aller voter au lieu de ne pas aller voter par référence au petit sous-groupe de ceux qui font exception (en ce qu'ils vont voter) à la normalité propre à mon genre d'exception initial, il ne s'ensuit pas que je changerais de décision pour aller voter par référence à des ensembles plus larges. Ma décision est relative au contexte où elle prend sens. Il se trouve que mon vote rejoint d'autres votes dont le contexte de justification est différent, mais c'est simplement là une heureuse coïncidence sur laquelle je ne prétends pas avoir d'influence. C'est donc précisément l'absence de rapport entre mon vote comme signe et mon vote comme cause du comportement d'autrui qui est ici le fondement du raisonnement !

Ce type de raisonnement fondé sur des relations entre normalités et exceptions se développe actuellement dans le domaine des logiques non monotones (des logiques qui admettent que leurs conclusions pourraient être révisées sur la foi de nouvelles informations), et il est possible de l'importer en économie, mais ce domaine n'est pas encore très développé.

On pourra aussi considérer ce raisonnement comme bien trop sophistiqué. Après tout, nous allons peut-être voter simplement par devoir civique. Mais notre raisonnement développe une idée bien ancrée de l'individualisme démocratique, l'idée que chacun est une singularité, une exception, mais une exception prête à se joindre à d'autres exceptions pour produire une règle collective[1]. Et, contrairement à l'hypothèse de la prégnance généralisée du devoir civique, il rend compte du fait que plus les électeurs sont certains que leur candidat va passer avec une très forte majorité, moins ils ont tendance à se déplacer pour voter, et que, plus ils se sentent liés à des groupes minoritaires mais impliqués dans des conflits politiques, plus ils vont voter, enfin que, lorsqu'ils pensent que le corps électoral est très partagé, et qu'il est difficile d'estimer les rapports entre normalités et marginalités d'exception, il vont moins voter que s'ils savent à peu près quels sont les rapports de force et que de faibles déplacements de voix peuvent être décisifs.

Ce ne sont pas simplement là des questions théoriques, mais des problèmes épistémologiques. Si les agents suivent des raisonnements contextuels, devons-nous affaiblir la formalisation pour tenir compte de ces discontinuités entre contexte, ou bien devons-nous combiner une formalisation forte des décisions individuelles à l'intérieur d'un contexte limité et des procédures d'analyse macroscopique des effets collectifs ?

1. Cependant, le raisonnement d'exceptions de premier degré en exceptions de degré supérieur ne peut aller jusqu'à l'individu, puisqu'alors son changement de décision n'aurait plus rien à voir avec une influence sur des votes collectifs, mais seulement sur la décision individuelle.

Les simulations du collectif

Pour rendre compte de ces distorsions entre les comportements sociaux effectifs et les calculs de l'agent rationnel, on peut aussi, au lieu de prêter aux agents la complexité cognitive des raisonnements contextuels, suivre une démarche opposée. On se bornera à étudier les effets collectifs de comportements stylisés. Mais, au lieu de se borner à une étude macroscopique et statistique, on choisit de construire ces effets collectifs en faisant interagir des agents simplifiés. On donne simplement aux agents des fonctions de réaction (à telle action d'autrui, ils répliquent toujours de telle manière), et on introduit une évolution en permettant aux seuls agents qui ont dépassé un seuil de gain de se « reproduire ». On entre ainsi dans la théorie des jeux évolutionnaires, où l'on simule sur ordinateur les interactions de *n* joueurs ainsi réduits à leurs fonctions de réaction. On dispose là encore de notions d'équilibre, qui tiennent aussi compte des gains réalisés dans des rencontres entre membres d'une même population (le critère décisif est que la stratégie d'une population de joueur est évolutionnairement stable, relativement à une deuxième stratégie, si un joueur de la population originelle fait mieux contre un des joueurs de la deuxième stratégie que celui-ci contre un joueur de sa propre population – par ailleurs le gain d'un joueur de la première contre un joueur de la seconde est supérieur au gain d'un joueur de la seconde contre sa propre population). On voit apparaître et perdurer des stratégies dont la théorie des jeux classiques montrait qu'elles n'étaient pas satisfaisantes, mais qui subsistent à cause de l'environnement spécifique constitué par les stratégies des autres populations. L'intérêt de cette approche est de pouvoir imaginer des phénomènes proprement collectifs, qui tiennent à l'environnement que les acteurs de différentes espèces constituent les uns pour les autres. Mais ici la cognition est réduite à néant, et l'action à des fonctions de réaction. On cherche à doter ces acteurs minimaux de quelques capacités très limitées d'anticipation, mais l'interprétation des résultats des simulations devient alors encore plus difficile.

Ces simulations nous font envisager les effets macroscopiques des interactions individuelles. Ce qui a fait le succès épistémologique de l'économie théorique, c'est qu'elle a été capable de fournir des modèles formels des relations micro-macro, en calculant un équilibre collectif des échanges à partir des demandes et offres individuelles. Il est ensuite possible d'analyser les échanges au niveau macro, par exemple les échanges globaux entre des biens et des services. Le problème est que, là encore, on doit partir de l'équilibre, dont on montre l'existence – ce qui est déjà beaucoup – mais sans savoir comment y parvenir à partir d'une situation donnée. Quand on imagine des raisonnements des acteurs, qui se fonderaient sur une anticipation très simple, à savoir que tous les autres agents vont converger sur tel système de prix, on montre que toute anticipation rationnelle de ce type peut se réaliser. Mais c'est là une abondance excessive d'équilibres ! L'idéal serait que la théorie puisse arriver à trouver des conditions formelles qui sélectionne une classe d'équilibres, et que cette classe corresponde à des comportements sociaux, mais il vaudrait mieux tenter de satisfaire une exigence épistémologique plus faible : pouvoir relier aux différences entre comportements sociaux des différences entre classes d'équilibres.

Comme un processus d'expérimentation grandeur nature est ici impossible, on recourt à deux voies détournées. D'une part, on vient de le voir, on simule informatiquement les interactions d'acteurs réduits à des fonctions de réactions sommaires, et on tente de découvrir des régularités entre les comportements collectifs qui apparaissent et les conditions imposées aux « acteurs ». D'autre part, on étudie les phénomènes économiques et sociaux historiquement observés. Le rôle que ce programme confère à la sociologie est alors d'analyser les résultats collectifs agrégés des décisions individuelles, et elle se situe surtout à ce niveau collectif, en faisant « comme si » il existait des macro-acteurs, comme les organisations, les entreprises, les institutions, les États. Elle peut alors étudier la rationalité de leurs décisions, mais aussi analyser le fonctionnement des organisations, aussi bien dans leur structure interne que dans leurs relations entre elles. L'historien, de même, pourrait analyser la dynamique temporelle des interactions individuelles, la dynamique des organisations, leur évolution en coexistence et relation avec d'autres organisations et avec l'environnement, tant du point de vue normatif que du point de vue empirique. Là encore, le travail pourrait se faire au niveau des individus ou bien au niveau d'acteurs collectifs.

Linguistique générative et inférences pragmatiques

La linguistique a un rôle à part dans ce programme. Avant de pouvoir considérer les communications linguistiques comme des échanges, il faut avoir analysé les capacités cognitives qui nous permettent de produire et de reconnaître des suites de symboles, dotés d'une syntaxe. On pourra ensuite faire la théorie des relations entre sémantique et syntaxe, d'abord en en restant à l'analyse de la cognition, donc des contenus et des structures sémantiques accessibles aux individus. Là encore, et dans la suite du programme, il faudrait développer les modèles formels, tout en les confrontant aux études empiriques. En fait, le modèle des règles de transformation (par exemple du passage de la voix active à la voix passive) proposé par Chomsky a donné l'idée à des philosophes comme Fodor de voir dans la pensée elle-même une manipulation réglée de symboles, ces symboles étant ceux du « langage de la pensée ». Fodor ne se soucie nullement de la manière dont ces symboles sont réalisés physiquement par nos activités cérébrales, il s'intéresse seulement aux fonctions cognitives, aux opérations qui manipulent ces symboles. Si l'on passe d'une suite d'opérations à une autre, on mettra plus ou moins de temps pour réaliser la même tâche. Les temps de réaction et de traitement de l'information deviennent alors des éléments décisifs pour tester les hypothèses des psychologues cognitifs. Ces hypothèses sur telle ou telle manière opératoire de mettre en jeu une fonction cognitive sont formalisées en les transformant en des différences entre programmes d'intelligence artificielle, les différences de temps de calcul entre programmes étant censées permettre la comparaison avec les différences de réalisation des tâches expérimentales. L'hypothèse du langage de la pensée a évidemment été soumise à bien des critiques, mais la méthodologie des temps de réaction reste un repère dans les investigations psychologiques.

Assez paradoxalement, c'est dans le domaine linguistique que le programme s'est quelque peu embourbé alors qu'il se développe toujours en psychologie. Chomsky et son école étant obligés de créer des ponts entre syntaxe et sémantique, et de multiplier les règles de transformation adventices pour tenter de rendre compte des particularités des langues naturelles, il est devenu très difficile de comparer deux théories linguistiques concurrentes, parce que, quand ce qui est simplification dans l'une est complication relative dans l'autre, la réciproque est généralement aussi vraie. De plus, il n'est pas évident qu'entre syntaxe, sémantique et pragmatique on puisse définir des barrières bien nettes.

Il faut donc en venir à étudier les influences de la situation pragmatique de communication, et celle des pratiques sociales sur la sémantique. On pourrait alors, finalement, analyser la communication comme un échange où locuteur et interlocuteur minimisent leurs efforts cognitifs tout en maximisant les possibilités pratiques offertes à chacun par l'interprétation des énoncés. Sperber et Wilson ont ainsi soutenu que toute communication, dans la mesure où elle ne se réduit pas à un décodage de symboles mais peut donner lieu à plusieurs interprétations, est guidée par le principe de pertinence. Il consiste en ce que nous minimisons notre effort cognitif d'interprétation, et que pour tout effort supplémentaire nous cherchons à maximiser le nombre d'inférences que cet effort nous rend accessibles. Nous utiliserions ce principe et pour interpréter les énoncés d'autrui et pour produire des énoncés compréhensibles par autrui. Il faudrait ensuite étudier les interactions ou compétitions entre différentes formes de communication au niveau collectif, toujours en supposant que subsistent à long terme celles qui permettent la survie des groupes qui les utilisent. Cette dernière partie du programme est pour l'instant peu explorée. Sperber a simplement esquissé une théorie de l'épidémiologie des représentations. Certaines représentations seraient plus facilement traitées, mémorisées et diffusées que d'autres, si bien qu'elles se propageraient plus facilement, ou encore constitueraient des attracteurs pour nos opérations cognitives.

Cette extension du programme pourrait d'ailleurs bien se retourner contre l'un des présupposés du programme « économiste », celui de l'individu comme entité de base. Car les représentations ont une existence infra-individuelle (ce sont, par exemple, des activations dans nos cerveaux, des signes sur le papier, etc.). Et certaines représentations pourraient mobiliser une part de nos traitements cognitifs au détriment d'autres activités. Tant que cette redistribution ne mettrait pas en péril l'existence et la reproduction des individus, qui ne sont plus ici considérés que comme les véhicules des représentations, les représentations conserveraient leur pouvoir de diffusion et de contagion, alors même qu'elles pourraient ne pas correspondre aux buts initiaux des individus (les représentations se comporteraient donc comme des virus).

On voit déjà sur cet exemple qu'une certaine dissociation entre cognition et action peut se faire jour. L'action est en principe celle d'un acteur, et l'acteur de base est un individu, ce n'est pas un mouvement ou une parole isolée. L'analyse de la cognition fait cependant porter notre attention sur des mécanismes infra-individuels, si bien d'ailleurs que la constitution d'un sujet de l'action devient un problème à résoudre plus qu'une donnée de base. Cette tendance au divorce entre cognition et action n'est pas récente. La linguistique chomskienne analyse un type de cognition, celui qui consiste à manipuler des règles et des transformations, ce qu'on pourrait appeler la cognition productive. Elle n'analyse pas des actions. La langue est étudiée sans se référer aux intentions actionnelles des agents. Avant Chomsky, Saussure étudiait le système des oppositions entre signifiants. Jakobson ou Hjemslev étudiaient le système des oppositions et des relations entre signifiants et entre signifiés. Tous étudiaient la langue indépendamment des actions en lesquelles consistent pourtant les interactions linguistiques effectives. La sémiotique de Greimas étudie bien les actants, mais elle ne se situe pas dans le cadre du programme « économiste », puisqu'elle exige de passer de l'acteur à l'actant, qui est un rôle linguistique dans un système narratif. Cependant il est aussi possible d'intégrer l'étude de l'action à celle de la cognition, en étudiant les mouvements (y compris de phonation) qui ne sont pas simplement des prolongements de nos représentations, mais qui nous permettent aussi de donner sens à ces représentations et de nous donner les indices indispensables pour nous constituer en tant qu'agents (cf. Jeannerod, ou encore Berthoz).

Ce type global de programme n'est pas toujours énoncé dans toute son amplitude et dans toute son ambition, mais on peut considérer que sa réalisation est déjà engagée, avec des degrés de développement et de succès qui diffèrent selon les domaines. Les différents courants de l'économie sont engagés dans ce programme (même les courants institutionnalistes ou encore les théoriciens de la « régulation » en économie utilisent tout de même des modèles d'équilibre ou de théorie des jeux, y compris de théorie des jeux évolutionnaire). La psychologie cognitive en fait partie (cf. les travaux de Kahneman et Tversky), comme aussi cette combinaison de linguistique chomskienne et de théories pragmatiques de l'énonciation et de la communication, inspirées de Grice, prônée par Sperber et Wilson. En sociologie, citons les travaux de Coleman, ou de Boudon – mais avec une différence, qui tient à ce que Boudon admet la spécificité d'une rationalité traitant des valeurs, d'une rationalité axiologique, aux côtés d'une rationalité instrumentale et d'une rationalité cognitive.

Il est aussi possible de faire l'hypothèse que nos systèmes perceptifs sont sensibles à des traits proprement sociaux. On peut alors vouloir identifier des capacités cognitives spécifiques qui nous permettraient de reconnaître nos semblables, d'identifier leurs expressions, de suivre leurs regards, voire de percevoir des relations de domination ou des relations de parenté (en suivant les travaux d'éthologues, de théoriciens des classifications comme Berlin et Atran, ou encore ceux du psychologue Baron-Cohen, ce que fait comme sociologue Bernard Conein).

Difficultés épistémologiques

Nous avons signalé quelques difficultés internes à la réalisation du programme, difficultés qui pouvaient avoir des solutions à l'intérieur d'une de ses théories, tout en répondant à des problèmes épistémologiques. Venons-en à quelques critiques épistémologiques plus générales sur ses fondements et ses possibilités de succès.

La plus apparente tient à ce qu'on y semble vouloir ne construire les étages supérieurs de l'analyse des activités collectives et des institutions, comme de leur dynamique historique, qu'à partir des éléments de construction produits aux étages inférieurs. La causalité partirait toujours des individus (voire d'un étage encore inférieur, celui des assemblées de neurones ou encore des symboles transmis d'individu à individu) pour remonter vers les phénomènes collectifs. Dès lors, d'une part il faudrait avoir suffisamment avancé dans la théorie de l'agent rationnel individuel et dans la psychologie cognitive avant de pouvoir développer les sciences proprement sociales. D'autre part la complexité des relations et des interactions croissant de manière exponentielle à chaque étage, plus on va vers des domaines sociaux complexes, moins les modèles sont maîtrisables, plus multiples sont leurs solutions, plus il devient impossible de toutes les explorer, sans parler de l'impossibilité de retrouver dans l'empirie les variables du modèle. Plus on aura à dire sur le social et moins on pourra en dire qui soit confirmé.

Local et global

On pensera à une autre stratégie, familière aux physiciens : partir à la fois de l'élémentaire et du plus global, analyser les comportements individuels, et étudier les régularités statistiques globales d'une collectivité. Le problème est qu'ici leur cognition rend précisément les éléments capables de se représenter le global, et que cette représentation a une incidence sur leurs actions locales. Davantage, la formation même des représentations et du langage dépend de l'inculcation sociale. Inversement, la créativité représentationnelle et symbolique d'un individu peut faire bifurquer l'histoire collective. Prendre en compte la cognition et l'action qui s'appuient sur cette cognition, c'est introduire des boucles entre le collectif et l'individuel, des boucles cognitives et des boucles actionnelles. Les capacités de cognition individuelle sont orientées par les catégorisations sociales, et les actions individuelles qui se basent sur des représentations du collectif partagées par les individus sont capables de changements sociaux. Il ne faut donc pas espérer pouvoir simplifier les problèmes par les deux bouts, en ne considérant que les régularités globales à grande échelle et que les capacités individuelles innées à l'échelle individuelle (il reste que l'on peut analyser les biais cognitifs et les fonctionnements peu corrigibles chez l'individu, et que de même on peut étudier des formes collectives qui se reproduisent de façon stable, voire même des formes de catastrophes, de mutation, qui se retrouvent dans toutes les mutations, mais ce sont des entrées à différentes échelles). On ne peut pas simplifier les problèmes en analysant séparément le local et le global. Mais cette difficulté pourrait être inhérente à tout programme en sciences sociales.

Action, conséquence, désirabilité

Au cœur de la théorie de la décision, la notion d'action pose elle-même des problèmes de définition. La difficulté épistémologique tient à ce que la théorie de la décision nous fournit peut-être pas un cadre conceptuel qui soit en même temps celui d'une théorie de l'action. Selon Savage, une action *(act)* est une fonction qui, partant des états du monde probables, produit certaines conséquences pour l'agent, qui les ordonne selon ses préférences. Ainsi Savage ne saisit pas l'action comme changement du monde, mais comme ajout d'une dimension d'évaluation à la dimension de cognition qui porte sur les objets de nos croyances, à savoir les états du monde jugés possibles. L'avantage est de pouvoir d'emblée séparer les croyances et les désirs ou les préférences. Mais il s'agit plus alors d'une théorie de la justification d'une décision par l'évaluation des possibles que d'une théorie de l'action. En effet les « conséquences » ne sont pas ici des états du monde, modifiés par l'action, mais des coefficients d'évaluation. Si j'ai le choix entre acheter un maillot de bain ou une raquette pour aller l'après-midi chez mes amis, en croyant qu'ils pourront aller à la piscine ou au tennis (états du monde probables), le fait de savoir, une fois arrivés chez eux, qu'on va à la piscine ne change pas mes préférences pour avoir avec moi une raquette, parce que les conséquences de l'« acte » d'avoir une raquette n'étaient pas l'état du monde « être à la piscine avec une raquette et sans maillot de bain » ou « être au tennis avec un maillot de bain mais pas de raquette », etc., mais bien l'embarras d'avoir une raquette en cas de piscine, et le plaisir de l'avoir en cas de tennis. Acheter une raquette et l'apporter n'est pas ici un acte qui change l'état du monde et par là seulement l'estimation des conséquences.

La théorie alternative de Jeffrey semble bien, au contraire, considérer l'action comme un passage d'un état du monde initial à un état du monde final, chacun avec leur désirabilité propre. Mais pour introduire cette dimension d'évaluation (celle des « conséquences » de Savage), Jeffrey doit la supposer partout, si bien qu'il devient difficile de séparer dans la désirabilité la probabilité cognitive et la valeur qui dépend des préférences. De plus, là encore, l'action ne transforme pas le monde, elle relie simplement deux états du monde. La désirabilité en question n'est pas celle d'avoir changé le monde, mais celle d'apprendre que le monde est ou non conforme à nos désirs. Or, apprendre, c'est estimer une information, alors qu'agir, c'est changer le monde (en principe dans le sens de nos évaluations).

Ces théories sont donc davantage des théories par lesquelles un observateur – et non un acteur – pourrait, ayant identifié les choix, rendre compte de leur rationalité, que de véritables théories de l'action du point de vue de l'acteur. Ni l'une ni l'autre ne peuvent rendre compte, par exemple, du fait qu'une action peut signaler un désir qui, si les autres y sont sensibles, changera la situation (apporter une raquette et pas de maillot de bain pour un après-midi chez des amis leur manifeste mon désir de jouer au tennis plutôt que d'aller à la piscine). Elles ne permettent pas non plus de comprendre comment l'événement même de l'action peut changer nos estimations. L'action d'avoir choisi entre deux vêtements qui présentaient pour nous peu de différences peut faire que nous compensions la frustration de n'avoir pas celui que nous avons éliminé en surestimant celui que nous avons choisi (c'est du moins ce qu'a soutenu et en partie montré Festinger dans sa théorie de la dissonance cognitive).

La théorie de la décision se fonde pour rationaliser nos choix sur nos préférences, mais elle ne peut avoir accès à ces préférences que si elles se révèlent dans des actes de choix (nous pourrions annoncer des préférences fausses pour détourner le choix des autres de ce que nous préférons en fait). Si nos actions de choix entraînent en fait une modification de nos préférences, nous ne savons plus comment identifier ces préférences, ni par conséquent comment les distinguer de manière certaine des croyances qui inspirent aussi nos choix. Davidson avait tiré cette conclusion de quelques tentatives en psychologie expérimentale. Les choix de ses sujets devenaient de plus en plus conformes aux axiomes de la théorie de la décision de Jeffrey (sans qu'ils aient la moindre idée des axiomes en question) au fur et à mesure des expériences destinées à tester si oui ou non les choix humains suivaient une telle théorie ! La notion d'action et les notions de croyances et de préférences qui permettent de la rationaliser se révèlent donc sous-déterminées par les faits observables. Nous devons partir d'hypothèses sur ces croyances et ces préférences, sans pouvoir espérer départager définitivement les différentes interprétations. Mais c'est là, encore, une limite de tout programme en sciences sociales.

Le problème de l'émergence des normes

Un autre problème pour une méthodologie individualiste est de rendre compte du mode collectif des actions. Trois approches sont possibles. L'une consiste à faire « comme si » des phénomènes collectifs pouvaient être considérés comme les actions d'acteurs collectifs et non plus individuels. L'autre tente d'identifier les mécanismes cognitifs et pratiques qui permettent aux individus de participer à des actions collectives et d'entretenir des représentations proprement collectives. La troisième, esquissée par la théorie des jeux évolutionnaires, consiste à plonger des acteurs cognitivement peu sophistiqués dans des interactions et à analyser leur résultat collectif. Mais on n'a évidemment pas doté ici les acteurs de la capacité d'identifier le collectif comme tel, et il est clair que les humains sociaux sont dotés de cette capacité. Dans la première approche, on transpose la théorie de la décision et ses critères de rationalité au niveau de l'acteur collectif, l'entreprise ou l'organisation. Mais c'est faire le saut du micro au macro sans expliquer ni comment les individus se rapportent au collectif, ni comment le collectif peut apparaître, subsister et périr.

Coleman a tenté de donner une réponse à ce problème. Le collectif se met en place, selon lui, quand des individus abandonnent le droit qu'ils auraient de contrôler leurs propres actions, l'agent transférant une partie de ces droits à d'autres individus qui représentent l'acteur collectif. On objectera que la notion de « droit » présuppose des relations sociales, puisqu'un individu ne peut avoir de droits que face aux revendications d'un autre individu, et qu'elle exige même que des tiers puissent juger de ces droits, à condition qu'ils soient autorisés à le faire par une institution. Sinon, la notion de « droit » *(right)* ne semble pas déterminée. Mais admettons qu'on ne pourra parler de « droit » qu'une fois l'institution instituée. Il resterait que les individus ont pu émettre des prétentions individuelles qui fourniront leur matière aux « droits ».

Maintenant pourquoi un individu abandonnerait-il ses droits ? Il est rationnel de le faire, soutient Coleman, quand notre situation comporte des « externalités », c'est-à-dire des conséquences dont chacun pâtit ou bénéficie en vertu des actions des autres, qu'il le veuille ou non. Ainsi, un non-fumeur pâtit de la fumée de ses collègues de bureau. S'il n'est pas possible de créer un marché pour ces droits de contrôle (si les fumeurs ne peuvent pas dédommager le non-fumeur), cela crée une demande pour une norme, c'est-à-dire pour un transfert de droit de contrôle à d'autres personnes que l'agent. Mais pour que la norme devienne effective, il faut que des sanctions soient possibles contre les contrevenants. Il faut donc que l'agent chargé d'appliquer ces sanctions y trouve lui-même un avantage qui surpasse les risques encourus. En fait, Coleman reconnaît (Coleman, 1980, p. 270) que cela exige que les agents soient liés par des liens sociaux, donc d'une part qu'ils puissent s'influencer les uns les autres en communiquant, d'autre part que les uns aient déjà un certain contrôle sur les autres (ce contrôle, les autres doivent avoir eu un intérêt direct, hors externalités, à le leur donner, y compris en s'engageant pour le futur). Si plusieurs acteurs investissent les représentants d'un collectif d'un tel contrôle, ils peuvent créer un acteur « corporatif » qui satisfait leur demande de normes tout en la coordonnant à un réseau d'autres demandes.

La construction est élégante en ce qu'elle ne présuppose pas déjà résolu le problème de l'émergence des normes. Mais on peut se demander si une telle construction collective a bien les propriétés que nous prêtons à une entreprise ou à une institution. Elle aurait, semble-t-il, au mieux, les propriétés assignées à une entreprise par ses actionnaires. Ils ont investi leur argent, et abandonné leur droit de contrôle sur l'usage de cet argent, du moins tant qu'ils ne vendent pas leurs actions. Comme ils bénéficient ou pâtissent de la bonne ou mauvaise marche de l'entreprise quoiqu'ils fassent (quand ils vendront leurs actions, le mal sera fait), il y a là des externalités. Ces externalités créent un besoin de norme, que les actionnaires satisfont en déléguant leur droit de contrôle au conseil d'administration et à la direction, laquelle répercute les conséquences des souhaits des actionnaires sur la conduite de la production. Mais il ne semble pas que cela corresponde à l'investissement des travailleurs d'une entreprise dans leur organisation collective. Coleman propose une explication pour rendre compte de cette différence. Elle tiendrait à ce que les relations sociales entre les travailleurs sont beaucoup plus étroites que celles entre actionnaires, en particulier pour la coordination des actions. Ces relations, Coleman les nomme « capital social ». Elles consistent dans un réseau d'obligations et d'attentes réciproques. Mais cette notion semble à la fois trop forte et trop faible. Trop forte, parce que les travailleurs d'une entreprise ne se sentent pas forcément obligés de satisfaire les normes de production et de qualité. Ils peuvent se sentir simplement engagés à « faire leur travail » tel qu'ils le redéfinissent eux-mêmes dans le cadre de leurs consignes, et ils peuvent ressentir tout surcroît d'obligation comme une simple contrainte. Or, leur imposer cette contrainte ne va pas renforcer la relation sociale, cela va l'affaiblir. D'autre part il s'agit de savoir si ces attentes et obligations résultent elles-mêmes d'un calcul des coûts et avantages fait par chaque individu, tout comme la demande de normes, selon l'hypothèse de Coleman. Si c'est le cas, sa notion de capital social est trop faible. Des attentes et des obligations qui reposeraient sur un simple calcul des coûts et des avantages ne créeraient pas un sentiment d'appartenance à l'entreprise comme unité. En effet, si l'agent adopte cette attitude calculatrice, son sentiment d'appartenance s'affaiblira, puisqu'il envisagera explicitement la possibilité de quitter l'entreprise.

Intentions et croyances collectives

On peut donc adopter la deuxième approche, et vouloir analyser les investissements cognitifs nécessaires pour arriver à ce sentiment d'appartenance. C'est l'approche suivie par des philosophes du social comme Margaret Gilbert ou Bratman. Elle amène Gilbert à faire un petit pas (qui pourrait être décisif) au-delà du paradigme de l'individualisme méthodologique. Pour nous promener « ensemble », il ne suffit pas que j'aie le but de me promener et que vous soyez sur le même chemin, dit Gilbert. Pour Bratman, il serait nécessaire que j'aie une intention, dont la condition de réalisation est qu'elle comporte votre action de se promener... condition que vous réalisez seulement si vous avez aussi une intention qui a pour condition de réalisation... qu'elle comporte mon action de se promener, condition que je dois réaliser selon l'intention dont la condition... et ceci en boucle, si bien qu'il faut aussi que vous le sachiez, que je sache que vous le sachiez, etc., à l'infini, condition cognitive qu'on nomme *common knowledge* ou savoir commun. Mais cette dernière condition semble impossible à vérifier et heureusement n'est pas nécessaire (en revanche, elle est facile à falsifier). Nous ne devons pas exclure qu'en nous promenant ensemble, l'un d'entre nous fasse à un moment un petit tour loin de l'autre sans avoir pour autant à lui assurer explicitement qu'il revienne. Gilbert va plus loin. Elle pense que lorsque la volonté de chacun est mise en commun, dans un « pool » de volontés, nous formons un « sujet plural », ce qui crée pour chacun un engagement, conditionnel à ce que les autres accomplissent leur part du but commun. Le degré de connexité mentale ainsi introduit est le premier critère du degré de sociabilité d'un groupe.

Un premier problème se pose. Gilbert pense qu'un véritable groupe implique non seulement des croyances communes, mais un engagement d'agir selon ces croyances communes. Engel a rapproché cette exigence de la distinction entre ce que je crois, au sens faible, à savoir ce que j'utilise comme prémisses supposées vraies dans des inférences, et ce que j'accepte au sens fort, c'est-à-dire ce que je m'engage à tenir pour donné (distinction inspirée de Cohen). Selon lui, l'acceptation commune est une limite supérieure des croyances collectives. Mais il note pourtant que l'acceptation, si elle est plus forte comme engagement, peut être plus faible comme adhésion. Si je m'engage à tenir une hypothèse pour vraie en tant que prémisse d'un raisonnement par l'absurde, j'accepte cette hypothèse, mais je n'y adhère pas. Nous pourrions donc distinguer la croyance au sens faible, l'acceptation qui peut être hypothétique et de convention, et l'adhésion.

Mais cela nous entraîne alors dans un débat, celui de savoir si les croyances doivent expliquer les comportements sociaux d'abord en tant que raisons ou d'abord en tant que causes, débat qui opposerait en France Sperber et Boudon, voire Engel. Ce débat semble nous entraîner dans un dilemme. Si nous distinguons les croyances utilisées comme prémisses, mais sans engagement de la part des acteurs, et que nous exigeons leur adhésion, nous sommes entraînés dans la régression à l'infini imaginée par Lewis Carrol. Pour appliquer une règle d'inférence, il faut non seulement utiliser des croyances, mais croire que la règle est valide, croire que sa validité est fondée sur une règle qu'il faut elle-même accepter, etc. Nous pouvons au contraire considérer les croyances comme des éléments qui possèdent un potentiel inférentiel, lequel se déclenche de manière quasi mécanique. Ce serait la position de Sperber. Mais alors nous nous retrouvons avec des raisons qui sont en fait des causes, et qui n'ont même pas à être appréciées comme « bonnes raisons » par l'acteur, puisqu'elles fonctionnent en lui de manière infra-individualiste. Sperber soutient ce cognitivisme mécaniste fort, alors que Boudon veut en rester au programme individualiste, qui identifie les croyances d'abord comme raisons et non pas comme causes. Mais si nous donnons au terme de « raison » son sens fort, il a un statut normatif, et l'individu doit alors adhérer à la norme pour pouvoir l'utiliser dans sa normativité. On retrouve l'autre branche du dilemme.

Il semble que dans la vie quotidienne nous usons des croyances sans nous poser de questions sur leur validité et leur normativité, donc de manière quasi mécanique. Mais nous pouvons toujours réactiver cette normativité, si bien que les croyances ne sont pas seulement des causes. Nous n'avons cependant besoin de le faire que lorsque nos actions sont « mises en cause » – lorsque se posent des problèmes de responsabilité, par exemple. C'est seulement alors que nous exhibons des raisons. Mais nous sommes aussi accoutumés à saisir des usages nouveaux, qui permettent d'être admis dans un groupe et d'en comprendre les pratiques. Il ne nous est pas alors indispensable d'adhérer à ce qui est admis dans ce groupe, il nous suffit de l'accepter dans la seule mesure où cela nous est nécessaire pour comprendre ce qui est admis. Comme cette « admission » nous permet des coordinations sociales, la plupart de nos actions se déroulent à ce niveau faible d'acceptation. Nous utilisons la mécanique du réseau de croyances lié à ce qui est admis, mais notre raison pour le faire peut se réduire à la nécessité de profiter des coordinations sociales. C'est donc seulement un observateur extérieur qui pourra reconstituer ce réseau de croyances comme « raisons », en les reliant aux finalités sociales qui sont présupposées plutôt qu'explicites. Si l'acteur voulait se poser cette question, il serait au contraire amené à remettre en cause ses acceptations puisqu'alors l'enjeu serait pour lui de trouver des raisons normatives auxquelles il se doive d'adhérer. L'observateur extérieur n'a pas ce problème, il est dispensé d'adhésion et même d'acceptation, et c'est pourquoi il peut traduire les croyances et les acceptations en termes de raisons. La notion de « bonnes raisons » chez Boudon semble recouvrir l'attribution à l'acteur, par l'observateur, des raisons par lui reconstruites, en supposant non pas que l'acteur y adhère comme des raisons réfléchies (ce qui supposerait une remise en cause) mais qu'il a avec elles un rapport d'acceptation implicite et de mise en usage, ce qui, du point de vue de l'observateur qui, ayant soupesé la validité des raisons, n'a pu éviter de se poser la question de l'adhésion, revient à donner à ces croyances de l'acteur la force de raisons.

Le second problème que soulève la problématique de Gilbert tient à l'idée du sujet plural comme « pool » de volontés. Le pas au-delà de l'individualisme méthodologique ne semble pas suffisant. On ne voit pas bien comment cette analyse essentiellement cognitive peut rendre compte de l'identification au collectif et des relations de pouvoir à l'intérieur d'une organisation. Un salarié se sent appartenir à une entreprise sans que pour autant il pense avoir mis sa volonté dans un « pool commun » de volontés. Coleman est ici plus proche de la réalité que Gilbert. Le salarié a plutôt abandonné le contrôle de certaines de ses volontés à un autre pouvoir. Mais Coleman ne rend compte ni du sentiment d'appartenance du salarié, qui est fait de son identification à la puissance d'activité de l'entreprise, ni surtout de la frustration du salarié d'avoir eu à abandonner ce contrôle. Alors même qu'il s'identifie à son entreprise, le travailleur peut trouver particulièrement pénible et frustrant de ne pas décider de ce qu'il doit produire ni même des méthodes et des gestes qu'il doit mettre en œuvre, bref de ne justement pas pouvoir participer par sa volonté au « pool » commun.

Le programme relationnel et le retour du système aux acteurs

Il semble donc falloir enrichir nos conceptions de l'action et de la cognition, et ne pas réduire la cognition sociale à la connaissance de buts d'actions communs ou non. Il ne suffit pas d'introduire des représentations collectives, et de reconstruire les comportements collectifs à partir des agents rationnels (même en limitant leur rationalité) et de ces représentations. Par rapport à la querelle du holisme et de l'individualisme, de la détermination des activités par la société et de leur détermination par les agents individuels, on observe un double mouvement. D'une part il faut tenir compte de la manière dont les activités des acteurs sociaux sont imprégnées dans leur identification même et donc dans leur production par un environnement relationnel social. Le social n'est pas ajouté aux acteurs individuels, mais leurs actions et intentions sont relationnelles, toujours situées explicitement ou implicitement par rapport à un réseau de relations sociales. Inversement, le social n'est pas un système tout fait qui détermine les activités des acteurs, ceux-ci peuvent en détourner les relations selon leurs intérêts et jouer de la pluralité de ces relations.

Trois voies se sont offertes. La première proposée par l'ethnométhodologie, consiste à décrire les activités et à trouver des situations qui mettent en évidence les présupposés qui font que pour les acteurs ces activités vont de soi, ou encore qui donnent leur évidence aux comptes rendus qu'ils font de ces activités. Action et cognition ne sont plus dans un rapport de condition de représentations à comportement observable, mais dans un rapport double, la cognition étant une activité de compte rendu et l'action une activité exploratoire, toutes deux ne pouvant se comprendre que dans des relations des acteurs sociaux entre eux et avec leur milieu – et avec les objets naturels et artefactuels de ce milieu. La seconde tient à ce que les sociologues ont fait leur autocritique, remettant en cause une approche qui se plaçait au niveau du système social et de ses fonctions, ou encore de son économie générale, et qui ne tenait compte des acteurs que dans la mesure où ils incarnaient par leurs habitus implicites les modalités de reproduction du système social. La totalisation du système ou de la structure devenant inaccessible ou illusoire, il faut revenir aux stratégies des acteurs pour faire jouer entre elles plusieurs logiques d'action. La troisième (Boltanski et Thévenot) reconnaît aux acteurs la capacité de constituer ou de découvrir par des pratiques de débat sur les actions et les objets, différents modes de justification et de valeur, qui leur permettent de reconnaître dans les actions différents aspects et valeurs sociales.

Les sociologies des acteurs

On a pu ainsi tenir compte aussi bien de l'insertion pratique des actions que des débats sur des qualifications qui sont hétérogènes entre elles (Thévenot), voire introduire l'accès à des entités axiologiques (Pharo), ou encore des sentiments (Boltanski). Certes, l'introduction des sentiments, des valeurs, des dispositions pratiques, se rencontre déjà chez Durkheim (pour les sentiments religieux), chez Weber (pour la rationalité en termes de valeurs), chez Mauss (pour l'insertion dans des pratiques symboliques mais concrètes), chez Parsons (intériorisation des normes) et chez Bourdieu (pour une interprétation du capital social en termes de dispositions pratiques implicites). Mais le doute porte maintenant sur la possibilité de définir un système totalisable ou encore une forme sociale que puisse reproduire les habitus. Les différentes logiques d'action, les différentes qualifications et valeurs sociales, ce sont les acteurs qui les définissent en jouant sur leurs différences et leurs coexistences pour à la fois s'y retrouver et s'y frayer des lieux d'action (cf. Dubet ou encore Lahire).

En ce qui concerne les sentiments, on pourrait penser qu'il est possible d'introduire l'affectif dans le programme « économiste », voire l'axiologique, comme le fait Boudon. Est-ce dépasser le cognitif, ou simplement l'étendre ? La participation affective et symbolique aux liens sociaux dépasse l'attitude de calcul parce qu'elle requiert une dynamique émotionnelle qui a son inertie, et qui peut nous entraîner au-delà d'un calcul sans affects. Une fois activés, cependant, ces affects justifient rationnellement notre engagement. Nous pourrions vouloir défalquer dans notre calcul l'effet qu'a l'engagement lui-même sur ces affects, mais cela nous est impossible dans la pratique, car dénoncer cet effet exige de changer d'attitude émotionnelle. C'est dévitaliser les valeurs qui sont révélées par l'émotion de l'engagement (Boudon pense que les émotions dépendent des valeurs, et non l'inverse ; il a raison dans la mesure où on ne peut pas réduire les valeurs à des expériences émotionnelles. Mais ces expériences sont des indices nécessaires de notre adhésion aux valeurs).

Pour ce qui est des pratiques, la notion d'habitus nous proposait déjà un ensemble de dispositions cognitives et actionnelles acquises par un apprentissage au sein d'une structure de relations sociales et de pratiques économiques indissociablement mêlées, dispositions n'ayant pas besoin d'être reconnues consciemment par l'agent (il suffit qu'il puisse les mobiliser quand la situation le requiert). La notion de capital symbolique ajoutait deux hypothèses fortes, puisqu'elle supposait l'unité de ce capital, et l'expliquait par une relation de dissimulation entre prestige social et fonction économique. Quand on en vient à la perspective des acteurs, cette unité est mise en cause (ils distinguent prestige et économie), mais si on réduit cette dissimulation à l'impossibilité de traduire une logique dans une autre, on perd peut-être là une dimension tragique de l'inconscience sociale.

L'attention prêtée aux logiques de l'action aurait donc pu se comprendre comme une extension cognitive et culturaliste du programme « économiste », mais il est souvent plus raisonnable d'y voir un déplacement du regard des sociologues du social vers les acteurs, ou l'effet du programme « relationnel », inspiré d'une part de l'interactionnisme, d'autre part de l'ethnométhodologie. Il peut être éclairant de prendre la démarche de Parsons comme repère pour comprendre cette évolution. Il avait critiqué le programme « économiste » sous sa forme utilitariste ou parétienne, en soutenant que les acteurs, au lieu de simplement se déterminer selon un calcul d'intérêts, intériorisaient des normes, qui définissaient leurs rôles, eux-mêmes inscrits dans la logique des différentes fonctions nécessaires à la maintenance d'un système social. Les sociologues après lui ont réagi contre ce fonctionnalisme qui réduit l'acteur à son rôle, et c'est là une des premières apparitions de cette tendance à revenir du système aux acteurs. L'ethnométhodologie a proposé une interprétation radicale des interactions des acteurs, insérant l'observateur dans ces processus qui redéfinissent perpétuellement le sens des actions par le compte-rendu que s'en font les acteurs. Les sociologies contemporaines souhaitent pouvoir échapper à ce flux sans repères, mais aussi ne pas en revenir à un système de rôles imposé d'en haut à l'acteur. Les solutions adoptées sont des variantes de l'idée que l'acteur se réfère à une pluralité de logiques qui sont interprétatives et non pas simplement calculatrices, si bien que les « interprétations » (au sens cette fois-ci de performances) des acteurs peuvent les transformer, et que lorsque l'acteur prend ces logiques pour données, il s'ingénie à les utiliser en coexistence, en synergie ou en concurrence au gré de ses motivations, et aussi au gré des interactions qu'il noue avec des acteurs eux-mêmes inscrits dans ces logiques ou dans d'autres, mais selon des distributions différentes. On peut voir dans ces logiques des régimes de justification, des régimes de pratiques (Boltanski et Thévenot), des régimes d'interaction, et voir dans ces exploitations ingénieuses ou non des stratégies d'interaction, des versions du lien social (Dubet), ou encore les matériaux d'une psychologie sociologique (Lahire).

Géographie et perception des paysages

Notons que la possibilité d'interpréter l'intérêt pour l'action et la cognition selon les trois programmes est possible en géographie. Bailly avait dès 1975 mentionné l'importance de l'étude de la perception pour le courant géographique dit béhavioriste, qui était en fait cognitif avant la lettre, et qui peut s'inscrire dans le programme « économiste ». On y relève par exemple que notre perception ne nous permettant de traiter que les objets perçus dans la fovea, nous avons tendance à ne retenir que les formes perceptives saillantes sur notre parcours, et celles qui ont une signification de statut social, si bien que, par exemple, nous choisissons notre résidence en fonction de ces signes, et sans avoir une image mentale complète de notre ville. Cette orientation cognitive avant la lettre n'a pas été très suivie chez les géographes, qui ont préféré d'abord se pencher sur les qualifications sociales des paysages. On pourrait lui redonner vie aujourd'hui. Mais on peut se demander, dans la perspective d'une cognition sociale, comment nous percevons ces statuts sociaux. Ici l'action se compose avec la cognition puisque ce sont nos déplacements quotidiens qui organisent notre espace de « familiarité ». On retrouve sans le dire l'activité comme inséparable de l'exploration. Il s'agit ici d'abord de l'action liée à la motricité. L'intérêt de la perspective géographique est de pouvoir toujours rattacher des activités sociales – qui ne se perçoivent que si on est capable d'interpréter des symboles – à des actions qui mettent en jeu le lien entre motricité et perception. Frémont (1980) notait ensuite que l'espace de vie comprenait non seulement les lieux fréquentés, mais les relations sociales qui règlent ces fréquentations, et que l'espace vécu y ajoutait les investissements psychologiques des hommes sur des lieux privilégiés. Une région (mettons une vallée) peut être évidente pour le cartographe alors que ses habitants ne la reconnaissent pas (ils se sentent liés aux montagnards de l'autre côté du col plus qu'à ceux de la plaine). Staszak (1997) enfin note le lien de cette problématique avec l'ethnométhodologie, les interprétations perceptives de l'espace par les acteurs façonnant précisément la réalité géographique, non seulement par les déplacements et les habitations, mais par des constructions qui ont pour fonction d'être lisibles et de réactiver cette réciprocité entre cognition et action.

Cependant tous ces travaux proposent plus des hypothèses générales (appuyées sur des observations précises de psychologie) qu'ils n'expliquent le façonnement des paysages humains à partir des contraintes perceptives. Le lien entre perception et transformation du paysage est moins facile à déterminer que le lien entre perception et motricité, plus exactement entre perception et déplacements. Ainsi, dans sa thèse sur l'Adrar, Anne-Marie Frérot (*Perception de l'espace en Adrar de Mauritanie*, 1993, thèse Aix) montre que les nomades de Mauritanie se guident sur les différences de couleurs des sables, utilisent comme formes de référence pour identifier rochers ou dunes leur propre corps et ceux des chameaux et moutons, se centrent sur les puits et les oueds, mais surtout semblent disposer d'un système d'orientation particulier. On sait que les humains retrouvent leur chemin soit en suivant une liste de repères successifs, soit en ayant une carte mentale qui situe certains points dans un espace orienté. Mais l'orientation est supposée définie, comme dans nos cartes, par rapport à une direction fixe indépendante de l'agent. Or, le point de référence pour ces mauritaniens est leur propre position, mais leur perception n'est pas simplement égocentrée, puisque les rotations des axes de référence en fonction de la position de l'ego respectent les rotations nécessaires par rapport à un système exocentré. Il est en effet impératif pour un nomade de toujours pouvoir faire pivoter sa carte mentale de manière à ce que l'axe de référence soit sa propre direction, sans qu'il perde le contact avec des repères fixes (p. 478-479).

Mais plus que d'applications de l'un des deux programmes ou encore du questionnement de l'ethnométhodologie, il s'agit là de recherches qui adoptent la perspective relationnelle, entre acteurs sociaux, entre actions et cognitions, à partir des dimensions propres à chaque discipline, l'espace pour la géographie, les temporalités pour l'histoire.

Histoire, agences, et cas

Que peut alors apporter à l'historien la perspective de l'articulation entre cognition et action ? S'agit-il simplement de mettre en « histoire », comme on dirait « mettre en musique », les outils d'analyse que peuvent donner d'un côté la psychologie ou la linguistique cognitive, de l'autre une sociologie de l'action, qu'elle soit de méthodologie individualiste ou inspirée par un retour du système aux acteurs ? On peut espérer davantage. Cet apport peut se juger d'abord en se plaçant dans les débats entre les programmes de recherches des historiens, ensuite en s'interrogeant sur l'épistémologie de l'histoire, enfin en se demandant quelles convergences peuvent se produire entre les tentatives de modélisation cognitive des raisonnements contextuels, des raisonnements par cas et par analogies, et les pratiques inférentielles des historiens.

Débats, acteurs et temporalités

Après l'histoire événementielle, l'histoire quantitative qui empruntait des outils à l'économie et à la sociologie, et qui privilégiait les structures et les régularités, l'histoire des mentalités qui s'appuyait sur une perspective plus anthropologique mais qui continuait à repérer des régularités et pouvait s'appuyer sur des récurrences textuelles, les historiens se sont vus attirés du côté d'un récit subjectif, voire rhétorique, ou bien se sont consacrés à l'étude de la singularité de « micro-histoires », inspirées de l'ethnométhodologie. La première voie mène à une critique exagérément radicale de l'objectivité historique, la seconde pose un problème épistémologique tout aussi délicat. Si l'historien n'arrive à conjoindre objectivité et pertinence (cette dernière exigence implique que l'historien connaisse suffisamment en détail tous les contextes du village ou du micro-objet analysés pour qu'il ne trahisse pas les acteurs dont il analyse les textes et les actions) qu'en se consacrant à l'étude d'une période et d'un lieu social extrêmement réduit, alors il n'est pas possible de raisonner d'un contexte et d'un lieu spatio-sociotemporel à un autre, et il faut abandonner toute généralisation. Mais alors l'histoire est impossible, puisque le temps d'où écrit l'historien est souvent si lointain par rapport à son objet que des procédures de transfert d'un contexte à un autre sont absolument nécessaires. Revenir vers l'acteur et ses actions, c'est esquisser une réponse à ce dilemme de l'historien pris entre la rhétorique idéologique et l'impossibilité d'une objectivité pertinente, même réduite à des micro-objets.

Cette réponse en fait peut être double. D'une part, les historiens ont suivi (ou précédé !) le mouvement du retour du système à l'acteur. L'historien peut alors partir de la pluralité des systèmes ou plus modestement des dimensions d'action, sans craindre de projeter sur les acteurs un filet dont les mailles ne tiennent qu'à lui, puisqu'il s'intéresse en fait à la façon dont les acteurs reformulent et modifient les catégories et idéologies auxquels ils se confrontaient eux-mêmes.

Ce sont les textes des acteurs et notre documentation sur leurs actions qui lui font découvrir à quels cadres et repères ils se référaient pour mieux les biaiser, les contourner, voire les transformer. Quand ces usages sont stables et partagés, l'historien peut valider ses hypothèses sur les représentations collectives de référence, quand ils ne le sont pas, ils lui permettent de comprendre les changements sociaux.

Il est alors possible de repenser le rapport entre social, action et cognition à partir du souci principal de l'historien : identifier les modes de temporalités, de projets, de réactivation du passé, de dynamisation ou de stabilisation du présent, qui permettent de rendre compte de la production de l'histoire dans une société. Ainsi Bernard Lepetit (« Le présent de l'histoire ») nous a proposé une telle relecture d'une sociologie et économie des conventions, des accords, des justifications, en termes de temporalités. Celle de l'émergence de la convention, par basculement en situation d'incertitude vers un nouvel accord (Orléan), au prix d'actions qui visent à rendre saillantes les propriétés qui peuvent être reconnues comme repères de l'accord (un « investissement de formes », selon Eymard Duvernay et Thévenot). Celle de sa durée, une fois installée comme cadre stable de référence pour des recognitions et des actions usuelles (la notion de norme ne s'oppose alors plus à celle d'usage, cf. Favereau). Dans ces deux formes, la dimension du passé est occultée. Elle n'est mobilisée qu'à l'occasion de contestations sur la qualification conventionnelle des objets et des actes (Boltanski et Thévenot), où l'on peut et réévoquer les traditions passées et relancer l'histoire des contestations précédentes. L'historien met alors l'accent sur les temporalités des modes de cognition et d'action, et il met en évidence les apprentissages sociaux nécessaires pour saisir ces temporalités, ou encore le rôle des actions comme dépôts de repères dont la temporalité peut être utilisée soit simplement pour passer le relais à une autre action au présent, soit pour rappeler un projet en cours, soit pour réactiver le ressouvenir du passé, y compris dans cette cognition élaborée qu'est l'histoire.

Pour ce faire, il est sans doute plus aisé pour l'historien de partir de l'action, qui porte avec elle sa temporalité. Jusque-là, l'aspect cognitif n'est présent que dans l'analyse des représentations, des textes, ou des récits. Mais l'étude de la cognition ne porte pas essentiellement sur ses résultats (les représentations ou les textes), mais sur ses opérations. Elle ne porte pas sur la sémiologie des récits, mais sur les opérateurs de la production narrative. Le thème des conventions voulait en fait lui aussi désigner l'analyse de ces opérations de production sociale des représentations. Poser le problème des rapports entre action et cognition à partir de l'histoire amènerait, conformément à l'inspiration « relationnelle », à considérer la cognition comme une action spécifique qui a ses temporalités, au lieu d'y voir la simple exécution de procédures d'avance définissables. On pourrait alors étudier les effets d'entrelacements de temporalités entre la mise en action de cognitions, le déroulement des actions, les rythmes imposés par des institutions, de manière à faire émerger de l'analyse des actions et des opérations cognitives les repères des chroniques historiques. Dans un tel programme, être un acteur, un sujet porteur de valeur, consisterait à intercaler la temporalité d'une action dans les intervalles d'une autre, à être un entrelaceur de temporalités. On sait que la notion d' « agence » *(agency)* renvoie parfois à la différence entre le commanditaire et ses « agents », les seconds accomplissant une action pour les premiers. Mais l'historien, lui, s'intéresse à ce qu'accomplissent d'histoire les agents. C'est donc l'agentivité qui intéresse l'historien plus que l'acteur, et l'agentivité n'existe que dans la mise en relation des acteurs, mais aussi de leurs opérations, qui sont toujours à double face, cognitives et actionnelles.

Mais il serait aussi possible de développer (de manière complémentaire à cette histoire des acteurs et de leurs agences) ce qu'on pourrait appeler une histoire cognitive. En effet les acteurs organisent leurs actions selon les données cognitives dont ils disposent, et ils nous laissent des traces de cette organisation cognitive. Ce sont justement les documents textuels de l'historien. Comme les opérations de base de ces activités cognitives ne changent que très peu à l'échelle historique, et comme les contraintes de coordination des actions humaines s'imposent toujours même si elles sont contournées par des mutations technologiques et organisationnelles (mais ces mutations sont très lourdes et donc bien repérables historiquement), l'historien peut s'appuyer sur les repères stables de ces contraintes et de ces opérations pour mieux identifier, par contraste, ce qui a changé entre l'époque et l'objet socio-historique qu'il étudie et les possibilités cognitives et actionnelles de son époque.

Contraintes cognitives et mémoire

Paradoxalement, les thèmes favoris des tenants d'une histoire rhétorique et relativiste (Hayden White) peuvent justement donner lieu à une analyse en termes de contraintes et d'opérations cognitives de base. Les modes d'argumentation non formels, les figures de rhétorique, ou tout simplement les contraintes d'une narration et d'un récit sont sans doute ce qui change le moins à travers les âges. Il faut évidemment les analyser sous leur aspect pragmatique, c'est-à-dire en tenant compte des situations d'énonciation et surtout des conditions de réception. Car on peut mettre des faits en récit d'une infinité de manières, mais la plus grande partie de ces variations ne seront tout simplement pas retenues.

La nécessité de pouvoir mémoriser reste ainsi une contrainte cognitive fondamentale. L'article de Le Goff sur la mémoire (in *Histoire et mémoire*, 1998) montre assurément que l'usage de la mémoire a sa propre histoire, mais il montre aussi que cette évolution se fait sur des bases qui persistent. Certes, la mémoire faisait l'objet d'une prise de conscience et d'un entraînement spécifiques avant l'imprimerie, alors que la facilité d'accès à des banques de données et diverses formes de stockage des connaissances nous feraient croire aujourd'hui que nous pouvons nous dispenser des constants exercices d'autrefois. Mais le problème est alors d'automatiser la recherche dans ces mémoires artificielles, et pour cela il faut décalquer nos processus de mise en mémoire et de récupération des informations, si bien que les facilités technologiques sont toujours dépendantes de nos contraintes mnémoniques.

Il serait possible de partir de l'exploration actuelle des différents types de mémoire en psychologie (mémoire de travail, d'une faible capacité, mémoire épisodique, capable d'enregistrer des singularités, mémoire encyclopédique, qui tisse un réseau d'associations phonétiques aussi bien que conceptuelles, etc.) et de leurs impacts sur le format de nos phrases, de nos images, sur leur degré admissible de complexité. Ce sont des paramètres, mais aussi des variables, dans la mesure où ils peuvent dépendre des temps de lecture, de réécriture, de manipulation que laissent l'organisation du travail, ou l'appartenance à des institutions (monastères, universités, bibliothèques). Ces mises en mémoire ne sont d'ailleurs pas toujours limitées par la contrainte d'être réactivables par un individu au moins une fois dans un jour, un mois, une année, voire une vie. Nombre de textes et d'images gravées dans les lieux les plus sombres des temples ne semblent avoir visé qu'un public d'entités théologiques. Mais ils ont au moins dû être mémorisés par ceux qui les ont gravés, sculptés, peints, voire recopiés. La production de mémoires va donc dépendre de contraintes cognitives, mais elle va aussi varier avec les destinataires censés les réactiver. Cependant ces variations exigent toujours de présupposer par avance les contraintes cognitives admises ou requises pour cette réactivation, si bien que les relations entre contraintes de mémorisation et contraintes de réactivation restent des données stables.

P. Nora disait que l'histoire était à l'opposé de la mémoire, parce que la mémoire est une expérience individuelle et l'histoire un réseau conceptuel portant sur des régularités qu'on saisit forcément d'abord au niveau collectif et dans une mise à distance (*Les lieux de mémoire,* I, p. XIX-XX, 1984). Mais les contraintes de la mémoire, les contraintes de ce qu'on peut appeler les actions de mémoire (récits, textes), et les organisations collectives des travaux de mémoire fournissent à l'historien les cadres de tous les documents qu'il traite, lui permettent aussi de ne pas en rester à l'idiosyncrasie d'un point de vue, et surtout de pouvoir trouver des contraintes communes (*mutatis mutandis* quant aux facilités technologiques) entre sa propre époque et celle qu'il étudie. Il en est de même pour l'action. Les limitations des capacités de décision des acteurs du passé ne sont pas si différentes de celles des acteurs du présent. Ce qui change, c'est l'organisation du recueil de l'information, ou les relais qui donnent à une décision une portée qui peut être mondiale. Les possibilités de contrôle des actions une fois en cours se modifient aussi dans ces mêmes proportions, facilement repérables. Il est donc possible, en partant non pas du sens que les acteurs prétendent donner à leur action, mais de leurs contraintes cognitives et actionnelles, de fixer des limites aux transformations que l'historien doit imposer à ses propres usages pour comprendre les limites de ceux du passé.

De même, c'est une erreur de penser que, parce que nos arguments non formalisés varient avec les contextes, nos procédures d'argumentation sont indéfinissables, ou qu'on peut au mieux les ranger dans des genres (formaliste, organisciste, mécaniste, contextualiste, selon Whyte) dont on ne sait par quelles procédures ils sont différenciés et s'ils sont censés ou non épuiser les diverses formes d'argumentation. Au contraire, puisque notre cognition doit pouvoir passer de contexte en contexte, il faut qu'elle dispose d'opérations qui puissent supporter ces transferts, sans quoi nous ne serions capables d'aucun apprentissage.

Contraintes cognitives et récits

Plus généralement, on est passé d'une épistémologie qui posait pour objectif de connaissance des descriptions complètes et saturées à une épistémologie qui intègre dans ses objectifs celui d'indiquer les limites, les lacunes, voire même les biais inéliminables introduits par ses descriptions. Il est alors possible, en partant de l'articulation entre cognition et action, de n'en rester ni à une étude transversale aux actions des acteurs, qui analyse seulement une tranche de leur faisceau pour en détecter les régularités collectives, et qui fait de même pour les représentations collectives, ni à une étude longitudinale qui lie indissolublement action et cognition dans ce que Veyne appelle la mise en intrigue et Ricœur le récit. Il est certes frappant que les acteurs et les historiens partagent cette tendance à ramener la représentation qu'ils prennent des actions à la production d'un récit dans sa linéarité, où chaque action doit s'enter sur les autres en respectant les procédures cognitives qui permettent d'organiser les coréférences nécessaires à l'identification des acteurs et à l'ordre temporel des événements. Mais il suffit de tenter de formaliser ces coréférences pour devoir abandonner l'idée d'une dynamique narrative qui se bornerait à ordonner une succession d'événements et d'actes. Pour identifier les référents de ces renvois qui nous permettent de donner sens à un récit, il faut au moins le très complexe échafaudage construit par Hans Kamp dans sa théorie des représentations discursives. Il s'agit alors bien davantage de déterminer comment s'emboîtent les uns dans les autres des cadres représentatifs qu'on peut imaginer comme de petits tableaux de relations, que d'une simple mise en ordre où la succession va de pair avec l'identification des acteurs. De même, faire de l'histoire, c'est bien reconstruire les raisons de ces actions d'une manière qui permette de re-raconter l'enchaînement des événements. Mais, du moins à lire les livres des historiens, il ne semble pas qu'ils se conforment ni se réduisent à cette linéarisation où cognition et action tissent le filin des raisons des acteurs et des événements. Au contraire, ils défont l'écheveau des coréférences dans leur travail critique d'établissement des faits, et ils suggèrent sans cesse de nouvelles raisons que les acteurs ont pu ne pas exprimer, mais qu'on pourrait inférer de leurs situations. Au lieu d'être colinéaire à l'action, la cognition lui apparaît alors transversale, un peu comme la dimension paradigmatique est transversale à la dimension syntagmatique.

Pour mieux montrer quels déplacements cette transversalité entre cognition et action peut suggérer, partons de ce tableau supposé stable (au prix d'une sorte d'agrégation de perspectives qui étaient en fait en débat) que nous dessine Antoine Prost dans ses *Douze leçons sur l'histoire* (1996). L'historien, nous dit-il, travaille à partir de traces et doit les transformer en faits documentés, mais ces faits sont évidemment obtenus au terme d'inférences et de critiques croisées. De nouvelles hypothèses font découvrir de nouveaux faits. L'historien peut procéder par tableaux généraux (par exemple de l'histoire économique) ou bien par biographies, tentant alors de comprendre à travers l'individu l'interférence de logiques et de régimes d'action différents. Mais l'individu n'intéresse l'histoire que s'il est représentatif. L'historien se démarque du psychologisme – qui explique tout au niveau de l'individu – soit par un recours aux régularités statistiques, soit par une histoire comparée. Même quand on s'attache à un village, voire à un individu, c'est parce que l'écart et la singularité qu'il manifeste permettent de mieux mettre en évidence par rapport à quelles normes ou coutumes collectives il se situe. Les événements qui font basculer la vie d'un individu ou d'un groupe (les révolutions) sont à replacer dans des séquences plus complètes et plus continues. Le temps de l'histoire reste celui des collectivités publiques, sociétés, États, civilisations, même si ce temps propose aussi un ordre qui est forcément orienté vers notre présent. L'historien ne propose pas de faire revivre le passé, il le met à distance conceptuelle, en particulier par un travail de périodisation. La trinité des échelles temporelles de Braudel n'est qu'une manière de hiérarchiser des niveaux différents d'échelles temporelles. Au mieux, l'historien tentera de reconstruire non seulement le passé, mais les anticipations des acteurs qui donnaient sens à ce passé quand il était un présent orienté vers le futur. Les inférences interprétatives ou explicatives de l'historien appartiennent toujours au raisonnement « naturel », et il procède comme tout narrateur à une mise en intrigue, qui ne se distingue de celle des acteurs que par l'appareil critique qui lui a permis d'identifier des faits établis. Ces intrigues sont multiples selon les aspects que l'on veut repérer (fluctuations démographiques, événement symbolique, événement politique ou militaire). L'historien doit cependant associer le tableau au récit. Mais ses argumentations restent proches des argumentations quotidiennes, et il n'est pas possible d'en éliminer la motivation et l'impact idéologique.

Voyons à présent les déplacements possibles. Partir de l'articulation de la cognition et de l'action, ce serait par exemple, en reprenant avec la précision des modèles cognitifs les suggestions de Koselleck sur le futur au passé, reconstruire les anticipations des acteurs, par lesquelles ils croisaient des représentations (certaines temporalisées, d'autres non) et des projets. L'historien dispose d'abord des repères que se sont donnés les acteurs sur et pour leurs propres actions. En effet, une bonne partie des documents dont dispose l'historien n'ont pas eu pour fin la transmission aux générations futures de la mémoire des actions passées, mais ils ont simplement servis aux acteurs de repères dans leurs actions et transactions (il en est ainsi, par exemple, des actes notariés et des bilans comptables, ou encore de la plupart des comptes rendus des résultats financiers, militaires, administratifs). Cela permet à l'historien de reconstruire les conditions cognitives de ces projets, en tenant compte des conditions cognitives et des contraintes spécifiques qui déterminent l'activité de production des comptes rendus ou des documents sur ces actions. Par ailleurs, il doit identifier les contraintes des situations sur ces actions. Pour ce faire, il est obligé d'étudier dans le détail le contexte d'une situation locale, et les stratégies personnelles des acteurs. Mais il retrouverait des représentations similaires, et des contraintes situationnelles semblables s'il étudiait d'autres objets dans des lieux et dans des temps voisins. Une étude de micro-histoire peut donc aisément, si elle s'est donné le mal de définir les contraintes cognitives et actionnelles pesant sur ses acteurs, se transposer à d'autres actions similaires de la même période. Le choix des solutions ou des buts peut varier, les contraintes demeurent. Ce n'est pas qu'elles soient indépendantes des visées poursuivies par les acteurs. Ainsi les contraintes ne sont pas les mêmes selon que l'on veut laisser une trace immémoriale ou bien simplement coordonner des activités planifiées mais transitoires. Et des fresques dans un climat désertique peuvent viser la pérennité alors qu'il faudra graver dans le marbre dans un climat plus humide. La spécificité des activités humaines est sous-déterminée par les contraintes cognitives et actionnelles, mais elles demeurent des repères stables.

L'historien n'aura donc pas identifié les représentations des acteurs, mais les contraintes qui canalisent l'activation de ces représentations. Il faut y ajouter l'étude des propriétés qui contraignent ou facilitent la diffusion des représentations, programme qu'est censée développer l'anthropologie cognitive. L'historien connaît par ailleurs quelques-uns des résultats des actions entreprises. Il pourrait essayer, en défalquant les incidences des circonstances non prévues, de proposer des reconstructions des anticipations et des projets des acteurs. Mais plutôt que de tenter une telle reconstruction, qui n'aurait de sens que pour des acteurs pleinement conscients du contenu de leurs projets et des relations qui lient toutes leurs représentations, l'historien est en droit de supposer que cette conscience des acteurs est lacunaire. Il ne tente donc d'identifier les représentations et les projets des acteurs que dans leurs scansions par les circonstances, c'est-à-dire soit par des crises non prévues, dues à la rencontre d'autres actions ou d'événements naturels, soit au contraire par le cours sans heurt de la normalité des événements. L'histoire, de cognitive, se doit aussi d'être étho- et éco-logique, c'est-à-dire circonstancielle. Les acteurs mobilisent leurs représentations pour donner sens à ces circonstances qui traversent ou facilitent leurs activités, et c'est aussi à ces occasions qu'ils expriment les finalités de leurs actions, sur le mode du regret, de la révolte ou de la satisfaction.

Dans ce type d'histoire, les intrigues et les récits sont essentiellement des façons de farder les circonstances pour se les réapproprier. Au lieu de s'attacher aux récits, l'historien s'intéresse donc à ce qu'ils révèlent de difficultés de réappropriation. Ces difficultés sont les indices en creux de ce qu'étaient en fait les projets et les actions. Mais les historiens ne sont pas mieux lotis que les acteurs. Eux non plus n'ont jamais pu faire coïncider les représentations flatteuses ou angoissées qu'ils se faisaient de leurs intentions et de leurs actions, et les événements effectifs qui fusionnaient ces actions avec les circonstances.

La différence, c'est qu'ils comblaient cet écart par leur vie, alors que l'historien serait tenté de le combler par un récit. Mais il ne ferait qu'interpréter, comme les acteurs ont interprété la rencontre de leurs projets et des circonstances. S'il veut au contraire exercer le modeste type d'explication dont il est capable, il doit s'en tenir aux limitations et contraintes latérales de l'action, contraintes cognitives, contraintes des relations entre environnement et activités fonctionnelles. Car il pourra alors expliquer comment tel type de représentation ne pouvait se diffuser que dans certaines conditions d'apprentissage, comment tel type d'activité exigeait la présence d'autres conditions dont la réunion demandait tout un édifice institutionnel, etc.

Son type d'explication est alors du type « anankastique », comme le dit von Wright : si telles et telles conditions n'étaient pas réunies, alors on ne pourrait pas obtenir tel effet. Ces conditions ne sont pas des causes, puisqu'elles ne produisent pas à elles seules leur effet. Elles ne sont pas des raisons, puisque les raisons seraient ces reconstructions des intentions des actions en termes de représentations des fins et des moyens. Elles ne résultent pas non plus d'une inférence à la meilleure explication, puisque d'une part elles ne recourent pas à n'importe quel type d'explication pourvu qu'il soit satisfaisant, mais seulement aux contraintes cognitives et actionnelles et à leurs relations, et que d'autre part elles ne prétendent nullement fournir la meilleure explication disponible pour l'instant (d'autres seraient plus riches en significations). Elles ne permettent pas d'établir des lois, puisque même s'il est vrai qu'une fois une activité bien identifiée, on peut déterminer les relations entre les contraintes cognitives et l'action, comme entre l'action et les contraintes environnementales, les humains sont capables de créer en commun de nouvelles activités qui sortent du cadre de ces relations, si bien qu'il faudrait attendre qu'elles se répètent et se stabilisent pour qu'on puisse déterminer ces nouvelles contraintes. Et même alors, on aura toujours laissé en creux le sens vécu de ces actions.

Cependant, l'historien peut proposer la forme temporelle de ce sens, ce qu'on appelle une temporalité. Braudel avait bien vu que ses différents temps n'étaient pas simplement des échelles différentes, mais qu'ils étaient immanents au mode de développement et de changement, bref aux dynamiques de différentes activités dans leur rapport avec leur environnement. Mais ces temps n'étaient pas encore pensés comme des temporalités. On ne réduira pas ce concept à la forme de prise de conscience temporelle qu'ont les acteurs d'un événement. On manquerait alors du souffle de la longue durée dont souvent les acteurs n'ont aucune conscience. Mais la cognition et l'action, si on les pense comme contraintes sur les opérations cognitives et actionnelles, vont bien au-delà de la conscience, même si elles l'alimentent et la déterminent. Qu'une évolution lente ne parvienne à la conscience des acteurs qu'à partir d'un certain seuil de transformation, cela détermine sa temporalité, parce que les acteurs en percevant le franchissement du seuil réinterpréteront aussi la lente évolution jusque-là inaperçue. Si l'approche cognitive et actionnelle consiste à définir les relations inévitables entre circonstances et contraintes de représentation et d'exécution des actions, alors elle définit aussi des temporalités. Au lieu de les tirer de la conscience des acteurs, elle les fait émerger de la structure temporelle des rencontres entre les évolutions inconscientes (celles des circonstances et celles des acteurs eux-mêmes) et leurs capacités de représentation, de projection et de réinterprétation des actions. Pour l'historien, ce sera par exemple la mention d'une opération de drainage dans une vallée affluente rendue nécessaire par la montée du lit du fleuve de la vallée principale, de concert avec les recherches de responsabilité de ceux qui devaient entretenir ces drains et de ceux qui devaient ériger des digues. Les temporalités sont donc en fait des rencontres des temps de Braudel (le temps long d'exhaussement du lit du fleuve, le temps des groupements qui entretiennent drains et digues, le temps événementiel enfin de l'opération de drainage et des procès). Toutes les temporalités ne font pas se croiser les trois temps de Braudel, mais toutes font se croiser plusieurs temps, pour la simple raison qu'il faut une circonstance venue d'un autre ordre temporel pour déclencher la prise de conscience d'une temporalité, qui sinon serait seulement la projection temporelle du projet de l'action (et c'est à cela que la plupart des philosophes du temps la réduisent, sans voir qu'à cet égard le simple temps chronologique est plus riche, puisqu'il exige déjà une telle rencontre). On voit que tout en respectant les contours externes dessinés par Prost, l'entrée en histoire par la cognition et l'action oblige à leur donner des contenus complètement renouvelés.

Histoire comparée et raisonnement par cas

Revenons enfin sur le thème des rapports entre les raisonnements de l'historien et les argumentations de nos conversations ordinaires. L'historien raisonne la plupart du temps sans formalismes, donc de manière non strictement déductive. On peut donc vouloir réduire ses inférences à de la rhétorique. D'autres, comme Granger, ont préféré voir dans les raisonnements de l'historien des détours pour arriver à croiser suffisamment de concepts universels pour prendre l'individu dans les mailles d'un filet de plus en plus serré. Mais si l'on prend au sérieux la métaphore de l'histoire comme « clinique de l'individuel », on est ramené au problème précédent, puisque les cliniciens raisonnent par cas et par symptômes, et que le raisonnement par cas est un procédé argumentatif, mais non déductif et qu'on pensait non formalisable. Jonsen et Toulmin ont souhaité remettre à l'honneur ce type de raisonnement, en dénonçant l'abus (le viol !) de la casuistique comme un abus dont elle aurait été le patient et non pas l'agent. Toulmin, cependant, a pensé pouvoir réduire le raisonnement par cas à la forme qu'il pense être au fondement de tout argument non déductif. On part d'un fait particulier, on le rattache à des précédents similaires, qui donnent une justification générale à l'inférence qu'on peut tirer à partir de ce fait. Cette inférence, cependant, ne propose qu'une conclusion révisable, et il faut s'assurer que des circonstances exceptionnelles n'exigent pas de réviser cette conclusion. (Jonsen et Toulmin, p. 35 et 323, 1989). Une fois mise à part la reconnaissance, essentielle, de ce que ce type de raisonnement est valide sauf exceptions, et donc toujours révisable, cette formulation ne permet guère de faire la différence entre la subsumption d'un fait particulier sous une règle générale et le raisonnement par cas. Il faut en fait partir de l'idée d'inférence révisable au lieu de partir de l'idée de rapport entre un fait particulier et une règle générale pour retrouver la spécificité de ce raisonnement. Il faut même aller plus loin, et reconnaître qu'une inférence révisable est aussi une inférence dont la validité dépend du contexte dans lequel on l'emploie. Ajouter une nouvelle prémisse à un tel raisonnement, c'est changer le contexte de l'inférence, et il faut donc chaque fois s'assurer que cet ajout ne nous fait pas rentrer dans un domaine d'exception qui la rend caduque. En particulier, la transitivité des raisonnements n'est plus garantie. Identifier un fait comme un « cas », ce n'est pas simplement y voir un fait particulier, c'est y voir une information nouvelle susceptible de réviser nos croyances actuelles, et par exemple, en morale, de mettre en question nos jugements coutumiers (faut-il ou non considérer un avortement comme un meurtre ?).

Dès lors la « justification » du raisonnement par cas ne consiste pas simplement à énoncer une règle générale, valide pour des cas similaires. Elle consiste plutôt à mettre en branle une procédure de révision de nos croyances, et donc de l'applicabilité des règles que nous serions le plus immédiatement tentés de mettre en œuvre. Le « cas » suspend cet automatisme, il nous amène donc à reconsidérer notre ordre de priorités pour déclencher telle règle plutôt que telle autre. Nous redéfinissons alors un ordre de priorité qui puisse rendre le cas traitable sans trop de tensions. Par exemple, au lieu, dans le cas de l'avortement, de faire passer avant tout le respect de la vie (quel que soit l'être vivant en cause), nous ferons passer en premier le respect de la qualité des personnes qui vivent en relation autonome avec nous (ce qui n'est pas le cas du fœtus). Une fois cet ordre redéfini, nous pouvons réviser nos croyances, en l'occurrence laisser tomber la conclusion qu'il s'agit d'un meurtre, parce que nous aurons rendue inactive la prémisse qui tient tout être vivant, y compris de manière dépendante et sans communication autre qu'avec sa génitrice, pour victime d'un meurtre dès lors qu'il est volontairement supprimé. Cette prémisse ou règle sera en effet non prioritaire si nous nous guidons sur l'ordre de priorité que le cas nous aura amené à adopter.

Aucune de ces étapes n'est décrite par Toulmin, et son analyse se borne à rendre compte de l'étape initiale, la découverte du cas, et de l'étape finale qui consiste à utiliser une règle d'inférence qui part des prémisses modifiées par la révision, et à en tirer une conclusion qui reste révisable. Ainsi, en l'absence de communication extérieure, un être vivant non autonome peut être supprimé si son développement est refusé par celle avec laquelle seule une communication le rattache aux vivants développés. Évidemment, cette inférence et cette conclusion ne sont valides que sous réserve d'inventaire. Nous pourrions trouver des exceptions, par exemple soutenir que la qualité de la vie de la mère ne sera pas suffisamment diminuée par la venue au monde de cet enfant pour qu'on donne droit à sa requête, ou réaffirmer le droit à la vie de tout fœtus humain normal.

Le « cas » n'est donc défini qu'au terme de cette révision des priorités entre règles. Nous avons été alerté par l'étrangeté de la conclusion (un avortement est un meurtre), nous nous sommes demandé quel changement de contexte pouvait bien justifier ce sentiment d'étrangeté. Nous n'arrivons à définir ce nouveau contexte, qui invalide effectivement notre précédente conclusion, qu'en construisant une nouvelle inférence. Nous ne découvrons le concept de « vivant non autonome et dépendant de la mère pour sa communication et son développement » qu'en essayant des inférences qui d'une part rendraient compte d'un changement de contexte par rapport aux êtres humains vivants normaux (autonomes, communicants), et d'autre part conduiraient à la conclusion « ce n'est pas forcément un meurtre », une fois compté au nombre des prémisses l'énoncé : « La mère refuse de prendre en charge le développement de cet enfant. » Un « cas », c'est donc la découverte de nouvelles règles d'inférence révisable dont les conclusions permettent de suspendre des inférences considérées comme plus générales, et dont les prémisses permettent d'identifier un changement de contexte. Dans le nouveau contexte, l'ordre de priorité entre règle générale et règles d'exception s'est inversé. La règle particulière au contexte passe avant la règle supposée plus générale. Comprendre un cas, c'est donc construire peu à peu un réseau de normalités et d'exceptions, c'est-à-dire de contextes différents mais reliés, qui suspendent certaines inférences et en déclenchent d'autres.

Mais derrière un « cas » on pourrait en trouver un autre, à toute exception on pourrait trouver une exception, et ainsi de suite. C'est ce qu'on a reproché à la casuistique, de pouvoir tout justifier par des exceptions. L'historien a besoin, au contraire, de pouvoir relier les cas entre eux. Toulmin ne lui propose pour ce faire que des « similarités ». Mais tout peut être similaire à tout si on se permet de changer sans arrêt de principe de similarité. On voudra alors recourir à des analogies, qui sont un peu plus contraignantes, puisqu'une analogie repose sur une proportion du type *a/b* est similaire à *c/d*, et que la similarité doit alors porter sur deux rapports entre des couples de traits. Le problème est alors de ne pas s'imaginer que ces rapports sont égaux, et que par exemple la notion d'équilibre en mécanique est équivalente à celle d'équilibre en économie. Mais on souhaiterait dans une analogie pouvoir à la fois signaler les différences de contexte et définir les liens entre ces contextes. Cela reviendrait à relier des cas (qui sont, on l'a vu, des ruptures de contexte) par un chemin inférentiel qui change de règle en changeant de contexte, mais qui finit par revenir à son point de départ, au lieu de se perdre dans l'infini des exceptions. Il s'agirait en quelque sorte que nos cheminements nous permettent de fixer certaines propriétés et contraintes de la carte mentale des contextes entre lesquels nous voyageons par nos inférences. Il semble que celui qui pratique l'histoire comparée, prônée par Veyne (on ne voyait pas bien alors comment elle était compatible avec l'idée de l'histoire comme mise en intrigue, mais si l'intrigue est un cheminement, cela devient maintenant cohérent) construise de telles cartes inférentielles.

Prenons la question posée par Veyne dans *Comment on écrit l'histoire* : « Pourquoi l'évergétisme existe-t-il dans l'Empire romain oriental hellénistique, et non pas à Florence ? » Ce comportement (dont le nom a été forgé par Veyne) consiste à dépenser des fortunes pour construire des monuments publics. Sa raison psychologique, le souci de voir le souvenir du donateur conservé avec ses monuments, devrait être présent dans les deux régimes. Mais on sait qu'à Florence, les citoyens se défient des « magnati », supposés vouloir soudoyer une clientèle pour prendre le pouvoir de façon autoritaire. Nous avons donc une règle, « normalement, un patricien qui fait des largesses au peuple et aux citoyens est suspect de vouloir prendre le pouvoir ». Elle justifie le refus de ce genre de mécénat. Plaçons-nous maintenant dans le contexte romain oriental. Les patriciens sont très loin de pouvoir rivaliser avec l'empereur par leurs largesses. On peut énoncer ici une exception à la règle florentine : « Sauf si ces largesses donnent un prestige très inférieur à la puissance dont dispose le pouvoir. » Cette exception justifie l'autorisation de la coutume romaine de l'évergétisme. Mais on peut, dans le contexte romain, rencontrer une exception à cette exception. « Si le patricien dispose d'une fortune colossale et fait des largesses à l'armée, alors il est un danger pour le pouvoir. » On retrouve alors, dans l'ordre des exceptions de second degré, la situation de rivalité pour le pouvoir qu'on rencontrait au niveau de la règle de premier degré dans le contexte florentin. Le réseau des inférences est donc bouclé.

Ce qui est ici digne d'intérêt, c'est d'une part qu'à chaque étape, on a changé de contexte, et que cela s'est marqué par le fait qu'on passait d'une normalité à une exception. C'est d'autre part que ce parcours de contexte à contexte nous a permis de relier des contextes entre eux dans un circuit. L'analogie réside dans la possibilité de ce circuit, mais ce qui permet le déplacement dans ce circuit, ce ne sont pas des similarités, c'est au contraire la perception des dissimilarités. Les similarités, elles, assurent le bouclage du circuit. L'analogie ne peut se développer sans son double, la disanalogie. C'est là une autre contrainte, et plus forte, sur les similarités qui permettent les analogies. Elles doivent être définies de pair avec leurs dissimilarités, et s'inscrire dans des circuits qui tissent peu à peu un réseau de transformations inférentielles. Les analogies sont donc simplement la mise en réseau et en circuit de l'étude des « cas ». Ainsi il n'y a pas antinomie pour l'historien entre l'étude de cas et des comparaisons qui peuvent prendre l'ampleur de l'histoire comparée. On pourrait même prétendre que l'explication historique consiste justement dans cette dualité entre étude de cas et histoire comparée.

Conclusion

Pour finir, du point de vue des rapports entre action et cognition, les trois programmes sont-ils incompatibles ? Le premier met en série ce que le second suppose déjà comme entrelacements et ce que le troisième pose comme problèmes de coexistence. Comme il faut toujours disposer de valeurs d'entrée si l'on veut faire fonctionner un modèle quelque peu formalisé, on est obligé de passer par le premier si l'on veut explorer des faces des activités sociales que nos intuitions et nos compétences mêmes d'acteurs sociaux nous cachent, précisément parce qu'elles en rendent d'autres plus saillantes (on retrouverait ici une forme de « dissimulation »). Le programme relationnel nous propose des interactions et rétroactions difficiles à traiter et à modéliser, sinon au niveau micro. Les sociologies qui vont du système aux acteurs nous donnent des représentations et concepts intermédiaires (celui de logiques d'action sociales, ou celui de régimes de justification et de cités), utiles pour celui qui veut conserver la possibilité de généraliser sans oublier les capacités de réinterprétations singulières des acteurs. Mais le statut de ces concepts reste ambigu, puisque les acteurs, s'ils peuvent employer des notions similaires, n'en usent pas pour se représenter l'ensemble de leurs relations, mais pour tirer parti des effets de coexistence locaux de leurs logiques d'action. Comme ici le sens c'est l'usage, celui du sociologue ne peut plus être celui des acteurs, même s'il est possible de documenter la filiation entre les deux usages. Le passage de nos inférences ordinaires à l'étude des cas, puis à l'histoire comparée, cheminement au cours duquel on utilise le même type de raisonnement tout en en identifiant mieux les contextes et en renforçant les structures des chemins d'un contexte à l'autre, pourrait servir de référence pour analyser cette filiation et la dualité des similarités et des dissimilarités qu'elle introduit entre sociologue et acteur. Mais les thèmes de l'action et de la cognition nous permettent surtout de mieux repérer les différences d'usages des concepts de ces trois programmes, leurs complémentarités ne pouvant pas encore prétendre épuiser les multiples aspects des activités sociales.

BIBLIOGRAPHIE

Bailly A., *L'organisation urbaine, théories et modèles*, Paris, Centre de recherche d'urbanisme, 1975.
Bailly A., *La perception de l'espace urbain*, Paris, Centre de recherche d'urbanisme, 1977.
Boltanski L., Thévenot L., *De la justification*, Paris, Gallimard, 1991.
Boudon R., *Le juste et le vrai*, Paris, Fayard, 1995.
Boudon R., Bouvier A., Chazel F. (dir.), *Cognition et sciences sociales*, Paris, PUF, 1997.
Bourdieu P., *Esquisse d'une théorie de la pratique*, Genève, Droz, 1972.
Bouvier A., *Philosophie des sciences sociales*, Paris, PUF, 1999.
Bratman M., *Intentions, plans, and practical reason*, Cambridge, Mass., Harvard University Press, 1987.
Chartier R., *Au bord de la falaise*, Paris, Albin Michel, 1998.
Coleman J., *Foundations of social theory*, Harvard, Belknap Press, 1980.
Dubet F., *Sociologie de l'expérience*, Paris, Le Seuil, 1994.
Frérot A.-M., *Perception de l'espace en Adrar et en Mauritanie*, Aix, thèse, 1993.
Gilbert M., *On social facts*, Princeton, New Jersey, Princeton University Press, 1989.
Jeffrey R., *The logic of decision*, Chicago, University of Chicago Press, 1983.
Jonsen A. R., Toulmin S., *The abuse of casuistry*, Berkeley, California, University of California Press, 1988.
Lahire B., *L'homme pluriel*, Paris, Nathan, 1998.
Lepetit B. (dir.), *Les formes de l'expérience*, Paris, Albin Michel, 1995.
Lepetit B., *Carnet de croquis*, Paris, Albin Michel, 1999.
Lepetit B., « L'histoire prend-elle les acteurs au sérieux ? », *Espace-temps*, Paris, 1994.

Le Goff J., *Histoire et mémoire*, Paris, Gallimard, « Folio », 1988.
Le Goff J., Nora P. (dir.), *Faire de l'histoire* (3 vol.), Paris, Gallimard, 1974.
Moser P. K. (ed.), *Rationality in action*, Cambridge, Mass., Cambridge University Press, 1990.
Noiriel G., *Sur la crise de l'Histoire*, Paris, Belin, 1996.
Parsons T., Shils E. (eds), *Toward a general theory of action*, Cambridge, Mass., Harvard University Press, 1951.
Passeron J.-C., *Le raisonnement sociologique*, Paris, Nathan, 1991.
Pharo P., *L'injustice et le mal*, Paris, L'Harmattan, 1996.
Prost A., *Douze leçons sur l'histoire*, Paris, Le Seuil, « Points », 1996.
Sperber D., Wilson D., *La pertinence*, Paris, Minuit, 1989.
Sperber D., *La contagion des idées*, Paris, Odile Jacob, 1996.
Staszak J.-F. (dir.), *Les discours du géographe*, Paris, L'Harmattan, 1997.
Tversky A., Shafir E., « Penser dans l'incertain », *in* J.-P. Dupuy et P. Livet (dir.), *Les limitations de la rationalité*, t. 1, Paris, La Découverte, 1997.
Veyne P., *Comment on écrit l'histoire*, Paris, Le Seuil, 1971-1978.

2 – Histoire et structure

PAR ROBERT FRANCK

Peut-on ignorer l'histoire des phénomènes sociaux, lorsqu'on veut les expliquer ? L'utilité de l'histoire pour la recherche en économie, en sociologie, en démographie, en psychologie sociale ou en ethnologie paraît incertaine. On ne nie pas que l'histoire soit source d'informations, mais on n'attend pas de ces informations qu'elles nous guident dans la découverte de l'explication des phénomènes étudiés. L'épistémologie des sciences sociales est d'ailleurs généralement muette sur le rôle de l'histoire dans l'explication des phénomènes sociaux. Il n'est donc pas étonnant que les chapitres de la première partie de cet ouvrage, consacrés à l'épistémologie d'un certain nombre de disciplines sociales, aient laissé de côté, ou en arrière-plan, la question de l'histoire. Par contre, un chapitre tout entier consacré à l'histoire y figure au titre de science sociale à part entière. Cette franche démarcation entre l'histoire et les autres sciences sociales est-elle regrettable ? D'une manière générale, la relative autonomie des disciplines se justifie par la spécificité de leur objet formel, et doit à ce titre être préservée[1]. Il faut se garder d'amalgamer les disciplines. Certes, les propriétés économiques, démographiques, géographiques, etc. des phénomènes sociaux sont liées, et pour comprendre la vie sociale il faut les prendre en compte toutes à la fois ; mais ces propriétés réclament des modèles explicatifs différents, et appellent des procédures d'investigation et d'analyse différentes, qu'on aurait tort de confondre. Est-ce vrai aussi pour l'histoire ? On ne s'improvise pas historien, et recourir à l'histoire,

1. R. Franck, « La pluralité des disciplines, l'unité du savoir, et les connaissances ordinaires », *Sociologie et sociétés*, vol. XXXI, n° 1, 1999.

quand on fait de l'économie ou de la sociologie, ne va pas sans risques. Inversement, à vouloir parachuter dans les travaux d'histoire des modèles explicatifs empruntés à d'autres disciplines, on s'expose à biaiser l'interprétation des faits recueillis. Cependant... la relation entre l'histoire et les autres sciences sociales a quelque chose de singulier. Car l'histoire n'a pas pour objet telles ou telles propriétés particulières des phénomènes sociaux – leurs propriétés économiques ou démographiques ou géographiques, etc. – comme c'est le cas des autres sciences sociales ; l'histoire étudie la vie sociale sous tous ses aspects. Quant aux propriétés de la vie sociale qui font respectivement l'objet des différentes disciplines sociales, elles sont toutes de nature historique ! C'est pour cela qu'on est en droit de se demander s'il n'est pas nécessaire, pour expliquer convenablement les phénomènes sociaux, d'étudier leur histoire. Il faut aussi se demander si l'épistémologie des sciences sociales ne devrait pas accorder une plus grande attention à l'histoire. C'est ce que nous ferons dans le présent chapitre. Nous essaierons d'apprécier ce que peut offrir l'histoire aux sciences sociales, du point de vue de la qualité de l'explication. Nous nous appuierons pour cela, d'abord sur les historiens et sur les géographes, ensuite sur les autres sciences sociales, afin de déterminer ce qu'on peut gagner, dans ces disciplines, à se tourner vers l'histoire.

Alors que la contribution de l'histoire aux autres sciences sociales suscite une très inégale attention, l'apport de celles-ci à l'histoire, par contre, a fait coulé beaucoup d'encre. Parmi les historiens tout d'abord. Depuis le XIXe siècle, on cherche à mettre de l'ordre dans le flux des événements qui composent l'histoire : peut-on découper ce flux en époques successives ? Peut-on répartir la suite des événements en espaces distincts ? Et comment délimiter ces époques et ces espaces ? Les différences culturelles qu'on observe entre les peuples fraîchement réunis en nations, au tournant du XVIIIe et du XIXe siècles, ou entre l'Europe et les autres continents, semblent pouvoir être transposées à l'histoire. Le Moyen Âge diffère par son « esprit » de l'Antiquité et de la Renaissance. L'étude des civilisations (l'histoire de l'art et des religions, l'archéologie, l'étude des langues, etc.) permet d'opérer des découpages plus fins. Mais les critères culturels ne sont pas seuls à pouvoir introduire de l'ordre dans l'histoire. La rupture avec l'Ancien Régime opérée par la Révolution française invite à penser que les régimes politiques offrent, eux aussi, un critère majeur de regroupement des événements en périodes historiques et en secteurs géographiques. Et l'expansion de l'industrie ainsi que les transformations rapides qu'elle entraîne dans la vie sociale dans la première moitié du

XIXe siècle suggèrent à leur tour que l'économie pèse lourdement sur les événements, et qu'elle a rythmé l'histoire humaine tout au long de son déroulement. Au XXe siècle, les nouvelles sciences sociales vont à leur tour, après les sciences politiques, économiques, juridiques et morales, servir de réservoirs aux historiens désireux de mettre de l'ordre dans l'amoncellement des événements de toutes sortes que l'historiographie permet d'établir. La démographie, la sociologie, l'aménagement du territoire et l'urbanisme seront mises à contribution à des degrés divers. En France, c'est l'École historique des Annales qui a beaucoup contribué, comme on sait, à l'intérêt porté par les historiens aux sciences sociales.

À côté des historiens, ce sont en particulier les sociologues qui se sont intéressés aux possibles contributions des sciences sociales à l'histoire. Les pionniers étaient confrontés au problème de l'évolution des sociétés. Ils ne jugeaient pas suffisant, pour expliquer cette évolution, de recourir aux événements marquants de l'histoire ; il fallait aussi tenter de saisir les tendances profondes de cette évolution des sociétés, en décrire les étapes, et les expliquer par des théories proprement sociales de l'histoire.

Le possible apport à l'histoire des autres sciences sociales est le second objet du présent chapitre. À quelles conditions peuvent-elles aider les historiens à mettre de l'ordre dans le flux des événements historiques ? Et les théories sociales qui ont été proposées pour expliquer l'histoire des sociétés, ou certains aspects de leur évolution, sont-elles légitimes[1] ? Afin de répondre à ces deux questions, et afin d'apprécier la contribution de l'histoire aux sciences sociales, je proposerai une approche renouvelée du rôle des structures dans l'explication.

Les historiens et le temps

L'explication dans les sciences sociales doit-elle faire une place à l'histoire ? Faut-il qu'elle prenne en compte le temps, la succession des événements et l'évolution des phénomènes sociaux ? Pour appré-

1. On sait qu'elles ont fait l'objet de critiques sévères. Le livre de Karl Popper, *Misère de l'historicisme* (1956), a eu à cet égard un rôle décisif. En France, Raymond Boudon a proposé un traitement plus nuancé de la question dans son livre *La place du désordre* (1984). C'est une approche différente de l'explication des évolutions historiques qui sera avancée ici.

cier les avantages qu'il y aurait, pour les sciences sociales, à accorder plus d'importance à l'histoire, commençons par consulter les historiens. Ils sont *a priori* les mieux placés pour nous instruire sur ce que peut apporter l'histoire à une meilleure intelligence de la vie sociale. Nous nous informerons ensuite auprès des géographes avant de nous tourner vers les autres sciences sociales.

Le lecteur a découvert, par bonheur, dans la première partie de ce livre un chapitre qui fait le point sur la réflexion actuelle des historiens sur l'histoire. Il y aura appris que la relation entre l'histoire et les autres disciplines sociales est, aux yeux des historiens eux-mêmes, loin d'être éclaircie, alors qu'elle est en discussion depuis le début du XXe siècle. Il aura appris aussi que les historiens ont déployé depuis longtemps de gros efforts dans le but de définir la nature de l'histoire en tant que discipline scientifique, sans vraiment y parvenir. Cette seconde observation, à vrai dire, n'a rien de surprenant : on rencontre d'aussi grandes difficultés à définir les autres disciplines. Demandez à un physicien, à un biologiste, à un sociologue ou à un géographe de définir la discipline qu'il exerce, vous ne le trouvez pas moins embarrassé. Cependant la façon dont Jaques Revel nous invite à aborder l'histoire, au chapitre 1 de cet ouvrage, nous conduit immédiatement au cœur de la discipline historique. Il décrit l'ensemble des rapports que l'histoire, telle qu'on la pratique en Europe depuis l'Antiquité, entretient avec le temps. Les façons dont l'histoire se rapporte au temps, Revel les appelle des « régimes d'historicité ». Deux modèles majeurs peuvent être dégagés, affirme-t-il : le premier caractérise l'histoire depuis ses lointaines origines grecques jusqu'au XVIIIe siècle, le second caractérise l'historiographie moderne.

Quel est le régime d'historicité – ou le rapport au temps – que l'histoire a privilégié depuis la fin du XVIIIe siècle ? L'histoire y est conçue comme un procès global, objectif et obéissant à sa logique propre. Le rôle de l'historien est alors de découvrir cette logique intérieure à l'histoire et de restituer le sens unitaire de son déroulement. On imagine parfois que cette conception de l'histoire est particulière aux philosophes de l'histoire qui l'accréditèrent au XIXe siècle. Mais elle est tout autant celle des historiens, celle de Michelet ou de Ranke par exemple, et elle va de pair, comme le souligne Revel, avec l'histoire érudite et avec l'essor de la méthodologie historiographique à cette époque. Cette conception a continué de prévaloir parmi les historiens au cours de ce dernier siècle.

L'histoire obéit-elle à une quelconque logique ? L'expression « logique de l'histoire » est marquée par son origine hégélienne.

Hegel a tenté de concevoir l'histoire du monde comme un processus unitaire. Et il s'est efforcé de découvrir le principe d'ordre qui donnait à l'histoire du monde son unité[1]. À la vision éclatée et fataliste du passé, il désirait opposer l'idée d'une histoire rationnelle et orientée. Mais il voulait éviter, en faisant cela, de réduire le changement historique à un principe d'ordre immobile. L'histoire n'est pas jouée d'avance, elle n'est pas pré-écrite par quelque divine raison. C'est de l'histoire elle-même qu'émerge la raison qui lui donne son unité et qui la règle. La raison de l'histoire est elle-même historique. Cette approche de l'histoire mérite la plus grande attention. Car elle nous met en garde contre la tentation d'inventer, pour expliquer l'histoire, l'une ou l'autre « théorie » universelle qui commanderait, de haut, le cours des choses. Parler de la logique *de* l'histoire, c'est dire que seule l'histoire peut nous apprendre la logique qui la règle. La logique de l'histoire, c'est l'ordre rationnel suivant lequel pouvaient se dérouler les événements. Et cet ordre est issu de l'histoire elle-même. Une telle philosophie de l'histoire a des implications épistémologiques et méthodologiques. Épistémologiques : la raison de l'histoire n'est pas le fruit de la raison humaine, et n'a pas pour condition de possibilité la raison *transcendantale* kantienne. Et il ne peut être question, pour expliquer l'histoire, d'imaginer librement l'un ou l'autre modèle théorique que l'on chercherait ensuite à rendre plausible à l'aide d'illustrations empruntées au passé. Méthodologiques : il ne peut être question d'importer en histoire des modèles explicatifs issus d'autres disciplines – qu'il s'agisse de sciences sociales ou qu'il s'agisse de la biologie ou de la physique ou des mathématiques – et de les plaquer sur la réalité historique. C'est seulement à partir de l'étude historique des événements qu'on peut espérer découvrir la raison qui les règle.

Le régime d'historicité – c'est-à-dire le rapport au temps – qui prévaut parmi les historiens depuis la fin du XVIIIe siècle ne doit pas être confondu avec la philosophie de Hegel. On peut concevoir l'histoire comme un procès global, objectif et obéissant à sa logique propre sans partager pour cela les implications épistémologiques et méthodologiques de cette philosophie, et sans croire véritablement qu'il existe une logique intérieure à l'histoire. Autrement dit, on peut faire « comme si » cette logique était intérieure à l'histoire et tenter

1. On peut lire une présentation très didactique de la théorie de l'histoire de Hegel *in* G. A. Cohen, *Karl Marx's Theory of History. A Defence*, Oxford, Oxford University Press, 1982.

de la débusquer, sans croire véritablement qu'elle est objective. C'est sans doute l'opinion que défendraient la majorité des historiens aujourd'hui si l'on menait auprès d'eux une enquête d'opinion, afin de ne pas être accusés de naïveté. L'antiréalisme ambiant est puissant, et la philosophie kantienne omniprésente. Encore peut-on s'interroger sur la cohérence d'une attitude qui consisterait à rechercher dans l'histoire une logique qui en est absente. Par ailleurs, les historiens ont rarement suivi Hegel dans sa tentative de globaliser les événements à l'échelle du monde : ils ont préféré adopter des espaces et des séquences historiques moins étendus. Ils ont, par exemple, tenté de faire l'histoire unitaire de civilisations, ou de nations : ainsi l'histoire de France ou d'Angleterre. D'autres découpages ont été opérés : il y a l'histoire de l'art, l'histoire du capitalisme, l'histoire des villes de Vienne et d'Auxerre, de la Deuxième Guerre mondiale, de la bande dessinée, etc. Ces histoires ont-elles une véritable unité ou leur délimitation, spatiale et temporelle, est-elle le fruit d'une projection de notre esprit ? Quelle que soit la réponse philosophique qu'on apporte à cette question, il importe à l'historien, dans chaque cas, de déterminer si le découpage était *historiquement* pertinent. Et, pour en décider, c'est de la « logique » de l'histoire qu'il va se soucier. Pour comprendre l'évolution de la bande dessinée, par exemple, faut-il faire aussi l'histoire du cubisme, et l'histoire de l'automobile ? Cette question ne concerne pas les facteurs extérieurs à la bande dessinée qui en ont influencé le cours. Tout système est sujet à l'influence de facteurs extérieurs, et le cubisme comme l'automobile ont pu influencer la bande dessinée. À ce titre, on fera état de ces influences à l'intérieur de l'histoire de la BD. Mais autre chose est de savoir si l'histoire de l'automobile fait ou ne fait pas partie de la logique d'évolution de la bande dessinée. Cette évolution est-elle incompréhensible lorsqu'on n'y inclut pas l'histoire de l'automobile ou, inversement, lorsqu'on n'inclut pas l'histoire de la BD dans l'évolution de l'automobile ? Lorsqu'il se veut attentif à ce genre de question, l'historien se conforme au régime d'historicité que l'histoire a privilégié depuis la fin du XVIIIe siècle : il se préoccupe de restituer le sens unitaire du déroulement de l'histoire de la BD et d'en découvrir la logique intérieure ; il conçoit l'histoire comme un procès global, objectif et obéissant à sa propre logique.

Il est éclairant de comparer ce « régime d'historicité » à celui qui l'a précédé, et dont Revel nous dit qu'il a caractérisé l'histoire depuis l'Antiquité jusqu'à la fin du XVIIIe siècle. Il était tout à fait différent. L'histoire y était conçue comme une succession d'événements discontinus n'obéissant à aucune logique. Il revenait alors à l'historien d'attribuer un sens raisonnable à l'enchaînement des événements à l'aide de récits plausibles et convaincants. Il n'y avait d'histoire, à proprement parler, que des individus. Et ce qui leur arrivait se produisait sans raison, n'obéissant à aucune logique. Ils étaient le jouet du hasard ou de la fatalité. Revel évoque la manière dont Aristote, au IVe siècle avant J.-C., comparait l'histoire à la poésie. Cette comparaison nous permet de mieux cerner la différence entre les deux « régimes d'historicité » que Revel, s'appuyant sur Koselleck, attribue à l'histoire. L'historien raconte les événements qui sont arrivés, tandis que le poète raconte les événements qui *pourraient* arriver. Aussi la poésie est-elle plus philosophique que l'histoire, explique Aristote. C'est de la philosophie que relève l'interrogation sur ce qui est possible ou nécessaire. La poésie, comme la philosophie, visent ce qui est possible et nécessaire, et donc ce qui est général ou universel, alors que l'histoire raconte ce qui est arrivé, elle ne vise que le particulier. L'opposition entre le particulier et le général, comme l'opposition entre la contingence et la nécessité, par lesquelles Aristote différencie l'histoire de la poésie, nous permettent de résumer sur quoi s'opposent les deux régimes d'historicité majeurs de l'histoire. Les différences qu'on peut observer entre l'une et l'autre façon de faire de l'histoire sont nombreuses : tant les modalités cognitives que les formes d'écriture varient comme l'a montré Revel. Mais ces différences sont toutes commandées par une différence majeure. L'historien pense-t-il qu'on peut apercevoir les contours de ce qui est possible ou nécessaire dans l'histoire ? Dans ce cas, il espère découvrir au creux du temps la logique qui en règle le cours. Et il se mue alors, en quelque mesure, en « poète » ou en « philosophe ». S'il pense au contraire que la chronologie est le seul principe d'ordre auquel obéissent les événements, que fera-t-il ? Il rapportera ce qui est arrivé dans des récits vraisemblables.

Les deux régimes d'historicité qui ont successivement dominé l'histoire, avant et après la fin du XVIIIe siècle, nous permettent d'identifier clairement deux façons profondément différentes, chez les historiens, de se rapporter au temps. Cela dit, dans la pratique, les choses ne sont pas tranchées. L'historien « poète » ou l'historien « philosophe » qui ne se contente pas de raconter ce qui est arrivé mais qui veut découvrir aussi comment cela était possible (les conditions culturelles, juridiques, économiques, technologiques, démographiques et géographiques qui ont permis qu'arrive ce qui est arrivé) n'ignore pas cependant que les faits sont contingents et aléatoires, et il ne se soustrait pas à l'obligation d'en faire le récit. Les « paradoxes » que relève Revel dans la pratique de l'histoire au XIXe siècle le montrent bien. On retrouve, mêlés à l'historiographie moderne, des traits caractéristiques du régime antérieur. Aucun historien ne veut ou ne peut abandonner le rapport au temps que cristallise le régime d'historicité traditionnel. Une chronologie, une séquence d'événements et un récit qui permet de les relier, personne ne s'en passerait. Quant à celui qui écarte l'existence d'une quelconque logique inhérente à l'histoire, il ne se prive pas de chercher des raisons à ce qui est arrivé. Et ces raisons, il ne se contente pas de les chercher dans les motifs qui ont conduit ses personnages à prendre telle ou telle décision, et dans les mobiles qui ont pu obscurément les pousser à agir. Il cherche aussi à connaître les circonstances qui, se combinant, ont amené les hommes à agir comme ils l'ont fait et non autrement. Dans la pratique de l'historien, les deux régimes d'historicité se conjuguent dans des mesures variées.

Des temporalités étagées

Fernand Braudel a joué un rôle éminent, il y a plus de quarante ans, dans la réflexion des historiens sur l'histoire. Il refusait d'attribuer à tel ou tel facteur dominant – facteur spirituel, ou psychologique, ou social, ou économique, ou technologique, ou démographique – le pouvoir de commander le cours de l'histoire et de lui donner une cohérence et une unité. Mais il contestait aussi l'approche traditionnelle qui, pour mettre de l'ordre dans les événements, les rapportait à la seule volonté des « grands hommes ». Alors comment essayait-il, pour sa part, de mettre de l'ordre dans l'histoire, ou d'en découvrir la « logique » ? Il attira l'attention sur l'existence, dans l'histoire, de temporalités différentes. Pour commencer une histoire quasi immobile, presque hors du temps, celle de l'homme dans ses rapports avec le milieu qui l'entoure, confinant à la géographie ; ensuite une histoire lentement rythmée, celle des économies et des États, des sociétés, des civilisations ; enfin l'histoire à la dimension de l'individu et de l'événement. « Ainsi sommes-nous arrivés à une décomposition de l'histoire en plans étagés. Ou, si l'on veut, à la distinction, dans le temps de l'histoire, d'un temps géographique, d'un temps social, d'un temps individuel. »[1] On a coutume d'assimiler la pensée de Braudel au structuralisme. Et lui-même affirma la proximité de son approche de l'histoire avec la pensée structurale. À vrai dire, il développe une approche originale de l'histoire qui va nous guider pour résoudre la question délicate des rapports entre histoire et structure, et qui va nous permettre d'apercevoir l'utilité de l'histoire pour les sciences sociales.

Comment Braudel concevait-il la relation entre les trois temporalités de l'histoire qu'il avait différenciées ? Chacune est en soi un essai d'explication, commençait-il par déclarer dans la préface à sa thèse célèbre sur le monde méditerranéen au XVIe siècle que je viens de citer. Mais quelques lignes plus bas il avançait un point de vue différent : les événements, ceux qui ressortissent du temps individuel, ne s'expliquent que par les courants sous-jacents, ceux du temps géographique et du temps social. L'histoire événementielle est « une agitation de surface, les vagues que les marées soulèvent sur leur puissant mouvement ». Enfin, il se voulait rassurant : « Ces plans ne veulent être que des moyens d'exposition. » L'hésitation est manifeste. Tournons-nous vers des exemples. « L'exemple le plus accessible semble encore celui de la contrainte géographique, écrivait-il neuf ans plus tard, en 1958[2]. L'homme est prisonnier, des siècles durant, de climats, de végétations, de populations animales, de cultures, d'un équilibre lentement construit, dont il ne peut s'écarter sans risquer de remettre tout en cause. Voyez la place de la transhumance dans la vie montagnarde, la permanence de certains secteurs de vie maritime, enracinés en tels points privilégiés des articulations littorales, voyez la durable implantation des villes, la persistance des routes et des trafics, la fixité surprenante du cadre géographique des civilisations. Mêmes permanences ou survivances dans l'immense domaine culturel. » Pour illustrer les contraintes culturelles, Braudel mentionnait alors la persistance de la culture latine du Bas-Empire jusqu'aux XIIIe et XIVe siècles : « La civilisation des élites intellectuelles a vécu des mêmes thèmes, des mêmes comparaisons, des mêmes lieux communs et rengaines. » Et, pour illustrer les contrain-

1. *La Méditerranée et le monde méditerranéen à l'époque de Philippe II*, Paris, Armand Colin, 1949, p. XIII et XIV. Reproduit dans F. Braudel, *Écrits sur l'histoire*, Paris, Flammarion, 1969, p. 11-13.

2. « La longue durée », *Annales ESC*, n° 4, octobre-décembre 1958, « Débats et combats », p. 725-753. Reproduit dans F. Braudel, *op. cit.* Cette citation et celles qui suivent proviennent des pages 51-53.

tes de plus ou moins longue durée qui pèsent sur la vie économique, il évoquait le capitalisme marchand. En Europe occidentale, « il se maintient à peu près en place du XIVe au XVIIIe siècle, disons, pour plus de sécurité, jusque vers 1750. Des siècles durant, l'activité économique dépend de populations démographiquement fragiles, comme le montreront les grands reflux de 1350-1450 et, sans doute, de 1630-1730. Des siècles durant, la circulation voit le triomphe de l'eau et du navire, toute épaisseur continentale étant obstacle, infériorité. Les essors européens, sauf les exceptions qui confirment la règle (foires de Champagne déjà sur leur déclin au début de la période, ou foires de Leipzig au XVIIIe siècle), tous ces essors se situent au long des franges littorales. Autres caractéristiques de ce système : la primauté des marchands ; le rôle éminent des métaux précieux, or, argent et même cuivre, dont les heurts incessants ne seront amortis, et encore, que par le développement décisif du crédit, avec la fin du XVIe siècle ; les morsures répétées des crises agricoles saisonnières ; la fragilité, dirons-nous, du plancher même de la vie économique ; le rôle enfin, disproportionné à première vue, d'un ou deux grands trafics extérieurs : le commerce du Levant du XIIe au XVIe siècle, le commerce colonial au XVIIIe ».

Braudel nous montre, par ces exemples, que la vie s'inscrit à l'intérieur de contraintes géographiques et sociales de plus ou moins longue durée. Est-ce pour nous persuader de tourner le dos à l'histoire événementielle et au récit des actions individuelles ? Non. « Le danger d'une histoire sociale, nous l'apercevons tous : oublier, dans la contemplation des mouvements profonds de la vie des hommes, chaque homme aux prises avec sa propre vie, son propre destin. » Mais Braudel veut nous convaincre qu'on ne peut comprendre l'histoire des événements qui sont à la mesure du temps des individus, si l'on ignore « l'histoire de longue durée ». Il écrit : « En tout cas, c'est par rapport à ces nappes d'histoire lente que la totalité de l'histoire peut se repenser, comme à partir d'une infrastructure. Tous les étages, tous les milliers d'étages, tous les milliers d'éclatement du temps de l'histoire se comprennent à partir de cette profondeur, de cette semi-immobilité ; (...). »[1] Braudel ne s'en tient plus, on le voit, à une tripartition de l'histoire en trois temporalités, la temporalité géographique, la temporalité sociale et la temporalité individuelle. C'est de milliers d'étages temporels qu'il s'agit maintenant, qu'on ne peut comprendre qu'à partir des durées de la végétation, du cadre géo-

1. *Ibid.*, p. 54.

graphique des civilisations, du tracé des routes, des lieux communs, de la construction des navires, du crédit, etc. Toutes ces durées, de longueur variée, découpent des temporalités historiques multiples et elles sont déterminantes des événements qui se produisent à l'échelle des individus.

L'explication braudélienne des phénomènes sociaux

Nous commençons à entrevoir, si nous suivons Braudel, de quelle façon l'histoire pourrait contribuer à l'explication des faits sociaux, dans les sciences sociales. Ce qui dure (civilisations, voies maritimes, importation des métaux précieux, lieux communs...) dessine les contours de ce qui est possible et de ce qui est nécessaire, et permet – à ce titre et en ce sens – de comprendre ce qui arrive.

La « longue durée » ne désigne pas une temporalité creuse, elle désigne les événements qui durent. Les événements de longue durée, ce sont ceux qui se prolongent dans le temps : par exemple le climat, la création d'un port ou l'implantation d'une ville, les reflux démographiques, l'introduction d'un outil. Les événements de longue durée, c'est aussi ceux qui se répètent : les saisons, l'élevage, la transhumance, les pratiques culturelles, les lieux communs. Et puis il y a les événements qui durent en se multipliant : le trafic maritime, les marchés, le développement du crédit. Ces événements-là, de longue durée, ne sont pas ceux de l'histoire que Simiand qualifiait d'« événementielle », où l'événement est à la taille des individus. Mais les événements qui durent ne sont pas moins contingents et factuels. Ils sont inattendus, imprévisibles, bouleversants, et contraignants, comme peuvent l'être les événements ponctuels. Le temps de l'histoire est une réalité « violente », écrit Braudel. « Cette contrainte à laquelle l'historien n'échappe jamais, les sociologues, eux, y échappent presque toujours : ils s'évadent, ou dans l'instant, toujours actuel, comme suspendu au-dessus du temps, ou dans les phénomènes de répétition qui ne sont d'aucun âge (...). Cette évasion est-elle licite ? Là est le vrai débat entre historiens et sociologues, même entre historiens d'opinions différentes. »[1]

1. *Ibid.*, p. 79.

L'histoire peut nous instruire sur les événements concrets de longue durée qui, parce qu'ils sont de longue durée – parce qu'ils durent en se prolongeant, en se répétant ou en se multipliant – ont rendu possible ce qui est arrivé. L'histoire peut décrire les formes économiques, culturelles, démographiques ou géographiques qui enserrent « ce qui arrive », qui l'ordonnent et qui le canalisent, qui régulent son incidence sur la vie sociale et qui, de cette manière, délimitent pour un temps le champ des possibles. Ces formes, pour Braudel, ne sont pas des structures formelles, ce sont des réseaux routiers et des voies maritimes, des échanges marchands, des flux de métaux précieux ou des pratiques culturelles. On peut les comparer au moule du sculpteur. Ces formes sont des événements de longue durée qui dessinent les contours de ce qui peut ou doit arriver, et de ce qui ne peut pas arriver.

Braudel structuraliste ?

Braudel écrivit que le mot de *structure* est une « clef » qui introduit à l'histoire de longue durée ; et que la structure « domine les problèmes de la longue durée ». Ailleurs il qualifia expressément l'histoire de longue durée, d'« histoire structurale »[1]. Et encore : « La "modélisation" sortirait ainsi notre discipline de son goût du particulier qui ne saurait suffire. »[2] Braudel s'intéressait aux travaux de Lévi-Strauss, commentait les « nouvelles mathématiques sociales », et il était attentif à l'ensemble du mouvement structuraliste qui se déployait à cette époque tout autour de lui. On comprend donc qu'il ait été maintes fois rangé du côté des structuralistes. Séduit par le projet structuraliste qui lui semblait à l'époque s'imposer dans les sciences humaines, Braudel ne doutait pas de sa fécondité pour l'explication en histoire. Mais il refusait toute réduction de l'histoire – c'est-à-dire du temps et de l'événement – aux modèles structuraux issus du structuralisme. Il proposait, avec la « longue durée », un principe d'explication différent.

Les sciences sociales, sous l'impulsion du structuralisme, se

1. « Histoire et sociologie », in *Traité de sociologie*, sous la direction de G. Gurvitch, Paris, PUF, 1958-1960. Reproduit dans F. Braudel, *op. cit.*, p. 97-122.

2. « Unité et diversité des sciences de l'homme », *Revue de l'enseignement supérieur*, n° 1, 1960. Reproduit dans F. Braudel, *op. cit.*, p. 92.

fixaient pour tâche de découvrir les structures formelles qui commandent et expliquent les phénomènes sociaux. La voie que proposait de suivre Braudel pour appréhender la logique de l'histoire était de sens opposé. La structure, au sens où l'entend Braudel, est une forme empirique, concrète, qui dure. Il écrivait : « Pour nous, historiens, une structure est sans doute assemblage, architecture, mais plus encore une réalité que le temps use mal et véhicule très longuement. »[1] Formes empiriques et structures théoriques : l'histoire braudélienne et les sciences sociales structuralistes proposent deux principes d'explication différents de la vie sociale. Mais les sciences sociales et l'histoire étaient appelées, dans l'esprit de Braudel, à devenir complémentaires.

La conception braudélienne de l'explication historique est de nature à concilier, quoi qu'on en pense, le point de vue des historiens soucieux de ne pas inféoder leur discipline à des critères de pertinence venus des autres sciences humaines, et celui des historiens qui jugent qu'il est de leur métier de comprendre le sens et la portée des faits recueillis. Ce qui est nouveau ici, ce n'est en aucune façon un changement de « paradigme », mais c'est – à l'intérieur du second « régime d'historicité » que nous a décrit Jacques Revel – une invitation à être attentif au pouvoir explicatif des événements qui sont de plus ou moins longue durée. Cette invitation oblige l'historien à élargir en conséquence ses sources pour qu'il ait accès à ces événements de longue durée (sources géographiques, économiques, démographiques, culturelles, juridiques, etc.) La géographie, l'économie, la démographie, etc. peuvent alors être sollicitées au titre de « sciences auxiliaires » de l'histoire, à côté de l'épigraphie, de la sigillographie ou de la numismatique ! Leur rôle est d'aider l'historien dans le contrôle et l'établissement du « témoignage » qu'il recueille auprès de ces sources nouvelles. La méthodologie historique en sort renforcée mais nullement altérée. La logique intérieure à l'histoire et donc le sens unitaire de son déroulement, c'est de l'histoire qu'elle émerge et c'est le travail de l'historien qui la met au jour, avec l'aide quand il le faut d'autres disciplines ; il ne faut pas chercher cette logique ailleurs, dans des théories sociales construites à d'autres fins, et conçues « hors du temps », comme le disait Braudel. Cette complémentarité-là des sciences humaines avec l'histoire (elles sont sollicitées à titre de

1. « La longue durée », *Annales ESC*, n° 4, octobre-décembre 1958, « Débats et combats », p. 725-753. Reproduit dans F. Braudel, *op. cit.*, p. 50.

« sciences auxiliaires » pour établir correctement les données historiques) ne préjuge pas de la complémentarité du principe d'explication braudélien (formes empiriques) et du principe d'explication structural (structures théoriques), que Braudel appelait de ses vœux mais qui ne devait pas, à ses yeux, altérer le travail de l'historien. Nous y reviendrons plus loin.

La géographie régionale

Lorsque Braudel fait valoir l'existence de temporalités multiples et qu'il les associe à des événements de plus ou moins longue durée de nature géographique ou sociale, il ne part pas de rien. L'existence de temporalités propres aux aménagements humains est familière aux géographes depuis longtemps. C'est la formation géographique qu'ils reçoivent à partir des alentours de 1900 en France, selon Paul Claval, qui sensibilise les historiens à la diversité des temporalités dans lesquelles s'inscrivent les éléments du paysage et les sociétés qui les ont façonnés. À pratiquer la géographie, les historiens s'aperçoivent que la temporalité n'est pas faite d'une suite unilinéaire d'événements. Les travaux que Marc Bloch développe sur l'histoire de la campagne française en témoignent. Dans les travaux de géographie régionale qui se développent à partir des années 1900, l'analyse distingue deux états de la société rurale et des modes d'exploitation de la terre : la situation actuelle, marquée par la pénétration de formes commerciales d'exploitation qui éliminent petit à petit ce qui subsiste des genres de vie traditionnels, et la société qui existait lorsque ces genres de vie dominaient encore. L'analyse implique un schéma des temporalités du type suivant : 1 / la société traditionnelle, qui ne peut être saisie dans son intégralité qu'en remontant jusqu'au milieu du XIXe siècle, ou avant ; 2 / une phase de transition, où coexistent des restes plus ou moins altérés des modes d'organisation économique et sociale anciens et des formes modernes ; 3 / une société rurale totalement modernisée, qui se profile déjà dans certaines zones livrées à la concurrence en Angleterre. Les mutations qui caractérisent la deuxième phase sont clairement identifiables et parfaitement datables : suppression des assolements obligatoires, chute des cours du blé, arrivée des céréales du Nouveau Monde, catastrophe du phylloxéra, etc. À chacune des phases temporelles correspond un paysage agraire différent. La géographie s'inscrit ainsi dans le temps de l'histoire[1].

La géographie régionale, caractéristique de l'école classique de géographie française, a aussi prévalu à l'étranger jusqu'au milieu du XXe siècle. Au chapitre 2 du présent ouvrage, Jean-François Staszak écrit : « La région naturelle, caractérisée par son climat, son sol ou son relief était la panacée à un moment où les hommes, croyait-on, avaient peu affecté leur environnement naturel et étaient tributaires des conditions imposées par celui-ci. Les géographes français ont, dès la fin du XIXe siècle, pris conscience que les sociétés n'étaient pas déterminées par le milieu naturel, et que l'existence même de ce dernier était douteuse, tant les hommes ont partout, à travers l'histoire, transformé leur cadre de vie. On considère alors que l'homogénéité d'une région procède plutôt de faits économiques et culturels, du choix d'un genre de vie et d'une activité économique. On parle de région historique pour souligner que la région est un produit de l'activité des hommes qui se construit à travers le temps. » C'est ainsi que la géographie régionale, tout en conservant sa place à la géographie « physique », a ouvert le chemin d'une science humaine de l'espace. Et en humanisant l'espace, elle permettait de mettre en évidence des spatialités et des temporalités liées.

Comment différencier chaque région des autres régions ? La liste des caractéristiques d'un lieu est interminable, dit encore Staszak : le sol, le climat, la végétation, le relief, la densité, les activités économiques, la religion qui prévaut, etc., se conjuguent pour former une infinité de combinaisons. C'est cette combinaison qui fait la singularité de la région. La géographie régionale affronte, comme on le voit, un problème analogue à celui auquel se heurte l'historien : découvrir, ici la logique d'une histoire, là la logique d'un espace. Et la réponse consiste moins à évoquer l'un ou l'autre facteur dominant (culturel, politique, économique, démographique...) chargé de tout expliquer, qu'à découvrir une combinaison particulière de traits caractéristiques de la région. Ces traits caractéristiques ne sont pas différents de ceux que retient Braudel pour dessiner les contours de « ce qui est possible » en histoire : il s'agit des événements de plus ou moins longue durée qui se combinent dans l'espace considéré pendant une période historique donnée. Végétation, religions, climats,

1. Les observations qui précèdent sont de Paul Claval, qui me les a aimablement communiquées. Je l'en remercie vivement.

arrivée des céréales du Nouveau Monde, catastrophe du phylloxéra sont des événements longs qui appartiennent à la géographie régionale comme à l'histoire.

La façon dont Braudel cherchait à expliquer l'histoire ou à en découvrir la logique et le sens unitaire, nous la retrouvons donc en géographie régionale pour ce qui est de l'espace. Elle consiste à découvrir, dans un espace et pendant un temps donnés, une combinaison, une forme ou une structure empirique singulière. Elle ne consiste pas à proposer une forme ou une structure formelle, de portée théorique. Le rôle des cartes en géographie régionale illustre bien cela. La carte, comme le souligne Staszak, n'est pas seulement un moyen d'expression, mais aussi de réflexion et d'argumentation : elle a une force « logique », écrit-il, et constitue souvent un instrument de démonstration à la fois claire et rapide pour le géographe. Logique ? Démonstration ? À l'évidence, il ne s'agit pas de logique ou de démonstration formelles. La combinaison de traits empiriques que la carte, ou le « croquis de synthèse », permettent d'interpréter et d'évaluer, est une logique – disons – matérielle. On peut qualifier de la même manière les combinaisons d'événements de longue durée par lesquelles Braudel proposait d'expliquer l'histoire : ce sont des logiques matérielles.

L'analyse spatiale

L' « analyse spatiale », en géographie, est une approche de l'espace diamétralement opposée à celle qui a été suivie par la géographie régionale. Ses promoteurs ont été soucieux, dans les années 1950, d'accroître la valeur scientifique de la géographie, en la conformant au modèle de scientificité issu de la tradition empiriste en philosophie des sciences. Jean-François Staszak résume clairement (cf. 1re partie, chap. 2) les grandes options épistémologiques de ce courant de recherche en géographie, qui depuis les années 1970 domine la géographie française. À l'instar des sciences physiques, la géographie se donne pour but de découvrir des « lois », en l'occurrence les lois de l'organisation de l'espace. Ces lois sont conçues de deux manières. Une loi peut être une régularité statistique observée entre certaines propriétés de l'espace, et à laquelle on attribue une portée universelle. Mais une loi peut être aussi un modèle théorique, capable de rendre raison de certaines propriétés de l'espace, et possédant également une portée universelle (par exemple le modèle de Christaller décrit par Staszak et auquel je reviendrai dans quelques instants). L'ambition de découvrir des lois universelles est à l'opposé de l'ambition de la géographie régionale, préoccupée de décrire les particularités locales d'une région et d'en saisir la singularité résultant d'une combinaison empirique originale de traits caractéristiques.

Outre qu'ils tournent le dos à la méthodologie développée au sein de la géographie régionale, dans le but de renforcer le statut scientifique de la géographie, les tenants de l'analyse spatiale, comme nous le rapporte Staszak, jugent aussi que l'approche régionale est impuissante à rendre raison des espaces bouleversés par l'urbanisation, la tertiarisation des sociétés, la révolution des transports et la mondialisation de l'économie. Elle pouvait sans doute, à sa manière, traiter du monde rural et des sociétés traditionnelles. Mais comment pourrait-elle expliquer les espaces issus des bouleversements socio-économiques récents ? « Comment peut-elle comprendre Paris ou Los Angeles ? Comment peut-elle expliquer les contrastes de développement qui deviennent criants à l'échelle de la planète ? Les concepts de région, de milieu, de genre de vie ne semblent plus d'un grand secours. » Où réside la force de cet argument que nous résume Staszak ? L'espace humain se modifie de plus en plus vite, il n'est donc plus possible de l'expliquer par la langue, les coutumes, les voies de communication, etc., bref par ce que Braudel appelait « la longue durée ». Autrement dit, c'est l'histoire – source d'informations indispensable de la géographie régionale – qui cesse de pouvoir guider le géographe dans l'explication de l'espace, parce que l'espace est désormais coupé de son passé. Cet argument touche directement à la première question à laquelle nous cherchons à répondre dans ce chapitre : À quoi l'histoire peut-elle servir dans les sciences sociales ? Nous avons appris que l'histoire – l'histoire des longues durées – avait occupé un rôle déterminant dans l'explication des espaces régionaux. Mais ce rôle, elle ne pourrait plus le remplir en géographie, dès lors que l'espace, aujourd'hui bouleversé, n'a plus d'histoire.

À cette première objection apportée à l'utilité de l'histoire en géographie, s'en ajoute une deuxième. Lorsqu'on se donne pour but de découvrir les « lois » de l'organisation de l'espace, comme le fait l' « analyse spatiale », l'histoire devient – apparemment – superflue. Car l'explication par les « lois » remplace, semble-t-il, avantageusement l'explication de l'espace par la longue durée. Cette seconde objection, qui est de nature proprement épistémologique, ne concerne pas seulement la géographie, elle vaut pour l'ensemble des sciences sociales. En effet, le modèle de scientificité adopté par l' « analyse spatiale » est aussi celui qui a présidé à l'essor des sciences du social (démographie, ethnologie, psychologie sociale et sociologie), comme nous l'a montré Jean-Michel Berthelot au chapitre 5 de la première partie. Mais est-il vrai que l'explication par des « lois » rend l'histoire inutile ? Pour le savoir, voyons de plus près à quelles conditions on peut établir une « loi ».

Les lois

L'idéal scientifique issu de la philosophie empiriste et auquel adhèrent de nombreux chercheurs en sciences sociales est dominé, comme nous l'explique Berthelot, par la raison expérimentale, et on y accorde une place centrale à la production de régularités statistiques. Certaines régularités statistiques, une fois établies, se voient attribuer le statut de relation causale. D'autres sont élevées au rang de loi. On parle alors d'analyse causale ou de modèle « nomologique ». Outre les lois qu'on dérive de régularités statistiques, il existe une autre sorte de lois auxquelles on attribue le statut de modèle théorique. Le modèle de Christaller décrit par Staszak cidessus (1re partie) en est un exemple. Arrêtons-nous d'abord aux lois issues de régularités statistiques.

Ce n'est pas parce que deux événements se succèdent régulièrement que le premier est la cause du second ; et ce n'est pas parce qu'on observe qu'ils se succèdent régulièrement, qu'on peut en conclure qu'ils se succèdent nécessairement. Par conséquent il n'est pas légitime de fonder une loi scientifique sur la régularité qu'on observe dans la succession (ou dans la présence simultanée) de deux ou plusieurs phénomènes. David Hume a expliqué cela en 1748, et personne depuis lors n'a trouvé d'objection à formuler à cette réflexion de bon sens. Cela veut dire qu'il n'est pas raisonnable d'élever une régularité, absolue ou statistique, au rang de loi. Car c'est lui accorder un caractère de nécessité qu'elle ne peut avoir. Et on peut donc remarquer, en passant, que ce n'est pas la difficulté plus grande, dans les sciences sociales, à généraliser des observations qui fait obstacle à la découverte de lois dans ces sciences. Une loi n'est pas – et ne peut être – le fruit d'une généralisation parce qu'une généralité n'est pas une nécessité. La mise en garde de Hume signifie également que si la science n'avait d'autre ressource que d'observer ce qui se passe, elle ne pourrait pas prétendre établir de lois. A-t-elle d'autres ressources ? Oui, il en existe deux. Premièrement, on peut chercher à découvrir le processus, ou le « mécanisme », qui produit ou génère le phénomène qu'on veut expliquer. Un tel schéma explicatif est d'ordre empirique : il décrit comment certains faits – certains événements – en se combinant, peuvent provoquer l'apparition d'un phénomène, ou conduire un système d'un état à un autre état. La deuxième ressource à laquelle la science fait appel consiste à découvrir les conditions théoriques qui doivent être réunies pour que le processus ou le mécanisme puisse en effet produire le phénomène qu'on cherche à expliquer. C'est la combinaison de concepts par laquelle sont définies les conditions théoriques nécessaires et suffisantes à la production du phénomène qui peut avoir le statut de loi scientifique. Illustrons cela par des exemples. Voici pour commencer l'exemple d'un processus ou d'un mécanisme qui explique comment peut se produire le phénomène qu'on désire expliquer.

Claude Bernard étudie pourquoi le curare est mortel. « (...) cette étude, écrit-il, nous montre comment un déterminisme unique des plus simples, tel que la lésion d'une extrémité nerveuse motrice, retentit successivement sur tous les autres éléments vitaux pour amener des déterminismes secondaires qui vont en se compliquant de plus en plus jusqu'à la mort. J'ai voulu établir ainsi expérimentalement l'existence de ces déterminismes intra-organiques sur lesquels je reviendrai plus tard, parce que je considère leur étude comme la véritable base de la pathologie et de la thérapeutique scientifique. »[1] Si Claude Bernard considère la connaissance des mécanismes intra-organiques comme la base de la pathologie et de la thérapeutique, c'est parce que c'est par eux qu'on explique l'action des remèdes thérapeutiques, et les causes des pathologies. Sans la connaissance de ces mécanismes, explique-t-il, la médecine n'a d'autre recours que les statistiques : le médecin doit se contenter de recourir aux remèdes qui ont réussi un certain nombre de fois. Il reste dans l'ignorance du processus par lequel le remède agit sur le mal. Il ignore aussi pour-

1. C. Bernard, *Introduction à l'étude de la médecine expérimentale*, Paris, Garnier-Flammarion, 1966, p. 137.

quoi le curare, par exemple, dont on a observé qu'il est mortel, provoque la mort. La connaissance de la structure chimique du curare ne suffirait pas à l'expliquer, c'est au contraire lorsqu'on connaît le processus physiologique déclenché par le curare, qu'on peut expliquer comment il se fait que la structure du curare a la propriété causale de provoquer la mort. « Tel est, en effet, l'état de la médecine empirique qui est une médecine *conjecturale*, parce qu'elle est fondée sur la statistique (...) il faut savoir que la médecine ne doit pas en rester là et qu'elle est destinée à devenir expérimentale et scientifique » (*op. cit.*, p. 297-298). C'est à dessein que j'emprunte ce premier exemple aux sciences naturelles, et à un des plus éminents théoriciens de la démarche expérimentale. Car il nous révèle que ce que Hempel en philosophie des sciences a présenté comme le modèle de l'explication scientifique – il s'agirait de déduire les phénomènes à expliquer de régularités, absolues ou statistiques, qu'on élève au rang de « lois »[1] – caractérise, aux yeux de Claude Bernard, l'état déficient de nos connaissances que la science a pour vocation de combler. Nous devinons aussi, à entendre Claude Bernard, combien est biaisée la discussion sans cesse recommencée sur le besoin, pour les sciences humaines, de se distancier des sciences de la nature. S'il est vrai que les sciences humaines ne peuvent se contenter de régularités statistiques ou de relations causales et se doivent, au contraire, de les comprendre et de les interpréter, ou d'en découvrir le *sens,* c'est *aussi* ce que font les sciences de la nature. Afin de comprendre les relations qu'on peut observer entre les phénomènes – que celles-ci soient issues de l'analyse statistique ou qu'elles soient obtenues par expérimentation ou qu'elles appartiennent à la connaissance commune, qu'elles soient régulières ou irrégulières, et qu'elles soient ou non causales – les sciences de la nature s'efforcent de découvrir les processus qui sont à l'œuvre et qui génèrent ces relations, et de connaître les conditions théoriques qui rendent possibles les processus observés. L'explication scientifique est à l'opposé de l'explication que la tradition empiriste prône en philosophie des sciences. Au lieu que ce soient les régularités empiriques, absolues ou statistiques, qui – une fois revêtues du label de « loi » – expliquent les phénomènes particuliers, ce sont ces régularités (mais tout aussi bien les phénomènes irréguliers et singuliers) que la science veut expliquer par le pro-

1. Il s'agit de l'explication « déductive-nomologique » (D-N) et de sa variante « inductive-statistique » (I-S). Ruwen Ogien présente et commente le modèle d'explication scientifique proposé par Hempel ci-dessous, 3e partie.

cessus qui les produit et par les conditions qui rendent possible leur production[1].

Illustrons maintenant le deuxième atout dont disposent les sciences pour établir une loi : il consiste à rechercher les conditions théoriquement nécessaires et suffisantes à la production du phénomène. Prenons pour exemple le modèle de Christaller, que décrit ci-dessus J.-F. Staszak (1re partie, chap. 2). Il écrit : « On aboutit à un espace hétérogène, structuré par des villes, des places centrales proposant des biens (services) centraux, hiérarchisées selon la rareté des services offerts, équidistantes à chaque niveau de la hiérarchie, et qui découpent l'espace en aires d'influences hexagonales. Cette organisation complexe résulte des seules hypothèses de l'isotropie (originelle) de l'espace, du jeu de la distance et de la rationalité économique, de l'existence d'économies d'échelle. » Ces hypothèses forment le noyau théorique du modèle. Elles désignent les conditions théoriques qui expliquent la localisation des centres de services. Expliquent-elles véritablement leur localisation ? Autrement dit, peut-on véritablement déduire de ce modèle théorique les localisations qu'on observe dans la réalité, lorsqu'on tient compte évidemment du relief, des axes de transport, des facteurs culturels, etc. dont le modèle fait abstraction ? Il ne s'agit pas ici de discuter de la pertinence du modèle de Christaller ; ce qui importe est d'observer que c'est au moyen d'un modèle théorique, et non de régularités empiriques, qu'on cherche à expliquer la localisation des services, et que ce modèle est qualifié de loi scientifique par la communauté des chercheurs. C'est par cette sorte d'explication qu'on espère expliquer la localisation des centres de services. J'ajoute que la pertinence du modèle ne repose pas sur le fait qu'on puisse « déduire » du modèle une configuration spatiale des centres de service qui soit approximativement la même partout, mais qu'on puisse « déduire » du modèle toutes les configurations spatiales observées, aussi variées soient-elles. Que doit-on entendre ici par « déduction » ? Il faut que toutes les configurations spatiales de services, si variées soient-elles, « impliquent » le modèle, c'est-à-dire qu'elles aient pour conditions théoriques nécessaires et suffisantes celles qui sont prévues dans le modèle de Christaller. Et il faut que les configurations – si variées qu'elles soient en raison du relief, des facteurs culturels, etc. – soient néan-

1. L'explication scientifique, telle que j'en résume ici la nature, a fait l'objet d'une étude pluridisciplinaire, *in* R. Franck (éd.), *Faut-il chercher aux causes une raison ? L'explication causale dans les sciences humaines*, Paris, Vrin-IIEE, 1994.

moins conformes à ce qu'implique raisonnablement le modèle. C'est à ce titre et en ce sens que le modèle de Christaller peut être qualifié de loi (à tort ou à raison).

La sorte d'explication scientifique que je viens d'illustrer avec le modèle de Christaller, et qu'on qualifie couramment de « loi » ou de « théorie », est caractéristique des sciences de la nature, à côté de l'explication par les processus ou « mécanismes » générateurs des phénomènes observés. Et les sciences sociales ont à l'évidence tout avantage à recourir aussi à ces deux sortes d'explication. Elles conviennent aussi bien aux phénomènes humains qu'à l'étude de la nature, quel que soit le souci qu'on ait de préserver la spécificité de ce qui est humain, et quelles que soient les convictions philosophiques que l'on épouse concernant la causalité ou le déterminisme, la liberté ou l'intentionnalité, et le rôle de l'individu dans la vie sociale.

Les sciences sociales recourent-elles effectivement aux deux sortes d'explication caractéristiques des sciences de la nature ? Oui. La théorie de la « densité dynamique » de Durkheim, les modèles d'interaction spatiale inspirés de la loi de la gravitation qui sont utilisés dans l'étude démographique des flux migratoires, le modèle de Hotelling en géographie économique, la théorie de l'agent rationnel en économie, sont, comme le modèle de Christaller, des combinaisons de concepts qui définissent les conditions théoriques dont on espère déduire les phénomènes qu'on cherche à expliquer. Quant aux explications qui consistent à imaginer ou à rechercher les processus ou « mécanismes » empiriques qui pourraient produire ou engendrer les phénomènes observés, elles sont légion dans les sciences sociales : on leur donne habituellement le nom de « théories sociales » au risque de les confondre avec les théories proprement dites qui combinent les conditions théoriques de possibilité des phénomènes. Par exemple la « théorie » du handicap et la « théorie » de la reproduction sociale qui ont été avancées en sociologie pour expliquer les taux différents de réussite scolaire selon l'origine sociale, et que Jean-Michel Berthelot commente ci-dessous (3e partie), décrivent les processus ou les « mécanismes » qui engendrent – du moins on en fait l'hypothèse – les inégalités sociales dans la réussite scolaire. Encore une fois, il ne s'agit pas ici d'apprécier la pertinence ou la valeur explicative des modèles théoriques et des « mécanismes » cités ; je me contente de les évoquer pour montrer que les phénomènes sociaux sont expliqués, soit par les processus ou « mécanismes » qui peuvent les engendrer ou les produire, soit par les conditions théoriques qui les rendent possibles.

L'utilité de l'histoire

Processus empiriques et modèles théoriques sont deux réponses différentes à la demande d'explication de la vie sociale. Le processus nous apprend *d'où provient* le phénomène à expliquer, et le modèle théorique nous apprend *pourquoi* le processus engendre ce phénomène : le processus engendre le phénomène *parce qu*'il réalise les conditions théoriques qui sont nécessaires pour que puisse se produire le phénomène. *D'où vient* que la bûche est fendue ? Elle a été fendue d'un coup de hache. *Pourquoi* a-t-elle pu être fendue d'un coup de hache ? Elle ne l'aurait pas été d'un coup de bambou. La raison en est que, pour que la bûche se fende, il faut que le coup soit porté par un objet dur et coupant. Le coup de hache remplissait ces conditions nécessaires. Cet exemple est d'Aristote. Et *d'où vient* qu'il y a plus de suicides en Saxe, au Schleswig et en Poméranie qu'à Posen, dans le Pays du Rhin et dans le Hohenzollern ? Cet exemple-ci est emprunté à Durkheim. De ce que, dans les trois premières provinces de Prusse qui sont citées, la population est à majorité protestante, alors qu'elle est à majorité catholique dans les trois dernières. Mais *pourquoi* donc les pays à majorité protestante produisent-ils plus de suicides que les pays à majorité catholique ? *Parce qu*'un milieu social engendre plus ou moins de suicides, selon « le volume de la société et le degré de concentration de la masse ».

Ce d'où provient un phénomène, c'est son histoire. Le coup de hache est l'histoire qui a généré la fente de la bûche. L'expansion du protestantisme au XVIe siècle et les différentes formes institutionnelles qu'il a revêtues jusqu'à la fin du XIXe siècle est l'histoire qui a engendré l'accroissement des suicides. Est-il légitime d'assimiler l'histoire, comme je le fais ici, à l'une des deux formes majeures d'explication dans les sciences modernes, celle qui consiste à se demander *d'où proviennent* les phénomènes qu'on veut expliquer, ou quel est le processus ou le « mécanisme » qui les génère ? S'il est légitime d'effectuer cette assimilation, alors l'histoire apparaît immédiatement comme une composante majeure de la science ! Mais est-il sérieux de réduire l'histoire à un coup de hache ? Ou de prêter à Durkheim l'intention d'expliquer les taux différents de suicide par l'histoire des régions catholiques et protestantes ? Examinons les choses avec attention.

Lorsque Durkheim situe l'origine des variations de taux de suicide observées entre différentes populations, dans le caractère religieux du milieu social, il ne fait pas de l'histoire. Il s'appuie sur des statistiques. D'ailleurs il récuse l'explication des phénomènes sociaux par l'histoire. Les événements actuels de la vie sociale dérivent de l'état actuel de la société, écrit-il, non des événements antérieurs, des précédents historiques, et les explications sociologiques ne consistent pas à rattacher le présent au passé. Il est d'ailleurs impossible de concevoir comment l'état où la civilisation se trouve parvenue à un moment donné pourrait être la cause déterminante de l'état qui suit. « Les étapes que parcourt successivement l'humanité ne s'engendrent pas les unes les autres. »[1] Pour Durkheim, c'est sur la possibilité d'expliquer les phénomènes sociaux par l'état actuel de la société, au lieu de les expliquer par le passé, que repose la sociologie. Comment conçoit-il l'explication des faits sociaux par l'état actuel de la société ? « (...) il ne peut rien se produire de collectif si des consciences particulières ne sont pas données ; mais cette condition nécessaire n'est pas suffisante. Il faut encore que ces consciences soient associées, combinées, et combinées d'une certaine manière ; c'est de cette combinaison que résulte la vie sociale et par suite, c'est cette combinaison qui l'explique » (*op. cit.*, p. 103). Les différentes manières dont sont combinées les consciences sont les processus ou les « mécanismes » qui génèrent les phénomènes sociaux, mais Durkheim ne les conçoit pas comme des processus historiques, ce sont les états présents, actuels de la société. Le présent s'explique par le présent. « (...) si la condition déterminante des phénomènes sociaux consiste, comme nous l'avons montré, dans le fait même de l'association, ils doivent varier avec les formes de cette association (...) » (*op. cit.*, p. 111). Plutôt que de parler de processus, Durkheim parle de formes d'association, ce qui estompe leur dimension temporelle. Par exemple, les religions « associent » et « combinent » les « consciences » de différentes manières, et c'est la forme de ces combinaisons qui génère des taux variés de suicide. L'histoire est donc inutile, semble-t-il.

Précisons que Durkheim recourt aussi au deuxième principe d'explication que nous avons distingué, qui consiste à définir les conditions théoriques qui expliquent *pourquoi* telle ou telle « combinaison » (ou « mécanisme », ou forme) sociale empirique produit le phénomène qu'on veut expliquer. *Pourquoi* la forme sociale empirique qui accompagne le protestantisme génère-t-elle plus de suicides que la forme sociale empirique qui prévaut dans les populations

1. É. Durkheim, *Les règles de la méthode sociologique*, Paris, PUF, 1998, p. 116.

catholiques ? *Pourquoi*, lorsque la forme sociale est moins hiérarchisée, lorsque le groupe exerce moins de contraintes sur les individus, etc., y a-t-il plus de suicides ? *Parce que*, avec cette forme-là d'association des consciences, la « densité dynamique » – c'est-à-dire « le volume de la société et le degré de concentration de la masse » – (*op. cit.*, p. 112) est plus faible. Le suicide est expliqué, à la fois, par une forme empirique et par un modèle théorique. Et ces deux sortes d'explication sont complémentaires. L'explication théorique explique pourquoi la forme sociale peut produire les effets observés. Et du même coup elle renforce l'hypothèse du mécanisme avancé au sujet de l'origine de ces effets : cette hypothèse n'est pas seulement corroborée ou vérifiée par l'expérience ou par l'observation, elle est aussi confortée par le modèle théorique. En outre, le modèle théorique guide la recherche du « mécanisme » (ici de la forme sociale d'association) qui a pu générer l'effet observé. Car, parmi tous les mécanismes sociaux imaginables, le modèle théorique invite à sélectionner celui qui remplit les conditions théoriques nécessaires à la production de l'effet observé. Inversement, le processus ou « mécanisme » empirique conforte ou infirme la pertinence du modèle théorique. S'il ne produit pas l'effet escompté, c'est – peut-être – parce que les conditions théoriques qu'il remplit ne sont pas – contrairement à ce qu'on pouvait penser – nécessaires à l'apparition de l'effet ; même chose si d'autres « mécanismes » sociaux produisent le même effet, alors qu'ils ne remplissent pas ces conditions théoriques. Ces mécanismes infirment le modèle théorique hypothétique. En outre le processus empirique guide la découverte du modèle théorique : lorsqu'il est producteur de l'effet observé, il révèle les conditions générales, théoriques, qui sont – peut-être – nécessaires à l'apparition de l'effet.

Une telle architecture explicative des sciences[1] ne rend-elle pas l'histoire superflue ? Non, si nous prenons en considération ce que nous a appris Braudel sur l'histoire ; et non, si nous pensons qu'il est important, pour expliquer la vie sociale, de prendre en compte les faits, ou les événements, dont sont immédiatement issus les phénomènes qu'on cherche à expliquer. Les « formes » sociales d'association (en l'occurrence celles du protestantisme et du catholicisme)

1. Une étude détaillée de cette architecture dans les sciences sociales est proposée *in* R. Franck (éd.) *The Explanatory Power of Models, Bridging the Gap between Empirical and Theoretical Research in the Social Sciences*, Dordrecht/Boston/London, Kluwer Academic Publishers, Methodos Series, à paraître.

dont nous parle Durkheim ressortissent clairement de ce que Braudel appelle « la longue durée ». Ces formes existent aujourd'hui, ce sont les formes de la société actuelle, mais elles durent depuis des siècles. Et comme ces formes n'ont pas d'existence en elles-mêmes, mais sont la forme d'association que reproduisent les actions humaines, elles sont de la nature de l'événement : de même que les formes économiques, culturelles, démographiques ou géographiques qui se font et se défont plus ou moins lentement au cours de l'histoire, les formes d'association sociale qu'étudient les sciences politiques, la sociologie et l'ethnologie sont des événements de plus ou moins longue durée, soit qu'elles se prolongent dans le temps comme une ville, au moyen de leur institutionnalisation, soit qu'elles se répètent ou se multiplient comme les pratiques d'élevage ou l'usage du crédit. Comme les événements de courte durée, ces événements de longue durée sont inattendus, bouleversants et contraignants : la naissance, l'expansion, les transformations et aussi le maintien jusque dans la société actuelle de la forme sociale d'association liée au protestantisme, ou liée au catholicisme, sont de cet ordre. À ne pas reconnaître que les formes sociales empiriques sont des événements de plus ou moins longue durée, on est tenté de les confondre avec des modèles théoriques. Ces formes sociales dessinent les contours empiriques de ce qui peut arriver et de ce qui ne peut pas arriver ; elles canalisent ce qui arrive, et régulent l'incidence que peut avoir sur la vie sociale ce qui arrive, et de cette manière elles délimitent pour un temps le champ des possibles. En dessinant les contours empiriques de ce qui est possible, ces formes contribuent à l'explication de ce qui arrive. Elles nous apprennent *d'où vient* que les choses se sont passées ainsi et non autrement ; c'est en ce sens là qu'on peut dire qu'elles génèrent ou produisent les phénomènes sociaux qu'on veut expliquer.

Acquérir la connaissance des événements de plus ou moins longue durée, c'est en faire l'histoire. Durkheim n'a pas étudié l'histoire des formes sociales d'association protestantes et catholiques. Il s'est contenté d'une information sommaire à leur sujet, s'inspirant des doctrines religieuses opposées concernant le magister, se référant à leurs structures institutionnelles respectives et à d'autres questions touchant aux relations sociales. Cette information sommaire ne suffisait-elle pas, d'autant plus qu'il constatait que des effets comparables sur les taux de suicides résultaient de formes sociales analogues à celles qu'il attribuait respectivement aux populations catholiques et protestantes (mariés/divorcés, etc.) ? Peut-être. Cela se discute. Et de toute manière la question ici n'est pas de savoir si le recours aux études historiques est toujours indispensable dans les recherches des sciences sociales, mais seulement de déterminer si et pourquoi il est utile d'y recourir. Pour expliquer comment et pourquoi la bûche a été fendue, il n'est pas besoin de faire l'historique des coups de hache ! Mais une étude historique approfondie des formes sociales d'association catholique et protestante, et de leurs évolutions, offrirait une connaissance meilleure des « mécanismes » ou processus qui génèrent le suicide, c'est-à-dire des manières dont les formes sociales d'association produisent des taux différentiels de suicides ; et cette étude permettrait, du même coup, d'affiner la connaissance des conditions théoriques qui expliquent pourquoi les formes sociales d'association ont un impact sur le suicide. Après tout, le modèle théorique de la « densité dynamique », quoiqu'il soit éclairant, reste vague et grossier ; il le reste parce que la connaissance des « mécanismes » sociaux (en l'occurrence l'étude historique des processus qui génèrent les taux différentiels de suicides) reste superficielle.

Cependant la connaissance de ces « mécanismes » ne peut-elle être approfondie sans recourir à l'histoire, de manière « synchronique », et à l'aide d'études comparatives ? Sans doute. Mais l'étude de leurs transformations historiques, dans la longue durée, outre qu'elle enrichit parfois considérablement l'information sur les manières dont le « mécanisme » génère les effets observés, aide à dissocier ce qui est constitutif du « mécanisme », des facteurs sociaux conjoncturels qui l'accompagnent.

Ce qu'il est important de retenir, au-delà de l'utilité de l'histoire en sciences sociales qui varie avec l'objet étudié, c'est que la démarche historique n'est pas un corps étranger au modèle explicatif promu par les sciences modernes. Elle occupe tout naturellement la place du premier des deux principes explicatifs complémentaires que nous avons repéré : celui qui répond à la question *D'où cela provient-il ?* Il consiste à connaître le processus qui génère ce que nous voulons comprendre ou expliquer (un phénomène, un fait, une relation entre deux ou plusieurs événements qui se produit régulièrement ou qui est rare). Dans les sciences naturelles, ces processus sont souvent courts, et alors leur histoire l'est aussi. C'est à l'observation qu'on fait appel pour connaître ces histoires courtes, en laboratoire ou sur le terrain comme dans le cas des cultures expérimentales en agronomie. Mais ces processus peuvent être aussi longs ou très longs en astronomie, en géologie, en paléontologie, en écologie, en zoologie, en physiologie, en biologie génétique, etc. ; on en étudie l'histoire et on recourt pour cela à toutes sortes de techniques d'investigation, de méthodes d'interprétation, et de critères de validation qui varient d'une discipline à l'autre mais qui sont l'analogue de ceux qu'on trouve dans les disciplines historiques. Toutes ces « histoires » sont utiles pour affiner la connaissance des mécanismes générateurs des phénomènes étudiés, et pour affiner la connaissance des modèles théoriques avancés. La théorie synthétique de l'évolution en est une illustration magistrale.

Il y a structure et structure : l'anthropologie structurale

Les formes sociales d'association sont des structures, et les modèles théoriques qui les expliquent sont aussi des structures. Mais le mot « structure » est alors employé dans deux sens différents. Dans son sens général, le mot « structure » est synonyme d'organisation, d'arrangement ou d'agencement. Il désigne des éléments qui sont reliés entre eux d'une certaine manière, ou la manière dont ils sont reliés entre eux. Mais lorsqu'il s'agit de formes sociales d'association, les éléments et leurs relations sont de nature empirique, alors qu'ils sont de nature conceptuelle lorsqu'il s'agit de modèles théoriques.

Ces deux acceptions différentes de la notion de structure (empirique ou conceptuelle) ont été au cœur du débat sur le structuralisme, entre 1950 et 1980. C'est Claude Lévi-Strauss qui, le premier, a souligné l'importance qu'il y avait dans les sciences sociales à ne pas s'en tenir aux formes sociales empiriques pour expliquer les phénomènes sociaux, et qui a plaidé pour la nécessité de recourir, au-delà des formes empiriques, à leur structure conceptuelle. « Le principe fondamental est que la notion de structure sociale ne se rapporte pas à la réalité empirique, mais aux modèles construits d'après celle-ci, écrit-il. Ainsi apparaît la différence entre deux notions si voisines qu'on les a souvent confondues, je veux dire celle de *structure sociale* et celle de *relations sociales*. Les *relations sociales* sont la matière première employée pour la construction des modèles qui rendent manifeste la *structure sociale* elle-même. En aucun cas celle-ci ne saurait donc être ramenée à l'ensemble des relations sociales observables dans une société donnée » (1958, p. 305-306). Cette distinction entre *relations sociales* et *structure sociale*, Lévi-Strauss la reprend à Ferdinand de Saussure. La structure d'une langue ne se réduit pas aux relations qu'on peut observer entre ses composantes, elle en est la *syntaxe*, c'est-à-dire les règles qui fixent les relations autorisées entre les unités de la langue[1].

Lévi-Strauss oppose, comme on le voit dans cet extrait, les *structures sociales* aux *relations sociales*. Mais, à vrai dire, c'est aux formes empiriques d'association sociale – non aux relations sociales – qu'il oppose sa conception des *structures sociales*. Il refuse de qualifier de structure les formes d'association auxquelles se référait généralement la sociologie, depuis Durkheim, formes d'association qui étaient au centre de l'approche fonctionnaliste de Parsons, par exemple, ou de celle de Radcliffe-Brown : il ne s'agit pas là de relations singulières, labiles et ponctuelles, mais de réseaux stabilisés de relations, tels que des « organisations ». De tels réseaux sont bel et bien des structures. Alors sur quoi portait la critique de Lévi-Strauss ? Au-delà des mots, il s'agissait pour lui de faire prévaloir un mode d'explication différent de la vie sociale. Au lieu d'expliquer celle-ci par des structures sociales empiriques, il fallait recourir à des modèles théoriques d'explication. C'est à ces derniers qu'il entendait réserver le nom de « structures sociales ».

Ce faisant, Lévi-Strauss substituait dans l'explication les structures théoriques aux structures empiriques, au lieu de faire valoir leur complémentarité, comme je l'ai fait tout à l'heure. Et il est difficile, dans ces conditions, de ne pas les confondre. De même que le courant fonctionnaliste était tenté d'attribuer abusivement aux structures empiriques une portée théorique, les structures théoriques de Lévi-Strauss conservent un caractère empirique. Par exemple, le modèle de l'« échange généralisé »[2] est-il théorique ou empirique ? En quoi diffère-t-il exactement de ce que Durkheim aurait appelé une forme d'association ou de combinaison sociale, telle que celle régnant dans les milieux catholiques ou protestants ? En quoi le modèle de « l'échange généralisé » diffère-t-il des formes culturelles de longue durée de Braudel, qui dessinent les contours des relations sociales

1. L'influence sur la pensée de Lévi-Strauss des travaux de Ferdinand de Saussure, mais aussi de Baudouin de Courtenay et de Nicolaï Troubetzkoï, de Louis Hjelmslev et de Roman Jakobson, est analysée par Daniel Bougnoux dans le chap. 4 du présent ouvrage.

2. Alors que dans l'échange restreint un homme du groupe A se marie avec une femme du groupe B tandis que réciproquement un homme du groupe B épouse une femme du groupe A, dans l'échange généralisé un homme de A prend femme en B, un homme de B en C, un homme de C en D et ainsi de suite jusqu'à ce que le cycle se ferme, un homme de X trouvant une épouse en A.

qui sont possibles dans un espace et durant une période donnée ? Est-il moins contingent que les événements qui sont à l'échelle d'une vie individuelle ? On peut répondre diversement à ces questions, je me borne ici à attirer l'attention sur le risque qu'il y a à ne pas réserver clairement une place aux structures empiriques, à côté des structures théoriques : on risque de les amalgamer.

Lorsqu'on écarte les structures empiriques au profit des structures théoriques, comme le fit Lévi-Strauss, il devient difficile de concevoir le rôle de l'histoire dans l'explication : cette difficulté fut également au cœur des grandes polémiques autour du structuralisme. Les structures sociales empiriques ont une histoire, on le conçoit aisément : on peut faire l'histoire des institutions, des règles de politesse ou du crédit. Mais si on se contente de chercher dans ces structures empiriques l'information indispensable à la construction du modèle théorique, leur histoire ne paraît pas pouvoir contribuer à l'explication. Quant au modèle théorique auquel on réserve alors le pouvoir d'expliquer ce qui arrive, il semblerait qu'il n'ait pas d'histoire. « L'ethnologie est d'abord une psychologie », affirme Lévi-Strauss dans *La pensée sauvage* (1962, p. 174). Les structures sociales, il les place dans l'esprit humain, comme si c'étaient des schèmes de pensée. Ces schèmes peuvent affleurer à la conscience, ou rester inconscients comme la syntaxe dont on n'est pas conscient lorsqu'on parle. Malgré l'affirmation maintes fois réitérée qu'on ne peut dissocier la forme et son contenu, Lévi-Strauss exile les « structures sociales » théoriques dans l'esprit, loin des « relations sociales » dont elles sont pourtant la forme. Exil lointain si l'esprit humain est constamment identique à lui-même, comme semble le penser Lévi-Strauss. Jean Piaget a beau jeu de réagir et de souligner que les structures de pensée sont l'aboutissement de processus de formation et de transformation de formes de conduites plus rudimentaires (1968, p. 94-100). Mais adopter le point de vue de Piaget ne résout pas la question qui nous occupe : à loger les « structures sociales » dans l'esprit, leur histoire se réduira aux étapes d'une évolution de la pensée commandée par des interactions avec un milieu social quelconque. Dans la genèse de la pensée enfantine, telle que Piaget la conçoit, l'histoire singulière du milieu peut influencer le rythme des transformations structurales de la pensée, ralentir ou accélérer leur évolution, mais elle n'a pas d'influence différentielle sur la nature même des structures.

Pour être historiques, il faut que les structures sociales théoriques ne soient pas des structures de l'esprit, mais qu'elles soient la structure théorique d'un processus social empirique. Il faut qu'elles soient la combinaison des conditions théoriques (conceptuelles mais réelles) sans lesquelles ce processus social ne pourrait pas engendrer les effets qu'on a constatés. Mais il faut en outre que ces conditions théoriques soient issues du processus empirique et déterminées par lui, sans quoi elles ne pourraient pas évoluer. Par exemple, si la syntaxe d'une langue a une histoire, si elle se transforme à mesure que la langue évolue, c'est parce qu'elle est la structure, non de l'esprit – et non des langues en général – mais de cette langue spécifiquement. Elle réunit les conditions théoriques bien réelles sans lesquelles la langue ne pourrait pas fonctionner comme elle le fait et engendrer les paroles qui la manifestent. Mais il faut en outre que la syntaxe soit issue du processus empirique de la parole, sans quoi elle n'évoluerait pas.

Histoire et théories économiques

Comment faire pour ne pas confondre les structures théoriques et les structures empiriques par lesquelles on peut expliquer les phénomènes sociaux ? Ce n'est pas facile. Lorsqu'on cherche l'explication des phénomènes sociaux uniquement du côté des modèles théoriques, comme le propose le structuralisme, on est tenté d'inclure dans ces modèles des informations empiriques. Et lorsqu'on se contente des structures empiriques, comme le font bien souvent les sociologues, on leur attribue volontiers une portée théorique qu'elles n'ont pas : par exemple on prête à des régularités empiriques le statut de « lois ». On retrouve la même difficulté en économie. Certains voudraient élever les modèles économétriques au rang de théories. Et l'idée de comportement rationnel qui est au cœur de la pensée micro-économique est fréquemment interprétée dans un sens psychologique et empirique : on imagine qu'elle représente la forme commune des conduites des individus, observable par exemple en laboratoire.

Pourtant l'économie ne commet pas l'erreur de privilégier unilatéralement l'explication théorique ou l'explication empirique. Les deux formes d'explication y bénéficient d'une égale attention. Si l'on y est tenté, comme dans les autres disciplines sociales, de confondre les principes d'explication théorique et empirique, c'est pour une autre raison. Les postulats de l'individualisme méthodologique et de l'agent rationnel font figure de théorie générale de l'économie. Mais cette théorie est si générale qu'on voit mal comment elle suffirait à rendre compte des conditions théoriques qui sont impliquées dans des processus économiques spécifiques. On recourt donc à des « théories » intermédiaires, où données empiriques et concepts théoriques sont souvent mêlés. L'évolution de la science économique, telle qu'elle est résumée par Bernard Walliser au chapitre 3 de la 1re partie, est révélatrice de cette situation. Il écrit : « Les années 1970 ont vu s'imposer une dualité entre deux types de modèles se situant à des niveaux de généralité opposés et se fondant sur des principes épistémologiques radicalement différents. D'une part, un modèle théorique est une construction abstraite et prototypique censée représenter un système potentiel ou virtuel, et assume pleinement son approximation grossière de tel ou tel système réel. D'autre part, un modèle empirique a une structure qui permet une confrontation directe avec les données à l'aide de méthodes économétriques, soit pour tester le modèle, soit pour estimer ses paramètres. Ces deux types de modèles fonctionnent de façon relativement étanche, même si les premiers guident les spécifications retenues par les seconds, et si la validation des seconds peut infléchir à la marge la conception des premiers. Les années 1990 connaissent un pluralisme méthodologique, qui se reflète par une profusion de modèles intermédiaires entre modèles théoriques et empiriques, à l'assaut de champs de plus en plus vastes. »

Le rôle des postulats du sujet rationnel et de l'individualisme méthodologique en économie a été clairement circonscrit il y a déjà longtemps par Gilles Gaston Granger[1]. Le rôle qu'il leur attribue n'est pas celui d'une théorie explicative des processus économiques, mais celui d'un cadre de référence conceptuel que Granger estime indispensable pour permettre à la pensée d'échapper aux sollicitations des significations immédiates et des faits vécus, et pour délimiter un champ d'étude objectif. Granger compare longuement le modèle du comportement rationnel qui figure au cœur de la théorie économique à l'axiomatisation en mathématiques et dans les sciences de la nature, dans le but de souligner l'importance et l'intérêt de ce modèle pour les sciences sociales. Voici ce qu'il en dit. « Sans doute la mise en forme axiomatique joue-t-elle *aussi* dans les sciences de

1. Dans le chapitre VI « Structuration et axiomatisation » de son livre *Pensée formelle et sciences de l'homme*, Paris, Aubier-Montaigne, 1967.

l'homme les rôles que nous avons tenté de discerner dans les autres types du savoir : fonction de clôture relative d'un domaine objectif, fonction "doxolytique" de neutralisation des préjugés, fonction d'éclaircissement des problèmes sémantiques posés par un symbolisme. Mais elle revêt ici une valeur spécifique, qui en fait l'instrument non d'une science avancée, mais d'une science naissante. On se défierait bien à tort en ce domaine des essais d'axiomatisation d'une discipline tâtonnante, car ce n'est pas là vaine ambition, mais nécessité. Si les axiomatiques que proposent le psychologue, l'économiste, peuvent servir au progrès de la science, ce n'est pas en ce qu'elles paraissent singer les constructions des mathématiques. C'est en ce qu'elles offrent à une pensée rationnelle le seul moyen d'échapper aux sollicitations du fait vécu. Dans le domaine de l'homme, les significations immédiates qui constituent le mode naturel de présentation des phénomènes risquent de masquer totalement les structures positives, seules déterminations possibles d'un objet de science. (...) L'essai d'axiomatisation est alors un tâtonnement préalable, la préparation nécessaire d'un champ opératoire par une asepsie drastique, et certainement agressive, des notions communes. Aussi bien, en contrepartie, ne faut-il voir dans ces constructions, dans l'état actuel des choses, que des échafaudages éminemment provisoires pour l'édification des concepts » (*op. cit.*, p. 178-179). Il écrit aussi : « Il n'est pas douteux que, sous cette forme (il est question du schéma de décision réduit à une structure de jeu et interprété à la lumière de la théorie des jeux), la construction axiomatique d'un modèle de décision soit encore très éloignée d'opérer une jonction avec la masse des phénomènes observables » (*op. cit.*, p. 177).

La puissance conceptuelle que Granger semble attribuer au postulat du sujet rationnel me paraît discutable. Mais ce n'est pas ce qui importe ici. Je voudrais plutôt attirer l'attention sur la nature du pouvoir explicatif que possède la théorie générale issue de l'économie néo-classique. On peut dire qu'elle est explicative au sens où elle propose une manière cohérente de concevoir rigoureusement n'importe quel phénomène économique en termes d'interactions entre agents rationnels. À ce titre elle remplit un rôle méta-théorique. Raymond Boudon l'assimile à un « programme » au sens d'Imre Lakatos[1]. On devrait éviter de lui prêter le rôle que remplissent les théories scientifi-

1. R. Boudon, *La place du désordre. Critique des théories du changement social*, Paris, PUF, 1984, p. 18.

ques, s'il est vrai qu'une théorie scientifique nous livre les conditions théoriques qui expliquent *pourquoi* tel ou tel processus empirique est capable d'engendrer les effets sociaux qu'on a observés.

Le modèle théorique général issu de l'économie néo-classique, y compris les raffinements et les correctifs dont il a fait l'objet depuis vingt ans et que rapporte Walliser (1re partie), est candidat à l'explication de toutes les conduites humaines, économiques et non économiques. Pour cette raison précisément, il ne peut être candidat à l'explication de l'histoire, à moins qu'on ne réduise l'histoire à l'évolution (hypothétique !) des formes générales des conduites humaines, assimilées à des formes de la pensée. Aussi ce modèle théorique fait-il obstacle à la prise en considération de l'histoire en économie. Walliser écrivait, en 1988 : « La prise en compte du temps dans la théorie économique formalisée a été très progressive, avec une difficulté évidente à y intégrer les conceptions plus littéraires, mais plus authentiquement dynamiques, d'auteurs comme Marx ou Schumpeter. »[1] Faire une meilleure place à l'histoire demanderait aujourd'hui un réaménagement théorique important de l'économie.

Les théories évolutionnaires sont-elles capables d'opérer ce réaménagement et de proposer un modèle explicatif satisfaisant de l'histoire économique ? Un livre récent fait le point sur cette question[2]. Dans l'introduction, Jacques Lesourne ne craint pas d'affirmer : « A revolution in the field of microeconomic theory is on its way. This movement relies on two complementary concepts : self-organisation and evolution » (*op. cit.*, p. 1). L'économie « évolutionnaire » a clairement la volonté d'ouvrir une perspective historique – ou tout au moins « dynamique » – dans la pensée économique, et elle a conscience d'aller à contresens des postulats néo-classiques, sans pour cela les abandonner. L'approche évolutionnaire des phénomènes économiques, inspirée de la théorie darwinienne de l'évolution, peut-elle offrir un fondement pertinent à l'explication du caractère historique des phénomènes économiques ? Et permet-elle d'expliquer ces phénomènes par l'histoire ? Je ne le pense pas. Car l'entreprise consiste à transposer au champ socioéconomique des concepts qui ont été taillés pour une autre réalité : l'évolution biologique. Les trois concepts de variation, de sélection et de conservation qui, combinés, composent la théorie darwinienne ont une double face, empirique et théo-

1. B. Walliser et C. Prou, *La science économique*, Paris, Le Seuil, 1988, p. 201.

2. J. Lesourne et A. Orléan (eds), *Advances in Self-Organization and Evolutionary Economics*, London-Paris-Genève, Economica, 1998.

rique[1]. Du point de vue empirique, ils se réfèrent aux processus ou aux « mécanismes » générateurs de variations, ou de sélection, ou de conservation des caractères biologiques. Et il va de soi que ce ne sont pas ces mécanismes-là qui peuvent nous aider à décrire et à comprendre les processus socioéconomiques générateurs de changements historiques ! Du point de vue théorique, ces trois concepts réunissent les conditions théoriques sans lesquelles l'évolution biologique est inexplicable ; il s'agit donc des conditions théoriques *nécessaires* pour qu'il puisse y avoir évolution biologique. Il va de soi, ici encore, que ces mêmes concepts ne peuvent avoir ce rôle théorique en économie : car il n'est pas nécessaire de passer par eux pour comprendre l'évolution économique. Il est même peu commode de s'en servir en économie puisqu'on est obligé de transformer le contenu de ces concepts pour leur donner un semblant de pertinence. Comme le dit sagement Hélène Tordjman dans le beau chapitre d'introduction à l'ouvrage cité : « The biological metaphor will thus be considered as a heuristic framework for analysing social evolution and not as a model to which social scientists should strictly conform. »[2] Les travaux qui s'inspirent de la métaphore biologique sont des plus stimulants, et jettent un regard nouveau sur la réalité économique. Peut-être la métaphore a-t-elle donc des vertus heuristiques, comme le dit Tordjman ; mais elle risque aussi de détourner l'attention du besoin de lui substituer des modèles théoriques proprement économiques, qui soient capables de définir les conditions sans lesquelles les processus économiques étudiés ne pourraient pas être ce qu'ils sont.

La séparation du capital et du travail telle qu'elle est analysée par Karl Marx[3] et qui caractérise, selon lui, les rapports sociaux de production capitalistes, est l'illustration exemplaire, dans les sciences sociales, d'une théorie qui combine les deux principes d'explication, empirique et théorique, auxquels on recourt dans les sciences. Comme les concepts de la théorie darwinienne de l'évolution, les concepts

1. Jean Gayon a montré que Darwin faisait la différence entre la sélection naturelle entendue comme principe théorique, et la sélection naturelle entendue comme processus causal. Cela rejoint la distinction qui a été proposée plus haut entre deux principes d'explication, théorique et empirique. La distinction entre les deux acceptions de la sélection que met en lumière Gayon fournit un outil puissant d'évaluation des critiques contemporaines du darwinisme. Voir J. Gayon, « Le pouvoir de la sélection : réflexions d'un philosophe », *in* J.-M. Exbrayat et J. Flatin (éd.), *L'évolution biologique, science, histoire ou philosophie ?*, Paris, J. Vrin-IIEE, 1997.

2. H. Tordjman, « Evolution : History, Change and Progress », *in* J. Lesourne et A. Orléan (éd.), *op. cit.*, p. 10.

3. K. Marx, *Travail salarié et capital*, in *Œuvres*, vol. 1, Paris, Gallimard, 1965.

marxistes de capital et de travail ont une face théorique et une face empirique. Du point de vue théorique, c'est la séparation du capital et du travail qui définit les conditions théoriques sans lesquelles l'évolution des formes d'organisation du travail, depuis l'atelier artisanal jusqu'à la grande industrie, n'eût pas été possible, et sans lesquelles cette évolution n'aurait pas engendré l'accumulation du capital à laquelle on a assisté. Et du point de vue empirique, les formes successives d'organisation du travail sont les processus ou les « mécanismes » sociaux qui opèrent la séparation du capital et du travail, et qui ce faisant engendrent l'accumulation du capital et le développement des forces productives. Comme toute autre théorie scientifique, la théorie explicative de Marx doit être soumise à la critique. Ce qu'il importe de souligner, du point de vue épistémologique qui nous occupe, c'est que cette théorie a une double assise, à la fois empirique (historique) et théorique. Il s'agit donc de faire porter la critique à ces deux niveaux. L'étude historique permet-elle d'établir que l'accumulation du capital provient des étapes successives d'organisation du travail qui opèrent la séparation du capital et du travail ? Un réexamen de l'ample documentation historique sur laquelle Marx s'est appuyé et dont il a donné les références[1], mais aussi de nouvelles études historiques sur la période et la région concernées, permettent de procéder à une telle évaluation. Et d'autre part, il faut se demander si la séparation du capital et du travail constitue véritablement la condition théorique sans laquelle l'évolution des formes d'organisation du travail n'aurait pas engendré l'accumulation du capital qu'on a observée, et sans laquelle cette accumulation reste donc inexplicable[2].

La logique de l'histoire

Le modèle explicatif construit par Marx, avec son versant empirique et son versant théorique, illustre de quelle manière on peut

1. K. Marx, *Le Capital*, livre premier, 4e section et annexes, in *Œuvres*, vol. 1, Paris, Gallimard, 1965.

2. Les études épistémologiques approfondies des travaux économiques de Karl Marx sont rares. On peut consulter les travaux de Leszlek Nowak, par exemple « Marx's concept of law of science », *in* M. Przlecki, K. Szaniawski, Wojcicki (eds), *Formal Methods in the Methodology of Empirical Sciences*, Dordrecht, Reidel (Synthese Library), 1976, et Igor Hanzel, *The Concept of Scientific Law in the Philosophy of Science and Epistemology*, Dordrecht/Boston/London, Kluwer Academic Publishers (Boston Studies in the Philosophy of Science), 1999.

raisonnablement parler de « logique de l'histoire ». L'idée d'une « logique » de l'histoire se confond-elle avec l'idée qu'il y a des contraintes mystérieuses qui obligent les sociétés humaines à évoluer dans un sens prédéterminé ? Non. Raymond Boudon[1] distingue quatre types principaux de théories du changement social, qui visent à démontrer l'existence de tendances plus ou moins générales et irréversibles dans l'évolution des sociétés humaines. Ces tendances sont ce qu'on appelait auparavant, précise-t-il, des « lois de l'histoire ». Il écrit : « Dans tous les cas, l'objectif du programme est de faire apparaître des régularités ou de démontrer l'existence de régularités » (*op. cit.*, p. 18-19). Boudon examine nombre de ces théories, qui sont dues à des auteurs de l'importance de Comte, Weber, Parsons, Rostow, Dahrendorf, Nurske, Bhaduri, Kuhn, ou McClelland. Ces théories ont été controversées et parfois démenties, ce qui montre la témérité de ceux qui ont prétendu leur accorder une portée universelle. Mais faut-il pour cela leur tourner le dos, s'interroge Boudon, et renoncer à l'analyse de certaines tendances historiques dont la direction paraît peu contestable à l'intérieur d'un espace et d'un temps définis ? En effet, nier qu'il existe dans la vie sociale des régularités qui se prolongent, se renforcent, s'étendent ou s'estompent au cours du temps, ce serait nier, il me semble, l'histoire elle-même. L'histoire n'est pas faite seulement d'événements ponctuels se succédant au hasard ou au gré des préférences et des choix des agents rationnels, l'histoire conjugue des « milliers de temporalités », comme le disait Braudel, scandées par des événements de plus ou moins longue durée. Au terme d'un examen avant tout épistémologique du problème, Boudon souligne la légitimité qu'il y a, pour les sciences sociales, d'étudier les tendances de l'histoire, sans commettre bien entendu de généralisations abusives. Refusant aux tendances historiques le statut de « loi », entendue dans le sens de processus empirique pré-orienté et inéluctable, Boudon cherche une alternative épistémologique du côté de Georg Simmel et de Max Weber. Voici comment il conclut son livre : « Pour comprendre le social et en particulier le changement social, il faut, en tout cas il est très utile de passer par la construction de *modèles*. Mais il importe de ne pas interpréter ces modèles de manière réaliste, de ne pas leur prêter un pouvoir de prévision qu'ils n'ont pas : le réel déborde toujours le rationnel, surtout s'agissant des phénomènes particulièrement complexes que sont les phénomènes sociaux. Car c'est une illu-

1. R. Boudon, *op. cit.*

sion de croire qu'on puisse accéder à la complexité du réel en tant que tel. C'est pourquoi ces constructions que sont les *modèles* sont des instruments indispensables de la connaissance. Mais c'est pourquoi ils sont toujours débordés par la réalité » (*op. cit.*, p. 238).

L'alternative épistémologique néo-kantienne que Boudon emprunte à Simmel a un prix : les *modèles* ne sont pas réels. Le prix n'est-il pas trop élevé ? Il va de soi que le modèle est une représentation de l'esprit. Mais ce qu'il représente, à savoir une *tendance* historique, n'est-il pas une structure empirique réelle qui évolue ? N'y a-t-il d'autre réalité que la complexité phénoménale ? Et toute synthèse ou combinaison de phénomènes particuliers ne peut-elle être qu'une construction de l'esprit ? Si les *tendances* historiques que nous nous représentons à l'aide de nos modèles ne sont pas les formes réelles que prennent les événements, vaut-il la peine de chercher à les connaître, d'en discuter la nature, l'amplitude, et l'orientation, et d'en construire de bons modèles ? Par contre, si nous reconnaissons qu'une *tendance* désigne une structure empirique réelle qui se prolonge dans la durée et qui guide nos actions dans une même direction, qui se transforme aussi avec le temps, nous nous offrons, en l'étudiant, un principe d'explication complémentaire de l'explication théorique. La *tendance* – non le mot qui la nomme mais le processus empirique qu'elle désigne et dont il faut faire l'histoire bien réelle – explique, comme tout événement de longue durée, *d'où vient* que nos familles, par exemple, ne sont plus pareilles à celles de nos aïeux, ou *d'où vient* que l'industrialisation a suivi la production manufacturière. Et elle nous autorise aussi à faire des prévisions, qu'il ne faut pas confondre bien sûr avec des prédictions ou des prophéties. Les événements de longue durée – comme les événements de courte durée – dessinent les contours de ce qui est empiriquement *possible*. Par contre la tendance ne nous explique pas *pourquoi* elle évolue de telle manière, pourquoi par exemple la famille ou le travail ont pu évoluer comme ils l'ont fait. C'est la structure théorique qui nous l'explique en définissant les conditions théoriques de possibilité de la tendance. Ensemble, structures empiriques et structures théoriques déterminent ce qui *peut* arriver, non ce qui *doit* arriver. La configuration des possibles que dessinent ces structures est la « logique » de l'histoire.

La « logique » de l'histoire est-elle comparable aux « lois » de la nature ? Ceux qui, au XIXe siècle, se sont donnés pour programme de découvrir la « logique » de l'histoire ne la concevaient pas dans le cadre de l'épistémologie empiriste, et ils n'avaient donc pas la naïveté d'élever des successions d'événements au rang de « loi ». Leur ambition était de découvrir les « lois » de l'histoire en étudiant les conditions, théoriques et empiriques, sans lesquelles l'histoire n'eût pas été ce qu'elle était. Ce faisant, ils transposaient à l'histoire le programme adopté par Bacon, Galilée, Descartes, Newton pour découvrir la « logique » de la Nature. Les « lois » de la Nature, pour les classiques, ce sont les conditions théoriques et empiriques qui font que les phénomènes naturels observés sont *possibles.* Transposer ce programme à l'histoire n'est illégitime que si l'on ignore ou néglige l'avertissement de Hegel : pas plus que les lois de la Nature, les lois de l'histoire ne sont préétablies dans la pensée du Créateur. C'est de la Nature qu'émergent les lois de la Nature, et c'est de l'histoire qu'émergent les lois de l'histoire. Aussi l'histoire n'est-elle pas jouée d'avance. Et c'est seulement lorsqu'on étudie l'histoire qu'on peut espérer en découvrir les lois.

BIBLIOGRAPHIE

Aron R., *Introduction à la philosophie de l'histoire, essai sur les limites de l'objectivité historique*, 1938, Paris, Gallimard, 1962.

Bernard C., *Introduction à l'étude de la médecine expérimentale*, 1865, Paris, Garnier-Flammarion, 1966.

Boudon R., « Modèles et méthodes mathématiques », *in* Unesco, *Tendances principales de la recherche dans les sciences sociales et humaines*, Paris, Mouton, 1971.

Boudon R., *La place du désordre, Critique des théories du changement social*, Paris, PUF, 1984.

Boulding K., *Evolutionary Economics*, Sage, 1981.

Braudel F., *Écrits sur l'histoire*, Paris, Flammarion, 1969.

Claval P., *Histoire de la géographie française de 1870 à nos jours*, Paris, Nathan, 1998.

Cohen G. A., *Karl Marx's Theory of History. À Defence*, Oxford, Oxford University Press, 1982.

Dockès P., Rosier B., *L'histoire ambiguë, croissance et développement en question*, Paris, PUF, 1988.

Durkheim É., *Les règles de la méthode sociologique,* 1895, Paris, PUF, 1998.

Franck R. (éd.), *Faut-il chercher aux causes une raison ? L'explication causale dans les sciences humaines,* Paris, Vrin-IIEE, 1994.

Franck R. (éd.), *The Explanatory Power of Models, Bridging the Gap between Empirical and Theoretical Research in the Social Sciences*, Dordrecht/Boston/London, Kluwer Academic Publishers, Methodos Series, à paraître.

Granger G. G., *Pensée formelle et sciences de l'homme*, Paris, Aubier-Montaigne, 1967.

Hanzel I., *The Concept of Scientific Law in the Philosophy of Science and Epistemology*, Dordrecht/Boston/London, Kluwer Academic Publishers, Boston Studies in the Philosophy of Science, 1999.

Hempel C., The Function of General Laws in History, 1942, reproduit *in* H. Feigl et Sellars (eds) *Readings in Philosophical Analysis*, New York, Appleton, 1949.

Hempel C., *Aspects of Scientific Explanation and Other Essays in Philosophy of Science*, New York, Free Press, 1965.

Lévi-Strauss C., *Les structures élémentaires de la parenté*, Paris, PUF, 1949.

Lévi-Strauss C., *Anthropologie structurale*, Paris, Plon, 1958.
Lévi-Strauss C., *La pensée sauvage*, Paris, Plon, 1962.
Les Temps modernes (numéro consacré au structuralisme), novembre 1966.
Lesourne J., Orléan A. (éd.), *Advances in Self-Organization and Evolutionary Economics*, Londres-Paris-Genève, Economica, 1998.
Marx K., *Travail salarié et capital*, 1849, in *Œuvres*, vol. 1, Paris, Gallimard, 1965.
Marx K., *Le Capital*, 1867, livre premier, in *Œuvres*, vol. 1, Paris, Gallimard, 1965.
Merton R. K., *Social Theory and Social Structure*, New York, The Free Press, 1968.
Nelson R., Winter S., *An Evolutionary Theory of Economic Change*, Harvard, University Press, 1982.
Nowak L., Marx's concept of law of science, *in* M. Przlecki, K. Szaniawski Wojcicki (eds), *Formal Methods in the Methodology of Empirical Sciences*, Dordrecht, Reidel, Synthese Library, 1976.
Parsons T., *The Social System*, London, Routledge & Kegan, 1951.
Parsons T., *Structure and Process in Modern Societies*, Glencoe, Free Press, 1960.
Piaget J., *Le structuralisme*, Paris, PUF, « Que sais-je ? », 11e éd., 1996.
Popper K., *Misère de l'historicisme*, Paris, Plon, 1956.
Schmid M., Wuketis F. (eds), *Evolutionary Theory in Social Science*, Dordrecht, Reidel, 1987.
Schumpeter J. A., *The Theory of Economic Development*, 1912, Cambridge, Harvard University Press, 1949.
Simmel G., *Les problèmes de la philosophie de l'histoire*, Introduction et traduction de R. Boudon, Paris, PUF, 1984.
Vilquin R. (éd.), *Le temps et la démographie*, Actes de la Chaire Quételet 1993, Louvain-la-Neuve, Academia/L'Harmattan, 1994.
Walliser B., *Systèmes et modèles, Introduction critique à l'analyse des systèmes*, Paris, Le Seuil, 1977.

3 – De l'explication dans les sciences sociales : holisme et individualisme

PAR BERNARD VALADE

L'opposition holisme/individualisme fait partie d'un ensemble de couples antithétiques qui n'intéressent pas seulement les sciences sociales. Toutes les disciplines sont concernées par la tension entre objectivité et subjectivité, déduction et induction, l'analytique et le synthétique. Des termes comme diachronie ou macroanalyse, avec leur antonyme synchronie et microanalyse, qui ont d'abord eu une aire d'application privilégiée – la linguistique et l'économie –, sont aujourd'hui étendus à de très nombreux domaines d'étude. À la différence de celles qui désignent des états – le normal et le pathologique, par exemple –, ces oppositions suggèrent à la fois des différences significatives dans le choix des procédures d'investigation à mettre en œuvre, une optique privilégiée, une option méthodologique. En anthropologie, qu'elle soit philosophique ou psychanalytique, et en sociologie, générale ou appliquée, le sujet et la structure, l'individu et la société font figure de référents déterminants, exposés à des accentuations et à des interprétations diverses qui, d'emblée, semblent faire sens.

L'antinomie que paraît immédiatement manifester le couple holisme/individualisme n'est pas dissociable des débats qui s'alimentent aux sources des autres contradictions enregistrées. Qu'il s'agisse souvent de faux débats, la querelle Tarde/Durkheim suffit à le montrer. Mais, quelles qu'en soient les origines, les circonstances et les issues, ils font partie intégrante de l'histoire des sciences sociales ; et derrière la querelle trop rapidement qualifiée de stérile, au-delà même des enjeux et des biais idéologiques, doit être aperçue la fécondité des controverses scientifiques. Au reste, la science exerce aussi une fonction polémique. Pour en saisir les enjeux positifs, quelques précautions s'imposent cependant. Elles consistent globalement en une indispensable clarification terminologique, susceptible d'être entreprise au moyen de la présentation critique d'échantillons sémantiques. Qu'entend-t-on par « holisme » et par « individualisme » ? Quelles orientations cognitives ces vocables indiquent-ils ? Et quelles œuvres en sont-elles les plus représentatives ? Cet examen préliminaire doit également conduire à distinguer les différents secteurs des sciences sociales affectés par l'antinomie en question, et plus particulièrement l'économie, l'anthropologie, la sociologie et l'histoire.

Ainsi abordées, les contributions majeures de R. Boudon et de L. Dumont à l'élucidation des processus sociaux sont débarrassées des malentendus que les unes et les autres peuvent susciter. Nombre d'études engagées sur un même objet entretiennent d'ailleurs un rapport de complémentarité. Les différences qu'elles présentent sont radicalisées dès lors que l'on en fait le produit de programmes de recherche arrêtés par des écoles entre lesquelles n'existe guère d'affinité – à quoi s'ajoutent les effets d'un manichéisme courant. Il reste à constater, en de bien plus nombreux cas, d'évidentes incompatibilités entre les desseins poursuivis, les cadres d'analyse mis en place et les résultats obtenus. Elles ont donné lieu à des mises au point dont certaines, dues à F.-A. Hayek et à K. R. Popper notamment, font parfaitement voir ce qui sépare le néo-positivisme – solidaire de l'individualisme méthodologique –, de l'évolutionnisme, de l'historicisme et du structuralisme sommairement englobés dans le holisme. Toutes sont, en fait, ordonnées à un problème central des sciences sociales – celui de l'explication et de la compréhension. Ce problème, auquel renvoie constamment l'opposition holisme/individualisme, et qui relève moins de la sociologie que d'une philosophie de la connaissance scientifique, sera évoqué dans les dernières parties du présent chapitre.

Aux sources d'un débat

Introduit dans les années 1920, le mot « holisme » a d'abord été employé en philosophie des sciences pour désigner des doctrines qui font de l'organisme une totalité non analysable. Au regard de l'organicisme, les totalités présentes dans la nature ne s'expliquent pas par un assemblage de parties. Le holisme, précise J. Largeault (1985), consiste justement à affirmer que le tout est plus que la collection des parties. Quelque chose donc relie et ordonne ces dernières, un principe de liaison qui a reçu différents noms – forme organisatrice, force vitale, etc. –, et qui n'est pas de l'ordre de la cause efficiente. Aussi bien existe-t-il plusieurs modes de holisme : on peut admettre soit une force vitale, soit des types d'organisation tendant à se réaliser, mais ils supposent la reconnaissance de l'importance du niveau et de la structure d'organisation dans les phénomènes vitaux, et d'abord l'affirmation que le vivant qui n'existe que par ses parties est tel que ses parties n'existent que par la vie du tout. Suivant ces vues, le développement des parties est conforme aux nécessités de l'existence, l'essence précède l'existence, l'ordre de succession doit être rapporté aux types d'organisation et ne dépendre ni de l'adaptation ni de la sélection.

À cette doctrine qui soutient que la vie est irréductible aux forces physico-chimiques s'oppose le « réductionnisme », associé au monisme matérialiste et causal, qui tend à dériver le supérieur de l'inférieur, à déduire les lois du vivant de lois fondamentales, à réduire les phénomènes biologiques à des principes physiques. Popularisé par Haeckel (1868), le modèle de l'explication matérialiste – réductionniste – est parfaitement bien représenté par Darwin ; il n'admet que des causes mécaniques, réduit la cause finale à la cause efficiente en transformant en effet ce qui tend vers un but, et exclut la transcendance. Le débat entre interprétations mécaniste et finaliste (holiste) des phénomènes biologiques, entre le réductionnisme et le holisme qui reproduisent et recouvrent, comme le note encore J. Largeault, le mécanisme d'autrefois et l'ancien vitalisme, semble sans doute extérieur aux sciences sociales. Il les concerne cependant latéralement par les remarques qui l'ont ponctue. Renouvier, par exemple, a noté que les problèmes scientifiques ne sont résolubles qu'autant qu'ils sont limités et rendus locaux. On a observé une disproportion entre les faits collectés, les lois établies et les conclusions générales que l'on en pouvait tirer. Les problèmes globaux ont inspiré de la méfiance parce qu'ils sont affaire de croyance et de vision du monde.

En fait, le débat ouvert dans les sciences sociales sur la validité des conceptions holistes ne s'est pas déroulé en marge des sciences indifféremment dites « exactes », « naturelles », « physico-mathématiques », mais en prise sur les procédures et les modèles qui ont fait le succès de ces dernières. Ce qui est ici en jeu – les relations entre agents humains et entités sociales – a été aussi récemment pensé en référence, par les uns aux particules élémentaires dont le comportement rend compte de phénomènes macroscopiques, par les autres à la physique des champs. Si Comte n'a pas été le premier à conceptualiser les relations en cause, il a entrepris de le faire dans un cadre général – associant physique sociale et philosophie de l'histoire, mais assez peu accueillant à la psychologie de l'acteur et au calcul des chances –, qui passe, à tort ou à raison, pour avoir fourni au holisme son armature théorique. À son positivisme s'attache une visée totaliste, caractéristique de l'histoire des idées au XIXe siècle, et qu'illustrent notamment, à des titres divers, les œuvres de Hegel, de Marx et de Spencer. Cette visée se soutient d'un légalisme scientifique au moyen duquel, comme l'a montré E. Cassirer (1932), s'est opérée au XVIIIe siècle la conquête du monde historique.

Une recherche en filiations, s'agissant du holisme, si on la voulait pleinement aboutie nous reconduirait dans les parages de la double thématique précédemment indiquée, holisme et réductionnisme. Elle ferait voir, par exemple, que les conceptions platoniciennes et aristotéliciennes, imprégnées de finalisme et qui dotent la forme d'une sorte de pouvoir organisateur, ne peuvent trouver place que dans un cadre holiste. Mais elle ne nous aiderait guère à comprendre comment le holisme et l'individualisme sont devenus des espèces d'analyseurs généraux de la pensée sociologique investis d'un pouvoir de discrimination théorique, ce que nous permet, en revanche, de saisir, en la profilant à l'arrière-plan de la discussion contemporaine, la mutation qu'ont subie, avec Montesquieu et Rousseau, la connaissance des faits sociaux et le traitement dont ils sont justiciables.

« J'ai d'abord examiné les hommes, écrit Montesquieu dans la préface de l'*Esprit des lois* (1748), et j'ai cru que, dans cette infinie diversité de lois et de mœurs, ils n'étaient pas uniquement conduits par leurs fantaisies. J'ai posé les principes, et j'ai vu les cas particuliers s'y plier comme d'eux-mêmes ; les histoires de toutes les nations n'en être que les suites ; et chaque loi particulière liée avec une autre loi, ou dépendre d'une autre plus générale. Quand j'ai été rappelé à l'Antiquité, j'ai cherché à en prendre l'esprit, pour ne pas regarder comme semblables des cas réellement différents ; et ne pas manquer les différences de ceux qui paraissaient semblables. Je n'ai point tiré mes principes de mes préjugés, mais de la nature des choses. » Ainsi que le souligne Cassirer, la recherche des faits comme tels n'est pas la fin obligée de la recherche. Avec Montesquieu, la connaissance historique cesse d'être une somme de détails sans lien qui les unit et dépourvue de logique interne. Dessous l'éparpillement des faits et l'agrégat d'éléments hétéroclites, une structure est repérée qui trouve son expression dans différents types d'organisation politique. Mais l'aristocratie, la monarchie, le despotisme ne sont nullement des représentation abstraites : avec les principes spécifiques régissant des formes particulières d'État qui sont « posés », ce sont des types idéaux historiques qui se trouvent élaborés ; et pas davantage que les essences des régimes rendues ainsi visibles, ces derniers ne doivent être considérés comme des réalités empiriques. Il reste, comme le relève Cassirer, que désormais « historiens et physiciens ont la même tâche, celle de découvrir la loi cachée dans le flux et la constance des phénomènes ».

On pressent, comparativement, ce que peut être l'interprétation courante du fameux arrêt prononcé, à l'orée de son *Discours sur l'origine et les fondements de l'inégalité parmi les hommes* (1755), par Rousseau : « Commençons donc par écarter tous les faits car ils ne touchent point à la question. Il ne faut pas prendre les recherches, dans lesquelles on peut entrer sur ce sujet, pour des vérités historiques, mais seulement pour des raisonnements hypothétiques et conditionnels ; plus propres à éclaircir la nature des choses qu'à montrer la véritable origine, et semblables à ceux que font tous les jours nos physiciens sur la formation du monde ». À partir de là, une ligne de partage a été tracée entre deux écoles de pensée. D'un côté, ceux qui s'en tiennent au raisonnement pur, de l'autre ceux qui s'attachent prioritairement aux faits. Les premiers, s'inspirant du *Contrat social*, assimilèrent, au XVIIIe siècle, la tâche de gouverner les nations à celle de résoudre un problème d'algèbre : ils cherchèrent le secret de la félicité publique comme ils l'auraient fait d'une solution mathématique ; les seconds, dans la lignée de Montesquieu estimèrent que l'on pouvait édifier de toutes pièces, *a priori*, et par le seul effort du raisonnement les nouvelles sciences morales et politiques : on devait, pour en constituer les éléments, les déduire progressivement d'une série indéfinie d'observations portant sur les faits humains, l'activité sociale, les vicissitudes des sociétés passées et présentes. À la *République* de Platon a ainsi été rattaché le *Contrat social*, et l'*Esprit des lois* à la *Politique* d'Aristote.

La lecture que l'on fait aujourd'hui des œuvres de ces deux « précurseurs de la sociologie » passe outre l'opposition sommaire entre logique et expérience, déduction pure et observation, induction, analogie – démarches par lesquelles on a voulu les séparer. De la même manière que Montesquieu a formé des « types idéaux » de régime, Rousseau a construit un « modèle » de l'évolution et du fonctionnement social. Une explication globale est visée dans l'*Esprit des lois* où des ensembles sont présentés ; et c'est à partir de l'individu que Rousseau entreprend de recomposer la totalité sociale avec son Contrat. Perspectives individualistes et holistes se chevauchent dans ces analyses qui invoquent la « nature des choses », invitent, avec Montesquieu, à réfléchir sur les détails pour mieux sentir la « certitude des principes », et convoquent, par la voix de Rousseau, l'Homme au récit d'une histoire lue « non dans les livres (...) qui sont menteurs, mais dans la nature qui ne ment jamais ». Au terme de cette histoire, un modèle de société est proposé où la volonté générale, pourtant issue des individus, impose sa loi aussi inflexible qu'une loi naturelle.

Au siècle suivant, ce même croisement de perspectives s'observe également. Jon Elster (1986) l'a bien mis en évidence dans l'œuvre de Marx qui passe communément pour être l'exemple canonique de l'entreprise holiste. Marx fut un « individualiste éthique » dans la mesure où ne doivent être pris en compte dans l'évaluation d'une société que le bonheur, les droits et la liberté des individus. Seul le communisme peut permettre le plein épanouissement de ces derniers. Éthique, cet individualisme n'apparaît pas précisément explicatif. Le *Manifeste du Parti communiste* (1848) fait de l'histoire de l'humanité celle de la lutte des classes ; la préface à la *Contribution à la critique de l'économie politique* (1859) la ramène à l'histoire des forces productives et des rapports de production. Des correspondances sont globalement établies entre le moulin à eau et le système féodal, la machine à vapeur et la bourgeoisie capitaliste, la religion chrétienne et la perpétuation au pouvoir d'une classe dominante. Marx, cependant, a parallèlement affirmé, dans *La sainte famille*, que « l'histoire n'est rien d'autre que l'activité d'hommes poursuivant leurs fins ». Seuls les hommes font l'histoire, même s'ils ne savent pas qu'ils la font. Aussi bien peut-on soutenir que le paradigme original d'analyse des processus historiques, conçu et construit par Marx, relève d'une méthodologie individualiste. De l'agrégation d'actions individuelles résultant des effets émergents qui modifient les conditions de fonctionnement du système social et que l'histoire totalise. Ainsi, le système capitaliste engendre des processus de transformation qui affectent constamment les lois de son développement.

Mais chez Marx, la théorie économique de la valeur et de l'exploitation, tout comme la théorie sociologique de la stratification, reposent sur des postulats qui ne sont pas ceux d'une méthodologie individualiste. On y chercherait en vain des microfondements. D'une manière générale, les formations sociales ne sont pas envisagées à partir des dispositions ou des croyances individuelles ; elles sont conçues comme des entités supra-individuelles – les classes, par exemple –, et ces entités sont présupposées comme leur condition même de possibilité par toute action individuelle. Par là, la théorie marxiste de la société et de l'histoire est holiste. Elle l'est moins si l'on considère l'objectif qu'elle assigne à l'action révolutionnaire : le renversement de la situation existante et l'instauration d'une société sans classes. Pourtant sévèrement critiqué, le socialisme utopique fait retour au terme de ce processus avec l'anticipation de ce que devra être l'état social futur : il ne sera plus un système autoritaire d'assignation de places ; le communisme rendra les statuts et les rôles interchangeables ; son avènement entraînera l'abolition de la *hiérarchie* et la fin de toute subordination.

Les formes de holisme

On distingue clairement ce qui sépare les conceptions de la totalité sociale précédemment exposées – de celles aujourd'hui qualifiées de « holistes ». Selon ces dernières, toute société est par essence holiste et hiérarchique – et elle le demeure même si une idéologie individualiste et démocratique veut la fonder sur la négation de ces principes. Elle est *holiste*, parce que la totalité sociale est aussi logiquement qu'ontologiquement antérieure aux parties qui la forment ; elle est hiérarchique par la formule logique qui toujours relie chaque élément à l'ensemble. La référence à l'idéologie apparaît bien ici essentielle, car c'est l'ensemble des représentations communes caractéristiques de la civilisation moderne que Louis Dumont a interrogé (1977), après avoir étudié le système des castes et ses « implications » (1967), c'est-à-dire l'ensemble des idées et des valeurs propres à la société indienne. Il importe donc de rappeler la définition donnée par L. Dumont (1983) d'un vocable devenu un « mot clé », pour voir comment le partage entre ce qui est respectivement affaire d'*objet* et de *méthode* s'est brouillé. Pour l'auteur de *La civilisation indienne et nous*, « on désigne comme holiste une idéologie qui valorise la totalité sociale et néglige ou subordonne l'individu humain (...) Par extension, une sociologie est holiste si elle part de la société globale et non de l'individu supposé donné indépendamment ».

Ce type de sociologie est cohérent avec les cadres d'analyse privilégiés par la quasi-totalité des sciences sociales, singulièrement en France, au cours de la seconde moitié du XXe siècle. Dans le prolongement de la révolution saussurienne qui avait profondément modifié le programme de recherche de la linguistique (F. de Saussure, 1907, 1911, publ. 1916) – les sons ne sont pas significatifs en eux-mêmes, ils tiennent leur sens de leur combinaison, c'est-à-dire de la structure de la langue –, la structure sociale a été traitée comme un ensemble de relations fondé sur une opposition distinctive. Transposant le modèle de la linguistique structurale et la méthode phonologique à l'ordre de la parenté puis à celui des mythes, Claude Lévi-Strauss s'est mis en quête de lois de portée générale qui font sens à travers l'apparente diversité culturelle, en dégageant de cette diversité un petit nombre d'invariants organisés en systèmes signifiants. Employé comme méthode d'analyse, le structuralisme a ainsi consisté à prendre l'objet d'étude comme une totalité susceptible d'être décrite, formalisée et expliquée à partir des éléments qui la constituent et des rapports qu'ils entretiennent. Les règles formelles de combinaison ont été considérées comme la solution donnée, par la société qui les a adoptées, à un problème de communication et de fonctionnement global. Les systèmes de parenté apparaissent dès lors assimilés à des systèmes de communication, au sein desquels les femmes comme les paroles circulent entre les hommes. Un thème mythique, étudié non en lui-même mais pour la position qu'il occupe dans le discours, est mis en relation avec ses variantes et d'autres thèmes relevant de registres divers ; tous ces éléments sont agencés en un système dont on vise à énoncer les lois de transformation. De cette anthropologie structurale qui attribue un statut nouveau aux systèmes symboliques, l'œuvre de Dumont est grandement redevable.

La démarche inaugurée par C. Lévi-Strauss dans *Les structures élémentaires de la parenté* (1949) a été étendue de l'anthropologie « sociale » à l'anthropologie « économique » et à l'anthropologie « tout entière » (y compris historique). Selon M. Godelier (1968, 1974), « on peut définir celle-ci de façon abstraite et “totalitaire” comme la Science de l'Homme, et, dans ce cas, l'anthropologie prétend devenir un jour la synthèse, de toutes les sciences sociales et la connaissance scientifique de l'évolution de l'humanité, de l'histoire universelle ». Sans repousser cette ambition de synthèse, il lui semblait provisoirement préférable de définir l'anthropologie de façon restrictive, mais proche de sa pratique réelle, « comme faune science “régionale” qui décrit et explique les structures et la logique du fonctionnement des sociétés sans classes (...) – et des formes primitives des sociétés de classes ». Toujours, il s'agit de décrire des structures, d'en saisir l'évolution et d'en expliquer la logique.

Une identique visée s'est fait jour avec l'anthropologie historique. Considérée comme un approfondissement du programme des *Annales* tracé par M. Bloch et L. Febvre, une historiographie structurale s'est développée en rupture, écrit A. Burguière (1985), « avec une approche élitiste et métonymique de la réalité sociale qui étudie les groupes à travers les chefs et l'activité d'une société à travers la politique qu'on veut lui appliquer ». De cette Nouvelle Histoire dont l'objet est la société dans sa totalité, et où tout est lié – structures matérielles et structures intellectuelles, système technologique, organisation économique, stratification sociale, système politique –, en un ensemble offrant prise au plein exercice de la rationalité historienne (cf. J. Walch, 1990), F. Braudel est le meilleur représentant. Ce qui est présenté de façon programmatique dans les deux volumes d'*Écrits sur l'histoire* (1969, 1990) a pris effectivement forme dans les trois volumes de *Civilisation matérielle, économie et capitalisme* XVe-XVIIIe *siècle* (1967-1979) qui montrent comment les grands courants d'échange créent et modifient la trame de la vie biologique et sociale.

D'un domaine à l'autre des Sciences de l'Homme, des travaux pionniers de G. Dumézil, qui a mobilisé une prodigieuse érudition pour démontrer que la mythologie européenne, en ses thèmes principaux, est régie par une structure idéologique trifonctionnelle – souveraineté, force, fécondité – (*L'idéologie tripartie des Indo-Européens*, 1958 ; *Mythe et épopée*, 1968-1973), à ceux qui en sont dérivés, par exemple *Les trois ordres ou l'imaginaire du féodalisme* de G. Duby, l'analyse structurale a été introduite puis généralisée avec des fortunes diverses. Des objections ont été formulées, sur le terrain même où cette méthode a pris naissance : est-il légitime d'objectiver la pensée mythique, de la vider du sens qu'elle se propose d'assigner et, finalement, d'expulser l'homme de ses propres représentations ? En histoire et en sociologie, on a dénoncé le mythe d'une totalité englobante, d'une « globalité » à laquelle renverraient les événements et les actions individuelles qui ne possèdent pas en eux-mêmes leur signification. L'interprétation structuraliste de l'œuvre de Marx a suscité quelques réserves : si les « formations sociales » capitaliste et socialiste correspondent à des structures différentes, comment passe-t-on de l'une à l'autre ? Mais, dans ce cas précis, ce n'est pas seulement à l'épreuve du temps – la diachronie –, que le structuralisme a mal résisté. Le simple rapport d'émanation qui semble exister entre le système économique et social d'une part, l'idéologie d'autre part, sans qu'intervienne une quelconque médiation par l'individu, a fait question. Lucien Goldmann (1964, 1970) a cherché la réponse du côté d' « homologies structurales », en prenant appui sur des structures significatives globales comprises comme « visions du monde », et en affirmant le primat de la catégorie de totalité.

Dans tous ces débats, les questions de méthode ont occupé une place privilégiée. Elles étaient liées, comme le rappelle E. Copet-Rougier (1985) à la volonté de découvrir un ordre dans le désordre, l'unicité des structures dans la diversité de leurs manifestations. On les retrouve en ethnologie, dans les discussions auxquelles a donné lieu la reconnaissance du relativisme des formes culturelles et l'exigence méthodologique d'unité. Le courant culturaliste américain et sa notion centrale de *pattern*, imparfaitement traduit par le terme « modèle », a été ainsi contradictoirement évalué en tant que synthèse conceptuelle ; on s'est interrogé sur l'intérêt et les limites d'une théorie générale des rapports entre institutions et personnalité, et, plus précisément, sur la valeur de la distinction proposée par Abraham Kardiner entre institutions primaires auxquelles l'individu doit, bon gré mal gré, s'adapter, et institutions secondaires résultant dans l'individu de la personnalité de base qu'il porte en lui. On les retrouve en sociologie, associées au choix des niveaux d'analyse – macrosociologique, microsociologique – ; aux théories générales on a opposé les recherches portant sur des objets strictement limités – processus sociaux, problèmes spécifiques, unités sociales de petite taille examinées à l'aide d'indicateurs adéquats – ; à certains, la logique de la mesure est apparue trop vague en macrosociologie, et d'une pertinence discutable les variables retenues dans les schémas à prétention d'explication globale – ceux qui reposent sur l'identification de stades successifs, comme les « étapes » de la croissance économique, se réfèrent à des concepts fondamentaux, par exemple le *take off* de W. W. Rostow, dont l'application régionale se révèle défaillante.

En économie, où un premier constat, fortement informé, fut posé en 1952 par A. Marchal sur les démarches concurremment employées par les différentes écoles, on retrouve également ces questions de méthode, comme aussi en histoire, devenue non événementielle, quantitative, sérielle. Dans ce dernier domaine, l'attention s'est déplacée du temps court à la longue durée, de l'issue d'une bataille au retournement d'une conjoncture, des faits singuliers aux mouvements des prix, des masses, des mentalités où l'événement est dissout dans la structure et le héros rangé dans la série. Derrière d'assez vives polémiques de bonne heure allumées par E. Beau de Loménie (1955) et qui sont de très mineure importance, un glissement infiniment plus conséquent s'est cependant progressivement produit de la méthodologie à la doctrine, et de l'analyse structurale à une sorte de structuralisme métaphysique. De ce glissement, M. Foucault dont l'influence a été déterminante sur le développement de la Nouvelle Histoire fut le principal initiateur. Son « archéologie des sciences humaines » (*Les mots et les choses*, 1966) visait à mettre au jour la « discontinuité anonyme du savoir ». Prenant celui-ci comme « champ d'historicité », il l'a déclaré « libre de toute activité constituante affranchi de toute référence à une origine », « détaché de tout appui dans une subjectivité fondatrice ». Ses éléments ont été déployés dans l' « espace du tableau », situés dans un strict alignement, exposés à un universel parangonnage. D'énigmatiques « mises en ordre » savamment pratiquées ont fini par faire de l'homme « rien de plus qu'une certaine déchirure dans l'ordre des choses ».

L'auteur de *L'archéologie du savoir* (1969) a fait écoles et les motifs de son discours ont été pris en charge par une argumentation rotative. Il fut entendu que si les structures ne sont pas directement observables, elles possèdent un fondement objectif et, qu'en deçà de la conscience, elles constituent le réel. D'instrument d'analyses la structure devenait une réalité. L'*acteur* des sociologues, l'*agent* des économistes, le *sujet* des psychologues, bref, l'*individu* étaient déportés vers d'obscurs confins – où ils disparaissaient.

Les figures de l'individualisme

Dans la présentation du recueil de textes qu'ils ont publiés en 1986, *Sur l'individualisme. Thèmes et méthodes*, P. Birnbaum et J. Leca ont entrepris de pénétrer la nébuleuse « individualisme ». Dans cet amas diffus, ils ont repéré une série de variétés qu'il est possible de spécifier et de définir. *Utilitariste*, l'individualisme est à rapporter à la doctrine de Jeremy Bentham et de John Stuart Mill, *éthique* à la conscience et aux normes morales, *classique* à des règles codifiées, *romantique* à une conception héroïsante de l'existence considérée dans sa pleine singularité, *juridique* à un système de droits. Il peut être appréhendé à partir d'une institution – le marché –, d'une époque où il semble puissamment s'affirmer – la Renaissance –, d'une discipline qui, comme la philosophie, fait de l'individu un sujet connaissant, ou qui, comme la sociologie, l'étudie dans la diversité de ses statuts et de ses rôles en le plaçant dans un rapport de tension permanente entre sphère privée et espace public. Dans ce dernier cadre – les sciences sociales –, on pourrait l'envisager au moyen d'un corpus théorique où les œuvres des contractualistes et de Tocqueville figureraient en bonne place – et celles de R. Boudon au premier rang pour la conceptualisation, assortie de multiples applications, de l'individualisme méthodologique. S'y inscriraient aussi tel débat sur l'individuel et le social (V. Pareto, 1904) ou tel autre sur l'individualité (J. Piaget, 1932).

Face à cette pléthore d'acceptions et de variations polysémiques engendrées par les multiples figures de l'individu que S. Lukes (1973) a recensées, on choisira, avec P. Birnbaum et J. Leca, d'adopter comme règle de méthode une séparation logique entre individualisme *descriptif*, individualisme *justificatif* et individualisme *explicatif*. L'individu peut d'abord être tenu pour un « élément d'un processus de *caractérisation* des institutions et des comportements sociaux ». C'est en ce sens que l'on parle d'individualisme sociologique, économique ou juridique, ou que l'on se demande à quelle époque la primauté de l'individu s'est affirmée. Des historiens voient naître ce primat avec la « renaissance du XIIe siècle ». Des philosophes ont montré qu'il est solidaire du mouvement d'objectivation de soi qui rythme le dernier quart du XIIIe siècle – de Matthieu d'Aquasparta à Thierry de Freiberg (cf. F.-X. Putallaz, 1991). À un autre scolastique franciscain de la première moitié du XIVe siècle cette fois – Guillaume d'Occam –, L. Dumont (1983) a assigné un rôle déterminant dans ce processus comme « hérault de l'état d'esprit moderne fondateur du positivisme et du subjectivisme en droit » – cet apport représentant « une invasion spectaculaire de l'individualisme ». Dans son admirable ouvrage *Die Kultur der Renaissance in Italien* (1860), Jacob Burckhardt à donné pour lieu de naissance à l'individu l'État-cité de la Renaissance italienne. C'est là qu'avec la découverte de l'homme, l'exploration du monde et l'éclosion de nouvelles formes de sociabilité, la culture a été conçue comme développement de l'*individu*.

Dans ses *Weltgeschichtliche Betrachtungen* (*Considérations sur l'histoire universelle*, posthume, 1905), le sage de Bâle a mis ce dernier, soutenu par la Culture, aux prises avec les deux autres puissances (Potenzen) que sont la Religion et l'État.

En second lieu, l'individualisme peut aussi être situé dans un « processus de légitimation plus ou moins systématique des institutions, des normes et des valeurs, notamment politiques ». Les individualismes éthique, politique, philosophique relèvent de cette catégorie ; ils sont, à des degrés divers, le résultat de la mutation qui a fait de l'individu, à partir du XVIIe siècle, le fondement du politique et de l'état de droit. C. B. MacPherson (1962) a bien mis en évidence les caractères originaux de l' « individualisme possessif » qui alors émerge. « Nous désignons ainsi, écrit-il, la tendance à considérer que l'individu n'est nullement redevable à la société de sa propre personne ou de ses capacités, dont il est au contraire, par essence, le propriétaire exclusif. À cette époque, l'individu n'est conçu ni comme un tout moral, ni comme la partie d'un tout social qui le dépasse mais comme son propre propriétaire. » Affirmation d'une propriété et essentiellement « possessif », cet individualisme, distinct des conceptions antiques et chrétiennes, aristotéliciennes et augustiniennes qui rangent l'individu, les unes dans l'ordre du cosmos, les autres au sein de la cité de Dieu, se caractérise aussi par la mise au jour d'un problème qu'il a quelque difficulté à résoudre : celui de l'obligation politique.

Enfin, l'individualisme peut être au départ d'un processus d'*explication* : « Une problématique et une manière de concevoir des réponses à des questions de recherche. » Il s'agit de l'individualisme méthodologique selon lequel expliquer un phénomène *collectif (macroscopique)*, c'est toujours l'analyser comme résultante d'un ensemble d'actions, de croyances ou d'attitudes *individuelles (microscopiques)*. L'explication proposée présente donc une dimension psychologique ; elle s'accompagne aussi d'une conception rationnelle de l'action, l'individu étant toujours supposé avoir de bonnes raisons de se comporter comme il le fait. En tant que mode de connaissance, l'individualisme méthodologique semble donc devoir être rigoureusement séparé des autres types d'individualisme – « puisqu'il est un attribut du chercheur et non un attribut de l'objet ». En fait, et une fois écarté le soupçon d'une contribution de l'individualisme méthodologique à la légitimation des institutions en place, subsiste la question des rapports existant entre l'individualisme comme processus de caractérisation et l'individualisme comme processus d'explication, c'est-à-dire entre système de valeurs et mode de conduite. C'est à juste titre que les auteurs du recueil de 1986, après avoir noté, à la suite de L. Dumont, l'existence d'un « climat commun » qui englobe dans les sociétés modernes l'individualisme doctrinal et l'individualisme méthodologique, ont décidé de maintenir « certaines distinctions ». Mais les raisons doivent en être précisées – et c'est Schumpeter qui, le premier, les a explicitées.

Il revient, en effet, à l'auteur de l'*Histoire de l'analyse économique* (posthume, 1954) d'avoir introduit la triple distinction qui est à l'arrière-plan des trois sens d'*individualisme* précédemment mentionnés. Présentant le cadre sociologique de l'économie générale (éd. franç., t. II, p. 192 et s.), il en vient à traiter de « trois sources de critique ou de malentendus ». Pour les identifier, il les appelle individualisme « politique », individualisme « sociologique » et individualisme « méthodologique ». On passera rapidement sur le premier type centré sur une attitude de laisser-faire économique, qualifiée en Allemagne de smithienne ou de manchesterienne ; c'est contre cette attitude et le simple enregistrement d'interactions libres d'intérêts égoïstes que les économistes « bourgeois » mirent au point la théorie rationnelle de l'économie socialiste : « Ce furent Marshall, Edgeworth et Wicksell qui réduisirent à une tautologie inoffensive la doctrine selon laquelle la concurrence libre et parfaite maximise la satisfaction de tous » – et L. Walras et V. Pareto qui montrèrent combien la théorie de la valeur est indépendante des préférences politiques.

On s'arrêtera, en revanche, sur les deux autres types d'individualisme. « Nous entendons par “individualisme sociologique”, écrit Schumpeter, une conception largement acceptée aux XVIIe et XVIIIe siècles : l'individu autonome constitue l'unité ultime des sciences sociales, et tous les phénomènes sociaux se résolvent en décisions et actions d'individus qu'il est inutile ou impossible d'analyser en termes de facteurs supra-individuels. Cette opinion est insoutenable dans la mesure où elle implique une théorie du processus social. » Les limites de l'individualisme sociologique sont donc nettement marquées. « Mais, ajoute-t-il, cela ne signifie pas que, pour des fins particulières d'un ensemble déterminé de recherches, on ne doive jamais partir du comportement donné d'individus sans examiner les facteurs qui ont formé ce comportement. On peut analyser le comportement d'une ménagère sur le marché sans étudier les facteurs qui l'ont formé. Des considérations de division du travail entre des disciplines sociales différentes peuvent avoir suggéré de procéder ainsi. Cela n'implique pas nécessairement une théorie quelconque sur le thème de la Société et de l'individu. Dans ce cas nous parlons d'individualisme méthodologique. »

À la question de savoir comment le concept d'individualisme méthodologique s'applique à la façon dont l'économie générale a été pensée entre 1870 et 1914, Schumpeter répond que, en ce qui concerne les problèmes relevant de la *logique* des mécanismes économiques, « on peut défendre les procédés des théoriciens de cette période comme un individualisme méthodologique ». C'est évidemment aux Autrichiens – au premier chef à C. Menger et à E. Böhm Bawerk – qu'il fait allusion. Quant à l'utilisation que lui-même en a faite, le meilleur exemple est fourni par sa théorie de l'innovation, axée sur la combinaison nouvelle de facteurs, dans laquelle le rôle de l'entrepreneur-innovateur apparaît décisif. La période et le type de société concerné, société « moderne », « industrielle », « rationnelle » –, laissent cependant en suspens l'interrogation sur la relation à établir, d'une part entre l'avènement de la « société des individus » pour parler comme N. Elias, et la mise en œuvre d'une méthodologie individualiste, d'autre part entre ce que l'on appelle sommairement les « sociétés traditionnelles » et le recours à une méthodologie holiste. Sans préjuger du sens dans lequel le débat sur ce point peut être tranché, on notera que la répudiation des caractérisations générales et des qualifications globales « holisme »/« individualisme », ainsi que la reconnaissance de la présence conjointe de traits holistes et individualistes dans toute société, n'empêchent point la recherche systématique de variables macrosociologiques pour rendre compte de tous les phénomènes sociaux – quel que soit le contexte où ils sont observés. C'est là, précisément, la tendance que l'individualisme méthodologique s'est appliqué à combattre.

L'individualisme méthodologique

Dans le débat ouvert sur l'individualisme méthodologique dont J. O'Neill (1973) a été le premier à rassembler les principales pièces, l'œuvre de Raymond Boudon occupe aujourd'hui en France une place centrale. Pour saisir la portée de ses enjeux, on peut se reporter à différents ouvrages de l'auteur de *L'inégalité des chances* – par exemple, *La logique du social* (1979) où nombre d'analyses sociologiques, de Marx à Sombart, font l'objet d'une interprétation renouvelée –, ou bien à des chapitres précis comme celui intitulé « Déterminismes sociaux et liberté individuelle » de *Effets pervers et ordre social* (1977). On se soutiendra ici des contributions données par R. Boudon au volume collectif *Sur l'individualisme* (1986), « Individualisme et holisme dans les sciences sociales » –, au recueil de textes sur *Les champs de la sociologie française* (1988) – « Individualisme ou holisme : un débat méthodologique fondamental » –, ainsi que d'articles consacrés à ces questions dans le *Dictionnaire critique de la sociologie* (1re éd., 1982). Au fil de ces textes, l'*individualisme sociologique* est situé dans une perspective que l'on pourrait faire varier avec la *Tradition sociologique* (1966) de R.-A. Nisbet – qui donne toute la mesure de la réaction anti-individualiste qui s'est fait jour au XIXe siècle – et l'individualisme méthodologique rigoureusement codifié et abondamment illustré.

Des sociologies classiques aux sociologies contemporaines, la distribution des rôles sur la scène sociale, le jeu et le déplacement des acteurs entre figures libres et figures imposées n'ont pas cessé de faire l'objet de discussions. L'accord s'est seulement fait sur le renouvellement du répertoire consécutif à la révolution démocratique et à la révolution industrielle. Les variables inventoriées pour expliquer les nouvelles positions et postures de l'individu sont de nature diverse : culturelle, et plus précisément religieuse chez Max Weber, économique, avec la division du travail, sociale, en référence au degré d'intégration dans les groupes sociaux et au passage d'une solidarité mécanique à une solidarité organique, politique, en raison notamment des choix offerts aux citoyens par l'État démocratique. L'individualisme, caractéristique majeure de la société industrielle, a été aussi diversement interprété. Pour les uns, il signifie l'autonomie de l'*ego*, voire son indépendance, son retranchement et son retrait fictif de la totalité sociale, pour les autres, le croisement des cercles et milieux d'appartenance, la multiplication des interactions. Il est l'objet d'appréciations contraires : Marx souligne l'isolement de l'individu sur le marché ; Durkheim, apercevant le danger de l'individualisme en matière éthique et normative, en appelle à une morale collective. D'autres sont moins sensibles à ce qui paraît être dans ce phénomène un progrès de l'égoïsme qu'au développement de la personnalité et de relations qu'il permet. Encore ces dernières sont-elles diversement qualifiées ; effectivement neutres chez G. Simmel, l'auteur de la *Philosophie de l'argent* (1900), elles sont essentiellement universalistes chez T. Parsons (1951). Il n'est pas jusqu'au sens général de l'individualisme qui ne soit antithétiquement jugé : dissolution des liens communautaires selon F. Tönnies (1887), il est souvent placé sous le signe de la *différenciation*. Pour H. Marcuse (1964), il ne signifie pas autonomisation des individus mais *uniformisation*.

Considéré en son sens *sociologique* l'individualisme a reçu de Tocqueville une définition dont J.-C. Lamberti, avant sa grande thèse de 1983, a montré la profonde originalité (*La notion d'individualisme chez Tocqueville*, 1970). Il s'agit là (*De la démocratie en Amérique*, II, 1840), d'une « expression récente qu'une idée nouvelle a fait naître ». On rappellera qu'en effet le mot, auparavant employé par les chantres de la pensée théocratique – L. de Bonald et J. de Maistre –, pour accabler la philosophie des Lumières qui a inspiré la Déclaration des droits de l'homme, n'est entré au *Dictionnaire de l'Académie française* qu'en 1835. Distinct de l'égoïsme, « amour passionné et exagéré de soi-même, qui porte l'homme à ne rien rapporter qu'à lui seul et à se préférer à tout », l'individualisme est « un sentiment réfléchi et paisible qui dispose chaque citoyen à s'isoler de la masse de ses semblables et à se retirer à l'écart avec sa famille et ses amis ; de telle sorte que, après s'être ainsi créé une petite société à son usage, il abandonne volontiers la grande société à elle-même »). Il est « d'origine démocratique, et il menace de se développer à mesure que les conditions s'égalisent ». Dans la sociologie boudonienne, la pensée de Tocqueville est surtout présente pour le comparatisme spontanément pratiqué dans les deux démocraties (1835-1840), mais elle l'est aussi au titre d'illustration d'analyses fondées sur la représentation des comportements des individus. La situation des gens de lettres en France au XVIIIe siècle, comme la Révolution qui va éclater en période de prospérité, fournissent dans *L'Ancien Régime et la Révolution* (1856) de bons exemples d'analyses microsociologiques prenant en compte de microcomportements. Mais l'emploi de l'individualisme comme méthode n'implique nullement l'adhésion au libéralisme politique ou économique, ou aux valeurs d'un individualisme éthique qui, à l'inverse du collectivisme, prend l'individu, ses droits et sa liberté comme référence suprême.

Pour expliquer un phénomène social, nous dit R. Boudon, il est indispensable de reconstruire les motivations des individus concernés et d'appréhender le phénomène en question comme le résultat de l'agrégation des comportements individuels dictés par ces motivations. À l'inverse de l'explication dite « agrégée », ou non individuelle, qui ne prend pas en compte le comportement des individus dont la logique engendre les corrélations observées au niveau statistique, l'explication est dite « individualiste » « lorsque l'on fait du phénomène social P la conséquence des individus appartenant au système social dans lequel P est observé ». L'explication donnée par Durkheim du suicide en période de boom économique est de ce type : la corrélation établie met en évidence la logique des actions individuelles qui lui est sous-jacente. L'individualisme méthodologique systématise ainsi la démarche préconisée par Max Weber : « La sociologie doit procéder des actions des individus séparés. » Expliquer un phénomène social, ce sera donc toujours le ramener aux actions individuelles qui le composent. Tel événement, telle situation particulière, telle distribution statistique résultent de l'agrégation des comportements individuels qu'il faut « comprendre » – au sens webérien. S'il est vrai, enfin, que l'individu est soumis à des contraintes sociales, il ne l'est pas que ces dernières déterminent mécaniquement l'action individuelle ordonnée à une intention.

R. Boudon s'est autant employé à définir ce qu'est l'individualisme méthodologique, qu'appliqué à préciser ce qu'il n'est pas. Cette méthode n'implique aucune vision atomiste des sociétés ; elle doit être clairement dissociée de l'individualisme atomiste dans la mesure où les individus sont toujours tenus pour insérés dans un système social, système de contraintes, où se déroulent leurs actions. Associée aux schémas simplifiés de l'action d'un *homo sociologicus* – très voisin de l'*homo oeconomicus* avec ses visées exprimées en termes de rationalité, d'optimisation, d'adaptation –, elle ne bascule pas davantage dans un vague psychologisme. Elle rompt surtout avec le réalisme totalitaire que Piaget a par ailleurs critiqué : la connaissance des mécanismes de la socialisation ne suffit pas à comprendre l'action qui n'est pas réductible aux effets d'un conditionnement ; traiter les structures comme des éléments actifs, et s'en tenir aux données structurelles ou culturelles, c'est trop facilement esquiver l'analyse des motivations et des intentions individuelles ; systématiquement invoquer l'habitus ou des dispositions assimilées à des données inconscientes, c'est verser dans la démonstration tautologique. Même l'« individualisme minimal » de certaines théories sociologiques d'inspiration holiste est repoussé, car elles font de l'individu le point de passage de forces collectives, et des caractéristiques de l'environnement naturel et social, non pas des données à partir desquelles l'individu délibère, choisit, agit, mais des puissances qui le déterminent. L'individualisme méthodologique est, en revanche, conciliable avec l'individualisme institutionnel de F. Bourricaud (1977) et l'individualisme structural de R. Wippler (1978) : la place des contraintes sociales s'y trouve plus fortement marquée, mais c'est toujours l'axiomatique de l'individu rationnel qui se trouve rapportée aux données structurelles ou institutionnelles.

Que « l'effet macroscopique n'est compréhensible que si on le ramène aux actions effectuées par les individus et à la rationalité de ces actions, en fonction des ressources des individus d'une part, des champs d'action créés par les structures institutionnelles d'autre part », R. Boudon en a administré la preuve au moyen d'exemples empruntés aux études de cas les plus divers : le développement économique et le changement social (T. S. Epstein, 1962), les conflits et mouvements sociaux (A. Oberschall, 1973), la mobilité sociale (R. Boudon, 1973). À propos du premier cas, qui porte sur les effets de l'irrigation en Inde du Sud, R. Boudon (1988) observe que l'on n'y retrouve « ni le *timeless and changeless indian Village* cher à M. Mead, ni les processus mécaniques de réactions en chaîne de D. Lerner ». Il en tire l'impression que « bien que la société indienne soit dominée par le principe de l'*homo hierarchicus*, on peut y déceler des processus d'une importance sociale considérable qui ne se distinguent guère de ceux que les sociologues ont mis en évidence dans les sociétés où règne l'*homo aequalis* ». Des représentations holistes sont donc susceptibles d'être nuancées, sinon remises en question, par des travaux sociologiques qui s'inspirent de l'individualisme méthodologique.

L'insuffisance du traitement holiste de phénomènes comme la mobilisation collective, les mouvements sociaux, les actions de masse a, par ailleurs, été mise en évidence (P. Birnbaum, F. Chazel, 1986) : les acteurs collectifs ne sont pas des groupes unifiés dotés de conscience et de volonté propre ; les systèmes de relations habituellement établis doivent être déconstruits ; on peut alors examiner comment l'on passe de l'intérêt susceptible d'être partagé par les membres du groupe latent, à la prise de conscience de l'intérêt commun, puis au déclenchement de l'action collective ; et cela en intégrant à l'analyse les stratégies individuelles, c'est-à-dire en tenant compte, avec A. O. Hirschman (1970), de la relation de loyauté unissant les membres du groupe latent, et, avec M. Olson (1966) – dans le droit fil de la contribution majeure de A. Downs (1957) à l'étude du vote –, du coût nul d'une participation individuelle à l'action collective (stratégie du « ticket gratuit », *free rider*).

Raymond Boudon a indiqué à maintes reprises les raisons pour lesquelles le paradigme individualiste, admis sans difficulté majeure en économie, est d'application bien plus difficile en sociologie. Elles ne sont pas seulement imputables à une information insuffisante sur les microcomportements qui sont à l'origine du phénomène agrégé. Elles le sont davantage – et surtout en France –, à des orientations idéologiques qui font préférer le paradigme holiste à l'individualisme méthodologique. La prédominance dans la plupart des sciences sociales d'une conception hypersocialisée de l'homme conduit à admettre que celui-ci obéit rigoureusement aux règles qui lui sont prescrites par la tradition et la culture. L'importance de la pensée durkheimienne dans la sociologie française – avec ses exclusions disciplinaires et son évaluation minimale du facteur individuel –, s'accompagne d'effets similaires. À quoi s'ajoute, longtemps entretenue par la prégnance sur les modes de penser du matérialisme historique et dialectique, l'illusion de pouvoir rapidement accéder à la compréhension du tout au moyen de quelques catégories générales (du genre infrastructure et superstructure) – illusion à laquelle on cède facilement, en s'épargnant ainsi la laborieuse entreprise qu'est d'analyser les données macroscopiques en les ramenant à leurs composantes microscopiques. De ce point de vue, et si l'on considère que le progrès dans les sciences sociales consiste à passer des explications de type holiste à des explications de type individualiste, le structuralisme représente une régression.

On comprend dès lors la défiance éprouvée par R. Boudon à l'endroit de paradigmes conceptuels façon *Gemeinschaft* et *Gesellschaft* de F. Tönnies ou *société traditionnelle* et *société moderne* de R. Redfield, qui fournissent certes un cadre général d'analyse, mais qui donnent lieu à des interprétations globalisantes, douteuses, stéréotypées ; la défiance, aussi et corrélativement, à l'égard de typologies bâties *a priori* sur la sélection de traits estimés « intéressants » et de variables tenues pour pertinentes ; la méfiance, enfin, plus fortement déclarée, pour le structuralisme qui fait des individus les supports de structures seules réelles, qui ramène la complexité structurelle des systèmes d'interdépendance et d'interactions à quelques variables auxquelles on accorde un primat arbitraire, et aboutit à des oppositions sommaires du style dominant/dominé. Dans ce contexte, le postulat holiste, selon lequel les sociétés sont des totalités cohérentes dont on peut déterminer les principes fondamentaux, toute société étant dominée par une idéologie imprégnant la vie sociale dans son ensemble –, n'est pas épargné. Mais, de la même façon que R. Boudon distingue soigneusement l'analyse structurale de l'idéologie structuraliste, il faut dissocier le holisme idéologique – dont on trouvera quelques échantillons aux entrées « Historicisme » et « Structuralisme » du *Dictionnaire critique de la sociologie* où les généralisations abusives, le « sens de l'Histoire », la « ruse de la Raison » reçoivent leur congé – de la méthodologie holiste appliquée en toute rigueur par L. Dumont à des cristallisations sociales issues des processus étudiés par l'individualisme méthodologique.

Le holisme méthodologique

L'introduction que Louis Dumont a donnée au recueil de ses *Essais sur l'individualisme* paru en 1983 est sans doute le texte qui, du point de vue méthodologique, est le plus éclairant. Il fait bien voir et comprendre l'unité d'une investigation qui, commencée en 1957 avec la thèse *Une sous-caste de l'Inde du Sud*, s'est poursuivie en 1967 avec la publication de *Homo hierarchicus*, et continuée, en 1977, par la parution du premier volet de *Homo aequalis*. « Il y a deux sortes de sociologie quant à leur point de départ et à leur démarche globale », rappelle L. Dumont qui d'entrée a placé son entreprise sous les auspices de Marcel Mauss. « Dans la première on part, comme il est naturel aux modernes, des individus humains pour les voir ensuite en société ; parfois même, on essaie de faire naître la société de l'interaction des individus. Dans l'autre sorte de sociologie, on part du fait que l'homme est un être social, on pose donc comme irréductible le fait global de la société – non pas de la "société" dans l'abstrait, mais chaque fois de telle société concrète particulière avec ses institutions et représentations spécifiques. Puisqu'on a parlé d'individualisme méthodologique pour le premier cas, on pourrait parler de holisme méthodologique dans celui-ci. »

L'étude de l'organisation sociale et de la religion des Pramalai Kallar (1957) est la première étape de cet examen du complexe spécifique d'une société donnée qu'est le « fait social total » conceptualisé par Mauss. L. Dumont s'y est proposé d'utiliser « la méthode intensive privilégiée de la monographie pour éclairer la réalité indienne, traiter le groupe comme un microcosme où les éléments du macrocosme apparaîtraient dans leurs relations vivantes ». Le principe qui l'a guidé est que « toutes les castes d'une aire culturelle donnée – en l'occurrence l'aire linguistique tamoule –, reposent sur des institutions fondamentales communes, qu'il s'agit de découvrir sous la diversité culturelle, et qui constituent, avec le système des castes lui-même, la morphologie sociale de la civilisation considérée ». Dans la réalisation de ce dessein, on doit tenir le chapitre intitulé « Unité et hiérarchie » comme l'anticipation de de qu'a systématisé *Homo hierarchicus*, avec la reconnaissance du principe hiérarchique et du principe égalitaire comme *réalités premières*. « Supposons, écrit L. Dumont dans l'introduction de 1983, que notre société et la société observée présentent toutes deux dans leurs systèmes d'idées les mêmes éléments A et B. Il suffit que l'une subordonne A à B et l'autre B à A pour que s'ensuivent des différences considérables dans toutes les conceptions. En d'autres termes, la hiérarchie interne à la culture est essentielle à la comparaison. »

La réflexion ultérieurement développée par Dumont, et qui conduit à *Homo aequalis*, est née de l'impossibilité d'appliquer à la société indienne traditionnelle la catégorie moderne d'individu. Centrée sur la révolution des valeurs qui s'est produite dans l'Occident chrétien, elle examine le problème du passage des sociétés naturelles, qui se croyaient fondées sur un ordre des choses dépendant de principes vitaux et cosmiques, aux sociétés modernes où l'homme, devenu la mesure de toutes choses, est aussi source de toute rationalité. L'opposition systématique des sociétés traditionnelles et des sociétés modernes permet à Dumont de voir que celles-ci exaltent des valeurs ignorées par celles-là, qui sont construites sur une idée collective de l'individu : ici, l'être humain est la cité, c'est en elle que l'homme, qui ne vaut que par la place qu'il occupe dans un ensemble hiérarchique, réalise son humanité ; là, l'individu, d'où dérive la conception individualiste de la société effectivement pensée comme individu collectif. Un véritable transfert de la totalité accompagne donc le passage des unes aux autres, car c'est bien comme l'égal ou l'homologue de la société de type hiérarchique que l'on doit considérer l'individu des sociétés égalitaires. Une transformation fondamentale s'est en même temps opérée : le sujet empirique, l'agent humain de l'idéologie traditionnelle a cédé la place à l'être moral, indépendant, non social – l'*individu* des temps modernes. Reprenant la distinction analytique introduite par Max Weber entre groupements de statut (ordres et castes) et groupements économiques (classes), L. Dumont a fortement marqué que la fonction essentielle de la hiérarchie est d'exprimer l'intégration symbolique d'un ensemble par rapport aux valeurs. Tel est bien le cas de l'Inde, où la distribution du pouvoir économique et politique est subordonnée à la hiérarchie.

On n'a pas ici à détailler comment L. Dumont en est finalement venu à s'interroger sur la crise du paradigme moderne ; il a suivi les étapes d'un retournement signalées, par les œuvres de Locke, de Mandeville et d'Adam Smith, au terme duquel l'économique est apparu comme l'expression achevé de l'individualisme ; au terme duquel aussi – la société industrielle se caractérisant par la perte de la totalité sociale –, on peu se demander si Marx manifeste un retour au point de vue holiste et si le totalitarisme représente une tentative de « resocialisation » de l'économie en posant la violence à la place de la valeur. C'est à la façon dont l'auteur de *Homo aequalis* entreprend de justifier le holisme méthodologique que l'on doit s'attacher. À l'objection radicale qui déclare ce dernier inapplicable – « on nie qu'on puisse en pratique appréhender un objet aussi complexe et aussi vague qu'une configuration d'idées et de valeurs comme celle que nous visons, qui en fin de compte n'existe pas réellement et ne peut être qu'une construction de l'esprit » –, il répond que cette configuration existe effectivement avec ses liaisons originales de valeurs et d'idées ; mais que « le nominalisme, qui accorde réalité aux individus et non aux relations, aux éléments et non aux ensembles, est très fort chez nous ». L'individualisme ne veut connaître que Dupont, Durand et Dupuis, alors que ce sont les relations tissées entre eux qui les font exister.

D'autre part, est-il précisé (L. Dumont, 1983) : « Il est fallacieux, en sciences sociales, de prétendre comme on lia fait que les détails, éléments ou individus, sont plus saisissables que les ensembles. » *Homo hierarchicus* et *Homo aequalis* montrent que l'on peut parfaitement saisir des objets aussi complets que des configurations d'idées et de valeurs : en contraste avec d'autres et sous certaines conditions seulement. L'explication ne ressortit nullement à un discours qui se voudrait complet et qui porterait sur des objets arbitrairement posés ou choisis : le discours est partiel, mais il peut porter sur l'ensemble ; incomplet, mais porter sur un objet global donné. Ainsi, la monographie permet de faire progresser la théorie générale ; ainsi, la construction d'un modèle comparatif fondamental non moderne rend visibles les rapports croisés qu'entretiennent hiérarchie et égalité, holisme et individualisme. Dans la mesure où il existe dans les sociétés occidentales des réalités qui sont rendues opaques par nos formes de consciente qui les ignorent, il est nécessaire de se tourner vers les sociétés qui les soulignent : la sociologie comparative a précisément pour objectif de relativiser la représentation sociale indigène. Une telle démarche, d'inspiration tocquevillienne, devait d'abord donner à L. Dumont accès à la compréhension du système des castes que la négation moderne de la hiérarchie ne permet pas d'aborder directement. Disposant alors comme Tocqueville d'un point de comparaison extérieur, il était en mesure de retourner sur nous-mêmes le « miroir indien ». Ainsi était réalisée « la mise en perspective hiérarchique de l'idéologie individualiste ».

Toutes les objections formulées à l'encontre du holisme méthodologique sont-elles écartées ? Il en subsiste qui portent sur l'objet envisagé – l'individualisme –, et sur la méthode employé – le holisme. Un fois de plus, il convient de clairement distinguer l'individualisme comme règles de compréhension et d'explication propres à une méthode de l'analyse sociologique, et l'individualisme comme système de valeurs et de préférences collectives caractéristique de la société moderne. En tant que système, il ne se présente pas comme un ensemble cohérent. Il existe plusieurs traditions individualistes, les unes religieuses, les autres laïques. Aussi L. Dumont procède-t-il à une série de distinctions. Suivant la suggestion de Max Weber, il distingue l' « individualisme dans le monde », qui concerne un individu « social en fait » et vivant en société – même si en tant qu'être moral il est « non social » en principe et en pensée –, et un « individualisme hors du monde », qui concerne un individu « autonome, indépendant, ayant quitté la société proprement dite » – comme le renonçant indien. « En fait d'individu », il déclare qu'il faut également distinguer « le sujet empirique, échantillon indivisible de l'espèce, de l'être moral tel qu'on le rencontre avant tout dans notre idéologie moderne de l'homme et de la société ». De la même façon, Max Weber oppose l'individu agent empirique, matière première de toute sociologie à « l'être de raison, le sujet normatif des institutions ». On s'achemine ici, par le rejet de toute conception substantialiste, vers une vue à la fois relationnelle et relativiste de l'individu qui, pas plus que la société globale, n'est une donnée autosubsistante.

L'idée d'une totalité sociale strictement déterminée par l'idéologie est également ambiguë. On peut, en effet, douter de la cohérence des totalités idéologiques dont procéderaient les sociétés. Les idéologies modernes ne sont-elles pas plutôt des compromis à équilibre instable ? La conception holiste, dans la mesure où elle fait de chaque société la copie de son modèle idéologique, la renferme sur elle-même. Pourtant L. Dumont, qui invoque l'unité du genre humain, tient à ce que chaque totalité soit ouverte sur les autres. On ne peut résoudre l'incompatibilité entre le principe universaliste et cette fermeture de « totalités sociales » qu'en ne considérant pas ces dernières comme concrètes. L. Dumont lui-même reconnaît que

« l'idée du tout, séduisante, reste énigmatique et par trop concrète ». Ces totalités sont des rapports d'interdépendance pensés et pratiqués par des sujets normatifs et non vécus par des individus empiriques. Pour sortir des confusions engendrées par la notion de holisme, il faut donc « renoncer au préjugé substantialiste qui confond réalité et totalité, et traiter la vie sociale comme un processus de communication avec des degrés variables d'objectivité et d'efficacité. C'est en fonction de ces deux caractères que la notion de totalité sociale pourra être (elle aussi) appréhendée dans une perspective relationnelle et relativiste » (F. Bourricaud, 1984).

Quelle valeur accorder, en définitive, à l'opposition holisme/individualisme. Cette opposition suffit-elle à distinguer des types sociaux ? Ne tire-t-elle pas sa validité et sa signification de n'être qu'une abstraction ? Si l'on peut effectivement qualifier une idéologie de *holiste* ou d'*individualiste*, on s'expose à quelques dangers en accolant ces mêmes termes à des sociétés. On sait ce qu'il faut penser de la distinction « sociétés traditionnelles / sociétés industrielles » : ce sont des schématisations commodes qui ne résistent pas à une analyse approfondie du changement social. Il n'empêche, comme l'écrit R. Boudon (1982), qu'une tradition sociologique importante qui va de Montesquieu à l'anthropologie structurale s'intéresse à l'analyse synchronique des systèmes d'institutions sociales. Dans ce cas, il s'agit de rendre compte d'un ensemble d'institutions observées dans une société donnée et à une époque donnée. « Supposer que les institutions sont cohérentes revient à supposer qu'elles s'impliquent réciproquement et par conséquent forment un système. » De l'identification d'ensembles d'éléments interdépendants, on passe cependant à la détermination de types de systèmes ; et sur les types ainsi dégagés, les interprétations diffèrent singulièrement. Le dossier naguère constitué par A. Guerreau (1980) sur le féodalisme le montre bien à propos de ce qui est communément désigné par les expressions, à tort indistinctement employées, de « société féodale », « régime féodal », « féodalité ».

Ces systèmes sont globalement analysés en termes d'organisation, de distribution, de cohésion, de « niveaux », que l'on déclare « articulés », d'agencements que l'on dit plus ou moins rigides ou plus ou moins plastiques. L. Dumont (1964) manifestait une salutaire prudence en invitant à renoncer à ces liaisons et à la légalité qu'elles postulent. « Il faut nous pénétrer de ce principe que nous ne connaissons pas la loi générale des rapports entre les divers niveaux que nous distinguons à l'intérieur d'une société : nous avons, au contraire, à découvrir la nature de ces rapports dans chaque cas concret et, si elle n'est pas conforme à nos préjugés, à nous incliner devant le fait. » Mais trop souvent des postulats réifiés président à la construction de modèles destinés à rendre compte de la totalité des phénomènes observés, et qui finissent par se confondre avec la réalité présente ou passée. En histoire, on soutiendra ainsi : « Toutes les sociétés, dans une certaine aire géographique (ou mieux géographico-historique, et pendant une plus ou moins longue durée, ont fonctionné selon un modèle : le concept qui exprime le mieux l'agencement, l'interdépendance hiérarchisée des éléments qui le composent est celui de système. Mieux que celui de structure plus limité et plus immobile, quoique utile à certains niveaux, il rend compte de la cohésion de ce qu'il décrit sans en exclure, au contraire, les possibilités de contradictions. » De ce système, on étudiera le fonctionnement-évolution. « Tel est le mécanisme fondamental de l'histoire des sociétés que l'historien doit déceler, analyser, expliquer » (J. Le Goff, 1980). Ces vues schématiques et d'autres similaires sont généralement ralliées et reçues sans discussion. Il n'est pas sans intérêt de les examiner à la lumière de quelques études et essais qui intéressent la philosophie des sciences sociales et les méthodes propres à la sociologie.

Critique du totalisme

Le texte classique de F.-A. Hayek, *Scientisme et sciences sociales* (1952), développe une critique solidement argumentée de l'objectivisme, du totalisme et de l'historicisme scientistes. Il traite directement de l'extension aux sciences humaines des procédures qui ont fait leur preuve dans les sciences de la nature – et indirectement des différents modes de connaissance des phénomènes sociaux. Pour ces dernières sciences, la tâche consiste à restreindre les sensations à leur domaine, à revenir aux faits objectifs, à réviser systématiquement les concepts du sens commun en les reconstruisant au moyen de l'expérimentation. À côté de ce remodelage conceptuel, les sciences sociales sont aux prises avec une question qui en dessine le domaine : « Comment, par ses actions, déterminées par ce qu'il croit savoir, par ses opinions et ses conceptions, l'homme construit un autre monde dont l'individu fait partie ? » Les termes mêmes dans lesquels la question est posée montrent que le progrès dans des disciplines suppose une application effective du subjectivisme ; plus précisément, il exige la reconnaissance du caractère subjectif des faits sociaux, et, corrélativement, le renoncement à traiter de façon purement objective ces derniers qui doivent, au contraire, être toujours rapportés à un dessein humain. On voit que l'explication d'un phénomène donné, si elle peut ne pas nécessiter une connaissance supplémentaire de sa nature spécifique, requiert souvent que l'objet auquel elle s'applique soit étudié en termes de *perception* et de *représentation*.

Il faut donc toujours partir de ce que les *individus* pensent et veulent faire, « partir du fait que les individus sont guidés dans leurs actions par une classification des choses et des événements établie selon un système de sensations et de conceptualisation qui a une structure commune », et que nous connaissons parce qu'il est aussi le nôtre. C'est d'ailleurs de cette communauté de points de vue que les phénomènes sociaux tirent leur signification : « Ce sont les conceptions individuelles, les conceptions que les gens se sont formées d'eux-mêmes et des choses qui constituent les vrais éléments de la structure sociale. » Cette dernière tient les conditions de sa reproduction de ce que les individus sont les foyers d'un réseau de relations. Pas plus que les individus et les situations dans lesquelles ils se trouvent ne doivent être pris en considération par leurs seules qualités objectives, cette reproduction n'est automatique : des effets inattendus peuvent résulter de la conjonction d'actions indépendantes. Les sciences sociales se proposent donc, elles aussi, de réviser les concepts courants et, éventuellement, de les remplacer par des catégories d'analyse plus appropriées. Le danger est, dès lors, de mélanger les idées qui sont constitutives du phénomène à expliquer avec les vues spéculatives qu'il suscite et les théories auxquelles il donne lieu. Les pseudo-entités qu'engendre cette confusion ne doivent pas être traitées comme des faits. Il faut partir des concepts qui guident les individus dans leurs actions, et non des résultats de leur réflexion théorique sur celles-ci : « C'est là le trait caractéristique de cet individualisme méthodologique étroitement lié au subjectivisme des sciences sociales. »

« Synthétiques » et non « analytiques » comme les sciences de la nature, les sciences sociales travaillent sur des ensembles c'est-à-dire des groupes d'éléments structurellement liés, qui ne sont pas donnés mais construits. L'objectivisme scientiste traite les phénomènes sociaux comme des objets directement perçus ; il ne s'intéresse pas aux attitudes individuelles qui forment les éléments de la structure des complexes sociaux ; il en vient à tort à considérer comme des faits les théories qui sont provisoires, et à verser dans le réalisme conceptuel. La conception totaliste est, en outre, erronée, précise Hayek, parce qu'une saisie n'est jamais globale ; abstraction et sélection sont toujours à l'œuvre ; tel phénomène n'est constitué en objet d'analyse qu'en raison des questions que nous nous posons sur lui : il est relatif à une curiosité.

Associant ainsi objectivisme et totalisme d'une part, subjectivisme et individualisme d'autre part, Hayek estime que les sciences sociales doivent emprunter des voies conformes à leur vocation – qui n'est pas de spéculer sur des ensembles donnés, mais de « constituer ces ensembles en construisant des modèles à partir d'éléments connus. Ces modèles reproduisent la structure des relations existant entre certains des nombreux phénomènes que nous observons toujours simultanément dans la vie réelle ». On cessera alors de postuler des entités métaphysiques comme l'État, le marché ou le capitalisme, pour voir que chaque terme en question « ne correspond pas à une chose unique et observable, mais à des relations structurelles que l'on ne peut décrire qu'au moyen d'une représentation schématique ou d'une théorie d'un système persistant de relations entre des éléments toujours changeants ». Se dissipera alors l'illusion que les éléments à partir desquels on construit des ensembles ne peuvent être compris qu'au moyen des ensembles, et se dissipera aussi celle que ces « modèles d'ensembles » puissent être autre chose que le résultat d'une activité théorique.

L'argumentation exposée par F.-A. Hayek n'est pas séparable d'une théorie générale, centrée sur les « forces spontanées », que l'auteur de *La route de la servitude* (1944) a maintes fois présentée. On en trouve la trace dans le dernier chapitre de *Scientisme et sciences sociales*, sous le titre : « La finalité des formations sociales. » Il y est question de l'absence d'une théorie synthétique des phénomènes sociaux qui seule permettrait de comprendre comment l'action indépendante de nombreux individus peut produire des ensembles cohérents. « Nous observons souvent, est-il indiqué, dans des formations sociales spontanées que leurs parties se comportent comme si leur but était la préservation des ensembles (...). Dans la sphère sociale, les mouvements spontanés qui préservent une certaine relation structurelle entre les parties des ensembles sont, de plus, reliés d'une façon spéciale à nos desseins individuels ; les ensembles sociaux qui sont ainsi maintenus conditionnent la réalisation de beaucoup de nos désirs individuels. » C'est donc la *méthode individualiste* et *synthétique* qui donne sens à la formule du tout supérieur à la somme de ses parties – le tout étant compris comme émergence de structures de relations interpersonnelles. En prise sur des processus interindividuels et des ajustements internes partiellement connus, elle s'oppose au *totalisme méthodologique* que définit une visée d'intégration systématique et d'explication totale.

Les articles publiés en 1944-1945 par K. R. Popper, puis repris et augmentés dans les années cinquante, *Misère de l'historicisme* (1956) contiennent une critique, à bien des égards identique, du type d'explication dominant dans les sciences sociales. Il est ici qualifié de *totaliste (holistic)* et *universaliste.* Comme chez Hayek, à qui il est explicitement fait référence, la mise en question de la scientificité des sciences sociales dans leurs tendances pro- et antinaturalistes forme la toile de fond de la démonstration. L'identification des raisons qui rendent problématique l'extension des méthodes des sciences physiques aux sciences de la société, conduit Popper à préciser ce qu'il faut entendre par « compréhension des phénomènes sociaux ». Elle peut être obtenue par la prise en compte des actions, rationnelles ou non, des individus et des groupes : « Un événement social est compris lorsqu'il est analysé dans les termes des forces qui l'ont produit, c'est-à-dire lorsque les individus et les groupes impliqués, leurs desseins ou leurs intérêts, et le pouvoir dont ils disposent sont connus. » C'est la démarche suivie par l'individualisme méthodologique, au sens strict. La volonté de saisir la signification de telle action ou de tel événement, en référence à une situation sociale totale, implique le dépassement de la simple explication causale : la signification de l'élément qui, certes, influence l'ensemble, est en partie déterminée par ce dernier. En affirmant la nécessité, pour la compréhension d'une action ou d'un événement, de tenir prioritairement compte des données et tendances objectives de la société et de la période où ils se produisent, on opère un nouveau dépassement en mettant l'accent sur des facteurs déterminants et les tendances historiques de la totalité sociale.

En référence à la querelle des universaux, Popper range les sciences sociales du côté du réalisme contre le nominalisme, et de l'essentialisme contre le conventionnalisme. Il montre comment, en ces disciplines, on entend passer outre à l'accidentel pour pénétrer jusqu'à l'essence des choses. Cet *essentialisme méthodologique* prend forme dans des questions générales et dans l'invocation d'entités sociologiques. Dans le travail d'explication que ces dernières appellent, les termes introduits de façon nominaliste sont essentialisés – et perdurent. Prédominant dans les sciences naturelles le nominalisme méthodologique formule, au contraire, des interrogations précises au moyen de termes purement et simplement instrumentalisés. Pour l'étude des phénomènes sociaux, le choix est offert entre une méthode totaliste et une méthode « opportuniste » ; selon que l'on entend les traiter globalement ou sélectivement, on se livrera à des spéculations plus ou moins chimériques ou à des applications pragmatiques, en mettant en œuvre une technologie « fragmentaire » *(piecemal technology)*. Le choix effectué dépend de la conception que l'on se forme de la totalité. D'un côté, on prétend pouvoir saisir la structure concrète de la réalité sociale au moyen d'une méthode synthétique appliquée à la totalité de la société ; de l'autre, une étude sélective est engagée, portant sur des aspects abstraits, c'est-à-dire sur certaines propriétés qui révèlent une structure organisée et qui forment un tout ordonné.

Sans doute, est-ce la « misère » de l'historicisme que Popper entend d'abord faire voir. C'est de l'histoire comme source empirique de la sociologie, de la sociologie comme théorie de l'évolution, de la recherche dans l'évolution historique d'une loi de l'ordre invariant, qu'il traite en associant historicisme et essentialisme utopisme et totalisme. Mais les conséquences de sa critique concernent les autres sciences sociales qui connaissent la même « misère ». De la même façon qu'en histoire d'aucuns croient discerner de vrais fins, un *telos,* des tendances tout du moins, sans jamais tenir compte des décisions et actions individuelles, en sociologie certains posent un diagnostic définitif sur un état social, sans prêter la moindre attention aux desseins et aux stratégies des acteurs. Les démarches sont identiques. Elles procèdent, au reste, avec le recours au raisonnement hypothético-déductif, d'une méthode scientifique dont l'unité est avérée. Dans tous les domaines, on s'applique à des objets abstraits, on se livre à des opérations théoriques, on construit des modèles ; mais ces abstractions et ces montages peuvent se substituer au réel et avoir partie liée avec l'essentialisme méthodologique. Celui-ci peut cependant être combattu à l'aide de ces modèles, car « la tâche d'une théorie est de construire et d'analyser avec soin nos modèles sociologiques en termes descriptifs ou nominalistes, c'est-à-dire en termes d'individus avec leurs attitudes, anticipations, relations, etc. – postulat qu'on peut appeler *individualisme méthodologique* ».

K. R. Popper précise encore que les individus n'agissent ni totalement rationnellement, ni complètement de façon non rationnelle.

« Aussi devient-il possible de construire des modèles, assez simples de leurs actions et interactions, et d'utiliser ces modèles comme des approximations. » Il rappelle également l'éventuel recours à la « méthode de l'hypothèse nulle » que fonde le postulat d'une rationalité totale des acteurs et d'une information complète sur les individus en cause, la situation où ils se trouvent, les enjeux qui les rassemblent ou les divisent. Il souligne enfin que cette méthode et ce modèle n'impliquent nullement l'adoption d'hypothèses psychologiques ; il dissocie complètement l'individualisme méthodologique – démarche « tout à fait inattaquable selon laquelle nous devons réduire tous les phénomènes collectifs aux actions, interactions, buts, espoirs et pensées des individus » –, du psychologisme méthodologique qui ancre les considérations sociologiques sur le fond apparemment solide d'une psychologie de la nature humaine. Joint à ce qui a été précédemment dit de l'individualisme méthodologique, ce propos fait comprendre la raison pour laquelle Popper estime qu'un Galilée a manqué aux sciences sociales. Les conclusions qu'il en tire sont à rapprocher du texte fondamental de Kurt Lewin, « Le conflit dans les modes de pensée aristotélicien et galiléen » (1931). Les concepts de substance et les concepts fonctionnels, l'antithèse loi/individualité, le rapport formalisme logique/réalité concrète y sont comparativement examinés, en physique et en psychologie (cf. P. Kaufmann, 1968).

La critique du totalisme n'appartient pas seulement à une tradition de pensée à dominante anglo-saxonne. J. Piaget (1951), par exemple, s'est attaché à préciser les diverses significations de la totalité sociale. Revenant sur l'assimilation de l'individu à l'élément et de la société au tout, il se demande « comment concevoir une totalité qui modifie les éléments dont elle est formée, sans pour autant utiliser autre chose que les matériaux empruntés à ces éléments eux-mêmes ? ». Rappelant, pour mémoire, le schéma atomistique et le faux débat Durkheim/Tarde, il définit la société comme un système d'activités dont les interactions consistent en actions se modifiant les unes les autres, et l'interaction sociale comme se manifestant sous forme de règles, de valeurs et de signes. Comment penser la totalité sociale ainsi distinguée de la somme des individus ou de l'émergence des interactions ? Elle oscille, en fait, entre composition logique et mélange d'interférences, régularité et changement de rythme, stabilité et nouvelle donne conjoncturelle. Elle est un compromis entre ce qui est pensé sous la catégorie de l'équilibre et sous celle de l'histoire. D'où les distinctions entre explication fonctionnelle relative aux formes d'équilibre, et explication génétique ou historique, entre explication *causale* des *faits* et analyse des – *implications* des *rapports* – distinctions qui sont rapportées à la nature composite de la totalité sociale et à la structure formelle de la pensée sociologique. Si l'explication diachronique est surtout causale et l'explication synchronique principalement implicative, les œuvres de Marx comme celles de Pareto montrent la nécessité de relier les connexions causales aux systèmes d'implication.

De la même façon qu'il identifie les différentes structures (rythme, régulation, groupement) accessibles à l'explication sociologique, Piaget distingue les systèmes de notions que cette dernière exploite – actions causales, mécanismes opératoires et facteurs idéologiques. Ce qui concerne la reconstruction formelle, l'explication réelle et la pensée sociocentrique anticipe les réflexions ultérieurement introduites (J. Piaget, 1967) sur l'analyse formalisante (de la validité) et l'analyse génétique (de la constitution de la validité). Ces réflexions portent aussi sur l'opposition entre sciences naturelles et « sciences de l'esprit » *(Geisteswissenschaften)*, explication causale et compréhension des significations. Elles prennent place dans une épistémologie générale qui est le cadre dans lequel il faut situer le débat holisme/individualisme.

D'une controverse à l'autre

« Le principe de l'individualisme méthodologique, écrit R. Boudon (1982), est à mettre en rapport avec la célèbre distinction webérienne entre *erklären* (expliquer) et *verstehen* (comprendre). » Soit un phénomène à expliquer P, et un autre phénomène agrégé P′ : « Un schéma de type P′ → P est *explicatif* au sens de Weber. Par contraste, on a un schéma *compréhensif* lorsque P est déduit du comportement des individus agissant sous les conditions P′. » Dans la mesure où la relation causale P′ → P « est d'interprétation douteuse tant qu'elle n'est pas analysée comme un effet émergent résultant de l'agrégation de comportements individuels », il est précisé qu'il semble préférable, dans les sciences sociales, de traiter les notions d'explication et de compréhension comme des synonymes. C'est également, comme on l'a vu, de l'auteur des « Concepts fondamentaux de la sociologie » (*in* M. Weber, 1971) que R. Boudon se réclame pour légitimer l'application des méthodes individualistes à l'« analyse de toute société ». Dans une lettre souvent citée (W. Mommsen, 1965), adressée le 9 mars 1920 à R. Liefmann, Max Weber écrit que la sociologie, si l'on veut en finir avec « les exercices à base de concepts collectifs *(kollektivbegriffen)* », « ne peut procéder que des actions d'un, de quelques, ou de nombreux individus séparés – c'est pourquoi elle se doit d'adopter des méthodes strictement "individualistes" *(strikt "Individualistisch")* ». Ainsi, expliquer un phénomène, c'est toujours rendre compte des actions individuelles qui en sont à l'origine, et rendre compte d'une action, c'est toujours la « comprendre » par identification à l'acteur de la société considérée – quel que soit le degré d'éloignement spatial et temporel de la société en question.

Chez Louis Dumont, le problème de la compréhension a pour origine la différence – « qui domine toutes les autres » –, qui sépare l'observateur, en tant que porteur des idées et des valeurs de la société moderne, de ceux qu'il observe. Qu'il s'agisse des sociétés tribales ou des « grandes sociétés de type traditionnel », la différence entre eux et nous est omniprésente. La discordance est manifeste, quant aux catégories utilisées, morale, politique, économique, avec ce qui est observé et qui exige un effort de traduction. « En fin de compte, écrit-il (1983), pour vraiment *comprendre*, il faut négligeant ces cloisonnements, rechercher dans le champ tout entier ce qui correspond chez eux à ce que nous connaissons, et chez nous à ce qu'ils connaissent, autrement dit il faut s'efforcer de construire ici et là des faits comparables. » Le problème se pose en termes identiques pour l'historien ; il doit être, selon Hayek (1952), résolu par certaines opérations, des constructions faites à l'aide de techniques qui sont systématiquement mises en œuvre dans les sciences théoriques de la société. Le système féodal, par exemple, n'est pas donné comme une unité naturelle dont on peut découvrir les traits par l'observation ; c'est un certain modèle de relations, et les liaisons structurelles qui le caractérisent ne seront saisies par l'historien que s'il reproduit mentalement les attitudes individuelles qui le composent.

Au comparatisme et à ces opérations d'identification mentale, s'ajoutent des procédures générales de vérification. Dans l'analyse microsociologique, on peut, en effet, avoir l'impression de comprendre – et donner une fausse interprétation en projetant sur l'acteur sa propre subjectivité. La parade consiste à vérifier que la théorie issue de l'analyse en question est compatible avec les données macrosociologiques dont on dispose. Selon que les conséquences qu'on en tire sont ou non congruentes avec les données en question, la théorie est acceptée ou rejetée. Pour R. Boudon (1982), une théorie sociologique peut donc être soumise « à des procédures de "critique rationnelle", au sens que Popper donne à cette expression, absolument identiques à celles qui sont utilisées dans les sciences de la nature et qui définissent implicitement la notion de connaissance scientifique ». Mieux : la faculté qu'a l'observateur de comprendre les actions et ce qui en résulte ne doit pas le dispenser de soumettre son interprétation à une critique rationnelle ; et les moyens employés pour ce faire dans les sciences sociales ne sont pas fondamentalement différents de ceux qui sont utilisés dans les sciences de la nature ; il n'y a pas d'opposition radicale entre les modes de connaissance relative aux deux ordres du réel : la nature physique et la nature sociale.

Autour de cette question s'est noué un débat qui a culminé, en 1961, au Colloque organisé par la Société allemande de sociologie à Tübingen, où K. R. Popper et Th. W. Adorno ont confronté leurs positions. De Vienne à Francfort, cette querelle allemande des sciences sociales mit aux prises positivistes – préoccupés par le problème de la validité scientifique – et dialecticiens – d'abord intéressés par la spéculation philosophique (cf. *Der Positivismusstreit in der deutschen Soziologie*, 1969). La catégorie de la totalité fut dénoncée par les premiers comme résidu mythologique et legs d'une époque préscientifique. La « panacée *du trial and error* » fut présentée par les seconds comme réductrice et mutilante, en ce qu'elle sacrifie nombre de facteurs. La critique développée par Adorno porta sur la substitution de la question des critères de validité à celle de la vérité, la conception du travail scientifique comme simple reconstitution – ce qui serait une limitation d'ordre anti-intellectualiste –, la conversion du positivisme défini comme « le puritanisme de la connaissance » en idéologie du « monde administré ». On en sait la conclusion : « Résignée, la sociologie renonce à une théorie critique de la société ; on n'ose plus penser l'ensemble parce qu'il n'y a pas d'espoir de le changer. » Les enjeux de cette controverse n'étaient pas seulement d'ordre idéologique. Il y allait surtout et de l'objet de la connaissance et des méthodes pour s'en saisir, avec des vues divergentes sur la totalité, la légalité scientifique et l'approche globale dans les sciences sociales.

À l'arrière-plan de cette « querelle », un autre « conflit », complètement interne aux sciences sociales celui-là, revêt une importance plus grande quant à l'opposition holisme/individualisme. Il s'agit du conflit des méthodes qui, en Allemagne, dans la seconde moitié du XIXe siècle, divisa les tenants de la méthode abstraite et déductive des classiques et les champions de la méthode concrète et inductive de l'ancienne école historique. Examinant l'économie politique du point de vue de la méthode historique, G. Rosher (1843), B. Hildebrand (1848) et K. Knies (1853) mirent l'accent sur la multiplicité des motivations humaines, la diversité des situations, le caractère contingent, provisoire et conditionnel des lois historiques – et la nécessité de découper l'évolution en phases et ensembles pour lesquels on peut dégager des uniformités. À ce triumvirat, au reste sans unité, se rattache le principal représentant de ce que Schumpeter appelle la « Jeune école historique » : Gustav Schmoller. De la même façon que Roscher déclarait : « Comme chaque existence, la vie nationale forme un ensemble ; pour en comprendre scientifiquement un seul, il faut les comprendre tous ; il importe d'arrêter son attention sur la religion, l'art, la science, le droit, l'État, l'économie », ce dernier annonçait : « Dans l'avenir viendra pour l'économie politique une nouvelle époque, mais grâce uniquement à l'emploi de tous les matériaux historiques, descriptifs et statistiques que l'on accumule aujourd'hui, et non pas en continuant à distiller les propositions abstraites de l'ancien dogmatisme. » Ainsi, soucieux d'étudier toutes les facettes de l'activité humaine, Schmoller intégra les éléments de ses recherches en une série de *monographies historiques* dont l'apport est loin d'être négligeable. On notera que, avec cette méthode monographique, l'*historisme,* qui rejette les généralisations sommaires, les lois de l'histoire et les théories de Comte, de Marx, de Buckle sur l'évolution historique, se situe à l'opposé de l'historicisme auquel B. Croce a donné ses lettres de noblesse en en faisant la pensée historique d'un monde historique.

Contre les tendances de l'historisme, Carl Menger, dont l'œuvre majeure, les *Principes d'économie politique* (1871), est fondatrice de l'école autrichienne du marginalisme, revendiqua les droits de l'analyse théorique dans ses *Untersuchungen über die Methode der Sozialwissenschaften* (...) – *Recherches sur la méthode des sciences sociales et de l'économie politique en particulier* (1883). Un compte rendu malveillant de Schmoller déclencha le conflit des méthodes *(Methodenstreit)*, en amenant Menger à montrer que l'historisme faisait fausse route (*Die Irrthümer des Historismus in der deutschen Nationalökonomie*, 1884). L'évolution et l'apaisement de ce conflit n'ont point besoin d'être ici relatés. Mais il faut relever que Menger représente l'individualisme méthodologique face aux conceptions holistes de l'école historique allemande. Avec lui était affirmée la possibilité de formuler des lois économiques, même si elles ne s'appliquent qu'à des aspects particuliers des réalités sociales ; et affirmée aussi l'idée que ces lois sont comprises à partir du comportement rationnel des individus. Une question originale était parallèlement posée dans les recherches de 1883 : Comment est-il possible que des institutions qui servent le bien-être commun et sont les plus importantes pour son développement peuvent apparaître sans que leur création soit due à une volonté commune ? C'est la question des conséquences inattendues des actions volontaires que Menger a illustré avec la monnaie et l'émergence de besoins nouveaux envisagée à partir d'une analyse individualiste.

Les écrits sur la méthode et la théorie de la connaissance de Max Weber (*Gesammelte Aufsätge zur Wissenschaftslehre*, 1922, d'où sont issus les *Essais sur la théorie de la science*, 1965) prennent place dans ce débat. Schumpeter range Weber en compagnie de A. Spiethoff et de W. Sombart au sein de ce qu'il appelle « la toute jeune école historique » et qu'il situe dans la filiation de Schmoller. De l'ouvrage de Sombart sur le capitalisme moderne (*Der Moderne Kapitalismus*, 1902, 1916-1927), il fait un type de synthèse historique « plus schmollerienne que Schmoller ». À Weber, qui a pris appui sur les deux concepts de type idéal et de signification voulue, il attribue un rôle décisif dans le remaniement conceptuel qu'ont subi les sciences sociales au tournant des XIXe-XXe siècles. Avec lui ont été fixés des points de méthode concernant la sélection, l'interprétation, la comparaison des faits et les deux problèmes essentiels de la causalité et de la compréhension. Sa sociologie interprétative/compréhensive *(Verstehende Soziologie)* trouve son origine dans la différenciation des *explications* données par les sciences physiques – où elles ne signifient jamais plus que la description – et par les sciences sociales – où elles supposent l'intelligence des contenus culturels et l'interprétation des significations. Une autre distinction – celle du général et du particulier – est au principe de la construction du type idéal qui implique une opération de sélection en relation avec le rapport aux valeurs *(Wertbeziehung)* délié des jugements de valeur *(Werturteil)*. Concept unificateur, le type idéal permet de rendre compte de faits qu'une pléiade d'historiens allemands et, au premier rang d'entre eux, L. von Ranke, subsumaient sous la catégorie du *Geist* – idée métaphysique de la totalité culturelle.

La même année que paraissait l'ouvrage posthume de Weber sur la théorie de la connaissance, Ernst Troeltsch publiait *Der Histo-*

rismus und seine Probleme – L'historisme et ses problèmes, 1922). S'y trouvait réhabilité et réinvesti d'un sens positif le vocable désignant un courant de pensée que nombre de ses contemporains, et d'abord lui-même, avaient stigmatisé comme « adaptation de l'histoire à la détermination sériée des sciences naturelles ». Non plus « simple curiosité ou "pur jeu esthétique", mais "principe de compréhension du processus historique", tel devenait l'*historisme*, désormais élevé à la hauteur du *naturalisme* comme autre face de l'esprit scientifique de la modernité. Si le naturalisme, solidaire de l'explication physique *(Körperbezogen)*, saisit les grandeurs de l'espace, l'historisme, lui aussi rapporté à l'autre type cartésien d'explication – egologique *(Ichbezogen)* –, est compréhension de l'esprit par lui-même », car il est en prise sur les productions de l'esprit dans l'histoire. L'histoire en venait ainsi à être pensée par Troeltsch comme représentation concrète et inductive de « configurations » *(Gebilde)* ; et ces configurations étaient elles-mêmes conçues comme des unités de base *(Grundeinheiten)*, des totalités historiques signifiantes, des « totalités individuelles », des « individualités collectives » *(Individuelle Kollektiv-Individualitäten)*, tels les peuples ou les États. En tant que méthode portant sur un processus englobant le passé, le présent et l'avenir, mais dans lequel la conscience et les décisions de chacun sont des facteurs importants, l'historisme règle également le problème du rapport de l'individuel à l'universel et de la partie au tout.

L'étude consacrée par Troetlsch à l'historisme est indicatrice de l'importance que revêt, pour l'épistémologie des sciences sociales, la réflexion sur !histoire. Celle qu'a donnée trente ans plus tôt G. Simmel sur les problèmes de la philosophie de l'histoire (*Die Probleme der Geschichtsphilosophie*, 1892-1907) l'atteste tout autant, et tout particulièrement du point de vue de l'opposition holiste/individualisme. Commentant ce qu'il appelle le paradoxe de Marathon, R. Boudon (1992) a mis en évidence le parti qu'a tiré Simmel de l'explication d'une bataille : celle-ci n'est que la somme des comportements des combattants des deux camps, mais il serait aussi impossible qu'inintéressant de rendre compte de Marathon en expliquant le rôle sur le terrain de tous les Grecs et de tous les Perses. Pour rendre compréhensible l'événement, l'historien doit procéder à des simplifications, et mettre en scène des acteurs abstraits au comportement schématique, idéalement caractérisé. « Mais il lui faut être conscient de la distance entre le modèle ainsi construit et la réalité. En outre, dans certains cas l'historien aura du mal à interpréter certains phénomènes macroscopiques à partir de comportements microscopiques. Il sera alors amené à proposer des interprétations *holistes*. Mais il faudra voir que ces interprétations sont provisoires ; de plus, il devra se garder de les concevoir de manière *réaliste* et de croire par exemple à l'existence de fortes supra-individuelles susceptibles d'affecter le devenir historique » ; et, précise encore R. Boudon, « ce qui est vrai de l'histoire l'est aussi des sciences sociales ».

Simmel, Weber, Troeltsch appartiennent à une tradition de pensée qui envisage les problèmes auxquels s'appliquent les sciences sociales d'une manière radicalement différente de celle qui a prévalu dans la tradition scientifique anglaise, d'abord attentive aux procédures de validation empirique. Or, et comme on en a fait précédemment état, c'est surtout en fonction des orientations propres à cette dernière que le débat holisme/individualisme a été, en France, appréhendé. On peut dès lors se demander si le rapport des éléments aux ensembles n'a pas été, au sein de la tradition allemande, pensé en d'autres termes. La prise en considération de cette interrogation commande de sortir du cadre d'analyse où le rapport en question est habituellement situé. On le fera, après avoir rappelé les positions du néopositivisme sur les problèmes de méthode, en présentant succinctement celles qui, sur les mêmes problèmes, s'inscrivent dans une autre tradition.

Vers l'élargissement du débat

Référence obligée, ne serait-ce que comme point de repère, ce qui est communément appelé le Manifeste du Cercle de Vienne (1929) expose une conception scientifique du monde « visant l'articulation des différentes branches du savoir ». Ses rédacteurs – Otto Neurath, Rudolph Carnap, Hans Hahn – s'y réclament d'une philosophie que caractérisent l'empirisme – « il n'y a de connaissance qu'extraite de l'expérience, c'est-à-dire de ce qui est immédiatement donné » – et l'analyse du langage – celle-ci permettant de distinguer les énoncés doués de sens (ceux de la science empirique) des énoncés dépourvus de signification. Le programme scientifique du positivisme logique trouve en fait son point de départ chez Ernst Mach.

Esquissée dès l'étude sur la Mécanique (1883), avec le principe d'économie de la pensée – « Pour les sciences qui ont atteint un plus haut degré de développement, les règles de reconstruction d'un grand nombre de faits peuvent être comprises dans une expression unique » –, une conception du monde et de la science est développée dans l'ouvrage fondamental *Erkenntnis und Irrtum* (1905) – *La connaissance et l'erreur.* L'unité du monde physique et du monde psychique y est postulé. Ce monisme radical fait du moi et du monde des « fictions provisoires de la même espèce », des représentations schématiques, des constructions empiriques effectuées par la science qui a pour vocation de mettre de l'ordre dans les données sensibles et d'aboutir à « la réduction aux éléments ». « La découverte des relations directes des éléments entre eux est une tâche tellement complexe qu'elle ne peut être accomplie en une fois : elle doit avancer pas à pas. Au début, il était beaucoup plus facile de rechercher à peu près et en gros la dépendance de complexes entiers d'élément. » La perception holiste est ainsi placée au départ de la science, avec les premières tentatives d'orientation qui sont d'ordre mythologique.

Les progrès de la science amènent, en fait, une restriction croissante dans l'attente, et les premières restrictions sont qualitatives. La recherche quantitative, elle, a pour but une détermination univoque, la simplification, une économie dans l'explication. Au total, le progrès tend à mouler de plus en plus étroitement la théorie sur la réalité par « une adaptation plus exacte de la pensée aux faits ». On retrouve dans cette démarche la trace de l'influence anglaise. E. Mach cite, en effet, William Whewell, l'auteur de deux synthèses originales sur l'histoire et la philosophie des sciences inductives (*History of the Inductive Sciences, from the Earliest to the Present Time*, 1837 ; *The Philosophy of the Inductive Sciences founded upon the History*, 1840). Pour Whewell, dont les vues divergent de celles qui seront exposées par J. S. Mill (1843), la connaissance ne progresse pas par généralisations à partir de faits d'observation particuliers, mais en imposant une idée organisatrice sur une multitude de faits disparates, en testant des hypothèses pour relier les faits les uns aux autres.

Les différents points du programme tracé par E. Mach ont été précisés par Moritz Schlick. « Forme et contenu » (1932), « Le concept de totalité » (1935), « Signification et vérification » (1936) – textes réunis dans *Philosophical papers* (1979) –, sa théorie générale de la connaissance et surtout sa philosophie de la nature (*Grundzüge der Naturphilosophie* (1925-1948) portent sur des concepts-description, causalité, explication –, qui doivent essentiellement servir à clarifier les énoncés des sciences de la nature, celles-ci étant déclarées, contre Rickert (cf. *infra*), plus instructive pour la philosophie que les sciences sociales. C'est bien de la philosophie scientifique que traite Hans Reichenbach ; de structure logique du monde et de syntaxe logique du langage qu'il est question dans les ouvrages de R. Carnap ; d'empirisme scientifique mais aussi de sémiologie dont s'occupe Charles W. Morris – qui a bien vu la convergence entre le pragmatisme américain et le positivisme logique allemand et autrichien. Les fondements des sciences sociales ne sont précisément pris en considération que par Otto Neurath. *Empirisme et sociologie* (posth. 1973) agrège autour du Manifeste de 1929, dont il fut le principal rédacteur, différents écrits parmi lesquels figure un texte important : « Sociologie empirique. Le contenu scientifique de l'histoire et de l'économie politique » (1931). Pour Neurath, ces disciplines s'occupent de certaines grandeurs, et plus exactement de la dépendance de certaines grandeurs empiriquement connaissables par rapport à d'autres grandeurs. La conception qu'il s'en forme est strictement scientifique, antimétaphysique et matérialiste. « La sociologie, stipule-t-il, s'occupe du comportement humain, c'est-à-dire d'événements spatio-temporels. Aux yeux du physicaliste, elle est une partie de la structure physique. »

Dans *Science unifiée et psychologie* (1933), l'intégration des connaissances dans la « science unifiée du physicalisme » se précise, avec la constitution, non d'une langue idéale, mais d'un lexique universel permettant de décrire des expériences identiques différemment envisagées – par exemple, par le béhaviorisme, la gestaltpsychologie, la psychanalyse –, dans un langage commun. Au principe de cette science unifiée se trouve un système terminologique homogène doté de règles uniformes et comprenant tous les énoncés légitimes, c'est-à-dire ceux qui, afférents aux différentes disciplines, ont une signification et sont réductibles à des « énoncés protocolaires » *(Protokollsätze)* dits aussi d'« observation » *(Beobachtung)*. Déjà R. Carnap (1931), traitant le langage physicaliste comme langage universel de la science, avait affirmé l'identité de tous les concepts de base. Des théoriciens – qui ramènent la théorie de la connaissance à l'analyse de la science –, on connaît la communauté de filiation et d'appartenance : l'Association Ernst Mach fondée par M. Schlick, devenue en 1929 le Cercle de Vienne, la Société pour une philosophie empirique, créée par H. Reichenbach en 1928 et qui rejoint le *Wiener Kreis*, la revue *Erkenntis* lancée en 1930 par Reichenbach et Carnap, et surtout l'*International Encyclopedia of United Sciences* mise en chantier en 1936, aux États-Unis où ils ont émigré, par R. Carnap, C. Morris et O. Neurath. À cette mouvance appartient K. R. Popper – dont on sait l'importance des recherches (1959, 1963, 1972) sur le cheminement de la science par conjectures et réfutations, essais et erreurs, invalidation et révision –, mais aussi C. G. Hempel.

Le problème de l'explication scientifique est au cœur de l'œuvre de Hempel. Dans *Aspects of Scientific Explanation* (1965), il distingue les questions qui réclament la formulation de raisons de celles qui appellent des explications conférant une intelligibilité aux phénomènes. Le modèle Déductif Nomologique qu'il présente se veut général, à l'abri de la relativisation de l'explication probabiliste qui ne vaut que pour certaines classes d'énoncés. Pour son auteur, l'explication scientifique doit subsumer son objet sous un système de régularités. Selon les régularités envisagées, l'opération sera soit déductive soit inductive. Mais l'explication visée doit toujours permettre une compréhension systématique des phénomènes. En insérant ces derniers dans un réseau nomique, Hempel a repris cette question dans ses *Éléments d'épistémologie* (*Philosophy of Natural Science*, 1966) où il fait du modèle Déductif-Nomologique la matrice d'une syntaxe logique commune à toutes les explications, et de l'unification de la science un objectif par là même accessible. Ainsi se trouve parachevée l'armature théorique au sein de laquelle les sciences sociales doivent se tenir si elles ne veulent pas renoncer à l'objectivité, et, ainsi cadrée, une sociologie positiviste peut se développer dans la méconnaissance de la tension entre *explication* et *compréhension*.

C'est précisément cette tension qu'au milieu du XIXe siècle J. G. Droysen a pressentie. Dans son ouvrage fondamental sur l'explication et la compréhension, K. O. Apel (1979) a mis en lumière comment l'historien allemand a discerné l'opposition entre sciences explicatives et sciences compréhensives. « Le but de la recherche historique n'est pas d'expliquer, c'est-à-dire de déduire ce qui est postérieur à partir de ce qui est antérieur, ou les phénomènes à partir de lois, comme quelque chose de nécessaire, comme de simples effets et développements » (*Grundriss der Historik*, 1858 ; posth., 1968). Trois méthodes scientifiques sont distinguées : spéculative (théologie et philosophie), physico-mathématique, historique : « Leur essence respective est de connaître, d'expliquer et de comprendre. » Et la compréhension pour Droysen « trouve sa condition dans le fait que la nature à la fois sensible et spirituelle de l'humanité exprime chaque processus interne en le rendant perceptible par les sens, et que chacune de ces expressions reflète des processus internes » ; elle est conçue comme un mouvement en retour conduisant de l'extériorité à l'intériorité.

Par rapport à l'inauguration de cette démarche compréhensive, l'*Introduction aux sciences de l'esprit* (*Einleitung in die Geisteswissenschaften*, 1883), par laquelle W. Dilthey s'employait à fonder scientifiquement l'étude de la société et de l'histoire, se situe en retrait. Cette fondation se fait, en effet, sur la psychologie qui permet l'évaluation et la comparaison en tant qu'analyse des liaisons présentes à la conscience. Mais il ne faut pas exagérer la déviation que représenterait cette « psychologie compréhensive ». En posant : « Nous expliquons la nature, nous comprenons la vie psychique », Dilthey voulait d'abord dire que les faits dont s'occupent les sciences de l'esprit ont pour principale caractéristique d'être signifiants et qu'ils appellent une compréhension susceptible d'en délivrer le sens. Cette première entreprise ne se limite pas au rejet du modèle hobbesien, du mécanisme, du biologisme ; elle n'invite pas seulement l'historien et le sociologue à une compréhension par participation directe et sympathie à la vie psychique d'autrui. Elle montre que les forces réelles sont les individus, que les systèmes que composent le droit, l'art, l'économie, la science, etc., ne sont pas des entités autonomes et suprapersonnelles : tous ont une fonction pour l'individu qui les porte et les « forme » (Simmel s'en souviendra), tous se trouvent dans un rapport de mutuelle dépendance (Pareto le conceptualisera). Elle aboutit aussi à distinguer deux sortes de structures : les systèmes culturels, ensemble de *fins* auxquels participe librement l'individu, et l'organisation sociale qui est l'institutionnalisation de ces dernières.

L'édification du monde historique dans les sciences de l'esprit (*Der Aufbau der geschichtlichen Welt in den Geisteswissenschaften*, 1910) dégage lesdites sciences de l'emprise de la psychologie et, comme le précise S. Mesure (1990), rend la compréhension moins subjective. Le but est de parvenir à une compréhension de l'objectivation de l'esprit dans des produits signifiants. Comprendre, c'est donner sens et non pas simplement expliquer. Mais, au sein de la communauté humaine, compréhension et explication sont complémentaires, comme le sont la raison théorique et la raison pratique. Comprendre, c'est aussi replacer les phénomènes étudiés dans un vaste contexte historique, social, culturel, sans opposer le rôle des individus aux entités sociales. C'est donc concevoir des ensembles interactifs au sein desquels l'action individuelle et l'événement singulier ont leur place.

Spécialisée dans l'analyse des fondements épistémologiques des sciences historiques de la culture, l'école néokantienne du sud-ouest de l'Allemagne a joué un rôle considérable dans l'élargissement de cette notion de compréhension. Il revient à H. Rickert d'avoir rappelé que l'objet de la connaissance (*Der Gegenstand der Erkenntnis*, 1892) dépend des actes du sujet, comme source unique du sens, et précisé « les limites de la formation des concepts dans les sciences de la nature ». Dans cette étude (1896-1902), la distinction sciences naturelles / sciences historiques de la culture n'est pas fondée sur l'opposition réalités physiques / réalités psychiques, mais rapportée aux modes de constitution et aux méthodes de compréhension de leurs objets. Ceux-ci sont *généralisés* en termes de lois par les sciences naturelles, et *individualisés* en termes de valeurs par les sciences de la culture. Celle-ci est le domaine des valeurs promues par des individualités historiques et déliées de toute référence à un esprit absolu ou à des lois de l'histoire. C'est en ce sens, a pu noter Jeffrey Barash (1992), que la théorie de Rickert contribue à la formation du courant de l'*individualisme méthodologique* selon lequel l'historicité de la culture découle en dernière instance des valeurs élaborées à partir des actions et créations mises en œuvre par des individus dans le domaine de la culture.

Systématisant l'opposition entre science de la culture et science de la nature (*Kulturwissenschaft und Naturwissenschaft*, 1899), en qualifiant la première d'*idiographique* et la seconde de *nomothétique*, Rickert reprend les spécifications introduites par son maître W. Windelband dans son Discours prononcé au Rectorat de Strasbourg en 1894 – « Geschichte und Naturwissenschaft », « Histoire et science de la nature ». S. Mancini (2000) a procuré une édition critique de ce texte, en en soulignant la grande portée. « Dans la connaissance du réel, déclarait Windelband, les sciences de l'expérience recherchent ou bien le général, sous la forme de la loi de nature, ou bien le particulier, dans sa figure historiquement déterminée ; tantôt elles considèrent la forme stable, immuable, tantôt le contenu singulier, déterminé par lui-même, des événements réels. Les unes sont les sciences de la loi, les autres les sciences de l'événement ; celles-là enseignent ce qui est toujours, celles-ci ce qui ne fut qu'une fois. S'il m'est permis de forger une expression nouvelle, je dirais que la pensée scientifique est, dans le premier cas, nomothétique, dans le second idiographique. » Schumpeter (1954) avait mesuré toute l'importance de la pensée de Windelband : « Son œuvre, écrivait-il, me paraît la meilleure de toute la philosophie historique de cette époque et de tous les temps. »

Le débat sur cette opposition a été réactivé et engagé dans de nouvelles directions par William H. Dray (1957) qui a pris le contrepied de la théorie positiviste en critiquant le modèle déductif d'explication désigné par l'expression *Covering Law* et en contestant l'identification positiviste de la prédiction et de l'explication ; par Henrik von Wright (1971) qui a repris l'analyse de Droysen pour préciser que l'on explique un phénomène de la nature en termes de causes et les actions humaines en termes d'intentions. Au problème de l'explication dans les sciences de l'homme et celles de la nature se sont également, entre autres, intéressés Stephen Toulmin (1961, 1972), Nelson Goodman (1972), Mario Bunge (1979), et, bien entendu, Apel à qui l'on doit une rétrospective de la controverse et une reformulation, en un sens herméneutique, de la thématique de la compréhension.

On rappellera cependant la critique adressée par Schumpeter à ceux qui ont entrepris de tracer une ligne de partage « totalement irréaliste » entre étude des phénomènes naturels et étude du développement culturel, formulation de lois et description historique : une grande partie des sciences sociales, observe-t-il se trouve à cheval sur cette ligne de partage – ce qui compromet gravement l'utilité d'une telle distinction. De même, Piaget (1967) s'est interrogé sur la validité de cette opposition : ni du point de vue des méthodes, ni du point de vue des domaines, ni du point de vue des concepts il n'en a vérifié le bien-fondé. Ainsi, toute science de l'homme est à la fois implicative et causale. On doit récuser l'opposition entre sciences naturelles et sciences de l'esprit, et voir en celles-ci et en celles-là « deux aspects irréductibles, mais indissociables de la connaissance ».

Conclusion

L'opposition holisme/individualisme aura peut-être un destin comparable à celle que Piaget a réduite à des figures de complémentarité. L'explication de phénomènes sociaux relève, en effet, d'un pluralisme méthodologique qui prend sa source dans les diverses façons de les interroger. Stuart Mill, dans un passage de la *Logique* qui n'a pas échappé à Popper estimait ainsi qu'en sociologie « il y a deux démarches. Dans la première, la question proposée est de savoir, par exemple, quel serait l'effet de l'introduction du suffrage universel dans la société nouvelle. Dans l'autre, la question est de savoir non pas quel sera l'effet d'une cause donnée en un certain état de société, mais quelles sont les causes qui produisent les états de société en général » (*Log.*, VI, X, 1). Que l'une des démarches ait longtemps prévalu sur l'autre, l'histoire des sciences sociales aux XIXe-XXe siècles le montre assez nettement.

Le reflux des entités sociales animées par des passions individuelles et collectives s'accompagne, cependant, d'un retour à des considérations qui paraissaient d'évidence à ceux qui les ont naguère énoncées. Il ne faisait, par exemple, point de doute pour Langlois et Seignobos, les auteurs de la très classique *Introduction aux études historiques* (1898) que « les actes et les paroles ont tous ce caractère d'avoir été l'acte ou la parole d'un *individu* ; l'imagination ne peut se représenter que les actes *individuels* à l'image de ceux que nous montre matériellement l'observation directe ; comme ils sont les faits d'hommes vivant en société, la plupart sont accomplis par plusieurs individus à la fois ou même combinés pour un résultat commun, ce sont des actes *collectifs* ; mais pour l'imagination comme pour l'observation directe, ils se ramènent toujours à une *somme d'actes individuels*. Le fait social, tel que le reconnaissent certains sociologues, est une construction philosophique, non un fait historique ».

Il ne s'agit pas là d'une pièce à verser au dossier de l'individualisme méthodologique dans le procès instruit contre le holisme – Schumpeter (1983, t. III, p. 95), esquissant une sociologie des antagonismes scientifiques, des écoles et des groupes, a dit ce qu'il faut penser des étiquettes –, mais d'une observation que l'on osera qualifier de bon sens. Elle trouve simplement à s'actualiser dans le processus aujourd'hui engagé d'une décontraction de la tradition sociologique, d'une ouverture des sciences sociales sur d'autres horizons conceptuels, d'un enrichissement substantiel de leur corpus dont on s'applique à éliminer les biais idéologiques. La réintroduction des œuvres de Simmel – où se marque le balancement entre le fragment et la totalité, la forme et le contenu –, dans ledit corpus d'où il fut, en France longtemps écarté, comme la faveur nouvelle dont jouit le concept d'interaction et qui sert à desserrer l'étau massif des déterminations sont de bons témoignages de la réévaluation en cours.

Reste à « expliquer » et à « comprendre » les phénomènes sociaux – et donc à élaborer des théories qui peuvent en rendre compte. On se souviendra sur ce point du propos que Conan Doyle fait tenir à son héros dans *A Scandal in Bohemia* : « It is a capital mistake to theorize before one has data. Insensibly one begins to twist facts to suit theories, instead of theories to suit facts. » C'est une erreur capitale que d'échafauder une théorie avant d'avoir les données. Insensiblement, on commence par déformer les faits pour les adapter aux théories au lieu d'élaborer des théories qui rendent compte des faits. Et, pour faire leur juste part aux démarches logiques et à la saisie intuitive, on n'oubliera pas le plaisant aphorisme de Jules Renard : « À force d'expliquer quelque chose, on n'y comprend plus rien. »

BIBLIOGRAPHIE

Adorno T., Popper K., *De Vienne à Francfort. La querelle allemande des sciences sociales*, trad. Bruxelles, Complexe, 1979.

Apel K. O., *Expliquer-comprendre. La controverse centrale des sciences humaines* (1979), trad. Paris, Cerf, 2000.

Barash J., « Rickert », in *Encyclopédie philosophique universelle*, t. III, Paris, PUF, 1992.

Berthelot J.-M., *Les vertus de l'incertitude. Le travail d'analyse dans les sciences sociales*, Paris, PUF, 1996.

Berthelot J.-M., *Sociologie. Épistémologie d'une discipline. Textes fondamentaux*, Bruxelles, De Boeck Université, 2000.

Birnbaum P., Leca D. (dir.), *Sur l'individualisme. Thèmes et méthodes*, Paris, Presses de la FNSP, 1986.

Boudon R., *Effets pervers et ordre social*, Paris, PUF, 1977.

Boudon R., *La logique du social. Introduction à l'analyse sociologique*, Paris, Hachette, 1979.

Boudon R., « Individualisme et holisme dans les sciences sociales », *in* P. Birnbaum, D. Leca (dir.), *Sur l'individualisme*, Paris, Presses de la FNSP, 1986.

Boudon R., « Individualisme et holisme : un débat méthodologique fondamental », *in* H. Mendras, M. Verret (dir.), *Les champs de la sociologie française*, Paris, Armand Colin, 1988.

Boudon R., « Les Problèmes de la philosophie de l'histoire de Simmel », in *Encyclopédie philosophique universelle*, Paris, PUF, t. III, 1992.

Boudon R. (éd.), *Traité de sociologie*, Paris, PUF, 1992.

Boudon R., Bourricaud F., *Dictionnaire critique de la sociologie*, Paris, PUF, 1982.

Boudon R., Clavelin M. (éd.), *Le relativisme est-il résistible ? Regards sur la sociologie des sciences*, Paris, PUF, 1994.

Bourricaud F., *L'individualisme institutionnel. Essai sur la sociologie de Talcott Parsons*, Paris, PUF, 1977.

Bourricaud F., « Les essais sur l'individualisme », de L. Dumont, in *Universalia*, 1984.

Boyer A., *L'explication en histoire*, Presses Universitaires de Lille, 1992.

Braudel F., *Écrits sur l'histoire*, Paris, Arthaud-Flammarion, 2 vol., 1969-1990.

Braudel F., *Civilisation matérielle. Économie et capitalisme, XVe-XVIIIe siècle*, Paris, Armand Colin, 3 vol., 1979.

Bunge M., *Causality and Modern Science* (1959), New York, Dover Publications, 1979 (3e éd).

Burckhardt J., *La civilisation de la Renaissance en Italie* (1860), trad. Paris, LGF, 1986, 3 vol.

Burckhardt J., *Considérations sur l'histoire universelle* (1905), trad. Paris, Payot, 1972. A. Burguière, « Anthropologie historique », in *Encyclopædia Universalis*, 1990.

Carnap R., *L'ancienne et la nouvelle logique* (1931), trad. Paris, Hermann, 1933.

Carnap R., *La science et la métaphysique devant l'analyse du langage*, trad. Paris, Hermann, 1934.
Carnap R., *Le problème de la logique de la science. Science formelle et science du réel*, Paris, Hermann, 1935.
Cassirer E., *La philosophie des Lumières* (1932), trad. Paris, Fayard, 1966.
Chazel F., « Individualisme, mobilisation et action collective », *in* P. Birnbaum, D. Leca (dir.), *Sur l'individualisme*, Paris, Presses de la FNSP, 1986.
Copet-Rougier E., « Anthropologie », in *Encyclopaedia Universalis*, 1990.
Croce B., *L'histoire comme pensée et comme action* (1938), trad. Genève, Droz, 1968.
Descombes V., « L'esprit comme esprit des lois », in *Le Débat*, n° 90, mai-août 1996.
Dilthey W., *Œuvres*, t. 1 : *Critique de la raison historique. Introduction aux sciences de l'esprit* (1883) et autres textes, trad. Paris, Cerf, 1995.
Dilthey W., *L'édification du monde historique dans les sciences de l'esprit* (1910), trad. Paris, Cerf, 1988.
Downs A., *An Economic Theory of Democracy*, New York, Harper & Row, 1957.
Dray W. H., *Laws and Explanation in History*, Oxford, Clarendon Press, 1957.
Dray W. H., « Les explications causales en histoire », in *Philosophiques*, 4, 1977.
Droysen J. G., *Historik. Vorlesung über Enzyklopädie und Methodologie der Geschichte* (1855-1937), R. Hubner (éd.), Munich, R. Oldenbürg, 6e éd., 1971.
Duby G., *Les trois ordres ou l'imaginaire du féodalisme*, Paris, Gallimard, 1978.
Dumezil G., *L'idéologie tripartie des Indo-Européens*, Bruxelles, Tatomus, 1958.
Dumezil G., *Mythe et épopée* (I-III), Paris, Gallimard, 1968, 1973.
Dumont L., *Une sous-caste de l'Inde du Sud. Organisation sociale et religion des Pramalai Kallar*, La Haye, Mouton, 1957.
Dumont L., *La civilisation indienne et nous*, Paris, Armand Colin, 1964.
Dumont L., *Homo hierarchicus. Le système des castes et ses implications*, Paris, Gallimard, 1967.
Dumont L., *Homo aequalis*, I : *Genèse et épanouissement de l'idéologie économique*, Paris, Gallimard, 1977.
Dumont L., *Essais sur l'individualisme. Une perspective anthropologique sur l'économie moderne*, Paris, Le Seuil, 1983.
Durkheim É., *Les règles de la méthode sociologique*, Paris, Alcan, 1895.
Elias N., *La société des individus*, trad. Paris, Fayard, 1990.
Elster J., « Marxisme et individualisme méthodologique », *in* P. Birnbaum, D. Leca (dir.), *Sur l'individualisme*, Paris, Presses de la FNSP, 1986.
Epstein T. S., *Economic Development and Social Change in South India*, Manchester, Manchester University Press, 1962.
Foucault M., *Les mots et les choses*, Paris, Gallimard, 1966.
Godelier M., *Un domaine contesté : l'anthropologie économique*, La Haye, Mouton, 1974. M. Godelier, « Anthropologie économique », in *Encyclopaedia Universalis*, 1968.
Goldmann L., *Pour une dialectique du roman*, Paris, Gallimard, 1964.
Goldmann L., *Marxisme et sciences humaines*, Paris, Gallimard, 1970.
Goodman N., *Problems and Projects*, Indianapolis, Bobbs Merrill, 1972.
Granger G. G., *Pensée formelle et sciences de l'homme*, Paris, Aubier-Montaigne, 1967.
Guerreau A., *Le féodalisme, un horizon théorique*, Paris, Le Sycomore, 1980.
Haeckel E. H., *Anthropogénie ou histoire de l'évolution humaine* (1874), trad. Paris, C. Reinwald, 1877.
Hayek, F.-A., *Scientisme et sciences sociales* (1952), trad. Paris, Plon, 1953.
Hempel C. G., *Aspects of Scientific Explanation and other Essays in the Philosophy of Science*, New York / Londres, Free Press Collier, MacMillan, 1965.
Hirschman A. O., *Face au déclin des entreprises et des institutions* (1970), trad. Paris, Éd. Ouvrières, 1972.
Kardiner A., *L'individu dans sa société* (1939), trad. Paris, Gallimard, 1969.
Kaufmann P., *Kurt Lewin. Une théorie du champ dans les sciences*, Paris, Vrin, 1968.

Lamberti J.-C., *La notion d'individualisme chez Tocqueville*, Paris, PUF, 1970.
Lamberti J.-C., *Tocqueville et les deux démocraties*, Paris, PUF, 1983.
Largeault J., « Réductionnisme et holisme », in *Encyclopædia Universalis*, 1980.
Le Goff J., Préface à A. Guerreau, *Le féodalisme*, Paris, Le Sycomore, 1980.
Lévi-Strauss C., *Les structures élémentaires de la parenté*, Paris, PUF, 1949.
Lévi-Strauss C., *Mythologiques I-IV*, Paris, Plon, 1964-1971.
Lévi-Strauss C., *Anthropologie structurale I-II*, Paris, Plon, 1958-1973.
Lewin K., Le conflit dans les modes de pensée aristotélicien et galiléen dans la psychologie contemporaine (1931), trad., in *Psychologie dynamique*, Paris, PUF, 1959.
Lukes S., *Individualism*, Oxford, Blackwell, 1974.
Mach E., *La connaissance et l'erreur* (1905), trad. Paris, Flammarion, 1908.
Macpherson C. B., *La théorie politique de l'individualisme possessif de Hobbes à Locke* (1962), trad. Paris, Gallimard, 1971.
Mancini S., « Historicisme allemand et anthropologie ou de l'actualité d'un débat », in *Les Études philosophiques*, 1/2000.
Marchal A., *Méthode scientifique et science économique*, Paris, M. Th. Génin, Librairie de Médicis, 2 vol., 1952-1955.
Marcuse H., *L'homme unidimensionnel* (1964), trad. Paris, Minuit, 1968.
Menger C., *Problems of Economics and Socioldgy* (1883), trad. angl. Urbana, University of Illinois, 1963.
Menger C., *Die Irrthümer des Historismus der deutschen Nationalökonomie*, Vienne, A. Hölder, 1884.
Mesure S., *Dilthey et la fondation des sciences historiques*, Paris, PUF, 1990.
Mill J. S., *Système de logique déductive et inductive. Exposé des principes de la preuve et des méthodes de recherche scientifique* (1843), trad. Paris, Ladrange, 2 vol., 1966.
Mommsen W., « Max Weber's Political Sociology and his Philosophy of World History », in *International Social Science Journal*, 37, 1965.
Morris C. W., *Logique positiviste et science empirique*, Paris, Hermann, 1937.
Neurath O., *Le développement du Cercle de Vienne et l'avenir de l'empirisme logique*, Paris, Hermann, 1931.
Neurath O., Neurath M., Cohen R. S. (eds), *Empiricism and Sociology*, Dordrecht/Boston, D. Reidel Publ. Co., 1973.
Nisbet R., *La tradition sociologique* (1966), trad. Paris, PUF, 1984.
Oberschall A., *Social Conflicte and Social Movements*, Englewood Cliffs, NJ, Prentice Hall, 1973.
Olson M., *Logique de l'action collective* (1966), trad. Paris, PUF, 1978.
O'Neill J. (ed.), *Modes of individualism and collectivism*, Londres, Heinemann, 1973.
Pareto V., « L'individuel et le social » (1904), in *Œuvres complètes*, Genève, Droz, t. VI, 1966.
Parsons T., *The Social System*, Glencoe, Ill., The Free Press, 1951.
Piaget J., « L'individualité en histoire. L'individu et la formation de la raison », in *Semaine internationale de synthèse* (1931), Paris, A. Michel, 1932.
Piaget J., « L'explication en sociologie » (1951), in *Études sociologiques*, Genève, Droz, 1965.
Piaget J. (dir.), *Logique et connaissance scientifique*, Paris, Gallimard, 1967.
Popper K. R., *Misère de l'historicisme* (1944-1945), trad. Paris, Plon, 1956.
Popper K. R., *La logique de la découverte scientifique* (1959) trad. Paris, Payot, 1973.
Popper K. R., *Conjectures et réfutations* (1963), trad. Paris, Payot, 1985.
Popper K. R., *La connaissance objective* (1972), trad. partielle, Bruxelles, Complexe, 1978.
Putallaz F.-X., *La connaissance de soi au XIIIe siècle*, Paris, Vrin, 1991.
Rickert H., *Der Gegenstand der Erkenntnis*, Tübingen, Mohr, 1892.
Rickert H., *Die Grenzen der naturwissenschaftlichen Begriffsbildund*, Tübingen, Mohr, 1892, 1902.

Rickert H., *Science de la culture et science de la nature* (1899), trad. Paris, Gallimard, 1997.
Rostow W. W., *Les étapes de la croissance économique* (1960), trad. Paris, Le Seuil, 1963.
Saussure F. de, *Cours de linguistique générale* (1916), trad. Paris, Payot, 1970.
Schlick M., *Philosophical Papers* (1909-1936), trad. angl. Dordrecht, D. Reidel Publ. Co., 2 vol., 1979.
Schlick M., *Philosophy of Nature* (1925-1936), trad. angl. New York, Philosophical Library, 1949.
Schumpeter J. A., *Histoire de l'analyse économique* (1954), trad. Paris, Gallimard, 3 vol., 1983.
Simmel G., *Sociologie et épistémologie* (1917), trad. Paris, PUF, 1981.
Simmel G., *Les problèmes de la philosophie de l'histoire* (1917), trad. Paris, PUF, 1984.
Sombart W., *L'apogée du capitalisme* (1902-1927), trad. partielle, Paris, Payot, 2 vol., 1932.
Soulez A. (dir.), *Manifeste du Cercle de Vienne et autres écrits*, Paris, PUF, 1985.
Tarde G., *Les lois de l'imitation*, Paris, Alcan, 1890.
Tarde G., *La logique sociale*, Paris, Alcan, 1895.
Tocqueville A. de, *De la démocratie en Amérique* (1835-1840), Paris, Gallimard, *Œuvres II*, 1992.
Tönnies F., *Communauté et société : Catégories fondamentales de la sociologie pure* (1887), trad. Paris, Retz, CEPL, 1977.
Toulmin S., *L'explication scientifique* (1961), trad. Paris, Armand Colin, 1973.
Troeltsch E., *Der Historismus und seine Probleme* (1922), t. III de *Gesammelte Schriften*, reprod. Aalen, Scientia, 1962, 1977.
Valade B., « L'Individu », in *Symposium Universalis, Les Enjeux*, 1985.
Walch J., *Historlographie structurale*, Paris, Masson, 1990.
Weber M., *Essais sur la théorie de la science (*1922), trad. partielle, Paris, Plon, 1965.
Weber M., *Economie et société* (1922), trad. partielle, Paris, Plon, 1971.
Whewell W., *History of the Inductive Sciences*, Londres, J. W. Parker, 3 vol., 1837.
Whewell W., *The Philosophy of the Inductive Sciences*, Londres, J. W. Parker, 2 vol., 1840.
Windelband W., *Histoire et science de la nature* (1894), trad. in *Les Études philosophiques*, 1, 2000.
Wippler R., « Nicht-intendierte soziale Folgen Individueller Handling », in *Soziale Welt*, 39, 1978.
Wright. G. H., *Explanation and Understanding*, Ithaca, Cornell Universiry Press, Londres, Routledge & Kegan Paul, 1971.

4 – Modèles et Récits

PAR JEAN-CLAUDE GARDIN

Les textes de la première partie font abondamment référence à la place des *modèles* dans les recherches en sciences sociales. Le chapitre consacré à l'économie est à cet égard éloquent ; ceux qui concernent la sociologie ou la géographie fournissent d'autres exemples où la notion de modèle est prise dans des sens plus variés. Les pages relatives aux sciences historiques, en revanche, soulignent la prépondérance des *récits* dans ces disciplines, à côté d'essais plus rares dans les voies de la modélisation. L'objet du présent chapitre est d'étudier le **rapport** entre ces deux formes de construction dans les sciences de l'homme. La notion de « construction » est ici centrale : nous considérerons que les textes scientifiques sont l'aboutissement d'un processus de construction symbolique où interviennent des opérations raisonnées de toute espèce, plusieurs fois répétées au cours de la maturation des idées qui conduit à une publication. Celle-ci livre la forme achevée de ces raisonnements ; c'est à elle que nous nous intéresserons dans ce chapitre, en laissant de côté la phase de découverte. Le terme « construction » désignera par conséquent le produit final de ces raisonnements, c'est-à-dire le texte engendré au terme du processus et non ce processus lui-même.

Essais de définition

La dualité Modèle/Récit[1]

Un mot d'abord sur l'appariement des deux notions. Il a généralement l'allure d'une opposition entre deux pôles, l'un « marqué »,

1. Abrégé ci-après M/R.

l'autre « non marqué », à la manière de la linguistique. Le Modèle a la préférence des chercheurs qui lui prêtent des vertus cognitives supérieures en raison de la place qu'il occupe dans les sciences de la nature. Le langage mathématique ou logique, les formulations systémiques ou informatiques comptent alors parmi les outils du progrès escompté vers une scientificité accrue. D'autres chercheurs tiennent au contraire le Récit pour la forme privilégiée des constructions propres aux sciences de l'homme. On invoque d'abord un argument de fait : l'immense majorité de nos textes se présentent sous des formes narratives ; et les avancées de la modélisation ne sont pas telles qu'on pressente une révolution imminente du rapport des forces sur ce plan. Vient ensuite la justification de cet état de fait, qui mobilise l'arsenal familier des thèses relatives à la spécificité des phénomènes humains et des travaux dont ils sont l'objet. Le langage et le raisonnement que l'on dit naturels conservent alors tous leurs droits et la formule du « récit » est une manière commode d'embrasser sous un terme unique l'infinie variété des constructions bâties à l'aide de ces seuls outils.

Le pôle Modèle et sa polysémie

Les usages du terme « modèle » sont aussi variés. L'interprétation la plus large est celle que proposent des disciplines comme la linguistique, l'anthropologie, la psychologie cognitive ou la philosophie du langage. Toute langue naturelle est considérée là comme l'expression d'un découpage du monde qui varie selon les cultures, les époques et l'évolution des connaissances ou des intérêts propres à chacune d'elles (Holland et Quinn, 1987). De ce constat, on passe inévitablement à l'idée que l'homme est un animal modélisateur, à la fois inventeur et tributaire des cadres où s'inscrivent ses conduites mentales, physiques ou sociales (Shore, 1996). Dans cette perspective, toutes les actions humaines et leurs produits renvoient implicitement à des modèles. C'est le cas de l'activité scientifique, à ceci près que le processus de modélisation doit alors se faire explicite dans les textes qui l'exposent et le justifient[1]. Cette obligation

1. La philosophie des « mondes possibles » fournit le cadre unificateur que requiert cette vision généreuse des modèles, qui embrasse à peu près toutes les manifestations de notre humanité, depuis les actes de langage et les conduites socioculturelles de la vie courante jusqu'aux créations de toute espèce, scientifique, technologique, artistique, littéraire.

incombe à toutes les sciences, naturelles ou sociales. Elle suggère un premier critère de tri pour ramener à des dimensions raisonnables l'univers des modèles qui nous occupent : ce sont ceux qui se donnent explicitement pour tels dans les publications des sciences sociales, à la différence des textes où l'activité modélisatrice demeure latente, marquée seulement par l'usage de concepts et de relations empruntés au langage naturel. Un des signes explicites est alors le recours à des « calculs » de toute espèce, dans l'acception la plus large du terme : statistique d'abord – on sait la longue histoire de la stratégie des comptages dans les sciences sociales (Desrosières, 1993) – mais aussi bien algorithmique (Gilbert et Doran, 1994) ou mécaniques, au sens où Lévi-Strauss entendait ce terme appliqué aux modèles structuraux[1].

Même ainsi réduite, la population des modèles défie l'inventaire : toutes les disciplines des sciences de l'homme font aujourd'hui appel aux outils de calcul ci-dessus, de sorte qu'il faut chercher un second critère de tri pour isoler un sous-ensemble plus maîtrisable. Observons d'abord les traits communs à cette vaste famille d'outils. *a* / La notion de *système de représentation* est la plus visible. L'expression en italiques a ici le sens qu'on lui donne dans les travaux sur la représentation et le traitement des connaissances en intelligence artificielle. La représentation est l'ensemble des termes ou variables utilisés par le chercheur pour décrire son objet d'étude ; et le système se manifeste à travers les relations sémantiques et syntaxiques qu'il établit entre ces termes[2]. *b* / Vient ensuite le *traitement* formel appliqué à ces termes pour faire apparaître les phénomènes qui serviront de base au commentaire, de quelque nom qu'on l'habille (interprétation, exégèse, explication, etc.). *c* / La *fonction heuristique* des modèles ainsi compris est un autre de leurs traits communs ; elle s'entend du rapport génétique que l'on pose entre la formalisation précédente et les thèses avancées dans le commentaire. *d* / Ces thèses constituent une interprétation particulière des résultats du traitement, parmi d'autres possibles, et s'énoncent le plus souvent en langage naturel,

Voir, notamment, N. Goodman, *Ways of Worldmaking*, Hackett, 1972, trad., *Des manières de faire le monde*, Nîmes, J. Chambon, 1992 ; les travaux de ce philosophe ont été commodément présentés dans une anthologie récente, *Reconceptions en philosophie*, Paris, PUF, 1994.

1. Cl. Lévi-Strauss, « La notion de structure en ethnologie », p. 340, in *Anthropologie structurale*, Paris, Plon, 1958 et 1974, p. 329 à 378.

2. Cette acception sémiotique du système de représentation doit être distinguée de celle qui prévaut dans la littérature des sciences sociales, visant les idées ou les images qu'un sujet ou un groupe se forme d'un phénomène donné.

hors du champ de la formalisation. Un dernier trait commun à l'ensemble de nos modèles est qu'ils expriment par conséquent des *points de vue particuliers* – des « théories », dans ce sens – dont la valeur empirique reste à établir, les opérations formelles qui précèdent n'apportant à cet égard aucune garantie.

Sur chacun de ces quatre plans, les auteurs de modèles manifestent dans leurs écrits des positions fort différentes ; et cette diversité résiste à tout classement simple. En revanche, on peut tenter de la déployer à la manière d'un éventail usé dont on ne pourrait décrire que les manches, sans chercher à restituer l'ordonnance du champ qui les sépare. Nous mettrons en évidence, ce faisant, un contraste entre des versions « faibles » et des versions « fortes » de la modélisation. Les secondes seules permettent de caractériser le genre Modèle d'une manière assez stricte pour que puisse être posée une première question épistémologique intéressante : Sommes-nous là en présence d'un nouveau paradigme, en rupture avec les modes de construction symbolique pratiqués dans les textes où la part de la modélisation est plus faible, voire réduite aux formes latentes qui sont les siennes dans les constructions discursives traditionnelles ?

Versions « faibles » et versions « fortes » de la modélisation

Versions faibles

Commençons par les *versions faibles.* Une de leurs caractéristiques est le rôle limité du système de représentation dans les textes de ce type. Deux cas de figure méritent d'être distingués : *a* / tantôt la fonction du système s'arrête à la description de faits empiriques, à charge pour le lecteur d'en tirer quelques leçons sur le plan du sens, historique, sociologique, économique ou autre ; *b* / tantôt cette partie interprétative est présente dans le texte mais elle mobilise un ensemble de données beaucoup plus vaste que n'en livre explicitement la description, comme on le soulignera plus bas.

Les exemples du premier type sont légion, dans toutes les disciplines : statistiques démographiques, inventaires archéologiques, observatoires socio-économiques, archives historiques, etc., toutes ces entreprises font appel à des jeux de variables qui constituent les systèmes de représentation retenus, entre mille autres possibles. On parle dans ce cas de modèles descriptifs ; leur fonction est d'ordre documentaire, sans prétentions théoriques.

Les exemples du second type ne sont pas moins nombreux. Des travaux historiques ou sociologiques de toute espèce entrent dans cette catégorie pour peu qu'ils manifestent un effort de systématisation dans la collecte et la formulation des données qui servent de base à l'interprétation proposée, objet véritable de la publication. Mais le raisonnement lui-même échappe à cet effort : on le qualifie volontiers de « naturel », laissant entendre par là qu'il tend à se confondre avec le raisonnement ordinaire, passé les rigueurs apparentes ou réelles de la constitution des données. L'argumentation suivie pour dégager la signification de ces données en mobilise beaucoup d'autres, distillées au fil du discours : par exemple, des observations parallèles (raisonnements par analogie, voir plus bas n. 2, p. 415), des connaissances tenues pour universellement établies, des présuppositions particulières à l'auteur ou à la communauté savante dont il partage les modes de pensée (croyances, idéologies, convictions). L'expression « modèles discursifs » appliquée par Cl. Grignon à ce genre de textes trouve là sa pleine justification[1].

Versions fortes

À l'inverse, les *versions fortes* de la modélisation ont pour caractéristique principale la part prépondérante d'un outillage logico-mathématique dans le déroulement de la construction, au lieu ou en complément du raisonnement naturel considéré précédemment. Les travaux d'économie sont les exemples classiques du genre, auxquels on peut ajouter ceux des branches « -métriques » d'autres disciplines – sociométrie, archéométrie, psychométrie, etc. On qualifie parfois d'artificiel le langage de ces modèles ; notons cependant que les variables auxquelles s'applique le calcul ne sont pas nécessairement numériques et que le langage naturel n'est pas absent de telles constructions. Il fournit les termes qui désignent les entités visées par le modèle et les phénomènes du monde historique ou « réel » invoqués pour le valider.

Ce souci de validation est une autre caractéristique des versions fortes de la modélisation. Sa manifestation la plus claire est la

1. Cl. Grignon, « La formalisation et les sciences du récit : le cas de la sociologie », *in* Grignon *et al.* (éd.), 2000, sous presse.

démarche axiomatique, fondatrice d'une vaste famille de modèles en économétrie. Le chercheur énonce *a priori* un certain nombre de principes et d'opérateurs qui déterminent la nature des calculs pratiqués sur les données empiriques. Les résultats de ces calculs sont alors confrontés à des observations propres à établir le degré de validité du modèle. Les écarts constatés donnent lieu à une argumentation en langage naturel pour les expliquer ou mettre sur la voie d'ajustements aptes à les réduire.

Le pôle Récit et sa polysémie

Le « retour au récit » est une formule connue pour désigner le mouvement amorcé il y a une trentaine d'années dans les disciplines historiques en faveur d'une certaine ouverture aux libertés de l'interprétation littéraire. J. Revel a rappelé les origines et les circonstances de ce tournant chez les historiens[1] et plus généralement dans les sciences sociales (cf. 1re partie, chap. 1). Retenons pour notre propos la présentation de la *narrativité* comme une composante inévitable des textes scientifiques relatifs à l'ordre humain, dans quelque perspective que ce soit – historique d'abord, mais aussi bien sociale, économique ou plus généralement anthropologique. Malheureusement, les usages de ce terme sont multiples et peu éclairants : le nombre de références qu'il coiffe dans les index de la revue bibliographique *Historical Abstracts*, par exemple, montre que le Récit est sous toutes les plumes, au point qu'on a de la peine à dégager les traits spécifiques du genre. Les distinctions que nous proposerons resteront elles-mêmes une affaire de degré. Le critère retenu est la nature ou l'étendue des contraintes auxquelles les auteurs acceptent de subordonner ces constructions au nom des impératifs scientifiques. Afin de ménager une certaine continuité dans notre parcours du champ M/R, nous examinerons d'abord le cas des récits où la conscience de ces contraintes est la plus manifeste et qui sont à ce titre les plus proches des modèles « forts » considérés précédemment.

1. J. Revel, « Ressources narratives et connaissance historique », *Enquête*, 1995, n° 1, p. 43 à 70.

Constructions narratives

La caractéristique des textes narratifs de ce premier groupe est l'accent mis sur la nature construite du récit. Ce trait s'exprime d'abord dans la description des objets étudiés (événements historiques, pratiques culturelles, comportements sociaux, mouvements économiques, etc.) : l'objectif déclaré n'est pas de livrer un recueil de « faits » aussi riche que possible, à des fins documentaires, mais d'énoncer les données qui servent de support aux propositions théoriques avancées dans le récit.

En second lieu, les constructions narratives charrient pour la plupart des termes spécialisés désignant certaines des entités ou des notions mobilisées dans l'argumentation. Ainsi, des études sur les cycles économiques, la révolution néolithique, etc., se passeront difficilement de quelques développements sur le sens particulier qu'on prête à ces expressions. Les acceptions proposées ne figurent généralement pas dans les dictionnaires de la langue usuelle, quelle qu'elle soit. Dès lors, les allusions à la forme naturelle des constructions narratives sont trompeuses ; elles occultent les analogies qui s'imposent avec l'évolution du langage dans les sciences de la nature, marquée de même par une lente émergence de termes spécialisés, détournés du sens qui était ou qui reste le leur dans la langue naturelle d'où ils sont tirés (ex. : le terme « affinité » en chimie).

Le caractère construit des récits scientifiques se manifeste sous un troisième aspect, touchant les relations établies entre les propositions ou moments successifs de la narration. Prenons le cas des travaux innombrables sur les causes de tel ou tel phénomène, démographique (ex. : le différentiel des naissances selon le sexe), sociohistorique (ex. : la Révolution française), politico-économique (ex. : le mercantilisme), etc. Plusieurs explications sont généralement proposées, qui sont autant de façons de raconter le phénomène, en variant le choix des enchaînements de faits auxquels on attribue sa genèse et son évolution[1]. On retrouve ici les « mondes possibles » de Nelson Goodman et leur infinité sous la plume ou le pinceau de l'animal modélisateur (voir n. 1, p. 408). Rien n'interdit par conséquent de considérer ces multiples théories comme des *modèles* de la « réalité humaine » – démographique, sociohistorique, politico-économique, etc. – au même titre que les constructions passées en revue plus haut sous cette

1. La multiplicité des scénarios explicatifs est généralement tenue pour normale dans nos disciplines ; voir P. Ricœur, *Le conflit des interprétations. Essais d'herméneutique*, Paris, Le Seuil, 1969.

appellation (p. 408). Leur aspiration scientifique apparaît dans le soin qu'apportent les auteurs à l'énoncé des faits ou des présupposés qui fondent les inférences pratiquées dans l'argumentation. C'est à ce sujet que les avocats du mode narratif tendent à se séparer. Nombre d'entre eux restent attachés à une distinction plus ou moins intuitive entre le réel et l'imaginaire, le plausible et l'improbable (voire, à l'extrême, le faux), ou toute autre manière de formuler ce qui sépare le récit savant (professionnel, scientifique) de l'œuvre romanesque. On n'échappe pas dès lors à l'obligation d'expliciter les méthodes que l'on a en vue pour établir ou suivre au fil des âges la frontière entre les deux genres. Que l'un et l'autre constituent des « fictions » dans la perspective relativiste actuellement populaire ne change rien à l'affaire : le statut professionnel des savants narrateurs ne se confond pas avec la position socio-économique des romanciers, si savants soient-ils, et il faut bien trouver quelque part la source de cette différence. Certaines expressions comme l'histoire expérimentale, la mise à l'épreuve des récits, les scénarios virtuels ou contrefactuels, laissent entendre que les voies de la validation sont ouvertes aux constructions narratives comme elles l'étaient aux versions fortes des modèles considérées plus haut. Cette opinion, toutefois, est loin d'être universellement partagée ; le scepticisme affiché à cet égard est la caractéristique d'un second groupe de chercheurs prompts à dénoncer l'irrecevabilité des contrôles empiriques dans les sciences sociales.

Doutes sur la validation

L'argumentation qui fonde ces réserves peut être résumée sous forme d'un syllogisme.

a / La vérification (ou falsification) d'une construction scientifique procède d'une confrontation entre ses inférences théoriques et les observations du monde réel, dans le domaine de discours étudié ; or, peut-on transporter le même appareil interprétatif dans des contextes différents ? *b* / L'historique des scénarios qui se succèdent dans les sciences sociales à propos de quelque phénomène que ce soit montre que cette « transportabilité » est généralement faible, pour ne pas dire nulle ; et l'on attribue cet insuccès tantôt à l'objet (la part de la contingence dans le déroulement des choses humaines), tantôt au sujet (notre inaptitude à embrasser toutes les variables dont la conjugaison détermine ce déroulement). *c* / Dans un cas comme dans l'autre, nous ne saurions par conséquent nourrir l'espoir de trouver dans le cours des choses à venir les éléments d'une confirmation d'aucune théorie, pas plus d'ailleurs que de son infirmation.

Une manière plus savante d'exprimer ce point de vue consiste à souligner que les phénomènes humains ne s'entendent pas aux mêmes échelles de temps que les phénomènes naturels[1]. Nos scénarios s'inscrivent dans des temporalités multiples et changeantes ; leur contrôle empirique risque de faire appel à des phénomènes qui relèveront d'échelles différentes, d'où un soupçon général d'imprévisibilité qui ferme la porte à tout essai de validation, positive ou négative.

Cette argumentation ne s'applique pas seulement aux constructions des historiens ; elle vaut aussi bien en sociologie, par exemple, si l'on interprète nos « jeux d'échelle » par référence à des espaces plutôt qu'à des temps d'observation différents. Les deux points de vue sont d'ailleurs interchangeables, comme l'a bien noté J.-C. Passeron dans la somme qu'il a consacrée au raisonnement sociologique vu comme un cas particulier de l'argumentation dans les disciplines historiques (1991). Nous ne travaillons jamais, écrit-il, « à contexte invariant » ; les observations mobilisées pour vérifier une théorie sont le produit de facteurs qui ne sont vraisemblablement pas ceux dont la théorie voulait en son temps rendre compte, dans un contexte inévitablement différent. Les analogies et les transferts « ethnologiques » ne sauraient par conséquent étayer les scénarios interprétatifs des sociologues, pas plus que ceux des archéologues ou des historiens[2].

1. J. Revel (éd.), *Jeux d'échelle. La micro-analyse à l'expérience*, Paris, Gallimard - Le Seuil, 1996

2. Une maxime helvétique exprime bien l'universalité de la démarche : « Quand on voir c'qu'on voit [les observations], quand on sait c'qu'on sait [les analogies], on a raison de penser c'qu'on pense [les conclusions] » ; voir J.-C. Gardin, article paru sous ce titre dans *L'Homme*, 1997, n° 143, p. 83 à 90. Cette « raison » dont la sagesse populaire se réclame est sans doute plus lâche que la rationalité attribuée à la méthode comparative telle qu'on la pratique dans nos disciplines. La différence majeure tient à la nature de l'argumentation développée pour établir la pertinence des analogies invoquées et justifier les transferts qui s'ensuivent, d'un contexte d'observation à un autre. Ces contextes sont tous d'ordre « ethnologique », formellement parlant, en ce sens qu'ils décrivent autant de situations particulières où se trouvent les acteurs dont on étudie les mœurs, l'histoire, les interactions, les œuvres, etc. L'usage s'est ainsi établi de faire précéder du préfixe « ethno- » certains types de recherche où les observations recueillies auprès de sociétés étrangères à celle qu'on étudie servent à fonder ou à critiquer les interprétations proposées (ex. : l'ethno-archéologie, à la fois pourvoyeuse et pourfendeuse d'idées inégalement reçues en archéologie ; voir A. Gallay, *L'archéologie demain*, Paris, Belfond, 1986, p. 165 à 181). La distance qui sépare les cultures ou contextes comparés, en substance ou dans l'espace-temps, est en préhistoire immédiatement visible ; mais le mode de raisonnement est formellement le même aux échelles plus courtes où travaillent les « modernistes », sociologues, économistes ou autres.

Poussée à l'extrême, cette argumentation aboutit à des positions pluralistes et relativistes où la spécificité des chercheurs « professionnels » risque fort de disparaître. La parade est bien connue : elle consiste à remplacer la validation empirique par une valorisation en quelque sorte institutionnelle, fondée sur les jugements de nos pairs dans la communauté savante intéressée. Il y aurait ainsi comme des degrés dans la valeur des scénarios narratifs, si « relative » soit-elle, les plus scientifiques d'entre eux étant en dernière analyse ceux que les experts tiennent pour tels, ici et maintenant. Le célèbre « cercle herméneutique » est une façon de rationaliser ce point de vue ; la thèse des fondements sociaux de toutes choses en est une autre, non moins populaire aujourd'hui. Le crédit de ces philosophies permet aux narrateurs de notre second groupe de défendre le caractère scientifique de leurs travaux auprès de tout jury convenu, protégés qu'ils sont par le rejet de toute autre forme de validation.

Attractions littéraires

On peut néanmoins vouloir aller plus loin dans l'intelligence du succès que rencontrent certains types de récits qui n'ont pour eux ni les confirmations empiriques requises dans le premier groupe, ni les conformations académiques attendues dans le second. Ce sont des textes où les talents littéraires du narrateur comptent autant ou plus que la qualité des données qui nourrissent le récit. Ces talents ne se manifestent pas seulement par le style, la rhétorique, mais aussi à travers les scénarios imaginés pour donner vie à la construction, au-delà des seuls enchaînements logiques ou historiques. Un bel exemple du genre est, sous la plume de l'historien Simon Schama, le récit de la bataille de Québec en 1759 où les Français de Montcalm furent battus par les troupes anglaises du général Wolfe[1]. L'auteur reconnaît qu'il a, selon ses termes, « enfreint délibérément les conventions par lesquelles les historiens établissent la cohérence et emportent la conviction », au profit d'un mode narratif qui accepte toutes sortes d'épisodes ouvertement inventés (récits de soldats, monologues intérieurs, etc.). L'intérêt de cet exemple est que Simon Schama, historien professionnel (ses recherches sur le XVIIe siècle hollandais font autorité), a expressément voulu ce récit – et d'autres dans le même livre – comme une illustration *a contrario* de ses thèses

1. S. Schama, *Dead Certainties (Unwarranted Speculations)*, New York, Knopf, 1990.

sur les insuffisances du discours savant. Les composantes fictives du texte sont là pour amplifier le noyau érudit de la construction et lui conférer une réalité sensible au-delà de sa vérité historique, à supposer qu'on puisse jamais « prouver » celle-ci.

Une version moins franche du genre est le vaste ensemble de textes que Claude Grignon appelle des « théories-œuvres », candidates au « statut de théories scientifiques mais conçues sur le modèle traditionnel, littéraire ou philosophique, de l'œuvre personnelle »[1]. Parmi les exemples offerts figurent les livres de Pierre Bourdieu ; la « culture lettrée » pèse à l'évidence sur leur forme, mais d'une manière tout autre que l'art littéraire de la narration dans les récits-fiction de Simon Schama. Quant à la revendication scientifique, elle s'affirme à travers la présence de l'appareil d'enquête habituel (tableaux, questionnaires, interviews, statistiques, etc.), mais sans qu'on en perçoive toujours clairement la nécessité pour fonder les propos interprétatifs qui suivent. Les succès de ce genre d'écrits ne sont dus sans doute ni à la « scientificité » de la construction, ni à la « réalité » que véhicule le récit. Effets de mode ou attraits médiatiques mis à part, ils tiennent plutôt à une certaine cohérence de l'œuvre qui suffit à lui donner un air de vérité et par là même à la justifier, grâce à une conjugaison d'observations inédites et de croyances partagées où l'on peut voir un système de représentation convenable du monde visé.

Modélisateurs et narrateurs : le débat

Les pages qui précèdent montrent la grande diversité des options que recouvrent les deux termes de la dualité Modèle et Récit. Les groupements proposés autour de chacun des deux pôles suggèrent plutôt un étalement de genres intermédiaires : les versions faibles de la modélisation restent pour l'essentiel des textes narratifs, tandis que les récits les plus attentifs aux impératifs scientifiques sont à leur

1. Cl. Grignon, « Le savant et le lettré, ou l'examen d'une désillusion », p. 83, *Revue européenne des sciences sociales,* 1996, vol. XXXIV, n° 103, p. 81 à 98. Voir aussi les critiques du « littérarisme » par J. Bouveresse : « Un abus de pouvoir "scientiste" [...] qui consiste à croire que ce que dit la science ne devient intéressant et profond qu'une fois retranscrit dans un langage littéraire et utilisé de façon "métaphorique", un terme qui semble autoriser et excuser presque tout » (*Prodiges et vertiges de l'analogie. De l'abus des belles-lettres dans la pensée,* Paris, Raisons d'agir, 1999, 4e de couverture).

manière des modèles, même lorsque les mathématiques n'y tiennent aucune place. Le champ M/R se révèle ainsi soumis à une espèce de tectonique des plaques où chacun des deux mondes tend à recouvrir alternativement l'autre ; il nous faut donc examiner de plus près le débat ouvert entre modélisateurs et narrateurs lorsque chaque partie s'emploie à défendre ses positions contre les objections de l'autre.

Le point de vue des narrateurs

Le caractère réducteur des modèles

Vient d'abord le double reproche adressé le plus couramment aux modèles dans nos disciplines : *a* / Ils sont par définition réducteurs et leur marche forcée vers l'abstraction ampute les phénomènes humains des traits qui en font la richesse, inconnus dans les comportements du monde matériel ; *b* / En second lieu, les modèles s'appuient nécessairement sur des présuppositions qui sont elles-mêmes le fruit d'une pensée abstraite, comme le sont les principes postulés dans les constructions axiomatiques de l'économie. Dans ce dernier cas, la critique porte plus précisément sur deux points : d'une part, une conception étroite de la rationalité, réduite au principe utilitariste ; d'autre part, la pauvreté relative des jeux de variables prises en compte, inférieures en nombre et en qualité à celles que mobilisent les approches narratives des mêmes phénomènes. L'économie n'est ici qu'un exemple extrême. Les modèles de comportement que bâtissent les sociologues sont, au moins dans leurs versions « fortes », justiciables des mêmes objections ; et il en va de même de tous les essais de modélisation en histoire, économique ou sociale. La question intéressante est celle du bien-fondé de cette critique dans sa généralité.

Sur le premier point – la rationalité – les modélisateurs font valoir à bon droit que toute tentative d'explication des conduites humaines passe inévitablement par l'attribution aux acteurs de quelque(s) principe(s) de conduite, à défaut desquels le projet même d'une explication paraît désespéré. On peut certes contester l'axiomatique utilitariste propre à une certaine classe de modèles en économie, comme s'y emploie Cl. Grignon[1], ou encore, plus large-

1. Cl. Grignon, art. cité (n. 1, p. 411).

ment, « les usages du principe de rationalité dans les sciences sociales » passés en revue dans l'ouvrage qui porte ce titre[1]. Mais le *principe* demeure, quel qu'il soit, sous forme de postulats explicites ou non dans la base de toute construction interprétative, y compris les plus narratives d'entre elles. On aurait tort par conséquent d'imputer à la seule modélisation les fourvoiements qui peuvent résulter de postulats trop exclusifs ou trop étroits touchant la logique des enchaînements proposés, *avec ou sans modèle.*

Le second point appelle le même genre de réserves. Il est toujours loisible d'invoquer, à propos d'un modèle particulier, quelque variable méconnue dont l'action est ou pourrait être de nature à ruiner les prédictions théoriques. Avérée, la critique n'est qu'un hommage rendu à la pertinence des épreuves empiriques dont les modélisateurs sont friands ; préventive, elle ne fait qu'annoncer des ajustements ultérieurs du modèle, assortis d'épreuves semblables. L'objection prend un tour plus sérieux lorsqu'elle porte sur d'éventuels obstacles formels à la modélisation, d'ordre quantitatif ou qualitatif, indépendamment de la nature des variables en cause. Le quantitatif, d'abord : il arrive que les facteurs à prendre en compte dans l'analyse d'un phénomène paraissent à la réflexion si nombreux qu'il devient difficile d'imaginer une procédure de calcul capable de les embrasser tous dans la conception ou l'application d'un modèle. Les enchaînements linéaires et sans limites des textes narratifs se prêtent mieux dans ce cas à l'exposé des opérations d'inférence articulées sur des bases de faits étendues à ce point, selon les pratiques discursives du langage ordinaire. Mais l'alternative M/R garde-t-elle alors la valeur qu'on lui prête ? En d'autre termes, est-il sûr que ces chaînes narratives aient une qualité scientifique moindre que les modèles auxquels, *nolens volens*, on a renoncé ? Nous reprendrons cette question plus loin, en rapport avec une conception plus large de la formalisation des raisonnements, où certaines constructions narratives ont aussi leur place (p. 433 s.).

Reste les obstacles d'ordre qualitatif. Les modèles mathématiques mettent en jeu des données chiffrées accessibles plus ou moins directement dans des disciplines comme la démographie ou l'économie. De même, le suffixe « -métrie », ajouté à des radicaux variés, laisse entendre que la mesure est un préalable nécessaire à toute construc-

1. L.-A. Gérard-Varet, J.-C. Passeron (éd.), *Le modèle et l'enquête : les usages du principe de rationalité dans les sciences sociales,* Paris, Éditions de l'École des hautes études en sciences sociales, 1995.

tion formelle dans bien d'autres domaines. À quoi les narrateurs opposent la résistance de leurs objets et de leurs raisonnements à la quantification numérique : comment asseoir sur des chiffres les dénominations ou les qualifications en langage naturel dont les constructions des sciences de l'homme sont truffées, touchant des questions telles que, par exemple et en désordre, des conduites « déviantes », les origines de l' « État », la « rareté » ou la « fréquence » de certains phénomènes (échanges, crises, etc.), le caractère « complexe » d'une société, la « force » ou la « faiblesse » relative des rapprochements pratiqués dans les raisonnements par analogie, etc. ? L'objection perd de son poids, cependant, lorsqu'on veut bien se souvenir que les modèles ne font pas tous appel au langage des nombres, ou du moins pas tous au même degré (voir plus haut, p. 410-1). On sait d'autre part qu'il est souvent possible d'introduire une quantification relative des phénomènes décrits en langage naturel, au moyen d'échelles *ad hoc* du type « rien – un peu – beaucoup » (pour abréger) qui ne sont guère plus artificielles, tout bien pesé, que les découpages dans la suite des nombres que pratiquent toutes les sciences, humaines ou naturelles (mesures du quotient intellectuel, échelle de Beaufort, etc.). Enfin et surtout, il existe une manière de schématiser les raisonnements observés dans les constructions narratives sans en changer les termes, si imprécis soient-ils, où l'on met en évidence tout à la fois l'aspect modélisateur de telles constructions et leur éligibilité scientifique ; nous y reviendrons plus loin (p. 435 s.).

L'individualité des acteurs

La critique du caractère réducteur des modèles s'exprime de bien d'autres façons. Ainsi, plutôt que la singularité des phénomènes humains et l'imprévisibilité de leur cours, on soulignera l'individualité des acteurs, les différences infinies de leurs jeux, leurs variations dans le temps, bref tout ce qui semble limiter un peu plus la portée des généralisations inhérentes au principe de la modélisation. Les modèles déterministes, en particulier, sont aisément mis en défaut par l'observation de conduites personnelles contraires à leurs prédictions. Les arguments de repli attendus vers les modèles statistiques ne suffisent pas à vaincre le scepticisme des chercheurs plus soucieux de comprendre la spécificité des interactions locales qu'ils ne sont sensibles à la grandeur des théories générales de l'action. L'émergence des modèles dits interactionnistes en sociologie et en économie[1] fait sans doute écho à ce souci ; on peut craindre néanmoins qu'à force de particulariser les agents, leurs attentes, leurs intentions et les circonstances de leur interaction, on ne finisse par bâtir des scénarios singuliers, à une seule occurrence. Les esprits taquins pourraient alors être tentés de voir en la modélisation, comme Alfred Jarry en la grammaire, la science des règles qui régissent les exceptions.

Les insuccès de la modélisation

Les participants au débat M/R ne résistent pas toujours à la tentation de se hausser au niveau des « grandes questions » philosophiques touchant l'irréductibilité de l'ordre humain, l'infinité de ses déterminants, l'imprévisibilité de leurs effets, bref la démarcation tant de fois prononcée entre les régimes de scientificité propres aux sciences de l'homme et aux sciences de la matière, respectivement. L'interrogation philosophique s'élève plus encore lorsqu'elle s'attaque au projet scientifique lui-même, appliqué à toutes choses. Les arguments ne manquent pas pour nourrir ces doutes ; l'ennui est qu'ils dissolvent notre propos, le choix entre modélisation et narration perdant alors toute espèce d'importance. C'est pourquoi nous avons écarté les questions philosophiques dans la présente section, au profit d'une approche résolument pratique de notre sujet.

Au nom de ce même pragmatisme, une dernière objection possible aux modèles est la faiblesse relative de leur contribution au progrès des connaissances dans les sciences de l'homme. Les opinions sont à cet égard partagées selon les domaines considérés. Les économistes, notamment, feront valoir la place inévitable de la modélisation dans l'élaboration et la mise à l'épreuve de leurs théories, certains phénomènes complexes ne pouvant guère être étudiés par d'autres voies. C'est le cas par exemple des processus dits de « globalisation », observés sur des plans variés : industriel, écologique, financier, etc. Les mêmes économistes, cependant, reconnaissent volontiers la difficulté de l'entreprise et la minceur relative de ses succès sur le terrain mouvant de l'actualité. Les sociologues sont à certains égards plus chanceux : les enquêtes qui leur sont proposées pour la conduite des affaires humaines ont souvent un caractère plus

1. P.-M. Menger, « La temporalité de l'action », *in* Cl. Grignon *et al.* (éd.), 2000, sous presse.

« local », de sorte que les démentis apportés aux prévisions des modèles passent plus facilement inaperçus. Les engagements de la sociologie dans les voies de la formalisation sont d'ailleurs plus réduits : si l'on évoque volontiers la valeur heuristique des procédures statistiques, on n'en demeure pas moins fidèle à des manières d'en interpréter les résultats qui échappent à la modélisation.

Les « humanités » sont dans une situation comparable. Historiens et archéologues recourent volontiers aux méthodes d'analyse et de traitement des données pratiquées dans les sciences sociales ; mais leur utilisation est décrite de même comme essentiellement heuristique. On attend du calcul qu'il mette sur la voie d'hypothèses plausibles, susceptibles d'être confrontées à de nouvelles données tirées des sources écrites ou du terrain. Le choix de l'hypothèse retenue doit ensuite être justifié par une argumentation livrée dans les formes et selon les usages de la rhétorique traditionnelle, sans rapport avec la modélisation. Ces interprétations ne sont donc pas plus formelles que celles des constructions historiques bâties sans le concours des procédures heuristiques. Il est honnête de reconnaître que les contributions des unes et des autres à notre connaissance du passé sont jusqu'ici d'un volume très inégal, à l'avantage des secondes ; mais il serait absurde d'attribuer cette « infériorité » des premières à leur ancrage formel, apparent ou réel.

Apparent ou réel, en effet, parce qu'il est permis d'avoir parfois des doutes sur la fonction heuristique elle-même. Est-il sûr que les hypothèses suggérées par le calcul soient toujours à l'origine des interprétations proposées ? Ne peut-on imaginer plutôt que certains auteurs avaient dès le départ une interprétation particulière à l'esprit et qu'ils attendaient du calcul, convenablement orienté, des configurations propres à la soutenir plutôt qu'à la leur faire « découvrir » ? L'anthropologie fournit des exemples de cette inversion, au moins si l'on suit l'analyse qu'en a donnée D. Casajus il y a quelques années ; sa conclusion était péremptoire : « Un modèle mathématique ne produira rien qui ne soit pas déjà confusément présent dans la formalisation anthropologique qui a rendu légitime le recours au modèle [...] aucune modélisation ne permettra jamais de trancher dans un débat anthropologique. »[1]

1. D. Casajus, « L'hypercube est-il bon à penser ? », p. 116, in *L'Homme*, 1994, n° 130, p. 111 à 119. On commenterait dans les mêmes termes certains usages trompeurs de la méthode hypothético-déductive, considérée ici et là comme un gage de scientificité ; l'archéologie « nouvelle » des années 1950-1970, par exemple, la prisait particulièrement.

L'ensemble de ces constats entretient les réticences des narrateurs à l'égard de la modélisation ; mais quelles sont, à propos du Récit, les vues de la partie opposée ?

Le point de vue des modélisateurs

Notons d'abord que ces positions sont généralement moins tranchées ; les praticiens des modèles paraissent assez confiants dans la solidité de leurs démarche pour en parler relativement peu, tout comme les chercheurs des sciences naturelles sont dans l'ensemble peu portés à défendre leurs pratiques contre les sociologues ou les philosophes qui en dénoncent les fragilités[1]. En second lieu, les modélisateurs ne semblent pas davantage enclins à démonter les constructions narratives des sciences de l'homme pour en dévoiler les faiblesses épistémologiques. La cohabitation des deux partis prend ainsi l'allure d'une coexistence pacifique, au prix de certains silences propres à la faciliter. Bien plus, on a parfois le sentiment que, du côté des sciences de la nature, l'ascétisme des publications est à l'origine d'une sympathie quasi compensatoire pour les œuvres plus libres des sciences de l'homme, auxquelles on reprocherait presque d'abandonner leur forme narrative traditionnelle au profit des approches formelles. Par ailleurs, les vertus qu'on prête à l'analyse mathématique ne signifient pas qu'on récuse tout emploi du raison-

Or, il est facile de montrer qu'une construction présentée sur le mode hypothético-déductif est en fait une rationalisation des opérations mentales qui l'ont précédée tout au long d'un processus de découverte où l'empirico-inductif a sa part ; J.-C. Gardin, *Une archéologie théorique,* Paris, Hachette, 1979, p. 198 à 201.

1. On a pu le vérifier récemment à travers les suites de l' « affaire Sokal » en France. Le physicien Alan Sokal ayant mis en évidence par un pastiche l'inanité de certaines références aux sciences naturelles et aux mathématiques dans la littérature des sciences de l'homme, nombre d'auteurs réagirent fortement, indignés qu'on osât s'en prendre à des autorités intellectuelles établies et persuadés en outre que Sokal n'entendait rien à leurs écrits. Le débat, qui dure encore, souligne le défaut de commensurabilité entre les questions d'épistémologie soulevées par Sokal et les considérations sociales ou philosophiques mobilisées par ses détracteurs. Le point à retenir pour notre propos est que les spécialistes des sciences naturelles furent peu présents dans le débat, nourri essentiellement par un flot d'articles issus d'experts en sciences humaines ou en philosophie. Sur les objectifs de ce « faux », voir A. Sokal et J. Bricmont, *Impostures intellectuelles*, Paris, Odile Jacob, 1997 ; et sur les réactions qu'il suscita, Y. Jeanneret, *L'affaire Sokal ou la querelle des imposteurs*, Paris, PUF, 1998 ; D. Durdant (éd.), *Impostures scientifiques. Les malentendus de l'affaire Sokal*, Paris, La Découverte / Alliage, 1998 ; J. Bouveresse, ouvr. cité (n. 1, p. 417).

nement naturel dans les publications scientifiques, quitte à ouvrir un débat sur les fonctions respectives des deux modes. C'est précisément sur cette question que le point de vue des modélisateurs, dans les versions « fortes » du genre, est comme contraint de s'opposer à celui des narrateurs.

Primauté de la validation empirique

La divergence tient en quelques mots. Pour les uns, côté M, la fonction cognitive ne peut être assurée que par la modélisation, les passages du texte scientifique formulés en langage naturel étant au service d'intérêts différents. Pour les autres, côté R, cette fonction est nécessairement partagée entre le modèle et le récit, voire entièrement assurée par ce dernier, les abstractions du modèle ne pouvant prendre en compte les ressorts innombrables de l'action humaine. Les arguments de la partie R à l'appui de cette thèse viennent d'être présentés ; ceux de la partie M tiennent moins de place dans la mesure où ils renvoient toujours, sous des formulations variées, à quelques principes établis de la recherche scientifique dans les disciplines empiriques. Nous ne croyons pas utile de les rappeler : les modélisateurs n'en prennent pas non plus la peine. Un de ces principes mérite cependant d'être détaché de l'ensemble, car c'est sur lui que se cristallisent en dernière analyse les divergences entre les deux parties : il s'agit de l'impératif de validation, béquille majeure du progrès des connaissances dans les sciences « dures » et leurs prolongements technologiques. Les versions fortes de la modélisation se distinguent, on l'a dit (p. 411), par la priorité qu'elles imposent à cet impératif : le critère principal de la valeur scientifique d'un modèle, à terme, est le degré d'accord entre ses attendus théoriques et les données empiriques recueillies pour les tester, tirées de l'actualité ou de sources ethnohistoriques jusqu'alors inexploitées. Établir la validité d'une théorie dans cette perspective ne signifie pas qu'on la tienne pour « vraie » ; les discussions philosophiques sur ce sujet n'ont guère d'emprise sur la pratique de la modélisation. Les chercheurs engagés dans cette voie savent en effet qu'en science théories et modèles sont toujours provisoires, que les tests auxquels on les soumet sont destinés à infirmer autant qu'à confirmer, que le remplacement de la vérification par la falsification n'a pas dans la pratique de la recherche la portée qu'ailleurs on lui prête, etc. – bref, que « la vérité n'est pas de ce monde », la platitude de la formule convenant à l'approche terre à terre du sujet.

Ainsi, la modélisation, dans ses versions fortes, ne se réduit pas aux penchants pour l'abstraction, l'idéal type, la formalisation ; elle accorde un poids non moindre à la concrétude, l'expérimentation, la « réalité » si l'on préfère ce terme, sans la confondre avec la « vérité » qu'on vient de récuser. Il est par conséquent impropre de rapporter l'opposition M/R aux vieux contrastes entre nominalisme et réalisme, Platon et Aristote, etc., comme les plus philosophes des narrateurs y sont parfois enclins.

Séparation nécessaire des deux modes

En reconnaissant que leurs publications comportent des parties narratives, les modélisateurs les plus pointus n'entendent pas nier l'opposition M/R, ni souscrire à la thèse du caractère inévitablement narratif des constructions relatives aux phénomènes humains. Ces parties narratives sont de nature très variée : relation des circonstances qui ont présidé à l'élaboration du modèle, description des modalités de l'enquête ou de l'expérimentation, expression en langage naturel de ses aboutissements, etc. Or, rien de tout cela ne saurait se confondre avec l'ensemble des propositions théoriques qui constituent le modèle proprement dit. Les deux genres d'écrits coexistent dans les sciences de la nature elles-mêmes ; les rapports qu'ils entretiennent ont été brillamment illustrés par François Jacob à propos de ses travaux en biologie. Lorsqu'il les « raconte », dans des livres destinés à un lectorat élargi, son objectif n'est pas tant de vulgariser ses contributions à la science du vivant que de faire comprendre par ces récits la nature du travail scientifique, depuis le laboratoire jusqu'à son aboutissement dans une publication savante. « La science, c'est avant tout un monde d'idées en mouvement. Écrire pour rendre compte d'une recherche, c'est immobiliser ces idées ; les figer ; comme si l'on dépeignait une course de chevaux par un instantané. C'est aussi transformer la nature même de cette recherche ; la *formaliser* » [mes italiques][1], c'est-à-dire la réduire à « une belle histoire, bien nette, avec un début, un milieu et une fin. Des expériences bien huilées, bien articulées, bien rangées l'une derrière l'autre, menant sans faille, sans hésitation, au long d'une argumentation sans fissure, à une vérité bien établie. Celle qu'on retrouve dans les traités de génétique »[2].

1. F. Jacob, *La souris, la mouche et l'homme,* Paris, Odile Jacob, 1997, p. 198.
2. F. Jacob, *La statue intérieure,* Paris, Odile Jacob, 1987, p. 313 à 314.

Emporté par le mouvement, on serait tenté d'ajouter « ... et tout le reste est littérature » ; on aurait à la fois tort et raison. Ce qu'on retrouve dans les traités de génétique ne se confond pas avec le genre de récits évoqués précédemment : c'est l'expression condensée des propositions théoriques établies au terme d'une longue série d'hypothèses soumises tour à tour à l'épreuve du laboratoire, au fil des années, jusqu'à l'adéquation finale – provisoire, bien entendu, et dans cette perspective « subjective » même, si l'on y tient au nom du relativisme convenu. Ces propositions renferment aux yeux du chercheur la totalité de sa contribution au progrès du savoir dans son domaine de recherche ; elles seules, par conséquent, ont ce statut cognitif dont il était question plus haut. Que « le reste » soit ou non littérature, son statut est en tout cas *autre*, par construction, et c'est là le point essentiel. La manière dont on choisira de le définir importe pour le moment assez peu. Ces parties « hors modèle », narratives au moins à ce titre, servent à informer, à convaincre, à intéresser le lecteur ; leur fonction est pédagogique, rhétorique, littéraire même, pourquoi pas, lorsque l'auteur manifeste – comme plus haut François Jacob – autant de talent dans le récit de ses recherches que dans la modélisation de leurs aboutissements. Nous serons conduits plus loin à une interprétation de cette dualité qui réserve effectivement à la littérature une place égale à celle de la science pour l'intelligence des œuvres et des conduites humaines, mais sans abandonner l'idée que seule la première est justiciable d'un statut cognitif bien défini, dans la perspective épistémologique de ce chapitre (p. 448 s.).

Insuffisances de l'évaluation subjective ou sociale

La place des tests empiriques dans l'élaboration des modèles (versions fortes) va de pair avec une critique des modes d'évaluation défendus par les narrateurs. De l'aveu même de ceux-ci, la validation des théories que véhiculent leurs textes est une affaire compliquée. Les avis sur la question sont sujets à des variations surprenantes, qui vont parfois jusqu'à des volte-face d'une décennie à l'autre dans la même discipline[1]. Au lieu de ces flottements suspects, les chercheurs les plus attachés à la narrativité s'en tiennent à des

1. L'histoire récente de l'archéologie est pleine de ces revirements, racontés dans J.-C. Gardin, « Cognitive issues in archaeology », *Archaeologia Polona*, 1996, vol. 34, p. 203 à 232.

positions apparemment mieux arrêtées, mais dont le défaut est de n'apporter aucune lumière véritable sur la nature des critères qui déterminent, entre plusieurs relations des mêmes faits, le succès plus ou moins durable que connaissent les unes face à l'oubli où tombent bientôt les autres. La plupart des positions en question viennent de l'herméneutique[1]. Les unes renvoient la balle de la validation au narrateur lui-même : la satisfaction, le sentiment de plénitude qu'il éprouve au moment d'arrêter la forme finale de son texte justifierait qu'on prête à celui-ci une valeur potentielle pour la compréhension de son objet. D'autres font appel à une subjectivité plus largement partagée : l'évaluation échoit à une collectivité particulière différemment nommée – groupe d'experts, commission savante, jury universitaire, « société de discours »[2], etc. Le jugement par les pairs est, dans le contexte académique, l'expression la plus courante de cette réponse au problème de la validation. Les modélisateurs pourraient eux-mêmes s'en contenter, mais l'herbe leur est coupée sous les pieds lorsque les narrateurs proclament haut et fort la légitimité des divergences d'interprétation dans les sciences de l'homme et l'irrecevabilité des tests pratiqués dans les sciences de la nature pour les réduire. En d'autres termes, s'il est vrai que l'évaluation par les pairs est partout, dans les sciences naturelles comme dans les sciences sociales, il semble que ses ressorts soient différemment composés, ou différemment tendus, selon que l'objet de l'évaluation est humain ou matériel. On admettra volontiers le poids occasionnel de facteurs sociaux dans l'accueil qu'un jury de physiciens (par exemple) réserve aux travaux qui lui sont soumis, comme le veut le « programme fort » de la sociologie des sciences ; et l'on conviendra aussi bien que le critère de correspondance empirique a sa place dans les jugements que prononcent les plus narratives des sciences sociales. La différence est une affaire de proportion, et sans doute aussi de durée : les idées reçues relatives au cours humain des choses semblent résister aux démentis historiques plus longtemps que les théories scientifiques ne survivent aux contre-épreuves de la nature ou du laboratoire.

Mais ce n'est pas tout. L'affaire se complique lorsque, du côté des narrateurs, des voix se font entendre pour vanter l'accumulation toujours ouverte de récits différents bâtis autour des mêmes faits.

1. Un rappel même succinct des thèses de l'herméneutique sur l'interprétation tiendrait ici trop de place. Les allusions sommaires qui suivent s'appuient sur des textes dont on trouvera les références dans J.-C. Gardin, 1991, p. 211 à 217.

2. L'expression est de Michel Foucault, *L'ordre du discours*, Paris, Gallimard, 1971, p. 42 à 43.

« Le conflit des interprétations », assurent les herméneuticiens, est non seulement inévitable mais souhaitable, pour faire droit aux voies infinies de l'attribution d'un sens aux objets des sciences de l'homme[1]. Mais dès lors, de quelle « science » peut-il s'agir ? L'analyse des œuvres littéraires offre en l'espèce un cas d'école. *a* / Si véritablement toute interprétation, toute lecture est recevable, comme le proclamait naguère l'insidieuse « Reader Response Theory »[2], rien ne distingue plus l'interprète savant (professionnel, scientifique) de son homologue profane (amateur, naïf). *b* / Si cet amalgame embarrasse et qu'on veut sauvegarder le genre savant, force est de définir ce qui sépare une interprétation libre mais « scientifique » d'une interprétation libre qui ne l'est pas – où l'on se trouve ramené au problème de la validation, de quelque façon qu'on le nomme (jugement, évaluation, sélection, etc.).

Ce dilemme n'est pas le lot des seules sciences de la littérature ; toutes les disciplines des sciences sociales sont condamnées à l'affronter, dès lors qu'elles substituent aux tests empiriques, tenus pour impraticables, l'ersatz de l'évaluation par les pairs ou plus généralement par l' « opinion », en dépit de ses flottements d'une époque, d'un lieu ou d'un jury à l'autre.

Vers une conciliation des points de vue M et R

« Et pourtant, elles tournent... » [les sciences sociales], serait-on tenté de rétorquer, validées ou évaluées à leur guise. Si l'on entend par là que le nombre de chercheurs et le volume de leurs publications ne cessent de croître à travers la planète, dans les sciences

1. Voir note 1, p. 413 et, sur les problèmes théoriques que soulève cette ouverture, J.-C. Gardin, « Lectures plurielles et sciences singulières de la littérature », *Diogène*, 1982, p. 3 à 14 (reproduit dans Gardin, 1991, p. 193 à 200).

2. Cette théorie stipule que tout lecteur d'une œuvre littéraire est habilité à la comprendre selon un appareil interprétatif qui lui est propre ; voir, notamment, U. Eco, *The Role of the Reader : Exploration in the Semiotics of Text*, Bloomington, Indiana University Press, 1979. Ce point de vue n'était qu'une rationalisation des pratiques de l'analyse ou de la critique littéraire que chacun peut observer, de l'école à l'Université et au-delà. Pourtant, le même Umberto Eco qui ouvrait naguère les écluses de l'interprétation jugeait utile de publier récemment (avec R. Rorty, J. Culler, C. Brooke-Rose) un petit livre destiné à en limiter les débordements : *Interpretation and Overinterpretation*, Cambridge University Press, 1992 – où l'on en revient à la question du partage entre les interprétations recevables, même divergentes, et les surinterprétations qui ne le sont pas pour des raisons qu'il faut dès lors expliciter plus clairement.

de l'homme comme ailleurs, le constat est irréfutable ; et l'on s'étonnerait que le processus se poursuive s'il n'existait aucune raison de croire à la valeur de ses produits. Que les acteurs intéressés entretiennent à la fois ces croyances et les raisons de s'y tenir est assez naturel ; mais l'on s'étonnerait que leurs seuls avis suffisent toujours à entraîner l'adhésion de leurs congénères – lecteurs, décideurs, contribuables – sans la coopération desquels le processus serait inéluctablement condamné. Se pourrait-il que cette coopération ne soit un jour plus acquise qu'au prix de changements notables dans les systèmes de valeur présents ? Certains esprits hardis n'écartent pas cette hypothèse, sur la base d'observations telles que : *a* / l'éclipse des sciences sociales sous certains régimes autoritaires, sans effets immédiatement perceptibles, assure-t-on, sur les bonnes ou les mauvaises mœurs des citoyens ; *b* / la désaffection dont souffrent les « humanités » dans les programmes éducatifs de maints pays et la menace qu'elle fait peser sur un large pan des sciences sociales : histoire, anthropologie, langues anciennes, archéologie, etc.[1] ; *c* / l'ouverture dont font preuve envers ces faits d'évolution nombre de chercheurs peu suspects de barbarie, acquis à l'idée d'un « nouvel humanisme » où les sciences de la nature tiendraient les premiers rôles[2].

De telles projections font généralement sourire ; elles ne méritent pas selon nous ce dédain, en dépit des réserves que tel ou tel argument peut susciter. L'essai de prospective auquel nous serons conduits au terme de ce chapitre risque lui-même de troubler une épistémologie des sciences de l'homme arrêtée à la dualité que l'on vient de passer en revue sous couvert de l'opposition du Modèle et du Récit. Notre analyse suggère en effet qu'il est temps de dépasser cette polarité, si utile soit-elle du point de vue didactique, pour faire droit à un dualisme d'une autre nature, propre à fournir des réponses aux questions d'épistémologie posées par les deux parties. Nos arguments dans ce sens sont les suivants.

A – Les interrogations qu'on vient d'évoquer, touchant l'avenir des sciences de l'homme, visent l'ensemble de leurs productions, modèles et récits confondus. Elles ne mettent en cause aucun des deux genres en particulier, ni la pérennité des intérêts ou des préférences présentement manifestes dans l'un ou l'autre, pris séparé-

1. Citons, par exemple, entre maintes études sur le sujet, J. de Romilly, *Écrits sur l'enseignement*, 1991, Paris, De Fallois.

2. J. Brockman (ed.), *The Third Culture. Beyond the Scientific Revolution*, New York, Simon & Schuster, 1995.

ment. De quelque façon qu'on définisse l'opposition M/R, il est donc à la fois possible et souhaitable de réserver une place aux deux modes d'expression, quitte à distinguer plus clairement les fonctions et le statut respectifs de chacun.

B – Dans l'état présent de la littérature des sciences sociales, cette opposition est, on l'a vu, toute relative. Les constructions narratives sont souvent greffées sur des modèles mathématiques et elles constituent elles-mêmes, à leur manière, une modélisation des phénomènes qu'elles mettent en scène. De même, la part du récit dans les versions les plus « fortes » de la modélisation n'est niée par personne. On a donc ici encore quelque raison de tempérer l'opposition des deux genres au profit d'une autre façon de marquer la scientificité relative de nos constructions, exprimées selon un mode ou l'autre.

C – Les arguments contradictoires invoqués par les deux parties tendent à s'annuler : nous avons montré que chacune pouvait trouver chez l'autre un début de réponse à ses objections. Une exception ressort néanmoins, touchant l'attitude adoptée face à la pluralité des constructions concurrentes dans la narration et l'interprétation des mêmes phénomènes. *a* / Cette pluralité est tenue pour inévitable, voire souhaitable par les uns, côté R, qui jugent inapplicables les tests empiriques auxquels se soumettent les modèles. Le mécanisme de remplacement est l'évaluation par les pairs, en pleine conscience des contingences qui l'entachent. *b* / À l'inverse, l'existence de théories conflictuelles est considérée, côté M, comme une incitation à chercher dans l'empirie certaines observations de nature à faire pencher la balance en faveur de l'une ou de l'autre, à plus ou moins longue échéance. La pesanteur des facteurs sociohistoriques n'est pas niée, mais le pari reste que l'arbitrage des faits finira tôt ou tard par l'emporter.

D – De ces trois constats, nous tirons les éléments d'une stratégie de recherche où les deux parties voient leurs principales options épistémologiques respectées au prix d'un double mouvement : *a* / d'une part, un démontage des constructions narratives visant à mettre en lumière la fonction modélisatrice que nombre de leurs auteurs leur attribuent déjà et la part des observations empiriques dans leur destin, à terme ; *b* / d'autre part, une analyse des laissés-pour-compte de la modélisation (mathématique *ou narrative*), visant à montrer que leur réintégration dans le champ des sciences sociales – admise ou souhaitée par les modélisateurs eux-mêmes – passe par une reconnaissance des vertus de la littérature dans ce champ, sous des formes plus franches que celles de notre prose habituelle, mais sans contrevenir à l'autonomie du genre précédent compris dès lors comme la science en général, humaine ou naturelle (*infra*, p. 435 s.).

E – Cette stratégie heurte les positions relativistes ou médiatrices qui tiennent actuellement une grande place dans l'épistémologie des sciences de l'homme. Les « relativistes » – sociologues, philosophes ou autres – dénoncent les fragilités de la science en général, toutes disciplines confondues. Les « médiateurs », quant à eux, s'attaquent moins aux sciences de la nature qu'à la recevabilité de leurs méthodes dans nos domaines de recherche. Nos pratiques discursives, affirment-ils, se tiennent dans une « entre-deux » qu'ils placent tantôt entre science et littérature, tantôt entre science et sens commun. Nous reviendrons plus loin sur ces différents points de vue afin de mieux asseoir le nôtre, en faveur d'une dualité des modes de connaissance qui dépasse l'alternative du Modèle et du Récit mais ne laisse guère de place à une troisième voie (p. 445 s.). Auparavant, il nous faut dire un mot des travaux d'analyse de textes scientifiques sur lesquels s'appuie cette réorientation du débat M/R. On passera ainsi du mode « neutre » adopté dans les parties I et II ci-dessus, essentiellement descriptives, à des propositions plus personnelles touchant le statut épistémologique des constructions dans les sciences de l'homme, indépendamment de leur place dans le continuum M/R qui nous a jusqu'ici occupé.

L'analyse des textes scientifiques

L'épistémologie pratique : principes, objectifs

À première vue, ce retour aux sources n'est pas une idée neuve. Les sociologues et les historiens des sciences pratiquent depuis longtemps l'analyse des textes spécialisés dans des domaines de recherche variés ; mais leur propos diffère du nôtre. Les historiens suivent à la trace, dans la littérature d'une discipline, des phénomènes évolutifs particuliers tels que la cristallisation de certains concepts tirés du langage ordinaire et progressivement redéfinis dans la langue savante ; le passage des classifications naturelles aux taxonomies raisonnées de la science ; les avatars d'une théorie particulière depuis son émergence jusqu'à sa refonte ou son abandon au fil des recherches ultérieures, etc. Les sociologues s'intéressent à des faits d'évolution semblables mais pour mettre en évidence le poids de l'environnement sociohistorique dans leur déroulement plutôt que les considérations logico-empiriques dont ils sont le produit. Ces deux ordres de recherche sont, il va sans dire, également dignes d'intérêt ; mais les analyses de textes qui les nourrissent ne sont pas de même nature que celles dont il sera maintenant question, conduites à d'autres fins. En un mot, l'objectif est ici de dégager, dans le texte d'un article ou d'un ouvrage scientifique, l'ensemble des constituants nécessaires et suffisants pour exprimer la ou les *constructions* qu'il renferme, candidates au même statut cognitif qu'un modèle.

Ce programme pourrait faire penser à des précédents du côté de la logique ou de la linguistique. La notion de construction implique en effet l'existence d'une argumentation établissant un pont entre les observations ou les présuppositions dont l'auteur fait état et les hypothèses ou conclusions qu'il croit pouvoir fonder sur elles. Ce raisonnement, dans les textes narratifs, s'exprime en langage naturel ; il serait donc *a priori* justiciable du genre d'analyses que pratiquent les logiciens intéressés par l'argumentation en langage naturel, ou les linguistes tournés vers l'analyse de discours dans une langue particulière. Or il n'en est rien. Dans les deux cas – logique et linguistique –, l'accent est mis sur les mécanismes et les modes d'expression les plus généraux de l'argumentation, indépendamment des domaines de discours choisis pour les illustrer, mais non pas des langues où l'on a convenu de les étudier. Les analyses de textes qui nous occuperont sont et font exactement l'inverse. Elles visent à élucider les opérations qui composent le raisonnement des auteurs dans des contextes particuliers, en réservant pour une étape ultérieure de la recherche la question de leur pertinence ou « transportabilité » dans d'autres contextes ; et elles ne s'intéressent guère à la façon dont ces opérations sont exprimées dans la langue du texte, entre toutes celles qui ont cours dans la discipline considérée.

La perspective adoptée reste ainsi celle d'une épistémologie appliquée, où l'on donne le plus grand poids aux *pratiques* de l'interprétation observées dans les textes spécialisés, toutes écoles confondues, plutôt qu'aux déclarations de principe formulées sur ce sujet par les plus généralistes des théoriciens, si éminents soient-ils[1].

1. L'écart entre théories et pratiques de l'interprétation tend à devenir un leitmotiv de la réflexion épistémologique dans plus d'une discipline. J.-M. Berthelot l'énonce en termes robustes : « Tant l'étude historique minutieuse des controverses ou des travaux scientifiques que la description méticuleuse du travail au jour le jour des chercheurs ne font qu'accroître la béance entre la science *telle qu'elle se fait* et telle qu'elle se dit, entre la réalité

Les travaux entrepris dans cette voie sont récents et relativement peu nombreux. Nous les rangerons en deux groupes selon qu'ils visent à caractériser globalement les textes d'une discipline particulière à partir de quelques échantillons, ou qu'ils proposent des représentations discrètes de textes scientifiques quelconques pour en éclairer l'architecture, dans quelque domaine que ce soit.

Approches globales

Les travaux rangés dans ce premier groupe ont un point commun : ils pratiquent une analyse de discours où les caractéristiques attribuées aux textes visés sont tenues pour distinctives de formes d'écriture propres à un « territoire » particulier : *a* / tantôt une discipline, par exemple la sociologie, distinguée de l'histoire[1] ou de l'économie[2] ; *b* / tantôt des styles différenciés à l'intérieur d'une même discipline[3] ; *c* / tantôt encore le champ des sciences sociales en général[4]. Dans tous les cas, les résultats de l'analyse entremêlent les deux catégories d'objectifs que nous nous efforçons ici de séparer : d'une part, l'explication sociohistorique des différences constatées, d'un territoire à l'autre ; d'autre part, l'élucidation des formes logiques de l'argumentation. Sur le premier registre, on s'attache aux conditions de production du texte, à son « contexte » dans l'acception la plus ouverte du terme ; sur le second, c'est

de son inscription concrète et l'idéalisation de sa représentation normative » (« Les nouveaux défis épistémologiques de la sociologie », p. 28, *Sociologie et sociétés,* 1998, vol. XXX, n° 1, p. 23 à 38). Sur le projet d'une épistémologie *pratique* dans les sciences de l'homme, voir J.-C. Gardin, « Vers une épistémologie pratique en sciences humaines », *in* Gardin *et al.,* 1981-1987, p. 3 à 91, 27 à 100, et « Questions d'épistémologie pratique dans les perspectives de l'intelligence artificielle », *Bulletin de la Société française de philosophie,* 1987, 81e année, n° 3, p. 69 à 112 (reproduit dans Gardin, 1991, p. 59 à 89).

1. J.-C. Passeron, « Histoire et sociologie : identité sociale et identité logique d'une discipline », *in* Passeron, 1991, p. 57 à 88 ; J.-M. Berthelot, « Histoire et sociologie : une affaire de discipline », *Recherches sociologiques,* 1998, vol. XXIX, n° 3, p. 23 à 43.

2. J.-M. Berthelot, « Structures descriptives : études de cas en histoire, sociologie et économie, exposé au séminaire sur "Le Modèle et le Récit" » (voir Grignon *et al.,* 2000), 13 mai 1998 (inédit).

3. Par exemple, les styles de raisonnement en histoire des sciences selon Ian Hacking, « "Style" for historians and philosophers », *Studies of History and Philosophy of Science,* 1992, vol. 23, p. 1 à 20 ; ou encore les cinq styles de l'analyse sociologique selon J.-M. Berthelot, *Les vertus de l'incertitude,* Paris, PUF, 1996, p. 165 s.

4. J.-M. Berthelot, ouvr. cité, p. 52 s.

l'architecture du raisonnement lui-même qui reçoit l'attention, sans référence à des justifications sociohistoriques dès lors étrangères au sujet.

Il ne faut pas être grand clerc pour deviner que le choix entre un objectif ou l'autre a quelque chose à voir avec la question du relativisme. La seconde option implique en effet qu'on se sépare des versions extrêmes de cette philosophie, où le consensus d'un groupe d'experts est la seule mesure admise de la validité d'un raisonnement. On pose au contraire que « le relativisme est résistible », selon une formule célèbre[1], et que le statut scientifique de nos raisonnements suppose qu'ils contiennent au moins quelques noyaux durs justiciables d'une confrontation avec des faits empiriques dans le domaine de discours visé. À défaut, les approches disciplinaires éludent la dimension logique de l'analyse et sortent du même coup de notre champ épistémologique, si instructives soient-elles sur leur terrain propre.

Les deux axes de recherche ne sont pas mutuellement exclusifs. Un même texte peut se dérouler selon des modes d'écriture où l'analyste verra la marque des deux systèmes de contraintes, logiques et sociales. Leur conjugaison détermine les « noyaux rationnels » du texte, dans la terminologie de J.-M. Berthelot, bâtis selon un principe de rationalité mixte qui n'interdit pas l'évaluation de ses produits sur des bases empiriques[2]. Le rapport entre les travaux de ce type et notre sujet peut néanmoins prêter à confusion. En toute rigueur, seuls ceux d'entre eux qui s'emploient à dégager ces « noyaux rationnels » auraient ici leur place. C'est par là en effet qu'ils peuvent éclairer l'aspect modélisateur des textes analysés, au-delà de leur forme narrative ; les enquêtes sociohistoriques procèdent quant à elles d'autres prémisses et poursuivent d'autres buts.

En revanche, les cadres analytiques proposés sont bien des outils de modélisation ; toutefois, celle-ci vise non pas les phénomènes étudiés dans les textes mais les propriétés discursives de ces textes, leurs constituants, leur structure formelle, indépendamment de leur contenu particulier. Si donc modèles il y a dans ces recherches, ils sont d'un autre niveau, d'un autre « type » au sens russellien du

1. R. Boudon, M. Clavelin (éd.), *Le relativisme est-il résistible ?*, Paris, PUF, 1994.

2. J.-M. Berthelot, « La science est-elle soluble dans le social ? Note sur la norme du vrai et les sciences sociales », *Revue européenne de sciences sociales*, 1996, vol. XXXIV, n° 104, p. 181 à 186.

terme, que ceux dont il est question dans ce chapitre. Les références à un *méta*langage ou à un « *méta*discours analytique » [mes italiques] se justifient à cet égard pleinement[1].

Approches discrètes

C'est une différence de type de cet ordre qui distingue ce second groupe d'approches analytiques du précédent. Chaque texte scientifique est ici considéré pour lui-même et non comme élément d'un échantillon représentatif du domaine étudié[2] ; il n'en appartient pas moins à une discipline ou à une école plus ou moins reconnaissable à travers son « discours », mais ce n'est pas à ce titre qu'on l'étudie. Le principe directeur de l'analyse est ici que le statut scientifique d'une publication est une raison suffisante pour qu'on cherche à mettre en lumière l'architecture logique de son contenu et les manifestations de sa rationalité.

Le terme d'architecture est utilisé à dessein. Une sorte de postulat minimal informe en effet l'analyse : c'est qu'un texte scientifique est par essence une construction symbolique réfléchie, raisonnée, où l'on cherche à donner une signification à des phénomènes qui ne la livrent pas de façon immédiate. Ce truisme vaut pour toute espèce de « faits » soumis à la réflexion savante, et par conséquent pour toutes les disciplines désignées par la catégorisation conventionnelle de ces faits – démographiques, historiques, économiques, archéologiques, etc. Le cas des travaux interprétatifs est à cet égard éloquent[3] : on y présente d'une part les phénomènes empiriques dont

1. J.-M. Berthelot, « Les nouveaux défis épistémologiques de la sociologie », p. 30, in *Sociologie et sociétés,* 1998, vol. XXX, n° 1, p. 23 à 38.

2. Le qualificatif « discrètes » dans le titre de cette section fait aussi référence à ces unités autonomes que constitue chacun des textes analysés selon ces approches, sans que soient mis en cause les disciplines ou les champs de recherche dont ils relèvent.

3. Les travaux descriptifs passent parfois pour être d'une autre nature, leur fonction étant de livrer des informations « brutes » sur des événements vécus, des langues ou des musiques recueillies, des objets ou des monuments inventoriés, etc., sans théories nouvelles à leur sujet. Chacun sait pourtant que la manière dont ces descriptions sont conduites est, en science (même humaine), largement déterminée par les lectures des mêmes phénomènes apprises sur les bancs des universités. On ne décrit plus aujourd'hui les rapports de parenté, dans une société quelconque, comme on les notait il y a cinquante ans, etc. En outre, ces travaux d'ordre documentaire sont justiciables, en science (même humaine), de procédures d'évaluation qui mettent en évidence les composantes interprétatives de la description, au gré ou à l'insu de l'auteur ; pour une étude exemplaire de cette imbrication

traite le texte, d'autre part les propositions exprimant la signification qu'on leur prête – ou, si l'on préfère, l'explication qu'on en donne. L'argumentation qui conduit des faits aux significations (voie empirico-inductive), ou l'inverse (voie hypothético-déductive), constitue le raisonnement proprement dit. Il se réduit *nécessairement* à une suite de propositions intermédiaires dérivées les unes des autres par des opérations d'ordre tantôt logico-discursif, tantôt mathématique[1]. Le poids relatif de ces deux ordres peut suffire à conférer au texte une allure plus ou moins proche du Récit ou du Modèle, respectivement ; mais on ne perdra pas de vue la neutralisation de cette dichotomie annoncée plus haut (p. 428). Elle est ici la conséquence de la réduction à un même cadre formel de *toutes* les constructions, à quelque classe qu'on choisisse de les rattacher entre les deux pôles de notre continuum M/R (sur cette forme d'analyse, dite logiciste, voir encadré ci-contre).

En d'autres termes, les opérations mathématiques dans les versions fortes de la modélisation ne sont pas ici créditées d'une scientificité supérieure à celle des opérations discursives dans les productions non formelles de la narrativité. Ce parti ne traduit pas une indulgence intéressée pour celles-ci, non plus qu'un scepticisme larvé à l'égard de celles-là ; il résulte simplement d'un constat qui paraîtra banal à tous les praticiens de la recherche scientifique et qui tient en deux propositions. A / Le caractère formel d'une procédure interprétative – ou d'une étape dans cette procédure – ne confère *a priori* aucune valeur ajoutée à ses conclusions, sur le plan empirique. B / Inversement, les libertés du raisonnement dans les interprétations narratives ne sont pas un argument suffisant pour dénier à celles-ci toute valeur, sur le même plan. La référence à la validation empirique est présente dans les deux propositions ; elle distingue le programme logiciste des recherches sociohistoriques évoquées précédemment.

des deux plans, voir O. Guillaume, *L'analyse des raisonnements en archéologie. Le cas de la numismatique gréco-bactrienne,* Paris, Recherche sur les civilisations, 1987. L'approche analytique est, par conséquent, la même pour les deux catégories de textes, descriptifs et interprétatifs : voir encadré ci-contre ; pour plus de lumière sur ce point, voir la dualité « Compilations/Explications » dans J.-C. Gardin, *Une archéologie théorique,* Paris, Hachette, 1979, p. 39 à 61.

1. L'adverbe « nécessairement » dans cette phrase ne renvoie pas à la linéarité inévitable des textes narratifs ; en effet, l'ordre d'enchaînement des propositions intermédiaires en question ne suit pratiquement jamais l'ordre de la narration. L'adverbe rappelle seulement que tout raisonnement, quelle qu'en soit la forme (discursive, logique, mathématique), se ramène à une suite d'opérations discrètes pratiquées dans un certain ordre.

L'approche logiciste

L'analyse des raisonnements observés dans les textes des sciences de l'homme est le thème d'un programme de recherches instauré en archéologie il y a vingt-cinq ans et qui couvre aujourd'hui un champ plus vaste. Ce programme, inspiré du logicisme, a fait l'objet de plusieurs publications, depuis les exposés de principe et les premières applications des années 1970 (J.-C. Gardin, M.-S. Lagrange, *Essais d'analyse du discours archéologique,* Paris, Éditions du CNRS, 1975 ; J.-C. Gardin, *Une archéologie théorique,* Paris, Hachette,1979) jusqu'à des travaux récents cités dans les notes qui suivent, en rapport avec les problèmes théoriques soulevés. Des vues d'ensemble ont été données par ailleurs à l'occasion de livres ou d'articles consacrés à des aspects particuliers du programme logiciste : voir notamment Gardin *et al.,* 1987 ; J.-C. Gardin, « Points de vue logicistes sur les méthodologies en sciences sociales », *Sociologie et sociétés,* 1993, vol. 25, n° 2, p. 11 à 22 ; Gardin et Borghetti, 1995, p. 25 à 85 ; J.-C. Gardin, « Le questionnement logiciste et les conflits d'interprétation », *Enquête,* 1997, p. 35-54 ; A. Gallay, « Mathematics and logicism in archaeology : A historical approach », *in* S. Tabaczynski (ed.), *Theory and Practice of Archaeological Research,* vol. III : *Dialogue with the Data : The Archaeology of Complex Societies and its Context in the '90s,* Varsovie, Scientia, 1998, p. 115-137 ; J.-C. Gardin, « Cognitive issues and problems of publication in archaeology », *in* S. Tabaczynski (ed.), *op. cit.,* p. 65-113. Les critiques adressées au programme logiciste tournent en général autour des penchants « positivistes » ou « réductionnistes » qu'on lui prête (discussion dans Gardin et Borghetti, 1995, p. 87-110) ; elles traduisent des malentendus tenaces quant aux objectifs de ce programme. L'analyse logiciste vise à exprimer le contenu cognitif des textes scientifiques sous forme de « schématisations » qui mettent en évidence les articulations du raisonnement sans en altérer la substance ni porter de jugement à leur sujet ; elle peut donc prendre pour objet des constructions interprétatives que toute ou partie de la communauté savante tient pour « fausses », c'est-à-dire démenties par des observations jugées suffisantes pour les disqualifier (infirmer, falsifier, etc.). L'intérêt des schématisations est que leur structure stratifiée aide à localiser les propositions qui contribuent à cette mise en défaut. Cette partie du programme logiciste est essentiellement descriptive : on cherche à repérer les éléments qui posent problème dans les processus interprétatifs en raison des usages différents qui en sont faits d'un texte à l'autre. L'analyse proprement dite en reste là ; l'aspect normatif se fait jour seulement lorsqu'on envisage une réduction possible de ces divergences par le mécanisme familier de la contextualisation. En un mot, d'une opération d'inférence $P \rightarrow Q$ confrontée à une autre $P \rightarrow Q'$, on passe à une règle potentielle $P.\ C_i \rightarrow Q_i$ en ajoutant aux prémisses P un complément C_i qui indique le domaine d'application de la règle, c'est-à-dire le « contexte » (spatio-temporel, idéologique, social, académique, etc.) où l'inférence en question est tenue pour valide : J.-C. Gardin, « The role of "local knowledge" in archaeological interpretation », *in* S. Shennan (ed.), *Archaeological Approaches to Cultural Identity,* Londres, Unwin Hyman, 1989, p. 110 à 122 (trad. franç. *in* Gardin, 1991, p. 227 à 236) ; J.-C. Gardin, « Archéologie, formalisation et sciences sociales », in *Sociologie et sociétés,* 1999, vol. XXXI, n° 1, p. 119 à 127. Cette seconde étape du programme logiciste est facultative ; les chercheurs que la plurivocité de nos interprétations stimule plus qu'elle ne les embarrasse n'ont aucune raison de s'y engager.

Les justifications *théoriques* de la proposition A sont élémentaires : les ordinations logico-mathématiques possibles de n'importe quel ensemble de faits – humains ou naturels – sont innombrables et seul le retour à l'observation permet de déterminer la valeur relative de chacune sur le plan cognitif où se placent les disciplines empiriques (dont les sciences de l'homme font partie). Les fondements *pratiques* de la même proposition ont également leur poids : le nombre des applications mathématiques mort-nées dans les sciences sociales n'est un secret pour personne et leur insuccès ne saurait être imputé aux seules insuffisances « sociales » de leur conditionnement.

La proposition B, quant à elle, s'appuie d'abord sur des évidences. La somme des connaissances accumulée depuis deux ou trois siècles dans les disciplines historiques est proprement gigantesque ; il faut être aveugle ou dogmatique à l'extrême pour soutenir que nous ne savons rien de plus ni de plus solidement établi sur des phénomènes tels que l'émergence de l'agriculture, les crues du Nil ou la colonisation espagnole que nous n'en savions il y a cent ans. Or, cette accumulation est le fait de constructions du passé bâties dans leur immense majorité sur le mode narratif. La modélisation, comprise dans le sens étroit de ses versions fortes, n'y a tenu jusque vers le milieu de ce siècle pratiquement aucune place. Sans doute l'élargissement constant de nos bases de données est-il l'élément le plus visible de ce progrès ; mais il serait léger de méconnaître la part des raisonnements auxquels on le doit[1] pour affirmer que l'accumulation constatée est d'ordre essentiellement quantitatif, sans avancée dans l'ordre de la connaissance scientifique[2]. Force est donc d'admettre le

1. S'il faut absolument un exemple, rappelons l'élargissement spectaculaire des sources écrites de l'histoire qui a suivi et qui suit encore le déchiffrement des écritures et des langues anciennes – égyptiennes, sumériennes, akkadiennes, hittites et tant d'autres, en Orient ou ailleurs. Les raisonnements compliqués qui permettent ces décryptages pratiquent un incessant va-et-vient entre hypothèses théoriques et données empiriques, où la logique scientifique semble bien régner seule. À quoi les relativistes les plus entiers ne manqueront pas d'objecter que « le social » l'emporte néanmoins dans la mesure où les déchiffreurs n'iraient jamais jusqu'au bout de leur peine sans l'aiguillon de la reconnaissance publique et de la gloire escomptées. L'ennui de ce genre d'argument est que la prédiction des éclipses devient elle-même un acte social et que le débat épistémologique dès lors s'arrête faute de débatteurs.

2. Une formule lapidaire de J.-C. Passeron condense ce point de vue, qui semble être le sien : « Addition sociographique n'est pas cumulation sociologique » (1991, p. 366). On pourrait généraliser et abréger encore : accumulation n'est pas cumul. Et pourtant... dans son livre tempéré sur nos « sciences incertaines », Bruce Mazlich n'hésite pas à fondre les deux notions : « As long as the historian is true to the facts – though they may be different facts from those of another historian – and demonstrates the procedure followed, remai-

statut cognitif auquel peuvent prétendre ces enchaînements narratifs, au même titre que les modèles mathématiques crédités de succès comparables. C'est en ce sens qu'il faut comprendre la neutralisation de l'opposition M/R préconisée dans ce chapitre. Les opérations d'inférence $p \rightarrow q$ que l'analyse logiciste dégage d'une construction narrative ont, à défaut d'une base formelle, la valeur d'une conformité provisoire au corpus des observations mobilisées pour les fonder, puis pour les tester[1]. L'ensemble de ces opérations et des données auxquelles on les applique, dans un texte interprétatif, constitue une « schématisation » de ce texte qui réunit dès lors toutes les fonctions d'un modèle : elle définit un appareil de calcul, au sens computationnel du terme (base de règles), appliqué à une catégorie particulière de phénomènes (base de faits), et appelle expressément une mise à l'épreuve de ses propositions théoriques, comme pour les prédictions d'un modèle[2].

ning open to criticism, that historian is engaged in scientific history as we have defined it. Accumulation takes place when yet another historian seeks to reconcile the evidence and inferences in a more extended treatment, a larger synthesis – a deeper interpretation » (1998, p. 172). J.-M. Berthelot affirme de même « la cumulativité [dont] est capable la sociologie [par] le jeu de fertilisation réciproque entre théories A, B, C évoqué par Raymond Boudon [et qui] est simultanément un jeu de décantation historique » : « Les nouveaux défis épistémologiques de la sociologie », art. cité (n. 1, p. 435), p. 32.

1. Ce qu'exprime bien l'aphorisme britannique : *The proof of the pudding is in the eating.* Ce genre de test est suffisant pour les amateurs ; mais pour les chercheurs que nous sommes, il lui manque une suite : le succès du pudding nous fait obligation de trouver sinon *la* recette de l'auteur, du moins une recette qui fasse aussi bien, jusqu'à son remplacement par une autre qui fasse mieux, etc. « Affaire de goût », objectera-t-on, éminemment socioculturelle, marquant ainsi les limites de la métaphore culinaire ; mais les appréciations que l'on recherche, en science, doivent en principe dépasser les frontières de la tribu. Or, *contra* les sociosceptiques, il semble bien que la chose soit possible. L'archéologie, plus familière à l'auteur que d'autres sciences humaines, offre mille occasions d'éprouver l'efficacité cognitive de certaines manières de voir et de raisonner apprises à l'Université par des voies discursives qui ne sont ni celles du langage ordinaire ni celles des mathématiques. Les attributions, prédictions, interprétations et autres diagnostics que nous pratiquons sur le terrain se révèlent souvent justes, ô surprise, en dépit du flou jadis artistique mais qui ne l'est plus guère dont sont entourées dans l'enseignement les définitions fondatrices. Le mouvement qui pousse certains d'entre nous à tenter de raffiner celles-ci tient à cet autre aphorisme, en quelque sorte complémentaire du précédent : *l'intuition est un défi provisoire à l'intelligence.*

2. Sur les rapports entre les schématisations logicistes et les bases de connaissances de l'intelligence artificielle, voir J.-C. Gardin *et al.,* 1987 ; sur la mise à l'épreuve des unes et des autres par des simulations sur ordinateur, voir H.-P. Francfort, « The sense of measure in archaeology : An approach to the analysis of proto-urban societies with the aid of an expert system », *in* J.-C. Gardin, C. S. Peebles (eds), *Representations in Archaeology,* 1992, Bloomington, Indiana University Press, p. 291 à 314 ; J.-C. Gardin, M. Renaud, M.-S. Lagrange, « Le raisonnement historique à l'épreuve de l'IA », *in* J. Sallantin, J.-J. Szczeciniarz (éd.), *Le concept de preuve à la lumière de l'intelligence artificielle,* Paris, PUF, 1999, p. 351 à 370.

Formalisation et validation réapparaissent ainsi dans l'univers des récits de manière à fonder leur scientificité, pour ceux qui s'en réclament, sur des bases comparables à celles qui distinguent l'univers des modèles. Le caractère réducteur de la démarche est dès lors évident, jusque dans la contraction physique des textes qu'opèrent les schématisations. On lui en fait couramment reproche, comme on reproche aux modèles mathématiques leur abstraction. La discussion sur le sujet gagne en clarté si l'on prend la peine de s'entendre auparavant sur la nature des « pertes » qu'entraîne cette réduction.

Les « pertes » de la réduction

Ces pertes sont, écrivions-nous, les « laissés-pour-compte » de la formalisation des raisonnements ; prenons l'expression à la lettre et tâchons de faire le compte des parties du texte que l'analyse ne retient pas.

Les approches rhétoriques de la question

Les exercices de cette nature sont rares, au moins si l'on s'en tient à ceux qui présentent le caractère systématique d'une comptabilité. En outre, ils ne sont pas toujours servis par les travaux plus nombreux où les deux ensembles que nous nous efforçons de séparer – le cognitif et le reste – sont embrassés dans un même regard sur « la rhétorique de la science »[1]. On trouve en effet sous ce titre, ou d'autres connexes, des études où sont mis en avant, tout à la fois, les déterminants sociaux de tout raisonnement scientifique et les contraintes logiques qui le canalisent, à charge pour le lecteur de rassembler les éléments qui, dans un texte particulier, relèvent des deux

1. Philippe Cibois, par exemple, considère que l'analyse d'un texte scientifique doit mettre à jour « tout ce qui peut concourir à la persuasion du lecteur », qu'il s'agisse des parties proprement logiques du discours, où l'auteur tire les conclusions de ses prémisses (« la rhétorique explicite », selon sa terminologie), ou des parties soumises à l'environnement social, qui visent à renforcer l'autorité de la chose dite (« la rhétorique implicite ») : « L'analyse rhétorique des données textuelles : une comparaison entre textes scientifiques de deux disciplines », *in* S. Mellet, M. Vuillaume (éd.), *Mots chiffrés et déchiffrés. Mélanges offerts à Étienne Brunet,* Paris, Honoré Champion, 1998, p. 41 à 65. Les exemples que donne Ph. Cibois sur les deux volets – le logique explicite et le social implicite – renforceraient plutôt le sentiment de leur hétérogénéité, malgré l'étiquette « rhétorique » commune.

ordres de cette rhétorique, respectivement[1]. Une ambivalence similaire nourrit les recherches sur l'argumentation en général. Les domaines dont les experts en la matière étudient « le discours » sont des plus variés, depuis les échanges de la vie quotidienne jusqu'aux constructions savantes ; et les logiques invoquées reflètent cette variété – logique naturelle, « logiques de champ », logique formelle, etc.[2]. Dans un cas comme dans l'autre, rhétorique ou argumentation, les questions soulevées s'apparentent indiscutablement à celles qui nous occupent ; mais la manière dont elles sont traitées ne saurait, ni d'ailleurs ne prétend rejoindre les voies pédestres des analyses de textes évoquées plus haut, conduites à des fins tout autres. Il faut donc revenir à ces analyses pour illustrer le genre d'inventaires dont nous avons besoin.

Un exemple d'inventaire systématique en archéologie

Dans la catégorie des approches discrètes (p. 435), un exemple parmi d'autres est l'exercice auquel s'est livré l'auteur de ces lignes sur sa propre prose, dans un livre récent[3]. Le sujet est l'interprétation des vestiges archéologiques observés au cours d'une prospection conduite il y a une vingtaine d'années en Bactriane, dans le nord-est de l'Afghanistan. A / Les *données* sont les observations faites sur le terrain : d'une part, les sites anciens, leurs caractéristiques (hameaux, citadelles, nécropoles, etc.), le milieu naturel où ils s'inscrivent, les tessons de poterie qu'on y ramasse en surface et qui, plus ou moins bien datés, indiquent les périodes d'occupation

1. Vincent de Coorebyter, directeur d'un ouvrage collectif sur le sujet, exprimait naguère cette amphibologie à la fois par le pluriel de son titre (*Rhétoriques de la science*, Paris, PUF, 1994) et par l'intitulé de son introduction : « Sciences et rhétorique : dualisme ou dilemme ? » (*ibid.*, p. 1 à 4). Le dilemme est en fait une alternative, entre la vision du « tout social » propre au relativisme extrême et la perception d'une autonomie du « logique » dans le raisonnement scientifique. La popularité actuelle de la première ne paraît pas entamée par les preuves fournies à l'appui de la seconde, de sorte que le débat reste ouvert, comme le montre cet autre ouvrage collectif récemment paru sur les mêmes questions : J. Gayon, J.-C. Gens, J. Poirier (éd.), *La rhétorique : enjeux de ses résurgences*, Bruxelles, Ousia, 1998. Rien n'annonce dans ces livres l'évolution des pratiques discursives envisagée dans le programme logiciste.

2. J.-C. Gardin, « La logique, naturelle ou autre, dans les constructions de sciences humaines », *Revue européenne de sciences sociales*, 1987, vol. XXV, n° 77, p. 179 à 195 (reproduit dans Gardin, 1991, p. 167 à 179).

3. J.-C. Gardin, *Prospections archéologiques en Bactriane orientale (1974-1978)*, vol. 3 : *Description des sites et notes de synthèse*, Paris, Recherche sur les civilisations, 1998, p. 171 à 180.

probables de chaque site ; d'autre part, des vestiges de canaux associés à ces sites et actifs, suppose-t-on, pendant les mêmes périodes. B / Les *hypothèses* ou *conclusions* appuyées sur ces données sont des propositions intéressant des thèmes tels que les grands programmes de développement hydro-agricole en Bactriane et leur apparition précoce dès l'âge du Bronze (IIIe millénaire) ; le processus d'urbanisation, depuis la conquête d'Alexandre et la fondation d'un royaume gréco-bactrien (IIIe siècle av. J.-C.) jusqu'aux invasions mongoles (XIIIe-XIVe siècle) ; l'émergence et le progrès des formes d'organisation sociopolitique au cours des mêmes périodes ; les rapports entre ces phénomènes et les brassages de peuples dont la Bactriane fut tout au long de son histoire le théâtre (conquêtes, migrations, colonisations), etc. ; C / Les *raisonnements* qui fondent ces propositions sont exposés d'abord sous la forme narrative traditionnelle, assortie de quelques tableaux comptables sans visée mathématique ou modélisatrice. Le dernier chapitre du livre propose une schématisation de la construction, ou plutôt des exemples de schématisation appliquée à quelques parties de la construction. Ces schémas sont des arborescences de propositions reliées les unes aux autres par des opérations de réécriture, selon les conventions de l'analyse logiciste (voir encadré p. 437).

La pièce intéressante pour notre propos présent est l'inventaire des laissés-pour-compte de l'analyse : ce sont les parties du texte qui ne figurent pas dans la schématisation. Elles sont réparties en deux catégories : *a* / d'une part, des « incidentes méthodologiques » plus ou moins longues, où l'auteur rappelle les pièges auxquels toute construction de ce genre est exposée, du terrain jusqu'à la publication, et la façon dont il a tenté de les éviter ; *b* / d'autre part, des pages où sont passées en revue diverses hypothèses plausibles mais entre lesquelles l'auteur n'est pas en mesure de choisir, pour expliquer tel ou tel phénomène observé ou induit dont les causes ou l'origine demeurent énigmatiques. Par exemple, à propos d'un déplacement ou d'une diminution sensible des surfaces cultivées à telle ou telle époque, on procède à un « balayage du champ des possibles » où défilent toutes les explications du phénomène qui viennent à l'esprit : changements climatiques, crises politiques, divagations des fleuves, chute démographique, salinisation des terres, invasions, épidémies, etc. L'utilité de tels développements prête à discussion. Certains la défendent, pour entretenir, disent-ils, les facultés imaginatives nécessaires à l'exercice de la recherche. D'autres la contestent en raison de l'ennui que suscitent ces digressions rituelles où le lecteur n'apprend rien qu'il ne soit censé savoir depuis l'école, touchant les causes *possibles* du cours humain des choses lorsque rien ne permet d'en décider. Le débat, on le voit, glisse alors sur une pente institutionnelle qui nous éloigne des « noyaux durs » au profit de considérations psychosociologiques certes intéressantes mais qui ne ressortissent pas à l'épistémologie

Autres exemples d'ordre sociophilosophique

C'est à un tableau largement semblable qu'aboutissent les analyses récentes de J.-M. Berthelot, déjà évoquées (p. 433-4). Les exemples les plus éloquents figurent dans une étude encore inédite où l'auteur met en évidence la différence de « genre » qui sépare dans nos disciplines le texte scientifique et l'essai[1]. À la sobriété d'un « article de science exacte » s'oppose, écrit-il, « la construction à expansion » d'un texte de sciences humaines, chargé de « développements intertextuels et métadiscursifs » qui accompagnent les « microdémonstrations » énoncées par ailleurs. Celles-ci conservent cependant leur autonomie logique par rapport aux développements en question, tout comme les « noyaux durs » de notre exemple précédent par rapport aux développements recensés au titre des « pertes » de la réduction logiciste. La possibilité de cette distinction est pour J.-M. Berthelot une caractéristique du texte scientifique dans nos disciplines ; on ne la retrouve pas dans les écrits qu'il propose de ranger dans la catégorie de l'Essai. Deux exemples sont donnés, tirés de livres écrits l'un par un sociologue, Michel Maffesoli, l'autre par un philosophe, Michel Serres. L'analyse de ces extraits montre que les traits distinctifs du texte scientifique tendent ici à s'estomper au profit d'un mode d'écriture tout différent, en évidente sympathie avec la culture lettrée dont Cl. Grignon dépeignait naguère les effets pervers dans les sciences sociales (voir n. 1, p. 417). Il est clair en effet que le lectorat visé par les auteurs de tels « essais » dépasse largement la communauté professionnelle de leurs pairs. J.-M. Berthelot le décrit dans les termes suivants : « À la communauté des “artisans de la preuve” thématisée par Bachelard se substitue, autour de l'essai, une communauté virtuelle, non professionnelle, se définissant par une sensibilité esthétique et herméneutique, une disponibilité à suivre un

1. J.-M. Berthelot, « Texte scientifique et essai : le cas des sciences humaines », in Glaudes P. (éd.), *L'Essai, métamorphoses d'un genre*, Toulouse, PUM, 2001 (sous presse).

parcours, une liberté d'interprétation et de référence. L'allusif, le connotatif, l'impertinence conceptuelle, la réflexivité des significations dessinent la figure d'une *communauté aristocratique de libre élection*, imperméable aux préventions et aux intérêts "pusillanimes" des institutions scientifiques et mue par le seul goût de l'aventure intellectuelle. L'auteur dès lors, projetant par l'écriture la figure de ce lectorat virtuel, se construit non plus en spécialiste ou en dispensateur de savoir, mais en *être de pensée* dont le "je" s'ouvre en médiation à d'autres "je" invités à suivre le fil des significations qu'il dévide. Très souvent accompagné d'appels au lecteur, d'invites à l'urgence de la pensée, l'essai instaure une hiérarchie entre un exercice textuel limité, scolaire, technique, professionnel et une aventure intellectuelle, un élan de liberté, une herméneutique des profondeurs dont Nietzsche a fourni la figure emblématique. Le texte scientifique doit donc être d'une certaine façon présent dans l'essai puisque celui-ci n'est rien d'autre que la mise en scène de son dépassement. »[1]

Émergence de l'essai, entre science et littérature

La longueur relative de cette citation est à la mesure de la distance que nous venons de franchir au cours de notre survol des « pertes » qu'entraîne la réduction des textes de sciences humaines à leur appareil interprétatif. Dans l'exemple archéologique antérieur (p. 441 s.), les parties laissées hors de compte relèvent d'une rhétorique habituelle dans la littérature de la discipline, une rhétorique institutionnelle, professionnelle, dont la fonction et l'utilité peuvent prêter à discussion mais selon des points de vue qui restent d'ordre essentiellement technique. Dans les exemples sociophilosophiques ci-dessus, en revanche, ce que nous avons perdu est le texte scientifique lui-même, jugé castrateur au regard de son objet, ou mieux de son objectif, à la fois cognitif et social. On l'a remplacé par un autre genre de texte, l'essai, dont les caractéristiques le situent quelque part entre les sciences de l'homme, dont se recommandent les auteurs, et une culture plus large friande de nourritures littéraires et philosophiques. Les libertés de l'**Essai** ainsi conçu neutralisent en quelque sorte les contraintes du texte scientifique, mais sans compro-

1. J.-M. Berthelot, art. cité. Ces dernières phrases pourraient laisser entendre que le texte scientifique préexiste nécessairement à l'essai, mais que seul ce dernier est capable d'emporter l'esprit ; cette vision hiérarchique des genres n'est pas celle qui sera défendue plus loin.

mettre, semble-t-il, les bénéfices attachés à ce qualificatif. Est-ce à dire que nous ayons rejoint par ce chemin l'univers du **Récit** tel que l'entendent les professionnels du genre, anthropologues, économistes, sociologues ou autres historiens ? La réponse à cette question oblige à remettre en scène le **Modèle** pour examiner l'hypothèse qui vient immédiatement à l'esprit : l'Essai serait le mode d'expression privilégié des sciences de l'homme, *entre* Modèle et Récit, *entre* culture scientifique et culture lettrée, ou plus généralement dans un entre-deux laissé à la conception de chacun selon la manière dont il définit les pôles de la dualité.

Un genre intermédiaire, entre Modèle et Récit ?

L'hypothèse d'une troisième voie de la connaissance

Cette épistémologie de l'entre-deux attire aujourd'hui d'éminents esprits. La formule apparaît explicitement dans l'ouvrage de J.-C. Passeron déjà cité, sur le raisonnement sociologique[1]. L'auteur souligne que le domaine de la sociologie est pour son propos un champ de recherches historiques parmi d'autres ; le « raisonnement de l'entre deux » est donc celui des sciences sociales en général, qu'il étudie à travers le cas particulier de la sociologie. Les pôles de la dualité que sous-entend cette expression sont d'une part la science, telle qu'on la pratique dans les disciplines dites exactes et naturelles, d'autre part un ensemble de pratiques discursives couramment regroupées sous des titres telles que la logique naïve ou le sens commun. Entre ces deux pôles, les constructions des sciences de l'homme auraient pour particularité d'être réfractaires à toute validation empirique et au processus de cumul des connaissances à l'œuvre dans les sciences de la nature. Elles se distingueraient à ce double titre des versions fortes de la modélisation considérées plus haut (p. 411). Cependant, le statut scientifique de ces constructions est toujours revendiqué ; il reposerait, écrit J.-C. Passeron, sur « un contenu assertorique » ouvert aux arbitrages de la « postérité

1. J.-C. Passeron, 1991, p. 29 : « Le raisonnement sociologique : un raisonnement de l'entre-deux. »

savante », contenu que l'auteur oppose aux « formulations de surface » justiciables de « commutations énonciatrices » sans effet sur la substance de la construction[1]. On retrouve ainsi la séparation entre noyaux cognitifs et enveloppes rhétoriques examinée plus haut (p. 443), mais avec une différence notable : c'est que la composante cognitive est ici entachée de relativisme (social, historique, culturel) au même titre que l'ensemble de la construction. Quant à l'autre composante, hors noyaux, les formules utilisées pour indiquer sa fonction sont assez éloquentes : « Majoration stylistique » (...), « écho à la mode ou tic élocutoire visant à la réussite de l'affiliation ou de l'endoctrinement », « ressort efficace de l'effet littéraire », etc.

On ne peut manquer de se demander si les arbitrages de la postérité savante – ou plus modestement de nos pairs, ici et maintenant – constitue un mécanisme fiable pour assurer l'indépendance nécessaire des deux ordres de considérations, cognitives et « autres ». Dans le doute, un certain réalisme conduit à reconnaître la domination d'un genre hybride, où nos pratiques discursives sont subordonnées à des traditions et à des ambitions disparates, à l'instar de l'essai défini par J.-M. Berthelot. Mais une question délicate reste alors ouverte, touchant encore une affaire de frontière : Où convient-il de placer la ligne de partage entre les formes du « raisonnement naturel » posé comme la norme du genre dans nos domaines de recherche *scientifique* – assorti de tous les embellissements voulus – et les modes de discours largement semblables qu'on observe hors de ces domaines sous la plume d'auteurs *non scientifiques* traitant des mêmes sujets[2] ?

Une version différente de l'entre-deux avait été proposée quelques années plus tôt par un autre sociologue réputé, W. Lepenies. Se référant aux thèses de C. P. Snow sur « les deux cultures », Lepenies montrait que le développement des sciences sociales depuis Condorcet était ponctué d'oscillations entre les deux pôles de cette dualité, la science et les belles-lettres[3]. Dans une édition augmentée de son

1. *Op. cit.*, p. 394 à 395.

2. Pour de plus amples développements sur ces incertitudes frontalières, voir J.-C. Gardin, « L'interprétation dans les humanités : réflexions sur la troisième voie », *in* R. Ennals, J.-C. Gardin (éd.), *Interpretation in the Humanities : Perspectives from Artificial Intelligence,* 1990, Londres, The British Library, p. 22 à 59 (reproduit dans Gardin, 1991, p. 236 à 254).

3. W. Lepenies, *Die Drei Kulturen,* 1985, München, Hanser Verlag, trad., 1988, *Between Literature and Science : the Rise of Sociology,* Cambridge et Paris, Cambridge University Press et Éditions de la Maison des Sciences de l'homme ; 1990, *Les trois cultures : entre science et littérature, l'avènement de la sociologie,* mêmes éditeurs.

livre, C. P. Snow avait avancé déjà l'idée que les sciences humaines pourraient un jour constituer une « troisième culture », distincte des précédentes. W. Lepenies donne corps à cette hypothèse et assigne à la sociologie une position *intermédiaire* entre les deux genres précités. Cet entre-deux n'est cependant pas celui de J.-C. Passeron ; il en diffère sur deux points : *a* / le pôle opposé à la science est ici clairement désigné par des références à l'univers de la littérature, qu'on ne saurait confondre avec celui du discours ordinaire et du sens commun ; *b* / la position intermédiaire que décrit Lepenies est une position instable en raison du pouvoir d'attraction qu'exerce plus ou moins sourdement la littérature auprès des chercheurs en sciences sociales. La conséquence est un phénomène de « dérive » périodique vers le pôle ainsi nommé ; le pronostic de Lepenies est à cet égard assez clair : « Repoussées par les sciences exactes, dédaignées par les lettres frivoles *[sic]*, elles [les sciences sociales] sont hors d'état de faire respecter leur médiation ou leur neutralité, et subissent la loi du vainqueur. Mais comme elles ont tout à craindre des sciences dures et orgueilleuses, leurs vœux secrets seront pour les lettres, plus humaines et plus généreuses, et qui n'ont pas perdu tout souvenir de leur ancienne alliance avec les sciences morales. »[1]

Les illustrations du phénomène données par Lepenies s'échelonnent sur quelque deux cents ans, entre les milieux du XVIIIe et du XXe siècle. Les décennies récentes en fournissent beaucoup d'autres, sous deux formes différentes : soit qu'un chercheur prolonge ou double sa production savante par des publications franchement littéraires, sans rapport direct avec sa spécialité[2] ; soit qu'il se fasse reconnaître par des œuvres où transpirent à la fois les labeurs de l'érudit et les grâces de l'écrivain[3]. Seuls les textes du second type donnent une idée de ce que sont ou pourraient être les produits de la troisième culture définie par Lepenies, entre (ou à la fois) science

1. W. Lepenies, « Sur la guerre des sciences et des belles-lettres à partir du XVIIIe siècle », p. 16, in *MSH Informations* [Maison des Sciences de l'homme], 1987, n° 54, p. 8 à 17.

2. Cf. « Les écrits de la main gauche » de Jerome Bruner et leur place dans ses recherches cognitives : *On Knowing. Essays for the Left Hand,* Cambridge, Harvard University Press, 1962.

3. L'anthropologie est un métier qui semble porter à cet alliage ; voir J. Clifford, G. Marcus (eds), *Writing Cultures : The Poetics and Politics of Ethnography,* Berkeley, University of California Press, 1986 ; C. Geertz, *Works and Lives. The Anthropologist as Author,* Stanford, Stanford University Press, 1988. Mais l'histoire en est un autre où les références pertinentes sont légion, illustrant le même phénomène et l'intérêt qu'on lui porte sur le plan épistémologique ; voir J. Revel, dans ce livre (1re partie, chap. 1).

et littérature. En revanche, les travaux relevant *séparément* de ces deux genres, dans le premier cas, n'ont rien à voir avec le tiers ordre ; leur coexistence sous la signature d'un même auteur (déguisé ou non sous un nom de plume) est un phénomène ancien, bien antérieur à l'émergence des théories de l'entre-deux ou de la troisième voie. Science et littérature sont là deux modes de discours et de pensée relevant de principes tout à fait différents que nul ne songe à fusionner ou à médiatiser par le truchement d'un troisième, non plus d'ailleurs qu'à opposer à la manière d'un combat de coqs pour nourrir des paris contraires sur la supériorité de l'un ou de l'autre.

Ce dualisme, il est vrai, paraît à beaucoup dépassé face aux visions unitaires de la philosophie ou de la sociologie postmoderne des sciences (relativisme, « programme fort », etc.) ; mais il arrive, disait Renan, que pour avoir raison à long terme, il faille se résoudre à être pour un temps dépassé. Les lignes qui suivent sont destinées à contrebalancer les précédentes pour faire droit à cette éventualité.

Réaffirmations contraires d'une dualité

Deux références suffiront à marquer la pérennité du dualisme en question et la qualité technique des arguments qu'invoquent ses avocats. La première vise un auteur de la première moitié de ce siècle que Paul Valéry admirait et décrivait comme « un savant et un artiste *alternatifs* » [je souligne], Pius Servien[1]. Auteur littéraire, en effet, car Pius Servien écrivait des poèmes, qu'il publiait ; mais auteur aussi d'ouvrages techniques portant sur des sujets formels – probabilités, musicologie, poétique. L'activité langagière était un de ces sujets. L'analyse que Pius Servien en faisait le conduisait à séparer trois familles de langages : le langage « ordinaire », d'abord, que nous appelons aujourd'hui naturel ; puis ses deux dérivés historiques, le « langage des sciences », illustré par ses emplois dans les recherches sur la nature, et le « langage lyrique » incarné dans les œuvres des poètes et autres créateurs littéraires, dramaturges ou romanciers. On retrouve dans les travaux de Servien les idées-forces qui traversent le présent chapitre : *a* / l'omniprésence du langage ordinaire, « source commune, impure et indispensable » des deux

1. P. Valéry, « Le cas Servien », p. 88, *in* P. Servien, *Orient*, 1982, Paris, Gallimard, p. 85 à 99.

autres[1] ; *b* / l'incommensurabilité de ceux-ci lorsqu'on en considère les créations les plus « pures », selon un qualificatif cher à Valéry ; *c* / l'utilité, par conséquent, d'envisager le contraste entre langage des sciences et langage lyrique comme une opposition entre « deux pôles du langage » où règnent des principes de construction et d'évaluation profondément différents[2] ; *d* / le constat de l'existence des « activités de langage mêlé »[3], comparables en cela à nos productions de l'entre-deux ou de la troisième voie ; *e* / enfin et surtout, le plaidoyer en faveur des « activités de langage non mêlé », qui mérite une citation : « Notre effort, écrit Servien, provient tout entier d'une répugnance à utiliser les zones mixtes du langage, et ces travaux qui correspondent à une conception du langage non analysée, globale, vague. Il semble meilleur de n'en utiliser que les pôles extrêmes, en faisant soigneusement le point pour savoir où se situe notre effort, par rapport à ces pôles. S'il s'agit donc d'arriver à quelque chose de profond, de général (et non à des dates sporadiques, ou autres informations de la même farine légère), il faut que nous sachions bien si nos propositions finales seront du langage lyrique, ou du langage des sciences. Si elles doivent être en langage lyrique, alors il est préférable d'aller le plus loin possible vers ce pôle, là où ce langage est plus réellement lui-même, plus intense, d'une neige plus intacte : que ce soit franchement du lyrisme, et non ces sous-produits qui ne le réalisent qu'imparfaitement : sous-philosophie, sous-morale, sous-histoire, sous-critique, etc. »[4]

La formulation peut paraître démodée ; mais l'analyse et ses conclusions sont plus actuelles que jamais. On reconnaît en effet dans ces « sous-produits » de Servien, fruits des « activités de langage mêlé », les textes hybrides évoqués plus haut sous couvert d'un genre propre aux sciences de l'homme, différemment nommé – la culture lettrée chez Cl. Grignon, le littérarisme chez J. Bouveresse, l'essai chez J.-M. Berthelot, ou encore, bien avant notre débat présent, l'article de variétés chez Hermann Hesse[5]. Bien plus, une analyse semblable a été

1. *Ibid.*, p. 89.

2. P. Servien, *Principes d'esthétique. Problèmes d'art et langage des sciences,* Paris, Boivin, 1935, p. 3 s.

3. *Op. cit.,* p. 222.

4. *Loc. cit.*

5. J.-C. Gardin, *Les analyses de discours,* Neuchâtel, Delachaux & Niestlé, 1974, p. 56 à 60 (reproduit dans Gardin, 1991, p. 123 à 126). L'ouvrage de H. Hesse cité dans ce passage est *Le jeu des perles de verre* (Paris, Calmann-Lévy, 1955) ; l'auteur y décrit les « articles de variété [traduction du mot "Feuilleton" dans l'édition originale en allemand]... causeries sur mille espèces d'objets du savoir » rédigées par des auteurs d'origines diverses

publiée il y a quelques années par un de nos contemporains, Jerome Bruner, déjà cité. Selon ce chercheur, mondialement connu pour ses contributions à la psychologie cognitive, l'édification et l'expression des connaissances ne peuvent emprunter que deux voies : le « mode logico-scientifique » propre aux sciences naturelles et un « mode narratif » moins bien défini dont J. Bruner livre et commente de nombreux exemples, tous tirés de la littérature – roman, poésie, théâtre, etc.[1]. De la littérature, notons bien, mais à aucun moment de l'histoire ou plus généralement d'aucune des disciplines où la narrativité tient une grande place dans les sciences sociales. On doit alors s'interroger : où J. Bruner place-t-il les récits qui sont les nôtres, aussi éloignés des constructions scientifiques de son premier mode que des œuvres littéraires du second[2] ? La question lui fut posée à la fin d'un séminaire où, invité à préciser sa conception du mode narratif, J. Bruner avait encore tiré de l'analyse d'œuvres littéraires, exclusivement, les traits distinctifs qu'il proposait[3]. Sa réponse fut évasive : il ne pouvait, disait-il, que s'en remettre en l'espèce à l'appréciation des personnes chargées de la politique scientifique dans les fondations... On retiendra de cette délégation de pouvoir que l'hypothèse d'une troisième voie n'est pas même évoquée.

Anticipation

Cette présentation ne serait pas tout à fait honnête si elle ne comprenait pas *in fine* quelques vues plus personnelles sur l'alternative ainsi posée : soit la conformité aux modes d'écriture et de

– journalistes, écrivains, professeurs d'université. Hesse imagine un « contre-courant d'ascétisme héroïque » où une intellectualité fraîchement acquise [celle-là même qu'appelle le jeu] aurait pour conséquence « une horreur puritaine de l'*allotria*, de la confusion des disciplines et des catégories, une horreur profonde et bien justifiée d'une rechute dans le péché de la facilité et des articles de variété ».

1. J. Bruner, *Actual Minds, Possible Worlds,* Cambridge, Harvard University Press, 1986, p. 1 à 43 [introduites par un titre éloquent : « Two natural kinds », se référant aux « Two modes of thought » décrits dans le chapitre qui porte ce titre].

2. C'est-à-dire le genre de textes préconisé par l'historien Roger Chartier, « à distance des strictes régularités des savoirs exacts comme des libres inventions de l'œuvre de fiction », *Le Monde,* 3 février 1989.

3. Jerome Bruner et Carole Feldman, « Narrative thought and narrative discourse », séminaire organisé par le Centre international d'études sémiotiques et cognitives, San Marino, 26-27 juin 1991, inédit.

pensée « intermédiaires » qui dominent aujourd'hui, soit un mouvement vers les « pôles », revus et corrigés à la lumière d'une évolution qui pourrait à terme détrôner la voie moyenne. Cette dernière hypothèse n'est pas improbable ; nous l'appuyons sur un certain nombre d'observations énumérées ci-dessous au galop, faute de place pour développer convenablement chacune d'elles.

A – Rappelons d'abord les manifestations d'incrédulité ou d'impatience qui se multiplient à l'égard de la troisième voie sous la plume de chercheurs peu suspects de barbarie positiviste, scientiste, réductionniste ou autre. Certains entreprennent de « déconstruire le postmodernisme », selon la formule vengeresse d'un anthropologue[1] ; d'autres s'attaquent au projet plus général d'une mise à nu des rapports entre les constructions savantes et celles de la pensée naïve[2] – une façon comme une autre de nourrir le débat sur la séparation des genres, à travers les étrangetés qui résultent de leur confusion. Une activité connexe est la publication de pastiches bâtis à la manière des textes « vrais », dans un domaine de recherche donné. L'auteur n'aspire pas à tromper quiconque, mais plutôt à éprouver une aptitude à produire des textes recevables en vertu de leurs seules qualités discursives (vocabulaire, rhétorique, raisonnement, etc.), sans égard à l'authenticité des faits brassés[3].

B – Les mises en question ne sont pas seulement d'ordre qualitatif ; le volume et les rythmes de production de la littérature en sciences sociales ont aussi de quoi inquiéter. Il est aujourd'hui fréquent qu'on s'en préoccupe sur un plan pratique, sans égard à la valeur de cette production. Les arguments sont le coût de nos publications, leur dépendance à l'égard des fonds publics, leur lectorat réduit ou, plus pertinemment, l'impossibilité où nous sommes de « consommer » plus qu'un faible pourcentage de la littérature produite à travers le monde dans nos spécialités respectives. Or ce dernier constat

1. J.-F. Baré, « Déconstruire le postmodernisme », *L'Homme*, 1999, n° 151, p. 267 à 276, à propos d'un livre au titre significatif pour notre propos : A. Kuznar, *Reclaiming a Scientific Anthropology*, Walnut Creek, Londres, New Delhi, Altamira Press - Sage Publications, 1997.

2. W. Stoczkowski, *Anthropologie naïve, anthropologie savante. De l'origine de l'homme, de l'imagination et des idées reçues*, Paris, Éditions du CNRS, 1994 ; *Des hommes, des dieux et des extra-terrestres. Ethnologie d'une croyance moderne*, Paris, Flammarion, 1999.

3. Exemples et références dans J.-C. Gardin, « La pensée réfléchie et ses progrès dans les sciences de l'homme », p. 260 à 262, *in* J. Bazin (éd.), Actualités du contemporain (textes présentés au Colloque de l'École des hautes études en sciences sociales sur « La contemporanéité en question », Toulouse, 7-8 avril 1995), *Le genre humain*, février 2000, p. 253 à 272.

ramène inévitablement à nos questions d'épistémologie ; car s'il est vrai que nous nous tirons d'affaire en *consultant* les textes scientifiques plus souvent qu'en les lisant, ne serait-il pas raisonnable que nous nous orientions vers des formes de publication repensées, en rapport sans doute avec les nouvelles technologies de l'information, mais où les schématisations et condensations évoquées plus haut auraient aussi leur place[1] ? En tout état de cause, une évolution paraît probable en ces matières, entraînant une démarcation plus nette entre la contribution scientifique et l'œuvre littéraire, au détriment des productions de l'entre-deux.

C – La littérature, comprise dans le double mouvement « vers les pôles » anticipé plus haut, ne paraît guère servie dans tout ce qui précède. Elle l'est pourtant, indirectement, par le divorce prononcé entre les formes paralittéraires de l'essai, détachées de ses noyaux cognitifs, et les traits distinctifs des œuvres littéraires proprement dites tels que Jerome Bruner a tenté de les isoler pour caractériser le mode narratif (*supra*, p. 450). Les allusions explicites à cette séparation des genres sont de plus en plus fréquentes, venant de chercheurs acquis au moins *de facto* au dualisme de J. Bruner ; elles accompagnent la présentation d'œuvres qui affichent sans détours un statut littéraire et les libertés qu'il autorise, en même temps qu'un ancrage dans les travaux scientifiques dont leur imaginaire est nourri[2].

D – L'essai d'anticipation qui précède trouve un renfort dans les prévisions d'un épistémologue éminent, Alban Bouvier, touchant

1. J.-C. Gardin, « La surproduction des publications en sciences humaines : ses rapports avec la question du mélange des genres », séminaire « Le Modèle et le Récit », séance du 3 février 1999, inédit (voir sous Grignon *et al.*, 2000). La « condensation » que vise l'analyse logiciste (réduction de volume sans perte de substance) est la clef de cette contribution possible au rétablissement d'un certain équilibre entre la production et la consommation des textes scientifiques ; voir, par exemple, l'entreprise de Valentine Roux et Philippe Blasco, visant à publier sur CD-ROM le contenu schématisé de plusieurs contributions à un ouvrage collectif actuellement sous presse (V. Roux (éd.), *Cornalines de l'Inde : des pratiques techniques à Cambay aux techno-systèmes de l'Indus*, Paris, Éditions de la Maison des Sciences de l'homme, 2000). L'objectif n'est pas seulement d'illustrer concrètement ce que peut signifier la condensation d'un ouvrage scientifique, sous des formes orientées vers la consultation plutôt que vers la lecture ; c'est aussi de montrer l'utilité de l'hypertexte dans cette perspective.

2. Voir n. 1, p. 416. Ces œuvres « littéraires » peuvent être des films, bandes dessinées ou autres formes de mise en scène que le texte narratif : les coproductions associant chercheurs et scénaristes sont de plus en plus fréquentes. Elles n'altèrent pas la retenue scientifique des premiers, soucieux seulement de trouver auprès des seconds un moyen de vivifier leurs constructions. La préhistoire et l'archéologie offrent maints exemples de cet enchaînement, science *puis* littérature (dans le sens large ci-dessus), sans rapport avec le mélange des genres ; voir, entre autres, A. Gallay (éd.), *Dans les Alpes, à l'aube du métal. Archéologie et bande dessinée*, Sion, Musées cantonaux du Valais, 1995.

l'avenir de nos constructions : « La tendance lourde de l'évolution, écrit-il, est bien dans la réduction et la normalisation des formes d'argumentation en sciences de l'homme et de la société que préfigure un Durkheim dans *Le Suicide*. On peut [...] s'en désoler, un peu comme l'ethnologue se désole de la disparition d'une culture ou d'une langue et le zoologue de celle d'une espèce » ; mais l'épistémologue, quant à lui, doit « s'en féliciter puisque le régime de l'argumentation se fixera sur celui de la preuve, condition même du progrès scientifique »[1]. Les avancées de l'épistémologie pratique sont aussi comprises ici comme une tendance lourde de l'évolution[2], dont on peut se désoler ou se féliciter, voire l'un et l'autre : il ne manque pas de phénomènes dans l'histoire intellectuelle de notre espèce qui suscitent tout ensemble adhésions et regrets.

BIBLIOGRAPHIE

De nombreux livres traitent de la modélisation ou de la narrativité dans le contexte d'une discipline ou d'un domaine de recherche particulier : voir les chapitres de la première partie et leurs bibliographies respectives. Les ouvrages ci-dessous ont été choisis en raison de leur approche plus générale des problèmes épistémologiques liés à la dualité Modèles et Récits, mais pas nécessairement traités là dans le même esprit. Quelques ouvrages traitant de problèmes comparables que rencontrent les sciences naturelles ont été retenus pour donner une assiette plus large au débat.

Adam J.-M., Borel M.-J., Calame C., Kilani M., *Le discours anthropologique. Description, narration, savoir*, Paris, Méridiens-Klincksieck, 1990.

Ankersmit F. R., *Narrative Logic, Semantic Analysis of the Historian's Language*, La Haye, Martinus Nijhoff, 1983.

Bourcier D., *La décision artificielle. Le droit, la machine, l'humain*, Paris, PUF, 1995.

Brissaud M., Forsé M., Zighed A., *La modélisation, confluent des sciences*, Paris, Éditions du CNRS, 1990.

1. A. Bouvier, citation tirée d'un article en préparation, avec l'autorisation de l'auteur.

2. Évolution lente, par conséquent, comme celle des institutions savantes entre l'éclosion de la « nouvelle science » aux alentours de 1600 et sa consécration quelque deux siècles plus tard ; voir J.-C. Gardin, « Entre Modèle et Récit : les flottements de la troisième voie », *in* Grignon *et al.* (éd.), 2000, sous presse. Le parallélisme entre la situation présente des sciences sociales et celle des sciences naturelles au début du XVIIe siècle trouve un appui dans les réflexions d'un chercheur de ce temps, Francis Bacon, touchant les entraves au progrès des savoirs ; ce sont, dit-il : *a* / la culture lettrée de l'époque, plus sensible à l'élégance du discours qu'au « poids des choses » et à la solidité des raisonnements ; *b* / le goût des épigones d'Aristote pour des tourbillons de mots sans lien avec le monde de l'expérience ; *c* / une crédulité sensible aux arguments d'autorité, au détriment de l'observation et de la critique personnelles : *Du progrès et de la promotion des savoirs (1605)*, trad. Michèle Le Dœuff, Paris, Gallimard, 1991, p. 30 à 41.

Cromer A., *Uncommon Sense. The Heretical Nature of Science,* New York - Oxford, Oxford University Press, 1993.

Desrosières A., *La politique des grands nombres. Histoire de la raison statistique,* Paris, La Découverte, 1993.

Evans R. J., *In Defence of History*, London, Granta Books, 1997.

Gallino L., *L'incerta allianza. Modelli di relazioni tra scienze umane e scienze naturali,* Turin, Einaudi, 1992.

Gardin, J.-C., Lagrange M.-S., Martin J.-M., Molino J., Natali-Smit J., *La logique du plausible. Essais d'épistémologie pratique en sciences humaines*, 1981, Paris, Éditions de la Maison des Sciences de l'homme. 2ᵉ éd., 1987.

Gardin J.-C., Guillaume O., Herman P. Q., Hesnard A., Lagrange M.-S., Renaud M., Zadora-Rio E., *Systèmes experts et sciences humaines : le cas de l'archéologie,* Paris, Eyrolles, 1987.

Gardin J.-C., *Le calcul et la raison. Essais sur la formalisation du discours savant,* Paris, Éditions de l'École des hautes études en sciences sociales, 1991.

Gardin J.-C., Borghetti M., *L'architettura dei testi storiografici,* Bologne, Cooperativa Libraria Universitaria Editrice, 1995.

Gilbert N., Doran J. (eds), *Computer Simulations of Social Phenomena*, London, UCL Press, 1994.

Granger G.-G., *Le probable, le possible, le virtuel,* Paris, Odile Jacob, 1995.

Grignon C., Grenier J.-Y., Menger P.-M. (éd.), *Le modèle et le récit,* Paris, Éditions de la Maison des Sciences de l'homme, 2000. Recueil de textes présentés au séminaire « Le modèle et le récit » organisé par le Laboratoire de recherche sur la consommation (CORELA) de l'Institut national de recherches agronomiques et par la Maison des Sciences de l'homme entre décembre 1995 et avril 1999. Le livre précité couvre la période 1995-1997 ; les textes postérieurs (dont certains sont cités dans les notes en bas de page) sont inédits, mais consultables dans la série complète des fascicules du séminaire déposée à la bibliothèque de la Maison des Sciences de l'homme (ISBN 2 73 800663 9).

Holland D., Quinn N. (eds), *Cultural Models in Language and Thought,* Cambridge, London, New York, New Rochelle, Melbourne, Sydney, Cambridge University Press, 1987.

Holthoon F. van, Olson D. R. (eds), *Common Sense, the Foundations for Social Science,* Lanham-London, University Press of America, 1987.

Hunter A. (ed.), *The Rhetoric of Social Research understood and believed,* Rutgers, The State University, 1990.

Lévy P., *Les technologies de l'intelligence. L'avenir de la pensée informatique,* Paris, La Découverte, 1990.

Lévy P., *L'intelligence collective. Pour une anthropologie du cyberspace,* Paris, La Découverte, 1994.

Mazlich B., *The Uncertain Sciences,* Newhaven, Yale University Press, 1998.

Nelson J. S., Megill A., McCloskey D. (eds), *The Rhetoric of the Human Sciences. Language and Argument in Scholarship and Public Affairs,* Madison, University of Wisconsin Press, 1987.

Passeron J.-C., *Le raisonnement sociologique. L'espace non poppérien du raisonnement naturel,* Paris, Nathan, 1991. Voir aussi les commentaires de ce livre rassemblés par A. Miéville et G. Busino sous le titre « Du bon usage de la sociologie. Pavane pour Jean-Claude Passeron », *Revue européenne des sciences sociales,* t. XXXIV (1996), nº 103.

Polkinghorne D. E., *Narrative Knowing and the Human Sciences,* Albany, State University of New York Press, 1988.

Shore B., *Culture in Mind. Cognition, Culture and the Problem of Meaning,* Oxford-New York, Oxford University Press, 1996.

Testard A., *Essai d'épistémologie. Pour les sciences sociales,* Christian Bourgeois, Paris, 1991.

Ziman J., *Reliable Knowledge. An Exploration of the Ground for Belief in Science,* Cambridge - New York - Port Chester - Melbourne - Sydney, Cambridge University Press, 1978.

TROISIÈME PARTIE
Unité et pluralité

1 – Programmes, paradigmes, disciplines : pluralité et unité des sciences sociales

PAR JEAN-MICHEL BERTHELOT

Il faut être reconnaissant à Kuhn d'avoir remis au goût du jour un terme dont le succès ne s'est plus, dès lors, démenti : celui de *paradigme*. Bien qu'antérieur à son apparition dans *La structure des révolutions scientifiques*[1] et d'un usage flou au sein de l'ouvrage, le terme de « paradigme » a fait florès. On le retrouve – même sous la plume de ses détracteurs – dès qu'il s'agit d'isoler, dans un domaine du savoir ou de la vie sociale, un ensemble faisant sens et valant comme modèle de référence : le paradigme de la logique floue peut côtoyer sans difficultés majeures celui de la famille monoparentale ou des sports de glisse... Si ce succès « épistémologique » – une fois n'est pas coutume ! – mérite d'être retenu, c'est qu'à travers ces usages proliférants et incontrôlés, dont les sciences sociales sont les premières responsables, se dessine une ligne commune : le terme de « paradigme » est utilisé chaque fois qu'aucun terme existant – école, courant, théorie, mode... – ne paraît adéquat pour décrire un ensemble aux contours flous, faiblement formalisé et néanmoins fortement signifiant, d'attitudes et de comportements. Dans la description de l'activité scientifique, qui seule nous intéresse ici, il pointe un niveau intermédiaire et transversal, une entre-deux pertinent, signe souvent de problèmes non résolus ou laissés en attente : entre les cadres disciplinaires qui définissent l'activité de connaissance dans un domaine donné et les procédures concrètes qui la réalisent, comment situer et analyser ce qui relève de la diversité des approches,

1. On trouve notamment le terme chez Merton (1957).

des théories, des écoles, des courants, des manières de faire ? Cette question émerge doublement des chapitres précédents : ceux de la première partie ont montré que chaque discipline ou ensemble disciplinaire retenu se présente dans une pluralité non réduite d'approches, de théories, de programmes, etc. ; ceux de la seconde partie qu'entre ces disciplines et ces pluralités courent des problèmes, des engagements, des débats communs pouvant être thématisés sous divers termes : holisme, individualisme, modélisation, récit...

Il appartient à la philosophie des sciences, dans sa réflexion sur les sciences sociales, de se pencher sur ces prétentions et d'en élucider les termes, même si, comme le montre Ruwen Ogien dans le chapitre suivant, il n'est guère possible de trancher *in fine*. En aval, cependant, de ces interrogations et à un niveau de généralité moindre, se pose la question suivante : S'il est vrai que le travail de connaissance dans les sciences est d'abord de résolution de problèmes (Popper, 1969), de recherche de solution à des énigmes (Kuhn, 1962), de réponse à la question « pourquoi ? » (Nagel, 1961), dans quel cadre pertinent s'élaborent ces réponses ? Quelle *armature intellectuelle* est mobilisée par le chercheur dans cette entreprise ? Cette question peut ouvrir sur un univers irréductible de réponses. L'un dira que le chercheur en appelle à tout ce qu'il sait et tout ce qu'il est ; l'autre qu'il sélectionne la théorie – ou la loi –, dont, dans les conditions définies de l'énigme, peut se déduire la solution ; le premier saisit le sujet de connaissance dans sa globalité anthropologique, voire psychanalytique ; le second le ramène à une épure logique inspirée du modèle cardinal de la scientificité, le modèle déductif-nomologique (Nagel, 1961 ; Hempel, 1966).

Nous partirons à l'inverse des hypothèses suivantes :

a / Le chercheur met en œuvre, pour résoudre un problème, des schèmes d'analyse et de pensée qui inscrivent le problème dans un espace de solutions possibles et commandent des opérations d'ajustement, de traduction, de confrontation visant à une solution argumentée.

b / Ces schèmes sont inscrits dans des traditions disciplinaires, des théories, des manières de faire apprises et incorporées par le chercheur tout au long de sa formation et de son activité ; plus précisément, ils se réalisent à travers des *programmes de recherche* (Lakatos, 1970) qui en explicitent et en spécifient les prescriptions sous forme d'axiomes.

c / Ces schèmes se donnent à voir, au-delà des différences de lexique des théories où ils s'incarnent, par des règles de syntaxe spécifiques, explicitées dans les programmes qu'ils commandent et rendant possibles les transferts, les hybridations, les exportations, d'un domaine ou d'une discipline à l'autre.

d / À côté et indépendamment de leur émergence historique et de leur inscription dans les comportements mentaux des chercheurs, ces schèmes sont susceptibles d'une reconstruction rationnelle à partir des théories qui les exemplifient[1].

Sur la base de ces hypothèses, dont le contenu s'explicitera au fur et à mesure des développements, l'objet du présent chapitre n'est pas de fournir un inventaire des approches, théories ou paradigmes à l'œuvre dans les sciences sociales (les points saillants d'une telle description peuvent être retrouvés dans les textes de la première partie de ce volume) ; il est de dégager un niveau commun d'analyse et de compréhension de leur fonctionnement et de leurs débats.

Nous procéderons de la façon suivante :

— Nous spécifierons, dans un premier temps, le concept de *programme* pour désigner et clarifier ce que nous avons ci-dessus maintenu volontairement dans le vague à travers des termes comme « théorie », « approche », « paradigme ». Bien qu'également polysémique, le terme de « programme » a été suffisamment « travaillé » par Lakatos pour pouvoir être repris avec une rigueur satisfaisante. Simultanément s'en suivra une clarification des rapports que l'on peut établir entre lui et ces divers termes.

— Ce travail d'élucidation ne sera pas simplement logique. Il puisera ses raisons dans le fonctionnement attestable des sciences sociales comme disciplines se construisant autour de programmes spécifiant des schèmes d'analyse et de pensée déterminés et s'inscrivant dans un espace fondamentalement commun. Nous esquisserons la forme de cet espace en le ramenant à trois pôles : celui des structures et des enchaînements causaux (I) ; celui des acteurs, de leurs croyances et préférences (II) ; celui des significations et des codes (III). Chacun de ces pôles, dont les termes seront précisés, joue, de façon à la fois disciplinaire et transdisciplinaire, un rôle d'ancrage ontologique et épistémologique ainsi que de prétendant à l'explication ultime. L'histoire des sciences sociales donne le spec-

1. Cette hypothèse méthodologique n'exclut ni le travail historique et généalogique d'étude de l'émergence des théories et des courants au sein des disciplines, ni celui, en cours de développement, d'une approche cognitiviste du raisonnement scientifique (cf., sur ce deuxième point, R. N. Giere, *Cognitive Models of Science*, Minneapolis, University of Minnesota Press, 1992). Elle postule simplement que le point commun entre ces deux niveaux est celui d'une armature logique (ou d'une syntaxe) orientant l'activité cognitive.

tacle d'un passage d'une polarité à l'autre (par exemple du structuralisme (pôle III) à l'individualisme méthodologique et au « retour de l'acteur » (pôle II) dans les années 1970-1990 ; de ces derniers à un possible retour au naturalisme causal ou fonctionnel (pôle I) (Van Parijs, 1981 ; Kincaid, 1996 ; Sperber, 1996) dans la période actuelle.

— Ces mouvements se jouent de façon décalée et différente selon les disciplines et, en leur sein, selon leurs divers espaces. La concentration de l'attention sur le niveau logique constitué par les schèmes et les programmes permet de saisir le double jeu de pluralisation et d'épuration qui caractérise leur devenir historique : au sein d'une discipline se succèdent ainsi souvent des phases d'ouverture et d'émergence de nouvelles approches et des phases d'épuration logique, de réduction des doublons, voire de « digestion », comme le montre Bernard Walliser pour l'économie (cf. ci-dessus 1re partie). La question récurrente de la scientificité des disciplines concernées accompagne ces mouvements ; elle peut être abordée à partir d'une problématique de la *réduction* (des divers programmes ou langages à un langage ultime), de la *démarcation* (entre programmes relevant d'exigences scientifiques et programmes s'en détachant), de l'*articulation* (entre programmes conçus comme simultanément irréductibles et complémentaires).

La notion de programme de recherche

Comment penser la pluralité en sciences sociales ?

Les divers textes de la première partie de cet ouvrage illustrent le double mouvement qui anime les disciplines des sciences sociales : la pluralisation des approches, la définition d'un noyau disciplinaire commun. Selon leur rythme historique de constitution et la nature de ce noyau, l'accent peut être mis davantage sur l'unité ou sur la pluralité. Ainsi la prégnance de l'orthodoxie néoclassique, sa capacité à produire un langage formel commun et à intégrer les positions adverses assure-t-elle à l'économie son « unité profonde » (Walliser, ci-dessus). De même, l'histoire, dont l'ancrage en longue durée permet de dégager deux « régimes d'historicité » fondamentaux (Revel ci-dessus, 1re partie), trouve, par-delà ses débats, ses interrogations et cette grande division historique elle-même, une unité forte dans un régime de connaissance spécifique : celui de la source, de la trace. Il en va différemment de disciplines comme la sociologie, l'ethnologie, la géographie, plus promptes à souligner leurs différences internes, à scander leur histoire par l'apparition ou l'affrontement des courants et des écoles.

Cependant, quel que soit l'aspect sur lequel la réflexivité disciplinaire invite à insister, deux phénomènes sont incontournables :

a / Chaque discipline connaît une division interne qui n'est pas seulement de l'ordre de la segmentation en champs ou en domaines propres (comme peuvent l'être l'économie industrielle, la sociologie du sport, ou l'histoire sociale par exemple) mais relève de la mise en œuvre de *points de vue*, d'approches différents. Un même objet, au sein d'une même discipline, va être ainsi découpé, étudié, thématisé selon des modalités différentes en fonction de ce point de vue initial. Par exemple, la déviance et la délinquance peuvent être étudiées, en sociologie, comme des dysfonctionnements normaux, produits par un mode d'organisation sociale déterminé (théorie du crime de Durkheim) ; comme des comportements causés par la situation sociale de certains individus ou groupes, accumulant les handicaps familiaux, scolaires, économiques, écologiques, ethniques... ; comme un effet de stigmatisation, résultant de la portée symbolique d'une étiquette, accolée à un moment donné à un individu, et oblitérant ses interactions sociales ultérieures (théorie de la désignation) ; comme des comportements rationnels d'estimation des gains et des coûts associés à la transgression de normes dans un domaine d'activité déterminé[1]. Selon que la discipline admet plus ou moins de standards communs, cette différence de point de vue s'exprimera plus ou moins à travers des éléments communs ou différents. L'économiste qui se refusera à toute formalisation – sauf dans des textes généraux ou descriptifs – encourra le risque du rejet, de même que l'historien se dispensant de tout travail sur les sources. Inversement, les divers points de vue ci-dessus peuvent, en sociologie, s'élaborer dans des discours différant aussi bien par leur lexique que par leur syntaxe.

b / Ces différences de points de vue, au sein de chaque discipline, se retrouvent, selon des modalités variables, d'une discipline à

1. On trouvera une très stimulante revue de ces diverses théories *in* A. Ogien, *Sociologie de la déviance*, Paris, Armand Colin, 1995.

l'autre. Soit directement, soit par des jeux de traduction, un même point de vue peut être présent dans diverses sciences sociales. Ce fait peut être saisi de diverses manières :

— dans sa généalogie historique, qui pointera, par exemple, le rôle du modèle durkheimien, repris par Simiand, dans le développement de l'histoire économique et sociale ou celui de l'axiomatique du choix rationnel (issu de l'économie) dans le développement de l'individualisme méthodologique en sociologie. Les diverses disciplines composant les sciences sociales sont ainsi, simultanément, la source et la cible de transferts de modes d'analyse ;

— on peut saisir ce fait également dans ses effets, c'est-à-dire dans la façon dont une discipline s'approprie et traduit un point de vue d'analyse emprunté à une autre. L'application explicite, par Lévi-Strauss (1958), du modèle structural de la phonologie au système clanique de parenté contraint à rechercher les item pertinents pour figurer dans le jeu formel d'associations et de substitutions que le modèle prescrit. De la même manière, la transposition opérée par Garfinkel (1967), de la pragmatique linguistique à la théorie de l'action, construit le projet d'une grammaire des interactions dont la forme développée se trouve dans les analyses de conversation. Ces exemples pourraient être multipliés, tant ils font partie de la vie ordinaire des disciplines ;

— on peut enfin s'interroger sur les conditions de possibilité de ces passages : Qu'est-ce qui rend possible cette perméabilité, ces migrations permanentes à travers des frontières disciplinaires qui, pour poreuses qu'elles soient, restent réelles ? Que le mécanisme de ces transferts soit pensé en termes d'analogies, de propagation ou d'hybridation, force est de postuler que certains phénomènes d'un domaine D1 sont susceptibles d'être traduits dans les termes d'un modèle ou d'un point de vue élaboré dans un domaine D2. Cette possibilité même a deux aspects : elle indique que, par-delà leurs différences de contenu, des phénomènes relevant de domaines de réalités différents peuvent avoir même structure ou être traduits dans un même langage ; elle révèle que certains dispositifs logico-cognitifs (cette structure, ce langage) ont une portée transdisciplinaire.

Tant dans leur réalité historique que dans leur forme logique, ces mouvements d'une science ou d'une discipline à l'autre sont multiples. Ils accompagnent l'histoire des sciences en général, depuis les analogies préscientifiques originelles jusqu'aux transferts modernes, et s'opèrent à des niveaux variables de généralité. Non pertinents, ils sont rejetés dans l'oubli et servent essentiellement de matériaux à la critique épistémologique (par exemple Bachelard, 1938) ; pertinents ils sont incorporés dans la discipline d'accueil, au point d'y effacer la trace de leur origine. Ceux qui nous intéressent ici, cependant, ont une consistance particulière : ni emprunts ponctuels, ni perspectives globales, ils constituent des sortes de nervures disciplinaires, parcourant l'histoire des sciences sociales et organisant leurs langages. Comment les qualifier ?

L'apport problématique de la philosophie des sciences

La philosophie des sciences n'offre pas de réponse évidente à cette question. Elle s'est élaborée autour de problèmes (signification des énoncés scientifiques, démarcation entre science et non-science, modes de validation, énoncés synthétiques et énoncés analytiques, énoncés d'observation et énoncés théoriques, etc.) et en référence à des disciplines (les mathématiques, la physique), ne laissant guère de place aux préoccupations des sciences sociales. Lorsque celles-ci voulurent revendiquer une spécificité épistémologique, dans la fameuse querelle allemande des méthodes, elles ne l'établirent qu'à un fort niveau de généralité (autour des idées de sens et de compréhension), sans pour autant convaincre au-delà d'elles-mêmes. L'effort ultérieur de la philosophie des sciences consista à réduire cette opposition entre « sciences de la nature » et « sciences de l'esprit » : soit elle montra que la compréhension du sens pouvait se ramener au postulat de rationalité et que l'individualisme méthodologique ainsi défini était conforme aux standards scientifiques généraux (Popper, 1944-1945 ; Hayek, 1952) ; soit elle se refusa même à cette concession, en arguant qu'aucun des arguments avancés pour fonder une prétendue spécificité ne résistait à un examen systématique (Nagel, 1961). Dans cette perspective unitaire, dominée par un système explicatif commun (le système nomologique déductif), les seuls vrais opérateurs de différenciation sont les domaines (autorisant la séparation entre sciences physiques, sciences du vivant et sciences sociales) et les théories (construites au sein des domaines).

Le problème de fond est celui de la *réduction*, c'est-à-dire des conditions ontologiques et logiques auxquelles un domaine peut être ramené à un autre (par exemple, les sciences de la vie aux sciences physico-chimiques) (Hempel, 1966).

L'épistémologie que l'on a coutume de qualifier de postpositiviste (Kuhn, Lakatos, Laudan) se caractérise précisément par l'introduction d'opérateurs de différenciation : les « paradigmes » pour Kuhn (1962), les « programmes » pour Lakatos (1970), les « traditions de recherche » pour Laudan (1977). Le point commun autorisant la comparaison entre les trois auteurs est le renoncement à un modèle réductionniste de la science et la complexification que cela induit tant en amont qu'en aval : une théorie ne se définit plus seulement par son armature conceptuelle et propositionnelle mais par sa soumission à des principes et des valeurs métaphysiques implicites, caractérisant un « paradigme » ou une « tradition » de recherche. La confirmation d'une théorie par les faits est interne au paradigme qui la fonde et n'atteint donc pas la réalité (Kuhn). Elle n'est pas susceptible d'une réponse tranchée, par oui (vérificationnisme) ou par non (falsificationnisme), mais d'un processus temporel où le pouvoir de clarification et de mise en ordre du programme l'emporte sur les anomalies et les cas particuliers qu'il ne peut résoudre (Lakatos).

Bien qu'élaborés à nouveau dans un contexte autre que celui des sciences sociales et pour décrire des phénomènes situés à un niveau élevé de généralité, ces termes ont pu néanmoins y être assez facilement importés, pour des raisons qui ne sont pas toutes bonnes : le terme de « paradigme » notamment, le plus polysémique des trois, signifiant à la fois un contexte sociocognitif global et la référence à des exemples singuliers valant comme modèles, s'est d'autant plus facilement répandu qu'il suspendait, en quelque sorte, l'exigence de validation empirique et confortait un certain scepticisme. Si toute vérification n'est qu'interne au paradigme et n'atteint jamais la réalité en tant que telle, tout est possible : tous les points de vue sont valables dès lors qu'ils trouvent preneur. Ce glissement vers le relativisme s'est conjugué avec le développement du constructivisme en sociologie des sciences et a abouti parfois à réduire celles-ci au jeu des acteurs scientifiques, individuels ou collectifs, pour la conquête des positions dominantes sur le marché de la connaissance : sciences et disciplines apparurent comme des structures vides ; s'y substituèrent les micro-décisions et les jeux de réseaux d'acteurs scientifiques immergés dans des contextes variables aux dimensions sociales, politiques, techniques irréductiblement mêlées[1].

Ainsi, tout se passe comme si la réflexion sur la science, en un siècle, était passée d'un point de vue logiciste surplombant à une sorte d'émiettement inconsistant. Le secours qu'il est possible d'en attendre pour répondre à la question posée ne peut être direct mais doit procéder d'une réévaluation des termes.

L'apport interne aux sciences sociales

Nous ne sommes pas totalement démunis, cependant. La question fait sens et a suscité des réponses partielles en sciences sociales. La discipline motrice est ici la sociologie. On peut penser que ses tensions internes et sa tendance irrépressible à la pluralisation des points de vue (cf. Berthelot, 1re partie) stimulent ce type de réflexion.

Les sociologues utilisent en général deux types de typologies : des typologies dichotomiques et des typologies plurielles (même si celles-ci sont parfois susceptibles d'être construites à partir de dichotomies). Les premières visent le plus souvent à opposer de grands engagements épistémologiques, c'est-à-dire des manières mutuellement incompatibles d'envisager l'analyse et l'explication sociologiques : holisme et individualisme, fonctionnalisme et conflictualisme, objectivisme et subjectivisme, etc. Ces oppositions sont à un haut niveau de généralité ; elles tendent, par ailleurs, à associer des jugements relevant d'axiologies différentes, politiques autant qu'épistémologiques : le fonctionnalisme a pu être critiqué pour son aspect conservateur, voire réactionnaire ; l'individualisme méthodologique pour ses liens avec le libéralisme économique. Les typologies « plurielles » sont plus descriptives et correspondent davantage à ce que nous recherchons.

1. Kuhn lui-même s'est toujours opposé à cette récupération relativiste. En revanche, il est clairement désigné par les « nouvelles études sur la science », comme la source d'inspiration initiale de la rupture avec le point de vue épistémologique de détachement de la science des déterminismes sociohistoriques (cf. Callon, Latour, 1990). Les divers courants, déterministes ou constructivistes, en sociologie des sciences ramènent l'activité scientifique à une activité ordinaire, où le critère de vérité n'est que la sanction sociale d'une position dominante (par exemple Bloor, 1976). Ils s'opposent aux courants rationalistes pour lesquels le critère de vérité est rationnellement fondé. (pour ces divers courants, voir par exemple M. Dubois, *Introduction à la sociologie des sciences*, Paris, PUF, 1999, ou O. Martin, *Sociologie des sciences*, Paris, Nathan, 2000).

Elles visent à saisir non pas de grands engagements, mais des principes d'analyse constitutifs d'un point de vue déterminé. Diverses dans leur terminologie, elles ont en commun de subordonner les théories à un élément de portée à la fois plus générale et transdisciplinaire. En revanche, elles diffèrent par leur principe de construction. Par exemple :

— Bouvier (1999) associe les notions de « tradition de recherche » reprise à Laudan et de paradigme. Il repère, dans l'histoire de la sociologie, trois grandes orientations, trouvant leurs racines dans la philosophie et se mettant en place au tournant du siècle : la tradition durkheimienne, avec son arrière-fond comtien, la tradition webérienne et simmelienne, rattachable à Kant et la tradition empiriste, courant de Locke, Hume, Mill à Tarde et Pareto. Ces traditions sont caractérisées par leurs « paradigmes » : culturaliste et holiste dans le premier cas, actionniste et interactionniste dans le deuxième, rationaliste et sceptique dans le troisième.

— Boudon a élaboré, à près de trente ans d'intervalle, deux conceptions fondées sur une distinction logique entre « théories au sens étroit » et paradigmes ou « théories au sens large » (1970). La première « correspond à la notion de système hypothético-déductif » : il s'agit d'un système propositionnel dont les conséquences peuvent être contrôlées empiriquement ; la seconde fonctionne par analogie ou transfert. Boudon distingue ainsi trois sortes de paradigmes : « théorique » lorsqu'une théorie élaborée dans un secteur de la réalité est utilisée dans un autre ; « formel » lorsqu'il s'agit d'une syntaxe, comme celle de l'analyse causale ou de l'analyse fonctionnelle ; « conceptuel » lorsqu'une théorie dérive d'un système de concepts. Placées sur le même plan, ces deux acceptions, étroite et large, de la théorie sont hiérarchisées dans un texte plus récent (1996), où Boudon définit trois niveaux de généralité croissant A, B, C : au niveau inférieur correspondent les théories au sens étroit du texte de 1970, au niveau intermédiaire des théories applicables à divers ensembles de phénomènes et au niveau supérieur des théories générales comme l'action rationnelle ou le fonctionnalisme.

— Habermas (1984), enfin, parle d'« approches théoriques », définies par des principes relevant de « décisions stratégiques » dichotomiques : *a* / admettre ou rejeter le sens ; *b* / au sein des approches intentionnelles (acceptant le sens) opter pour une position rationaliste ou communicationnelle ; *c* / opter pour le holisme ou l'élémentarisme. Ces divers croisements définissent un espace ordonné générateur des diverses théories en sciences sociales :

Concepts fondamentaux / *Approches théoriques*	*Sens en tant que concept fondamental*		
	Non admis	*Admis*	
	Comportement	*Action stratégique*	*Action communicationnelle (et stratégique)*
Élémentariste	Psychologie behavioriste (par exemple théorie de l'appren-tissage)	Théorie du choix rationnel (par exemple économie pure)	Sociologies « compréhensives » (par exemple, ethno-méthodologie)
Holiste	Théorie des systèmes biologiques	Cybernétique sociale (par exemple, sociologie des organisations)	Théories des systèmes structuralistes et fonctionnalistes, interactionnisme symbolique

Trois leçons peuvent être tirées de cette confrontation :

a / Il est opportun de distinguer les théories au sens strict, comme ensembles propositionnels attachés à un domaine délimité de la réalité, et ce qui peut les orienter en amont. Ainsi, on peut distinguer une théorie causaliste du suicide, telle que l'élabore Durkheim, et l'analyse causale comme telle ; ou, une théorie de l'étiquetage et l'interactionnisme symbolique dont elle procède.

b / Il est opportun de distinguer la généalogie historique (constitutive de traditions) et l'armature logique susceptible d'être portée par une tradition et de nourrir des théories diverses : le causalisme de Durkheim relève, en l'occurrence, moins de Comte que de Claude Bernard et de Renouvier ; la théorie de l'étiquetage relève, à travers l'interactionnisme symbolique, d'une tradition remontant, en sociologie, à Simmel.

c / Il est opportun de distinguer les principes logiques constitutifs d'une armature déterminée (et exprimables sous la forme de « décisions stratégiques ») et leur utilisation à titre de modèle ou de paradigme.

Pour ces diverses raisons, nous proposons d'utiliser le terme de *programme*, repris de Lakatos, pour désigner précisément l'armature logique dégagée aux trois points précédents. Notre thèse est que ce concept permet une réorganisation opportune de cet univers terminologique flou et surdéterminé et touche au cœur de ce que nous entendons décrire.

Des raisons de préférer la notion de programme à celle de paradigme

Lakatos introduit la notion de programme dans le cadre de la discussion postpopperienne. Le problème est le suivant : Popper a avancé la thèse que le vérificationnisme ne pouvait être une théorie correcte de la validation empirique. L'accumulation d'expériences favorables à une théorie n'exclut pas, en droit, la possibilité d'une expérience négative qui l'invalidera de façon définitive : il suffit de rencontrer un cygne noir pour que la proposition : « Tous les cygnes sont blancs » soit fausse. Solidement fondée sur l'argument du *modus tollens*, le falsificationnisme de Popper implique que la mise à l'épreuve empirique d'une théorie consiste à rechercher les tests susceptibles de la réfuter. Si la théorie les passe avec succès, elle ne sera pas « vérifiée », mais corroborée. Le problème est que cette méthodologie n'est pas celle de la science réelle dont l'histoire, comme le montre Kuhn, s'opère au sein de cadres de pensée et d'action plus vastes (les paradigmes) définissant ce qui, pour une théorie, peut valoir comme expérience confirmative ou invalidante. En d'autres termes, le couperet de l'expérience ne tranche pas comme le pense Popper et la science peut vivre durant de longues périodes avec des théories concurrentes, simultanément en accord et en désaccord avec les faits. Refusant de suivre la pente relativiste qui guette Kuhn, Lakatos cherche à intégrer le fait dans un rationalisme préservé. Le concept de programme est donc, en ce sens, une alternative à celui de paradigme.

Kuhn associe dans le concept de paradigme deux niveaux : un niveau très général (qu'il qualifie de « matrice disciplinaire »), constitué d'engagements sur des principes et des valeurs, définissant ce que l'on reconnaîtra comme science au sein du paradigme ; un niveau très spécifique, où ces engagements se transmettent et s'assimilent par l'intermédiaire d'exemples et de modèles. L'articulation de ces deux niveaux met l'accent sur les communautés scientifiques comme acteurs de la science : par l'apprentissage d'une discipline, à travers des exercices et des modèles déterminés, se transmettent les normes de comportement et de pensée constituant l'armature intellectuelle de cette discipline à un moment donné. Cette position, peu susceptible d'être réfutée du point de vue d'une sociologie des communautés scientifiques, est problématique dès lors qu'elle devient un outil d'évaluation épistémologique. Elle aboutit à une variante du culturalisme, la science produite étant une fonction de son cadre intellectuel et social de production et sa capacité d'élucider des phénomènes objectifs une sorte d'heureuse rencontre.

Dans l'usage proliférant du terme de paradigme souligné à l'orée de ce chapitre, semblent bien se nouer trois déterminations : celle associée au contenu ancien d'exemple ou de modèle, qui, dans la plupart des cas, justifie l'usage ; celle intermédiaire, selon laquelle beaucoup de choses se font précisément par modèle, imitation, transfert ; celle enfin, spécifiquement kuhnienne, qu'à travers un modèle s'engagent des positions irréductibles. Pour notre part, nous proposerons d'utiliser ici le terme de façon non kuhnienne, en restreignant son sens à la seconde détermination : un paradigme sera une construction singulière (une théorie, un concept, une analyse) utilisée comme modèle et référence dans un autre domaine. Rigoureusement, cette limitation de l'usage permet de ne pas céder à la facilité de considérer comme allant de soi l'influence de telle ou telle théorie constituée en paradigme, et d'inviter à en étudier empiriquement les formes et les modalités.

L'alternative représentée par le concept de programme est la suivante : un programme est pour Lakatos une théorie ou un enchaînement de théories inscrits dans le temps. La détermination temporelle est essentielle. C'est elle qui permet de sortir de l'aporie poppérienne du couperet expérimental et qui oblige à considérer les théories, non dans leur forme propositionnelle à un moment donné, mais dans leur dynamique de construction et de rectification. Un programme peut être ramené à un point de vue de recherche dans un domaine donné, à un moment donné. Ce point de vue s'exprime dans des propositions de bases, des *axiomes*, qui définissent à la fois l'ontologie et l'épistémologie du programme. Les axiomes délimitent un *noyau dur*, préservé par principe de la contradiction et de la falsification. Un programme est ainsi une sorte de pari sur la fécondité d'une orientation de recherche. Lorsqu'il s'élabore, il est nécessairement confronté à des faits susceptibles de l'invalider ; il postule, à l'inverse, des faits confirmatifs que l'expérience peut ne pas pouvoir réaliser. À Galilée, qui prétendait que tous les corps tombent à la même vitesse dans le vide, sans pouvoir le prouver, les physiciens scolastiques opposaient le verdict de l'expérience à partir d'observations contraires faites au sommet de la tour de Pise[1]. Un programme se juge donc à sa cohérence interne, à sa capacité de mettre à l'écart les « anomalies » qui le falsifieraient et à son pouvoir d'élucidation rationnelle de phénomènes nouveaux ou en attente. Aussi longtemps que la balance penchera du côté des problèmes résolus, le programme sera fécond. Lorsque les anomalies et les hypothèses *ad hoc* pour les réduire se multiplieront, alors sans doute le programme aura-t-il fait son temps.

L'intérêt de la proposition de Lakatos est qu'elle parvient à concilier trois choses : le vecteur de l'activité scientifique (construire une explication rationnelle et empiriquement fondée du monde) ; les *alea* logiques et empiriques de cette construction (empêchant tout vérificationnisme ou falsificationnisme naïfs) ; le contexte historique et social de l'activité. Cette dernière dimension n'intéresse guère Lakatos et il lui préfère la reconstruction rationnelle ; néanmoins, la théorie des programmes de recherche n'est en rien contradictoire avec l'idée que la science est simultanément une activité sociale. Elle permet même une résolution rationnelle des controverses scientifiques dont le courant relativiste a fait un temps son cheval de bataille.

Le problème est celui de l'application de cette conception aux sciences sociales. Les exemples fournis par Lakatos relèvent tous de la physique et s'appuient sur le développement empiriquement reconstituable de théories déterminées. Situé en amont ou au cœur, selon l'image que l'on voudra, des théories, c'est par elles qu'il est identifiable. La neutralisation des anomalies par des hypothèses *ad hoc* de renforcement du noyau dur, la construction ultérieure d'expériences confirmatives et les déplacements qu'elles peuvent entraîner, l'épuisement d'un programme constituent des phénomènes empiriquement saisissables. En va-t-il de même dans les sciences sociales, où le statut des théories varie gigantesquement entre, par exemple, le formalisme de l'économie et la répugnance aux grandes constructions des historiens ?

1. Galilée établissait la proposition selon laquelle des corps de poids très différents tomberaient rigoureusement à la même vitesse dans le vide, à partir d'un raisonnement mathématique sur la résistance différentielle des milieux traversés comme cause des différences de vitesse empiriquement constatées. L'absence de toute résistance, dans le vide, impliquait l'égalité des vitesses. Mais il s'agissait, à l'époque, d'un résultat non empiriquement vérifiable. À l'inverse, il était possible de faire des expériences de chute dans l'air. Mais, contrairement à un mythe tenace, ce n'est pas Galilée qui a procédé à ces dernières depuis la tour de Pise (cf. A. Koyré, « Galilée et l'expérience de Pise. À propos d'une légende », in *Études d'histoire de la pensée scientifique*, Paris, PUF, 1966, rééd. Gallimard, « Tel », 1985, p. 213-223).

L'application de la théorie des programmes de recherche aux sciences sociales

Difficultés et fécondité de l'entreprise : des théories aux programmes

Appliquer rigoureusement le concept de programme aux sciences sociales se heurte à trois difficultés :

— la première est *empirique* : Où faire passer les lignes de partage pertinentes face à la profusion des différences ? Dira-t-on que le marxisme et le freudisme sont des programmes ? Qu'appellera-t-on programme ou théorie dans le cas d'emboîtements comme l'utilitarisme, la théorie économique néoclassique, la théorie du choix rationnel, l'individualisme méthodologique ? Des « écoles », comme l'école régionale en géographie, l'école des Annales en histoire, l'école de Chicago en sociologie constituent-elles des programmes ? ;

— la deuxième est *analytique* : Comment, une fois opéré un premier découpage, révéler les axiomes et le noyau dur dont parle Lakatos ? L'effort de reconstruction rationnelle auquel doit se plier l'analyste est d'autant plus difficile que, dans la plupart des cas, il n'est pas confronté à des théories épurées, soucieuses de délimiter strictement leur axiomatique, mais à des constructions floues aux expansions multiples, aux vocabulaires parfois proliférants ;

— la troisième est *théorique* : en privilégiant la notion d'axiome pour désigner les choix opérés par un programme, Lakatos a construit une version « logiciste ». Or, si la fécondité d'un programme réside dans ses capacités de traduction des axiomes du noyau dur en orientations de recherche (heuristique positive) et d'élaboration d'hypothèses protectrices face aux contradictions empiriques (heuristique négative), le terrain où se situent ces opérations est d'abord cognitif. Le principe de sélection des axiomes, tant du noyau dur que de la couronne protectrice, ne peut être simplement formel. Il implique un point de vue sémantique, une certaine représentation de la réalité et de sa connaissance.

Nous allons, dans un premier temps, essayer de résoudre ces difficultés en partant d'un exemple que nous avons déjà développé par ailleurs (Berthelot, 1990). Les sociétés contemporaines sont préoccupées par le fonctionnement de leurs institutions, qu'elles soumettent à des exigences d'efficacité, de transparence et de justice. L'institution scolaire est ainsi au centre de multiples débats, depuis que l'école est devenue, dans les sociétés développées, le passage imposé pour un accès à une vie sociale normale. Les sociologues sont intervenus dans ces débats en proposant des faits et des théories. Il se trouve que, dans ce domaine, les années 1970 ont vu en France une situation assez particulière : trois théories différentes se sont élaborées sur un fonds de faits commun qu'elles ont retraduit selon trois points de vue différents. Le fait fondamental est l'inégalité de réussite scolaire selon l'origine sociale. Il est établi par le suivi d'une cohorte sur les dix années qui suivent son entrée en 6e[1]. Ce matériau est, à l'époque, d'une richesse et d'une fiabilité uniques, ce qui explique que des auteurs différents viennent y puiser. Il va donner lieu au renforcement ou à la constitution de trois théories répondant à la question : Pourquoi les enfants des classes populaires sont-ils, même à réussite scolaire égale, voire supérieure, orientés vers des filières de relégation et de sortie de l'école ?

— Théorie du handicap : *parce qu'*ils cumulent les handicaps (retards scolaires, réussite globalement inférieure, méconnaissance du système éducatif, éloignement des meilleures filières, réticence des enseignants à les juger sur leurs seuls résultats). Cette théorie est très en vogue à l'époque dans les sphères d'expertise internationale.

— Théorie de la reproduction : *parce que* l'école, par la culture scolaire qu'elle véhicule, sélectionne en fonction de critères sociaux (la plus ou moins grande distance à la culture savante) et que c'est, précisément, sa fonction sociale. L'idée d'*héritiers*, avancée par Bourdieu et Passeron en 1966 exprimait cette connivence culturelle entre culture savante et culture bourgeoise, que *La reproduction* systématisa par la suite en en faisant un instrument explicite de perpétuation de la domination sociale.

— Théorie de l'inégalité des chances : *parce que* la meilleure stratégie que puisse suivre chaque élève dans ses choix d'orientation (compte tenu de l'utilité relative pour lui de continuer ou d'abandonner) ne peut qu'aboutir, dans une société stratifiée et un système scolaire à embranchements successifs, aux départs précoces des enfants des couches populaires : à réussite égale, le risque

1. Cette enquête fut dirigée par Alain Girard et ses résultats publiés *in* INED, *Population et enseignement*, Paris, PUF, 1970. Elle servit de référence empirique fondamentale à la plupart des travaux de sociologie de l'éducation de la décennie.

encouru à continuer des études plutôt que d'entrer sur le marché du travail, est d'autant plus coûteux que les ressources familiales sont faibles. Boudon soutient cette thèse dans *L'inégalité des chances.*

Si l'on ramène ces trois théories à leur noyau explicatif (la réponse ultime à la question « pourquoi ? ») et si l'on analyse, dans chaque cas, les réquisits de cette explication, on aboutit au constat suivant :

a / La théorie des handicaps postule en priorité des *individus* réduits à un certain nombre de *propriétés* sociales *objectives*, mesurables, et un système enregistrant les effets de ces différences. Elle utilise comme instrument d'analyse unique les corrélations statistiques entre ces propriétés (considérées comme des variables indépendantes) et leur sanction scolaire (énoncée à travers divers indicateurs). Elle transforme donc une *description statistique* de réussite scolaire différentielle en une *explication nomologique* de forme : si X (handicaps), alors le plus souvent Y (échec et relégation scolaires).

b / La théorie de la reproduction postule en priorité un *système global* (la société) déterminant la *fonction* – explicite ou implicite – de diverses institutions et les mécanismes par lesquelles celles-ci accomplissent leur tâche ; en l'occurrence, le système est un système de domination de classe, auquel participe l'école en assurant simultanément la perpétuation d'une culture de légitimation de cette domination et le tri des jeunes générations. La description statistique est la trace d'un *fonctionnement* à reconstituer dans ses fondements et ses modalités.

c / La théorie de l'inégalité des chances postule fondamentalement des agents aptes à effectuer un *choix rationnel*, en terme d'avantages/coûts, au sein d'un système d'interdépendance ayant une structure déterminée (en l'occurrence l'école comme lieu de parcours successifs). La description statistique enregistre les *effets agrégés* de *n* comportements *individuels intentionnels* au sein de cet espace.

Il est aisé de voir que, pour chacune de ces théories, trois mouvements sont possibles :

— un mouvement vers l'« aval » d'affinement empirique : multiplication des variables explicatives (c'est-à-dire des formes de handicaps ou d'avantages) dans le premier cas ; décomposition des mécanismes institutionnels dans le second (organisation des matières scolaires, mode d'évaluation des exercices, décisions d'orientation) ; sophistication des équations d'utilité dans le troisième ;

— un mouvement « latéral » d'application ou de transposition des théories à une autre institution, par exemple la justice ou la santé ; on pourra dire, si le travail sur l'éducation a précédé celui sur ces domaines et si celui-ci s'est inspiré de celui-là, que ces théories ont été utilisées comme des « paradigmes ». De façon ramassée, il sera par exemple possible de parler du « paradigme de la reproduction » chaque fois que l'élucidation de pratiques ou de faits renvoie à un fonctionnement institutionnel censé reproduire la structure du système où ils s'insèrent ;

— un mouvement vers l' « amont » : ce qui assure la transférabilité de ces théories (point précédent) est précisément qu'elles reposent sur un nombre limité de postulats généraux définissant à la fois les entités et/ou propriétés à prendre en compte et la structure explicative globale qui leur correspond. En d'autre termes, on touche là au « noyau dur » défini par Lakatos. Simultanément, on échappe à un domaine particulier d'application pour définir un point de vue applicable à divers champs et à diverses disciplines : la réduction des phénomènes à un jeu de variables et à la recherche de leurs corrélations constitue un programme présent dans toutes les sciences sociales ; la mise en avant des idées de système, de fonction, de reproduction également ; celle d'agents rationnels est le noyau de l'approche économique néoclassique et a diffusé largement dans les sciences sociales.

Dans cet exemple, les programmes sont donc spécifiés par :

— des *orientations ontologiques* concernant les entités et les propriétés pertinentes à retenir dans l'analyse : dans chaque cas, des individus ordinaires sont impliqués par le phénomène étudié, mais ils peuvent, dans les deux premiers programmes, être réduits à une configuration de caractéristiques objectives alors qu'ils doivent nécessairement, dans le troisième, être dotés d'intentionnalité ;

— des *orientations épistémologiques* définissant une forme légitime d'explication : nomologique dans le premier cas, structuro-fonctionnaliste dans le deuxième, actionniste dans le troisième[1].

Les théories peuvent être considérées comme des formes d'application, à un domaine déterminé de la réalité, de *programmes* construits indépendamment et antérieurement à elles. Elles utilisent – souvent implicitement – l'armature logico-cognitive de ces derniers

1. Nous reprenons le qualificatif utilisé par Boudon (chap. « Action » du *Traité de sociologie*, Paris, PUF, 1992).

pour élucider les mécanismes générateurs des phénomènes observés dans un champ de réalité déterminé. Le noyau de ces programmes, en sciences sociales, est constitué par un certain nombre d'axiomes le plus souvent implicites, sauf en économie, définissant des entités pertinentes, des propriétés et des relations entre ces entités, des schèmes d'analyse et des formes d'explication. Le point central est que cette axiomatique met en œuvre une *posture ontologique* et des *schèmes épistémologiques* coordonnés.

Des programmes aux schèmes

Peut-on généraliser cette analyse ? Pour cela, il faut que la multiplicité des théories à l'œuvre au sein des diverses sciences sociales puisse être ramenée à un nombre déterminé de programmes de recherches. Mais ces derniers eux-mêmes sont-ils de même niveau ou peuvent-ils être regroupés en un nombre plus restreint d'architectures logico-cognitives pertinentes ?

Lakatos ne nous éclaire pas sur ce point. Sans doute parce que les sciences de la nature, une fois constituées, ne donnent pas lieu à des alternatives multiples, mais, le plus souvent, à de grandes oppositions binaires[1] : mécanisme/vitalisme ; hétérogénèse/homogénèse ; créationnisme/évolutionnisme... Des oppositions du même type existent en sciences sociales. Mais elles ne réduisent pas la pluralité des théories qui, comme nous l'avons vu ci-dessus, peuvent coexister sur un même sujet. Pour l'échec et la relégation scolaires, nous nous sommes limité à trois approches, mais il aurait été possible d'en introduire d'autres, comme l'effet Pygmalion (à propriétés sociales équivalentes, la réussite scolaire varie selon la nature des interactions positives, au sein de la classe, entre enseignant et élèves) ou l'effet d'établissement (toutes choses égales par ailleurs, l'organisation et le fonctionnement concrets des établissements induisent des effets positifs ou négatifs sur la réussite des élèves)[2]. Il faut donc non seulement identifier des programmes, mais encore repérer des *familles de programmes* et déterminer ce qui les distingue et les constitue.

1. Gerald Holton a élaboré une théorie de ces oppositions, qu'il a qualifiées de *themata*, c'est-à-dire d'engagements métaphysiques indécidables, in *L'imagination scientifique*, 1973-1981, trad. Paris, Gallimard, 1981.

2. Sur les diverses théories de la scolarisation on peut se reporter à A. Van Haecht, *L'école à l'épreuve de la sociologie*, Bruxelles, De Boeck, 1990.

Repérage des programmes

La façon la plus simple d'identifier un programme est de partir de ce que les disciplines repèrent elles-mêmes comme constructions pertinentes, quelle que soit l'appellation qu'elles leur donnent : théorie (la théorie de Saussure, la théorie de Chomsky, la théorie du choix rationnel, etc.), courant (l'interactionnisme symbolique, le structuralisme, le fonctionnalisme...), école (de Chicago, de Francfort, des Annales...) paradigme, approche, etc. La mise au jour d'un programme consiste, comme ci-dessus, à extraire le noyau dur à l'œuvre dans cette construction et à en expliciter les axiomes et les schèmes. Deux indices majeurs aident à ce repérage : les filiations historiques et les transferts intra- et interdisciplinaires permettent de révéler les invariants constitutifs d'un noyau dur. Pour autant, même si les voies sont souvent tracées – comme celle reliant la linguistique saussurienne au structuralisme des années 1970, le causalisme durkheimien aux modèles de l'analyse causale de Lazarseld et de l'école de Columbia, l'économie néoclassique à la théorie du choix rationnel et à l'individualisme méthodologique, etc. – les difficultés demeurent : d'un moment historique à l'autre, le mouvement prend rarement la forme d'une consolidation du noyau initial par épuration et adjonction d'hypothèses nouvelles (à l'image des descriptions de Lakatos concernant la physique) ; sauf dans des domaines restreints comme la phonologie où des disciplines particulières comme l'économie, il s'opère sous des formes diverses de retraduction, d'emprunts partiels, d'influences plus ou moins explicites. Bien loin d'être aisément dégagé, le noyau qui guide l'analyse reste souvent dissimulé derrière un vocabulaire anodin ou des emphases terminologiques ; les théories, souvent portées par des œuvres aux intentions ambitieuses, s'accommodent mal d'être ramenées à une formule banale, et revendiquent un pouvoir d'élucidation global comme peuvent l'être aujourd'hui celles de Giddens, Bourdieu ou Habermas.

En bref, appliquer la méthodologie des programmes de recherche aux sciences sociales contraint à se situer à un niveau où les notions d'œuvre, d'auteur, voire de courant sont, dans un premier temps en tout cas, secondaires. L'emportent, à l'inverse, celles de problèmes et de dispositifs logico-cognitifs permettant la construction de l'objet, la mise en place de méthodes d'analyse et l'élaboration d'explications. Dans cette perspective, un même auteur, une même œuvre peuvent, dans telle ou telle portion, avoir fait progresser des programmes différents. Raymond Boudon, passant d'une épuration mathématique de l'analyse causale à l'approfondissement de l'individualisme méthodologique par la théorie des « bonnes raisons » en est un exemple évident. Goffman, oscillant, dans ses analyses des relations en face à face, entre le niveau des rituels (renvoyant à une perspective fonctionnelle) et celui des comportements intentionnels (relevant d'une approche individualiste), associe sous ce qu'il qualifie de « paradigme éthologique » deux programmes différents.

Identifier les axiomes constitutifs du noyau dur d'un programme relève donc d'une déconstruction analytique et logique. Déplaçant le regard, du discours explicite des auteurs aux présupposés logiques et cognitifs de leurs analyses, l'exercice aboutit à une réévaluation des segmentations de surface et révèle, derrière les oppositions affichées, les solidarités profondes.

Familles de programmes

Interactionnisme symbolique, ethnométhodologie, théorie du choix rationnel, théorie de l'agir communicationnel, actionnisme, théorie tourainienne de l'historicité, sémantique de l'action... Ces divers courants se distinguent fortement les uns des autres et se refusent parfois réciproquement toute légitimité. Faut-il pour autant les considérer comme des programmes alternatifs, radicalement différents les uns des autres ? Prenons le cas de l'individualisme méthodologique et de l'interactionnisme symbolique. La réponse est positive si l'on considère l'aversion réciproque que se vouent nombre des tenants de chaque position et si l'on considère que l'interactionnisme symbolique, en privilégiant la situation d'interaction, développe une sorte de holisme affaibli ; elle est négative si l'on remonte au prérequis que les deux courants partagent et qui les distinguent de divers autres programmes : celui de la reconnaissance d'un agent intentionnel, donnant sens à ses actes et à ceux d'autrui.

Il importe donc, pour déterminer la nature des programmes et de leurs liens, de mener un double effort d'abstraction : un effort de dégagement des discours immédiats et des rhétoriques de justification ; un effort de détermination des césures pertinentes par identification des rapports d'exclusion ou de compatibilité des axiomes. Le premier révèle derrière des œuvres et des théories différentes le noyau d'un programme identique. Le second explicite les liens logiques entre programmes, souvent concurrents, relevant d'engagements fondamentaux communs. Il est certainement pertinent de distinguer le programme de l'individualisme méthodologique de celui de l'interactionnisme symbolique (ce que fait d'ailleurs ci-dessus Pierre Livet, 2e partie). Mais il est tout aussi pertinent d'interroger l'espace où ils s'inscrivent, que l'on peut reconstruire sous la forme d'un arbre, générateur d'axiomes :

- **Agent intentionnel** (S)
  - **Raisons de l'action** (D.1)
    - **Rationalité** (A.1.1)
      - **Utilitaire** (A.1.1.1)
      - **Rationalités axiologiques, cognitives, etc.** (A.1.1.2)
      - **Rationalité en contexte** (A.1.1.3)
    - **Sens** (A.1.2)
      - **Expérientiel** (A.1.2.1)
      - **Communicationnel** (A.1.2.2)
  - **Système d'interaction** (D.2)
    - **Inter-dépendance** (A.2.1)
      - **Abstraite** (A.2.1.1)
      - **Historique** (A.2.1.2)
      - **Concrète** (A.2.1.3)
    - **Interaction** (A.2.2)
      - **Institutionnelle** (A.2.2.1)
      - **Situationnelle** (A.2.2.2)

a / La logique de cet arbre est triple :

— elle organise des rapports de présupposition logique entre embranchements : pour utiliser un modèle de rationalité utilitaire il faut poser un agent rationnel ; pour poser un agent rationnel il faut poser un agent intentionnel ; pour analyser une conversation il faut thématiser la notion de situation d'interaction, etc. ;

— elle définit deux ensembles segmentaires parallèles (D1, D2) correspondant à deux engagements ontologiques distincts : un engagement sur la définition des raisons de l'action ; un engagement sur les propriétés des systèmes au sein desquels elle s'exerce ;

— elle est tout entière commandée par le schème initial commun de l'intentionnalité de l'action, c'est-à-dire, pour reprendre la formule de Weber, d'un comportement doté d'un sens subjectif.

b) Il est aisé de constater que ce qui distingue les divers courants se réclamant de l'action c'est le choix qu'ils opèrent sur l'un et l'autre segment. Ainsi, l'économie orthodoxe définit un acteur rationnel utilitariste agissant sur un marché, c'est-à-dire un espace d'interdépendance abstrait, susceptible d'équilibre. La théorie des effets émergents (Boudon) postule les mêmes acteurs rationnels, mais la structure *concrète* de l'espace d'interdépendance engendre des effets d'agrégation non désirés : embouteillage routier, exclusion précoce du système scolaire des plus démunis, etc. L'interactionnisme symbolique postule un acteur donnant sens au monde à travers ses croyances et agissant au sein de situations d'interaction informelles : autrui est identifié à travers une série de *signes*... On pourrait continuer ainsi avec l'ethnométhodologie, la sociologie des organisations, la théorie tourainienne de l'historicité, la théorie de l'agir communicationnel, etc. De façon plus systématique, il est possible de formaliser cette situation en transformant chaque alternative en axiome, susceptible d'être spécifié par des propositions complémentaires. Chacun des grands programmes de l'action, notamment présents en sociologie, peut être identifié par les deux axiomes fondamentaux qu'il privilégie[1].

1. Ce tableau est un type idéal ou une reconstruction rationnelle. Dans la réalité, les diverses théories n'expriment pas ainsi leurs engagements programmatiques. Les relations logiques entre axiomes alternatifs ne sont pas, par aillleurs, impérativement exclusives ; elles peuvent être ordonnables. Ainsi, par exemple, l'opposition entre sens et rationalité n'est pas absolue. Elle désigne une entrée privilégiée. En général, les programmes retenant un axiome de rationalité ramènent le sens à cette dernière. Inversement, les programmes privilégiant le sens peuvent admettre la rationalité comme stylisation des motifs (Schütz)

Motifs de l'agent	*Système d'action*	*Traduction en axiomes*	*Programme*
Raison utilitaire	Interdépendance abstraite	A.1.1.1.et A.2.1.1	Utilitarisme
Rationalité plurielle	Interdépendance concrète	A.1.1.2 et A.2.1.3	Actionnisme
Rationalité plurielle	Interaction institutionnelle	A.1.1.2 et A.2.2.1	Théories de l'action organisée
Rationalité en contexte	Interaction situationnelle	A.1.1.3 et A.2.2.2	Ethnométho-dologie
Sens expérientiel	Interdépendance historique	A.1.2.1 et A.2.1.2	Théorie tourainienne de l'historicité
Sens expérientiel	Interaction situationnelle	A.1.2.1 et A.2.2.2	Interactionnisme symbolique
Sens commu-nicationnel	Interdépendance historique	A.1.2.2. et A.2.1.2	Agir commu-nicationnel

c / On est donc face à un système commun de choix ontologiques et de contraintes logiques exprimés dans des axiomes de base permettant de reconstituer logiquement les diverses théories et approches en sciences sociales fondées sur un agent intentionnel. Faut-il réserver l'appellation de *programme* à l'ensemble de ces approches ou donner à chacune cette désignation ? La question peut sembler un peu scolastique, mais il n'en est rien. La reconstruction ci-dessus n'est pas une combinatoire[1]. Elle ne cherche pas à identifier l'ensemble des regroupements possibles. Elle se contente de dresser la carte logique sous-jacente d'un espace, dont certaines potentialités ont été réalisées, d'autres non, sans qu'il soit possible, sauf dans des cas spécifiques, de décréter l'épuisement de l'une ou l'autre et *a for-*

ou comme fondement de l'accord communicationnel (Habermas). De même, privilégier un système d'interdépendance concret ou historique peut se combiner avec des axiomes auxiliaires d'interaction institutionnelle et situationnelle. Le choix des axiomes premiers ne dépend pas seulement du modèle explicatif mais également de l'échelle à laquelle sont saisis les phénomènes.

1. Elle le serait si elle était construite selon une logique de segmentation binaire systématique. Ce n'est pas le cas. Les trois types de rationalité ou de systèmes d'interdépendance évoqués ne se différencient pas par une définition logique *a priori*, mais par la mise au jour des engagements effectivement privilégiés par divers programmes. Même si un tel espace peut toujours être rapporté à un modèle logiciste sous-jacent, cela ne nous paraît pas l'urgence du moment et nous préférons en rester à cette reconstruction rationnelle intermédiaire plutôt qu'induire l'illusion d'une table logique originaire.

tiori de l'ensemble. Que la reconstruction rationnelle *ex post* adopte un langage logique (Lakatos parle d'axiomes), ne doit pas masquer qu'il s'agit d'abord de décisions sémantiques, d'engagements ontologiques sur la nature de la réalité et les modalités de sa connaissance. C'est pourquoi nous réserverons le terme de *programme* à chaque orientation fondamentale repérable au sein de cet espace et adopterons le terme de *schème* pour désigner l'élément commun aux *n* programmes constitutifs d'une même famille logique. Un schème[1] sera conçu comme une matrice d'opérations de connaissance (tant génériques – définition d'axiomes et construction de programmes –, que spécifiques – détermination de méthodes et de techniques d'analyse –) *ordonnée* à un point de vue ontologique et épistémologique fondamental. Conçue comme schème, l'intentionnalité des agents est une propriété distinctive de la réalité sociale et commande impérativement des opérations de déchiffrement ou de reconstruction rationnelle du sens subjectif de leurs actes.

Familles de programmes et schèmes

La nécessité d'identifier la notion d'intentionnalité, comme atome commun des divers programmes mettant au cœur de leur analyse des agents intentionnels, et de lui donner le statut de schème, tient également à ce que d'autres familles de programmes l'excluent ou la réduisent à un épiphénomène. Deux exemples peuvent assez facilement faire comprendre ce point :

— La psychologie qui décide de laisser de côté les interprétations que les sujets donnent de leurs actes, pour les étudier comme des réponses à des stimuli, physiques ou moraux, construit un concept de *comportement* dégagé de toute référence à une quelconque intentionnalité. Cette perspective, plus connue sous le nom de *béhaviorisme*, se retrouve en psychologie sociale et en sociologie. C'est celle que préconisent, dans les sciences humaines et sociales, les philosophes de la tradition du Cercle de Vienne comme Nagel ou Hempel. Comme pour les programmes liés à l'idée d'action, elle peut donner lieu à des programmes différents, mutuellement hostiles. La définition initiale du comportement comme réponse à un stimu-

1. Nous utiliserons par la suite ce sens fort du mot *schème* chaque fois que nous nous situerons à ce niveau fondamental d'analyse. Il va de soi que le même terme peut être utilisé de façon plus descriptive et plus large pour désigner tout ensemble d'opérations cognitives ou discursives rapporté à une structure opératoire commune.

lus externe paraît bien rudimentaire et pauvre aux représentants de l'anthropologie culturelle américaine, qui vont développer l'idée d'une intériorisation de schèmes culturels d'action et de pensée et bâtir le concept de « personnalité culturelle de base » ; cette idée même était déjà présente chez Durkheim et a été réélaborée, de façon plus sophistiquée dans la théorie de l'habitus de Bourdieu. Dans ces deux derniers cas, expliquer le comportement ou les pratiques – par exemple, les types de soins aux jeunes enfants chez Margaret Mead, les modes de consommation alimentaire chez Bourdieu – revient à introduire, entre les sollicitations du domaine d'activité et les comportements, un opérateur différentiel d'analyse du stimulus et de sélection de la réponse : laisser pleurer le bébé qui hurle dans une culture, le prendre dans ses bras pour le consoler dans une autre, peuvent être ramenés à une chaîne causale simplement plus complexe dans ses constituants – puisqu'elle intègre des représentations, voire des justifications – que l'arc stimulus-réponse, mais identique en son fond. Béhaviorisme strict, psychologie sociale expérimentale, école américaine d'anthropologie culturelle, théorie de l'habitus constituent donc autant de programmes relevant d'un noyau commun où le refus de l'intentionnalité (comme élément explicatif) est fondé sur l'appel à un autre mode explicatif global, celui de la relation causale.

— L'un des actes fondateurs de la linguistique sausurienne est la distinction entre langue et parole (cf. ci-dessus, 1re partie, Bougnoux). Cette distinction ne signifie pas que la parole, c'est-à-dire les énoncés que chacun produit, dans la spécificité de situations et d'usages langagiers, soit inintéressante et indigne d'intérêt scientifique. Mais le programme que construit Saussure est fondé sur l'idée qu'il n'y pas d'échanges langagiers sans langue et que l'on ne peut élucider cette dernière qu'en la considérant rigoureusement comme un *système*, c'est-à-dire un ensemble dont les éléments ne tirent non seulement leur sens mais leur être même que des relations qu'il institue : un son n'est rien en soit ; c'est son usage, c'est-à-dire son inscription dans un réseau de différences et de successions qui, dans une langue donnée, le constitue comme un *phonème* : **p**ain, **v**in, **m**ain, **th**ym, **r**ein... Première articulation (entre phonèmes), deuxième articulation (entre monèmes) définissent la structure de base de tout langage humain. Un tel programme n'a, rigoureusement, pas à se poser la question de savoir si le locuteur est un sujet intentionnel ou non. Le locuteur étant du côté de la parole, la question est superflue et le restera dans l'extension de cette analyse à d'autres domaines et dans le dégagement de ce que l'on appellera le structuralisme.

Il y a donc des familles de programmes, qui à l'image de celle de l'action décrite plus haut, admettent la structure générale suivante :

— Un atome commun recteur ou *schème*, identifiable comme le concentré d'un ensemble d'opérations et de prescriptions constituant le vecteur épistémologique des programmes construits à partir de lui. Le schème de la causalité par exemple – quelles que soient les ambiguïtés du terme et les problèmes posés par la causalité en histoire – invite à saisir des relations du type si *x* alors (le plus souvent) *y* ; le schème de l'intentionnalité prescrit qu'il est pertinent, dans tous les cas, de remonter aux intentions subjectives de l'action ; le schème structural induit l'idée qu'un ensemble d'éléments, ou de comportements, relève d'une grammaire sous-jacente, c'est-à-dire d'un système abstrait de relations les rendant possibles.

— Des axiomes spécifiques désignant le type d'entités et de propriétés à retenir, leur mode de saisie et la forme d'explication à construire : par exemple, l'anthropologie culturelle introduit les notions centrales de culture et d'enculturation ; l'analyse structurale peut se déporter du fonctionnement d'une langue donnée à l'étude d'homologies entre organisations matérielles et systèmes de pensée[1], etc.

Opérer une déconstruction rationnelle des approches et des théories en sciences sociales consiste donc, en dernière analyse, à les ramener à des familles de programmes ordonnés à des schèmes. Ces familles, dans leur forme logique, ne s'organisent pas de façon tabulaire, comme dans la reconstruction proposée par Habermas, mais de façon arborescente. Les schèmes ne constituent pas des options dichotomiques croisées mais des points de vue ontologiques et épistémologiques fondamentaux sur la réalité sociale : en dresser la liste ne relève pas d'une perspective transcendantale (quelles sont les conditions de possibilité *a priori* de la connaissance du social ?), mais analytique (quels sont les principes ontologiques et épistémologiques pré-

1. Chez Lévi-Strauss, un phénomène X est expliqué quand il est ramené au système abstrait de régles engendrant X ou non X (soit l'avunculat – rapport privilégié oncle-neveu –, soit son contraire – rapport privilégié père-fils –, sans tierce possibilité). Il s'agit d'un programme structural de type combinatoire, inspiré de la phonologie. Mais un autre programme ramène X à une opposition générique A ou non A, pour montrer comment elle se diffuse dans l'ensemble de la vie sociale et constitue X comme relevant de A (ou de non A). Fondé sur la notion d'homologie structurale, celui-ci est notamment à l'œuvre chez Bourdieu (« structuralisme génétique »).

supposés par les divers programmes de recherche existants ?). L'étude des grands courants de la sociologie nous a conduit antérieurement (Berthelot, 1990, 1996) à dégager six schèmes fondamentaux : le schème *causal* (si x, alors y ou $y = f(x)$) ; le schème *fonctionnel* (S → X → S, où un phénomène X est analysé à partir de sa fonction – X → S – dans un système donné) ; le schème *structural* (où X résulte d'un système fondé, comme la langue, sur des règles disjonctives, A ou non A) ; le schème *herméneutique* (où X est le symptôme, l'expression d'une signification sous-jacente à découvrir par interprétation) ; le schème *actanciel*[1] (où X est la résultante, au sein d'un espace donné, d'actions intentionnelles) ; le schème *dialectique*, enfin (où X est la résultante nécessaire du développement des contradictions internes à un système). Cette liste nous paraît toujours pertinente, dans la mesure où à chaque schème est associée une syntaxe de réduction clairement distincte (même si transformations et passages d'une langue à l'autre y sont possibles, comme nous l'avons montré *in* Berthelot, 1990). En revanche, la tentative de reconstitution rationnelle de l'espace de connaissance des sciences sociales, à laquelle nous nous livrons ci-dessous, impose d'associer, plus clairement que nous ne l'avions fait, schèmes et grands engagements ontologiques.

Schèmes et données : description et explication

Si le mouvement de l'analyse et de la déconstruction rationnelle permet de passer des théories aux programmes et des programmes aux schèmes, le mouvement inverse est d'une autre nature. Le mouvement de spécification, des schèmes aux programmes, impliqué par cette structure n'est pas ici du même type que celui mis en évidence par Lakatos dans les sciences de la nature. Dans celles-ci, le programme est une théorie qui pose d'abord des décisions générales et qui, dans sa confrontation avec l'empirie, gagne progressivement en précision au fur et à mesure que se révèle son pouvoir explicatif. En sciences sociales, mis à part dans les cas où peuvent se construire des théories formalisées et cumulatives de ce type, les programmes cons-

1. Nous avions retenu ce terme, sans enthousiasme, pour désigner le schème de l'intentionnalité, afin d'éviter des désignations relevant, en fait, de programmes déterminés (comme actionisme, interactionnisme, etc.).

tituent le plus souvent des guides de pensée implicites ou des manifestes de combat, se donnant à voir dans diverses théories particulières. Ces dernières sont souvent dans une sorte de tension entre le programme dominant qu'elles mettent en œuvre et la complexité du domaine qu'elles veulent reconstituer et dont elles fournissent simultanément la description. La conséquence est qu'un programme et *a fortiori* une théorie peuvent incorporer des axiomes relevant d'autres programmes, dès lors qu'ils sont compossibles et ordonnables. Seuls les programmes qui adoptent une formalisation rigoureuse et prennent la figure du modèle acceptent, finalement, cet équivalent en sciences sociales du principe de l'heuristique négative consistant à ne pas prétendre rendre compte de « toute la richesse du réel » pour le réduire à des relations abstraites ou en tout cas simplifiées[1]. À l'inverse la tentation est toujours forte, notamment dans des disciplines comme l'anthropologie, la sociologie et l'histoire, de vouloir associer, voire substituer à l'objectif d'explication un objectif de *restitution* : identifier de façon précise un ou des programmes devient alors très difficile dans des textes qui visent le statut d'œuvre et associent explicitement ou non une ambition d'auteur à leur visée de connaissance. Au-delà même, c'est la théorie des programmes de recherche qui est visée, comme frappée du péché originel de logicisme.

Malgré les précautions que nous avons cherché à prendre, il est évident que le programme épistémologique de déconstruction rationnelle adopté peut appeler deux objections : il réduit la diversité et la multiplicité des formes de production en sciences sociales ; il privilégie une structure logique interne et son mouvement de spécification et de complexification. Ces deux objections sont parfaitement recevables. Elles sont cependant aisément contournables par des arguments du type suivant :

— la thèse de l'irréductibilité et de la multiplicité des formes du réel – en l'occurrence, des types d'analyse et de théorie – a le défaut majeur d'être stérilisante et triviale ; ce n'est qu'en recherchant des principes d'ordre et de réduction qu'en philosophie des sciences comme ailleurs, on peut produire une connaissance digne de

1. Lakatos appelle « heuristique négative » ou « couronne protectrice » les axiomes mettant le programme à l'abri d'une invalidation facile ou triviale. En sciences sociales, ce type d'invalidation prend souvent la forme d'un appel à la richesse irréductible du réel. Incantation mièvre, ignorant que par définition toute singularité est irréductible et que toute connaissance est réduction. Seuls, cependant, les tenants des modèles les plus stricts rejettent principiellement l'argument comme irrecevable.

ce nom, c'est-à-dire susceptible d'être soumise à l'épreuve de recherches concrètes et de rectifications successives ;

— l'accent mis sur la structure logique interne des théories, permettant de les rattacher *en dernière instance*[1] à des programmes et des schèmes, plutôt qu'à des idéologies, des visions du monde, des styles discursifs ou des rhétoriques résulte du postulat rationaliste et analytique selon lequel, dans sa visée, toute discipline scientifique ambitionne de fournir une explication rationnelle et fondée de son domaine de réalité.

Nous pourrions en rester là et poursuivre. Il y a cependant, derrière cette double objection, un élément qui mérite d'être thématisé car il constitue un point de rupture possible : Est-il bien sûr que l'objectif de la connaissance scientifique soit exclusivement d'expliquer ? Décrire constitue-t-il une activité simplement subordonnée ou peut-il être le point d'ancrage, notamment en sciences sociales, d'une entreprise de restitution, rapidement évoquée ci-dessus, ouvrant le discours à la polyphonie des écritures et le libérant des contraintes logico-cognitives des programmes ?

Fort heureusement, Jacques Revel (cf. ci-dessus, 1re partie) nous ouvre une piste en citant la phrase suivante d'Arthur Danto : « La différence entre l'histoire et la science ne consiste pas dans le fait que l'histoire ferait et la science ne ferait pas appel à des schèmes organisateurs qui vont au-delà du donné. L'une et l'autre le font. La différence doit être recherchée dans le type des schèmes organisateurs qu'elles mettent en œuvre. L'histoire raconte des histoires. »

La formule est belle et pose les questions suivantes :

a / de quelle nature sont les schèmes organisateurs qui président au récit d'histoires ? ;

b / ces schèmes sont-ils compatibles ou incompatibles avec ceux qui commandent les grands programmes d'analyse ? ;

c / ces schèmes sont-ils de même nature ou d'une nature différente que ceux à l'œuvre plus généralement dans les descriptions en sciences sociales ?

1. Il ne s'agit pas de nier l'existence des dimensions idéologiques et rhétoriques de la science mais d'opérer une distinction entre ses propriétés fondamentales et ses propriétés secondaires. La connaissance scientifique relève, quoi qu'en concluent des jugements hâtifs et superficiels, d'autre chose que de rapports de force ou de séduction. L'exigence rationaliste de la démonstration, de la preuve ou de l'argument le mieux fondé y est toujours déterminante et distinctive, même si elle s'avance parfois masquée et ne triomphe souvent qu'à terme.

Ces trois questions posent, selon des angles différents, le problème de la mise en forme des données et renvoient à l'opposition de fond entre objectivisme et constructivisme. Y a-t-il des éléments objectifs – des *data* disait Durkheim – que le chercheur recueille et traite ou ceux-ci sont-ils le résultat d'une mise en forme, d'une véritable construction que le chercheur opère ? Exprimée en ces termes, l'alternative tourne à l'aporie. La première thèse est facilement taxable d'objectivisme naïf ; la seconde produit toutes les expansions incontrôlées d'un « constructivisme » dont le contenu épistémologique est de plus en plus ambigu. Les deux positions rejettent implicitement la théorie des programmes de recherche : la première lui reproche son perspectivisme (un programme sélectionne un point de vue) ; la seconde, son logicisme. Or, précisément, la théorie des programmes de recherche fournit une alternative à l'aporie dirimante entre objectivisme naïf et relativisme. Chacun sait que les données scientifiques « ne tombent pas du ciel » et procèdent d'opérations préalables, dont la mise en place de dispositifs d'observation et d'expérimentation constitue la forme cardinale. Pour autant, peu nombreux sont les chercheurs qui sont prêts à rejeter l'idée d'objectivité et à considérer que toutes les mises en forme, tous les discours se valent. Si l'on se refuse donc de sombrer dans les facilités du relativisme et du postmodernisme en sciences sociales, trois points doivent être pris en compte :

— Quelles sont les données sur lesquelles travaillent les disciplines ? De quelles opérations de description relèvent-elles ? Impliquent-elles ou non des schèmes déterminés ? ;
— Sur quoi repose le pouvoir explicatif des théories fournies ? ;
— Comment s'opère leur mise à l'épreuve ?

Reprenons le cas décrit plus haut de la relégation scolaire des enfants des couches populaires. Les théories évoquées se sont essentiellement appuyées sur une *description statistique.* Celle-ci procède d'une construction, mettant en œuvre des catégories d'enregistrement, des formes de comptage, etc. Elle est, en ce sens, ni plus ni moins construite que ne le sont des descriptions de situations ou des récits d'histoires. Dans chaque cas – et il devient de plus en plus banal de le rappeler –, les données relèvent d'une mise en forme à travers des catégories et des relations déterminées : répartitions statistiques, descriptions d'interactions, récits d'histoires scolaires, les matériaux du chercheur peuvent être aussi bien « donnés » – dans des archives, par exemple – que « construits » – par observation, entretien, questionnaire, etc. Dans les deux cas, ils sont structurés, « parlent », suggèrent des raisons, des mécanismes ; ils sont déjà porteurs d'une intelligibilité qui n'est pas foncièrement différente de celle du chercheur : effet de système, lorsqu'un élève déclare : « On m'a orienté là parce qu'il n'y avait plus de place ailleurs ») ; stratégies d'acteurs (« de toute façon, ils ne me voulaient pas », etc.). Le travail de l'analyste n'est donc pas de « faire parler » une nature muette, selon une métaphore souvent utilisée, mais d'opérer des confrontations entre des données, *déjà signifiantes et organisées,* et une structure d'explication possible. Cette confrontation peut prendre des formes diverses : elle peut substituer aux faits une modélisation susceptible d'en rendre compte ou entreprendre de faire le récit d'enchaînements significatifs et raconter une (ou des) histoire(s). Dans chaque cas, l'expérience des sciences sociales prouve que le résultat – c'est-à-dire la structure explicative proposée, quels que soient sa forme et ses ressorts – est considéré comme recevable dès lors qu'il peut être soumis à la discussion argumentative et empirique, c'est-à-dire être confronté à une explication autre, qui paraîtrait plus raisonnable, et à des données complémentaires ou nouvelles. En d'autres termes, cette chaîne qui va de données, déjà structurées ou restructurées, à une restitution prétendant en rendre raison met nécessairement en œuvre, d'un bout à l'autre, des opérations de pensée dont on peut poser qu'elles relèvent d'une logique explicite ou implicite de *programme.* Le fait même que telle théorie – par exemple celle de la reproduction évoquée plus haut – pourra convaincre ou ne pas convaincre explicite cette situation. Elle convaincra si elle apparaît comme une bonne explication, rendant compte correctement des faits, sans introduire de présupposés explicatifs trop lourds. Elle ne convaincra pas, même si sa congruence avec divers faits est possible, si elle apparaît comme une mauvaise explication, c'est-à-dire comme relevant d'un programme – en l'occurrence structuro-fonctionnaliste – contestable[1]. On peut penser de même que dans une discipline comme l'histoire, rétive à une représentation en termes de programmes, le retour permanent aux mêmes moments historiques selon des découpages, des échelles, des

1. Le suicide a donné lieu en sociologie, à la suite des travaux de Durkheim, à une postérité conflictuelle, selon que l'on considérait comme acceptable ou non l'idée d'une relation causale entre facteurs sociaux et mort volontaire. Ce n'étaient pas les corrélations établies par Durkheim qui étaient forcément en cause (même si elles avaient des failles), mais le programme causal de réduction d'un comportement clairement intentionnel (le suicide est une mort *volontaire*) à un état social déterminé.

perspectives renouvelés constitue autant d'ouvertures sur des modalités différentes d'intelligibilité.

Données, structures explicatives, formes d'acceptation ou de rejet sont donc liées. Ce lien, cependant, est d'une autre complexité, d'une autre épaisseur, que celui de la méthode expérimentale idéale où les données sont épurées, transformées en relations mathématiques, insérées à titre de conséquences dans un modèle et soumises à des tests expérimentaux. Même si cette structure idéale peut être conçue comme le noyau de toute entreprise scientifique, il n'en demeure pas moins que les écarts auxquels elle donne lieu en sciences sociales méritent d'être considérés avec soin. Ils portent sur trois points :

— les données y sont à la fois toujours déjà structurées et multiplement structurables ; tant dans leur structure immédiate que dans leurs structurations possibles, elles incorporent des schèmes organisationnels relevant aussi bien de la pensée ordinaire que de la pensée scientifique ;
— la description des données et leur insertion dans une structure explicative ne relève pas seulement de l'application d'un programme, mais d'un jeu tensionnel entre des programmes différents tant par leur structure logique fondamentale que par leur ambition « restitutive » ;
— la mise à l'épreuve d'une explication – et d'une restitution – relève d'un double niveau engageant la pertinence de l'explication spécifique d'une part, du programme ou du schème qu'elle réalise d'autre part. La plupart des controverses en sciences sociales relèvent du second niveau.

Ces trois points invitent à une théorie des données renouvelée. C'est leur nécessaire construction opérée au sein d'un programme et sous l'égide d'un schème dominants qui assurent leur objectivité.

Les données comme matrice d'événements

Pour simplifier les choses on a coutume de dire que la linguistique a pour objet des faits langagiers, la sociologie des faits sociaux, l'histoire des faits historiques, etc. Ces énoncés sont évidemment tautologiques : est fait historique ce à quoi l'histoire s'intéresse. Mais ils ne sont pas que cela. Ils désignent également des opérations de qualification et de construction. Est fait historique un ensemble de données susceptible d'être partiellement autonomisé pour entrer dans le champ d'une analyse historique ; il en va de même, *mutatis mutandis,* d'un fait social, culturel, langagier...

Cette simple remarque incite à distinguer trois niveaux différents :

a / Il y a tout d'abord celui des *data,* des matériaux sur lesquels travaillent des disciplines empiriques ; que ces matériaux soient plutôt au départ de la recherche, dans une perspective inductive telle que la pratiquent plus ou moins la plupart des sciences sociales, ou à l'arrivée, dans la confrontation qu'instaurent des modèles abstraits avec les faits qu'ils sont censés penser, ne change rien au point suivant : ces données sont soit recueillies à partir des *traces* que la vie sociale – au sens large – fournit continûment de ses activités, soit construites par le chercheur au moyen d'outils tels que le questionnaire, l'entretien, l'expérimentation, la simulation. Ces *data,* dans tous les cas, sont des éléments intermédiaires entre « ce qui se passe » ou « ce qui s'est réellement passé » et les *faits* que l'on va pouvoir introduire dans des énoncés explicatifs (« les protestants se suicident davantage parce que... ») ou justificatifs (« c'est comme cela que cela fonctionne, ce fait en est la preuve »). Intermédiaires, ces *data* – ou traces – sont déjà structurés : ce sont des distributions statistiques, des règlements, des témoignages, des récits, des registres, des comptabilités, des paysages, des outils, des formes spatiales... Ils sont accompagnés parfois, voire souvent, de commentaires. Face à ces matériaux, l'épistémologie des sciences sociales a toujours oscillé entre deux tentations : les récuser comme impurs, structurés par des intérêts pratiques et non cognitifs, exprimant des catégories de pensée idéologiques ou ordinaires ; les accepter comme nécessaires parce que renvoyant à une réalité ne se donnant que par la médiation de significations. Ces deux postures, invitant soit à la rupture avec le sens commun (Durkheim, 1895 ; Bourdieu *et al.,* 1968), soit à sa reconstitution phénoménologique (Schütz, 1971), se sont monnayées, dans les diverses disciplines, sous forme d'axiomes plus ou moins stricts inscrits dans les divers programmes. Il est clair, par exemple, que les injonctions faites à l'histoire par Simiand et qui se sont plus ou moins traduites dans le programme de l'histoire économique et sociale de l'école des Annales relevaient de la première posture et invitaient à la construction de séries statistiques épurées. Lorsque, à l'inverse, l'historien s'intéresse à la manière dont, à une époque donnée, une catégorie particulière d'agents pense son activité, sa vie, son monde, il est plus proche de la seconde.

b / Quelle que soit la posture adoptée, le regard critique ou analytique porté sur les matériaux disponibles relève d'une *distinction* entre le postulat d'un arrière-fond de réalité à connaître et à expliquer, d'un côté, et la forme, adéquate – ou en tout cas pertinente – d'expression de cet arrière-fond dans des *faits,* de l'autre. L'arrière-fond de réalité est « ce qui se passe » ou « ce qui s'est passé ». Il nous semble plus raisonnable d'inscrire cet arrière-fond dans une ontologie exprimée en termes d'événements plutôt que de choses. Aucune science sociale ne considère que son domaine relève de propriétés de choses déterminées et de rapports entre celles-ci ; toutes – même lorsqu'elles adoptent des programmes objectivistes pour en rendre compte – admettent la place centrale de l'action humaine. Quelle que soit la manière dont celle-ci est pensée, les entités que les diverses disciplines peuvent construire (comme celles d'institution, de région, de marchandise...), les cadres d'analyse qu'elles peuvent privilégier (comme le marché, la langue, la culture...) ne visent jamais que des agrégats d'actions et d'effets d'actions. Utiliser, pour rendre compte de l'élément commun à toutes ces actions, le terme *événement,* c'est se placer volontairement dans une ontologie épurée permettant de rendre compte d'un double mouvement :

— d'une part, si le « ce qui se passe » n'est rien d'autre qu'une coexistence et une succession indéfinies d'événements, les traces qu'en conserve la vie sociale et qui constituent les matériaux des sciences sociales n'en sont nécessairement qu'une expression fragmentaire, qu'un premier tri à partir de ce que les sociétés ont pu ou voulu préserver. Toute tentative de « restitution » d'un moment, d'une histoire, d'une ambiance, d'une culture n'est donc, par définition, qu'une reconstruction *ex post,* aussi éloignée de l'authenticité promise qu'une modélisation abstraite ;
— d'autre part, si ces traces ne sont que des restes fragmentaires, elles sont à la fois bavardes et silencieuses. Elles racontent, directement ou indirectement, des histoires, des fonctionnements, des rencontres, des normes, des représentations, sans en fournir une interprétation scientifiquement acceptable. *La tâche du chercheur est de postuler une structuration pertinente de la réalité d'arrière-fond, susceptible de transformer ces traces en faits, c'est-à-dire en objets stabilisés d'analyse et d'explication.*

c / Ces faits constituent le troisième niveau annoncé. Ils procèdent d'une opération de construction dont la théorie des programmes de recherche permet de penser qu'elle relève de l'application, à une matrice abstraite d'événements, d'axiomes de structuration, inscrits de façon explicite ou implicite dans des programmes d'analyse. Éclairons ce point. Soit « ce qui s'est passé » : on ne désigne rien par là tant que ne sont pas précisés des repères spatio-temporels ; mais cette précision ne relève pas d'un découpage préalable de choses, mais d'une thèse sur des échelles pertinentes d'événements[1]. Il est postulé que telle échelle spatiale et temporelle de structuration des événements peut pertinemment rendre compte de phénomènes dégagés des matériaux disponibles – ou, dans une perspective expérimentale, construits à partir d'un protocole d'observation –. Chaque discipline construit ainsi des échelles pertinentes, se recouvrant ou non selon ses ambitions et son programme disciplinaire d'ensemble : relations duelles, triadiques, de petits groupes en psychologie sociales ; espaces des pratiques et des groupes en ethnologie ; « région » en géographie ; systèmes-mondes en histoire... Les modalités de détermination de niveaux spatio-temporels pertinents sont, par définition, d'une extrême multiplicité aussi bien dans leur aspect formel (échelle choisie) que matériel (époque et partie du globe). Elles engendrent, cependant, des effets explicatifs, qui invitent à considérer leur choix comme engageant des programmes différentiels : même si, comme nous le verrons, dans leur bataille pour l'explication ultime les grands schèmes explicatifs sont susceptibles de s'appliquer à toutes les échelles, certains niveaux incitent plus facilement à des explication en termes de systèmes et de fonctionnement, d'autres en termes de motifs et d'actions. Un espace spatio-temporel ainsi dégagé peut donner lieu à des formes de structuration pertinentes selon deux orientations : celle des entités retenues comme objets d'analyse (individuelles ou collectives), celle de la direction suivie par cette analyse, synchronique ou diachronique. Il y a, dans cette double direction, à la fois beaucoup de souplesse et de réelles contraintes logiques : une entité collective (la Méditerranée à l'époque de Philippe II, le système féodal, l'esprit du capitalisme, l'idéologie soviétique...) se donne le plus souvent comme un *système* et relève donc d'une analyse où la généalogie, les facteurs d'apparition,

1. La prise de la Bastille, le 14 juillet 1789, peut être rendue intelligible : par les interactions entre les divers acteurs de la scène parisienne réunis ce jour-là ; par la restitution des itinéraires de vie qui se sont croisés et ont engendré telles et telles décisions ; par l'enchaînement des événements « révolutionnaires » qui se succèdent depuis la réunion des États généraux ; par l'exaspération de la crise économique qui sous-tend les divers événements et porte le prix du pain à son coût maximum le 14 juillet 1789...

la structure, le mode de fonctionnement sont autant de lignes d'analyse pertinentes, conjointement ou alternativement. Focaliser l'attention sur les entités individuelles (ou quasi individuelles lorsque l'on accordera ce statut à des acteurs collectifs comme des partis ou des organisations) peut résulter d'un axiome préliminaire strict (comme dans la théorie du choix rationnel) ou moins explicitement formulé : dans chaque cas, cela impliquera la mise en œuvre d'une théorie des motifs et/ou des dispositions engagés par les agents dans leur action. De même, l'accent analytique peut être mis sur la dimension *synchronique* des phénomènes, les correspondances d'un niveau à l'autre, l'équilibre du système, ses déterminations verticales (du type infrastructure-superstructure) ou, à l'inverse, sur leur dimension diachronique : on est alors invité à saisir des *processus*, des *trajectoires*, des *devenirs*, des *histoires*, des *intrigues*...

Tous ces termes appartiennent à la fois au vocabulaire ordinaire et au vocabulaire analytique. Ils nous indiquent, pour utiliser une autre image, que les « tableaux de la réalité » que nous fournissent les données (les traces) sont déjà structurés selon des lignes qui ne sont pas différentes *in facto* mais *in jure* de celles qui président à leur transformation en faits ou en descriptions scientifiques : les mêmes schèmes d'organisation et de pensée peuvent y être à l'œuvre, car la connaissance y est présente et utilise toutes les catégories à sa disposition, y compris scientifiques. Les descriptions des grands écrivains, les Mémoires des hommes politiques, les analyses des décideurs économiques peuvent sembler être non seulement d'un intérêt égal à celui des travaux scientifiques correspondants, mais encore d'une plus grande finesse d'analyse et d'une meilleure capacité de restitution. Il n'empêche qu'ils ne dépassent pas, pour la connaissance en sciences sociales, le stade du document, de la trace, car il leur manque la problématisation de leur fondement. Le chercheur, tout en pouvant utiliser les mêmes catégories, les mêmes matériaux, sait qu'il se livre à un travail de construction *parmi d'autres* possibles et qu'il doit donc apporter une double preuve : celle de la fiabilité de sa description par rapport à l'univers visé (« ce qui se passe » ou « ce qui s'est passé »), celle de sa pertinence différentielle par rapport à un autre point de vue.

Tout cela peut se résumer ainsi :

1 / La réalité visée par les sciences sociales est « ce qui se passe » ou « ce qui s'est réellement passé », dans un domaine d'activités sociales défini. En droit, il s'agit d'une infinité d'événements à la fois simultanés et successifs.

2 / Ces événements laissent des traces sociales : archives, documents, paysages, objets... Ils peuvent être également observés spécialement, ou reconstruits en laboratoire.

3 / On peut appeler « descriptions » ce que fournissent aussi bien ces traces que ces données construites spécifiquement. Elles décrivent en ce qu'elles sont tournées vers la restitution et la mise en forme d'ensemble d'événements. Mais elles sont construites en ce que ces opérations nécessitent des schèmes de découpage et de regroupement en entités et séquences pertinentes au sein d'espaces spatio-temporels eux-mêmes définis.

4 / L'organisation de ces descriptions en faits, partiellement autonomisables et dénommables, est la prémisse nécessaire au dégagement d'une structure explicative visant ces faits, c'est-à-dire à leur insertion dans un système d'énoncés en rendant compte. Ce système peut adopter des formes diverses, allant du modèle au récit, dès lors que l'un et l'autre, comme le montre Jean-Claude Gardin ci-dessus (2e partie), admettent des règles minimales de justification[1].

5 / On peut légitimement avancer la thèse que les points 2, 3, 4, sont directement ou indirectement soumis à des schèmes d'organisation, de mise en forme et d'explication, et relèvent donc de programmes, implicites ou explicites, de recherche.

Lakatos introduisit la théorie des programmes de recherche pour se démarquer des formes naïves du vérificationnisme et du falsificationnisme d'un côté, des dérives relativistes de l'autre : ce n'est pas parce que la science réelle admet des faits insuffisamment étayés et

1. Tout ce développement nous amène à récuser non la description épistémologique du raisonnement sociologique à laquelle se livre Passeron (1991), mais les engagements ontologiques et épistémologiques qui l'encadrent : ontologiquement, ramener les faits sociaux à des faits historiques, c'est rester dans une position intermédiaire inconfortable. Ou bien ces faits sont d'une autre nature que les faits naturels et l'on risque de basculer dans un dualisme contestable, ou bien ils sont de même nature qu'eux, mais alors cela ne peut être précisément qu'à titre d'événements. La différence tient alors au(x) mode(s) de structuration de ces événements qui l'emporte(nt) dans les diverses sciences comme axiomes programmatiques confirmés. Sur le plan épistémologique, parler d'un espace non poppérien, c'est instituer le critère de la falsification non comme une reconstruction logique idéale, mais comme un critère effectif. Les diverses « protocolarisations » justement décrites, c'est-à-dire les diverses formes de reconstruction rationnelle des événements soumises à l'épreuve de l'empirie, perdent de ce fait leur dignité programmatique pour être vouées à un irréductible à-peu-près et entre-deux. À l'inverse, considérer, avec la théorie des programmes de recherche, que tout programme définit un mode de structuration (engagement ontologique) et d'analyse (engagement épistémologique) de matrices d'événements, et que sa pertinence se juge à sa rigueur interne et à son heuristique externe, ouvre la voie à un monisme pluriel maîtrisé, alternative raisonnable aussi bien au dualisme qu'à un monisme de réduction (des faits sociaux à des faits naturels).

refuse de remettre en cause ses théories aux premiers dénis expérimentaux, qu'elle est irrationnelle et ordonnée à des intérêts ou des facteurs extrascientifiques. Appliquée à des disciplines hétérogènes et incertaines comme les sciences sociales, la théorie des programmes de recherche maintient cette perspective rationaliste. Approfondie grâce au dégagement des schèmes, comme élément structurant du noyau dur des programmes, et à l'explicitation de l'espace des engagements ontologiques et épistémologiques constitutifs de la réserve d'axiomes d'une famille de programmes, cette théorie permet d'éclairer divers points décisifs :

a / les rapports internes unissant, en sciences sociales, description et explication, pensée ordinaire et pensée scientifique, et invitant à prendre en compte simultanément leurs différences et leurs liens dans la transformation d'une matrice d'événements en un corpus de faits ; ce fut l'objet du point précédent ;

b / le mode de construction des disciplines, privilégiant dans un premier temps tels ou tels programmes fondateurs, et voyant se développer progressivement des spécifications et des alternatives, par le jeu de l'ouverture de nouveaux domaines d'investigation et du transfert, à titre de paradigmes, de théories d'autres champs (les divers chapitres de la première partie de cet ouvrage en ont donné un aperçu) ;

c / les tensions à l'œuvre en sciences sociales dans la définition des entités ou des formes ultimes de réduction. C'est cette ligne que nous allons maintenant suivre.

L'espace de connaissance en sciences sociales : schèmes et pôles

Un espace tripolaire

Les sciences sociales ont eu et continuent d'avoir leurs grands débats. Certaines des oppositions présentées dans la seconde partie de cet ouvrage en relèvent : holisme/individualisme ; synchronie/diachronie ; modèle/récit. Ces termes peuvent être susceptibles de deux interprétations différentes : comme outils d'analyse de modes de structuration, de restitution et d'explication des faits en sciences sociales ; comme prétendants au statut d'axiomes ultimes. Autour d'eux se sont noués divers engagements métaphysiques et idéologiques. Cette possibilité de passer d'un statut à l'autre, de celui de programme ou d'engagement déterminé à celui d'explication ultime, se retrouve dans la plupart des courants qui, à un moment donné, ont balisé l'histoire de l'analyse en science sociale : objectivisme, subjectivisme, fonctionnalisme, structuralisme, interactionnisme... Même lorsque le hasard des terminologies n'autorise pas une signalétique aussi marquée que celle fournie par le suffixe « -isme », on retrouve peu ou prou ce caractère, comme dans la théorie du choix rationnel, l'ethnométhodologie, la théorie des conventions, la pragmatique, etc.

La multiplication de ces positions rend difficile l'idée d'attribuer à l'une ou à l'autre le statut d'explication ultime ou radicale qu'elles sont toutes si tentées de revendiquer. Quand bien même diverses circonstances permettent-elles à l'une d'elles d'acquérir un statut de référence obligée, ce statut est toujours limité dans le temps et l'espace disciplinaires : c'est sans doute le modèle économique de l'action rationnelle qui a manifesté la plus belle vitalité et la plus grande longévité ; son efficacité dans sa discipline d'origine ne l'y met cependant pas à l'abri de la contestation et son extension aux autres disciplines s'avère périlleuse. Il ne recouvre pas davantage la totalité des faits économiques dont s'emparent également, selon d'autres approches, l'histoire, l'anthropologie et la sociologie. De même, des programmes comme le fonctionnalisme, le systémisme, le structuralisme ont eu leur heure de gloire, puis de déclin, avant de retrouver de nouveaux partisans (par exemple, Van Parijs ou Kincaid pour le fonctionnalisme). Ce qui importe donc, dans de telles prétentions, c'est ce qu'elles révèlent de l'espace de connaissance où elles se font jour. On peut, comme Habermas dans le tableau reproduit plus haut, sélectionner en leur sein un certain nombre d'axiomes fondamentaux et les instituer en décisions stratégiques, délimitant l'espace théorique des sciences sociales. On peut également, et c'est la voie que nous suivrons, essayer de chercher quelles polarités elles révèlent et si celles-ci peuvent éclairer l'espace global des sciences sociales.

Les schèmes, dont nous avons plus haut rappelé une première liste possible, sont également susceptibles, par l'intermédiaire de tel ou tel programme, de prétendre au statut d'explication ultime. Cependant, ils constituent avant tout une matrice d'opérations de connaissance. Cette matrice implique des présupposés ontologiques et épistémologiques par les entités et les propriétés dont elle prescrit une étude déterminée. Mais elle n'est pas, en tant que telle, une théorie de la réalité. À l'inverse, un programme, bien que situé à l'aval du schème, peut prétendre à ce statut par un double mécanisme :

— de sélection d'axiomes définitionnels du domaine à étudier (ce qui équivaut à la constitution du programme comme tel) ;
— d'extension analogique du domaine de pertinence du programme à la réalité globale au sein de laquelle il est découpé.

Ce n'est donc pas à partir d'une liste de schèmes que l'on peut découvrir les grands pôles d'ancrage de la connaissance en sciences sociales. Ces derniers sont, en quelque sorte, les points de fuite des diverses prétentions successives ou concurrentes présentées par tel ou tel programme ou théorie. Ils impliquent, de façon nécessaire, un point de vue global sur la réalité sociale et constituent les grands engagements ontologiques entre lesquels se partagent les divers programmes. Comme tels ils sont simultanément en résonance avec des orientations ontologiques de même niveau, à l'œuvre dans d'autres domaines de la réalité, comme celui des fonctions mentales et de la nature de l'esprit.

Les engagements ontologiques et épistémologiques associés à chaque pôle se donnent à voir dans un rapport privilégié à certaines familles de programmes et dans la défense de prétentions à l'explication ultime ou légitime. L'espace ainsi défini exprime ses tensions dans des débats et des controverses, dans des luttes pour l'imposition de terminologies, dans des tentatives de dépassement et de synthèse. Ces mouvements sont différents de ceux qui peuvent affecter des programmes relevant d'une même famille où le dialogue se noue à un autre niveau, même s'il peut être tout aussi vif (par exemple, entre interactionnisme symbolique et ethnométhodologie, ou entre conceptions diverses de la rationalité). Ces divers réquisits nous amènent à proposer une structure tensionnelle à trois pôles. La comparaison avec la psychologie et les problèmes posés à la philosophie de l'esprit (Engel, 1996) inviterait à restreindre l'espace à deux positions, un pôle naturaliste et un pôle intentionnaliste. Cependant le développement des sciences sociales montre, à diverses reprises et selon des modalités variables, la constitution d'un pôle qu'il faudrait qualifier de « symboliciste » et que nous conviendrons d'appeler plus simplement le pôle du symbolisme.

Avant d'entreprendre la description de chacun de ces trois pôles, il convient peut-être de rappeler les divers termes impliqués dans cette opération. Nous appelons *théorie* un ensemble conceptuel ou propositionnel cherchant à rendre compte d'un domaine déterminé de phénomènes ; *programme,* une orientation d'analyse et de recherche inscrite dans un corps d'axiomes défini et susceptible de s'appliquer à des domaines de réalité divers, conçus comme homologues ; *schème,* une matrice d'opérations de connaissance commune à divers programmes. Un *pôle* est le rassemblement, autour d'engagements ontologiques communs ou congruents d'un ensemble divers de programmes et de théories. Un pôle ne constitue pas une méta-théorie, en ce qu'il ne définit pas les présupposés communs à toutes les théories qui s'organisent autour de lui. Il définit plutôt *un engagement ontologique radical,* intenable comme tel, mais exhibant un point plus ou moins puissant d'attraction, d'ancrage et de stimulation pour un ensemble de programmes et de théories.

Le pôle naturaliste

Le pôle que nous proposons de qualifier de « naturaliste » est celui qui considère que les phénomènes sociaux sont dans la continuité des phénomènes naturels et n'ont pas à relever d'une explication spécifique. Il suffit, pour les analyser, de déterminer les mécanismes dont ils dépendent. Ce pôle trouve son expression épistémologique dans des positions comme celles de Nagel ou d'Hempel. Sa principale préoccupation a été, durant toute une époque, de trouver le schème adéquat : suffit-il de parler de relations causales exprimables sous formes de lois pour rendre compte des phénomènes ? Durkheim et Simiand le pensaient. Si le premier n'excluait pas l'appel aux fonctions – et donc à l'idée de système – celles-ci étaient subordonnées, en droit, à l'idée de causalité : une fonction est un effet dont le caractère positif dans le système où il se produit assure la perdurance (Durkheim, 1895). De fait, les programmes mettant en œuvre et démultipliant les deux schèmes, causal et fonctionnel, se recoupent et interfèrent souvent, comme des changements de focale : les théories de l'enculturation et de l'habitus évoquées plus haut mettent en avant l'un ou l'autre aspect, selon que l'on insiste sur des enchaînements causaux partiels : culture → personnalité, position de classe → habitus, habitus → pratiques, ou globaux, c'est-à-dire circulaires : culture → personnalité → comportements → société → culture. Un élément susceptible d'être simultanément cause et effet – selon la belle formule spinoziste de l'habitus comme « structure, structurée, structurante » – est ainsi analysable par le rôle qu'il remplit ou est amené à remplir. Souvent essentiellement qualitatif, reposant sur des descriptions institutionnelles et le dégagement de normes, le structuro-fonctionnalisme intègre, dans ses variantes systémiques, des relations mathématiques et des corrélations statistiques. Les deux schèmes de la causalité nomologique – ($y = f(x)$) – et du système fonctionnel génèrent ainsi, dans les diverses disciplines, divers programmes, spécifiques ou homologues. Ils rendent possibles des explications globales fondées sur la détermination d'instances superstructurelles par des instances infrastructurelles ou sur la constitution de la « culture », ou des « mentalités » comme noyau organisateur d'un système. Ils s'expriment dans des œuvres ou des théories particulières reconstituant le fonctionnement social à partir de leurs prémisses, comme celles de Parsons ou de Bourdieu. Le rôle structurant de ce pôle est manifeste et souvent dominant en sociologie, en démographie, en ethnologie, en histoire économique et sociale, en géographie durant la première moitié du XXe siècle. En son sein, les débats méthodologiques portent : sur la formalisation des analyses causales et fonctionnelles ; sur la détermination ultime des phénomènes sociaux (l'économie, la culture, le milieu) ; sur la place des normes culturelles dans les comportements et le rôle de la socialisation ; sur l'insertion du monde social dans le monde naturel (évolutionnisme et néo-évolutionnisme).

Le pôle intentionnaliste

Le deuxième pôle est celui de l'*intentionnalité*[1] entendue comme condition d'une action orientée vers une fin. Ce pôle s'oppose frontalement au précédent en substituant un modèle téléologique de l'action au modèle causal que ce dernier reconnaît comme seul acceptable. Relevant philosophiquement de l'empirisme et de l'utilitarisme anglais, il apparaît d'abord en économie et l'*homo oeconomicus* classique est la première manifestation du schème dans les sciences sociales. Il est introduit en sociologie par Max Weber qui ouvre la

1. Le fait que le même terme d' « intentionnalité », désignant l'ancrage du comportement des agents dans une réflexivité irréductible à des relations de causalité, caractérise à la fois un pôle et un schème ne doit pas surprendre : il s'agit d'un cas où un engagement ontologique unique et radical (l'irréductibilité de l'intentionnalité) opère la rupture avec les autres pôles et définit, simultanément, une orientation générale de recherche : déterminer le sens que les agents attribuent (ou peuvent attribuer) à leurs actes. À l'inverse, dans le cas du pôle naturaliste, les schèmes causal et fonctionnel se différencient par une posture ontologique différente : élémentariste pour le premier, qui ne connaît que des rapports entre entités discrètes ; holiste pour le second, qui contraint à donner corps à des entités collectives valant comme systèmes.

théorie de la rationalité à d'autres formes que la conformité à une fin (rationalité instrumentale), en admettant comme autres logiques d'action la conformité à des normes morales (rationalité en valeur), le respect de traditions culturelles et la mobilisation affective. Ce déplacement des formes de rationalité, dès lors qu'il s'agit du social (et non de l'économie) est également thématisé par Pareto dans sa théorie des actions non logiques, des dérivations et des résidus. Simmel, enfin, insiste sur le caractère fondamental des formes de l'interaction, achevant en quelque sorte de poser les bases, autour desquelles vont se développer par la suite les divers programmes de l'action. Ceux-ci vont se distinguer essentiellement (cf. *supra*) selon les axiomes qu'ils retiennent pour caractériser l'intentionnalité de l'action et la structure de l'interaction : dans le premier cas, ils vont osciller entre une théorie étroite de la rationalité, exprimable en termes d'utilité mathématique, et un appel implicite ou explicite à la psychologie ordinaire ; dans le second entre systèmes d'interdépendance et situations d'interaction. À cela s'ajouteront des axiomes auxiliaires, portant sur d'autres aspects, par exemple les modes de coordination de l'action, par imposition, libre concurrence ou accord. Les divers programmes associés aux choix d'axiomes sur ces divers axes vont essentiellement se développer en économie et en sociologie. Alors qu'ils constituent, en économie, un axe central que des progrès formels comme la théorie des jeux confortent et enrichissent, ils ont connu, en sociologie, des fortunes plus contrastées, éprouvant notamment de plein fouet la concurrence du causalisme et du structuro-fonctionnalisme (aux États-Unis), du marxisme et du structuralisme (en Europe et spécifiquement en France), avant de s'imposer fortement dans les vingt dernières années. Ils sont également présents, en général de façon plus implicite, en ethnologie, histoire et géographie, dans la mesure où, par définition, ces disciplines ont également affaire avec l'action et où l'une des réactions au poids des approches causales ou systémiques est précisément d'y faire droit. De façon générale, on peut dire que sur un fonds d'appel à la psychologie ordinaire (qu'implique presque nécessairement la structure narrative souvent utilisée) peuvent s'y dégager des références à certains programmes spécifiques, comme l'ethnométhodologie, l'interactionnisme symbolique ou la théorie des conventions. Enfin, le développement de la pragmatique, en linguistique, substituant la perspective de l'énonciation à celle de l'énoncé et renversant l'opposition saussurienne de la langue et de la parole, relève du même pôle et du même schème. Au langage comme système, et à une problématique combinatoire, se substituent le langage comme action et une problématique intentionnaliste et contextualiste. Comme le précédent, ce pôle est marqué par des tensions internes et externes. Sur le plan interne, la définition de la rationalité et sa place, la forme des contextes d'interaction et leur niveau pertinent d'analyse, les fondements de la coordination de l'action, par contrainte, équilibre ou accord, constituent autant de points d'achoppement et de bifurcation. La volonté conquérante ou offensive de certains programmes, comme la théorie du choix rationnel ou l'ethnométhodologie, accuse les différences. Surtout, et à l'inverse du pôle précédent, les divers courants et théories rassemblés sous le schème de l'action, ont des positions épistémologiques différentes : dans la tradition allemande initiale, certaines défendent un dualisme épistémologique fondé sur la distinction entre sciences de la nature et sciences de la culture, explication et compréhension, alors que d'autres, davantage fidèles à l'héritage de l'économie, optent pour une conception unitaire de la science. Dans le premier cas, le monisme épistémologique est vu comme un naturalisme, et donc un réductionnisme ; dans le second, notamment sous la plume de Popper, comme fondé sur l'unicité de la méthode scientifique. Cette dualité de position interne se reflète évidemment dans le rapport au pôle précédent : rupture sans appel pour les tenants du dualisme, se réclamant notamment d'une sociologie phénomènologique ; formes diverses d'expression d'une spécificité (l'intentionnalité) sur un fonds dont ne sont pas contestées la possibilité et la légitimité de descriptions causales ou fonctionnelles, pour leurs adversaires.

Le pôle du symbolique

Le troisième pôle serait le plus difficile à justifier si nous concevions cette description comme « fondationnelle », c'est-à-dire comme exposant les conditions de possibilité de la connaissance en sciences sociales. La perspective ici suivie est différente. Elle repère des proximités et des différences, des champs de force et d'affrontement et cherche à les thématiser. L'opposition entre pôle naturaliste et pôle intentionnaliste ne fait pas problème car elle se retrouve aujourd'hui – selon des modalités propres – au sein des sciences cognitives et de la philosophie de l'esprit. En revanche, le dégagement du troisième pôle, même s'il a à voir avec les sciences du langage et le tournant linguistique, peut paraître d'autant plus difficile à saisir qu'il regroupe des courants aux fortes oppositions internes dont certains développent des positions épistémologiques les vouant aux marges ou à l'extérieur des sciences sociales comme telles. La caractéristique fondamentale de ce pôle est une opération de *détachement* des significations de leur ancrage possible dans l'un ou l'autre pôle : dans leurs déterminations sociales et culturelles (pôle naturaliste) ; dans leur rattachement à la cognition et aux activités mentales des sujets (pôle intentionnaliste). Cette opération de détachement a, d'une certaine façon, été en sciences sociales l'ombre portée du développement de la logique, de la philosophie du langage et de la linguistique. La première a élaboré sa rupture avec le psychologisme (Frege, Russel) autour d'une théorie de l'autonomie des idées, tandis que la deuxième, avec Wittgenstein (1953), aboutit à une théorie des « jeux de langage ». Les significations ne sont ainsi ni dans les choses, ni dans les têtes, mais dans un « troisième monde » (Frege, 1918-1919 ; Popper, 1972) ou dans le langage (Wittgenstein). L'idée fregéenne d'une objectivité de certains contenus mentaux n'a eu que peu d'échos en sciences sociales aussi longtemps qu'y régna une sorte de vulgate culturaliste. Elle réapparaît fortement aujourd'hui, notamment à partir de l'étude de l'universalité des sentiments moraux (Pharo, 1997). Les positions du second Wittgenstein ont eu davantage de succès, notamment parce qu'elles fournissaient une alternative en quelque sorte phénoménologique aux mécanismes structuraux importés de la linguistique. Celle-ci est la deuxième source d'influence de ce pôle. Sa caractéristique essentielle (cf. ci-dessus, Bougnoux, 1re partie) est d'avoir établi, dans un premier temps du moins, l'autonomie de l'étude du langage comme *système*, selon les oppositions entre langue et parole (Saussure), compétence et performance (Chomsky). Cette autonomie est à la fois interne et externe. D'un point de vue interne, elle invite à saisir la langue ou le langage comme un système de règles présidant à la constitution du sens et à la production des énoncés. D'un point de vue externe, elle suspend le double problème de la production sociohistorique des langues (et de leur rattachement possible au pôle naturaliste) et des fondements mentaux du langage (et de son rattachement aux pôles II ou I selon la conception de l'esprit retenue.) Cette situation de suspension/détachement est paradigmatique de la constitution de ce pôle. Elle a fournit un argument à tous ceux qui, en sciences sociales – essentiellement en sociologie et en ethnologie –, se réclamaient d'une conception non naturaliste et non psychologique des significations et des représentations. Ceux-ci ont pu ainsi s'appuyer sur la linguistique structurale pour mettre, au cœur des cultures, l'idée d'une matrice de règles commandant les pratiques comme une grammaire commande des énoncés. La même démarche préside enfin à une troisième tradition, beaucoup plus complexe, aux inspirations philosophiques diverses, ayant cependant en commun l'idée d'une autonomie et d'une priorité, en quelque sorte ontologique, d'un *sens*. La conception hegélienne de l'Esprit absolu et de sa réalisation dans l'histoire, le courant herméneutique qui court de Dilthey à Gadamer, les variations psychanalytiques sur le symbolisme ont fourni des arguments à diverses approches en sciences sociales, aussi hostiles à une naturalisation de la culture qu'à une rationalisation de l'action. On les retrouve aujourd'hui aussi bien en ethnologie, qu'en sociologie et en histoire sous l'appellation générique de postmodernisme. Associer ainsi des positions aussi éloignées, sur le plan philosophique, que le logicisme de Frege et l'herméneutique de Baudrillard peut choquer ou faire sourire. Le problème est que les divers pôles n'impliquent pas une métaphysique commune en son fond, mais en certains aspects seulement, conçus comme décisoires. Ici, il s'agit de la revendication – explicite ou implicite – d'un troisième monde, d'une autonomie – absolue ou relative – des significations. Le contenu, le fondement, le mode de connaissance de ce troisième monde peuvent être radicalement différents et opposer rationalisme logique ou structural et herméneutiques diverses. Sur le plan épistémologique, ce pôle est, comme le deuxième, traversé par une opposition entre monisme et dualisme. Les programmes se réclamant du structuralisme s'inscrivent facilement dans une conception unitaire de la science et leur modèle explicatif est de type déductif pour peu que l'on substitue la notion de règle à celle de loi. À l'inverse, les approches de type herméneutique s'inscrivent dans la rupture entre sciences de la nature et sciences de l'esprit énoncée à la fin du siècle dernier. En revanche, un trait particulier caractérise ce pôle : seules les approches relevant de l'objectivité des significations ou du schème structural donnent lieu à des programmes au sens strict du terme, c'est-à-dire relevant d'une axiomatique définissant leurs conditions d'acceptation empirique. À l'inverse, celles groupées sous l'appellation d'herméneutique oscillent entre philosophie, littérature et essai et définissent un rapport impressionniste ou esthétique à l'empirie qui les placent très souvent en dehors du champ scientifique *stricto sensu*.

Chacun de ces trois pôles est associé à une histoire en longue durée, des engagements métaphysiques, des schèmes et des programmes d'analyse, des systèmes argumentaires. Aucun ne définit une

Pôles	*Modèles épistémologiques*	*Schèmes*	*Programmes*	*Théories*
Naturaliste	Moniste (modèle des sciences de la nature)	Causal	De type factoriel : $y = f(x^1, x^2, x^3...)$ De type systémique (S1 → S2)	Application d'un programme ou d'un sous-programme à un domaine de réalité défini dans une discipline déterminée.
		Fonctionnel	Simple : fonction de X pour S Complexe : articulation fonctionnelle de systèmes complexes	
		Dialectique/évolutionniste	Simple : *a* et non *a* → X Complexe : transformations successives d'un système	
Intentionnaliste	Moniste (application du modèle déductif-nomologique)	Actanciel	Utilitarisme Actionnisme Théorie de l'action organisée	Idem
	Dualisme (irréductibilité de la compréhension)		Sociologie phénoménologique Interactionnisme symbolique Ethnométhodologie	
Symboliciste	Moniste (idem)	Structural	Structure générative (par exemple combinatoire) Homologies structurales	Idem
	Dualiste (irréductibilité du sens)	Herméneutique	Recherche de signifiés divers : sens du monde, de l'expérience vécue, archétypes, pulsions collectives...	

position rationnellement ultime, telle que l'on pourrait essayer de la dégager d'une entreprise transcendantale et fondationnelle. Il s'agit de points d'ancrage, autour desquels on *constate* que s'organisent, à divers moments, les système d'affiliation et de justification des grands courants d'analyse. Ces pôles sont donc bien différents, par les grands engagements métaphysiques qu'ils concentrent, des schèmes, dont nous avons dit la nature essentiellement formelle et opératoire et des programmes qui en spécifient l'application sous forme d'axiomes déterminés. L'ensemble de ces points peut être résumé dans le tableau synthétique ci-contre.

Cette situation épistémique fondamentale donne à voir deux mouvements d'ensemble fondamentaux : un mouvement de réduction au profit d'un pôle ou d'un programme, prétendant à l'explication ultime ou, du moins la plus légitime ; un mouvement de conciliation des différences et de résolution des oppositions au profit de programmes à prétention résolutoire. Ces deux mouvements, souvent spectaculaires, masquent une entreprise plus modeste, mais peut-être plus efficace, de confrontation réglée des programmes.

Polarité et réduction

Ramener la pluralité des explications et de leur fondement métaphysique à une formule unique est l'une des tentations récurrentes des sciences sociales et de leur philosophie. Indépendamment du scepticisme que l'on peut nourrir pour cette entreprise (cf. ci-après Ogien), le fait est qu'elle semble avoir empli d'énergie de nombreux auteurs. Tour à tour, trois « entités » théoriques peuvent prétendre au statut envié de socle ultime : les pôles, les programmes et certaines théories. Les premiers sont assurément les mieux placés dans cette entreprise. Leur prétention ne s'exprime pas seulement par l'affirmation de la prééminence ontologique ou épistémologique d'un principe de base : l'unité de la nature, la spécificité de l'intentionnalité, l'autonomie des significations ; elle se donne à voir dans la tentative de soumettre le domaine d'objet et le principe d'analyse des pôles adverses.

Pôle naturaliste et réduction

Dans cette compétition, le pôle « naturaliste » est parti le premier et a des avantages incontestables :

— il propose une vision unifiée de l'ensemble de la réalité et évacue les apories dualistes d'un fondement de la dimension « non naturelle » des phénomènes ;
— il propose une vision hiérarchisée des ordres de réalité qui n'est pas forcément vouée à une réduction du plus au moins organisé mais peut admettre l'idée d'*émergence* de formes organisationnelles complexes, dès lors que cette idée est débarrassée de toute métaphysique fumeuse ; il ouvre ainsi la voie à une possible intégration de certaines théories des sciences sociales dans un modèle plus général, de type systémique ou évolutionniste ;
— il instaure des comparaisons fructueuses, dans le cadre de l'ethologie cognitive et de la primatologie entre comportements humains et non humains, rejetant ainsi la barrière trop vite reconstruite par les sciences sociales entre nature et culture ;
— il bénéficie de programmes d'analyse de type causal, fonctionnel, systémique, évolutionniste dont la robustesse et la scientificité ont fait leur preuve.

Ces avantages peuvent être mis au service d'une dissolution de l'argument central de chacun des deux autres pôles, qui n'est, en dernière analyse, qu'une revendication d'autonomie. Il suffit donc, en principe, de pouvoir élaborer une théorie naturaliste du symbolisme et de l'intentionnalité. Le fonctionnalisme ethnologique, dans ses diverses versions, structurelles ou culturalistes, s'est livré à ce type d'exercice : il a analysé les systèmes de représentation à l'œuvre dans les sociétés archaïques comme des moyens permettant de satisfaire divers besoins sociaux ; à travers les idées de modèle culturel et de personnalité culturelle de base, il a avancé l'idée – déjà affirmée avec force par Durkheim – que le sujet se construisait dans l'intériorisation des normes sociales. Le schéma culture → activité → culture peut même être retourné contre la théorie de l'*homo oeconomicus*, en faisant du principe de maximisation la norme d'un système économique déterminé – en l'occurrence, le capitalisme – fonctionnellement associée à sa reproduction. Développés dans le cadre des sciences sociales, ces arguments, fortement affaiblis par le discrédit qui a touché le fonctionnalisme après les années 1960, sont repris aujourd'hui dans une perspective cognitiviste. Il s'agit cette fois de réduire les significations (pôle III) à des croyances (pôle II) et ces dernières à des fonctionnements neurologiques. Il s'agit simultanément de ramener les langues à la culture d'une part (pour leur matière), au langage d'autre part, pour leurs règles de fonctionnement, et ce dernier à des fonctionnements cérébraux. La différence, cependant, entre la réduction fonctionnaliste et la réduction cognitiviste est de taille. La première peut apparaître comme constituant essentiellement, en tout cas dans l'état actuel des choses, une *traduction* des phénomènes dans les termes d'un programme déterminé : les concepts de « personnalité de base » ou d' « habitus » qui lui sont associés peuvent assez facilement être dénoncés comme des artefacts. La seconde, inversement, est suspendue au développement de recherches expérimentales spécifiques. Cette différence renvoie aux deux niveaux auxquels peut fonctionner un programme de recherche en sciences sociales : au niveau linguistique, comme opérateur de traduction des phénomènes dans un langage plus approprié ; au niveau empirique comme générateur d'observations et d'expériences nouvelles. Même si l'interférence entre ces deux niveaux est fréquente, il est net que le premier implique un risque de dérive rhétorique dont est prémuni le second.

Pôle intentionnaliste et réduction

Le deuxième pôle part, inversement, du caractère fondamentalement téléologique de l'action humaine auquel il ajoute, dans ses versions interactionnistes, la nature irréductiblement signifiante des pratiques humaines. Ces deux positions sont des postulats et, d'une certaine façon, ils n'ont pas besoin d'être justifiés. Ils doivent cependant supporter le poids de leurs implications philosophiques : n'invite-t-on pas ainsi à un dualisme retrouvant les vieilles oppositions de la philosophie occidentale entre le corps et l'esprit ? Si le problème n'est pas vraiment posé au sein des sciences sociales, elles peuvent se conforter, dans la période plus récente, de ce que le réductionnisme cognitiviste évoqué à l'instant, se heurte, au sein de la philosophie de l'esprit elle-même, à de fortes résistances (cf. ci-après Ogien). La question n'est pas pour autant résolue, mais le fait que les philosophes ne soient pas forcément prêts à sacrifier les raisons aux causes est un soutien moral indéniable. C'est donc sur un autre registre que vont se déployer les efforts liés à ce pôle : celui de ramener les significations à des croyances et des connaissances ordinaires partagées (contre le pôle III) ; celui de montrer le pouvoir heuristique et démonstratif indépassable des théories de l'action, non seulement dans la compréhension et l'explication des phénomènes directement concernés, mais également pour une saisie du social et du processus civilisationnel comme tels (contre le pôle I). Les arguments, leur portée et leur registre, vont cependant différer fortement selon les courants. L'économie néoclassique arguera de la robustesse de son programme et de son caractère indépassable pour comprendre les mécanismes économiques ; Weber, du rôle éminent de la rationalité, comme mise en cohérence formelle des moyens et des fins, dans le processus civilisationnel et la place qu'y tinrent les grandes religions ; Coleman et Boudon, des effets émergents de l'action, permettant d'expliquer, avec le minimum de postulats métaphysiques, les phénomènes macrosociaux à partir des conduites individuelles. Le point commun à ces trois postures est le suivant : les programmes « rationalistes » de l'action fournissent des explications plus fiables[1], plus crédibles et plus économiques que celles de leurs concurrents causalistes, fonctionnalistes ou systémiques. La posture des programmes interactionnistes de type symbolique est différente. Schütz fait la charnière entre les deux théories en avançant que, sans puiser au fonds commun de significations de la connaissance ordinaire, il est impossible d'étudier quelque comportement que ce soit. La compréhension n'est plus ici une méthode – comme elle l'est encore chez Weber et chez Popper – mais une donnée expérientielle originaire. Elle peut être vue comme un instrument de déchiffrement de significations (interactionnisme symbolique) ou, de façon plus profonde, comme ce à travers quoi se construit, continûment et de façon indépassable, leur situation pour des « membres » (ethnométhodologie). Dans ce cas, en une sorte de retournement radical, l'ethnométhodologie absorbe la totalité du contenu des théories se réclamant des autres pôles, pour dénoncer leur illusion objectiviste et les ramener au statut de commentaires, produits *hic et nunc*, dans l'irréductible indexicalité de leur énonciation. Réalisant ainsi une sorte d'implosion de toute prétention à l'objectivité, l'ethnométhodologie résout le problème en le supprimant.

1. Plus fiables parce qu'elles peuvent être, simultanément, modélisées et exemplifiées (par des descriptions de situation) ; plus crédibles parce qu'elles restent conformes aux motifs universellement reconnus et partagés de l'action (l'intérêt, la valeur, la conformité au sens commun, etc.) ; plus économiques car elles ne nécessitent aucun axiome ontologique pesant comme ceux impliqués, par exemple, par les notions de fausse conscience, de conscience collective, etc.

Pôle du symbolique et réduction

Le dernier pôle, celui de l'autonomie des significations, nous retiendra essentiellement dans sa réinterprétation structuraliste du culturalisme. C'est elle qui, dans l'état présent des choses, a le plus de consistance. Les programmes fondés sur l'objectivité des significations se réclament de la scientificité, tandis que les positions de type herméneutique ont tendance à jeter aux orties les contraintes d'un espace argumentatif : si la tradition hegélienne et diltheyienne est encore forte chez Adorno et certains de ses disciples (Freitag, 1986), elle tend souvent à se dissoudre dans les positions ultérieures. De fait, dans son orientation herméneutique, trois mouvements au moins investissent ce pôle :

— un mouvement de critique idéologique se réclamant de la philosophie critique ou du marxisme, attaquant essentiellement l'illusion de naturalité du pôle I et la réduction rationaliste du pôle II. Enraciné dans la critique du capitalisme et du libéralisme, il est d'ailleurs susceptible d'osciller d'un pôle à l'autre, selon qu'il renvoie l'idéologie dénoncée à des mécanismes infrastructurels (pôle I) ou à des intérêts d'acteurs collectifs (pôle II) ;
— un mouvement de critique discursive, marqué par les divers courants déconstructionnistes qui ont retraduit l'héritage cumulé de Nietzsche, Marx, Freud et Saussure, pour instituer tout texte, scientifique ou non, en dispositif rhétorique et osciller ainsi en permanence entre la production et la déconstruction de textes. Ce mouvement est particulièrement présent dans l'ethnologie contemporaine (cf. 1re partie) ;
— un mouvement, enfin, postmoderne au sens strict, récusant l'idéal de scientificité et d'objectivité de la science moderne au profit de valeurs esthétiques d'expressivité, de témoignage, de performances, etc. (Maffesoli, 1996).

Ces trois mouvements sont, d'un point de vue rigoureux, extérieurs à la scientificité comme espace d'argumentation, ordonné à la logique de la preuve. Mais ils pèsent sur les sciences sociales. Leur « agressivité » – au sens quasi biologique du terme –, associée au sentiment de fragilité et d'incertitude que ressentent parfois les chercheurs des autres obédiences, leur donne une audience et une influence au sein des disciplines. Pris en compte à ce titre, ils expriment, par le rôle déterminant qu'ils accordent aux représentations, aux discours et aux idéologies, par leurs agnosticisme vis-à-vis de toute connaissance de la réalité (pôle I), par leur rejet de l'humanisme théorique et de l'idée de sujet (pôle II), un mode très caractéristique de dénégation.

Celui-ci, d'ailleurs, peut se retrouver partiellement dans certaines versions structuralistes. Mais, dans les usages dominants de l'analyse structurale, le souci de scientificité est incontestable – à un point d'ailleurs qu'ont pu largement railler les tenants des courants précédents. L'opération de réduction qu'opère le structuralisme consiste en une relecture non naturaliste de la culture et de ses principaux aspects : la langue, les systèmes de parenté, la pensée archaïque, les grandes catégories anthropologiques... Dès lors que la culture s'oppose à la nature comme la règle à la loi, elle relève d'un mode spécifique d'investigation, aussi irréductible à des mécanismes naturels (pôle I) qu'à une recherche d'intentionnalité (pôle II). Les règles ne relèvent pas d'une volonté fondatrice (selon l'interprétation qu'en donnent, précisément, les mythes), mais d'une combinatoire instauratrice : la prohibition de l'inceste rend possible l'échange des femmes entre clans et l'établissement d'un ordre ; la structure narrative du conte, de la dissociation initiale du héros et de l'objet de sa quête à leur réunion finale, définit l'univers de possibilité de ses occurrences. Aussi éloigné du pôle naturaliste que du pôle de l'intentionnalité, récusant, dans l'ordre du symbolisme qu'il reconstruit, le causalisme de l'un et le sujectivisme de l'autre, le structuralisme est bien porteur d'une alternative globale, permettant de comprendre, sinon d'expliquer, son hégémonie temporaire à la fin des années 1960.

Réduction, intégration, confrontation

Cette reconstruction « géologique » des grandes oppositions entre pôles et de leurs visées hégémoniques ne rend que partiellement compte, c'est évident, des mouvements de « surface ». Les théories, *a fortiori* les œuvres, c'est-à-dire ce qui, en fait, est donné à lire, puisent souvent à diverses sources et jouent sur divers registres. Moins les disciplines adoptent des procédures formalisées, plus sont possibles les glissements, les effets de style, les paradoxes. Dans la mesure où aucune description n'est exempte de mise en forme (cf. *supra*), où, en dehors de théories strictement axiomatisées et formalisées, les formes « littéraires » d'exposition autorisent de multiples inférences implicites, très rares sont, en sciences sociales, les cas où se réalise de façon stricte la forme logique idéale $T \rightarrow p \approx e$, où T désigne une théorie définie par un certain nombre d'axiomes, *p* des propositions déduites, et *e* des données empiriques. Néanmoins, ces théories ont une armature logique interne assurant les rapports de *compossibilité* entre T, *p* et *e*. Cette armature est précisément ce que nous avons appelé un programme, et, comme telle, elle relève de l'un ou l'autre pôle.

Prise aux deux bouts de la chaîne, des pôles d'ancrage visant à l'explication ultime et à la réduction des programmes, aux théories déclinant au singulier leur structure logique, cette situation épistémique pose trois problèmes de fond, que les diverses disciplines assument selon leur spécificité.

— Est-il possible, oui ou non, de trancher entre les grands pôles et de réorganiser les sciences sociales « par en haut » ? Depuis les déboires du positivisme logique, il semble que la question ne se pose plus de façon décisoire, par application d'un critère de démarcation principiel. Elle relève, en fait, de la clarification des arguments et des positions et de la confrontation de programmes stratégiques. La première tâche incombe plutôt à la philosophie qui en a fait sa spécialité. La seconde s'opère partiellement d'elle-même par les réajustements qu'entraîne l'avancée parfois spectaculaire d'un programme ou d'une orientation. Le *linguistic turn*, le *cognitivism turn* enregistrent de tels mouvements même s'il faut se méfier de telles expressions.

— Ces deux éléments ne relevant pas, directement tout au moins, du bon vouloir des chercheurs, ceux-ci peuvent s'orienter vers une autre direction : la recherche d'une théorie synthétique, intégrant les éléments pertinents de chaque pôle et associant les programmes dans une mutuelle fécondation. Cette tentation de la « grande » théorie intégratrice semble diversement toucher les disciplines : l'économie y répugne et préfère le principe d'économie de pensée associé à son axiomatique de base ; l'histoire a trop connu les « philosophies de l'histoire » pour ne pas marquer sa réserve polie vis-à-vis d'entreprises dont les prétentions naïves la font sourire. La linguistique semble osciller entre les deux positions, préférant les théories formelles d'un côté et multipliant les études concrètes de l'autre. La sociologie, en revanche, manifeste quelques propensions pour l'exercice. Mais surtout, la question interroge le statut de grandes théories interdisciplinaires, que leur pérennité désigne à la candidature au rang envié de théorie de référence : essentiellement le marxisme et le freudisme.

— Enfin, si la première question échappe largement aux possibilités des chercheurs, si la deuxième est, comme nous allons le voir, source de déception, reste une troisième voie : celle de la confrontation, modeste mais sérieuse, sur des objets délimités et clairement pensables, de programmes différents, afin d'en étudier les possibles articulations logiques. Nous terminerons par ce point, dont la modestie – toute mertonienne[1] – ne doit pas cacher l'enjeu : à défaut d'explication *ultime*, elle vise la fiabilité et l'amélioration des explications *partielles* qui sont le lot commun des chercheurs de toute science.

Les théories intégratrices

Une théorie, sinon ultime, servant du moins de référence commune est-elle possible en sciences sociales ? La question n'est dénuée de pertinence, nous l'avons dit, que dans le cas de l'application d'un modèle formalisé à un ensemble de données déterminé. Encore est-il difficile de ne pas interroger certains axiomes du modèle et de ne pas les référer à des critères « métathéoriques » relevant finalement d'engagements généraux tels que ceux associés aux divers pôles. De façon pendulaire, une description historique, ethnographique, sociologique, du seul fait de son recours au langage naturel, véhicule avec elle une théorie implicite de sens commun, que l'explication épure d'autant moins qu'elle recourt le plus souvent à un jeu de va-et-vient entre propositions explicatives, faits et sources.

La difficulté réelle associée à cette situation est qu'une théorie n'apparaît pas crédible si elle ne « joue » pas sur deux tableaux : celui de l'élucidation du problème précis qu'elle entend résoudre ; celui de la congruence de l'explication donnée avec ce que l'on peut savoir par ailleurs du fonctionnement général du domaine. Résoudre, dans une langue donnée, un problème spécifique de syntaxe doit être cohérent avec la syntaxe formelle d'une grammaire universelle ; rendre compte d'un rite mortuaire postule que les séquences comportementales étudiées ont un sens, que celui-ci se rapporte à la mort et à la conception que s'en fait le groupe, qu'il a suffisamment de prégnance sur les participants pour qu'ils s'y soumettent, etc. Même contestée, une théorie explicite d'arrière-fond peut exister et avoir suffisamment de crédit pour étayer les théories partielles : théorie économique néoclassique, grammaire générative, modèles structuraux de parenté... Il peut également se faire

1. Merton (1957), face aux ambitions démesurées des grandes théories, souvent prophétiques, et au vide conceptuel, parfois abyssal, des descriptions statistiques, proposait la construction de « théories de moyenne portée ».

qu'aucune théorie ne puisse légitimement jouer ce rôle, parce qu'elle devrait être, en dernière analyse, une théorie du social comme tel, ou de l'histoire. Dans un tel cas, le sens commun – ordinaire ou savant – évacué par la porte risque bien de rentrer par toutes les fenêtres : Durkheim, ne voulant parler du suicide qu'à partir de régularités statistiques, introduit, *volens nolens*, des éléments interprétatifs – en l'occurrence axiologiques – lorsqu'il refuse d'accorder un caractère causal à la pratique du libre examen à laquelle s'adonnent les protestants, sous prétexte que celle-ci ne peut avoir d'effet négatif et entraîner le suicide ; les sociologues de la science, rompant avec la vulgate d'une discipline et d'un ordre présidant à tous les gestes du savant, pour mettre en évidence les tâtonnements, les balbutiements, les corrections *ex post* des usages ordinaires, mobilisent implicitement une autre vulgate, celle de « l'humain, trop humain », etc. On conçoit dès lors que, entre l'aporie d'une ascèse qui bannirait tout terme non strictement défini et le recours au sens commun pour « boucher les trous », l'appel à une théorie commune d'arrière-fond serait de quelque prix. De fait, des théories comme le marxisme ou le freudisme peuvent, différentiellement, jouer ce rôle, tandis qu'en sociologie une tradition spécifique de « grande théorie » s'est instituée depuis Parsons et tisse un fil entre des auteurs comme Gurvitch, Berger et Luckmann, Giddens, Habermas, Luhmann, Bourdieu et, tout récemment, Baechler (2000).

Ces divers travaux, par-delà leurs différences, nous paraissent avoir les traits suivants :

1 / Ils se livrent, par la discussion rationnelle et la synthèse empirique, à un effort d'intégration souvent décisif, rendant possible une vision simultanément globale et analytique de la réalité sociale. Dans la diversité d'organisation des cadres spatio-temporels évoqués plus haut, dans l'infinité des formes d'interdépendance et des processus de développement, ils sélectionnent et articulent les niveaux pertinents et construisent un indispensable « tableau d'ensemble ».

2 / Ils permettent ainsi aux chercheurs, suivant leur sensibilité, de substituer à leur vulgate de référence une base raisonnée et épurée de travail, susceptible de susciter de nouvelles interrogations, d'ouvrir de nouveaux champs d'investigation ou de renouveler la lecture de phénomènes connus.

3 / Ils proposent, de façon plus précise, des révisions conceptuelles, des ajustements théoriques, des formes d'articulation de programmes participant de l'indispensable travail d'autoréflexion des disciplines sur elles-mêmes.

4 / Ils recèlent, à l'inverse, deux limites fondamentales qui, sans les invalider ni dans leur fond ni dans leur visée, marquent au fer rouge la spécificité – de fait, sinon de droit – de l'espace de connaissance où ils s'élaborent.

— Ces théories, systématiquement bâties sur un modèle conceptuel et non propositionnel, laissent dans l'indétermination les modalités de leur mise en œuvre. Elles s'en remettent à la compétence du lecteur et à la générosité de la communauté scientifique. Elles ne portent, au contraire des grandes théories du monde physique ou vivant, aucune contrainte suffisante pour pouvoir remettre en cause une vision antérieure. Elles rentrent moins dans un cycle de mise à l'épreuve que dans un cycle de commentaire. Elles sont aussi bien les matrices de recherches nouvelles que des candidates au rôle de vulgates savantes ;

— Lorsqu'elles en expriment l'intention explicite (Giddens, Bourdieu, Berger et Luckmann, Bourdieu...), leur désir de réduire l'affrontement entre pôles et programmes, et par conséquent de procéder non seulement à une intégration conceptuelle mais à une intégration programmatique, est faiblement convainquant : que les interactions initiales génèrent la totalité des institutions et des systèmes de représentation (Berger et Luckmann, 1966), qu'acteurs et structures soient en interaction dans un double processus de structuration et de subjectivation (Giddens, 1984), que l'habitus, comme structure structurée-structurante, soit censé réduire l'affrontement de l'objectivisme et du subjectivisme (Bourdieu, 1980), constituent des solutions ingénieuses ou impressionnantes, mais en rien définitives. Il est aisé de montrer que chacune réorganise le domaine en fonction d'un programme et d'un pôle dominants.

Cette situation, dont rien ne permet de dire qu'elle est un horizon indépassable des sciences sociales, mais qu'il vaut mieux affronter lucidement qu'en se payant de mots, trouve une confirmation dans les fondements mêmes de la pérennité de grandes théories transdisciplinaires, comme le marxisme ou le freudisme. Celles-ci ont la caractéristique commune de construire un appareil conceptuel à la fois prégnant et économique, susceptible d'être résumé dans ses aspects fondamentaux en quelques entités et relations fondamentales, tout en se démultipliant suffisamment pour rendre possibles de multiples analyses concrètes. Un aller-retour rapide et confirmatif est ainsi toujours possible entre l'architectonique fondamentale, telle ou telle proposition forte (par exemple, « les pensées dominantes sont les pensées de la classe dominante » ou « le rêve est la réalisation déguisée d'un désir refoulé ») et une classe donnée de phénomènes que cette proposition va éclairer et qui entreront naturellement sous le cadre protecteur de la théorie dans son ensemble. Cette vertu itérative et rhétorique assure à ces deux théories un statut de vulgate que rien ne dément. En revanche, lorsqu'elles deviennent le lieu d'un véritable travail scientifique, c'est-à-dire lorsqu'elles sont mises en œuvre comme cadre explicatif de phénomènes déterminés, elles révèlent leur polysémie programmatique : l'existence d'un marxisme « mécaniste », d'un marxisme « fonctionnaliste », d'un marxisme « structuraliste », d'un marxisme « herméneutique », d'un marxisme « analytique » peut être vue comme autant de déformations et trahisons du matérialisme dialectique ou de revendications en légitimité. Le fait même de cette pluralité d'interprétations et de mises en œuvre indique, à l'inverse, la relative autonomie entre programmes et théories en sciences sociales, qui se réduit lorsque la théorie adopte une forme propositionnelle stricte et s'ouvre, à l'inverse, lorsqu'elle adopte une posture de généralité. Le même phénomène est visible sur le freudisme, interprétable, selon les cas, comme un naturalisme (les pulsions, l'énergie psychique, les associations d'idées), comme un fonctionnalisme (les mécanismes de défense du moi), comme un structuralisme (lecture lacanienne), comme une herméneutique (les symptômes ont un sens). Cette pluralité possible se voit d'autant plus que la psychanalyse comme théorie – et non comme thérapie – joue le rôle de paradigme herméneutique dans des disciplines comme l'histoire, la sociologie ou l'ethnologie.

La confrontation des programmes

Si cette situation aporétique ne réduit en rien l'intérêt théorique et pragmatique des « grandes théories » en sciences sociales, et si l'on peut penser que Sisyphe, à défaut d'être heureux, ne fait pas œuvre inutile, il est néanmoins important que ne soit pas par là occultée une autre entreprise, tout aussi importante, bien que moins spectaculaire, la confrontation des programmes.

Celle-ci ne va pas de soi pour diverses raisons. Les programmes en sciences sociales sont soit partiellement dissimulés comme en histoire, soit complaisamment exhibés dans des conflits d'écoles comme en sociologie. Dans les deux cas, ils échappent à une clarification indispensable. Dans le premier parce qu'ils sont en quelque sorte naturalisés dans les discours de l'historien qui parlera de la fonction des tournois médiévaux ou des homologies entre art gothique et pensée scolastique sans penser mobiliser des schèmes de pensée particuliers ; dans le second, ils disparaissent derrière une accumulation de défenses et de contre-défenses rendant non seulement périlleuse mais encore indécente leur identification.

À l'inverse, l'histoire des disciplines les a parfois mis momentanément au cœur de débats incitant à clarifier leur forme et à dégager leur structure logique de leur gangue rhétorique. C'est le cas, évidemment, des programmes en économie, tenus, par leur confrontation au programme hortodoxe central à construire leur différence dans une égale rigueur sous peine d'être renvoyés vers des champs disciplinaires plus accommodants, comme la sociologie et l'histoire. Ce fut également le cas, à divers moments, en psychologie sociale, en sociologie ou en ethnologie. C'est ainsi que les axiomes fondamentaux de l'analyse structurale sont clairement énoncés par Lévi-Strauss dès 1952, que Merton (1957) oppose au fonctionnalisme de Malinowski une codification rigoureuse de l'analyse fonctionnelle, que Boudon après s'être livré, dans la lignée de l'école de Columbia, au même travail sur l'analyse causale (1967), explicite à plusieurs reprises, parallèlement à Coleman, les principes de l'actionnisme. Cette liste n'est bien sûr pas exhaustive. Elle indique l'existence d'un courant analytique persistant au sein des sciences sociales, attaché à clarifier les procédures de connaissance, au premier rang desquelles les programmes.

Confronter ces derniers, en revanche, est une autre histoire. Elle n'a véritablement de sens que de façon organisée et systématique. Le plus souvent, l'affrontement est frontal ou n'est pas. Lorsque, dans un domaine, une théorie alternative se présente, elle a tendance à pointer ce que la théorie dominante manque fondamentalement, plutôt qu'à opérer un bilan analytique. C'est le cas, par exemple, de la substitution de théories interactionnistes de la délinquance à des théories causalistes, ou de théories fonctionnalistes de la sélection scolaire à des théories causalistes. Si les cas où un programme est rejeté par la critique interne de son schème explicatif ne manquent heureusement pas, en revanche il est quasiment impossible de porter un jugement d'ensemble sur des programmes ramenés à leur axiomatique et à leur forme logique et confrontés dans leur pouvoir explicatif. Cependant, cette impossibilité nous semble d'une autre nature que celle décrite préalablement. Elle ne relève pas de traits structurants de l'espace des sciences sociales, dont il est difficile d'envisager les modifications dans le futur, mais d'un état de développement où la confrontation entre théories et programmes se fait encore, le plus souvent, de façon sauvage.

Si les polarités de l'espace de connaissance dégagées plus haut rendent difficile, voire impossible, la constitution de théories à prétention intégratrice, en revanche elles n'interdisent en rien un travail de plus grande formalisation des programmes, de confrontation systématique de leur pouvoir explicatif sur des objets déterminés, de production de recherches stratégiques, visant à tester les limites de leur pouvoir explicatif et les possibilités de les surmonter.

Conclusion

Toute vision « panoramique » du champ des sciences sociales encourt des risques spécifiques. La loi d'un tel regard est forcément la schématisation, la simplification, la tendance à faire triompher un point de vue dominant.

Dans ces contraintes bien réelles, nous avons voulu développer la ligne argumentative d'un rationalisme lucide. Hostile aux effets de manche et aux grandes dénégations, elle prône l'analyse et l'élucidation, plutôt que le combat et la *tabula rasa*. Partant de ce qui est, les outils choisis – les notions de programme, de schème, de pôle – ont une vocation analytique ou signalétique. La première invite à définir et à suivre, comme niveau pertinent de compréhension des sciences sociales, les axiomes logiques qui organisent la construction des faits et la production des explications. La deuxième révèle, derrière l'axiomatique de divers programmes, le rôle déterminant d'un engagement ontologique et épistémologique commun, commandant les diverses opérations de connaissance associées au programme. La troisième thématise un constat : la distribution des théories, des programmes et des argumentaires autour de pôles, caractérisés par des engagements ontologiques radicaux et attirant à eux les positions s'en approchant.

Les notions utilisées – schèmes, programmes, pôles – sont ainsi à des niveaux différents d'élaboration : plus analytique pour les premières, plus descriptif pour la troisième. Le fait que le concept de programme ait pu être transposé de la philosophie des sciences de la nature, le fait que les discussions et les problèmes engagés autour des pôles, concernant notamment le détachement des significations et la non-réduction de l'intentionnalité, puissent trouver un écho fort dans la philosophie contemporaine, laissent cependant l'espoir d'un dialogue renouvelé entre celle-ci et les sciences sociales.

BIBLIOGRAPHIE

Adorno T., « Sociologie et recherche empirique », *in* T. Adorno, K. Popper, *De Vienne à Francfort. La querelle allemande des sciences sociales*, 1969, trad. Bruxelles, Complexe, 1979, p. 59-74.

Adorno T., « Sur la logique des sciences sociales », *in* Adorno-Popper, *ibid.*, 1979, p. 91-105.

Bachelard G., *La formation de l'esprit scientifique*, 1938, rééd. Paris, Vrin.

Baechler J., *Nature et histoire*, Paris, PUF, 2000.

Berger P. et Lukmann T., *La construction sociale de la réalité*, 1966, trad. Paris, Méridiens-Klincksieck, 1986.

Berthelot J.-M., *L'intelligence du social*, Paris, PUF, 1990.

Berthelot J.-M., *Les vertus de l'incertitude. Le travail d'analyse dans les sciences sociales*, Paris, PUF, 1996.

Berthelot J.-M., *Sociologie. Épistémologie d'une discipline. Textes fondamentaux*, Bruxelles, De Boeck, 2000.

Bloor D., *Sociologie de la logique ou les limites de l'épistémologie*, 1976, trad. Paris, Coll., « Pandore », 1982.

Boudon R., *L'analyse mathématique des faits sociaux*, Paris, Plon, 1967.

Boudon R., *La crise de la sociologie*, Genève, Droz, 1971.

Boudon R., *La logique du social*, Paris, Hachette, 1979.

Boudon R., Clavelin M., *Le relativisme est-il résistible ?*, Paris, PUF, 1994.

Boudon R., *Le juste et le vrai*, Paris, Fayard, 1995.

Boudon R., Pourquoi devenir sociologue ?, in *Revue française de sciences politiques*, vol. 46, n° 1, 1996, p. 52-79.

Bourdieu P., *Le sens pratique*, Paris, Minuit, 1980.

Bourdieu P., Chambordon J.-C., Passeron J.-C., *Le métier de sociologue*, Paris, Mouton, 1968.

Bouvier A., *Philosophie des sciences sociales*, Paris, PUF, 1999.

Callon M., Latour B., *La science telle qu'elle se fait*, Paris, La Découverte, 1990.

Dilthey W., « Origine et développement de l'herméneutique », 1900, trad. in *Le monde de l'esprit*, Paris, Aubier, 1947.

Douglas J. D. (ed.), *Understanding Everyday Life*, Londres, Routledge & Kegan Paul, 1971.

Durkheim É., *Les règles de la méthode sociologique*, 1895, Paris, rééd. PUF ou Flammarion, « Champs ».

Engel P., *Philosophie et psychologie*, Paris, Gallimard, 1996.

Elster J., *Karl Marx, une interprétation analytique*, 1985, trad. Paris, PUF, 1989.

Feyerabend P., *Contre la méthode, esquisse d'une théorie anarchiste de la connaissance*, 1975, trad. Paris, Le Seuil, 1979.

Frege G., *Recherches logiques*, 1918-1919, trad. in *Écrits logiques et philosophiques*, Paris, Le Seuil, 1971.

Freitag M., *Dialectique et société*, Montréal, Saint-Martin, 1986.

Garfinkel H., *Studies in Ethnomethodology*, 1967, rééd. Cambridge, Polity Press, 1990.

Giddens A., *New Rules of Sociological Method*, New York, Basic Books, Inc. Publishers, 1976.

Giddens A., *La constitution de la société*, 1984, trad. Paris, PUF, 1987.

Granger G.-G., *La vérification*, Paris, Odile Jacob, 1992.
Habermas J., *Logique des sciences sociales et autres essais*, 1967-1982, trad. Paris, PUF, 1987.
Habermas J., *Sociologie et théorie du langage*, 1984, trad. Paris, Armand Colin, 1995.
Hayek F. von, *Scientisme et sciences sociales*, 1952, trad. Paris, Plon, 1953.
Hempel C., *Éléments d'épistémologie*, 1966, trad. Paris, Armand Colin, 1972.
Hollis M. et Lukes S. (eds), *Rationality and Relativism*, 1982, Cambridge, Mass., The MIT Press, 2e éd., 1984.
Kincaid H., *Philosophical Foundations of the Social Sciences*, Cambridge (Mass.), Cambridge University Press, 1996.
Kuhn T., *La structure des révolutions scientifiques*, 1962, trad. Paris, Flammarion, « Champs », 1983.
Lakatos I., « Falsification and the Methodology of Scientific Research Programmes », 1970, trad. *in* Lakatos, *Histoire et méthodologie des sciences*, Paris, PUF, 1994.
Laudan L., *La dynamique de la science*, 1977, trad. Bruxelles, Pierre Mardaga, 1987.
Lévi-Strauss C., *Anthropologie structurale*, Paris, Plon, 1958.
Maffesoli M., *Éloge de la raison sensible*, Paris, Fayard, 1996.
Merton R. K., *Éléments de théorie et de méthode sociologique*, 1957, trad. Paris, Plon, 1965.
Mesure S., *Dilthey et la fondation des sciences historiques*, Paris, PUF, 1990.
Nagel E., *The Structure of science*, Londres, Routledge & Kegan, 1961.
Natanson M. (ed.), *Philosophy of the Social Sciences*, New York, Random House, 1963.
Ogien R., *Les causes et les raisons, philosophie analytique et sciences humaines*, Nîmes, Jacqueline Chambon, 1995.
Passeron J.-C., *Le raisonnement sociologique*, Paris, Nathan, 1991.
Passeron J.-C., « De la pluralité théorique en sociologie », in *Revue européenne des sciences sociales*, t. XXXII, n° 90, 1994, p. 71-116.
Pharo P., *Sociologie de l'esprit*, Paris, PUF, 1997.
Popper K., *La logique de la découverte scientifique*, 1934, trad. Paris, Payot, 1982.
Popper K., *Misère de l'historicisme*, 1944-1945, trad. Paris, Presses Pocket, 1988.
Popper K., « La logique des sciences sociales », *in* T. Adorno, K. Popper, *De Vienne à Francfort. La querelle allemande des sciences sociales*, 1969, trad. Bruxelles, Complexe, 1979.
Popper K., *La connaissance objective*, 1972, trad. Bruxelles, Complexe, 1982.
Ramognino N., Houle G. (éd.), *Sociologie et normativité scientifique*, Toulouse, Presses Universitaires du Mirail, 1999.
Rickert H., *Les problèmes de la philosophie de l'histoire*, 1924, trad. Toulouse, Presses Universitaires du Mirail, 1998.
Schütz A., *Le chercheur et le quotidien*, 1971, trad. Paris, Méridiens-Klincksieck, 1987.
Seidman S., Wagner D. G., *Postmodernism and Social Theory*, Cambridge (Mass.) et Oxford (R.-U.), Blackwell, 1992.
Simmel G., *Les problèmes de philosophie de l'histoire*, 1923, trad. Paris, PUF, 1984.
Sperber D., *La contagion des idées*, Paris, Odile Jacob, 1996.
Van Parijs, *Evolutionary Explanation in the Social Sciences*, Towota, Rowman & Littlefield, 1981.
Weber M., *Essais sur la théorie de la science*, 1904-1917, trad. Paris, Plon, 1965.
Weber M., *Économie et société*, 1922, trad. Paris, Plon, 1969.
Wittgenstein L., *Investigations philosophiques*, 1953, trad. Paris, Gallimard, 1986.
Zetterberg H. S., *On Theory and Verification in Sociology*, Totowa, NJ, The Bedminster Press, 1965.

2 – Philosophie des sciences sociales

PAR RUWEN OGIEN

Dans la philosophie des sciences d'aujourd'hui, le climat général est un peu plus propice à une réflexion *autonome* au sujet des sciences sociales, c'est-à-dire à une réflexion dégagée, en partie au moins, des références systématiques et déprimantes au modèle idéal (et probablement mythique) de la physique ou des autres sciences naturelles. Une philosophie des sciences sociales plus ou moins indépendante semble s'organiser (cf. la revue *Philosophy of the Social Sciences*, entre autres). Elle est loin de présenter, du point de vue de la masse des travaux, des innovations conceptuelles, des échanges réels entre philosophes et professionnels, l'équivalent de ce qu'on appelle la « philosophie de l'esprit ». Mais il n'y a aucune raison *a priori* pour que les choses en restent là. Ce qui caractérise cette « nouvelle philosophie des sciences sociales », si on peut l'appeler ainsi, c'est qu'elle mobilise des philosophes plus compétents, c'est-à-dire un peu plus au courant de l'état des recherches empiriques, de leurs limites, mais aussi de leurs résultats (Kincaid, 1996). Dans ce contexte assez favorable, la plupart des problèmes traditionnels des sciences sociales sont reconsidérés (holisme-individualisme ; expliquer-comprendre ; causes-fonctions ; prédire-expliquer ; mode d'existence des faits sociaux, etc.). Bien sûr, le scepticisme à l'égard de ces sciences reste une option vivante. Mais il est mieux argumenté. De la même façon, la défense du statut « scientifique » de ces sciences est plus élaborée. Personnellement, je fais plutôt partie des sceptiques. J'essaierai d'expliquer pourquoi en conclusion.

La plupart des auteurs que je discuterai appartiennent à la tradition philosophique dite « analytique ». Bien entendu, ce choix exprime ma préférence pour cette tradition. Toutefois, il ne faudrait pas en exagérer les conséquences. La distinction entre ce qu'on appelle la philosophie « analytique » et ce qu'on ne pourrait en aucun cas appeler ainsi est loin d'être évidente (Larmore, 1992 ; Proust, 1992 ; Engel, 1997). Aucun des critères de distinction proposés jusqu'à présent (langue, méthodes, doctrines, style, etc.) ne s'est révélé décisif. De toute façon, dans le domaine plus spécifique de la philosophie des sciences sociales, conçue comme une branche mineure (mais qui aspire à ne plus l'être) de la philosophie des sciences, il n'est pas sûr qu'il soit possible de distinguer des « traditions de recherches » complètement différentes (dont le meilleur indice serait l'existence de listes d'auteurs de référence qui ne se recouperaient absolument pas). C'est probablement dans ce domaine que les frontières sont les plus poreuses. Des philosophes comme Karl Popper ou Thomas Kuhn sont cités aussi souvent par les analytiques que les non analytiques. Certes, la philosophie des sciences « analytique » est, dans ses tendances dominantes, conceptuelle plutôt qu'historique. Mais la question de savoir s'il faut privilégier l'aspect conceptuel ou historique en philosophie des sciences préoccupe (ou devrait préoccuper) les philosophes des deux confessions.

Dans ce qui suit, j'accorde la priorité à l'analyse conceptuelle. J'insiste surtout sur la *justification* des théories en sciences sociales et je laisse de côté les problèmes liés à leur *découverte* (au contexte historique de leur formation, à leurs origines intellectuelles, aux différents « obstacles épistémologiques » à leur construction, etc.). Je me range donc clairement dans un camp, assez éloigné par exemple de celui dans lequel on a pris l'habitude de situer Bachelard, à tort ou à raison (Lecourt, 1999). Mais il me semble que c'est un choix qui peut être jugé raisonnable même par des chercheurs qui, contrairement à moi, n'ont aucun goût particulier pour le genre de philosophie qu'on dit « analytique ».

Philosophie des sciences et philosophie des sciences sociales

En un peu moins d'un demi-siècle, la philosophie des sciences a dû abandonner la plupart de ses prétentions. Pour les positivistes logiques classiques (Carnap, 1956) et leurs compagnons de route critiques (Popper, 1973 ; Nagel, 1979 ; Hempel, 1965), la philosophie des sciences avait deux objectifs assez clairement définis :

1 / Établir des critères de *démarcation* entre la science et la non-science, c'est-à-dire des critères formels (sémantiques, logiques) qui nous permettraient de justifier la séparation entre sciences et mythes, pseudo-sciences, métaphysique, savoirs pratiques, etc.
2 / Évaluer, à la lumière de ces critères, les différentes disciplines qui se présentent comme des sciences (de la physique à l'astrologie en passant par la linguistique ou la sociologie).

L'examen donnait toujours les mêmes résultats. La physique passait brillamment l'épreuve (ce qui n'avait rien d'étonnant puisqu'elle était taillée exactement à sa mesure). L'astrologie était systématiquement recalée (ce qui était aussi couru d'avance). Les sciences humaines et sociales – psychologie, histoire, anthropologie, sociologie, économie, etc. – obtenaient des résultats médiocres accompagnés de commentaires condescendants (du genre : « Peut mieux faire », « Possibilités limitées en matière de prédiction », « Un peu plus de rigueur ne serait pas inutile », etc.) qui finissaient par agacer les spécialistes de ces disciplines (Lazarsfeld, 1970).

Mais ce n'est évidemment pas le ton moralisateur de cette philosophie des sciences *normative* (c'est-à-dire évaluative et prescriptive, mais surtout à l'égard des sciences sociales) qui finit par la rendre suspecte. En fait, il est apparu progressivement qu'il n'y avait pas d'accord sur les critères formels de démarcation entre science et non-science ni même d'accord sur la possibilité d'en trouver. De nombreux philosophes (et peut-être aussi quelques scientifiques) ont été impressionnés par le critère proposé par Popper : la *réfutabilité* ou la *falsifiabilité* (Popper, 1973). D'après Popper, pour savoir si une théorie est scientifique, il ne faut pas se demander à quelles conditions elle pourrait être *vraie* ou, plus exactement, *vérifiée* (elle ne le sera jamais) mais à quelles conditions elle pourrait être *fausse* ou, plus exactement, *réfutée* (ce qu'on peut démontrer). Mais il n'est pas très facile de savoir si une théorie est réfutable ou pas. Popper lui-même semble avoir eu les plus grandes difficultés à se servir de son critère. À propos de la psychanalyse, il a toujours plus ou moins confondu ces deux thèses différentes et incompatibles : 1 / La psychanalyse est irréfutable, ce qui lui interdit d'être scientifique. 2 / Même lorsque la psychanalyse a été réfutée ou invalidée, ses disciples refusent de le reconnaître (ce qui revient à dire que la psychanalyse n'est pas irréfutable : Grünbaum, 1996).

De la difficulté à trouver un critère de démarcation *formel* qui puisse faire l'objet d'un accord assez large, il ne suit pas, bien sûr, qu'il n'en existe aucun, d'aucune sorte (*informel*, par exemple). C'est pourtant ce que certains philosophes pressés ont conclu. D'après eux, en l'absence de critères de démarcation formels, la philosophie des sciences doit renoncer à ses prétentions *normatives*. Elle doit être *naturalisée*, c'est-à-dire céder la place à des disciplines plus modestes, purement *descriptives* telles que l'histoire, la psychologie ou la sociologie des sciences (Kitcher, 1992). Tout ce que la philosophie des sciences peut faire à la rigueur, c'est tirer toutes les conséquences théoriques de cet état de choses (au cas où elles auraient échappé aux spécialistes de ces disciplines) : c'est-à-dire devenir *relativiste*. Mais le relativisme ne peut évidemment pas être le dernier mot de l'histoire. Il est exposé à une objection « standard ». La vérité du relativisme prouve sa fausseté, parce qu'elle établit qu'il existe au moins une vérité absolue ou non relative : la vérité du relativisme. De plus, les arguments relativistes plus spécifiques (entre autres, la thèse dite de « l'incommensurabilité des théories scientifiques » empruntée à Kuhn, 1972, par exemple), reposent sur une sémantique contestable. Cette dernière part du principe que, si deux expressions ont des *sens* différents, elles font référence à des *propriétés* différentes. Mais deux expressions dont le sens est différent (« eau » et « H_2O », par exemple) peuvent désigner la même *propriété* (Putnam, 1984 ; Sheffler, 1985). À partir de ce genre d'objections (et de beaucoup d'autres), un important courant *réaliste* (ou antirelativiste) s'est développé en philosophie des sciences. Il rejette à la fois le positivisme et le relativisme. Bref, la situation en philosophie des sciences s'est considérablement compliquée. Une sorte de pluralisme s'est installé. Les centres d'intérêt des philosophes des sciences se sont aussi élargis. La philosophie des sciences positiviste était une *méthodologie*. Elle s'intéressait exclusivement à la logique des sciences reconnues comme telles et se posait seulement la question de son extension à d'autres disciplines au statut douteux. Elle ignorait l'*épistémologie* (théorie générale de la connaissance, par opposition à la théorie de la connaissance *scientifique*). Elle adoptait à l'égard de la métaphysique et de l'ontologie une attitude de neutralité assez peu bienveillante (le choix du langage des sensations ou des objets familiers relève de la « morale » personnelle ; les propositions ontologiques n'ont pas de sens « cognitif », etc.).

La philosophie des sciences d'aujourd'hui n'est plus seulement une méthodologie. Elle reconnaît ses relations à l'épistémologie générale et prend les questions ontologiques au sérieux (Salmon,

1999). Lorsqu'elle n'a pas entièrement renoncé à ses ambitions normatives, elle essaie, autant que possible, d'être informée des problèmes spécifiques qui se posent à chaque science particulière. L'espoir de trouver quelque chose de commun à l'ensemble des sciences n'est pas abandonné. Mais il se situe désormais à un niveau de généralité très élevé : des engagements envers l'impartialité ou l'objectivité que personne n'aurait des raisons de rejeter, etc. (Scheffler, 1985).

Qu'est-ce qu'une science sociale ?

Pour ceux qui endossent l'unité des sciences comme « hypothèse de travail » (au sens fort, épistémologique ou ontologique, et non au sens faible, méthodologique), les sciences sociales se situent au sommet d'un édifice dont la base est la physique et les étages immédiatement inférieurs, la psychologie et la biologie (Oppenheim, Putnam, 1980). D'après eux, de la même façon que la psychologie ou la biologie, les sciences sociales seront « réduites » un jour ou l'autre à la physique *via* la psychologie et la biologie précisément (Oppenheim, Putnam, 1980, 354). Ainsi se réalisera (progressivement mais sûrement) le rêve naturaliste d'abolir la fameuse division entre les Sciences de l'Homme et les Sciences de la Nature. Différents programmes dits de « naturalisation » des sciences humaines et sociales adoptent implicitement ou explicitement l'unité des sciences comme « hypothèse de travail » (cf., par exemple, pour l'anthropologie, Sperber, 1996 ; pour la sociologie, Conein, 1997).

Si on rejette cette hypothèse (comme le recommande Jerry Fodor, par exemple : Fodor, 1980), les sciences sociales pourraient être caractérisées avant tout par le fait qu'elles sont *irréductibles* à d'autres sciences particulières telles que la psychologie ou la biologie. Dans l'état présent de la discussion, cette dernière hypothèse n'est pas la plus déraisonnable. Mais elle ne nous donne aucune caractérisation *positive* des sciences sociales. À la question de savoir ce qu'elles ont en commun, les spécialistes pourraient être tentés de répondre : « Pas grand-chose ! » À propos des différentes disciplines qu'on essaie de faire rentrer dans le même panier (démographie, histoire, géographie, sociologie, linguistique, anthropologie sociale, psychologie sociale, sciences politiques, économie, etc.), on pourrait dire, si l'expression ne commençait pas à être trop usée, qu'elles n'ont entre elles qu'une vague « ressemblance de famille » à la Wittgenstein.

Lorsqu'on met ces disciplines côte à côte dans un certain ordre, on peut voir, à peu près, ce que chacune a en commun avec sa voisine la plus proche (par exemple, la géographie avec la sociologie, la sociologie avec la linguistique, etc.). Mais, entre les membres les plus éloignés de la série (la géographie et la linguistique dans cet exemple), on a du mal à percevoir l'élément commun.

Le sentiment que l'étiquette « sciences sociales » ne convient pas aussi bien à toutes ces disciplines est probablement lié au fait que, à l'exception de quelques disciplines-noyau, aucune ne s'intéresse exclusivement à ce qui peut être dit « social ». Certaines se préoccupent aussi sérieusement de phénomènes physiques (géographie), psychologiques (linguistique). D'autres, de modèles purement logiques ou mathématiques (économie, démographie). D'autres, enfin, incluent des disciplines normatives telles que le droit (sciences politiques).

Rien ne nous interdit, par conséquent, d'estimer qu'il vaudrait mieux réserver l'appellation « sciences sociales » aux disciplines qui se sont spécialisées dans les objets ou les propriétés sociales, ainsi que leur nom l'indique (sociologie, anthropologie sociale et culturelle, psychologie sociale). C'est d'ailleurs ce que semblent estimer les représentants de disciplines apparentées, qui préfèrent déclarer faire de l'histoire, des sciences politiques, etc., plutôt que des sciences sociales (appellation qui doit leur paraître relativement inappropriée, et aussi, probablement, légèrement dévalorisante). Cependant, même dans le groupe restreint des disciplines qui sont bien obligées de revendiquer le label « sciences sociales », il existe des réticences. Ce sont les sociologues (et certains anthropologues sociaux de la vieille école structuro-fonctionnaliste) qui semblent le moins embarrassés. À côté des philosophes qui ont réfléchi à un moment ou l'autre de leur carrière aux sciences sociales (Carl Hempel, Ernst Nagel, Karl Popper, Alfred Schütz, Peter Winch, Alasdair McIntyre, Mario Bunge, Gilles-Gaston Granger, Paul Ricœur, Michel Foucault, Jürgen Habermas, Charles Taylor, Steven Lukes, Vincent Descombes, Jon Elster, Graham MacDonald et Philip Pettit, etc.), ce sont principalement les sociologues « généralistes » qui tiennent à donner régulièrement leur opinion sur ce qu'est exactement un « fait social » ou un « phénomène social ». Le problème, c'est que ces opinions sont loin d'être convergentes (Berthelot, 1996). En fait, il existe, dans cette discipline où l'on se préoccupe sérieusement de savoir ce qu'est un phénomène social, un fait social, des objets sociaux, des propriétés sociales, etc., des *points de focalisation* différents. L'identification de points de focalisation est, bien sûr, une sorte d'idéalisation (Kagan, 1998). Elle consiste à mettre en évidence, à partir de théories complexes, une sorte de *priorité conceptuelle*. Il n'est pas impossible de dresser des listes de ces points de focalisation, en référence à tel ou tel auteur, en tenant compte du fait que certains d'entre eux pourraient figurer dans plus d'une classe et en excluant ceux qui ont proposé de vastes synthèses sans véritable point de focalisation (Bourdieu, 1972 ; Giddens, 1984) ou des conceptions franchement antithéoriques (Garfinkel, 1967).

Certains spécialistes risquent de trouver ce genre de liste bizarre dans la mesure où elle exclut tout ce qui a été fait depuis plus d'un demi-siècle pour éviter les focalisations traditionnelles et les constructions théoriques purement analytiques. Ils estimeront qu'elle ressemble plutôt à l'autopsie d'un cadavre qu'à un état des lieux vivant des sciences sociales telles qu'elles se pratiquent actuellement. Mais mon objectif est précisément de montrer que ces divisions et focalisations demeurent pertinentes. Il est indéniable que des efforts considérables ont été accomplis pour éviter d'utiliser un langage qui pourrait rappeler d'une façon ou d'une autre les dichotomies dites « naïves » collectif-individuel, objectif-subjectif, structure-agent, en général et ces points de focalisation en particulier (Corcuff, 1995). Personne ne peut nier non plus que ces efforts ont abouti à quelques créations lexicales spectaculaires (en particulier, le couple « champ-habitus » de Bourdieu, la « dualité du structurel » de Giddens, la « réflexivité » de Garfinkel, etc.). Mais il est permis de douter du fait que ces créations nous aient permis de progresser, ne fût-ce qu'un peu, vers une solution réelle de certains des paradoxes les plus élémentaires des sciences sociales. C'est donc, en effet, une légère marche arrière que je propose en présentant cette liste (qui n'a d'ailleurs rien d'exhaustif ou de définitif) des préoccupations qui restent, à mon avis, celles des sciences sociales pour des raisons qui n'ont rien d'accidentel. Bref, je dirais qu'en dépit de toutes sortes de proclamations fracassantes, les sciences sociales continuent de s'intéresser :

1 / Aux *propriétés formelles* des groupes sociaux (taille des groupes, mode de distribution des membres selon l'axe horizontal de la proximité ou vertical de la hiérarchie, durée de l'interaction, etc.), et à l'influence de ces propriétés sur les conduites individuelles ou sur d'autres propriétés formelles (la taille du groupe peut conditionner son mode de distribution, etc. : Simmel).

2 / À des *faits institutionnels* tels que les normes (ce qui est prescrit, interdit, permis, recommandé, etc.) ou les valeurs (impartialité, fidélité, honneur, etc.) et à leur influence sur les conduites ou les croyances individuelles par le biais, entre autres, de la socialisation (Benedict).

3 / À des *faits structurels* (distribution du pouvoir, de prestige, de statut économique ou légal, etc.) et à leur influence sur les croyances et les conduites individuelles ou sur d'autres faits structurels (Marx).

4 / À des *données agrégées* (telles que des courbes de croissance, des degrés de cohésion sociale, d'industrialisation ou d'urbanisation, etc.) et à leurs relations à d'autres données agrégées (des taux de chômage, de suicide, des changements de structure familiale ou de pratiques religieuses : Durkheim).

5 / Aux conséquences ou aux *fonctions* d'activités sociales dans la sélection (c'est-à-dire l'existence et la persistance) de ces activités (par exemple, l'existence et la persistance de certains rituels collectifs s'expliquent par leur contribution à la stabilité de telle ou telle institution : Merton).

6 / Aux *impératifs fonctionnels* des groupes ou des sociétés (c'est-à-dire à ce qui est nécessaire au maintien ou à la survie des groupes ou des sociétés) et à l'influence de ces impératifs dans la sélection de certaines institutions (par exemple, une société ne pourrait pas « survivre » sans un système de stratification, ou un équivalent fonctionnel de ce système, capable de motiver les plus compétents à occuper les positions les plus importantes dans cette société : Parsons).

7 / Aux actions individuelles en tant qu'elles sont orientées significativement vers autrui (Weber).

8 / Aux phénomènes collectifs en tant qu'ils sont les effets voulus ou non voulus d'actions intentionnelles individuelles (Coleman, Boudon).

Chaque grande théorie sociale pourrait être caractérisée par son point de focalisation. Par exemple, le culturalisme s'intéresse aux faits institutionnels ; le fonctionnalisme, aux conséquences des activités sociales dans la sélection de ces activités ; l'individualisme méthodologique, aux conséquences voulues ou non voulues d'actions intentionnelles ; etc.

Holisme et individualisme

À première vue, les focalisations 1, 2, 3, 4, 5, 6, d'une part, 7 et 8, de l'autre, forment deux groupes distincts. Dans les premières, la priorité est donnée aux propriétés supra-individuelles ; dans les secondes, aux propriétés individuelles.

Il est assez tentant de dire des premières qu'elles sont « holistes » par opposition aux secondes qui seraient « individualistes ». Il me semble qu'il vaut mieux résister à la tentation. Il existe un sens vague du terme « holisme » qui fait référence, semble-t-il, à l'idée que le tout est plus que la somme de ses parties. Mais dans ce sens vague, « holisme » n'a pas suffisamment de valeur discriminante. Toutes les théories sociales sont « holistes » d'une façon ou d'une autre. En effet, chacune de ces théories doit bien mettre un terme à l'analyse des constituants de la « réalité » sociale. Chaque théorie a ses objets ultimes (des groupes, des individus, des états infra-individuels et ainsi de suite). Or, de chacun de ces objets, il est possible de dire qu'il est un « tout qui est plus que la somme de ses parties ». De sorte que chaque théorie se trouve exposée à l'accusation de « holisme » (partiel au moins). Pour les infra-individualistes, l'individu de l'individualisme méthodologique est une totalité qui pourrait être réduite ou éliminée au profit de ses parties ; des états du cerveau en particulier (Sperber, 1997). Mais les états du cerveau sont aussi des « touts » qui sont plus que la somme de leurs parties (du moins, on peut le supposer). Jusqu'où faut-il aller pour ne pas être « holiste » ?

À côté de ce sens vague et peu discriminant du terme « holisme », il en existe d'autres, plus précis mais tellement bizarres qu'il faudrait plutôt dire d'eux qu'il s'agit de non-sens (ou d'usages métaphoriques assez peu féconds). Pour les adversaires du « holisme », ce terme sert à désigner une erreur de catégorie, du genre de celle que l'on commet lorsqu'on dit : « Cette pierre souffre. » Le holisme ne serait rien d'autre qu'une forme particulièrement insidieuse *d'anthropomorphisme.* Il attribuerait à certaines entités « conceptuelles », « abstraites », « taxonomiques » telles que l'État, la Culture, l'Armée, l'Ordre symbolique, des propriétés que ne peuvent posséder, en toute rigueur, que des individus humains : « croire », « vouloir », « se réjouir », « réfléchir », etc.

Cependant, si tous les spécialistes des sciences sociales sont plus ou moins holistes, au sens vague, aucun ne l'est véritablement au sens anthropomorphique. En dehors de ces deux positions intenables (le rejet de toute totalité, l'anthropomorphisme), différents points de vue intermédiaires font l'objet d'une discussion raisonnable. Par exemple : peut-on laisser ouverte la possibilité qu'existent des croyances collectives, si on entend par là des croyances *acceptées* qui servent de *ligne d'action* et non des croyances *causées* par des stimulations de l'environnement (Gilbert, 1996 ; Engel, 1997) ? L'analyse de corrélations entre données agrégées peut-elle être raffinée au point de pouvoir être considérée comme une explication authentiquement causale ? (Bunge, 1997). Le terme « holisme » est-il approprié pour qualifier la position de ceux qui répondent affirmativement à ces questions ? Je ne le pense pas (bien que Margaret Gilbert, qui défend l'existence de croyances collectives acceptées, se dise « holiste ». Mais c'est de la provocation (Gilbert, 1996). Je m'abstiendrais, par conséquent, d'opposer les deux groupes de « focalisations » en qualifiant les premiers de « holistes ». On ne peut pas les opposer, non plus, en déclarant que le premier groupe est « déterministe » ou « sociologiste », alors que le second ne l'est pas. Ceux qui se focalisent sur les propriétés formelles de l'interaction, les structures sociales ou les données agrégées ne sont pas nécessairement déterministes. Ils peuvent être simplement probabilistes ou agnostiques sur ces questions. Quant aux spécialistes des structures, ils semblent estimer, pour la plupart, que la connaissance de ces structures est le meilleur moyen de se *libérer* de leurs contraintes. Ce n'est pas exactement du déterminisme.

Tout ce que l'on peut dire, c'est que, lorsqu'on passe du premier au second groupe, l'explication semble aller dans des *directions* opposées. Dans le premier groupe (focalisations 1-6), on cherche à expliquer certains aspects des conduites individuelles et certains phénomènes sociaux par d'autres phénomènes sociaux. Dans le second groupe, on cherche à expliquer des phénomènes sociaux par des conduites individuelles. Autrement dit, le phénomène social est l'*explanans* (ce qui a valeur explicative) du premier groupe et l'*explanandum* (ce qu'il faut expliquer) du second. Mais rien n'exclut que le phénomène social une fois expliqué serve d'explication, de sorte qu'une forme de « boucle explicative » peut apparaître, neutralisant ou brouillant les points de focalisation (Livet, 1999). De toute façon, même les théories qui se focalisent le plus étroitement sur les actions individuelles ne peuvent pas et ne doivent probablement pas non plus exclure toute référence aux effets de propriétés supra-individuelles sur les actions individuelles. Il suffit de penser au rôle que jouent les « situations » dans l'analyse de Popper (1988) pour le reconnaître (Lukes, 1968). Il peut donc y avoir une certaine convergence dans les explications en dépit des différences de focalisation initiales et, par conséquent, une certaine convergence dans les problèmes. En définitive, on peut dire qu'il existe, au moins, un problème commun à l'ensemble des sciences sociales ou, plus exactement, à toutes les théories sociales *quel que soit leur point de focalisation.*

Peut-on donner un sens raisonnable à l'idée que des propriétés supra-individuelles ont des effets causaux sur les croyances ou les actions individuelles ou sur d'autres propriétés supra-individuelles ? Ce problème a plusieurs aspects importants. L'un d'entre eux peut être dit « ontologique ».

La controverse ontologique

Il n'existe probablement pas beaucoup d'exemples d'ensembles de disciplines qui, à l'instar des sciences sociales, se sont développées en opposition constante aux principes qui leur donnaient une raison d'être. C'est Durkheim, sans aucun doute, qui a formulé ces principes de la façon la plus claire et la plus systématique. Voici une version (peut-être pas tout à fait orthodoxe) de ces principes ou propositions de base. La première proposition est *épistémologique* (elle porte sur la pertinence explicative des facteurs sociaux) ; la seconde est *ontologique* (elle est relative au mode d'existence des faits sociaux, à leur indépendance à notre égard et à leurs pouvoirs causaux).

1 / Les facteurs sociaux (faits institutionnels, propriétés formelles des groupes, données agrégées, propriétés structurelles ou organisationnelles, impératifs fonctionnels, conséquences non voulues d'actions intentionnelles, etc.) ont une pertinence évidente dans l'*explication* de croyances et d'actions individuelles ainsi que dans l'explication d'autres facteurs sociaux.

2 / La meilleure explication de cette pertinence explicative, c'est, tout simplement, l'existence de faits sociaux indépendants des croyances et des actions individuelles, exerçant certaines contraintes sur ces dernières.

C'est, bien entendu, la seconde proposition de base, *ontologique*, qui est la plus contestable. Je la présente comme une « inférence à la meilleure explication » (Harman, 1978) parce qu'il me semble que c'est la meilleure façon de lui donner un sens raisonnable. Mais sa fragilité vient de là précisément : la valeur de la proposition dépend de celle qu'on accorde à ce genre d'inférence. Quoi qu'il en soit, il est permis de dire, sans exagérer, que, dans l'ensemble des théories sociales ayant survécu aux débats d'idées, aucune, pratiquement, n'a endossé cette proposition sans l'amender radicalement et que la plupart ont été construites dans l'intention *explicite* d'en établir l'absurdité (afin, peut-être, de sauver la première proposition de base). C'est évident dans le cas de la théorie de l'échange social (Homans, 1967), de l'individualisme méthodologique (Coleman, 1990 ; Boudon, 1984), de l'interactionnisme symbolique (Becker, 1963), de l'ethnométhodologie (Garfinkel, 1967). Ça l'est aussi (quoiqu'un peu moins) dans le cas des théories de type fonctionnaliste ou structuraliste postdurkeimiennes. Parsons, par exemple, s'est donné beaucoup de mal pour reconstruire cette deuxième proposition sur le mode *analytique* ou *formel* en excluant tout engagement ontologique relatif à la réalité des structures (Parsons, 1951). Des sociologues d'inspiration plus réaliste ont tout misé sur la possibilité d'anéantir les dichotomies collectif-individuel, objectif-subjectif, structure-agent, système-acteur, etc. (Giddens, 1984 ; Bourdieu, 1972). Une telle unanimité mérite une explication. Qu'est-ce qui ne va pas dans la seconde proposition de base ?

Ce qui est jugé intolérable, semble-t-il, c'est l'attribution de propriétés physiques (en l'occurrence, des pouvoirs causaux) à des êtres non physiques (des concepts ou des instruments d'analyses tels que les « systèmes », les « structures », la « culture », la « société », etc.). Ce qui est rejeté, c'est une sorte de résidu métaphysique. Attribuer des pouvoirs causaux à la « culture » est aussi absurde qu'en accorder à l'*Âme*. L'erreur contenue dans la seconde proposition est de type cartésien. Elle revient à endosser une forme de dualisme.

Personne n'a jamais nié qu'il était possible de concevoir toutes sortes d'êtres abstraits : des êtres de raison, comme les entités mathématiques ou les centres de gravité, etc. Personne ne peut exclure, non plus, la possibilité de faire jouer à ces êtres de raison un rôle important dans notre compréhension du monde. Les choses se gâtent seulement lorsque des pouvoirs *causaux* sont attribués à ces êtres de raison. Car les seules choses (objets, événements, etc.) qui sont susceptibles d'entretenir des relations causales sont les choses physiques si, du moins, nous en restons aux doctrines les moins controversées sur la question. Or, ce que dit le dualisme de type « cartésien », c'est que certaines choses dépourvues de propriétés physiques possèdent néanmoins des pouvoirs causaux, ce qui est absurde ou, pour le moins, extrêmement bizarre dans le contexte d'une théorie scientifique.

Personnellement, j'estime qu'on ne peut pas éliminer les résidus de ce genre de dualisme dans les sciences sociales. Autrement dit, je ne crois pas qu'il soit possible de se débarrasser de la seconde proposition de base, la plus controversée. Une bonne partie de ce qui suit vise à mettre en évidence le prix extrêmement élevé qu'il faut payer lorsqu'on l'exclut radicalement. Ce prix, me semble-t-il, c'est l'obligation de faire reposer tout le poids de l'explication scientifique sur des principes qui ne peuvent pas le supporter : les principes de la psychologie dite « ordinaire ».

Le mode d'existence de faits sociaux

Dans l'ensemble des recherches dites « ontologiques » ou « métaphysiques » (je me permettrai ici de ne pas distinguer les deux termes, bien que, pour de nombreux philosophes, leurs extensions ne coïncident pas), l'une d'entre elles intéresse plus particulièrement les spécialistes des sciences sociales. C'est celle qui est guidée par la question de savoir s'il est possible de trouver des critères susceptibles de donner une justification à la séparation que nous faisons assez couramment entre ce qui est « objectif » et « subjectif ». Dans cette discussion, le terme « objectif » appartient à un ensemble (qui comprend aussi « réel », « intrinsèque », « monadique », « non relationnel », « non anthropocentrique », etc.) et « subjectif » à un autre ensemble (qui comprend aussi « projeté », « relatif », « relationnel », « anthropocentrique », etc.). Certains philosophes estiment qu'on peut fonder la dichotomie objectif-subjectif (ou propriétés intrinsèques-projections, propriétés réelles-propriétés relationnelles, etc.). Assez naturellement, ils tentent de distribuer l'ensemble des choses et des propriétés dans les deux classes. Par exemple : « Être carré » est une propriété objective, intrinsèque, non relationnelle ; « être beau » est une propriété subjective, projetée, relationnelle. Ce qui implique, entre autres, que, pour savoir si une chose est carrée, c'est la chose elle-même qu'il faut observer, alors que, pour savoir si une chose est belle, c'est nous-mêmes – le sujet, ses passions, ses préférences – que nous devons examiner. D'autres philosophes rejettent la dichotomie en invoquant l'exemple des couleurs ou des valeurs. Pour savoir si un acte est cruel ou si une plante est verte, que faut-il examiner ? L'acte, la plante ou nous-mêmes ? Les deux, probablement, disent-ils.

La distinction la plus utile dans le contexte de cette discussion est celle qui oppose ce dont l'existence est *indépendante de nous*, c'est-à-dire de nos perceptions, croyances, désirs, préférences, émotions et actions et ce dont l'existence est *relative* à (ou *dépendante* de) ces perceptions, croyances, préférences, émotions, actions. Dans la première catégorie, celle des choses indépendantes, nous avons tendance à placer naturellement les étoiles, les planètes, les blocs de granit : toutes ces choses pourraient exister même si nous n'existions pas. Mais nous pourrions avoir des raisons de penser qu'il serait possible d'ajouter à la liste des règles logiques, des impératifs moraux universels, des lois de la nature. Car de ces choses aussi nous pouvons dire que leur existence est indépendante de nos perceptions, croyances, désirs, émotions, actions, ne fût-ce que parce que nous admettons généralement la possibilité d'une *erreur massive* à leur égard. Même si, à la suite d'une catastrophe génétique, nous perdions la capacité de reconnaître ces règles, ces lois, ces impératifs, ils ne cesseraient pas d'exister. Tel est, du moins, l'argument principal de ceux qu'on appelle « réalistes ». Adopter une attitude réaliste dans tel ou tel domaine (physique, logique, social, moral, esthétique, etc.) signifie tout simplement juger que ce domaine pourrait exister indépendamment de nos perceptions, croyances, préférences, émotions, actions (Sober, 1982).

Cependant, le critère de l'indépendance est manifestement insuffisant pour construire une ontologie raisonnable. Il ne nous permet pas de donner un sens à une distinction à laquelle nous tenons et qui nous interdit, semble-t-il, de mettre dans le même sac les blocs de granit et les règles logiques.

Les blocs de granit peuvent entrer en relation *causale* directe avec d'autres objets physiques (si on les place sur des rails avant le passage d'un TGV, etc.), alors que les règles logiques sont des objets abstraits dépourvus de pouvoirs causaux directs. Autrement dit, si nous adoptons un critère *large* d'existence (ce qui est indépendant de nous), les règles logiques ont autant de réalité que les blocs de granit. Si nous choisissons un critère *étroit* (la causalité), les règles logiques sont exclues.

Qu'en est-il à présent des phénomènes sociaux tels qu'ils ont été caractérisés au chapitre précédent ? Sommes-nous autorisés à penser qu'ils pourraient être parfaitement indépendants de nos perceptions, croyances, préférences, émotions, actions ? Est-il raisonnable de leur attribuer des pouvoirs causaux ? Bref, le *réalisme* au sens fort est-il une option ouverte dans les sciences sociales ?

Commençons par la question de l'indépendance. On ne peut pas exclure la possibilité que des structures d'inégalité profondes soient indépendantes de nos désirs (surtout si nous sommes au bas de l'échelle) ou de nos croyances (il se peut que nous n'ayons aucune idée de la distribution des richesses ou des relations entre les « élites », etc.). Mais se pourrait-il que ces structures soient parfaitement indépendantes de toute activité humaine, de tout système de sanctions en particulier ? C'est douteux. Pensons aussi à une norme locale disant, par exemple, qu'il ne faut pas manger dans l'assiette du voisin sans son consentement. Quel pourrait être son *mode d'existence* si personne ne sanctionne sa violation, si personne ne l'utilise pour justifier son action, si elle ne peut même pas figurer dans un compte rendu de croyances individuelles quelconque ? Ce genre de normes ne semblent pas être indépendantes de *toute* forme de reconnaissance. C'est en cela qu'elles se distinguent, à première vue, des règles logiques ou des impératifs moraux catégoriques dont l'existence n'est pas dépendante de leur reconnaissance. De façon plus générale, il semble bien que les faits sociaux ne puissent pas être conçus comme étant *radicalement* indépendants de nous. Nous pouvons soutenir qu'ils sont indépendants ou bien de nos actions, ou bien de nos croyances, ou encore de nos désirs ou de nos émotions, mais pas de *tout cela* en même temps.

Du fait que les choses sociales ne peuvent apparemment pas être conçues indépendamment de toute relation à des agents ou à leurs propriétés, suit-il qu'elles ne peuvent pas être objectives ? La conclusion ne s'impose pas. Une comparaison avec le problème du statut ontologique des couleurs peut nous aider à voir pourquoi. Pour certains philosophes (McDowell, 1999 ; Wiggins, 1999), les couleurs sont à la fois *objectives* (au sens, au moins où elles ne sont pas des hallucinations et qu'on admet à leur propos la possibilité de l'*erreur* : j'ai cru que la plante était verte, mais elle est jaune, etc.) et *subjectives* (le fait que les couleurs nous apparaissent de telle ou telle façon est une propriété essentielle des couleurs. Les aveugles ne peuvent pas savoir ce qu'est une couleur, etc.). Autrement dit, le fait que les couleurs soient *dépendantes de nos réactions* (Pettit, 1991) ne leur interdit nullement d'être objectives. De la même manière, nous pourrions dire que le fait que les phénomènes sociaux soient dépendants de nos réactions ne leur interdit nullement d'être objectifs.

Cette conception « faible » de l'objectivité des faits sociaux a certains avantages. Elle nous permet, entre autres, de donner un sens raisonnable à l'idée que les faits sociaux (institutionnels, structurels, formels, etc.) pourraient avoir des effets causaux. En réalité, ces faits n'agissent que par le biais de nos *réactions*, de quelque ordre qu'elles soient (mentales, comportementales, etc.). Si une règle telle que : « Il ne faut pas se curer les dents en public » agit sur nous, ce n'est certainement pas à la manière d'un coup de bâton sur le crâne (bien qu'un coup de bâton puisse parfaitement servir à obliger quelqu'un à se conformer à la règle). C'est plutôt parce que nous croyons à la valeur de cette règle, ou parce que nous redoutons d'être sanctionné si nous la violons, etc. À première vue, la conception « faible » de l'objectivité des faits sociaux (c'est-à-dire cette conception qui fait dépendre ces derniers de nos réactions) est assez séduisante. Elle admet des faits sociaux objectifs sans payer le prix d'une ontologie extravagante. Elle semble donner un sens raisonnable à l'idée que ces faits exercent une influence sur les croyances et les actions individuelles. C'est, au fond, cette conception « faible » de l'objectivité des faits sociaux qui inspire la plupart des grandes théories sociales récentes qui se sont développées autour des travaux de Bhaskar (1979), Rom Harré (1986) et des sociologues qui s'en inspirent (Giddens, 1984).

Mais cette conception « faible » de l'objectivité de faits sociaux n'est-elle pas *trop* faible ? Incantations mises à part, elle ne garantit nullement l'*irréductibilité* des faits sociaux aux faits psychologiques, exigence à laquelle toute conception de l'objectivité des faits *sociaux*, fût-elle minimale, doit, semble-t-il, satisfaire. Par ailleurs, en faisant dépendre les faits sociaux de nos réactions (croyances, actions, intentions, etc.), c'est-à-dire au fond de faits psychologiques, elle remplace un problème par un autre qui, du point de vue ontologique, n'est guère différent. C'est, du moins, ce que je vais essayer de montrer à présent.

Sciences sociales et psychologie ordinaire

Il existe dans les sciences sociales un groupe important de théories qui rejettent l'indépendance *absolue* des faits sociaux à l'égard des croyances, préférences, émotions, actions. Dans ce groupe, de nombreuses hypothèses sont fondées sur la « psychologie ordinaire » (Rosenberg, 1995). Cette expression sert à désigner toutes les explications de nos actions à partir de nos désirs et de nos croyances (Engel, 1988). « Je prends le RER pour aller à Roissy parce que je *désire* aller à Roissy et que je *crois* que prendre le RER est le moyen le plus approprié d'y aller (ou le seul auquel j'ai *pensé*) » est un fragment typique d'explication dite de « psychologie ordinaire ». Les faits sociaux ou les phénomènes sociaux ne seraient rien d'autre que des produits agrégés d'actions dont l'explication relèverait de la psychologie ordinaire. Laissons provisoirement de côté la question de savoir si ces phénomènes agrégés peuvent gagner une certaine autonomie, posséder des propriétés spécifiques, agir en retour sur les actions qui les ont engendrées, etc. Intéressons-nous à la *base explicative*, c'est-à-dire à la nature de l'explication psychologique « ordinaire ». Il n'est pas trop difficile de montrer que, dans sa version la plus élémentaire (c'est-à-dire la seule au fond qui mériterait d'être appelée « ordinaire »), cette explication présente d'importantes limites. Elle soulève trois problèmes au moins. Le premier est *épistémologique*, le second *méthodologique* et le troisième *ontologique*.

1 / *Le problème épistémologique*. Il est relatif à la possibilité de connaître les états mentaux (croyances, désirs, etc.) d'autrui et les siens propres en général. Comment pouvons-nous avoir accès à ces états « internes », « cachés » à l'observation directe (en l'état actuel de nos connaissances). Comment pouvons-nous savoir à quoi exactement untel ou untel « croit », ce qu'il « désire », etc. ? La question peut se poser aussi bien à propos des *croyances individuelles* qu'à propos des *croyances collectives* (au sens que Margaret Gilbert, 1996, donne à ce terme). On peut dire que ce problème est celui de l'*interprétation*.

2 / *Le problème méthodologique*. Il est relatif à la possibilité d'aligner les explications qui contiennent des fragments de psychologie ordinaire sur les explications naturalistes les plus communes ou, plus exactement, de les aligner sur le modèle explicatif dit « standard » ou « déductif-nomologique ». C'est autour de la question de savoir si les raisons de nos actions peuvent être ses causes que le débat se cristallise.

3 / *Le problème ontologique*. Il est relatif à la *réalité* des entités auxquelles la psychologie ordinaire fait référence (pensées, croyances, désirs, états de conscience, etc.), c'est-à-dire à la possibilité de les considérer comme des entités ayant des conditions d'identité et des pouvoirs causaux.

Ces problèmes sont plus ou moins interdépendants. Les problèmes ontologiques, en particulier, sont toujours évoqués dans les discussions épistémologiques et méthodologiques. Cependant, j'insisterai surtout sur les deux premiers, car leurs conséquences dans les recherches empiriques me paraissent plus évidentes.

Sous-détermination et interprétation

À partir de données vagues, incomplètes, souvent inadéquates, comment faisons-nous pour attribuer raisonnablement (c'est-à-dire de façon suffisamment *justifiée*) des pensées, des croyances, des désirs et, par conséquent, des actions à autrui et à nous-mêmes ? Ce genre de question évoque irrésistiblement la tradition « herméneutique » : l'herméneute essaie de reconstruire à partir de données fragmentaires le « sens » d'un texte. Mais il ne faut pas confondre « interprétation » et « herméneutique » (Engel, 1988). L'interprétation ne fait pas nécessairement appel à la notion très vague de « sens » ; elle ne porte pas sur des « textes » mais sur des actions. Son objectif est plus simple (on pourrait dire, plus « naïf ») : justifier l'attribution d'états inobservables à partir de données observables. Son principal problème, c'est celui de la *sous-détermination* de ces attributions par les données, c'est-à-dire, plus précisément, de la possibilité qu'existent plusieurs attributions incompatibles entre elles mais *toutes* parfaitement compatibles avec les données (Quine, 1960).

Dans toutes les sciences empiriques, différentes théories sont compatibles avec des données d'expérience et incompatibles entre elles. Cependant, les sciences les moins controversées sont celles où existent des moyens de limiter leur prolifération. À leur *périphérie*, nos théories scientifiques sont tout de même contrôlées par la *perception* (tactile, visuelle, etc.). D'autre part, les capacités de *prédiction* restent un assez bon critère de sélection de ces théories. En revanche, dans le domaine de l'attribution d'états mentaux, il n'existe aucune contrainte de ce genre. Ce sont des états inobservables (si l'on ne donne pas un sens trop large, et creux finalement, au terme « observation »). Et ce qui caractérise nos prédictions de comportements à partir d'états mentaux, c'est ou bien leur vacuité totale (en réalité, ce ne sont pas des prédictions, mais des reconstructions rétrospectives des raisons d'agir à partir des actions effectuées) ou bien leur faillite massive (lorsqu'elles sont d'authentiques prédictions). Tel est du moins, en gros, le point de vue de Quine (1960). Naturellement, Quine recommande de renoncer au projet désespéré de construire des sciences à propos de ces états internes que sont les croyances, les désirs, les intentions, etc. Cela ne signifie pas qu'il ne puisse pas exister, pour lui, de sciences humaines ou sociales mais seulement que ces sciences doivent éliminer les moindres résidus de vocabulaire mental si elles veulent sortir de leur état déplorable. Ainsi, d'après Quine, la psychologie behavioriste va dans le bon sens. En dépit du rejet à peu près général du behaviorisme au sens strict, les leçons de Quine ont porté. Toutes les théories raisonnables essaient de proposer une solution au problème de la sous-détermination observationnelle des attributions d'états mentaux. Certaines d'entre elles pratiquent encore la chirurgie radicale prescrite par Quine. Le behaviorisme, qui n'a jamais vraiment disparu des laboratoires, retrouve une certaine respectabilité théorique sous la forme de certaines variétés de fonctionnalisme, d'après lesquelles ce qui compte dans la caractérisation de certains états mentaux (tels que la douleur ou la faim), ce sont ses causes et effets typiques plutôt que leurs propriétés *qualitatives*, telles qu'elles sont éprouvées par l'agent (Searle, 1995). L'idée que les bonnes sciences sociales ne peuvent se faire qu'en isolant des phénomènes supra-individuels est loin d'être morte et enterrée (Kincaid, 1996).

D'un autre côté, si l'espoir de fonder les explications des phénomènes sociaux sur les actions individuelles a résisté, c'est parce que ses promoteurs ont montré (contre Quine) que les attributions d'états mentaux n'étaient peut-être pas *radicalement* sous-déterminées. Il existerait, dans les sciences « intentionnelles », c'est-à-dire celles qui admettent le vocabulaire mental des croyances, des désirs, des pensées, etc., des contraintes aussi sérieuses que les contraintes de prédiction ou de perception dans les sciences naturelles.

On peut les ramener à trois :

1 / *contraintes universelles de type normatif*, relatives au caractère supposé cohérent, rationnel des conduites humaines ;

2 / *contraintes universelles de type naturel*, relatives à ce que nous apprennent nos meilleures théories de l'architecture cognitive de l'espèce humaine ;

3 / *contraintes locales de type social ou culturel*, relatives à ce que nous apprennent nos meilleures théories de l'organisation des sociétés humaines.

Ces contraintes sont-elles suffisantes ? Sont-elles de nature à justifier l'idée que des sciences humaines et sociales non behavioristes, plus attentives aux mécanismes fins d'explication que les « macrothéories », sont possibles ? Ce sont des questions auxquelles il n'est pas facile de répondre, ainsi que peut en attester, par exemple, le cas des débats provoqués par l'interprétation des combats de coqs à Bali proposée par Clifford Geertz (Geertz, 1973 ; Jones, 1999).

De nombreuses études d'anthropologie culturelle ont été effectuées à Bali. Depuis les enquêtes de Jane Belo (Belo, 1935), tout a été ratissé, pour ainsi dire, de la mythologie au droit en passant par les techniques d'éducation et les formes d'art, à la recherche des signes de la « culture balinaise ». Cette dernière serait caractérisée par deux traits principaux :

1 / les Balinais sont généralement « réservés », « déférents », « hyperpolis ». Les débordements affectifs sont plutôt désapprouvés ;
2 / dans la plupart des situations, formelles ou informelles, il n'y a pas de ségrégation sexuelle (c'est-à-dire d'activités strictement réservées ou bien aux hommes ou bien aux femmes).

Cependant, d'après Geertz, il existe un contexte dans lequel ces deux principes de la vie balinaise sont violés. C'est celui qui se forme autour des combats de coqs (du dressage au combat). Ce qui caractérise ce contexte, c'est qu'il est exclusivement masculin. C'est la seule activité sexuellement différenciée. C'est aussi la seule où les débordements affectifs sont tolérés (les coqs sont cajolés, embrassés, chéris, insultés, etc. ; les spectateurs des combats n'arrêtent pas de vociférer ; ils se lancent dans des paris énormes qui peuvent causer leur ruine, etc.).

Pour expliquer cette sorte d'énigme, Geertz attribue aux Balinais toutes sortes de croyances et de désirs (conscients et inconscients). Il est « évident », pour lui, que les Balinais s'identifient psychologiquement à leurs coqs (lesquels représentent une sorte de « Moi-idéal »). Il est « évident », pour lui, que les coqs sont, pour les Balinais, des symboles sexuels (Geertz ne se prive pas de jouer sur le double sens du mot *cock* en anglais pour nous convaincre). Il est « évident » aussi que les rassemblements autour des combats de coqs sont des moments où s'exprime la solidarité sociale (les bénéfices de certains combats servent à des œuvres communautaires, etc.). Geertz suppose que ces combats finissent par exprimer ou par « symboliser » cette solidarité sociale, selon un mécanisme d'association d'idées probablement. En tout, Geertz essaie de mettre en évidence un ensemble de croyances, de désirs, d'associations d'idées plus ou moins cohérentes susceptibles d'expliquer ces aspects du comportement des Balinais. En les confrontant aux traits caractéristiques de la société balinaise dans son ensemble, il aboutit aux conclusions suivantes. En général, les Balinais sont hyperpolis, réservés, déférents. Ils ne font jamais d'allusions directes au statut social. Ils s'arrangent pour masquer toutes les traces d'animalité. Toutefois, derrière ces apparences très lisses s'agitent toutes sortes de passions violentes et cruelles. Derrière la politesse se cache un sens aigu des différences sociales. Les combats de coqs permettent à ces tendances de s'exprimer sans menacer l'ordre social. Et c'est probablement pour cette raison que les autorités sont tolérantes à l'égard de cette activité illégale.

Tout au long de sa description (avant la conclusion fonctionnaliste plutôt plate), Geertz attribue des croyances et des désirs à des agents. Ces attributions ne sont pas complètement farfelues ou incompatibles avec les données présentées, même si elles ne sont peut-être pas aussi « évidentes » qu'il le proclame (il n'est peut-être pas nécessaire d'affirmer que l'identification des Balinais à leurs coqs « ne peut échapper à personne » ou qu'il est clair comme de l'eau de roche que, pour les Balinais, les coqs sont des symboles sexuels, etc.). Le problème, c'est qu'il n'y a, en fait, aucune raison décisive de les préférer à d'autres aussi compatibles avec les données, comme il semble que ce sont les cas pour les suivantes.

1 / Les Balinais désirent protester contre la politique moderniste des autorités et croient qu'ils peuvent exprimer ce désir en organisant des combats de coqs, activité traditionnelle devenue illégale.

2 / Les Balinais désirent exprimer leur identité masculine dans une société où les différences sexuelles sont peu marquées et croient qu'ils peuvent le faire en organisant des combats de coqs d'où les femmes sont exclues.

Il serait même difficile de rejeter des attributions fantaisistes du genre de celle que Todd Jones a imaginée (Jones, 1999).

3 / L'importance des combats de coqs, pour les Balinais, tient au fait qu'ils sont l'occasion d'exprimer leurs angoisses face aux incertitudes liées à l'éducation de leurs enfants. Les coqs rappellent *évidemment* des enfants car, comme ces derniers, ils sont chéris et choyés, nourris et soignés. Le maître du coq victorieux reçoit une roupie d'argent, couleur qui évoque *naturellement* aux Balinais l'écume des vagues d'un océan déchaîné, c'est-à-dire, *évidemment*, les dangers qui menacent leurs enfants. Les combats de coqs permettent à toutes ces angoisses d'être « libérées ». Après le combat, le Balinais retourne à son foyer plein d'une énergie nouvelle et prêt à assumer pleinement ses charges.

Aussi fantaisiste soit-elle, cette dernière attribution est limitée de la même manière que toutes les autres, c'est-à-dire par des considérations générales relatives à la « structure » ou à la « culture » de la société balinaise (absence de ségrégation sexuelle ; approbation des comportements réservés, etc.). La fiabilité de ces considérations générales pourrait être contestée, bien sûr. Quels sont les critères d'identification d'un comportement « hyperpoli » ? Que signifie « les Balinais » ? Tous les Balinais ? Ceux qui suivent les « normes balinaises » ? Quels sont les critères d'identification de ces normes ? Comment les distingue-t-on des normes non balinaises ? Et ainsi de suite. Nous pourrions, à propos de l'attribution du caractère, faire les mêmes réserves qu'à propos des attributions de croyances ou de désirs. D'*autres* caractères auraient pu être attribués sur les *mêmes* bases factuelles. Pourquoi « respectueux » et « hyperpoli » plutôt que « sournois » et « hypocrite » ? Nous choisirons probablement le premier genre d'attributions parce qu'elles sont peut-être plus strictement comportementalistes et moins bêtement péjoratives. Mais il ne devrait pas être impossible de montrer que les secondes sont aussi compatibles avec les données que les premières. Cependant, pour ce qui nous intéresse, nous pouvons nous satisfaire de leur plausibilité d'ensemble. Il n'y a rien d'absurde dans le fait de prendre en considération des phénomènes de ségrégation sexuelle ou d'essayer de caractériser, fût-ce de façon vague et contestable, des styles de conduite approuvés ou désapprouvés socialement (« violents », « cruels », « amicaux », etc.). Quoi qu'il en soit, les trois dernières interprétations sont limitées par le *même* système de contraintes. Elles disent en gros : évitez d'attribuer à autrui des croyances, des désirs et même des actions incompatibles avec ce que vous savez de la structure ou de la culture de la société considérée. Soyez minimalement (et raisonnablement) *localistes*. Manifestement, elles sont insuffisantes. Elles ne nous permettent pas d'exclure l'une ou l'autre des hypothèses rivales.

Il existe deux autres systèmes de contrainte qui sont, à la différence du précédent, *universalistes*. Le premier s'appuie sur ce qu'on appelle le « principe de charité interprétative » : c'est un système *normatif-rationaliste*. Le second est en plein développement. Il s'appuie sur des études empiriques du fonctionnement de l'esprit humain. C'est un système *naturaliste cognitif*.

Le principe de charité interprétative

Pour comprendre ce principe, il faut commencer par admettre que notre tendance à trouver des raisons aux comportements apparemment irrationnels est une sorte de fait brut. C'est cette tendance qui nous rendrait tellement sensibles aux aphorismes des moralistes du XVIIe siècle, à leur façon d'expliquer par des motifs purement *égoïstes* ou *instrumentaux* des comportements apparemment sublimes ou désintéressés tels que le don, le sacrifice, l'altruisme. Mais cette tendance s'exprime aussi dans des explications communes non étroitement égoïstes ou instrumentalistes. Nous estimons que, si un agent fait quelque chose, c'est parce qu'il a une *bonne raison* de le faire (que cette raison soit égoïste ou pas, qu'elle soit évidente ou cachée, qu'elle nous paraisse bizarre ou tout à fait naturelle).

On pourrait ajouter que cette tendance est encore à l'œuvre dans ce qu'on appelle la « réception » des théories sociales ou psychologiques. C'est elle qui nous rendrait si ouverts à cet aspect de la méthodologie freudienne qui consiste à élargir l'éventail des phénomènes accessibles à l'explication rationnelle (Davidson, 1991). C'est elle qui expliquerait la diffusion assez impressionnante des différentes théories dites de l' « agent rationnel », même dans des milieux qui, tels la communauté des sociologues, étaient assez peu disposés à les accueillir pour des raisons de principe (l'*homo sociologicus* est traditionnellement conçu comme une sorte de double irrationnel de l'*homo oeconomicus* : Abell, 1991, 1996 ; Boudon, 1988 ; Baert, 1998).

Cependant, c'est une chose de mettre en évidence (ou de se contenter de *décrire*) cette tendance manifeste à donner des explications rationnelles (instrumentales ou non instrumentales) à nos comportements apparemment irrationnels. C'est une autre d'en proposer une justification théorique. On peut très bien admettre le *fait* (c'est-à-dire notre tendance à l'explication rationnelle de comportements apparemment irrationnels) et rejeter telle ou telle justification *théorique* de ce fait.

Ce qu'on appelle le « principe de charité interprétative » (Davidson, 1991) n'est rien d'autre qu'une sorte de justification *théorique* de ce que j'ai présenté comme un fait brut : la tendance à trouver des raisons à des comportements apparemment irrationnels.

Il existe deux versions importantes, au moins, de ce principe (Stein, 1996).

— Ou bien le principe de charité interprétative est *a priori*. Il établit l'existence d'un lien conceptuel entre la possibilité de comprendre les énoncés et les croyances, les désirs et les actions (de soi-même et d'autrui) et l'attribution (à soi-même ou autrui) du maximum de rationalité ou du minimum d'irrationalité.

— Ou bien le principe de charité interprétative est empirique ou *a posteriori*. C'est simplement une méthode qui s'est révélée efficace dans la prédiction et la compréhension des actions humaines. Un *évolutionniste* pourrait suggérer, par exemple, que notre tendance à interpréter les comportements apparemment irrationnels en termes rationnels à toutes sortes de conséquences intéressantes pour la survie de notre espèce. C'est pour cela qu'elle a été sélectionnée. Un pragmatiste pourrait dire, de son côté, que l'attribution du maximum de rationalité ou du minimum d'irrationalité, nous permet de comprendre, expliquer et prédire les actions humaines mieux que *tout autre principe connu*. Mais ni l'évolutionniste ni le pragmatiste n'accorderont une valeur absolue à ce principe.

Assez curieusement, les principaux promoteurs de ce principe semblent osciller entre ces deux positions (Quine, 1960 ; Davidson, 1991 ; Dennett, 1990). Les choses se compliquent encore plus si on tient compte du fait qu'il y a deux versions, forte et faible, du principe de charité empirique. La version forte dit qu'il faut toujours adopter ce principe. Ce qui signifie qu'il faut toujours considérer que votre interlocuteur comprend ce qu'il dit, respecte le principe de contradiction, essaie de mettre ses actions en harmonie avec ses désirs et ses croyances, que ses croyances sont vraies en grande partie, qu'elles correspondent aux vôtres et ainsi de suite. C'est la ligne de conduite la plus efficace. Dans la version faible, il est recommandé d'adopter ce principe dans les cas seulement où il n'y a pas de preuves flagrantes du fait qu'elle soit inappropriée. Lorsqu'on essaie d'évaluer des théories du type de celles qui attribuent une mentalité prélogique à certains interlocuteurs (Engel, 1989), le choix entre la version forte ou faible n'est pas sans conséquence. Si on adopte la version forte du principe, on dira que l'hypothèse de la stupidité de l'interlocuteur doit être exclue *dans tous les cas*. Si on adopte la version faible seulement, on dira que la probabilité d'une interprétation défectueuse est seulement plus élevée que celle de la stupidité de l'interlocuteur. Enfin, il existe des différences bien connues (des spécialistes) entre la version de Quine et celle de Davidson. Quine nous demande de ne pas attribuer à notre interlocuteur des *énoncés illogiques*. La conception de Davidson est plus exigeante. Elle nous demande de ne pas attribuer à notre interlocuteur trop de *croyances irrationnelles* (contradictoires, allant à l'encontre des évidences, etc.).

Quelles que soient ses versions (conceptuelles ou empiriques, fortes ou faibles, limitées ou exigeantes), le principe de charité interprétative a la même fonction : imposer des contraintes à l'interprétation. Son utilité a été démontrée dans l'examen des thèses de

Levy-Bruhl, ou plus exactement, de ce qu'elles sont devenues dans l'histoire des idées (Levy-Bruhl, 1949). Il permet de rejeter la théorie de la mentalité prélogique selon des principes assez clairs.

Être en position de *justifier théoriquement* la version la plus forte, la plus exigeante du principe de charité, celle qui exclut les interprétations qui attribuent trop de *croyances* irrationnelles, serait un remarquable accomplissement. Cependant, même si cette justification était inattaquable (ce qu'elle n'est pas, pour le moment en tout cas), elle ne nous donnerait pas exactement ce dont nous avons besoin. Certes, le principe de charité interprétative impose des contraintes cruciales à l'interprétation, mais elles sont trop faibles. Ce principe peut servir, par exemple, à exclure les attributions de croyances les plus péjoratives, mais il ne permet pas de départager deux attributions également « rationnelles ». Comment pourrait-il, par exemple, nous aider à départager les différentes interprétations des combats de coqs à Bali ? Même la quatrième interprétation ne peut pas être dite « irrationnelle ».

La naturalisation de l'interprétation

Par l'expression « naturalisation de l'interprétation », je fais référence à toutes les tentatives d'exclure certaines interprétations parce qu'elles sont manifestement incompatibles avec ce que nous savons ou croyons savoir de la base physico-chimique des états mentaux, de leur histoire évolutionnaire, de leur architecture innée (Jones, 1999). C'est aux sciences cognitives, lesquelles s'occupent précisément de regrouper des informations dans tous ces domaines, de nous dire quel genre de croyances ou de désirs nous pouvons *effectivement* avoir. Or, savoir quel genre de croyances et de désirs nous pouvons effectivement *avoir* impose évidemment des contraintes sur le genre de croyances ou de désirs que nous pouvons *attribuer*. Si nous savons que *personne* ne peut avoir tel ou tel genre de pensées en raison de notre architecture cognitive innée, il serait évidemment absurde de les attribuer à qui que ce soit. Ce programme est *naturaliste* en ce sens qu'il ne repose sur aucun principe normatif *a priori*. Il n'est pas nécessaire d'en dire beaucoup plus ici à son propos. Il souffre exactement du même déficit que le précédent (normatif) auquel il s'oppose apparemment. Ce programme peut nous permettre d'exclure quelques attributions aberrantes, mais comment pourrait-il servir à départager deux attributions plus ou moins raisonnables. Pour reprendre (une dernière fois !) l'exemple des combats de coqs à Bali, quelle interprétation pourrait être exclue par nos « meilleures » théories cognitives ? L'interprétation politique ? L'interprétation de Clifford Geertz ? L'interprétation farfelue de Todd Jones ? Ce dernier est un des avocats du programme de naturalisation. Son exemple est destiné à ridiculiser les interprétations anthropologiques traditionnelles. Je crois qu'il pourrait aussi servir à montrer les limites de celle qu'il propose.

Puisque nous cherchons à imposer le plus *grand nombre de contraintes* sur l'interprétation (pour éviter la sous-détermination radicale), la meilleure stratégie ne devrait pas consister à *exclure* l'une d'entre elles mais à essayer de les *additionner* dans la mesure de leur compatibilité. Cette stratégie « compatibiliste » est parfois appliquée (Bouvier, 1999). Il n'y a, en principe, aucune raison de la rejeter.

En effet, les trois contraintes évoquées, localiste, normative-rationaliste et naturaliste-cognitiviste, ne sont pas incompatibles.

La phobie des rationalistes et des naturalistes universalistes à l'égard du localisme repose probablement sur l'idée que les contraintes dites « locales » sont en réalité des contraintes structurelles ou culturelles supra-individuelles. Mais cette phobie n'est pas justifiée. Même les naturalistes ou les normativistes universalistes tiennent compte de contraintes locales (appelées « situationnelles » ou « écologiques ») qui sont bel et bien supra-individuelles.

La phobie du normativiste ou du localiste à l'égard du naturalisme n'est pas plus justifiée. Refuser de reconnaître qu'il existe des limites naturelles à nos capacités d'agir ou de penser ressemble à de l'obscurantisme pur et simple.

Quant à l'aversion des naturalistes ou des localistes à l'égard du normativisme, elle est aussi peu intelligible. Dans leur travail scientifique, le naturaliste ou le localiste ont constamment recours aux principes normatifs du rationaliste. Lorsqu'ils doivent choisir entre deux hypothèses (ou deux théories) plus ou moins compatibles avec les données, c'est à celle qui nous attribue le moins d'irrationalité qu'ira leur préférence. N'importe quel compte rendu de recherche formulé dans les termes hypothético-déductifs standards (confrontation de théories rivales, évaluation des arguments en faveur de l'une ou de l'autre) pourrait le montrer (cf. par exemple, le débat entre « théorie de la théorie de l'esprit » et « théorie de la simulation », autour du problème de l'attribution d'une « vie intérieure » à autrui : Peacocke, 1994).

À première vue, ces contraintes sur l'interprétation ne sont ni incompatibles entre elles ni avec d'autres qui ont été envisagées (par exemple, des contraintes de type *sémantique* : Pharo, 1997).

Il est à peu près certain cependant que les naturalistes rejetteront ce bel œcuménisme. Les naturalistes privilégient les contraintes de type biologique ou physiologique pour des raisons ontologiques. D'après eux, les contraintes de type normatif tels que le principe de charité ou localistes telles que la « culture » sont de simples *constructions intellectuelles* aussi fragiles que les attributions de croyances et de désirs auxquelles elles sont censées imposer des limites. En revanche, les contraintes naturelles sont *réelles*. Ainsi, l'ontologie donnerait un argument en faveur de la stratégie naturaliste. Mais, en s'aventurant du côté de l'ontologie, les naturalistes prennent un certain risque. Il n'est pas du tout sûr que la psychologie ordinaire résiste à l'examen auquel ils désirent la soumettre. Cet examen pourrait aboutir à la conclusion que les croyances et les désirs de la psychologie ordinaire sont des entités *factices* qu'il convient d'*éliminer* (Churchland, 1981). Or, imposer des contraintes à l'attribution de croyances et de désirs est une chose. Affirmer qu'il faut *éliminer* les croyances et les désirs de notre vocabulaire en est une autre : un changement de sujet complet. Il est difficile de voir comment le projet épistémologique d'imposer des contraintes aux attributions de croyances et de désirs se concilie avec une stratégie ontologique qui semble aller dans le sens d'une *élimination* des croyances et des désirs.

Il reste que les naturalistes n'ont pas tout à fait tort d'être aussi exigeants. Un peu d'ontologie ne peut pas faire de mal aux sciences sociales (même s'il ne peut pas, non plus, leur faire tout le bien qu'ils supposent).

La réalité des croyances

Il n'est peut-être pas nécessaire de consacrer trop de place ici à ce sujet notoirement compliqué, à propos duquel, même les esprits de tournure plutôt positiviste (Fodor, 1975 ; Chomsky, 1977) parlent de « mystère », de « limites à nos capacités de conceptualiser ». Il y a tout de même des aspects du débat qui pourraient directement concerner l'évaluation de la psychologie ordinaire et des disciplines « sociales » qui la reconnaissent comme une sorte de fondement.

Talcott Parsons soutenait qu'il serait irrationnel de douter du « pouvoir actif des idées » (Parsons, 1938). L'examen de la question de la réalité des idées et de leurs pouvoirs causaux semble plutôt montrer qu'il serait irrationnel d'adhérer dogmatiquement à ce principe.

En dépit d'une production écrite de plus en plus abondante (surtout depuis qu'on s'est aperçu qu'au centre de ce problème se trouvait la question du statut ontologique de la « conscience »), les progrès sont lents, c'est le moins qu'on puisse dire. En fait, tout tourne autour des questions suivantes. Est-il possible d'établir que les entités mentales (pensées, croyances, intentions, états de conscience, etc.) peuvent être individuées comme les objets physiques ? Pour individuer un objet, il faut avoir au moins les moyens de le réidentifier, de pouvoir dire, c'est le *même* objet. Avons-nous, au moins, les moyens d'établir que deux personnes partagent la *même* pensée ? Pouvons-nous, par exemple, établir l'identité des pensées au moyen du langage ? Le critère est manifestement insuffisant. Du fait que deux personnes prononcent la même phrase, il ne suit pas qu'elles partagent la *même* pensée. C'est évident dans le cas des énoncés à la première personne. La même phrase « J'ai mal à la tête » peut exprimer deux pensées différentes si elle est prononcée par deux personnes différentes (dans un cas, c'est *Roméo* qui a mal à la tête, dans l'autre, c'est *Juliette*, etc.) ou par la même personne à des moments différents (elle peut être vraie dans un cas, fausse dans l'autre). Mais le problème se pose aussi pour les phrases dites « objectives » telles que « La terre tourne ». Du fait que deux personnes prononcent la même phrase, nous ne pouvons pas conclure qu'elles partagent la même pensée. Il suffit, pour s'en apercevoir, de prendre en considération les cas d'énoncés ironiques, métaphoriques ou celui des citations. Le langage n'est pas un critère *suffisant* d'identité des pensées ou d'autres états mentaux. De quel autre moyen disposons-nous ? Devons-nous plutôt observer les actions ? L'environnement ? Inspecter le cerveau ? Aucun de ces moyens ne semble très prometteur, même pas le dernier, pour les raisons suivantes. Pour être aussi réels que les manches à balai, les états mentaux devraient pouvoir entrer en relation causale. Cependant, les états mentaux, tels qu'ils sont habituellement caractérisés, n'ont pas de propriétés causales. Dans ce domaine, on est plutôt naturellement « cartésien » ou « dualiste ». Alors qu'un objet physique familier tel qu'un manche à balai est étendu (mesurable, divisible, observable directement ou indirectement, etc.), les états mentaux ne le sont pas (on ne peut pas mesurer, diviser, observer, fût-ce indirectement, des états de conscience ou des intentions). Alors que les états mentaux n'ont apparemment pas de propriétés causales (ce qui rend mystérieuse leur influence sur les mouvements de notre corps), les objets physiques en possèdent manifestement (on peut assommer quelqu'un avec un manche à balai). Tout cela, bien sûr, dans nos façons de parler courantes et, dans certaines versions philosophiquement élaborées de ces façons de parler. Mais rien ne nous interdit de prendre nos distances avec ces dernières et d'essayer de *naturaliser* les états de conscience ou les intentions, c'est-à-dire, en gros, de montrer que les états mentaux ne sont *rien d'autre*, en définitive, que des états physiques. Comment pourrait-il en aller autrement, d'ailleurs, si les états mentaux *existent* ? On appelle « réductionniste » la stratégie qui consiste à essayer de passer d'une science à l'autre au moyen de « lois-ponts » ou de principes de liaison entre les principaux termes théoriques. Elle devrait nous permettre de traduire tous les termes mentaux en termes physiques. La possibilité de découvrir les bases physiques des pensées serait alors garantie. Il suffirait d'inspecter le cerveau pour connaître les pensées. Le problème de la « réalité » (identité et pouvoirs causaux) des états mentaux serait résolu. D'après certains philosophes, cette stratégie est inappropriée dans le cas de la psychologie ordinaire, car cette dernière n'est absolument pas une science. C'est un tissu d'inepties qu'il convient plutôt d'*éliminer* (Churchland, 1981). Il n'est peut-être pas nécessaire d'être aussi radical en principe pour endosser le point de vue éliminativiste à propos de la psychologie ordinaire. En réalité, les programmes naturalistes réductionnistes, qui prennent la psychologie ordinaire au sérieux, aboutissent souvent à justifier des formes d'éliminativisme. Pourquoi ? La réduction des termes mentaux aux termes physiques (« états cérébraux », par exemple) élimine le langage mental, l'ensemble des concepts qui lui sont associés (croyances, désirs, états de conscience, etc.) et toutes les propriétés liées à ces concepts, en particulier l'*intentionnalité*, dans un sens plus étroit que le sens logico-linguistique (lequel s'applique aussi, comme nous le verrons, au chapitre suivant, aux relations causales et aux modalités telles que la nécessité ou la possibilité). L'intentionnalité au sens étroit c'est, dans cette discussion, la faculté de se *représenter* des objets sous un certain aspect, indépendamment de tous les autres aspects de ces objets et même indépendamment de l'existence de ces objets. Ce genre de faculté ne peut pas être attribuée à des choses physiques. Une table ou un manche à balai ne se représentent rien. Et, en toute rigueur (pour les intentionnalistes tout au moins), rien de ce qui est physique (les états cérébraux *stricto sensu* y compris) ne peut se représenter quoi que ce soit. La propriété d'être intentionnel ne peut pas être attribuée aux états cérébraux particuliers en tant que tels, car ce sont de simples états physiques. Peut-elle être considérée, néanmoins, comme un produit émergent d'un ensemble d'activités cérébrales ? Peut-elle « survenir » comme on le dit à présent, c'est-à-dire être une conséquence, une résultante, d'un ensemble d'activités physiques brutes ou idiotes ? C'est une hypothèse qui séduit de nombreux chercheurs (Dennett, 1990). Mais elle n'explique rien. C'est plutôt elle qu'il faut expliquer. Comment se fait-il que des propriétés telles que l'intentionnalité s'ajoutent, pour ainsi dire, à des choses qui ne sont pas intentionnelles ? Répondre, à la manière de certains philosophes, qu'il n'y a là rien à *expliquer*, que c'est un *fait brut* de la nature, qu'il faut se contenter d'enregistrer (Searle, 1995) ne contribue pas à dissiper le mystère mais plutôt à l'entretenir.

Les conclusions du chapitre consacré à l'interprétation devraient nous donner des raisons d'être plutôt pessimistes à propos de la possibilité d'adopter, sur ces questions, une attitude franchement réaliste. Sommes-nous en position d'affirmer que les concepts mentaux font référence à des sortes d'espèces naturelles (comme l'eau), c'est-à-dire à des choses qui existent indépendamment de l'idée que nous en avons ? Ne s'agit-il pas plutôt de *fictions utiles* (comme semble le penser Dennett : 1990) ? À ce stade de la discussion, nous ne savons même pas de quel côté nous devons nous tourner pour trouver les moyens de la faire pencher dans l'une ou l'autre direction. C'est plutôt mauvais signe ou, plus exactement, c'est le signe que le débat est mal engagé ou qu'il ne s'agit probablement pas d'un débat de type empirique en dépit de ce qui est souvent affirmé.

Les raisons peuvent-elles être des causes ?

Parmi les problèmes qui ont été évoqués jusqu'à présent, les uns sont *ontologiques* (relatifs au *mode d'existence* des croyances et des désirs) ; les autres sont *épistémologiques* (relatifs à la possibilité générale de *connaître* quelque chose de nos pensées, croyances, désirs, actions, etc. et de celles d'autrui). Ils peuvent suffire à ébranler notre foi dans la psychologie ordinaire et dans les explications qui reposent sur cette dernière. Supposons, cependant, qu'il soit possible d'ignorer ces problèmes en se plaçant d'un point de vue purement *méthodologique*. Il n'est pas sûr que, même dans ces conditions plus favorables, l'explication dite de « psychologie ordinaire » résiste à l'examen.

Parmi les questions méthodologiques, les plus débattues actuellement sont les suivantes :

1 / les explications qui font référence à des raisons d'agir peuvent-elles être authentiquement causales ? ;

2 / les explications dans les sciences humaines et sociales sont-elles susceptibles de satisfaire aux exigences du modèle déductif-nomologique qui reste le modèle « standard » dans les sciences dites « empiriques » ?

À première vue, rien de neuf. Ce sont, sous des vêtements presque identiques, les mêmes vieilles interrogations à propos de la possibilité ou de l'utilité d'appliquer, dans les sciences humaines et sociales, les méthodes des sciences de la nature (Taylor, 1997). Il y a pourtant, entre les débats récents et les plus anciens, des différences significatives dues à l'état présent de la philosophie des sciences. Tout d'abord, le schéma déductif-nomologique n'a plus de valeur absolue même s'il reste, pour de nombreux philosophes, le meilleur parmi ceux qui sont disponibles. Le fait qu'une des disciplines (ou un ensemble de disciplines) ne puisse pas satisfaire aux exigences du schéma ne signifie donc plus qu'elle ne puisse pas être une science. C'est une conséquence rassurante pour les sciences sociales puisque le scepticisme continue de régner quant à leurs possibilités de ce point de vue. D'un autre côté, le fait que le schéma nomologique-déductif ait peut-être perdu sa position hégémonique a au moins une conséquence inquiétante. À supposer qu'on puisse montrer que les sciences sociales satisfont aux exigences de ce schéma, il n'en résulterait pas nécessairement qu'elles sont des sciences. Parmi tous les critères de distinction entre la science et la non-science, aucun ne s'est révélé *suffisant* ni même *nécessaire*, à part, peut-être, le critère extrêmement général de l'engagement envers l'objectivité ou l'impartialité. C'est une réalité dont il faut tenir compte dans ces discussions. Commençons par celle qui porte sur la valeur de la dichotomie des causes et des raisons.

Supposons que je désire faire plaisir à une amie qui déteste les fleurs. Dans ces conditions, j'aurais une raison de ne pas lui offrir des fleurs. Ce genre de raison est externe en ce sens qu'elle existe indépendamment de ce que je crois ou sais. Même si je ne *sais* pas que cette amie déteste les fleurs, j'ai une raison (externe) de ne pas lui en offrir (si je désire lui faire plaisir).

Il existe un autre genre de raisons qui n'est pas indépendant de ce que je crois ou sais. Si je désire faire plaisir à mon amie et que je ne sais pas qu'elle déteste les fleurs (ou que je croie qu'elle *aime* les fleurs), j'ai une *raison* de lui offrir des fleurs. *Ma* raison de lui offrir des fleurs, c'est que je désire lui faire plaisir et que je crois que si je lui offre des fleurs, je lui ferai plaisir.

Il y a donc deux genres de raisons :

1 / *des raisons externes.* Elles existent quelles que soient les croyances de l'agent (et ses désirs, dans le cas de raisons dites « morales »).

2 / *des raisons internes.* Ce sont des combinaisons de croyances et de désirs suffisamment cohérentes (du point de vue instrumental ou non instrumental).

Lorsqu'on se pose la question de savoir si une raison peut être une cause, ce n'est généralement pas au premier genre de raison qu'on fait référence (bien qu'il ne serait pas tout à fait absurde de se demander si ce genre de raisons pourrait avoir des effets causaux). On pense plutôt au second genre. On se demande : des énoncés à prétention causale tels que : « Il lui a offert des fleurs parce qu'il voulait lui faire plaisir et qu'il croyait qu'elle aimait les fleurs » sont-ils *vraiment* causaux ? En réalité, ce sont des énoncés typiques de la psychologie ordinaire. Par conséquent, la question de savoir si les raisons peuvent être des causes est celle de la validité de la psychologie ordinaire. Sur ces questions, les avis sont assez partagés (Engel, 1996) mais beaucoup moins catégoriques qu'on a pris l'habitude de le dire dans le contexte de la querelle entre les disciples de Wittgenstein et leurs adversaires (Bouveresse, 1991).

En fait, le contenu du débat autour des causes et des raisons dépend largement du sens donné au terme « causalité », à propos duquel il n'y a pas (et il ne peut pas y avoir) d'unanimité (1). Nous pouvons partir d'une définition assez large de la causalité qui devrait, en principe, pouvoir s'appliquer à toutes sortes d'événements mentaux ou physiques du moment que nous avons des raisons de prétendre qu'ils sont *en relation de conjonction constante* (Hume, 1946 ; Bunge, 1983 ; Ricœur, 1983). Pour les besoins de cette discussion, nous pouvons laisser de côté les problèmes traditionnels des relations entre causalité, nécessité, lois et prédictions. Nous pouvons également ignorer les difficultés que pose la possibilité de causes communes (observant une relation de conjonction constante entre deux événements, le mariage et la diminution de consommation de sucreries, disons, on conclut à tort que le premier *cause* le second alors qu'ils sont tous deux les *effets* d'une cause commune, le vieillissement par exemple (Woods et Walton, 1992) et le problème des conjonctions constantes non causales (telles que la succession des jours et des nuits). En effet, dans la discussion des causes et des raisons, le problème le plus important est celui de la caractérisation *formelle* de la relation causale. La plupart du temps, trois critères formels sont proposés : *indépendance logique, extensionnalité, directionnalité.* Quelle est la signification de ces termes ?

Commençons par l'*indépendance logique.* D'après ce critère, les termes d'une relation causale n'ont pas de liens logiques ou conceptuels. Si la relation entre, par exemple, « éprouver une sensation de chaleur ou de brûlure » et « mettre sa main sur le feu » était logique ou conceptuelle, on se *contredirait* si on affirmait le premier terme tout en niant le second. Mais, en réalité, il n'y a rien de *contradictoire* dans « J'ai mis ma main sur le feu et je n'ai éprouvé aucune sensation de brûlure ou de chaleur ». Il est seulement hautement probable que, dans des conditions normales, cet énoncé soit faux.

Passons à l'*extensionnalité.* Appliquée aux relations causales, ce critère dit que si un événement en cause un autre, il le cause *sous toutes les descriptions* de cet événement. Si j'ai détruit la tour Eiffel, et que la tour Eiffel est le plus haut monument de Paris, le pylône posé sur le Champ-de-Mars, le phare de la capitale, alors, en détruisant la tour Eiffel, j'ai détruit également le plus haut monument de Paris, le pylône posé sur le Champ-de-Mars et le phare de la capitale.

Enfin, le critère de *directionnalité*, appliquée aux relations causales, dit que cette relation est non symétrique et non réflexive. « Le coup de poignard de Ravaillac a causé la mort d'Henri IV » n'implique pas : « La mort d'Henri IV a causé le coup de poignard de Ravaillac ». La relation « être cause de » n'est pas *symétrique.* Par ailleurs : « Le coup de poignard de Ravaillac a causé la mort d'Henri IV » n'implique pas : « Le coup de poignard de Ravaillac a causé le coup de poignard de Ravaillac. » La relation « être cause de » n'est pas réflexive, contrairement à la relation « être identique à » par exemple (je peux être identique à autre chose, tout en étant identique à moi-même).

Pour beaucoup, ces trois façons de caractériser la relation causale – *indépendance logique, extensionnalité, directionnalité* – sont insuffisantes ou inappropriées. Ainsi, on a soutenu que la notion d'indépendance logique était inadéquate, car, pour que deux événements entretiennent une relation causale, il est nécessaire qu'ils appartiennent à une même classe : celle des événements qui peuvent interagir. Du coup, la notion de directionnalité perd de son importance, car, si les termes de la relation causale ne sont plus indépendants, il faudra parler de changement d'état d'un système plutôt que d'action unilatérale d'un agent sur un patient. C'est la raison pour laquelle Russell nous recommandait vivement d'essayer d'oublier l'idée de cause, en suggérant, pour nous rassurer, que nous ne ferions alors rien d'autre que suivre les excellentes habitudes des physiciens contemporains, dont les théories se portent de mieux en mieux depuis qu'elles ont cessé de rendre un culte aux causes, sans renoncer, cependant, au déterminisme (Russell, 1986). De toute façon, l'exigence de directionnalité avait déjà été contestée par Aristote, qui insistait sur l'importance de ce qu'il appelait « puissance passive ». La flamme ne peut brûler la main que si la main est combustible ou inflammable. La puissance passive de la main, sa combustibilité agit donc à sa façon, comme la puissance active du feu. Le dispositif prétendument causal est celui de l'action réciproque et non celui de l'action unilatérale d'un agent sur un patient (Aristote ; Waterlow, 1982). Enfin, l'idée d'extensionnalité appliquée à la causalité semble elle aussi inappropriée. Car lorsque le choc d'une pierre grise cause la destruction d'une vitrine rouge, la pierre ne cause rien en tant qu'elle est grise et la vitrine n'est pas brisée en tant qu'elle est rouge. Ce n'est donc pas sous toutes leurs descriptions que les événements entrent en relation causale (Everson, 1988).

Il y a plusieurs façons différentes de réduire la portée de ces arguments dans le domaine physique. Nous pouvons admettre, par exemple, que la prétendue causalité n'est pas directionnelle lorsque nous envisageons des classes d'événements, tout en défendant l'idée que la causalité est orientée lorsque nous considérons des événements singuliers. De plus, nous pouvons dire que, si les objets n'ont pas de relation causale sous leur description colorée, c'est que les couleurs ne sont pas des propriétés intrinsèques des objets, etc. (Kim, 1976).

Cependant, si la valeur des objections anticausalistes est discutable dans le domaine physique, elles sont imparables, semble-t-il, dans le domaine de l'action humaine. Il est clair que la notion d'extensionnalité n'est pas utilisable dans le domaine de l'action, car autrement nous serions dans l'incapacité de distinguer ce qui dépend de nous et ce qui n'en dépend pas, les conséquences attendues ou inattendues de nos actes, les gestes volontaires et les coïncidences. Nous n'avons aucune difficulté à comprendre les tourments d'Œdipe, si nous abandonnons le point de vue extensionnel.

Nous admettons qu'Œdipe ne souhaitait pas tuer Laïos, son père, même s'il voulait tuer, pour se venger, l'homme qui l'avait bousculé à la jonction des routes de Delphes et de Daulis, bien que son père n'était autre que cet homme, plutôt agressif. Œdipe ne tue pas Laïos « sous toutes ses descriptions », bien entendu, mais seulement en tant qu'homme agressif qui veut le pousser contre le talus. Du point de vue causal ou extensionnel, ce genre de coïncidence malheureuse n'a aucun sens, car Laïos est mort quelle que soit sa description (« Le père d'Œdipe est mort » équivaut à : « L'homme agressif rencontré par Œdipe à la jonction des routes de Delphes et de Daulis est mort »).

La notion d'indépendance logique est aussi difficile à appliquer, car nous n'avons aucun bon moyen, semble-t-il, d'identifier ou d'individuer, plus exactement, une croyance ou une intention ou de garantir l'existence indépendante d'une croyance ou d'une intention, sans nous aider de paroles ou de gestes qui en sont les indices ou les expressions. Et ce n'est pas du tout la même chose de dire qu'un acte *exprime* une croyance et qu'un acte est *causé* par une croyance. De ce fait, la notion de directionnalité est également inapplicable car de la confusion entre l'antécédent et le conséquent, dans une relation telle que celle qui unit une intention, une croyance et l'acte qu'elle est censée causer, nous pouvons dériver, sans nous couvrir de ridicule, l'idée qu'en réalité, ce sont nos actes qui causent nos croyances ou nos intentions ou nos sentiments, comme W. James l'avait soutenu, ou que c'est la satisfaction qui engendre « rétrospectivement » le désir, comme l'a suggéré Russell (James, 1908 ; Russell, 1989).

Par ailleurs, il est évident qu'un ordre, une prière, une question ne peuvent être obéis ou satisfaits que s'ils sont, d'une manière ou d'une autre, compris et reconnus par celui qui les reçoit, et si celui qui les reçoit est, d'une manière ou d'une autre, plus ou moins capable ou disposé à leur obéir ou à les satisfaire. Nous avons là l'équivalent moral du problème des « puissances passives ». Enfin, si nous admettons qu'une relation causale lie des événements et non des objets (c'est-à-dire plutôt des mouvements de boules de billard que des boules de billard), les problèmes de localisation spatio-temporelle deviendront pratiquement insolubles dans le cas des événements moraux ou sociaux. Ainsi, la question : « Où et quand Socrate est-il mort ? » ne semble pas dépourvue de sens. De même, la phrase : « Xantippe est devenue veuve à cause de ou à la suite de la mort de Socrate » est intelligible. Mais comment pouvons-nous localiser cet événement ? Où Xantippe est-elle devenue veuve ? Dans la prison de Socrate ? À l'endroit où la nouvelle lui fut annoncée ? (Kim, 1974). L'événement moral ou social semble bien être une conséquence, un résultat, un effet d'un autre événement, mais il paraît absurde d'essayer de le *localiser* spatialement. D'autres énigmes concernant la localisation d'événements moraux ou sociaux ont une forme légèrement différente. Ainsi, nous pouvons dire d'une somme d'actions individuelles irrationnelles (des dépenses de luxe, par exemple) qu'elles ont des conséquences, des effets, des résultats rationnels (l'augmentation moyenne du bien-être, peut-être). Mais où cette conséquence a-t-elle lieu ? S'agit-il d'un événement qui s'ajoute aux événements individuels comme un effet à sa cause ? Cette difficulté à localiser ou à fixer le lieu où se produit la cause ou l'effet dans les événements moraux ou sociaux sert généralement à justifier l'argument provocateur : certains événements (le bien-être général, par exemple) n'ont pas de cause, ce qui contredit une sorte d'idée *a priori* apparemment inébranlable.

Mais il n'est pas nécessaire d'aller jusque-là : nous pouvons nous contenter d'observer que le terme « causalité » est un *faux ami* lorsqu'on veut l'appliquer aux événements moraux ou à l'interaction entre événements mentaux et événements physiques. C'est à peu près ce que semblent dire ceux qu'on appelle les « wittgensteiniens ». Cependant, ils aboutissent à cette conclusion à partir d'une caractérisation assez différente de la causalité (ce qui n'a rien de scandaleux, étant donné l'indétermination qui règne à propos de la définition de cette notion). En réalité, les wittgensteiniens s'intéressent à l'*explication causale* en général. D'après eux, les explications de l'action humaine qui font référence à des « raisons » ne peuvent pas être considérées comme des explications causales ordinaires. À proprement parler, ce ne sont pas des explications causales du tout. C'est au philosophe américain Donald Davidson qu'on doit la spécification la plus précise de ce point de vue dit « wittgensteinien ». C'est aussi à lui qu'on doit la critique la plus radicale de ce point de vue, c'est-à-dire la défense la plus complète de l'idée que les *raisons de nos actions peuvent être ses causes* (Davidson, 1993).

D'après Davidson, les adversaires de l'idée que les raisons sont des causes partent d'une conception étroite de l'explication causale. Ils n'ont pratiquement aucune difficulté, ensuite, à démontrer que les raisons ne peuvent pas être des causes. Quels sont, pour les adversaires de la causalité des raisons, les critères d'identification d'une explication causale ?

Il y en a trois, au moins.

1 / Tout d'abord, l'explication causale est l'aboutissement d'une procédure complexe. Vous observez, vous faites des hypothèses, vous confirmez vos hypothèses, vous répétez l'expérience en manipulant les facteurs qui vous semblent pertinents et, au bout du compte, vous devez parvenir à montrer que la relation n'est pas une pure coïncidence et qu'elle est justifiée par une loi authentique. C'est ainsi qu'on procède, par exemple, pour savoir si c'est bien la pression atmosphérique ou un autre facteur qui élève la hauteur de la colonne de mercure dans un baromètre.

2 / Ensuite, une explication causale met en relation des termes que nous pouvons concevoir de manière indépendante. C'est bien pour cette raison que l'enquête causale commence par des hypothèses. Si nous ne pouvions pas concevoir l'indépendance des termes, l'enquête n'aurait aucun sens. Il serait absurde de construire des hypothèses autour de la question de savoir si les célibataires sont mariés parce qu'il existe une relation conceptuelle nécessaire entre les deux termes. Mais il n'est pas du tout déraisonnable de se demander si les célibataires ont tendance à être ennuyeux (même si l'intérêt de la question n'est pas évident) parce qu'il n'y a pas, semble-t-il, de relation nécessaire entre le fait d'être célibataire et celui d'être ennuyeux.

3 / Enfin, les chaînes causales peuvent être indéfiniment allongées des deux côtés, puisque toute cause peut être l'effet d'une autre cause et que tout effet peut être une cause d'un autre effet.

Autrement dit, ces trois critères sont ceux de l'induction, de l'indépendance logique et de l'infinité de la chaîne explicative. Les explications de la psychologie ordinaire, c'est-à-dire celles qui font des raisons (croyances et désirs) les causes de nos actions, sont-elles en mesure de satisfaire à ces critères ? À première vue, non. Prenons une explication banale telle que : « J'ai ouvert la fenêtre parce qu'il faisait chaud. » Si on vous demande : « Pourquoi avez-vous ouvert la fenêtre ? », vous ne pouvez pas répondre (du moins pas *raisonnablement*) : « Je crois que c'est parce qu'il faisait chaud, mais je dois confirmer l'hypothèse, en répétant l'expérience, la vérifier progressivement afin qu'au bout du compte je puisse certifier qu'elle est bien l'instance d'une loi disant : Chaque fois qu'il fait chaud, j'ouvre la fenêtre. » En fait, la connaissance que vous avez des raisons pour lesquelles vous faites telle ou telle chose est un peu comme la connaissance que vous avez de la position de votre propre corps. Pour savoir si vous croisez les jambes, vous n'avez pas besoin de les regarder. C'est une *connaissance sans observation*.

D'autre part, entre nos raisons d'agir et nos actions, il y a une sorte de *connexion interne*, de lien logique ou conceptuel. Cela veut dire, très approximativement, qu'il est difficile, ou impossible, de concevoir l'idée d'une raison d'agir sans que vienne aussitôt à l'esprit celle d'une action ou d'un effort dans une certaine direction. C'est presque aussi difficile ou impossible à concevoir qu'un célibataire marié. On peut le dire autrement en faisant observer que l'action (ou l'effort) n'est pas *l'effet* des croyances et désirs qui forment une raison d'agir. C'est tout simplement une preuve, un *critère d'identification* de ces désirs et croyances. Mon acte d'ouvrir la fenêtre est peut-être le seul moyen dont je dispose pour donner un *contenu* à mon désir et à ma croyance. En réalité, il n'y a pas d'accès direct, parfaitement indépendant aux croyances et aux désirs : c'est toujours à travers une action ou un effort dans une certaine direction qu'ils s'expriment ou s'identifient. Mais si on ne peut pas concevoir de relation causale entre des termes qui ne sont pas indépendants, en un sens important quelconque, et si les raisons d'agir et l'action ne sont pas des choses indépendantes, il est absurde d'envisager une relation causale entre elles.

Enfin, la chaîne des raisons a un terme alors que la chaîne des causes n'en a pas. Pour bien comprendre cet argument, pensez à la différence entre la recherche d'une responsabilité et la recherche d'une cause ou d'un effet naturel. Si, en ouvrant la fenêtre pour rafraîchir la pièce, vous faites tomber un pot de fleurs sur la tête d'un passant, vous pourrez vous défendre en disant que vous n'aviez pas l'intention de le faire même si cette défense risque de paraître suspecte aux yeux de certains psychologues qui sont toujours prêts à aller plus loin dans l'attribution de responsabilité. En réalité, vous n'êtes pas disposé à accepter toute la chaîne des conséquences de vos actes, mais seulement ces conséquences que vous pouviez raisonnablement envisager ou celles que vous étiez préparé à accepter. Dans l'autre sens, vous êtes peut-être préparé à endosser la responsabilité de votre acte alors que vous auriez peut-être pu vous en décharger en accusant vos parents de vous avoir fait ou éduqué d'une façon telle que vous ne pouviez pas ne pas commettre ce genre de maladresse.

En résumé, il y a une fin dans la recherche de la responsabilité. On demande qui est l'auteur. On ne demande pas qui est l'auteur de l'auteur et ainsi de suite. D'autre part, on n'impute pas à l'auteur l'infinité des conséquences de son acte, mais une toute petite partie seulement de ces conséquences. Dans la recherche des causes et des conséquences naturelles, rien n'interdit, en principe, une quête infinie. Et comme la recherche des raisons ressemble à la recherche d'une responsabilité, elle n'a rien à voir en principe avec l'activité qui consiste à rechercher des causes.

D'après Davidson, aucun des trois critères d'identification de l'explication causale évoqués n'est nécessaire. En premier lieu, il est faux de dire que la procédure qui nous sert à établir une relation causale est nécessairement inductive, qu'elle revient à construire des hypothèses, les soumettre à l'épreuve des faits, les confirmer progressivement, et qu'une relation ne peut être dite « causale » que si et seulement si on peut montrer qu'elle est une instance, un cas particulier d'une loi générale. Wittgenstein lui-même admettait qu'on pouvait parler d'identification directe, *instinctive* pour ainsi dire, de la causalité (Bouveresse, 1991). Nous suivons le déplacement d'un objet tiré par un fil, nous nous brûlons en posant notre main sur une plaque électrique incandescente. Nous n'avons pas besoin de répéter l'expérience pour connaître la relation causale. Le problème de l'induction ne se pose que lorsque nous voulons établir des *lois* causales. Mais, la plupart du temps, nous avons affaire à des relations causales *singulières* que nous avons souvent beaucoup de difficultés à justifier par de bonnes lois. Nous pouvons être sûrs de l'existence d'une relation causale entre deux événements, par exemple l'impact du coup de poing et la fracture du nez, le heurt d'une pierre et le bris de la vitrine, sans être sûr de la valeur de l'explication que nous donnons de la relation entre ces deux événements, laquelle dépend de la qualité de nos théories. Bref, selon Davidson, il faut distinguer deux niveaux d'analyse. Celui de la *relation causale* entre événements, qui est robuste, solide, et celui de l'*explication causale* qui est plus fragile, faillible, parce que formulée dans des langages théoriques concurrents, parfois incohérents en apparence, comme le langage des raisons qui sont des causes. La *relation* entre événements est causale et indéterminée. Nous pouvons la décrire comme nous le désirons, en termes physiques ou mentaux, c'est sans importance. L'*explication causale* est précisément le choix d'un certain type de *description* de la relation causale. C'est au niveau de l'explication causale seulement qu'on peut introduire des propriétés aussi déterminées que les propriétés mentales qui caractérisent les croyances et les désirs, dont la combinaison forme nos raisons d'agir. Ce n'est donc qu'au niveau de l'explication qu'il est légitime de parler de la causalité par les raisons. Mais cette explication ne peut que saisir approximativement ou partiellement (sous une certaine description) ce qui se passe au plan des événements. Ce qui se passe au plan des événements, nous pouvons en un certain sens *le saisir directement, sans explication.* L'explication se superpose, pour ainsi dire, à la saisie directe, singulière des relations entre événements. C'est elle qui doit satisfaire aux règles habituelles de l'induction.

En résumé, cet ensemble d'arguments tend à montrer que, du fait qu'une relation est saisie du premier coup, directement, on ne peut nullement conclure que ce n'est pas une relation causale.

En second lieu, il est faux de dire que l'explication causale n'a absolument rien à voir avec une attribution de responsabilité. C'est vrai de la relation causale singulière peut-être, mais l'explication causale est aussi *sélective* que l'explication par les raisons. C'est *sous une certaine description* seulement qu'une explication causale est valable. Je peux décrire un vase de Chine comme un cadeau de ma tante et comme un objet ayant une certaine masse. Supposons que je fende le crâne de ma tante en lui envoyant un vase de Chine. Je peux dire indifféremment que c'est le cadeau de ma tante ou un objet ayant une certaine masse qui lui a fendu le crâne, si je m'en tiens à la description de la relation causale. Mais je ne peux pas dire que c'est *parce que* c'est un cadeau de ma tante que le vase de Chine lui a fendu le crâne. C'est en *tant que* le vase a une certaine masse qu'il a pu exercer l'effet causal désiré. Ce qui est pertinent dans l'explication causale, ce n'est pas la propriété d'être un cadeau de ma tante, mais d'avoir une certaine masse. Si, comme il me semble que ce soit le cas, l'explication *causale* ne vaut que *sous une description*, on peut dire qu'elle est intentionnelle ou, plus exactement, *intensionnelle* au sens logico-linguistique. La lettre « s » sert à marquer la différence avec l'intentionnalité au sens étroit qui est la propriété caractéristique des états mentaux (la propriété « représentationnelle » en gros). Dire qu'un énoncé est « intensionnel », au sens logico-linguistique, signifie qu'on ne peut pas remplacer une expression de cet énoncé par une autre qui fait référence à la *même* chose (qui est équivalente au point de vue *extensionnel*) sans altérer la valeur de vérité de l'énoncé (pas de substitution possible *salva veritate*). On illustre habituellement cette théorie au moyen de l'exemple suivant : Si Cicéron n'est autre que Marcus Tullius, on devrait pouvoir dire : du fait que Ciceron est un bon orateur, il suit que Marcus Tullius est un bon orateur. Mais en préfixant ces phrases du verbe « croire », la situation se modifie : elle devient *opaque, intensionnelle.* Du fait que je *croie* que Cicéron est un bon orateur, il ne suit pas que je *croie* que Marcus Tullius est un bon orateur. D'après Davidson, l'explication causale serait intensionnelle en ce sens. Tout cela lui permet de conclure que ce n'est certainement pas le caractère intensionnel d'une explication qui lui interdit d'être causale.

En troisième lieu, même s'il est incontestable que l'explication par les raisons présente des aspects *normatifs* (les relations internes entre croyances, désirs et actions, entre autres), il n'en résulte pas qu'elle n'a absolument rien de causal. Dans les explications physiques aussi, il y a des aspects normatifs (ceux qui relèvent des systèmes de mesure, par exemple). Cela ne nous interdit pas de penser qu'elles peuvent être authentiquement causales. Pour qu'une explication n'ait rien de causal, il ne suffit pas qu'elle ait des aspects normatifs, il faut aussi qu'elle ne tienne aucun compte de ce qui peut se passer à un autre niveau d'analyse (le niveau de la *relation* causale) et que les liens entre ces niveaux soient inconcevables.

On pourrait faire observer, à cet endroit, que ni la thèse des adversaires de la causalité par les raisons ni l'objection de Davidson ne tiennent compte de l'argument le plus classique en faveur de l'indépendance des raisons d'agir et des actions. Pour les causalistes les plus stricts, il est parfaitement possible d'identifier les raisons d'agir *indépendamment* des actions, parce qu'il n'y a aucun lien *logique* entre nos pensées et nos actions. L'exemple des actions verbales est particulièrement significatif de ce point de vue. Lorsque nous mentons, ou lorsque nous manions l'ironie, ce que nous *faisons* (nos énonciations) est logiquement indépendant de ce que nous *pensons* (Fodor, 1975). Cependant, cet argument ne peut pas valoir dans le contexte de cette discussion. Lorsque Davidson affirme que nos croyances et nos désirs ne peuvent pas être conçus indépendamment de nos actions, c'est parce que, d'après lui, une action n'est pas un simple mouvement corporel ou un mouvement *précédé* d'une croyance et d'un désir. Comment parvenons-nous à distinguer ce que nous *faisons* et *ce qui nous arrive* ? Ce que nous faisons doit pouvoir être mis au compte de nos croyances et de nos désirs, du début à la fin de l'action. Sinon, une partie de notre action sera quelque chose qui nous arrive. C'est d'ailleurs cette nécessité qui explique le pessimisme de Davidson. Comment savoir si l'action peut être mise au compte de l'agent du début à la fin (Davidson, 1993) ? Il n'est pas très facile de comprendre comment ce scepticisme est compatible avec l'affirmation que les raisons *causent* l'action. Mais tout l'intérêt de l'argument de Davidson consiste précisément à essayer de justifier cette sorte de paradoxe.

En conclusion, même si l'explication ordinaire par les raisons est de type non inductif, même si elle est dépourvue de couverture légale, même si elle est intensionnelle et partiellement normative, il n'en résulte pas, d'après Davidson, qu'elle ne soit pas *causale*. Est-elle en mesure de satisfaire aux critères « standards » de l'explication scientifique ? À cette question, Davidson répond nettement : non. D'après lui, la psychologie ordinaire est de type normatif. Nos principes fondamentaux de rationalité s'y trouvent engagés. Elle peut être amendée mais elle ne peut pas être *réfutée*. Ce sont précisément des caractères qui lui interdisent d'être « scientifique ». De ces prémisses, il devrait suivre que les théories sociales fondées sur la psychologie ordinaire ne sont pas scientifiques. Examinons cette thèse *méthodologique*.

La méthode déductive-nomologique

Pour les positivistes classiques ou orthodoxes, la science doit éviter toute incursion dans le domaine métaphysique. Elle doit se contenter de *décrire* de la façon la plus objective et de *prédire* de la façon la plus efficace et renoncer à la prétention absurde d'*expliquer* (Salmon, 1999). Au demeurant, « expliquer » est un terme très équivoque dont il serait peut-être utile de se débarrasser. Il sert à qualifier toutes sortes de choses hétéroclites : instructions à l'usage de conducteurs débutants ; informations de guides de musées ; clarifications d'un professeur de maths ; description des causes d'un accident, etc. Pour certains positivistes dissidents (ou, au moins, non orthodoxes), ce point de vue classique repose sur un préjugé. D'après eux, on peut très bien proposer une bonne *théorie de l'explication* sans se perdre dans des marais métaphysiques ou des confusions sémantiques. Cette théorie aurait l'avantage de guérir le positivisme de sa myopie « instrumentaliste ». Cette myopie le rend incapable de respecter les démarches effectives des sciences, lesquelles ne se contentent pas de décrire, ou de prédire, mais cherchent surtout à *expliquer*.

Cette théorie de l'explication non métaphysique n'est rien d'autre qu'une mise en évidence d'une *logique* de l'explication à l'œuvre dans les sciences (Hempel, 1965). Quelle est cette logique ? À première vue, dans les sciences empiriques, expliquer consiste à remonter d'un fait à sa cause. Cette caractérisation manque de généralité. De plus, elle contient le terme métaphysique « cause ». En réalité, expliquer n'est pas remonter d'un fait à sa cause, c'est reconstruire un système déductif de cette forme :

Prémisse-Proposition universelle appelée « loi » (parce qu'elle n'est pas une *généralisation accidentelle*, la différence étant la suivante (Hempel, 1972 ; Goodman, 1984). Une « loi » telle que : « Tout objet de densité spécifique supérieure à celle de l'eau coulera dans l'eau » peut servir à corroborer une proposition conditionnelle contrefactuelle telle que : « Si cet objet, dont la densité spécifique est supérieure à celle de l'eau, avait été plongé dans l'eau, il aurait coulé. » En revanche, une généralisation accidentelle telle que : « Tous les élèves de cette classe sont nuls en philo » ne peut pas servir à corroborer une proposition conditionnelle contrefactuelle telle que : « Si Descartes avait été dans cette classe, il aurait été nul en philo. »

Prémisse-Propositions particulières décrivant des conditions initiales.

Conclusion : Conséquences observables (déduit de 1 et 2).

Ainsi, on peut expliquer la rupture d'une canalisation en reconstruisant un système déductif tel que (très approximativement) :

Prémisse : Si l'eau gèle, son volume augmente.

Prémisse : La température est au-dessous de 0 °C ; la résistance des canalisations est telle et telle, etc.

Conclusion : La canalisation cède.

La « loi » disant : « Si l'eau gèle, son volume augmente » peut être elle-même *expliquée* en ce sens qu'elle peut être la *conclusion* d'un autre système déductif. On peut décider de réserver le terme « loi » aux propositions les plus générales, c'est-à-dire à celles qui ne sont jamais des *conclusions*, en l'état actuel de la science. Mais on peut se montrer moins rigoriste sur la question et admettre toutes sortes de « lois » empiriques qui pourraient, en fait, apparaître comme des conclusions dans certaines déductions (Salmon, 1999).

Bref, expliquer revient à reconstruire un système déductif dans lequel ce qui explique (l'*explanans*), ce sont les prémisses et ce qui est à expliquer (l'*explanandum*) est la conclusion. L'*explanans* consiste en énoncés de lois et de conditions initiales ; l'*explanandum* décrit le phénomène à expliquer. On dit de ce modèle qu'il est « déductif-nomologique » (on y fait référence au moyen des initiales D-N). Il existe une variante dite « inductive-statistique » (ou I-S) de ce modèle. D'après cette variante, les lois ne sont pas universelles mais seulement statistiques, et la conclusion n'est pas certaine mais seulement hautement probable.

Ces deux variantes ont le même mode d'opération. La conclusion décrit *ce qui devrait se passer* si le système déductif était correct. Ce dernier est testé dans *son ensemble* par des expériences contrôlées. Ces deux variantes présentent aussi les mêmes particularités importantes du point de vue de la philosophie des sciences.

1 / *Symétrie entre expliquer et prédire.* On peut considérer la conclusion ou bien comme une prédiction ou bien comme une explication rétrospective.

2 / *Séparation du contexte de la découverte et du contexte de la justification.* Les deux variantes du modèle ne disent rien de la formation des hypothèses ou de la découverte des lois universelles ou statistiques.

3 / *Séparation relative de la théorie et de l'observation.* Certaines propositions, au moins, énoncent des conséquences observables, suffisamment indépendantes des théories pour qu'elles puissent les départager lorsqu'elles sont rivales.

4 / *Engagement normatif.* Les deux variantes du modèle ne se contentent pas de décrire les explications scientifiques effectives. Elles nous disent ce qu'est une bonne explication.

Cette théorie de l'explication respecte quelques grands principes positivistes (dont le refus de la métaphysique et le souci de la précision linguistique) tout en rejetant ses défauts les plus criants (la séparation trop nette de la théorie et de l'observation, le vérificationnisme, etc.). Elle a reçu le nom de « modèle standard » (ce qui n'est pas précisément un compliment en philosophie) en raison, probablement, de son côté synthétique ou œcuménique, mais aussi de quelques-uns de ses défauts apparents, qui en font une excellente cible pour la critique.

On a dit qu'il n'imposait pas suffisamment de contraintes du fait, principalement, qu'il ne tenait pas compte de l'existence de *relations causales.* Les prétendues explications que ce modèle peut justifier ne nous disent rien des *mécanismes réels* qui font que tel ou tel fait se produit (Bunge, 1997 ; Railton, 1981). D'autre part, ce modèle ne semble pas pouvoir exclure toutes sortes d'explications farfelues dans lesquelles la direction de la causalité est inversée par exemple (McCarthy, 1977). Au fond, il reste instrumentaliste. Il justifie la prédiction plus que l'explication. C'est une difficulté interne, car le modèle postule la symétrie expliquer-prédire et prétend libérer le positivisme de l'instrumentalisme.

On a dit aussi qu'il imposait *trop* de contraintes. Il est possible de proposer des explications tout à fait satisfaisantes sans remonter jusqu'à des lois universelles qui ne sont, au fond, que de simples artifices (Cartwright, 1983).

On a dit enfin que cette théorie était complètement obsolète en ce sens qu'elle correspondait à un état de la philosophie des sciences radicalement dépassé à présent. De tous les grands principes de cette théorie (séparation théorie-observation, dichotomie-contexte de la découverte-contexte de la justification, symétrie prédiction-explication, conception normative de la méthodologie), aucun ne semble avoir résisté aux critiques de la « nouvelle philosophie des sciences » (McGuire, 1999). La physique n'est plus la science phare dont les méthodes doivent servir d'exemple à toutes les autres. Des schémas explicatifs propres à la biologie ou à la linguistique sont largement diffusés dans d'autres disciplines. Plus personne ne semble adhérer *officiellement* à l'idée qu'il existerait une méthode *unique* ou universelle pour les sciences (et que c'est Carl Hempel qui l'aurait découverte). Pourtant, cette théorie de l'explication est toujours vivante. En fait, aucun argument *décisif* n'a été proposé contre ses grands principes. L'idée en particulier que la philosophie des sciences a une vocation normative est loin d'être ruinée. D'autre part, il suffit de voir ce que devient l'épistémologie lorsqu'elle renonce plus ou moins à la dichotomie découverte-justification (par exemple, chez Bourdieu, Chamboredon, Passeron, 1968) pour se dire qu'il vaudrait probablement mieux la conserver en dépit de toutes ses imperfections.

Il n'est pas impossible cependant d'adhérer aux principes généraux qui orientent cette théorie de l'explication (en particulier à la dichotomie contexte de la découverte-contexte de la justification) ainsi qu'à la conception de l'unité des méthodes des sciences qui la sous-tend, tout en admettant qu'il existe un problème spécifique de l'explication dans les sciences sociales. Même George Homans, champion de l'unité des sciences en général et de la théorie de l'explication de Hempel en particulier, l'a lucidement reconnu (Homans, 1967). Je crois qu'il serait intéressant d'exposer en détail son interprétation de l'application aux sciences sociales de la méthode de Hempel. Les raisons pour lesquelles l'appel à la psychologie ordinaire peut être un obstacle au développement de ces sciences apparaîtront assez clairement ensuite.

Limites de la méthode

À la suite de Hempel, Homans pense qu'expliquer un phénomène social revient à reconstruire un système déductif dont ce phénomène, ou plutôt la *proposition* qui le décrit, est la *conclusion*

(Homans, 1967). Dans ce genre de système, une proposition est un énoncé d'un genre particulier. Il fait référence à des *propriétés* susceptibles de changer de valeur : des *variables*. Il établit des relations entre ces variables (si l'une est absente, l'autre le sera également ; si la valeur de l'une augmente, celle de l'autre diminue, et ainsi de suite). Ces relations doivent être suffisamment *spécifiées*. D'après Homans, un énoncé tel que : « Tout changement économique aura des conséquences politiques » n'est pas une proposition. Il fait référence à des conséquences mais ne précise pas lesquelles. En revanche, l'énoncé : « Plus une société est industrialisée, moins il y a de familles étendues » est une proposition. Les propositions qui servent de prémisses dans un système déductif (celles qui *expliquent*) peuvent être elles-mêmes les conclusions d'un autre système déductif (ce sont elles qu'il faut expliquer). Une proposition est plus *générale* qu'une autre si elle est la prémisse d'un plus grand nombre de systèmes déductifs. La proposition la plus générale dans les sciences sociales est de type psychologique. Elle dit : « Plus les hommes accordent de la valeur à une chose, plus ils essaieront de l'obtenir pour autant qu'ils aient la possibilité de l'obtenir. » Il peut exister des variantes de cette proposition. Mais elles doivent préserver les principes qui la justifient. La proposition la plus générale des sciences sociales repose sur l'idée que, pour expliquer l'action d'un agent, il faut tenir compte de deux facteurs : 1 / Ce qu'il valorise ; 2 / La perception qu'il a de ses chances de succès. Homans n'a pas toujours proposé la même formule. Mais toutes disent, en gros : « Nous essayons d'obtenir quelque chose dans la mesure où nous lui accordons de la *valeur* et nous croyons en nos chances de *succès*. » Ce sont, bien sûr, des variations sur le thème de la psychologie ordinaire. Elles se distinguent de leur voisine la plus proche, l'utilitarisme de type « égoïste », en raison de leurs engagements *behavioristes*. Elles laissent ouverte la possibilité que l'agent ait toutes sortes d'objectifs différents, puisque, après tout, ceux-ci ne sont que l'effet d'un conditionnement par apprentissage.

Il y a d'autres candidats au titre de « proposition la plus générale » dans les sciences sociales. Mais ceux qui se présentent habituellement ne satisfont pas aux critères de sélection d'une proposition, au sens de Homans. D'après ce dernier, un énoncé « culturaliste » tel que : « Dans toutes les sociétés, l'inceste est prohibé » est général mais ce n'est pas une proposition car il n'établit aucune relation de variation entre des phénomènes. Un énoncé fonctionnaliste tel que : « Toutes les sociétés doivent posséder les caractéristiques de type *x, y, z* pour “survivre” ou pour “rester en équilibre” » est général mais ce n’est pas une proposition. Il fait référence à des conséquences mais ne précise pas *lesquelles.* Alors que nous pouvons avoir un critère plus ou moins précis pour déclarer qu’un organisme a cessé de vivre (ou que son équilibre est rompu), nous n’avons rien de comparable pour les sociétés. Ni la disparition du système économique ni celle du système politique ou de parenté ne suffisent à déclarer « morte » une société. Si le critère de survie d’une société, c’est seulement la survie de ses membres, alors, en un sens, aucune n’est morte tant qu’il reste des humains vivants (étant donné la masse de relations de parenté et d’échanges accumulées). Par ailleurs, tant que nous estimons qu’une société n’est pas « morte » (quel que soit le sens donné à cette expression), nous sommes, semble-t-il, disposés à accepter toutes sortes d’hypothèses *ad hoc* pour expliquer sa « survie ». Si les caractéristiques *x, y, z* dites « nécessaires » sont manifestement absentes, il est toujours possible de trouver des « équivalents fonctionnels ».

Un court exemple proposé par Homans (Homans, 1964) me servira à résumer ses propos (et aussi, peut-être, à les rendre plus intelligibles). Soit le phénomène (social) de la diffusion rapide de l’innovation technique dans les manufactures de coton en Angleterre au XVIIIe siècle. En toute rigueur, il nous faudrait déduire la proposition qui décrit ce phénomène à partir :

1 / de la proposition générale disant : « Nous essayons d’obtenir quelque chose dans la mesure où nous lui accordons de la valeur et nous croyons en nos chances de succès » ;
2 / de propositions spécifiant des conditions particulières. En l’occurrence, la faible productivité du travail, la forte demande de tissus de coton, l’état de la technologie, etc.

Notons que, si nous éliminons la proposition générale, nous n’avons plus d’explication. Car toute explication repose sur la proposition générale. C’est parce que des gens trouvaient qu’il était *bon* (que cela avait de la *valeur*) de répondre à la demande de tissus de coton et qu’ils *croyaient* qu’ils réussiraient à le faire avec des machines (ils croyaient au *succès*) que le phénomène social de la diffusion rapide de l’innovation technique s’est produit. Faut-il pour autant formuler explicitement cette proposition générale ou essayer de la justifier ? D’après Homans, il est inutile, en pratique, de remonter jusqu’à cette proposition générale dont sont déduites toutes sortes de propositions particulières. Car, si ces propositions sont intéressantes et ressemblent parfois à d'authentiques découvertes, la proposition générale elle-même n'est pas informative. Elle est connue de tous ; c'est pour cette raison que les explications historiques ou sociologiques ont l'allure d'*esquisses* d'explications ou d'enthymèmes (c'est-à-dire d'arguments logiques dont l'une des prémisses n'est pas formulée explicitement). La prémisse explicative est *omise* dans le raisonnement parce que c'est une platitude qu'il est inutile de mentionner.

La particularité des sciences sociales se situe exactement à cet endroit pour Homans. Alors que les propositions générales des sciences naturelles (les trois lois du mouvement de Newton, par exemple) sont des *découvertes*, la proposition générale des sciences sociales est *connue d'avance*. Bien sûr, une infinité de conclusions étonnantes, informatives, peuvent être dérivées de cette proposition connue d'avance (les plus impressionnantes étant relatives aux *conséquences non voulues* de nos actions intentionnelles).

Il n'en reste pas moins que les programmes explicatifs des sciences naturelles et des sciences sociales vont dans deux directions opposées. Les premières cherchent à *découvrir* des propositions générales inconnues à partir de phénomènes spécifiques connus. Les secondes cherchent plutôt à se servir de propositions générales *connues de tous* pour découvrir toutes sortes de phénomènes spécifiques inconnus. Pour un champion de l'unité des sciences, la conclusion est assez paradoxale. Elle repose surtout sur des prémisses qu'il est permis de contester. Est-il sûr qu'il n'y ait aucune proposition générale *à découvrir* dans les sciences sociales ? Si, comme le dit Homans, la proposition la plus générale des sciences sociales est de nature psychologique, peut-on exclure que des découvertes psychologiques puissent la remettre en cause (des découvertes du genre de celles qu'on attribue à la psychanalyse, à la théorie de la dissonance cognitive, etc.) ? Et si cette proposition générale ne peut pas être remise en cause, peut-on soutenir que cela *n'interdit absolument pas* aux sciences sociales d'être des sciences ? Est-ce que l'irréfutabilité de la proposition générale ne contamine pas toutes celles qui en sont dérivées ? Même si la réfutabilité n'est plus considérée comme un critère de démarcation suffisant, l'irréfutabilité de principe ne peut pas être mise au crédit d'une théorie.

En fait, ce qui semble manquer dans la discussion de Homans (et toutes celles qui y ressemblent de près ou de loin), c'est une analyse de la proposition générale tirée de la psychologie ordinaire. Pour Homans, cette proposition doit pouvoir figurer comme *prémisse* dans des explications particulières. Il ne s'agit donc pas d'un principe de raisonnement (tel que le principe de non-contradiction ou telle ou telle règle d'inférence spécifique), ni d'un principe d'explication général (tel que « Tout événement a une cause »). Le principe de non-contradiction ou le principe disant : « Tout événement a une cause » ne sont pas des *prémisses* de nos raisonnements ou de nos explications : ce sont des conditions de possibilité de ces derniers, si on veut (il n'y a que les médecins de Molière qui pourraient commencer une explication ou un raisonnement en posant, comme *prémisse* : « Tout événement a une cause », « Il ne faut pas affirmer et nier la même proposition en même temps », etc.). Mais dire que la proposition générale tirée de la psychologie est une prémisse (et non une règle d'inférence ou un principe général d'explication) est insuffisant. Car il existe toutes sortes de prémisses. S'agit-il d'une sorte de vérité conceptuelle ou *a priori* ? D'une *généralisation empirique* amendable et même réfutable, en partie au moins ? D'une sorte de *norme* ou d'*instruction pour la recherche* sans valeur absolue mais que nous adoptons parce que c'est la moins mauvaise de celles qui existent actuellement ? Et quelles sont les conséquences pour l'idée que nous pouvons nous faire des sciences sociales dans chaque cas ?

Quoi qu'il en soit, il me paraît assez évident que « la proposition la plus générale » de Homans n'est pas une « proposition » au sens qu'il donne à ce terme. Soit l'énoncé : « Si Roméo veut revoir Juliette et qu'il croit qu'elle est à Vérone, il ira à Vérone. » D'après le schéma d'Hempel (corrigé par Homans), le conséquent du conditionnel devrait pouvoir jouer le rôle d'une prédiction : « Roméo va à Vérone. » Cependant, si Roméo ne va pas à Vérone, on ne dira pas que la prédiction a été *démentie*. On dira seulement qu'en réalité Roméo ne désirait pas suffisamment revoir Juliette ou ne croyait pas vraiment qu'elle était à Vérone. De fait, « aller à Vérone » n'est pas une *prédiction* mais un *critère d'identification* des désirs et des croyances de Roméo. Ce n'est pas, à proprement parler, une conséquence observable d'une proposition *indépendante* portant sur les désirs et les croyances de Roméo. Si cet exemple est une bonne illustration de ce que Homans appelle la « proposition la plus générale des sciences sociales », alors cette dernière n'est pas du tout une proposition. C'est un énoncé aussi vide que les prétendues propositions générales culturalistes ou fonctionnalistes. En définitive, l'un des problèmes des sciences sociales n'est pas que leur proposition la plus générale soit « psychologique » et « connue de tous ». C'est qu'il n'y a, pour le moment, aucune proposition générale susceptible de satisfaire aux conditions fixées par Hempel (revues par Homans). S'ensuit-il que les sciences sociales ne sont pas des sciences ? Il faudrait que le seul moyen d'obtenir son ticket d'entrée à ce club prestigieux soit de satisfaire aux exigences du modèle nomologique-déductif. Mais nous savons que tel n'est pas le cas. Tout ce qu'on peut dire, en conclusion, c'est que les principes de la psychologie ordinaire et quelques autres grands principes (fonctionnalistes ou culturalistes, etc.) ne satisfont pas à ces exigences, en dépit de ce que leurs promoteurs ont l'habitude de déclarer.

Conclusion

Selon l'une des principales traditions de recherche, la bonne science sociale ne peut se faire qu'au niveau *supra-individuel*. C'est à ce niveau seulement que les prédictions ont des chances raisonnables d'être confirmées. C'est à ce niveau aussi qu'on peut se débarrasser de tout le vocabulaire confus de la « psychologie ordinaire » (croyances, désirs, intentions, conscience, etc.) et de ses explications dépourvues du moindre intérêt informatif (« Je vais à la pharmacie parce que j'ai mal à la tête et que c'est un bon moyen d'avoir de l'aspirine », etc.). Cependant, on reconnaît aussi, dans cette tradition, que, pour être vraiment « bonne », la science sociale ne peut pas se contenter d'être supra-individuelle. Elle doit aussi éviter d'attribuer à des entités supra-individuelles des propriétés d'individus humains (des désirs, des pensées, des croyances, une volonté, etc.) et d'individus physiques non humains (la propriété d'entretenir des relations *causales*). Ces deux exigences sont-elles compatibles ? Sans doute, mais lorsqu'elles sont toutes les deux respectées, il semble bien que la science sociale perde sa raison d'être : sa capacité d'*expliquer*. Lorsqu'elles respectent strictement ces exigences, tout ce qui reste aux sciences sociales, ce sont des corrélations, lesquelles peuvent être infiniment raffinées, sans jamais atteindre aucun *mécanisme réel*.

Pour retrouver du pouvoir explicatif, les sciences sociales doivent rejeter l'une ou l'autre de ces exigences.

1 / Ou bien rejeter la *première* exigence et proposer des explications au niveau des croyances, des désirs, des actions individuelles.

2 / Ou bien rejeter la *seconde* exigence et attribuer des pouvoirs causaux à des entités supra-individuelles.

Des chercheurs, de plus en plus nombreux, dans les différentes disciplines qui composent les sciences sociales rejettent la première exigence. D'après eux, la bonne science sociale ne se fait pas au niveau supra-individuel mais dans l'analyse des actions intentionnelles et de leurs conséquences. S'ils jugent que cette première exigence n'est pas raisonnable, c'est parce qu'ils estiment qu'il existe différents moyens d'encadrer, si on peut dire, la psychologie ordinaire et d'éviter que les explications fondées sur elles soient purement arbitraires. Ils pensent, en particulier, que le problème de l'attribution à autrui de croyances ou désirs (d'états intentionnels en général) peut être résolu au moyen ou bien de procédures universalistes, qu'elles soient normatives (attribution idéale de rationalité instrumentale ou non instrumentale) ou naturalistes (attribution de croyances et de désirs dans la limite de ce que nous apprennent les sciences cognitives à propos de celles qu'il est possible d'avoir) ; ou bien de procédures localistes (attribution des croyances et des désirs compatibles avec ce qu'on sait de la société ou la culture locale).

Mais aucune de ces procédures ne permet d'éliminer la sous-détermination radicale des attributions de croyances et de désirs. D'autre part, on ne voit pas comment les déficits des explications de la psychologie ordinaire pourraient ne pas rejaillir sur l'ensemble des théories en sciences sociales qui sont fondées sur elle.

Est-il plus raisonnable dans ces conditions d'attribuer des pouvoirs causaux à des entités supra-individuelles ? C'est-à-dire de rejeter la *seconde* exigence (ne pas attribuer à des entités supra-individuelles des propriétés d'individus). C'est une idée qui ne fait plus bondir les chercheurs parce qu'il est apparu qu'elle n'était peut-être pas plus saugrenue que celle qui consiste à attribuer des pouvoirs causaux à toutes sortes d'états mentaux (croyances, désirs, intentions, etc.). Mais il n'en résulte certainement pas qu'elle soit vraie ou qu'il y ait la moindre conséquence pour la recherche empirique de l'analogie entre états mentaux et faits sociaux.

Je disais au début que j'allais exprimer mon scepticisme en conclusion. C'est ce que je viens de faire. J'aimerais préciser toutefois que ce genre de scepticisme n'est pas un nihilisme. Il ne vise que la possibilité de trouver un *fondement sûr* à nos recherches, certainement pas l'intérêt de les continuer.

Je tiens aussi à ajouter que ce scepticisme ne porte pas sur la nécessité de construire des *théories* en sciences sociales mais seulement sur la possibilité de fonder ces théories sur des principes infaillibles. Finalement, mon scepticisme est certainement moins radical que celui des anti-théoriciens en sciences sociales (parmi lesquels on peut ranger les ethnométhodologues les plus conséquent et un grand nombre de chercheurs hyper-empiristes) qui passent leur temps à essayer de ridiculiser les prétentions de leurs collègues fonctionnalistes, culturalistes, rationalistes, etc., comme s'il n'y avait absolument *rien* à tirer de cette énorme dépense d'énergie intellectuelle[1].

BIBLIOGRAPHIE

Abell P., « Homo Sociologicus : Do we need him/her », *Sociological Theory*, 9, 2, 1991, p. 195-198.

Abell P., « Sociological Theory and Rational Choice Theory », *in* B. S. Turner, *The Blackwell Companion to Social Theory*, Oxford, Basil Blackwell, 1996.

Aristote, *De la génération et de la corruption*, éd. et trad. C. Mugler, Paris, Les Belles Lettres, 866.

Bachelard G., *Le nouvel esprit scientifique*. Paris, PUF, 1934.

Baert P., *Social Theory in the Twentieth Century*, Londres, Polity Press, 1998.

Becker H. S., *Outsiders. Studies in the Sociology of Deviance*, New York, Free Press, 1963.

Belo J. (ed.), *Traditional Balinese Culture*, 1935, New York, 1970.

Benedict R., *Patterns of Culture*, Boston, Houghton Mifflin Company, 1934.

Berthelot J.-M., *Les vertus de l'incertitude. Le travail d'analyse dans les sciences sociales*, Paris, PUF, 1996.

Bhaskar R., *The Possibility of Naturalism*, Sussex, Harvester, 1979.

Boudon R., *La place du désordre*, Paris, PUF, 1984.

Boudon R., « L'acteur social est-il si irrationnel (et si conformiste) qu'on le dit ? », *in* C. Audard *et al., Individu et justice sociale*, Paris, Le Seuil, 1988, p. 219-244.

Bourdieu P., *Esquisse d'une théorie de la pratique*, Genève, Droz, 1972.

Bourdieu P., Chamboredon J.-C., Passeron J.-C., *Le métier de sociologue*, Paris, La Haye, Mouton, 1968.

Bouveresse J., *Philosophie, mythologie et pseudo-science. Wittgenstein, lecteur de Freud*, Combas, L'Éclat, 1991.

Bouvier A., *Philosophie des sciences sociales*, Paris, PUF, 1999.

Bunge M., « The Revival of Causality », *in* G. Floistad (ed.), *Contemporary Philosophy* (2), La Haye, M. Nijkoff, p. 133-135.

Bunge M., « Mechanism and Explanation », *Philosophy of the Social Sciences*, 27, 4, 1997, p. 410-465.

Carnap R., « The Methodological Character of Theoretical Concepts », *in* H. Feigl et M. Scriven (eds), *Minnesota Studies in the Philosophy of Science*, II, Minneapolis, University of Minnesota Press, 1956.

1. Pour rédiger la deuxième version de cet essai, j'ai pu profiter des commentaires avisés de Simone Bateman, Albert Ogien, Patricia Paperman, Patrick Pharo et des autres rédacteurs de cet ouvrage, de Jean-Michel Berthelot, Alban Bouvier, Pierre Livet et Bernard Walliser, en particulier. Merci à tous pour leurs efforts, qui, je l'espère, n'auront pas été vains.

J'ai repris, pour ce chapitre, avec un certain nombre de modifications, des extraits de *Les causes et les raisons. Philosophie analytique et sciences humaines*, 1995, 37-43 et 80-86.

Cartwright N., *How Laws of Physics Lie*, Oxford, Clarendon Press, 1983.

Chomsky N., *Réflexions sur le langage*, 1975, trad. J. Milner, B. Vautherin, P. Fiala, Paris, Flammarion, 1977.

Churchland P., « Eliminative Materialism and Propositional Attitudes », *Journal of Philosophy*, 78, 2, 1981, p. 67-90.

Coleman J. S., *Foundations of Social Theory*, Belknap Press of Harvard University Press, 1990.

Conein B., « La reconnaissance des relations sociales et la notion de groupe social », *in* R. Boudon, A. Bouvier, F. Chazel (éd.), *Cognition et sciences sociales*, Paris, PUF, 1997, 137-153.

Corcuff P., *Les nouvelles sociologies*, Paris, Hatier, 1995.

Davidson D., *Paradoxes de l'irrationalité*, trad. P. Engel, Combas, L'Éclat, 1991.

Davidson D., *Actions et événements*, 1982, trad. P. Engel, Paris, PUF, 1993.

Dennett D., *La stratégie de l'interprète*, 1987, trad. P. Engel, Paris, Gallimard, 1990.

Descombes V., *Les institutions du sens*, Paris, Minuit, 1996.

Durkheim É., *Les règles de la méthode sociologique*, 1895, 2e éd, Paris, PUF, 1984.

Durkheim É., *Le suicide. Étude de sociologie*, 1895, 8e éd, Paris, PUF, 1995.

Elster J., *Le laboureur et ses enfants*, Paris, Minuit, 1986.

Engel P., « Interprétation et mentalité prélogique », *Revue philosophique*, 4, 1989, p. 543-558.

Engel P. (éd.), « Psychologie ordinaire et sciences cognitives », *Hermès*, 3, 1988.

Engel P., « Interpretation without Hermeneutics. A Plea against Ecumenism », *Topoï*, 10, 1991, p. 137-146.

Engel P., *Philosophie et psychologie*, Paris, Gallimard, 1996.

Engel P., « Croyances collectives et acceptations collectives », *in* R. Boudon, A. Bouvier, F. Chazel (éd.), *Cognition et sciences sociales*, Paris, PUF, 1997, p. 155-173.

Engel P., *La dispute. Une introduction à la philosophie analytique*, Paris, Minuit, 1997.

Everson S., « L'explication aristotélicienne du hasard », *Revue de philosophie ancienne*, 1, 1988, p. 39-76.

Fodor J., *The Language of Thought*, Cambridge, Mass., Harvard University Press, 1975.

Fodor J., « Les sciences particulières (l'absence d'unité de la science : une hypothèse de travail) », 1974, *in* P. Jacob (éd.), *De Vienne à Cambridge*, Paris, Gallimard, 1980, p. 379-399.

Foucault M., *Les mots et les choses. Une archéologie des sciences humaines*, Paris, Gallimard, 1966.

Garfinkel H., *Studies in Ethnomethodology*, Englewood Cliffs, NJ, Prentice Hall, 1967.

Geertz C., *The Interpretation of Cultures*, New York, Basic Books, 1973.

Giddens A., *La constitution de la société*, 1984, trad. M. Audet, Paris, PUF, 1987.

Gilbert M., « Durkheim and Social Facts », in *Living Together*, New York, Rowan and Littlefield, 1997, p. 86-109.

Goodman N., *Faits, fictions et prédictions* (1965), trad. P. Jacob, Paris, Minuit, 1984.

Granger G.-G., *Pensée formelle et sciences de l'homme*, Paris, Aubier, 1970.

Grünbaum A., *Les fondements de la psychanalyse*, 1984, trad. J.-C. Dumoncel, E. Pacherie, Paris, PUF, 1996.

Habermas J., *Morale et communication*, 1983, trad. C. Bouchindomme, Paris, Le Cerf, 1986.

Harman G., « The Inference to the Best Explanation : Criterion for Theory Choice », *Journal of Philosophy*, 75, 1978, p. 76-92.

Harré R., *Varieties of Realism*, Oxford, Basil Blackwell, 1986.

Hempel C., *Aspects of Scientific Explanation and Other Esays in Philosophy of Science*, New York, Free Press, 1965.

Hempel, *Éléments d'épistémologie* (1966), trad. B. Saint-Sernin, Paris, Armand Colin, 1972.

Homans G., *The Nature of Social Science*, New York, Harbinger Book, 1967.

Homans G., « Bringing Men back in », *American Sociological Review*, 5, 1964, p. 804-818.

Hume D., *Traité de la nature humaine*, 1739-1740, trad. A. Leroy, Paris, Aubier, 1946.
James W., *Précis de psychologie* (1908), trad. E. Baudin et G. Bertier, Paris, Rivière, 1929.
Jones T., « FIC Descriptions and Interpretive Social Science : Should Philosophers Roll their Eyes ? », *Journal for the Theory of Social Behaviour*, 29, 4, 1999, p. 337-369.
Kagan J., *Normative Ethics*, Boulder, Westview Press, 1998.
Kim J., « Non Causal Connections », *Noûs*, 8, 1974, 41-52.
Kim J., « Causation, Nomic Subsomption and the Concept of an Event », *Journal of Philosophy*, 8, LXX, 1976, 217-236.
Kitcher P., « The Naturalists Return », *The Philosophical Review*, 101, 1, 1992, p. 53-115.
Kincaid H., *Philosophical Foundations of the Social Sciences*, Cambridge, Cambridge University Press, 1996.
Kuhn T., *La structure des révolutions scientifiques*, 1962, trad. L. Meyer, Paris, Flammarion, 1972.
Larmore C., « Convictions philosophiques », *in* J. Proust (éd.), 1992.
Lazarsfeld P., *Philosophie des sciences sociales*, introd. R. Boudon, trad. P. Birnbaum, F. Chazel, G. Lagneau, J. Lautman, B. Leayer, Paris, Gallimard, 1970.
Lecourt D., « Avant-propos » à D. Lecourt (éd.), *Dictionnaire d'histoire et de philosophie des sciences*, Paris, PUF, 1999.
Lévy-Bruhl L., *Carnets*, M. Leenhardt (éd.), Paris, PUF, 1949.
Livet P., « Le statut de l'explication en sociologie », *in* N. Ramognino et G. Houle, *Sociologie et normativité scientifique*, Toulouse, PUM, 1999, p. 111-147.
Lukes S., « Methodological Individualism Reconsidered », *British Journal of Sociology*, XIX, 1968, p. 119-129.
MacDonald G. et Pettit P., *Semantics and Social Science*, Londres, Routledge & Kegan P., 1981.
Marx K., *Œuvres*, Maximilien Rubel (éd.), Paris, Gallimard, « La Pléiade », 1965.
McCarthy T., « On an Aristotelian Model of Scientific Explanation », *Philosophy of Science*, 44, 1977, p. 159-166.
McDowell J., « Valeurs et qualités secondes », *in* Ruwen Ogien (éd.), *Le réalisme moral*, Paris, PUF, 1999.
Mc Guire J. E., « Scientific Change : Perspectives and Proposals », *in* W. Salmon, *Philosophy of Science*, Indianapolis, Hackett Publishing Co., 1999, p. 132-178.
McIntyre A., *Against the Self-Images of the Age*, Notre Dame, University of Notre Dame Press, 1978.
Merton R. K., *Éléments de théorie et de méthode sociologique*, trad. H. Mendras, Paris, Plon, 1965.
Nagel E., *The Structure of Science. Problems in the Logic of Scientific Explanations*, Indianapolis, Hackett Publishing Co., 1979.
Ogien R., *Les causes et les raisons. Philosophie analytique et sciences humaines*, Nîmes, J. Chambon, 1995.
Oppenheim P. et Putnam H., « L'unité de la science : une hypothèse de travail », 1958, *in* P. Jacob, *De Vienne à Cambridge*, Paris, Gallimard, 1980, p. 337-377.
Parsons J., *The Social System*, Londres, Routledge & Kegan P., 1951.
Parsons T., « The Role of Ideas in Social Action », 1938, in *Essays in Sociological Theory*, New York, Free Press, 1954, p. 19-33.
Pettit P., « Realism and Response-Dependance », *Mind*, 4, 1991, p. 586-626.
Peacocke C. (ed.), *Objectivity, Simulation and the Unity of Consciousness*, Oxford, Oxford University Press, 1994.
Pharo P., *Sociologie de l'esprit*, Paris, PUF, 1997.
Popper K., *La logique de la découverte scientifique*, 1959, trad. N. Thyssen-Rutten et P. Devaux, Paris, Payot, 1973.
Popper K., *Misère de l'historicisme*, trad. H. Rousseau, rév. R. Bouveresse, Paris, Plon, 1988.

Proust J. (éd.), « La philosophie continentale vue par la philosophie analytique. », Philosophie, 35, 1992.
Putnam H., *Raison, vérité et histoire*, 1981, trad. A. Gerschenfeld, Paris, Minuit, 1984.
Quine W. v. O., *Le mot et la chose*, 1960, trad. J. Dopp et P. Gochet, Paris, Flammarion, 1977.
Railton P., « Probability, Explanation and Information », *Synthèse*, 48, 1981, p. 233-256.
Ricœur P., *Temps et récit*, 1, Paris, Le Seuil, 1983.
Rosenberg A., *Philosophy of the Social Sciences*, Boulder, Westview Press, 1995.
Russell B., « On the Notion of Cause » (1917), in *Mysticism and Logic*, Londres, Unwin Paperbacks, 1986, p. 173-199.
Russell B., *The Analysis of Mind* (1921), Londres, Unwin Paperbacks, 1989.
Salmon W., « Scientific Explanation », *in* M. H. Salmon *et al.*, Indianapolis, Hackett Publishing Co., 1999, p. 7-42.
Schutz A., *The Problem of Social Reality. Collected Papers 1*, La Haye, Martinus Nijhoff, 1962.
Scheffler I., *Science and Subjectivity*, 2e éd., Indianapolis, Hackett Publishing Company, 1985.
Searle J., *La redécouverte de l'esprit*, 1992, trad. C. Tiercelin, Paris, Gallimard, 1995.
Simmel G., *Sociologie et épistémologie*, trad. L. Gasparini, Paris, PUF, 1981.
Sobert E., « Realism and Independance », *Noûs*, XVI, 3, 1982, p. 369-385.
Sperber D., *La contagion des idées*, Paris, Odile Jacob, 1996.
Sperber D., « Individualisme méthodologique et cognitivisme », *in* R. Boudon, A. Bouvier, F. Chazel (éd.), *Cognition et sciences sociales*, Paris, PUF, 1997, p. 123-135.
Stein E., *Without Good Reason*, Oxford, Clarendon Press, 1996.
Taylor C., *La liberté des modernes*, Paris, PUF, 1997.
Weber M., *Économie et société*, 1956, trad. J. Freund *et al.*, Paris, Plon, 1971.
Waterlow S., *Nature, Change and Agency in Aristotle's « Physics »*, Oxford, Clarendon Press, 1982.
Wiggins D., « La vérité, l'invention et le sens de la vie », *in* Ruwen Ogien (éd.), *Le réalisme moral*, Paris, PUF, 1999, p. 301-361.
Winch P., *The Idea of a Social Science*, Londres, Routledge & Kegan P., 1958.
Wittgenstein L., *Philosophical Investigations*, trad. G. E. Anscombe, Oxford, Basil Blackwell, 1958.
Woods J. et Walton D., *Critique de l'argumentation. Logique des sophismes ordinaires*, trad. M. F. Antona, M. Doury, M. Marcoccia, V. Traverso, coordonnée par C. Plantin, Paris, Kimé, 1992.

Index général des noms

Index général des notions

Philosophie

S. AUROUX — La philosophie du langage
M. CANTO-SPERBER — Philosophie grecque *(2e éd. revue et corrigée)*
J.-P. COMETTI, J. MORIZOT, R. POUIVET — Questions d'esthétique
C. DEVILLERS, H. TINTANT — Questions sur la théorie de l'évolution
D. FOLSCHEID — La philosophie allemande de Kant à Heidegger
D. FOLSCHEID, J.-J. WUNENBURGER — Méthodologie philosophique *(4e éd.)*
A. DE LIBERA — La philosophie médiévale *(3e éd.)*
M. MEYER — La philosophie anglo-saxonne
R. NADEAU — Vocabulaire technique et analytique de l'épistémologie
N. TENZER — Philosophie politique *(2e éd. mise à jour)*
J.-J. WUNENBURGER — Questions d'éthique

Psychologie - Psychanalyse

P.-L. ASSOUN — Psychanalyse
J. BIDEAUD, O. HOUDÉ, J.-C. PÉDINIELLI — L'homme en développement *(6e éd. corrigée)*
S. BOUYER, M. C. MIETKIEWICZ — Introduction à la psychologie clinique. L'homme au singulier
M. COCUDE, M. JOUHANEAU — L'homme biologique
M. CRAHAY — Psychologie de l'éducation
V. DESPRET, POL P. GOSSIAUX, C. PUGEAULT, V. YZERBIT — L'homme en société
W. HUBERT — L'homme psychopathologique et la psychanalyse clinique
F. PAROT — L'homme qui rêve. De l'anthropologie du rêve à la neurophysiologie du sommeil paradoxal
F. PAROT, M. RICHELLE — Introduction à la psychologie. Histoire et méthodes *(4e éd.)*
Y. VEYRET, P. PECH — L'homme et l'environnement *(2e éd. corrigée)*
A. WEIL-BARAIS — L'homme cognitif *(5e éd. refondue)*

Sciences sociales - Sociologie - Ethnologie - Communication

N. ALTER — Sociologie de l'entreprise et de l'innovation
J.-M. BERTHELOT — Épistémologie des sciences sociales
R. DEBRAY — Introduction à la médiologie
M. DUBOIS — Introduction à la sociologie des sciences et des connaissances scientifiques
P. LABURTHE-TOLRA, J.-P. WARNIER — Ethnologie-Anthropologie *(3e éd. revue et corrigée)*
G. MIALARET — Statistiques
B. VALADE — Introduction aux sciences sociales

Sciences de l'éducation

N. BULLE — Sociologie et éducation
V. DE LANDSHEERE — L'éducation et la formation

O. REBOUL — Les valeurs de l'éducation *(2e éd.)*
R. THOMAS et collaborateurs — Sciences et techniques des activités physiques et sportives

Droit

J.-M. DE FORGES — Droit administratif *(5e éd. mise à jour)*
D. TURPIN — Droit constitutionnel *(4e éd. mise à jour)*
M.-L. RASSAT — Institutions judiciaires *(2e éd.)*

Science politique

P. BÉNÉTON — Introduction à la politique
D. COLAS — Sociologie politique
E. JOUVE — Relations internationales
C. MILLON-DELSOL — Les idées politiques au XXe siècle
C. ZORGBIBE — Chronologie des relations internationales depuis 1945

Économie - Gestion - Finance

J. AVENTUR — Introduction au développement économique
J.-M. COMMUNIER, H. LAMOTTE — Finances publiques. Le budget de l'État
J. DEBORD — Comptabilité nationale
B. ESNAULT, C. HOARAU — Comptabilité française *(2e éd. mise à jour)*
F. ETNER — Microéconomie *(4e éd. mise à jour)*
D. ROUX, D. SOULIÉ — Gestion *(2e éd. mise à jour)*
P. SALIN — Macroéconomie

Sciences

S. JOHSUA, J.-J. DUPIN — Introduction à la didactique des sciences et des mathématiques *(2e éd. corrigée)*

Littérature - Linguistique

C. AYME — Version anglaise / Filière classique
M.-C. BANCQUART, P. CAHNÉ — Littérature française du XXe siècle
J.-L. BANDET — Anthologie de la littérature allemande
J.-L. BANDET — Histoire de la littérature allemande
H. BÉCHADE — Grammaire française
J. BEYRIE, R. JAMMES — Histoire de la littérature espagnole
M. DELON, P. MALANDAIN — Littérature française du XVIIIe siècle
P. DUFOUR — Le réalisme
B. FERGUSSON — Thème anglais / Filière LEA
J. FRANCO, J.-M. LEMOGODEUC — Anthologie de la littérature hispano-américaine du XXe siècle *(2e éd. corrigée)*
J.-M. GOUVARD — La versification
M. JARRETY — La poésie française du Moyen Age jusqu'à nos jours
C. LABRE, P. SOLER — Méthodologie littéraire
F. LAROQUE, A. MORVAN, A. TOPIA — Anthologie de la littérature anglaise *(3e éd. corrigée)*
F. LAROQUE, A. MORVAN, F. REGARD — Histoire de la littérature anglaise

F. LESTRINGANT, J. RIEU, A. TARRÊTE — La littérature française du XVIe siècle
M. et J. LOZES — Version anglaise / Filière LEA
A. MICHEL, C. BECKER, M. BURY, P. BERTHIER, D. MILLET — Littérature française du XXe siècle
G. MOLINIÉ — La stylistique *(2e éd. corrigée)*
P. MONNERET. — Exercices de linguistique
O. REBOUL — Introduction à la rhétorique *(3e éd.)*
D. ROYOT, J. BÉRANGER, Y. CARLET, K. VANDERBILT — Anthologie de la littérature américaine *(3e éd. mise à jour)*
S. SAÏD, A. TRÉDÉ, A. LE BOLLUEC — Histoire de la littérature grecque
D. SOUILLER, W. TROUBETZKOY — Littérature comparée
O. SOUTET — Linguistique *(2e éd.)*
A. VIALA — Le théâtre en France des origines à nos jours
M. WOOD — Thème anglais / Filière classique
H. ZEHNACKER, J.-C. FREDOUILLE — Anthologie de la littérature latine
H. ZEHNACKER, J.-C. FREDOUILLE — Littérature latine *(2e éd. corrigée)*
M. ZINK — Littérature française du Moyen Age
R. ZUBER, E. BURY, D. LOPEZ, L. PICCIOLA — Littérature française du XVIIe siècle

Histoire

B. BARBICHE — Les institutions de la monarchie française à l'époque moderne
D. BARJOT, J.-P. CHALINE, A. ENCREVÉ — La France au XIXe siècle *(4e éd.)*
L. BÉLY — La France moderne, 1498-1789 *(4e éd.)*
T. CHARMASSON, A.-M. LELORRAIN, M. SONNET — Chronologie de l'histoire de France
J.-N. CORVISIER — Sources et méthodes en histoire ancienne
C. GAUVARD — La France au Moyen Age du Ve au XVe siècle *(2e éd. corrigée)*
D. GUTZEN — Les conséquences de l'unification allemande
G. HERMET — L'Espagne au XXe siècle
B. HOURS — L'Église et la vie religieuse dans la France moderne, XVIe-XVIIIe siècle
A. JOUANNA — La France du XVIe siècle *(2e éd. corrigée)*
J.-M. LACROIX — Histoire des États-Unis
Y. LE BOHEC — Histoire romaine. Textes et documents
M. LE GLAY, J.-L. VOISIN, Y. LE BOHEC — Histoire romaine *(6e éd.)*
D. POULOT — Les Lumières
Y. LEHMANN — Religions de l'Antiquité
J.-M. LEMOGODEUC — L'Amérique hispanique au XXe siècle
C. ORRIEUX, P. SCHMIDT-PANTEL — Histoire grecque *(2e éd. corrigée)*
D. ROYOT, J.-L. BOURGET, J.-P. MARTIN — Histoire de la culture américaine
J.-F. SIRINELLI, R. VANDENBUSSCHE, J. VAVASSEUR-DESPERRIERS — La France de 1914 à nos jours *(4e éd.)*
J. TULARD — La France de la Révolution et de l'Empire *(2e éd. corrigée)*
C. ZORGBIBE — Histoire de la construction européenne *(2e éd. corrigée)*

Géographie

F. DEBIÉ — Géographie économique et humaine *(2e éd. mise à jour)*
M. DUPÂQUIER — Démographie
G. MOTTET — Géographie physique de la France *(3e éd. revue et augmentée)*
P. PECH, H. REGNAULD — Géographie physique *(2e éd. mise à jour)*

Imprimé en France
Imprimerie des Presses Universitaires de France
73, avenue Ronsard, 41100 Vendôme
Février 2001 — N° 47 874